DIE WELT DES INTERNET

HANDBUCH & ÜBERSICHT

DIE WELT DES INTERNET

HANDBUCH & ÜBERSICHT

ED KROL

DEUTSCHE ÜBERSETZUNG VON HOLGER LUBITZ
UNTER MITHILFE VON JÖRG ANSLIK UND PETER KLICMAN

O'REILLY
INTERNATIONAL
THOMSON
VERLAG

1. Auflage 1995

Die Originalausgabe erschien 1994 unter dem Titel
The Whole Internet, Second Edition im Verlag O'Reilly & Associates Inc.

Die Deutsche Bibliothek - CIP - Einheitsaufnahme

Ed Krol:
Die Welt des Internet - 1. Aufl. -
Bonn: O'Reilly/International Thomson Verlag, 1995
ISBN 3-930673-01-0

Übersetzung und deutsche Bearbeitung: Holger Lubitz, Jörg Anslik und Peter Klicman
Satz: Brigitte Scheid und Christoph Badura
Umschlaggestaltung: Edie Freedman, Boston
Belichtung: Wolfram's Doku-Werkstatt, Attenkirchen
Produktion: TYP*isch* Müller, Bonn
Druck und buchbinderische Verarbeitung: Druckerei Kösel, Kempten

ISBN 3-930673-01-0

Dieses Buch ist auf 100% chlorfrei gebleichtem Papier gedruckt.

Inhalt

KAPITEL ZEHN

KAPITEL ELF

KAPITEL ZWÖLF

KAPITEL DREIZEHN

ABBILDUNGEN

TABELLEN

VORWORT

Zielgruppe
Herangehensweise an dieses Buch
Vereinbarungen
Danksagungen
Anmerkungen des Übersetzers

Dies ist ein Buch über das Internet, das größte Datennetz der Welt. Es richtet sich an den durchschnittlichen Computeranwender: nicht an den Experten oder Computerfreak, einfach an jemanden, der seine Arbeit erledigen muß. Für diejenigen unter uns, die das Internet schon lange Zeit benutzen, ist vieles von dem, was hier besprochen wird, längst selbstverständlich. Aber um ein Gefühl für das zu bekommen, was das Internet ist und warum dieses Buch wichtig ist, müssen wir ein paar Schritte zurückgehen.

Vor zehn oder zwölf Jahren geschah eine kleine Revolution, als Personalcomputer Allgemeingut wurden. Binnen weniger Jahre hatte jeder einen Computer zu Hause oder im Büro. Und, ganz ehrlich: Viele Leute hielten das für angemessen. Eine kleine Hilfe bei der Budgetplanung, eine Textverarbeitung für Briefe, und wir waren schon zufrieden. Einige Visionäre sprachen von Computern als Informationshilfen: Sie könnten ihren Computer verwenden, um sich mit den nationalen Nachrichtendiensten zu verbinden, Börsenberichte abzufragen, Bibliotheksrecherchen durchzuführen, selbst um Fachjournale oder klassische Literatur zu lesen. Aber damals waren das weit hergeholte Ideen.

Nun, es ist einige Zeit vergangen, seit Computer erstmals die Rechenzentren verlassen haben und Einzug in unsere Büros und Wohnungen hielten. In diesem Dutzend Jahren fand eine weitere Revolution statt, die vielleicht noch wichtiger war als die erste. Diese Revolution waren die Computernetze. Personal Computer sind toll, aber sie werden zu etwas besonderem, wenn sie miteinander verbunden werden.

Mit dem Internet erreichen die Netzwerke nun ihre Reife. Die Informations-Ressourcen, von denen in den frühen 80ern nur Visionäre sprachen, sind nicht mehr nur Forschungsthemen, mit denen ein paar Forscher im Labor spielen. Sie sind Realität, in die Sie sich von zu Hause einklinken können. Sobald Sie mit dem Internet verbunden sind, haben Sie sofortigen Zugang zu einer kaum beschreibbaren Informationswelt. Sicher, für einiges davon müssen Sie bezahlen, aber das meiste ist frei verfügbar. Durch elektronische Post und Anschlagbretter (im Internet-Jargon *Newsgroups* genannt) können Sie eine andere Art Ressource nutzen: Ein weltweites Potential von Wissenden, von denen einige auch Ihre Interessen teilen, egal, wie obskur sie sein mögen. Es ist leicht, eine Diskussionsgruppe zu fast jedem vorstellbaren Thema zu finden oder Menschen, die Interesse daran haben, eine neue Diskussionsgruppe zu bilden. Obwohl kostenlose Ratschläge manchmal genau das wert sind, was Sie dafür bezahlt haben, gibt es doch auch viele gut informierte Experten, die gern Hilfe leisten.

In den 18 Monaten seit dem Erscheinen der ersten Auflage ist das Internet ein noch vielseitigerer Ort geworden. Es gibt dort mehr Menschen, teilweise eine Folge von den ständigen Gesprächen der Clinton-Regierung über den Information Superhighway. Nun will jeder drauf und daran teilhaben, Sie können in *Time* über das Internet lesen und Nachrichten darüber im Fernsehen sehen. Es gibt sogar schon Werbung, die elektronische Postanschriften enthält. Es gibt mehr (und bessere) Ressourcen. Es gibt eine ganze Welt von Multimedia-Ressourcen, darunter Museen, Ausstellungen, Kunstgalerien und Einkaufspassagen, die vor zwei Jahren noch nicht existierten. Selbst die Visionäre wären erstaunt zu sehen, was wir erreicht haben.

Nun, wo beginnen Sie? Einen Begriff vom Internet zu bekommen ähnelt sehr dem Versuch, eine Handvoll Götterspeise zu greifen. Je fester Sie zugreifen, desto mehr läuft Ihnen am Arm herunter. Sie müssen Götterspeise aber nicht auf diese Weise essen, sie brauchen nur das richtige Hilfsmittel: einen Löffel. Und Sie müssen sich hineinbuddeln und zu essen beginnen. Das gleiche gilt für das Internet. Sie müssen kein Experte für Telefonleitungen, Datenkommunikation und Netzwerkprotokolle sein, damit es für Sie nützlich ist. Und keine noch so große Menge Blabla über die unbeschränkten Ressourcen des Internet wird Ihnen weiterhelfen. Sie müssen nur die richtigen Hilfsprogramme kennen und anfangen, mit ihnen zu arbeiten.

Was die Anwendungen angeht, haben wir Millionen davon. Sie rangieren von schulischen (Sie können Arbeiten lesen, die Dantes *Göttliche Komödie* analysieren) über nützliche (Sie können Berichte über den Agrarmarkt lesen) bis zu entspannenden (Sie können Skiwetterberichte für St. Anton erhalten) und witzigen (Internet-Witze werden in eigenen Büchern veröffentlicht). Es ist auch eine faszinierende Hilfe bei der Gruppenarbeit. Sie können gemeinsam mit anderen Menschen an Ihrem *großen Werk* arbeiten.

In gewisser Weise ist die bloße Existenz dieses Buches bereits ein Tribut an die Mächtigkeit und Nützlichkeit des Internets. Mike Loukides, mein Lektor, und ich lernten uns über E-Mail kennen. Nutzer des Netzwerks bestürmten mich, einen Netzwerkführer, den ich vor langer Zeit verfaßt hatte (»The Hitchhikers Guide To The Internet«), zu aktualisieren. Ich war schon fast so weit, es ehrenamtlich zu übernehmen, als Mike mir eine Mail sandte und mich fragte, ob ich es nicht als Buch herausgeben wolle. Dies verursachte eine Anzahl von Nachrichten in bezug auf Inhalte und Zeitrahmen, bis wir uns über beides geeinigt hatten. Die rechtlichen Sachen und die Verträge wurden von der Briefpost erledigt, elektronische Verträge waren damals noch zu kommerziell für das Internet und sind noch heute technologisch zu fortgeschritten, um vor Gericht verwertbar zu sein. Und damit waren wir auf dem Weg.

Kurze Zeit später bekam ich Makro-Bibliotheken für die Produktion des Buches und begann, Mike die ersten Kapitel zu zu senden, alles per E-Mail. Auf die gleiche Weise kommentierte er sie, änderte sie und sandte sie mir zurück. Gelegentlich tauschten wir Dateiverzeichnisse, Bildschirmfotos und Illustrationen aus. Bis auf die endgültigen Review-Kopien und -Illustrationen wurde alles über das Internet abgewickelt. Der ganze Prozeß war mit weniger als zehn Telefonaten erledigt.

Denken Sie einen Moment darüber nach, was dies bedeutet. Herkömmliche Post zwischen Illinois (wo ich lebe) und Connecticut (wo Mike lebt) braucht drei Tage. Wenn Sie bereit sind, mehr auszugeben, können Sie auch einen Courierdienst beauftragen und die Zeit auf einen Tag reduzieren. Aber ich kann Mike das ganze Buch binnen weniger Minuten über Internet zu schicken.

Ich habe auch die Informationen im *Ressourcen-Katalog* zusammengetragen, ohne mein Haus verlassen zu müssen. Ich beobachtete Newsgruppen, verfolgte E-Mail-Diskussionen und verwendete diverse Programme, um die Informationen für den Katalog zu bekommen. All diese Programme sind in diesem Buch erklärt. Bevor ich eine der Ressourcen aufnahm, habe ich sie verifiziert, indem ich über das Netz Kontakt mit ihr aufnahm.

Es dauerte fast ein Jahr, bevor ich das erste Mal einige der beeindruckend professionellen Menschen bei O'Reilly & Associates persönlich kennenlernte. Es ist immer eine beeindruckende Erfahrung, Netzwerk-Bekanntschaften endlich persönlich kennenzulernen, und in diesem Fall war es noch interessanter, da ich schon mehrere Tausend Stunden elektronisch mit ihnen verbracht hatte.

Zielgruppe

Dieses Buch richtet sich an alle, die Zugang zu den beeindruckenden Ressourcen des Internet suchen. Es ist sicher ein Buch für Profis, aber nicht für Computerprofis. Es wurde für diejenigen geschrieben, die das Netz benutzen wollen, aber dafür nicht erst ein berufsmäßiger Netztechniker werden wollen. Wenn Sie ein Biologe sind oder ein Bibliothekar oder ein Rechtsanwalt oder ein Gymnasiallehrer oder ein ________ (fügen Sie Ihren Beruf hier ein), dann gibt es eine Menge von Material und Daten, das Ihnen bei Ihrer Arbeit helfen wird. Gleichzeitig werden Sie vermutlich Entscheidungen des obersten amerikanischen Gerichtsshofes oder Chromosomenkarten viel interessanter finden als das Netz selbst. Sie wollen das Netz als Hilfsmittel benutzen und es nicht zu Ihrem einzigen Lebensinhalt machen. Wenn diese Beschreibung auf Sie paßt, dann brauchen Sie dieses Buch. Es wird Ihnen beim Einstieg helfen und Sie auf einige interessante Ressourcen hinweisen. Wenn Sie danach herausfinden, daß Netzwerke ab nun Ihr Leben sind—nun, das ist Ihre Entscheidung. Das Internet kann einen ganz leicht abhängig machen.

Obwohl ich die Beispiele auf UNIX basieren lasse, setzt dieses Buch nicht vorraus, daß Sie ein UNIX-Benutzer sind. Wir mußten eine gemeinsame Basis finden und UNIX-Systeme sind vorherrschend auf dem Internet, also war es eine logische Wahl. Die gleichen Programme gibt es aber auch für fast jedes andere Computersystem, und abgesehen von minimalen Variationen werden Sie feststellen, daß sie auf jedem System gleich arbeiten. Wenn Sie DOS verwenden, einen Macintosh, VAX/VMS oder irgendeine andere Art von Computer, verzeihen Sie mir bitte die UNIX-Voreingenommenheit—aber es sollte kein wirkliches Problem für Sie sein.

Um ganz genau zu sein: Als ich dieses Buch schrieb, war mein Modell-Leser ein Diplomand in einem nicht-technischen Studiengang (also nicht Informatik oder irgendein Ingenieurstudiengang), der das Internet für seine Forschung braucht. Natürlich nimmt dieser Ansatz eine Zielgruppe an, die von Italienischlehrern über Soziologen bis zu Ärzten reicht, mit einem entsprechend weiten Bereich von Computererfahrung. Ich nehme an, daß Sie sich mit Computern bereits auskennen—wenn nicht, würden Sie vermutlich dieses Buch nicht lesen—und daß Sie mit *wenigstens einem* Computer und seinem Betriebssystem schon vertraut sind, wenn auch nicht notwendigerweise mit UNIX.

Dieses Buch richtet sich auch an den erfahrenen Netzwerkadministratoren: diejenigen, deren Aufgabe es ist, das Netzwerk einer Firma oder einer Universität am Laufen zu halten. Nein, Sie sollen es nicht lesen; was hier steht, wissen Sie wahrscheinlich schon längst. (Vielleicht aber auch nicht. Schauen Sie ins Kapitel über das World Wide Web—Mosaic ist einer der neuesten und interessantesten Wege, Information auf dem Internet zu finden). Wenn Sie diesen Job haben, verschwenden Sie wahrscheinlich die meiste Zeit damit, wieder und wieder die gleichen Fragen zu beantworten. Wenn eine neue Gruppe von Studenten oder Angestellten ankommt, bekommen Sie vielleicht wochenlang Ihre Arbeit nicht erledigt. Mit etwas Glück beantwortet dieses Buch die allermeisten ihrer Fragen. Von Anfang an war es das Ziel, ein Buch zu schreiben, das möglichst viele Fragen beantwortet. Wenn Sie ein Netzwerkverwalter sind, dann ist dieses Buch für Sie—damit Sie es weitergeben oder eine Notiz an Ihre Tür kleben können: »Kaufen Sie dieses Buch und *lesen* Sie es, bevor Sie mich behelligen«.

Wie bei allen Nutshell-Handbüchern ist O'Reilly & Associates sehr an Feedback von den Lesern interessiert. Wenn Sie irgendwelche Kommentare oder Vorschläge haben, senden Sie sie bitte an **nuts@ora.de** (wenn Sie nicht wissen, was das bedeutet, lesen Sie Kapitel 7, *Elektronische Post*).

Herangehensweise an dieses Buch

Natürlich gibt es viele Wege, sich an das Internet heranzutasten. Ebenso gibt es viele Wege, dieses Buch zu lesen. Hier sind ein paar Vorschläge. Wenn Sie:

in bezug auf das Internet kompletter Neuling sind
: Beginnen Sie am Anfang und lesen bis zum Ende. Sie möchten vielleicht dem *Ressourcen-Katalog* besondere Aufmerksamkeit widmen, der Ihnen sagt, was Sie finden können, und Anhang A, der Ihnen sagt, wie Sie sich anschließen. Sie werden auch Kapitel 13, wo das World Wide Web behandelt wird, interessant finden, dieses Kapitel enthält auch eine Beschreibung des Mosaic-Browsers, dem einsteigerfreundlichsten Tool, das derzeit verfügbar ist. Aber im Prinzip sollten Sie einfach das ganze Buch lesen. Wenn Sie wollen, können Sie Kapitel 3 und 4 überspringen. Die erklären, wie das Internet funktioniert und was dort erlaubt ist, aber lesen Sie die dann bitte später.

mit dem Internet vertraut sind, es aber nicht verwenden
: Springen Sie zu Kapitel 5, dort beginnt die Abhandlung der Basisprogramme für das Internet.

ein erfahrener Internet-Nutzer sind
: Springen Sie zu Kapitel 9. Die Kapitel 9 bis 13 behandeln die neuesten Programme: Archie, einige neuere Verzeichnisserver, Gopher, WAIS und das World Wide Web. Selbst wenn Sie schon seit einer Weile dabei sind, mögen Sie diese vielleicht rekapitulieren wollen. Wenn Sie mit diesen Tools noch nicht vertraut sind, sollten Sie es bald werden.

das Internet gelegentlich benutzt haben
: Lesen Sie die ersten vier Kapitel, um den Hintergrund vermittelt zu bekommen, den Sie vielleicht bisher verpaßt haben, und gehen Sie dann das Inhaltsverzeichnis nach Kapiteln durch, deren Themen Ihnen nicht vertraut scheinen. Wenn Sie das tun, lesen Sie die Kapitel trotzdem in ihrer Reihenfolge, da einige der späteren Kapitel (Kapitel 9 und folgende) auf den vorigen aufbauen.

Anschluß an das Internet suchen
: Sehen Sie in Anhang A, der verschiedene Möglichkeiten beschreibt, eine Anbindung zu erhalten.

wissen wollen, was es gibt, bevor Sie sich engagieren
: Schmökern Sie im *Ressourcen-Katalog* herum.

nur an elektronischer Mail und Netnews interessiert sind
Lesen Sie die Kapitel 7 und 8, die die E-Mail- und News-Dienste behandeln. Aber lesen Sie bitte auch den Rest des Buches. Sie wissen sonst nicht, was Sie verpassen.

Vereinbarungen

In diesem Buch gelten einige Vereinbarungen:

- Kommandonamen sind in **fett**, zum Beispiel **telnet** oder **archie**.
- Namen von Diensten oder Protokollen sind komplett großgeschrieben oder mit einem großen Anfangsbuchstaben, wie TELNET oder Archie.
- Benutzereingaben sind **fett** gedruckt, zum Beispiel **get hosttable.txt**
- Internetnamen und -adressen sind **fett** gedruckt, z.B. **ora.com**
- Menütitel und Optionen sind **fett** gedruckt
- Dateinamen sind *kursiv* gedruckt, zum Beispiel */etc/hosts*
- Namen von Usenet-Newsgruppen sind *kursiv* gedruckt, zum Beispiel *rec.music.folk*
- »Variablen«, also Platzhalter, die durch den Leser mit einem Wert ersetzt werden, sind *kursiv* gedruckt. Zum Beispiel ist im Kommando **ftp** *hostname* die Variable *hostname* ein Platzhalter für den Namen des Hosts.
- Innerhalb von Beispielen wird die Ausgabe des Computers mit `Courier` gedruckt.
- Innerhalb von Beispielen werden Benutzereingaben in **`Courier fett`** gedruckt.
- Innerhalb von Beispielen werden Variablen in *`Courier kursiv`* gesetzt.
- Innerhalb von Beispielen sind erläuternde Kommentare häufig *kursiv* gesetzt.

Danksagungen

Eine ganze Reihe von Personen halfen bei diesem Buch. Zuallererst ist meine Frau Margaret zu nennen. Ohne ihre Unterstützung und Hilfe wäre es nie durch das Korrektorat gekommen. Sie hat den größten Teil davon gelesen und korrigiert, hat mit Gopher nach Ressourcen durchsucht und Sachen ausprobiert, um zu sehen, ob meine Erläuterungen tatsächlich ausreichen, das Internet zu nutzen. Darüber hinaus hat sie genug vom Haushalt übernommen, um mir Zeit zu geben, die ich in das Projekt investieren konnte.

Als nächstes kommt meine Tochter Molly, die vielfach ohne mich auskommen mußte, während ich schrieb. (Dies ist Mollys zweiter Kontakt mit Ruhm in der

Computerwelt—sie war das Krabbelkind mit der Vorliebe für Not-Ausschalter, nach dem die »Molly Guards« im *Hackers Dictionary* benannt wurden.)

Dann ist da noch Mike Loukides, Lektor, Projektleiter, moralischer Unterstützer und Cheerleader, der mich bis zum Zielstrich geschleift hat, manchmal tretend und schreiend. Zu Anfang half mir Mike, zu überlegen, was überhaupt ins Buch gehört, und stellte dann sicher, daß auch alles hineinkam. Gegen Ende, als Tim O'Reilly uns bat, einige Themen noch ausführlicher abzuhandeln, erledigte Mike den Großteil der Neustrukturierung und schrieb einen signifikanten Teil des neuen Materials.

Weiter sind da all die Leute an der Universität von Illinois, die mir geholfen haben. George Badger, Kopf des Computing and Communications Service Office, möchte ich für die Unterstützung danken, die ich bei diesem Projekt brauchte. Beth Scheid für die Übernahme einiger meiner beruflichen Pflichten, wenn ich mit einigen buchspezifischen Problemen beschäftigt war. Die technischen Mitarbeiter, die einige bizarre Fragen beantworteten und einige Beispiele ermöglichten: Charley Kline, Paul Pomes, Greg German, Lynn Ward, Albert Cheng, Sandy Seehusen, Bob Booth, Randy Cotton, Allan Tuchman, Bob Foertsch, Mona Heath und Ed Kubaitis. Die Graduate School of Library Science war ebenfalls beteiligt, insbesondere Greg Newby, der eine Reihe von Vorschlägen hatte, wie ich mich den Suchhilfen auf dem Internet nähern sollte.

Zwei Personen waren mein Testpublikum: Lisa German, eine frisch graduierte Bibliothekarin, und Pat King, damals angehender Systemadministrator. Sie wußten nur wenig über das Internet, als sie begannen, das Buch Kapitel für Kapitel zu lesen, während es geschrieben wurde. Sie zeigten mir all die Dinge, die ich verwendet hatte, bevor ich sie eingeführt habe, oder die einfach zu technisch erklärt waren. Lisa verbrachte auch viele Stunden mit dem Besuch vieler der bekannteren ftp-Server auf dem Internet, während sie nach neuen Ressourcen suchte. Es ist ziemlich faszinierend, was jemand mit Wissen über gebräuchliche Katalogstichworte und -phrasen mit Archie* herausfinden kann, aber ich schätze, das ist, wofür Bibliothekare ausgebildet werden.

Eine große Gruppe von Leuten las das Buch oder Teile davon, wobei sie nach technischen Fehlern, Inkonsistenzen und »Nützlichem, das vergessen wurde« durchsuchten. Dazu zählten Eric Pearce, Robin Peek, Jerry Peek, Mitch Wright, Rick Adams, Tim Berners-Lee, Susan Calcari, Deborah Schaffer, Peter Deutsch, Alan Emtage, Chris Schulte, Martyne Hallgreen und Jim Williams. Ohne ihre Hilfe wäre dieses Buch nicht annähernd so nützlich.

Die innere Ausgestaltung dieses Buches, die sich von den bisherigen O'Reilly-Büchern absetzt, geht auf einen Kommentar von Dale Dougherty zurück. Er hielt es für eine Schande, daß das sehr technische Innere der Bücher nicht hielt, was Edie Freedmans Cover versprechen. Tim O'Reilly nahm diesen Kommentar auf und

* Ein Programm, zum Suchen nach Dateien. Es wird ausführlich in Kapitel 9, *Dateien Finden*, beschrieben.

bestand auf einem neuen Design, um Buch und Katalog einem nichttechnischen Publikum zugänglicher zu machen. Edie entwarf das Design (in ihrem typischen Stil) und wählte all die Illustrationen für die Kapitelanfänge und den Katalog aus. Ihre Designarbeit war nicht bloß etwas, das nach Fertigstellung des Buches stattfand, sondern integraler Bestandteil der Erstellung. Das Design wurde dann von Lenny Muellner in **troff** implementiert, etwas, das man von keinem vernünftigen Menschen verlangen kann. Dazu zählten auch die Illustrationen von Chris Reilley und der von Rosanne Wagger korrekturgelesene Text. Sie korrigierte mehr Fehler, als ich für möglich gehalten hätte. Zusammen ließ diese Crew aus einem rohen Manuskript ein Kunstwerk entstehen.

Für die zweite Auflage leistete Ellen Siever in Punkto Editieren unter Zeitdruck hervorragende Arbeit, zusätzlich zum Recherchieren der Providerliste in Anhang A.

Jennifer Niederst und John Labovitz erstellten die gedruckte Version des *Ressourcen-Katalogs* (aus dem GNN-Onlinekatalog), wobei sie Software von Terry Allen verwendeten. Clairemarie Fisher O'Leary las den *Katalog* Korrektur und half bei der Produktion, Kismet McDonough war für die Schlußkontrolle verantwortlich, Chris Tong aktualisierte den Index und Linda Mui verifizierte die *Ressourcen im Katalog* unter hohem Zeitdruck.

Schließlich möchte ich den Menschen bei Yoyodyne Software Systems danken, insbesondere John McMahon und John Vance Stuart.

Anmerkungen des Übersetzers

Liebe Leserin, lieber Leser,

es war für mich sowohl eine besondere Ehre als auch eine besondere Herausforderung, als ich von O'Reilly den Auftrag erhielt, *The Whole Internet* zu übersetzen. Ich schätze den persönlichen Stil Ed Krols sehr, und ich hoffe, daß es mir gelungen ist, ihn adäquat ins Deutsche zu übertragen. Wenn Sie an die eher steife Art deutscher Fachbücher gewöhnt sind, werden Sie möglicherweise überrascht sein. Aber dennoch bin ich zuversichtlich, daß Sie sich schnell wie zu Hause fühlen werden. Das Internet ist ein Ort, an dem vorwiegend sehr familiär miteinander umgegangen wird. Dieses Buch wird Ihnen eine Einstimmung darauf geben.

Das Internet spielte nicht nur beim Schreiben des Buches eine wesentliche Rolle, auch beim Übersetzen war es unverzichtbar. Es begann damit, daß Lenny Muellner von O'Reilly & Associates im Usenet anfragte, welche deutsche Newsgruppe für ein Stellenangebot passend sei. Aus dem resultierenden E-Mailaustausch ergab sich dann diese Übersetzung. Damit war die Rolle des Internet aber noch lange nicht beendet. Texte und Grafiken der amerikanischen Ausgabe erreichten mich per E-Mail, Rückfragen in der Anfangsphase der Übersetzung wurden per E-Mail nach Amerika gesandt. Später lief die Kommunikation mit dem O'Reilly/International Thomson

Verlag in Bonn per E-Mail, auch die Abgabe der Kapitel zum Korrekturlesen erfolgte per E-Mail. Der Satz erfolgte—natürlich über das Internet—auf Computern in Sebastopol, Kalifonien, Cambridge, Massachusetts und Bonn.

Bei der Übersetzung eines so umfangreichen Werks gibt es naturgemäß einige Durststrecken. An erster Stelle sei hier ein Dankeschön an Christoph Badura, Elke Hansel und Gerd Miske beim O'Reilly/International Thomson Verlag ausgesprochen, die mich auf wunderbare Weise auch in schwieriger Phase wieder zu motivieren verstanden. Peter Klicman und Jörg Anslik danke ich für die Übersetzung des Katalogs und der Anhänge, Jörg Redmer für das sorgfältige Korrekturlesen. Brigitte Scheid, Lenny Muellner und Christoph Badura haben lange Nächte mit dem Setzen des Buches verbracht. Ganz besonderer Dank gebührt Edie Freedman, Jennifer Niederst und Chris Reily, die zu guter Letzt alles andere liegen und stehen gelassen haben, um das Buch druckfertig zu machen. Ohne sie wäre dieses Buch nicht das, was es ist. (Möglicherweise wäre es noch nicht einmal fertig.)

Aber keine Übersetzung kann perfekt sein. Für Kommentare und Verbesserungsvorschläge bin ich jederzeit offen. Sie können mich beim Verlag per Mail erreichen: hal@ora.de

Oldenburg, im Februar 1995 Holger Lubitz

KAPITEL EINS

WORUM GEHT ES IN DIESEM BUCH?

Für jeden etwas
Was Sie lernen werden
Was Sie brauchen
Was eine Internet-Anbindung bedeutet
Wie dieses Buch aufgebaut ist

Wer zu Beginn des 20. Jahrhunderts mit pferdelosen Wagen experimentieren wollte, war ganz auf sich selbst gestellt. Er tauschte sich mit anderen Bastlern aus und lernte durch Ausprobieren. Es gab keine Bücher über Automobile, keine Mechanikerschulen und auch keine Reparaturanleitungen. Der Markt war noch zu klein für Hilfen wie diese. Außerdem gab es gute Gründe, sich einer Gruppe von Experten anzuschließen: Die frühen Autos waren so unzuverlässig, daß man sie als Transportmittel kaum ernst nehmen konnte. Wenn ein Auto unterwegs eine Panne hatte, mußte man es selbst reparieren oder wenigstens gute Freunde haben, die aus der Patsche halfen. Man bastelte und fragte andere. Und bald war man so weit, selbst die Fragen von Neulingen beantworten zu können. Manche brachten es schließlich zum hochangesehenen Mechaniker (im Computerdeutsch werden solche Experten auch »Guru« genannt). Wer diese Wissensstufe erreichte, hatte in seinem Auto tatsächlich ein Transportmittel und nicht mehr nur ein teures Hobby.

Vor gut sieben Jahren war das Internet in einem sehr ähnlichen Zustand. Das Netzwerk hatte nur wenige tausend Benutzer. Alle diese Benutzer hatten entweder einen Experten zur Hand oder waren selbst Experte. Und sie brauchten dieses Fachwissen auch, denn das Netzwerk war langsam und unzuverlässig. Sein Hauptzweck war nicht, irgend etwas Nützliches zu erledigen, sondern beim Lernen über den Aufbau und die Nutzung von Netzwerken hilfreich zu sein.

In den vergangenen sieben Jahren hat sich die Anzahl der Internet-Anwender tausendfach vergrößert, und täglich kommen Tausende hinzu. Diese Menschen benutzen das Netzwerk sowohl für ihre tägliche Arbeit als auch in der Freizeit. Sie verlangen Zuverlässigkeit und wollen keine Mechaniker sein. Sie wollen Chemiker,

Bibliothekare, Meteorologen, Grundschullehrer usw. bleiben—und das Netzwerk lediglich benutzen. Also verlangen sie Dokumentation. Etwas, das sie auf dem Weg zur Arbeit oder zwischendurch lesen können, um ihre berufsspezifischen Fertigkeiten zu verbessern. Sie sind zwar computerkundig, aber noch nicht netzwerkkundig. Dieses Buch handelt von Netzwerkkunde.

Für jeden etwas

Die Geschichte des Internets verläuft parallel zur Geschichte der Computer—sie hinkt ihr allerdings zehn Jahre hinterher. Vor etwa zehn Jahren brachten die PCs die Computertechnik aus dem Reich der Gurus in die Öffentlichkeit: »Für den Rest von uns«, wie Apple es in den Anzeigen ausdrückte. Das Internet durchläuft momentan denselben Prozeß.

Wie die PCs (oder die Automobile) durchlief das Internet den Übergang vom Expertenspielzeug zu einem Werkzeug für den täglichen Gebrauch in einer Art »Rückkopplungsschleife«. Das Netzwerk begann, einfacher benutzbar zu werden. Dies geschah teilweise aufgrund besserer Hilfsprogramme, teilweise dadurch, daß es schneller und zuverlässiger wurde. Die experimentierfreudigeren unter denen, die anfangs vom Internet abgeschreckt waren, begannen nun, es zu benutzen. Diese neuen Anwender erzeugten eine Nachfrage nach neuen Ressourcen und besseren Tools. Die alten Hilfsprogramme wurden verbessert, und neue Hilfen wurden entwickelt, um auf neue Ressourcen zuzugreifen; dadurch wurde das Netzwerk einfacher zu benutzen. Daraufhin fand eine weitere Gruppe von Menschen das Internet nützlich. Der Prozeß wiederholte sich, und wiederholt sich immer noch.

Womit auch immer sie sich beschäftigen—alle Internet-Anwender sind auf der Suche nach einem: Information. Sie finden Informationen bei zwei verschiedenen Kategorien von Quellen: Menschen und Computern. Es ist einfach, die Menschen im Internet zu vergessen, doch sie sind ebenso wichtig wie (wenn nicht sogar wichtiger als) die Computer, die im Netz verfügbar sind. Weit entfernt von einer maschinendominierten Ödnis, in der nur anti-soziale Ausgestoßene manisch auf Tastaturen herumhacken, ist das Internet vielmehr ein freundlicher Ort, wo man Menschen wie Sie trifft. Sie sind ein potentieller Anwender des Netzwerks wenn Sie:

- Ein Physiklehrer sind, der auf seinem Gebiet auf dem laufenden bleiben muß.
- Als Laienprediger in einer Stadt voller Ungläubiger nach geistigem Beistand suchen.
- Ein Jurist sind, der einen Fall mit jemandem diskutieren möchte, der auf diesem Gebiet kompetent ist.
- Ein Achtkläßler sind, der nach anderen sucht, deren Eltern auch nichts von richtiger Musik verstehen.

Und so weiter. Für alle diese Menschen ist das Internet eine Möglichkeit, andere zu treffen, die im selben Boot sitzen. Es ist möglich—in der Tat ist es oft sehr einfach—eine elektronische Diskussionsgruppe für fast jedes Thema zu finden—oder eine neue Diskussionsgruppe zu begründen, falls es noch keine gibt.

Das Internet versorgt diese Leute darüber hinaus mit Zugriff auf Computerressourcen. Der Physiklehrer kann auf einen NASA-Computer zugreifen, der Informationen über Vergangenheit, Gegenwart und Zukunft der Raumfahrt und der Weltraumforschung enthält. Der Laienprediger findet die Bibel, den Koran und die Thora, die er nach Textstellen durchsuchen kann. Der Rechtsanwalt findet beispielsweise exakte Wiedergaben der Auffassungen des obersten Bundesgerichtes der USA, die im Rahmen von Projekt Hermes erfaßt werden.* Der Achtkläßler kann die Texte zur Musik mit anderen Achtkläßlern diskutieren, oder als Experte unter Erwachsenen auftreten. Letzten Endes ist er vielleicht der einzige, der die Texte versteht.

Aber das ist nur der Anfang. Sicherlich werden Sie immer noch eine Menge über Computer und das Netzwerk selbst finden, aber das wird zunehmend von Informationen zu nicht computerspezifischen Themen überdeckt. Ein großer Teil dieses Buches ist ein Katalog von Informationsquellen, auf die Sie über das Internet zugreifen können. Bei der Erstellung dieses Kataloges haben wir eine so breite Auswahl wie möglich getroffen, um Ihnen zu zeigen, daß das Netz tatsächlich für jeden etwas bietet. Wenn wir jede einzelne Ressource des Netzes aufgeführt hätten, wäre ein sehr dickes Buch dabei herausgekommen—und der größte Teil davon würde Ihnen von verschiedenen Softwarearchiven berichten. Obwohl wir einen Anteil an Softwarearchiven berücksichtigt haben, ist Software wirklich leicht zu finden (wenn Sie es noch nicht können, wird dieses Buch Ihnen zeigen, wie). Schwieriger ist es schon, die anderen Perlen zu finden, die halb im Schlamm vergraben liegen. Da dem einen lieb und teuer ist, was dem anderen unnütz erscheint, haben wir den Katalog nach Themen geordnet.

Das schöne an der Sache ist, daß Sie nach Ihren eigenen Regeln spielen. Wenn Sie etwas Neues persönlich ausprobieren, werden Sie häufig von Zweifeln geplagt. Angenommen, Sie hören von einem Bridgeabend im Gemeindehaus, dann denken Sie eventuell: »Bin ich gut genug?« oder: »Bin ich zu gut?« oder vielleicht: »Könnte meine Ex-Frau dort auftauchen?« Im Netzwerk können Sie:

- Soviel oder sowenig Zeit aufwenden, wie Sie möchten.
- Lose Bekanntschaften machen oder echte Freundschaften schließen.
- Diskussionen passiv verfolgen oder an ihnen aktiv teilnehmen.
- Allem ausweichen, das Ihnen fragwürdig erscheint, oder gegen alles Falsche angehen.

---

* In den USA wird die Datenbank »Lexis« juristischen Fakultäten testweise im Internet zur Verfügung gestellt.

Wenn Sie möchten, können Sie Ihre gesammelten Gedichte für jeden verfügbar machen, der sie lesen möchte. Es ist nur ein sehr geringes Risiko, also könnten Sie es einfach tun.

Was Sie lernen werden

Ebenso wie es nicht nur eine einzige Anwendung für das Netzwerk gibt, gibt es auch nicht nur eine einzige Methode, es anzuwenden. Wenn Sie alles lernen, was Sie in diesem Buch finden, werden Sie ein kompetenter Benutzer des Netzwerks sein. Sie werden wissen, wie man die üblichen Dienste des Netzwerks nutzt, und Sie werden wissen, wie Sie sich die Software besorgen, die Sie für die unüblichen Dinge benötigen. Aber es wird immer nur ein Weg unter vielen sein. Es gibt andere Softwarepakete und andere Methoden ihrer Anwendung, die Sie vielleicht lieber mögen—das ist vollkommen normal.

Viele Menschen betrachten das Internet als das Autobahnnetz der Informationen. Sie können in einem Jaguar, einem VW-Bus oder einem Trabbi durch das Land fahren—alle drei werden Sie ans Ziel bringen (der Trabbi könnte unterwegs allerdings eine Panne haben). Dieses Buch nimmt Sie in einem Golf Diesel mit. Ein Golf ist nicht so schön und so schnell wie ein Jaguar, aber er bietet Ihnen einen komfortablen Weg ans Ziel. Sie werden auch nicht irgendwo steckenbleiben, weil der einzige Mechaniker der Kleinstadt noch nie die Motorhaube eines Jaguar geöffnet, geschweige denn, einen repariert hat.

Im einzelnen behandelt dieses Buch:

- Wie Sie sich in andere Computer im Internet einloggen (**telnet**). Viele Computer sind öffentlich für verschiedene Arbeiten verfügbar. Einige davon sind für jedermann benutzbar, auf anderen müssen Sie zunächst über einen Benutzeraccount verfügen. Einige dieser Computer können Sie für beliebige Aufgaben benutzen, andere bieten einen speziellen Dienst an—beispielsweise den Zugriff auf einen Bibliothekskatalog oder eine Datenbank.
- Wie Sie Dateien von einem Computer zu einem anderen bewegen (**ftp**). Es gibt viele öffentliche Archive, die über das ganze Internet verteilt sind und verschiedene frei kopierbare Dateien zur Verfügung stellen. Viele dieser Archive stellen Quellcode und ausführbare Programme zur Verfügung, aber andere bieten Rezepte, Kurzgeschichten, statistische Informationen und mehr. Was Sie auch suchen—Sie können es vermutlich finden (oder zumindest etwas ähnliches).
- Wie Sie elektronische Post (**E-Mail**) an andere Menschen versenden, die das Internet benutzen. Das Internet stellt die weltweite Zustellung elektronischer Post sicher.

- Wie Sie Diskussionsgruppen lesen und an ihnen teilnehmen (**USENET-News**). Es gibt Diskussionsgruppen für Themen, die vom Obskuren über das Bizarre bis hin zum Praktischen reichen—für einfach alles also.
- Wie Sie herausfinden, wo sich verschiedene Netzwerkressourcen befinden, die von Menschen über Software bis hin zu Datenbanken reichen ("**White Pages**", **archie**, **gopher**, **WAIS**, **World Wide Web**). Eines der Probleme des Internets ist seine Fülle. Es sind so viele Ressourcen verfügbar, daß es schwierig ist, das zu finden, was Sie suchen oder auch nur, sich zu erinnern, wo Sie etwas gefunden haben. Vor ein paar Jahren war das Netzwerk wie eine Bibliothek ohne Katalog. Die »Katalog«-Hilfsprogramme werden erst jetzt langsam installiert. Dieses Buch wird Ihnen helfen, einige neue und interessante Hilfsprogramme (und einige weniger interessante, ältere) zu benutzen. So finden Sie fast alles, was Sie möchten—von Personen und Programmen bis hin zu soziologischen Berichten oder Beständen der Fruchtfliege.

Mit diesen Hilfen haben Sie das Netzwerk in der Hand. Es gibt allerdings noch ein Problem, denn es existieren viele verschiedene Versionen dieser Hilfsprogramme. Ich mußte mir eine Konfiguration herauspicken, die ich in diesem Buch verwende. Ich habe typischerweise einfache Programme gewählt, bei denen Sie Ihre Kommandos eintippen müssen, und die Beispiele wurden auf UNIX ausgerichtet. Ich habe mich aus einer Reihe von Gründen so entschieden. Zunächst einmal haben die Menschen, die die meisten Schwierigkeiten im Umgang mit dem Netzwerk haben, häufig auch nur eine einfache Computerausstattung. Sie haben möglicherweise nur einen einfachen PC und keine Workstation mit Grafik-Großbildschirm. Mit der Software, die ich beschreibe, können Sie auch auf einem einfachen PC arbeiten. Hinzu kommt, daß Sie vielleicht nicht direkt mit dem Internet verbunden sind, wenn Sie beginnen, es zu benutzen. Möglicherweise greifen Sie darauf zu, indem Sie einen mit dem Netz verbundenen Computer per Modem anrufen. Meistens wird es sich bei diesem Computer um einen handeln, der unter UNIX läuft. Unter diesen Bedingungen verwenden Sie entweder ein echtes Terminal (beispielsweise ein VT100 von Digital Equipment) oder ein Emulationsprogramm wie ProComm, VersaTerm oder Kermit, die aus dem leistungsfähigsten Computer ein einfaches VT100-Terminal machen. In beiden Fällen sind Sie leider auf eine zeichenorientierte Kommandoebene angewiesen.

Zum größten Teil ist das, was Sie im Internet tun können, durch das Netzwerk selbst vorgegeben und nicht durch die Software, die Sie auf Ihrem Computer verwenden, um Zugang zu erhalten. Mit einer Maus und Pull-Down-Menüs mag das Netzwerk einfacher zu benutzen sein, aber Sie können damit trotzdem nichts tun, was Sie nicht auch mit einem einfachen Textterminal und einer Tastatur tun könnten. Diese Auswahl schränkt Sie also nicht in dem ein, was Sie tun können. Auch dieses Buch wird dadurch nicht unnötig eingeschränkt. Falls Sie nun mausorientierte Software kaufen sollten, werden Sie feststellen, daß alle Vorgehensweisen in diesem Buch nach wie vor zutreffen. Sie werden lediglich auf Buttons (»Knöpfe«) klicken, statt Befehle einzutippen.

Was, wenn ich kein UNIX beherrsche?

Es macht nichts, wenn Sie sich nicht mit UNIX auskennen. Das Internet ist nicht UNIX. Es braucht zwei Schritte, um das Netzwerk zu benutzen: Das Starten des Programms, um auf das Internet zuzugreifen, und das Benutzen dieses Programms, um tatsächlich etwas damit zu tun. Für einen DOS-Anwender ist das Programm, das die Verbindung mit einem anderen Rechner im Internet ermöglicht, ein ganz normales DOS-Programm. Der Name dieses Programms ist **telnet**, also tippen Sie:

```
A:> telnet
```

Das sieht nicht anders aus als der Aufruf von WordPerfect oder Lotus. Und ganz ähnlich ist es auch mit jedem anderen Computertyp.

Lassen Sie mich Ihnen nun den entsprechende UNIX-Befehl demonstrieren:

```
% telnet
```

Glauben Sie immer noch, UNIX kennen zu müssen?

Sobald Sie das Programm gestartet haben, ist es eine ganz normale Anwendung auf Ihrem Computer. Wenn Sie normalerweise Befehle verwenden, hat es vermutlich auch Befehle; wenn Sie eine menüorientierte Oberfläche benutzen, hat es vermutlich auch Menüs. Egal, wie Sie die Dinge erledigen—was Sie tun können, bleibt dasselbe. Das wird noch deutlicher, wenn Sie daran denken, wie das Netzwerk arbeitet (ein Thema, auf das wir in Kapitel 3 noch genauer eingehen werden). Miteinander kommunizierende Rechner senden exakt definierte Nachrichten hin und her. Diese Nachrichten ermöglichen nur bestimmte Reaktionen. Wenn eine bestimmte Reaktion vorgesehen ist, kann sie erzielt werden. Wenn nicht, gibt es keinen Weg, sie hervorzurufen. Dabei macht es keinen Unterschied, ob Sie nun einen PC, einen Macintosh, einen Amiga, eine VAX oder eine UNIX-Workstation benutzen;* die Nachrichten, die Ihr Rechner anderen Rechnern im Internet sendet, bleiben dieselben.

Darum wurden alle Beispiele in diesem Buch auf UNIX-Systemen erstellt—es sollte keinen Unterschied machen. Die Befehle, die Sie verwenden, mögen leicht unterschiedlich sein, um Sie den anderen Befehlen Ihres Betriebssystems ähnlicher zu machen, aber das Wann und Warum bei der Anwendung dieses Befehls wird dasselbe bleiben. Wenn ein Beispiel Ihnen zeigt, daß Sie das **ftp**-Programm starten (Sie verwenden es, um Dateien zu kopieren), eine Verbindung mit einem Archiv auf einem anderen Rechner herstellen und eine bestimmte Datei von dort abholen, dann würden Sie auch auf einem DOS-Computer dieselben Schritte in derselben Reihenfolge ausführen. Wenn Sie schon wissen, wie Sie Standardsoftware auf einem

---

* Das ist nicht vollkommen korrekt. Die Programme können Einschränkungen aufweisen, die davon abhängen, was das Betriebssystem Ihres Rechners erlaubt. Oder die Software für Ihren Rechner könnte eine ältere (oder neuere) Version des Programms sein als die am anderen Ende.

Computer verwenden und dann dieses Buch durchlesen, sollten Sie in der Lage sein, das Internet zu benutzen.

Manchmal werden Sie feststellen, daß das Buch auf UNIX-Details Bezug nimmt, beispielsweise: »verwendet die Umgebungsvariable PAGER«. Ich habe versucht, bei der Erklärung der Beispiele sehr ausführlich zu sein, und das ist der Preis, der dafür gezahlt werden mußte. Wenn Sie nicht an UNIX interessiert sind, überspringen Sie die Details einfach, aber lesen Sie die Erklärung dessen, was passiert. Wenn die UNIX-Version des Programms mit einem bestimmten Zustand klarkommen muß, beispielsweise einem vollen Bildschirm, dann wird das auch auf das DOS-, Macintosh- oder Amiga-Programm zutreffen. Sie werden immer so vorgehen, wie es jeweils »normal« ist, also in der Weise, in der DOS, ein Macintosh oder ein Amiga ähnliches in anderen Programmen behandeln. Sie werden also vermutlich sogar in der Lage sein, selbst zu erraten, was Sie in der speziellen Situation tun sollten.

Was Sie brauchen

Sie brauchen nur drei Dinge, um das Internet zu erforschen und zu benutzen: ein Verlangen nach Information, die Fähigkeit, einen Computer zu benutzen, und Zugang zum Internet. Der Informationsbedarf ist das Wichtigste. Genau das ist es, was das Internet anbietet: Die Informationen, die Sie suchen, und zwar genau dann, wenn Sie sie brauchen—kein »weitere Details in der folgenden Sendung«. Ohne dieses Bedürfnis wird der Inhalt dieses Buches Sie nicht beeindrucken. Wenn ich schreibe »Lassen Sie uns nun den Getreidemarkt, die speziellen Ernährungsbedürfnisse von AIDS-Kranken, die Wintersportbedingungen in den Alpen untersuchen und noch einige Rezepte für's Bierbrauen zu Hause besorgen« und Sie antworten »Warum?«, dann sind Sie noch nicht bereit. Wenn Ihre Antwort »Toll!« war, dann ist das Internet das Richtige für Sie.

Sie benutzen das Internet mit Hilfe eines Computers. Sie müssen kein Diplominformatiker sein, um einen zu benutzen; Sie sollten allerdings in der Lage sein, ihn zu bedienen und Programme zu starten, und Sie sollten wissen, was Dateien sind. Ein paar Computerfachbegriffe können hilfreich sein, aber in der Hauptsache brauchen Sie nur ein paar sehr einfache Ausdrücke.

Bit — Die kleinste Informationseinheit. Ein Bit kann entweder den Wert 1 oder 0 annehmen. Die ganze EDV basiert darauf, Gruppen von Bits zusammenzufügen, zu manipulieren und zu verschieben. Beispielsweise braucht es acht Bits, um einen Buchstaben des Alphabets zu repräsentieren.

K — Eine Maßeinheit, die »ungefähr 1000« bedeutet, abgeleitet vom griechischen Kilo. Zum Beispiel bedeutet 8.6K Text ungefähr 8600 Zeichen. In der EDV kann K entweder 1000 oder 1024 bedeuten, abhängig vom Kontext, aber das ist hier nicht so wichtig. Für die Zwecke dieses Buches ist »ungefähr 1000« gut genug.

klicken Ein Verb, das hier bedeutet, etwas mit der Maus auszuwählen. Ich habe ein Programm mit einer Benutzungsoberfläche aufgenommen, die die Maus erfordert. Mit der Maus auf dem Tisch umherzufahren bedeutet, einen Pfeil auf dem Bildschirm zu bewegen. Programme, die zum großen Teil mit der Maus bedient werden, stellen häufig simulierte »Knöpfe« (Buttons) auf dem Bildschirm dar. Sie bedienen diese Buttons, indem Sie den Pfeil darauf bewegen und dann den Mausknopf drücken. Das wird als »klicken« auf diesen Knopf bezeichnet.

Wenn es mir gelungen ist, ein gutes Buch zu schreiben, werden Sie alles, was Sie wissen müssen, lernen, während Sie das Buch lesen. Motiviert Sie das für den Anfang?

Schließlich brauchen Sie eine Internet-Anbindung. Dieses Buch orientiert sich an Anwendern, die bereits eine Internet-Anbindung haben und nun wissen möchten, wie sie sie benutzen. Diese Anbindung kann eine aus einer Vielzahl von möglichen sein—das reicht von einer vollen Anbindung über ein lokales Netzwerk (*LAN*) bis hin zu eingeschränkten Wähl-Anbindungen mittels Modem und Terminalprogramm. Wenn Sie schon eine Anbindung haben, können Sie den nächsten Abschnitt überspringen. Wenn Sie noch keine Anbindung haben, können Sie in Anhang A herausfinden, wie Sie eine bekommen können.

Was eine Internet-Anbindung bedeutet

Wenn Sie jemanden fragen: »Sind Sie ans Internet angebunden?«, dann könnten Sie einige merkwürdige Antworten bekommen. Die Frage ermöglicht eine präzise Antwort, aber das ist nicht das, woran die meisten Leute denken. Für viele Leute ist die Frage »Sind Sie angebunden?« ähnlich der Frage »Kaufen Sie bei Quelle?«. Einkaufen bei Quelle bedeutet jedem etwas anderes. Für einige ist Quelle ein Laden in der Fußgängerzone, andere denken dabei an den Katalog. Ob die Antwort Ja oder Nein ist, hängt wohl in erster Linie davon ab, ob der Gefragte das, was er wollte, bei Quelle bekommen hat, und nicht davon, wie er es gekauft hat. Das gleiche gilt für Internet-Anbindungen. Wenn ich Sie frage: »Sind Sie angebunden?«, dann wird die Frage, die Sie aufnehmen, vermutlich sein: »Kann ich die Internet-Anwendungen, die ich nutze, von meinem Terminal aus benutzen ?«. Beispielsweise denken viele Menschen, die nur elektronische Post verwenden, sie seien an das Internet angebunden, obwohl sie es tatsächlich nicht sind. Bevor Sie beginnen, müssen Sie wissen, was eine Anbindung bedeutet. Sobald Sie wissen, was das bedeutet, können Sie herausfinden, ob Sie schon eine Anbindung haben, und falls Sie noch keine haben, welche Art von Service Sie einkaufen und wieviel Sie dafür ausgeben sollten.

Das Internet bietet eine weite Palette an Diensten. Wir haben bereits eine unvollständige Liste dieser Dienste gesehen: Elektronische Post, Nachrichtenbretter, Dateitransfer, Fernbedienung, Suchhilfen usw. Um das komplette Angebot an Diensten zu nutzen, brauchen Sie eine TCP/IP-Anbindung (nehmen Sie diesen

Fachausdruck jetzt einfach als gegeben hin—wir kommen später noch darauf zurück). Eine TCP/IP-Verbindung mit dem Internet ist wie eine vulkanische Gedankenverschmelzung in *Raumschiff Enterprise*. Ihr Computer ist Teil des Netzwerkes; er weiß, wie er jeden anderen Computer oder Dienst im Internet anspricht, auch wenn er eventuell spezielle Software dazu benötigt. Alles, was zwischen vernetzten Computern passieren kann, kann dabei auch im Internet passieren. Wenn Sie beispielsweise eine Datei brauchen, können Sie sie direkt auf Ihre Workstation befördern—wie in Abbildung 1-1.

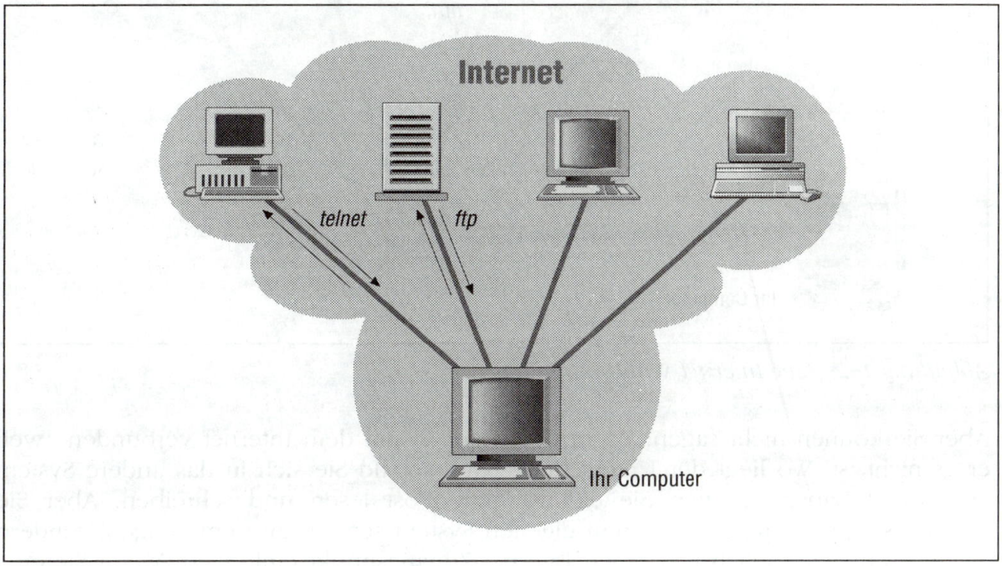

Abbildung 1–1: Eine echte Internet-Anbindung

Wenn Sie nur an einigen eingeschränkten Diensten interessiert sind, brauchen Sie nicht notwendigerweise eine vollwertige Internet-Anbindung. Das bedeutet: Sie können einen Account auf einem Computer, der mit dem Internet verbunden ist, erbetteln, erpressen oder erwerben. Dann können Sie mit einem Terminalemulator in diesen Computer einwählen, sich einloggen und dort Post lesen, Dateien holen oder tun, was immer Sie möchten (siehe Abbildung 1-2). In dieser Situation können Sie sagen: »Ich habe Zugang zum Internet«, oder: »Ich habe eine Internet-Anbindung«, weil Sie alles tun können, was das Internet Ihnen bietet—auf dem anderen Rechner.*

* Natürlich kann es sein, daß der andere (Internet-) Computer keine nützlichen Programme installiert hat. Sie werden dann mit dem Systemverwalter sprechen müssen, damit der für Sie findet und installiert, was Sie benötigen. Es würde Ihnen nichts nützen, die Programme auf Ihrer Maschine zu installieren.

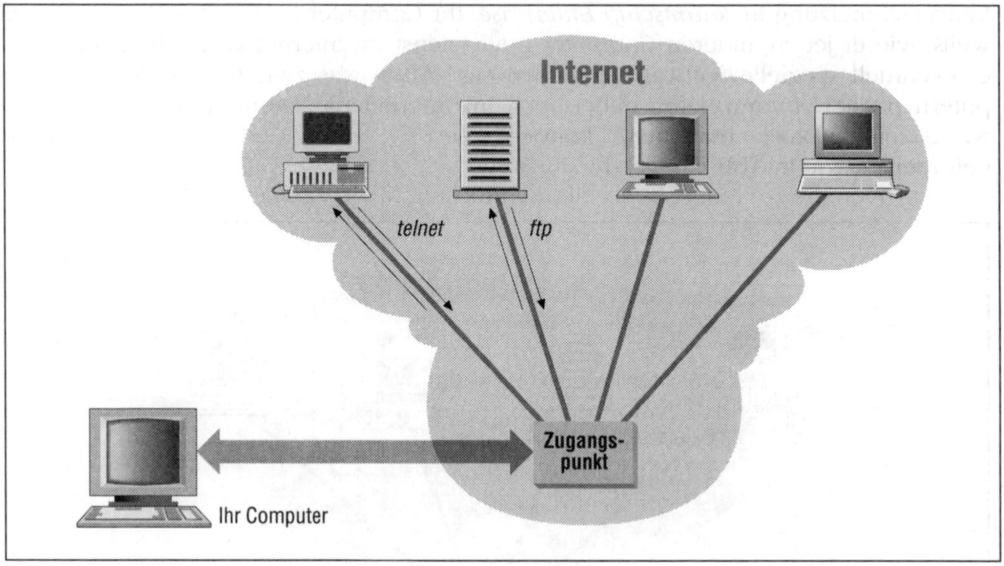

Abbildung 1–2: Eine Internet-Wähl-Anbindung

Aber Sie können nicht sagen: »Mein Computer ist mit dem Internet verbunden«, weil er es nicht ist. Wo liegt der Unterschied? Nun, sobald Sie sich in das andere System eingewählt haben, können Sie elektronische Post lesen und schreiben. Aber Sie können sie nicht direkt von Ihrem eigenen System senden und empfangen, sondern Sie müssen sich zunächst in einen Internet-Zugangspunkt einloggen. Wenn Sie eine wichtige Nachricht speichern möchten, können Sie das zwar auf dem anderen System, aber nicht direkt auf Ihrem eigenen Rechner tun. Sie müssen auf der Festplatte des anderen Systems abspeichern und dann Ihr Kommunikationsprogramm benutzen, um die Dateien vom anderen System zurück auf Ihren eigenen Rechner zu bewegen. Dementsprechend können Sie auch eine Datei von einem beliebigen der öffentlichen Archive im Internet holen, aber Sie müssen immer noch den zusätzlichen Schritt ausführen, diese Datei von Ihrem Zugangsrechner auf den eigenen zu übertragen. Sie können auch keines der neueren Programme, die eine grafische Ausgabe erfordern, nutzen (wie Mosaic, das in Kapitel 13 behandelt wird). In dieser Konstellation hat der Zugangsrechner keine Möglichkeit, die anzuzeigenden Grafiken auf den Monitor des lokalen PCs zu bringen.

Noch einen Schritt weiter weg können Sie eine Art eingeschränkten Internet-Zugang erhalten. Wenn Sie ein CompuServe- oder Bitnet-Teilnehmer sind, können Sie elektronische Post ins Internet versenden und (mit der richtigen Software) auch Nachrichtenbretter im Internet lesen (bekannt als *News*). Ein UNIX-Anwender, der UUCP* für die elektronische Post und Newsgruppen verwendet, sitzt im gleichen Boot. Obwohl es unter Anwendern in dieser Situation üblich ist zu sagen, daß sie »am Internet hängen«, tun sie es, realistisch betrachtet, nicht. Mit dieser Art von Anbindung können Sie ein paar der populären Internet-Dienste nutzen, aber die meisten nicht. Die Tatsache, daß ich eine Postkarte an meine Freunde in Paris senden kann, macht mich noch nicht zum Franzosen.

Einige Serviceprovider bieten Programme an, die einige der Limitierungen einer solchen »unechten« Internet-Anbindung verdecken können. Solche Programme erlauben es Ihnen, Dateien oder E-Mail in einem einzigen Arbeitsgang von Ihrem Computer zu Internet-Rechnern und umgekehrt zu befördern. Dies vermittelt Ihnen die Illusion, »im Internet« zu sein, obwohl Sie in Wirklichkeit nur per Anwahl Zugang finden. Das ist immerhin schon einen Schritt besser, aber es beläßt Sie immer noch in der Hand des Providers, wenn es darum geht, was Sie tun können und was nicht. Der wirkliche Härtetest, um zu unterscheiden, ob Sie »im« Internet sind oder nur Zugang dazu haben, ist die Frage: »Wenn ich von einem neuen oder verbesserten Internet-Anwendungsprogramm erfahre, kann ich es dann einfach bei mir zu Hause installieren und benutzen?« Um genau zu sein: Wenn Sie Mosaic verwenden können, können Sie alles tun, was das Internet Ihnen erlaubt.

Es ist eigentlich nicht wichtig, ob Sie »im« Internet sind, darauf zugreifen können oder über ein anderes Netzwerk mit dem Internet Verbindung aufnehmen—solange Sie tun können, was Sie tun wollen. Wenn Sie nur an einem Zugang zu elektronischer Post (E-Mail) Interesse haben, dann ist ein Benutzeraccount auf einem Rechner mit Internet-Zugang vollkommen ausreichend und vermutlich billiger. Wenn Sie immer die neuesten und tollsten Möglichkeiten ausnutzen wollen, dann werden Sie ohne einen vollen Zugang wohl nicht zufrieden sein. Sie und Ihr Portemonnaie müssen sich entscheiden. Das Problem ist, daß das Internet abhängig machen kann. Sie mögen heute noch denken, daß Sie allein mit E-Mail vollkommen zufrieden sind. Doch über E-Mail werden Sie herausfinden, daß Sie auf etwas anderes verzichten müssen, zu dem Sie sich dann auch Zugang verschaffen. Dann erfahren Sie wieder von etwas neuem—und so weiter, und so fort.

Anschluß finden?

Hier kommt die große Überraschung: Sie könnten bereits eine Internet-Anbindung haben und nichts davon wissen. Die meisten Internet-Anwender haben eine Anbindung durch Arbeit oder Ausbildung; ihre Firma oder Ausbildungsstätte ist an das Internet angebunden, und sie verwenden es für Arbeit und Freizeit. Wenn Ihre Firma eine Internet-Anbindung hat, und Sie einen Computer in Ihrem Büro haben, sollte es einfach sein, ins Netz zu gelangen. Fragen Sie einen Systemadministrator, ob Ihre

---

UUCP ist eine ältere Methode, einen UNIX-Computer so zu konfigurieren, daß er automatisch andere UNIX-Computer anruft und Dateien überträgt. Das ist die Basis für einen sehr populären Postdienst.

Firma im Internet ist, und wenn ja, wie Sie Ihr Bürosystem damit verbinden. Wenn Sie Glück haben, müssen Sie gar nichts tun. Es könnte sein, daß Sie sich nur hinzusetzen brauchen, **telnet** tippen und anfangen können. Glauben Sie nicht, daß das unrealistisch ist. Es gibt *viele* Leute, die tatsächlich soviel Glück haben. Wenn Sie nicht dazugehören und Ihr Administrator Ihnen sagt, daß Ihre Firma oder Ausbildungsstätte nicht im Internet ist, dann fragen Sie einfach das offensichtliche: »Warum nicht?«. Für eine kleine Firma können schon wenige relativ preiswerte Internet-Anbindungen die Art von weltweitem Netzwerk herstellen, die sich bisher nur Riesen wie Mercedes oder die Deutsche Bank leisten konnten.

Wenn Sie noch nicht angebunden sind, gibt es viele Wege, das zu bewerkstelligen. Darunter befinden sich große, teure Lösungen, die einer großen Firma oder Universität angemessen sind ebenso wie preiswerte Lösungen, die besser zu einer sehr kleinen Firma oder einem Heimanwender passen. Egal, auf welcher Stufe Sie sich beteiligen, Internet-Zugang wird immer durch einen sogenannten »Provider« bereitgestellt. Das ist eine Organisation, deren Aufgabe es ist, Internet-Zugang zu ermöglichen. Es gibt Provider für jede Stufe des Zugangs, von teuren Internet-Standleitungen bis hin zu preiswerten Wählanbindungen für den Heimbereich. Anhang A, *So erhalten Sie Zugang zum Internet*, führt viele (wenn auch nicht alle) Provider und ihre Serviceangebote auf. Er bietet auch einige Tips, wie eine Einzelperson Zugang erhält, ohne allzuviel dafür bezahlen zu müssen.

Wie dieses Buch aufgebaut ist

Dieses Buch ist wie ein Lehrgang aufgebaut. Einleitend behandeln wir die geschichtlichen Hintergründe, dann das eigentliche Thema, Punkt für Punkt. Schließlich folgt gegen Ende möglicherweise eine Exkursion, bei der Sie sehen, wie das Gelernte in der Praxis eingesetzt wird.

In den Kapiteln 2 bis 4 beginnen wir mit etwas Geschichte und Theorie. Das Hintergrundmaterial wird auf ein Minimum beschränkt—gerade so viel, daß Sie erkennen können, warum das Internet so ist, wie es ist. Wir werden kurz darauf eingehen, wie das Internet funktioniert—keine ellenlangen Erklärungen, wie die Bits verschoben werden, sondern eher Erläuterungen der Konzepte und einige nützliche Hinweise. Dies müssen Sie nicht unbedingt lesen, und können es normalerweise auch überspringen. Es ist jedoch recht kurz und, wie ich finde, wichtig. Wenn Sie mit einem Problem festsitzen und raten müssen, was schiefläuft oder was Sie als nächstes probieren sollten, dann hilft Ihnen nichts mehr als ein Gefühl dafür, was wirklich passiert. Wenn Sie gern mehr über die Geschichte des Internets oder seine Technologie erfahren möchten, gibt es andere Bücher, die sehr viel mehr ins Detail gehen.*

* Das beste von diesen ist wahrscheinlich Douglas Comers Buch *"Internetworking with TCP/IP: Principles, Protocols, and Architectures"* (Prentice-Hall). Technisch ist es recht fortgeschritten, aber es ist das Standardwerk zu diesem Thema.

Ein großer Teil des Buches (Kapitel 5 bis 15) behandelt die Benutzung der Hilfsprogramme, die es Ihrem Computer ermöglichen, Aufgaben im Internet zu erledigen. Ich habe versucht, mich auf das zu konzentrieren, was Sie vermutlich tun werden und warum; nicht nur welchen Knopf Sie drücken müssen, sondern warum Sie das tun. Großen Raum widme ich auch einigen relativ diffusen, aber sehr wichtigen Punkten: Was ist erlaubt und was nicht? Was ist höflich und was nicht? Welches ist der beste Weg, die Informationen zu finden, die Sie suchen?

Der letzte große Abschnitt dieses Buches ist der *Ressourcen-Katalog*: Eine Liste von Dingen, die wir (einige Menschen haben mir geholfen) im Internet gefunden haben. Er ist nach Themen sortiert, also sollten Sie keine Schwierigkeiten haben, die Themen zu finden, die Sie interessieren. Wir fanden diese Ressourcen, indem wir die Tools benutzt haben, die in diesem Buch erklärt werden, und uns einfach umgesehen haben. Die Liste ist nicht vollständig, aber das ist wohl keine Liste. Pere Marquette hat keinen Pfeil auf eine Weltkarte geworfen, und dann dort Indianer missioniert, wo der Pfeil landete. Er begann an einem Fleck, von dem er wußte, daß dort Indianer waren und machte von dort weiter. Dies ist Ihr Startpunkt. Fangen Sie an einer Stelle an, die Sie interessant finden, und sehen Sie sich um. Es ist faszinierend, was Sie finden werden.

Wenn Sie immer noch denken, daß dieses Ding namens Internet etwas für Sie ist, dann machen Sie weiter und Sie werden herausfinden, was es ist.

KAPITEL ZWEI

WAS IST DAS INTERNET?

Was macht das Internet aus?

Wer verwaltet das Internet?

Wer bezahlt dafür?

Was bedeutet das für mich?

Was bringt die Zukunft?

Die Geburtsstunde des Internets liegt gut 20 Jahre zurück. Es entstand aus den Bestrebungen, ein Netzwerk des US-Verteidigungsministeriums namens ARPAnet mit verschiedenen anderen Funk- und Satellitennetzen zu verbinden. Das ARPAnet war ein experimentelles Netzwerk—entwickelt, um die militärische Forschung zu unterstützen. Insbesondere wurde zu Netzwerken geforscht, die Teilausfälle (wie Bombenangriffe) verkraften konnten, ohne die Funktion einzustellen. (Behalten Sie dies im Hinterkopf, wenn ich Ihnen erkläre, wie das Netzwerk arbeitet; es könnte Ihnen ein besseres Verständnis vom Aufbau des Internets ermöglichen). Im ARPAnet-Netzmodell findet Kommunikation immer zwischen einem Ausgangs- und einem Zielpunkt (oder -rechner) statt. Das Netzwerk selbst wird als unzuverlässig betrachtet; jeder Teil des Netzwerks könnte jederzeit verschwinden (wählen Sie eine beliebige Katastrophe—heutzutage sind Tiere, die Kabel durchnagen, eine viel realistischere Bedrohung als Bomben). Das Netz wurde so entworfen, daß es nur ein Minimum an Information über die beteiligten Rechner brauchte. Um eine Nachricht im Netzwerk zu versenden, mußte ein Computer nur seine Daten in einen Umschlag stecken, der *Internet Protocol (IP) Packet* genannt wird, und die Pakete richtig »adressieren«. Die kommunizierenden Rechner—nicht das Netzwerk selbst—bekamen auch die Verantwortung dafür, daß die Kommunikation zustande kam. Die Philosophie dahinter war, daß jeder Rechner im Netzwerk mit jedem anderen Rechner kommunizieren können sollte.

Diese Entscheidungen mögen Ihnen merkwürdig vorkommen—etwa die Annahme, daß ein Netzwerk »unzuverlässig« sei—aber die Geschichte hat gezeigt, daß die meisten davon vernünftig waren. Unter diesen Annahmen waren die Vereinigten Staaten in der Lage, ein funktionsfähiges Netzwerk zu entwickeln (den Vorgänger des heutigen Internets), und die Anwender in Forschung und Entwicklung, die darauf Zugriff hatten, waren schnell davon begeistert. Obwohl die Organisation für internationale Standardisierung (ISO) viele Jahre damit verbracht hat, den endgültigen Standard für Computernetzwerke zu entwerfen, konnten einige Leute nicht darauf warten. Die Internet-Entwickler in den Vereinigten Staaten, Großbritannien und Skandinavien begannen, als Reaktion auf den Druck des Marktes, ihre IP-Software auf jeden nur denkbaren Typ von Rechner zu portieren. Sie wurde zur einzig praktikablen Methode für Rechner von verschiedenen Herstellern, miteinander zu kommunizieren. Dies war attraktiv für Verwaltungen und Universitäten, die keine Richtlinien hatten, welche ihnen vorschrieben, daß alle Rechner von demselben Hersteller sein müßten. Jeder kaufte den Computer, den er wollte, und erwartete, daß seine Rechner über das Netzwerk zusammenarbeiteten.

Ungefähr zur gleichen Zeit, als das Internet zu entstehen begann, wurden auch lokale Netzwerke (local area networks, LANs) auf Ethernet-Basis entwickelt. Die LAN-Technologie schritt nur langsam voran—bis ungefähr 1983, als die Desktop-Workstations verfügbar und lokale Netzwerke plötzlich überall eingerichtet wurden. Die meisten dieser Workstations wurden mit Berkeley-UNIX ausgeliefert, das die IP-Netzwerkfähigkeit mitbrachte. Dies erzeugte eine neue Nachfrage: Statt sich mit einem einzigen großen Server an das Netz anzuschließen, wollten viele Betreiber nun das ganze lokale Netzwerk ans ARPAnet anbinden. Das ermöglichte es allen Computern im LAN, die Möglichkeiten des ARPAnet zu nutzen. Zum gleichen Zeitpunkt begannen auch andere große Organisationen, ihre eigenen Netzwerke aufzubauen, wobei sie auf dieselben Protokolle wie das ARPAnet zurückgriffen: IP und seine Abkömmlinge. Es wurde offenbar, daß jeder profitieren würde, wenn diese Netzwerke miteinander verbunden würden, so daß Anwender eines Netzes mit denen in einem anderen kommunizieren konnten.

Eines der wichtigsten der neueren Netze war das NSFNET, betrieben und unterhalten von der National Science Foundation (NSF), einer Behörde der amerikanischen Regierung. In den späten 80er Jahren gründete die NSF fünf Supercomputerzentren. Bis zu diesem Zeitpunkt standen die schnellsten Computer der Welt nur der Rüstungsindustrie und einigen wenigen Forschern der großen Firmen zur Verfügung. Durch die Gründung der Supercomputerzentren machte die NSF diese Ressourcen für jede wissenschaftliche Forschung verfügbar. Der Grund dafür, daß nur fünf Zentren gegründet wurden, waren die Kosten. Deshalb mußten diese fünf Zentren von den Anwendern gemeinsam genutzt werden. Dadurch entstand ein Kommunikationsproblem: Man brauchte einen Weg, diese Zentren miteinander zu verbinden und den Nutzern zu ermöglichen, auf sie zuzugreifen. Zunächst versuchte die NSF, das ARPAnet für die Kommunikation zu nutzen, doch diese Strategie führte aufgrund von Bürokratie und Personalproblemen nicht zum Ziel.

Daraufhin entschied sich die NSF, ein eigenes Netzwerk aufzubauen, basierend auf der IP-Technologie des ARPAnet. Es verband die Zentren mit Telefonstandleitungen, auf denen 56.000 Bits pro Sekunde* (56 kbps) übertragen wurden. Es war allerdings offensichtlich, daß der Versuch, jede Universität an ein Supercomputerzentrum anzubinden, zum Scheitern verurteilt war. Telefonstandleitungen werden nach Kilometern bezahlt. Eine Leitung pro Universität mit einem Supercomputerzentrum in der Mitte, wie Speichen in einem Rad, hätte sich zu einer Menge von Kilometern summiert. Daher wurde beschlossen, regionale Netzwerke zu gründen. In jeder Region des Landes wurden Schulen mit dem nächstgelegenen Nachbarn verbunden. Jede dieser Ketten war an einem Punkt an einen Supercomputer angeschlossen, und die Zentren waren untereinander verbunden. Mit dieser Konfiguration konnte jeder Rechner mit jedem anderen kommunizieren, indem er die Kommunikation über seine Nachbarrechner führte, die sie weiterleiteten.

Diese Lösung war erfolgreich—und wie bei jeder erfolgreichen Lösung kam die Zeit, zu der sie nicht mehr funktionierte. Die gemeinsame Nutzung der Supercomputer erlaubte den beteiligten Systemen auch, eine Menge anderer Dinge zu teilen, die mit den Zentren nichts zu tun hatten. Plötzlich stand diesen Schulen eine ganze Welt voller Daten und anderer Benutzer offen. Der Verkehr im Netzwerk stieg und stieg, bis schließlich die Computer, die das Netzwerk verwalteten sowie auch die Leitungen selbst überlastet waren. 1987 schloß man einen Vertrag über Verwaltung und Erweiterung des Netzwerkes mit der Merit Network Inc., die seinerzeit zusammen mit IBM und MCI das Ausbildungsnetz von Michigan verwaltete. Das alte Netzwerk wurde mit schnelleren Leitungen (eine Beschleunigung um den Faktor 20) und schnelleren Computern auf den neuesten Stand gebracht.

Dieser Prozeß, in dem die Leistungsfähigkeit des Netzes immer wieder ausgereizt ist und größere Computer und schnellere Leitungen gebraucht werden, wiederholt sich bis heute. Anders als Reparaturen und Ausbauten am Straßenverkehrsnetz werden diese Änderungen von den meisten Leuten, die das Internet benutzen, gar nicht bemerkt. Sie werden nicht eines Tages ins Büro gehen und Ihren Computer einschalten nur um eine Meldung vorzufinden, daß das Internet in den nächsten Monaten nicht zugänglich sein wird. Was vielleicht noch wichtiger ist: Die ständigen Kapazitätsauslastungen und die ihnen folgenden Verbesserungen des Netzwerks haben eine Technologie hervorgebracht, die extrem ausgereift und praktikabel ist. Die Ideen sind getestet worden, Probleme sind aufgetaucht—und sie sind gelöst worden.

Für unsere Zwecke ist der wohl wichtigste Aspekt der Pionierleistung der NSF, daß sie es jedermann ermöglichte, das Netzwerk zu benutzen. Bis dahin war das Internet nur Informatikern, Regierungsbeamten und den mit Staatsaufträgen betrauten Firmen zugänglich. Die NSF förderte allgemeinen Zugang für Ausbildungszwecke, indem sie Universitäten nur anschloß, wenn diese bereit waren, freien Zugang zu gewähren. So konnte jeder, der eine vierjährige College-Ausbildung durchlief, auch zum Internet-Benutzer werden.

---

* Dies entspricht etwa dem Transfer von zwei vollen Schreibmaschinenseiten pro Sekunde. Nach modernen Maßstäben langsam, doch Mitte der 80er Jahre war das schnell genug.

Die Nachfrage reißt nicht ab. Nachdem nun fast alle Colleges angeschlossen sind, gibt es Bestrebungen, auch Mittel- und Grundschulen zu vernetzen. Menschen, die das College absolviert haben, wissen, was das Internet ist und bewegen ihre Arbeitgeber dazu, auch die Firma anzubinden. Alle diese Aktivitäten weisen auf weiteres Wachstum hin, auf zu lösende Probleme, sich entwickelnde Technologien und eine hohe Arbeitsplatzsicherheit für Netzwerker. Viele Menschen gehen schon einen Schritt weiter: Nachdem sie am Arbeitsplatz eine Netzwerkanbindung haben, ist der nächste logische Schritt, auch die Privatwohnung anschließen zu lassen.

Was macht das Internet aus?

Woraus das Internet besteht, ist eine schwierige Frage, denn die Antwort ändert sich mit der Zeit. Vor fünf Jahren wäre die Antwort einfach gewesen: »Aus allen Netzwerken, die das IP-Protokoll verwenden und so kooperieren, daß sie für ihre Anwender als ein einziges Netzwerk erscheinen.« Das umfaßte diverse staatliche Netzwerke, einige regionale Netzwerke, Universitätsnetze sowie einige Netzwerke außerhalb der Vereinigten Staaten.

Etwas später erkannten jedoch einige nicht auf IP basierende Netzwerke, daß das Internet eine nützliche Einrichtung war. Sie wollten seine Dienste auch für ihre Anwender nutzbar machen. Daher entwickelten sie Methoden, auch diese »anderen« Netze (z.B. BITNET, DECnet) mit dem Internet zu verbinden. Zunächst waren diese Verbindungen, *Gateways* genannt, nur zum Transfer von E-Mail zwischen den Netzen gedacht. Einige davon sind allerdings zu vollwertigen Dienstübergängen herangewachsen. Sind sie Teil des Internets? Vielleicht, vielleicht auch nicht. Es hängt davon ab, ob sie es sein wollen. Wenn Sie das merkwürdig finden, lesen Sie weiter: Es wird noch merkwürdiger.

Wer verwaltet das Internet?

In vielen Beziehungen ist das Internet wie eine Kirche: Es hat einen Ältestenrat, jedes Mitglied hat seine eigene Vorstellung davon, wie die Dinge laufen sollten, und Sie können sich engagieren oder nicht. Sie haben die Wahl. Das Internet hat keinen Präsidenten, keinen Chef, und keinen Papst. Die teilnehmenden Netzwerke mögen Präsidenten oder Geschäftsführer haben, aber das ist eine andere Geschichte; es gibt niemanden, der das Internet als Ganzes kontrolliert.

Die entscheidende Autorität in bezug auf die weitere Entwicklung des Internets liegt bei der *Internet Society* (ISOC). ISOC ist eine Organisation mit freiwilliger Mitgliedschaft, deren Zweck es ist, den globalen Informationsaustausch durch Internet-Technologie zu fördern.* Die Gesellschaft ernennt einen Ältestenrat, der die

* Wenn Sie weitere Informationen wünschen oder Mitglied werden wollen, sehen Sie bitte unter »Netzwerkorganisationen« im *Ressourcen-Katalog* nach.

Verantwortung für die technische Verwaltung und Leitung des Internets hat.

Der Ältestenrat ist eine Gruppe dazu eingeladener Freiwilliger, auch *Internet Architecture Board* (IAB) genannt. Das IAB trifft sich regelmäßig, um Standards abzusegnen und Ressourcen, z.B. Adressen, zu vergeben. Das Internet kann nur funktionieren, weil es standardisierte Methoden für Computer und Programme gibt, sich zu unterhalten. Dies läßt Computer von unterschiedlichen Herstellern ohne Probleme miteinander kommunizieren. Es ist kein IBM- oder Sun- oder Macintosh-spezifisches Netzwerk. Das IAB ist für diese Standards verantwortlich—es entscheidet, wann ein Standard nötig ist und wie er aussehen sollte. Wenn ein Standard benötigt wird, untersucht das IAB das Problem, entwirft einen Standard und gibt ihn über das Netzwerk bekannt (Sie haben sicher keine Steintafeln erwartet, oder?). Das IAB verwaltet auch diverse Nummern (und andere Dinge), die eindeutig sein müssen. Beispielsweise hat jeder Rechner eine eindeutige, 32 Bits lange Adresse; kein anderer Rechner hat dieselbe. Wie wird diese Adresse vergeben? Das IAB kümmert sich um diese Art von Problemen. Es vergibt die Nummern nicht selbst, aber es erstellt die Regeln, nach denen die Nummern zugewiesen werden.

Wie in einer Kirche, so hat auch hier jeder seine eigene Meinung, wie die Dinge laufen sollten. Internet-Anwender bringen ihre Meinungen auf Treffen der *Internet Engineering Task Force* (IETF) zu Gehör. Die IETF ist eine weitere Organisation auf freiwilliger Basis. Sie trifft sich regelmäßig, um Probleme des täglichen Betriebs und technische Probleme der nahen Zukunft zu diskutieren. Wenn sie ein Problem für wichtig genug hält, genauer betrachtet zu werden, ruft die IETF eine Arbeitsgruppe zur weiteren Untersuchung ins Leben. (In der Praxis bedeutet »wichtig genug« normalerweise, daß es genug Leute gibt, die bereit sind, in dieser Gruppe mitzuarbeiten.) Jeder kann an Treffen der IETF teilnehmen und in ihren Arbeitsgruppen mitarbeiten; wichtig ist, daß sie tatsächlich arbeiten. Solche Arbeitsgruppen können viele verschiedene Aufgaben wahrnehmen, von der Erstellung von Dokumentation oder der Festlegung von Richtlinien, wie das Netzwerk sich bei Fehlern verhalten sollte, bis hin zur Definition der Bits in einem Paket. Eine Arbeitsgruppe erstellt normalerweise einen Bericht. Abhängig von der Art der Empfehlung könnte das nur Dokumentation sein, die frei zur Verfügung gestellt wird, oder eine gute Idee, die andere Leute aufgreifen, oder auch eine Aufforderung an die IAB, einen neuen Standard zu definieren.

Wenn Sie einer Kirche angehören und ihre Lehren und Philosophie akzeptieren, werden auch Sie von der Kirche akzeptiert und erhalten die Vorteile, die die Zugehörigkeit mit sich bringt. Wenn Sie nicht mehr mögen, können Sie die Kirche verlassen. Die Kirche gibt es danach immer noch, nur Sie können nicht mehr von ihr profitieren. Genauso ist es mit dem Internet. Wenn ein Netzwerk die Lehre vom Internet annimmt, mit ihm verbunden ist und sich als Teil davon betrachtet, dann ist es ein Teil davon. Es wird Dinge geben, die es nicht mag, und diese Vorbehalte können durch die IETF angesprochen werden. Einige mögen akzeptiert und das Internet entsprechend angepaßt werden. Andere mögen kontrovers zur allgemeinen Auffassung sein und zurückgewiesen werden. Wenn das Netzwerk etwas tut, das dem Internet schadet, könnte es exkommuniziert werden, bis es sich bessert.

Wer bezahlt dafür?

Eine alte Regel, um verworrene Beziehungen aufzuklären, lautet: »Folge dem Geld«. Nun—dies wird Ihnen nicht helfen, das Internet zu verstehen. Niemand bezahlt »es«, es gibt keine Internet AG, die Gebühren von allen Teilnetzen oder Benutzern kassiert. Statt dessen bezahlt jeder für seinen Teil des Netzes. Die NSF bezahlt das NSFNET. Die NASA bezahlt das NASA-Wissenschaftsnetz. Netzwerke schließen sich zusammen und entscheiden, wie sie diese Verbindungen bezahlen. Eine Universität oder Firma bezahlt ihre Verbindung zu einem regionalen Netzwerk, welches wiederum einen nationalen Provider für den Zugriff bezahlt.

Es gibt einen Mythos, daß das Internet kostenlos sei. Das ist es nicht—für jede Verbindung mit dem Internet zahlt auch jemand. Häufig werden diese Kosten nicht auf die tatsächlichen Anwender umgelegt, was die Illusion des kostenlosen Zugangs nährt. Aber es gibt viele Anwender, die sehr genau wissen, daß das Internet nicht kostenlos ist. Viele zahlen monatliche oder stündliche Entgelte für den Internet-Zugang von zuhause bei Geschwindigkeiten bis zu 64.000 Bits/Sekunde (etwas mehr als ursprünglich zwischen den Netzwerk-Hauptrechnern). Momentan sind die wohl größten Zuwachsbereiche des Internets bei kleinen Firmen und Privatpersonen zu finden, und diese Anwender wissen sehr wohl, was es sie kostet.

Was bedeutet das für mich?

Das Konzept, daß das Internet kein einzelnes Netzwerk, sondern eine Ansammlung von Netzwerken ist, bedeutet für den Endanwender wenig. Sie wollen etwas Nützliches tun: Ein Programm starten oder auf Daten zugreifen. Sie sollten sich nicht darüber den Kopf zerbrechen müssen, wie alles zusammenhängt. Denken Sie an das Telefonnetz—es ist auch eine Art Internet. Die deutsche Telekom, AT&T, MCI, Pacific Telecom, British Telecom, Telefonos de Mexico usw. sind sämtlich separate Gesellschaften, die Teile des Telefonsystems unterhalten. Die Betreiber kümmern sich darum, daß alles miteinander funktioniert—alles, was Sie zu tun haben, ist, zu wählen. Wenn Sie die Kosten ignorieren, macht es keinen Unterschied, bei welcher Telefongesellschaft Sie telefonieren: Wählen Sie die Nummer, und es funktioniert.

Sie interessieren sich nur dann dafür, wer Ihre Gespräche vermittelt, wenn ein Problem auftritt. Wenn etwas nicht mehr funktioniert, kann nur eine der Telefongesellschaften den Fehler beheben. Die Gesellschaften benachrichtigen einander bei Problemen, aber jede ist selbst dafür verantwortlich, Fehler in ihrem Teil des Systems zu beheben. Das gleiche gilt für das Internet. Jedes Netzwerk hat sein eigenes Netzwerkbetriebszentrum (*Network Operations Center*, NOC). Diese Betriebszentren stehen miteinander in Kontakt und wissen, wie Störungen zu beheben sind. Ihr Provider hat einen Vertrag mit einem der an das Internet angebundenen Netzwerke, und es ist die Aufgabe des Providers, alle seine Kunden zufriedenzustellen. Wenn etwas schiefläuft ist er es, der zunächst einmal verantwortlich ist. Falls das Problem nicht in seine Zuständigkeit fällt, wird er es weiterleiten.

Was bringt die Zukunft?

Endlich eine Frage, die ich Ihnen beantworten kann. Ich habe zwar keine Kristallkugel (wenn ich eine hätte, würde ich meine Zeit an der Börse verbringen, statt dieses Buch zu schreiben), aber dies sind die Dinge, die das IAB und die IETF auf ihren Treffen besprechen. Die meisten Leute interessieren sich nicht für die langen Diskussionen sondern nur dafür, wie sie betroffen sein werden. Hier also die Höhepunkte der Netzwerk-Zukunft.

Neue Standardprotokolle

Als ich von der Entstehung des Internets sprach, erwähnte ich die Organisation für internationale Standardisierung (ISO) und ihren Satz von Protokollstandards. Nun, inzwischen sind sie fertig mit dem Entwurf. Jetzt ist es ein internationaler Standard, normalerweise als ISO- oder OSI-Protokollfamilie bezeichnet (Open Systems Interconnect, OSI). Viele der Netzwerke im Internet sind in der Lage, OSI zu verwenden. Es gibt allerdings noch nicht viel Nachfrage danach. Die US-Regierung hat verfügt, daß regierungseigene Computer in der Lage sein sollten, diese Protokolle zu verwenden. Viele haben die Software, aber nur wenige benutzen sie schon.

Es ist derzeit noch unklar, wieviel Nachfrage OSI erzeugen wird—trotz der staatlichen Unterstützung. Viele Menschen haben den Eindruck, daß das derzeitige Verfahren gut funktioniert, warum es also ersetzen? Sie beginnen gerade, mit dem vertraut zu werden, was sie haben; warum sollten sie gezwungen werden, einen neuen Satz von Befehlen und eine neue Terminologie zu erlernen—nur weil es jetzt auf einmal Standard ist?

Momentan gibt es keine echten Vorteile, die dafür sprechen, zu OSI zu wechseln. Es ist komplexer und weniger ausgereift als IP, und daher arbeitet es auch nicht so effizient. OSI bietet zwar Ansätze für einige zusätzliche Möglichkeiten, aber es leidet auch unter einigen derselben Probleme, die das Internet plagen werden, wenn das Netzwerk größer und schneller wird. Es ist offensichtlich, daß einige Sites in den nächsten Jahren zum OSI-Protokoll wechseln werden. Die Frage ist nur: Wie viele?

Internationale Verbindungen

Das Internet ist bereits seit langem ein internationales Netzwerk, aber anfangs erstreckte es sich nur auf die Vereinigten Staaten, ihre Alliierten und ihre überseeischen Militärbasen. Aber jetzt, in einer weniger paranoid gewordenen Welt, verbreitet sich das Internet überall. Es ist derzeit in mehr als 60 Ländern vertreten, und die

Zahl vergrößert sich ständig. Einige osteuropäische Länder wollten bereits seit langer Zeit teilnehmen, wurden aber von ihren Regierungen daran gehindert. Dieser Bann wurde gelockert. Einige Länder der dritten Welt, die vorher kein Interesse an der Teilnahme hatten, betrachten das Internet jetzt als einen Weg, ein höheres Bildungsniveau und eine höhere technologische Entwicklungsstufe zu erreichen.

In Europa wurde die Entwicklung des Internets lange dadurch behindert, daß nationale Bestimmungen die OSI-Protokolle verlangten; IP dagegen wurde als kulturelle Bedrohung empfunden—etwa auf einer Stufe mit EuroDisney. Abgesehen von den skandinavischen Ländern, die die Internet-Protokolle schon vor langer Zeit übernommen haben und bereits gut angebunden sind, haben diese nationalen Vorschriften die Entwicklung von Internet-Strukturen verhindert. Im Jahre 1989 begann RIPE (Reseaux IP Europeens) damit, den europäischen Teil des Internets zu koordinieren; heute stehen etwa 25% der Rechner mit Internet-Anschluß in Europa.

Derzeit ist die internationale Expansion des Internets durch das Fehlen einer guten unterstützenden Infrastruktur, insbesondere eines modernen Telefonsystems, gehemmt. Sowohl in Osteuropa als auch in der dritten Welt ist kein Telefonsystem auf dem neuesten Stand der Technik verfügbar. Selbst in großen Städten sind Verbindungen beschränkt auf die Geschwindigkeiten, die hierzulande jedem Haushalt zur Verfügung stehen: 9600 bps. Selbst wenn eines dieser Länder am Internet teilnimmt, sind typischerweise nur einige wenige Sites zugänglich. Normalerweise ist das die bedeutendste technische Universität des Landes. Allerdings können Sie davon ausgehen, daß sich das ändert, wenn sich das Telefonsystem verbessert. Mehr und mehr kleinere Sites werden auftauchen, und immer mehr Privatsysteme werden sich an das Internet anbinden.

Kommerzialisierung

Viele große Firmen sind seit Jahren im Internet. In der Hauptsache war die Teilnahme auf ihre Forschungs- und Entwicklungsabteilungen beschränkt. Dieselben Firmen nutzten ein anderes Netzwerk (normalerweise ein privates) für ihre geschäftliche Kommunikation. Schließlich war dieser ganze IP-Kram nur ein akademisches Spielzeug. Die IBM-Mainframes, die die kommerzielle Datenverarbeitung der Firmen erledigten, benutzten für die »richtige« Arbeit im Netzwerk eine Protokollfamilie namens System Network Architecture (SNA).

Die Firmen sind dabei zu entdecken, daß der Betrieb mehrerer Netzwerke sehr kostenintensiv ist. Einige beginnen, das Internet als »Mädchen für alles« in Betracht zu ziehen. Sie wurden in der Vergangenheit durch Regeln abgeschreckt, die die kommerzielle Nutzung ausschlossen oder einschränkten. Viele dieser Regeln werden jetzt überarbeitet und werden sich ändern. In dem Maße, in dem diese Restriktionen fallen, wird kommerzieller Gebrauch des Internets mehr und mehr üblich werden.

Dies sollte insbesondere für kleine Firmen gut sein. Motorola oder Shell können es sich leisten, landesweite Netzwerke zu unterhalten, die ihre Standorte verbinden, aber eine kleine Firma kann das nicht. Wenn sie eine Filiale in Kiel und eine in Garmisch-Partenkirchen hat, ist eine Internet-Anbindung an beiden Orten alles, was sie braucht. Praktisch entspricht das einem landesweiten Firmennetz, genau wie bei den großen Jungs.

Privatisierung

Gleich nach der Kommerzialisierung kommt die Privatisierung. Seit Jahren erwartet die Netzwerkgemeinschaft von den Telefongesellschaften und anderen profitorientierten Firmen die IP-Anbindung »aus dem Katalog«. Das bedeutet, daß man die Internet-Anbindung ebenso einfach bestellen kann wie einen Telefonanschluß. Sie bestellen, der Installateur kommt, und Sie stecken Ihren Computer ins Internet ein. Abgesehen von Bolt, Beranek und Newman, der Firma, die das originale ARPAnet betrieb, interessierte sich aber niemand für diese Aufgabe. Die Telefongesellschaften sagen seit jeher: »Wir legen die Leitungen, und Sie benutzen sie nach Ihrem Bedarf«. Selbstverständlich blieb auch die US-Regierung im Netzwerkgeschäft.

Nachdem aber große Firmen Interesse am Internet gefunden haben, sind die Telefongesellschaften dabei, ihre Haltung zu ändern. Jetzt verlangen sie, daß der Staat sich aus dem Netzwerkgeschäft zurückziehen solle. Schließlich seien die Telefongesellschaften am besten ausgerüstet für den Netzwerkservice. Sie haben Einfluß auf viele Politiker, denen das vernünftig erscheint. Wenn Sie sich jedoch mit Angestellten der Telefongesellschaften unterhalten, stellen Sie fest, daß viele von ihnen keine Ahnung haben, was das Internet ist. Sie haben keine Religion, aber sie studieren die Bibel intensiv.*

Seitdem die *nationale Informations-Infrastruktur* in den USA selbst in Regierungskreisen zum Thema wurde, sind weitere Spieler auf dem Feld erschienen. Kabelfernsehgesellschaften (nicht nur in den USA) haben erkannt, daß sie eine Menge Kabel besitzen, das auch digitale Daten übertragen könnte—und diese Kabel liegen bereits in vielen Haushalten. Also haben sie vorgeschlagen, das Privatisierungsproblem durch die Schaffung eines eigenen Netzes zu lösen, ohne dabei auf Subventionen zurückgreifen zu müssen. Ein solches Netz würde direkt auf den bereits getätigten Investitionen für das Kabelfernsehen aufsetzen. Es bleibt abzuwarten, was aus dieser Initiative wird—diese Gesellschaften haben sicherlich eine Religion (und Geld zur Verfügung), aber sie sind vielleicht dabei, ihre eigene Bibel zu schreiben. Es ist offensichtlich, daß diese Gesellschaften an Dienstleistungen interessiert sind, die bis jetzt noch nicht im Internet zu finden waren: Einkaufen am Bildschirm, Videospiele usw. Es ist nicht so klar, ob sie die herkömmlichen Anwendungen von Datennetzen verstehen und einsehen, daß das Netzwerk nicht jedesmal ausfallen darf, wenn ein

* Hiermit möchte ich mich bei den Angestellten entschuldigen, die schon vor Jahren das Licht gesehen haben und seither versuchen, auch ihren Arbeitgeber in die Kirche zu bringen.

Sturm durch das Land zieht.

Obwohl die meisten Menschen in der Netzwerkgemeinschaft die Privatisierung für eine gute Idee halten, gibt es dabei einige Hindernisse. Die meisten resultieren aus der Bezahlung für die Verbindungen, die bereits existieren. Viele Schulen sind angebunden, weil die Regierung einen Teil ihrer Rechnung zahlt. Wenn die Schulen selbst zahlen müßten, würden einige ihr Geld für etwas anderes ausgeben. Die großen Forschungseinrichtungen würden sicherlich am Netz bleiben, aber einige der kleineren Colleges eventuell nicht, und die Kosten wären vermutlich zu hoch für die meisten höheren Schulen (von Grundschulen ganz zu schweigen). Was wäre, wenn die Schule sich entweder eine Internet-Anbindung oder ein Labor leisten kann? Es ist unsicher, was finanziert werden würde. Das Internet ist für die meisten Leute noch keine Notwendigkeit. Wenn es das einmal geworden ist, können Sie auch die baldige Privatisierung erwarten.

Wir bewegen uns ziemlich schnell aus einem Stadium fort, in dem das Netzwerk selbst der Forschungsgegenstand war, und in eine Ära hinein, in der das Netz als ein Werkzeug in »richtigen« Projekten genutzt wird. Das hat auch Einfluß auf die Art und Weise, in der die Regierungen ihre Forschungsgelder verteilen. Statt den Internet-Anschluß für eine Universität, Schule, Behörde oder Firma zu finanzieren, wird das Geld eher in neue Projekte gelenkt. Die Leute, die diese Projekte betreiben, können dann die benötigten Internet-Dienste von verschiedenen Anbietern auf dem freien Markt beziehen. Dies macht einige Leute nervös, die um eine gesicherte Einnahmequelle bangen (und wem wäre die nicht lieb und teuer?). Andererseits ist dies vielleicht der einzig praktikable Weg, um öffentliche und private Gelder so zu verwenden, daß das Internet auch in den abgelegeneren Regionen der Welt Fuß fassen kann.

Nun, das soll genug zur Geschichte dieser Datenautobahn sein, die Internet heißt. Es ist Zeit, sich an den Straßenrand zu begeben, ein Auto anzuhalten und einfach mitzufahren.

KAPITEL DREI

WIE DAS INTERNET FUNKTIONIERT

Bits auf der Reise
Das Netzwerk anwenderfreundlich machen

Es ist schön, wenn man etwas über die Hintergründe weiß. Das ermöglicht Ihnen erst, einige der Hinweise zu verstehen, die Sie in diesem Buch finden. Sie werden sie dann verstehen, statt sie für unverständliche Regeln zu halten, die Sie stur auswendig lernen. Aber lassen Sie sich nicht abschrecken—die folgenden Erläuterungen werden verständlich bleiben. Sie werden keine technischen Details finden wie: »Dieses Feld ist drei Bits lang«. Wenn Sie darüber mehr wissen wollen, verweisen wir Sie auf andere Bücher zur technischen Implementierung des Internets.*

In diesem Kapitel betrachten wir paketorientierte Netzwerke, und wie sich mit Hilfe von TCP/IP etwas Nützliches mit solch einem Netzwerk anstellen läßt. Wir werden uns über die Basisprotokolle unterhalten, die die Kommunikation über das Internet erst ermöglichen: TCP und das weniger leistungsfähige UDP. Dies sind die Grundbausteine des Netzwerks. Auf dieser Stufe ist das Internet noch recht langweilig (frustrierend und umständlich zu benutzen). Wenn Sie dann noch das System der Domainnamen (Domain Name System, DNS) und einige Anwendungen hinzufügen, wird es zu etwas Nützlichem.

Wenn Sie jetzt feststellen, daß technische Details dieser Art Sie nicht interessieren, können Sie den Anfang dieses Kapitels gerne überspringen. Lesen Sie aber den Abschnitt über das Domain-Name-System. Sie werden es, wenn auch indirekt, bei jeder Aktion auf dem Internet benutzen.

---

* Douglas Comer, *Internetworking with TCP/IP: Principles, Protocols, and Architecture*, Bde. I und II, Prentice Hall.

Bits auf der Reise

Modernes Networking basiert auf dem Konzept verschiedener »Serviceebenen«. Sie beginnen mit dem Versuch, Bits von einem Ort zum anderen zu verschieben, wobei einige verlorengehen können. Diese Stufe besteht aus Kabeln und anderer Hardware, und nicht unbedingt besonders guten Kabeln. Dann fügen Sie eine Schicht einfacher Software hinzu, um sich gegen die Hardwareprobleme abzusichern. Darauf fügen Sie eine weitere Schicht Software, um der Basissoftware einige wünschenswerte Funktionen zu geben. Sie fahren dann fort, dem Netzwerk Funktionalität und Intelligenz zu geben—eine Schicht nach der anderen, bis Sie etwas haben, das leicht zu bedienen und nützlich ist. Nun, lassen Sie uns ganz unten beginnen und uns von dort hocharbeiten.

Paketorientierte Netzwerke

Wenn Sie versuchen, sich vorzustellen, was das Internet ist und wie es arbeitet, dann ist es ganz natürlich, an ein Telefonsystem zu denken. Schließlich sind beide elektronisch, beide lassen Sie eine Verbindung aufbauen und Informationen transferieren, und auch das Internet besteht in erster Linie aus fest verdrahteten Telefonleitungen. Unglücklicherweise ist das ein schiefes Bild und verursacht viele Mißverständnisse in bezug auf die Funktionsweise des Internets. Das Telefonsystem ist ein *leitungsorientiertes* Netzwerk. Wenn Sie einen Anruf tätigen, bekommen Sie einen Teil des Netzwerks zugewiesen. Selbst wenn Sie diesen Teil gerade nicht benutzen (beispielsweise, weil Sie darauf warten, weitervermittelt zu werden), ist Ihr Teil des Netzwerks für andere nicht verfügbar, die eventuell wichtige Arbeit erledigen möchten. Dies führt zu einer Unterauslastung des Netzwerks, einer sehr wertvollen Ressource.

Ein besseres Modell des Internets ist das der herkömmlichen Briefpost (keine Angst . . .). Der Postdienst ist ein *paketorientiertes* Netzwerk. Hier gibt es keine fest zugewiesenen Teile des Netzes. Was Sie verschicken wollen, wird mit Sendungen von allen möglichen anderen Leuten zusammengemischt, transportiert, und wieder aussortiert. Obwohl die zugrundeliegenden Technologien völlig unterschiedlich sind, ist der Postdienst eine überraschend genaue Analogie, so daß wir sie in diesem Kapitel weiter verwenden werden.

Das Internet-Protokoll (IP)

Ein Kabel kann Daten von einem Ort zum anderen befördern. Doch wie Sie schon wissen, kann das Internet Daten zu vielen verschiedenen Orten befördern, die auf der ganzen Welt verteilt sind. Wie geht das vor sich?

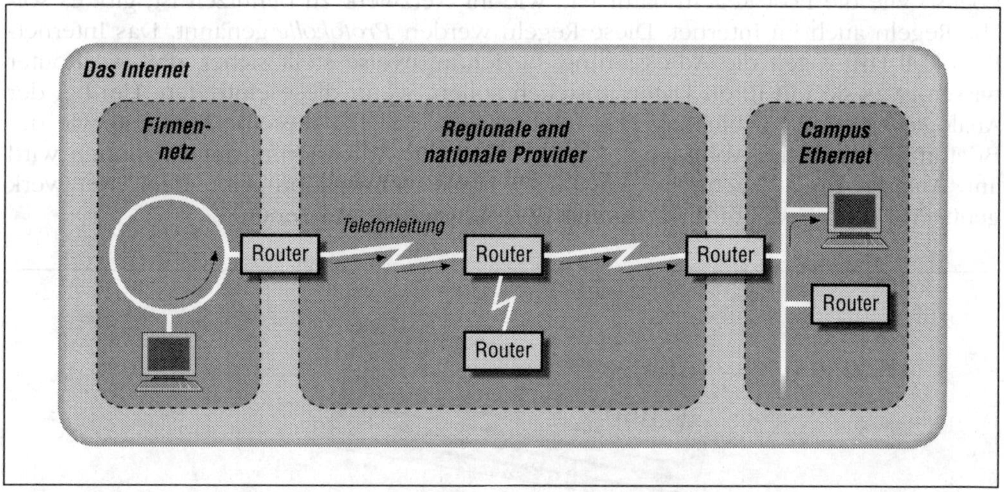

Abbildung 3-1: Hardwareebene des Internets

Die verschiedenen Teile des Internets werden durch eine besondere Art von Computer zusammengehalten, *Router* genannt, die Netzwerke miteinander verbinden. Diese Netzwerke basieren manchmal auf Ethernet, manchmal sind es Token-Ring-Netzwerke oder auch Telefonleitungen, wie Sie in Abbildung 3-1 sehen.

Die Telefonleitungen und Ethernet-Netzwerke sind das Äquivalent der LKWs und Flugzeuge der Post, mit deren Hilfe die Briefpost von einem Ort zum anderen befördert wird. Die Router sind in diesem Modell Verteilerpostämter—sie entscheiden, wie Daten weiterbefördert werden, genau wie ein Verteilerpostamt entscheidet, auf welcher Route die Briefpost weiterbefördert wird. Natürlich hat nicht jedes Verteilerpostamt eine Verbindung zu jedem anderen. Wenn Sie im Urlaub auf Sylt einen Brief an die Verwandten in Bad Godesberg absenden, wird für Ihren Brief kein Flugzeug von Sylt nach Bad Godesberg reserviert. Statt dessen sendet das Sylter Postamt ihn zum zuständigen Verteilerpostamt, dieses zum nächsten usw., bis der Brief sein Ziel erreicht hat. Daher muß jedes Verteilerpostamt nur wissen, welche Verbindungen verfügbar sind, und in welche Richtung ein Brief weitergesendet werden muß, um seinem Ziel näher zu kommen. Ähnlich ist es mit dem Internet: Ein Router sieht nach, wohin Ihr Datenpaket geht und entscheidet, in welche Richtung er es weitersendet. Er ermittelt einfach, welche Verbindung die günstigste ist und benutzt diese dann.

Woher weiß das Netzwerk, in welche Richtung Ihre Daten gehen? Wenn Sie einen Brief versenden möchten, können Sie nicht einfach das beschriebene Briefpapier in den Kasten werfen und die Zustellung erwarten. Sie müssen Ihren Brief in einen Umschlag stecken, diesen mit einer Adresse beschriften und mit Briefporto versehen.

Ebenso wie die Post Regeln dafür hat, wie ihr Netzwerk zu benutzen ist, gibt es solche Regeln auch im Internet. Diese Regeln werden *Protokolle* genannt. Das Internet-Protokoll (IP) regelt die Adressierung, beziehungsweise stellt sicher, daß die Router wissen, was sie mit Ihren Daten anstellen sollen, wenn diese eintreffen. Um bei der Analogie zur Post zu bleiben: Das Internet-Protokoll hat dieselbe Funktion wie der Briefumschlag (siehe Abbildung 3-2). Ein Teil der Adressierungsinformationen wird am Anfang Ihrer Nachricht eingefügt. Diese Information gibt dem Netzwerk genügend Hinweise, um Ihr *Paket* mit Daten zustellen zu können.

Abbildung 3-2: IP-Umschläge (envelopes)

Internet-Adressen bestehen aus vier Zahlen, die jeweils kleiner als 256 sind. Ausgeschrieben werden die Zahlen durch Punkte getrennt:

```
192.112.36.5
128.174.5.6
```

(Keine Angst—Sie werden sich solche Nummern nicht merken müssen, um das Netzwerk zu benutzen.) Die Adresse besteht aus mehreren Teilen. Da das Internet ein Netzwerk aus Netzwerken ist, teilt der Anfang der Adresse den Routern im Internet mit, zu welchem Netzwerk die Adresse gehört. Das Ende der Adresse gibt Auskunft darüber, welcher Rechner oder *Host* in diesem Netzwerk das Datenpaket erhalten soll.* Jeder Computer im Internet hat eine eindeutige Adresse nach diesem Schema.

* Wo der Netzwerkteil der Adresse endet und der Rechnerteil einer Adresse beginnt, ist ziemlich kompliziert zu bestimmen. Es unterscheidet sich von Adresse zu Adresse, basierend auf den Vereinbarungen zwischen den Routern. Glücklicherweise werden Sie als Anwender sich nie darum kümmern müssen; es ist nur wichtig, wenn Sie ein Netzwerk betreuen.

Auch hier ist die Post wieder eine gute Analogie. Nehmen wir die Adresse »Mustergasse 47, 12345 Beispieldorf«. Die Zeile »12345 Beispieldorf« entspricht der Netzwerkadresse—durch sie findet der Umschlag den Weg zum richtigen Zustellpostamt, das die Straßen in seinem Bereich kennt. »Mustergasse 47« ist wie die Rechneradresse, damit wird ein bestimmter Briefkasten im Zustellbereich des Postamtes eindeutig identifizert. Die Post hat die Zustellung erledigt, wenn der Brief das richtige Zustellpostamt erreicht hat, und dieses Zustellpostamt ihn in den richtigen Briefkasten befördert hat. Ebenso hat das Internet seine Arbeit getan, wenn die Router die Daten zum richtigen Netzwerk geleitet haben, und dieses lokale Netz die Daten zum richtigen Rechner geschickt hat.

Aus praktischen Erwägungen heraus (in erster Linie wegen hardwareseitiger Beschränkungen) wird Information, die auf IP-Netzwerken übertragen wird, in kleine Einheiten oder *Pakete* aufgeteilt. Die Information in einem Paket ist normalerweise zwischen einem und ca. 1500 Zeichen lang. Dies verhindert, daß ein Anwender das ganze Netzwerk belegt und gibt jedem eine faire Chance. Es bedeutet ebenfalls, daß ein überlastetes Netzwerk für alle seine Benutzer langsamer wird; es stellt also nicht für einige Benutzer die Arbeit völlig ein, während einige andere quasi im Monopolbetrieb weiterarbeiten.

Eine der faszinierenden Tatsachen am Internet ist, daß im Grunde IP schon alles ist, was Sie zur Teilnahme brauchen. Es wäre nicht sehr benutzerfreundlich, aber wenn Sie geschickt genug sind, könnten Sie mit IP alleine bereits einige Arbeit erledigen. Wenn Ihre Daten erst in einen IP-Umschlag verpackt sind, hat das Netzwerk alle Informationen, die es braucht, um das Paket zuzustellen. Allerdings müssen wir uns an dieser Stelle mit einigen Problemen befassen:

- Die meisten Informationstransfers sind länger als 1500 Zeichen. Sie wären mit Sicherheit auch enttäuscht, wenn die Post nur noch Postkarten befördern und alles andere zurückweisen würde.
- Einiges kann schiefgehen. Bei der Post geht ab und zu ein Brief verloren, in Netzwerken verschwindet ab und zu ein Datenpaket oder wird beim Transfer beschädigt. Wir werden noch sehen, daß das Internet, anders als die Post, mit solchen Widrigkeiten sehr gut zurechtkommt.
- Pakete können in falscher Reihenfolge eintreffen. Wenn Sie an aufeinanderfolgenden Tagen zwei Briefe an dieselbe Adresse absenden, haben Sie auch keine Gewähr, daß sie dieselbe Route nehmen oder in der richtigen Reihenfolge eintreffen. Das gleiche gilt für das Internet.

Deshalb wird uns die nächste Schicht des Netzwerks eine Möglichkeit geben, größere Mengen von Daten zu bewegen, und wird sich auch um die verschiedenen Störungen kümmern, die in Netzwerken auftreten können.

Das Transmission-Control-Protocol (TCP)

TCP, oft in einem Atemzug mit IP genannt, ist das Protokoll, das uns hilft, einige dieser Probleme zu lösen. Was würden Sie tun, wenn Sie ein Buch versenden möchten, die Post aber nur Briefe annimmt? Sie könnten jede Seite einzeln aus dem Buch reißen, in einen separaten Umschlag stecken, und alles zusammen in einen Briefkasten werfen. Der Empfänger hätte dann die Aufgabe, sicherzustellen, daß alle Seiten angekommen sind, und müßte sie wieder in der richtigen Reihenfolge zusammensetzen. Genau das ist es, was TCP für Sie tut.

TCP nimmt die Informationen, die Sie übertragen möchten, und teilt sie in kleine Einheiten auf. Es numeriert jedes einzelne Paket, so daß der Empfang bestätigt werden kann und die Daten aus den Einzelstücken wieder rekonstruiert werden können. Um diese Folgenummern über das Netzwerk senden zu können, hat TCP eine eigene Art Umschlag, auf den es die benötigte Information notiert (siehe Abbildung 3-3). Ein Paket mit Daten wird in einen TCP-Umschlag verpackt, der wiederum in einen IP-Umschlag verpackt und an das Netzwerk gesendet wird. Sobald Sie etwas in einem IP-Umschlag haben, kann das Netzwerk es transportieren.

Auf der Empfängerseite nimmt eine andere TCP-Software die Umschläge entgegen, extrahiert die Daten und fügt sie wieder in der richtigen Reihenfolge zusammen. Wenn einige Umschläge fehlen, wird der Absender gebeten, diese noch einmal zu übertragen. Sobald alle Daten in der richtigen Reihenfolge zusammengesetzt sind, werden sie an das Anwendungsprogramm durchgereicht, das gerade TCP benutzt.

Tatsächlich ist das eine leicht utopische Vorstellung von TCP. In der realen Welt gehen Pakete nicht nur verloren, sondern sie können auch durch Störungen während der Übertragung verfälscht werden. TCP kümmert sich auch um dieses Problem. Wenn die Daten in den TCP-Umschlag verpackt werden, berechnet TCP eine sogenannte *Prüfsumme*. Die Prüfsumme ist eine Zahl, die es dem empfangenden TCP erlaubt, Fehler im Paket zu erkennen.* Wenn das Paket an seinem Ziel ankommt, berechnet das empfangende TCP die Prüfsumme und vergleicht sie mit der mitgesendeten. Wenn die beiden nicht übereinstimmen, ist ein Fehler bei der Übertragung aufgetreten. Das empfangende TCP verwirft das Paket und fordert eine Neuübertragung an.

---

* Hier ist ein einfaches Beispiel, falls Sie Interesse haben. Nehmen wir an, daß Sie rohe Daten in 8-Bit-Blöcken oder Bytes übertragen. Eine einfache Prüfsumme wäre die Addition dieser Bytes. Sie könnten dann ein zusätzliches Byte anfügen, das die Summe enthält (oder zumindest soviel davon, wie in acht Bits paßt). Der Empfänger führt dieselbe Berechnung durch. Wenn nur ein Byte während des Transfers geändert wurde, werden die Prüfsummen nicht übereinstimmen und somit einen Fehler anzeigen. Natürlich könnten sich zwei Fehler bereits gegenseitig aufheben, aber komplexere Prüfsummenfunktionen können auch mehrfache Fehler erkennen.

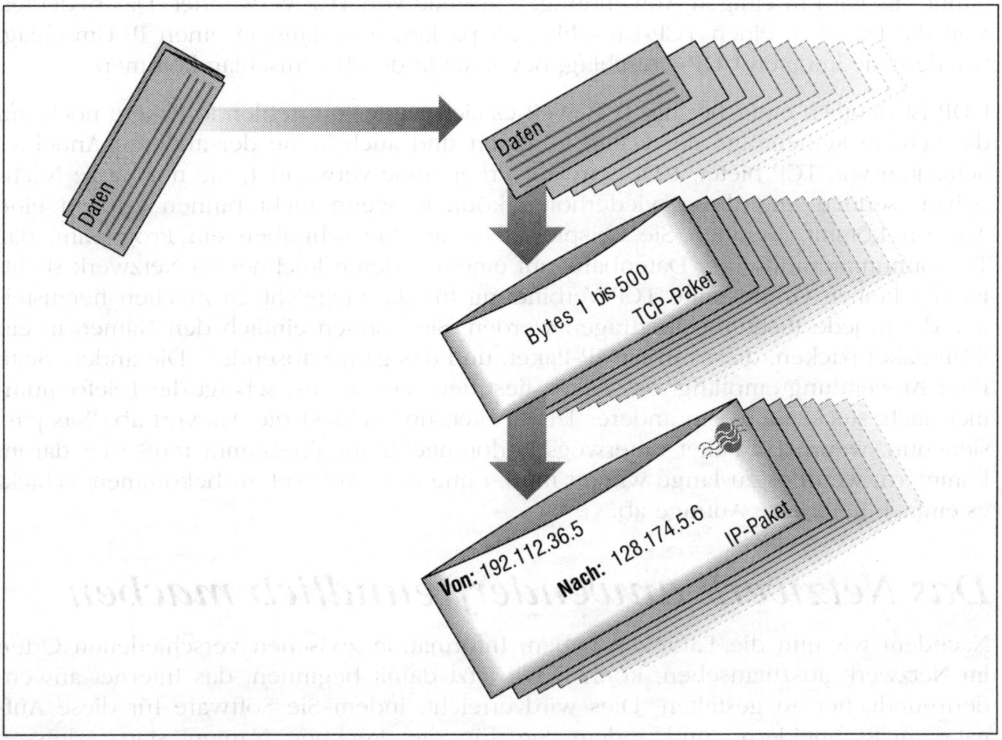

Abbildung 3-3: Kapselung von TCP-Paketen

Andere Übertragungsprotokolle

TCP erzeugt den Anschein einer dedizierten Leitung zwischen den beiden Anwendungen und garantiert so, daß das, was auf der einen Seite hineingeht auch auf der anderen wieder herauskommt. Sie haben natürlich keine dedizierte Verbindung zwischen Sender und Empfänger (andere Anwender können dieselben Router und Netzwerkstrecken in den Pausen zwischen Ihren Paketen nutzen), aber für praktische Zwecke sieht es so aus, als ob dem so sei.

So ideal sich das anhören mag, ist es dennoch nicht für jedes Programm die beste Methode. Eine TCP-Verbindung herzustellen bringt einen bedeutenden Aufwand und daher auch eine Verzögerung mit sich. Wenn die Mechanismen von TCP gar nicht gebraucht werden, ist es am besten, sie nicht zu nutzen. Wenn alle Daten, die Sie senden möchten, in ein einziges Paket passen und es Ihnen nicht übermäßig wichtig ist, ihr Ankommen zu garantieren, kann TCP zuviel des Guten sein.

Es gibt allerdings ein anderes Standardprotokoll, das diesen zusätzlichen Aufwand nicht mitbringt. Dieses Protokoll wird das *User-Datagram-Protocol* oder *UDP* genannt. Es wird in einigen Anwendungen anstelle von TCP verwendet. Das bedeutet: Statt die Daten in einen TCP-Umschlag zu packen und dann in einen IP-Umschlag, wandern sie in einen UDP-Umschlag, bevor sie in den IP-Umschlag kommen.

UDP ist deutlich einfacher als TCP, weil es sich weder um fehlende Pakete noch um die richtige Reihenfolge der Daten kümmert und auch keine der anderen Annehmlichkeiten von TCP bietet. UDP wird für Programme verwendet, die nur kurze Nachrichten senden und diese wiederholen können, wenn nicht binnen kurzem eine Antwort kommt. Nehmen Sie beispielsweise an, Sie schreiben ein Programm, das Telefonnummern in einer Datenbank auf einem anderen Rechner im Netzwerk sucht. Es gibt keinen Grund, eine TCP-Verbindung für die vielleicht 20 Zeichen herzustellen, die in jede Richtung übertragen werden. Sie können einfach den Namen in ein UDP-Paket packen, dieses in ein IP-Paket, und das ganze absenden. Die andere Seite Ihrer Anwendung empfängt das Paket, liest den Namen aus, schlägt die Telefonnummer nach, steckt sie in ein anderes UDP-Paket, und schickt die Antwort ab. Was passiert nun, wenn das Paket unterwegs verlorengeht? Ihr Programm muß sich darum kümmern; wenn es zu lange warten muß, ohne eine Antwort zu bekommen, schickt es einfach noch eine Anfrage ab.

Das Netzwerk anwenderfreundlich machen

Nachdem wir nun die Fähigkeit haben, Information zwischen verschiedenen Orten im Netzwerk auszutauschen, können wir jetzt damit beginnen, das Internet anwenderfreundlicher zu gestalten. Dies wird erreicht, indem Sie Software für diese Aufgabe maßschneidern, und indem Sie für die Rechner Namen statt Adressen verwenden.

Anwendungen

Die meisten Menschen sind nicht sonderlich begeistert davon, eine zuverlässige Bitübertragung zwischen zwei Maschinen zu haben, egal wie schnell die Verbindungen sind oder wie exotisch die Technologie ist, die das ermöglicht. Sie wollen den Bitstrom verwenden, um etwas Nützliches zu tun—sei es das Verschieben einer Datei, der Zugriff auf Daten oder einfach ein Spiel. Anwendungen sind Programme, die das ermöglichen. Sie sind eine weitere Softwareschicht, basierend auf den TCP- und UDP-Diensten. Anwendungen geben Ihnen, dem Anwender, eine Möglichkeit, eine Aufgabe zu erledigen.

Anwendungen reichen von selbstgeschriebenen Programmen bis hin zu geschützten Programmen eines kommerziellen Anbieters. Es gibt drei Standardanwendungen für das Internet: Fernzugang, Dateitransfer und elektronische Post. Darüber hinaus gibt es weitere häufig gebrauchte, aber nicht standardisierte Anwendungen. Die Kapitel 5 bis 14 dieses Buches beschreiben, wie Sie die meisten der gebräuchlichen Internet-Anwendungen benutzen.

Ein Problem bei der Beschreibung von Anwendungen ist, daß die Benutzerschnittstelle dieser Anwendung von Ihrem lokalen System abhängt. Die Befehle, Meldungen und Prompts auf Ihrem Bildschirm können von denen im Buch oder denen auf einem anderen Bildschirm abweichen. Also wundern Sie sich nicht, wenn das Buch sagt, daß die Fehlermeldung »connection refused« sei und die Fehlermeldung, die Sie bekommen, »Unable to connect to remote host: refused« lautet. Sie bedeuten dasselbe. Versuchen Sie, die Essenz der Nachricht zu erfassen, statt die exakte Formulierung zu vergleichen. Und machen Sie sich keine allzu großen Gedanken, wenn einige der Befehle leicht unterschiedlich benannt sind. Die meisten Anwendungen haben eine ausreichende Hilfefunktion, die Ihnen helfen wird, den richtigen Befehl zu finden.

Das Domain-Name-System

Relativ früh erkannte man, daß Adressen gut für Maschinen geeignet waren, daß Menschen aber Namen bevorzugen. Es ist schwierig, sich über Adressen zu unterhalten (wer würde schon sagen, er sei gestern mit 192.112.36.5 verbunden gewesen?), und noch schwieriger ist es, sie sich zu merken. Daher wurden den Rechnern auf dem Internet Namen gegeben, um den Umgang mit ihnen einfacher zu gestalten. Der oben zitierte Satz würde dann lauten: »Ich war gestern mit dem NIC verbunden und ...«. Alle Internet-Anwendungen erlauben Ihnen, Namen statt Adressen zu verwenden.*

Natürlich bringt diese Benennung ihre eigenen Probleme mit sich. Zum einen müssen Sie sicherstellen, daß keine zwei Computer, die mit dem Internet verbunden sind, denselben Namen verwenden. Sie müssen auch eine Methode schaffen, Namen in numerische Adressen umzuwandeln. Letzten Endes sind Namen zwar praktisch für Menschen, aber Computer bevorzugen nun einmal Zahlen. Sie können einem Programm einen Namen übergeben, aber es benötigt eine Methode, den Namen nachzuschlagen und in eine Adresse umzusetzen (Sie tun dasselbe, wenn Sie jemanden im Telefonbuch nachschlagen).

Am Anfang war das Internet ein kleiner, vertrauter Ort, und der Umgang mit den Namen war einfach. Das NIC (*Network-Information-Center*) gründete eine Registratur. Dorthin sendete man ein Formular, auf elektronischem Wege natürlich, und die Daten wurden in eine Datei mit Namen und Adressen eingetragen. Diese Datei, *hosts*-Datei genannt, wurde regelmäßig an jede Maschine auf dem Netzwerk verteilt. Die Namen waren einfache Wörter, und jeder einzelne war eindeutig. Wenn Sie einen Namen verwendeten, sah der Computer automatisch in dieser Datei nach und ersetzte den Namen durch die numerische Adresse. Es war ein gutes Verfahren.

---

* Ein Network-Information-Center (NIC) ist eine Anlaufstelle für Informationen über ein Netzwerk.

Unglücklicherweise vergrößerte sich nicht nur das Internet, sondern auch diese Datei wuchs an. Es begannen signifikante Verzögerungen bei der Registrierung eines Namens aufzutreten, und es wurde schwierig, eindeutige Namen zu finden. Darüber hinaus wurde zu viel Netzwerkkapazität darauf verwendet, diese große Datei an jede einzelne Maschine zu verteilen. Es war offensichtlich, daß ein verteiltes Online-Informationssystem benötigt wurde, um mit der Geschwindigkeit der Veränderungen mitzuhalten. Dieses System wird *Domain-Name-System* oder *DNS* genannt.

Die Struktur des DNS

Das Domain-Name-System ist eine Methode der Namensverwaltung, bei der verschiedene Gruppen die Verantwortung für Teilmengen der Namen übernehmen. Jede Stufe in diesem System wird *Domain* genannt. Die Domains werden durch Punkte getrennt:

```
ux.cso.uiuc.edu
nic.ddn.mil
yoyodyne.com
```

Es kann unterschiedlich viele Domains in einem Namen geben, aber in der Praxis sind es immer fünf oder weniger. Wenn Sie von links nach rechts durch die Domains gehen, wird die Zahl der in einer Domain enthaltenen Namen immer größer. In dem Namen **ux.cso.uiuc.edu** ist **ux** der Name eines Hosts, eines realen Rechners mit einer IP-Adresse (siehe Abbildung 3-4). Der Name dieses Computers wurde von der Gruppe **cso** gewählt, bei der es sich um die Abteilung handelt, in der dieser Computer sich befindet. Diese Abteilung ist Teil der Universität von Illinois in Urbana Champaign (**uiuc**). **uiuc** ist wiederum ein Teil der amerikanischen Ausbildungsstätten (**edu**). Der Bereich **edu** umfaßt alle Computer in allen Ausbildungseinrichtungen der Vereinigten Staaten, der Bereich **uiuc.edu** umfaßt alle Computer an der Universität von Illinois usw.

Jede dieser Gruppen kann alles erzeugen oder abändern, was in ihrem Bereich liegt. Wenn **uiuc** beschließt, eine neue Gruppe namens **ncsa** einzurichten, dann ist das möglich, ohne jemanden um Erlaubnis zu fragen. Alles, was getan werden muß ist, die neuen Namen zum eigenen Teil der weltweiten Datenbank hinzuzufügen; früher oder später wird jeder, der es wissen muß, von diesem neuen Namen erfahren haben. Ebenso kann **cso** einen neuen Rechner anschaffen, ihm einen Namen geben und ihn ans Netz anschließen, ohne jemanden um Erlaubnis zu fragen. Wenn jede Untergruppe von **edu** an abwärts sich an die Regeln hält und sicherstellt, daß die Namen, die sie vergibt, eindeutig sind, dann werden keine zwei Systeme im Internet denselben Namen haben. Es könnte zwei Maschinen namens **fred** geben, aber nur, wenn sie sich in verschiedenen Domains befinden, beispielsweise **fred.cso.uiuc.edu** und **fred.ora.com**.

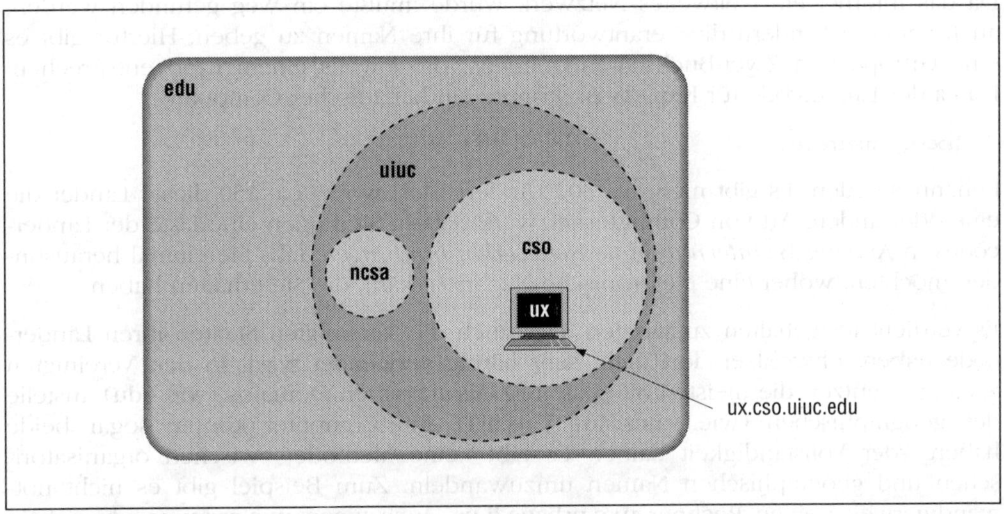

Abbildung 3-4: Domain-Verantwortlichkeiten

In der Praxis erfordert die Aufgabe des Namensverwalters einer Gruppe bestimmte Fähigkeiten, und sie ist nicht gerade ein Zuckerschlecken. Daher gibt es normalerweise auf der Institutionsebene (**uiuc**) oder eine Ebene darunter eine Person, die für alle Ebenen darunter zuständig ist. Es gibt dann ein lokal vereinbartes Verfahren, um einen Namen vergeben oder ändern zu lassen.

Es ist leicht zu erkennen, woher Domains und Namen innerhalb einer Organisation (wie einer Universität) oder einer Firma kommen. Doch wo kommen die »Top-Level-Domains« wie **edu** her? Nun, sie wurden einfach festgelegt, als das System der Domainnamen erfunden wurde. Ursprünglich gab es sechs Domains auf der obersten Stufe (siehe Tabelle 3-1).

Tabelle 3-1: Ursprüngliche Top-Level-Domains

Domain	Verwendung
com	Für kommerzielle Organisationen (z.B. Firmen)
edu	Ausbildungseinrichtungen (Universitäten, Schulen etc.)
gov	Einrichtungen des Staates, nicht-militärisch
mil	Militär (Heer, Marine etc.)
org	Andere Organisationen
net	Netzwerk-Ressourcen

Da das Internet ein weltweites Netzwerk wurde, mußte ein Weg gefunden werden, auch anderen Ländern die Verantwortung für ihre Namen zu geben. Hierfür gibt es eine Gruppe von Zwei-Buchstaben-Domains, die jeweils einem Land entsprechen. Da **ca** der Ländercode für Kanada ist, könnte ein kanadischer Computer:

```
hockey.guelph.ca
```

benannt werden. Es gibt mehr als 300 Ländercodes, wobei ca. 150 dieser Länder die eine oder andere Art von Computernetzwerk haben. Sie finden eine Liste der Ländercodes in Anhang B, *Internationale Netzwerkanbindungen*, falls Sie einmal herausfinden möchten, woher eine elektronische Nachricht kam, die Sie erhalten haben.

Es verdient festgehalten zu werden, daß auch die Vereinigten Staaten ihren Ländercode haben, obwohl er dort nicht sehr häufig verwendet wird. In den Vereinigten Staaten benutzen die meisten Sites die organisatorischen Domains (wie **edu**) anstelle der geographischen (wie **va.us** für Virginia). Ein Computer könnte sogar beide haben—der Vollständigkeit halber. Es gibt keine Methode, zwischen organisatorischen und geographischen Namen umzuwandeln. Zum Beispiel gibt es nicht notwendigerweise einen Rechner **uxc.urbana.il.us**, auch wenn **uxc.cso.uiuc.edu** sich in Urbana, Illinois, USA befindet. Und selbst wenn es ihn gibt, sind die beiden Rechner nicht notwendigerweise identisch.

Ermitteln von Domainnamen

Jetzt wissen Sie, wie Domains miteinander in Beziehung stehen und wie ein Name erzeugt wird. Sie fragen sich jetzt vielleicht, wie Sie dieses ausgeklügelte System benutzen können. Sie benutzen es automatisch, wenn Sie einen Namen auf einem Computer verwenden, der dieses System kennt. Sie brauchen niemals einen Namen von Hand nachzuschlagen oder ein spezielles Kommando zu geben, um näheres zu einem Namen zu erfahren—obwohl Sie das können, wenn Sie möchten. Alle Computer auf dem Internet können das Domain-Name-System benutzen, und die meisten tun es.

Wenn Sie einen Namen wie **ux.cso.uiuc.edu** verwenden, muß der Computer ihn in eine Adresse wandeln. Um das zu tun beginnt er, bei DNS-Servern um Hilfe nachzufragen, beginnend auf der rechten Seite des Namens und nach links fortschreitend. Zunächst fragt er die lokalen DNS-Server nach der Adresse. Jetzt gibt es drei Möglichkeiten:

- Der lokale Server kennt die Adresse, weil sie zu dem Teil der Datenbank gehört, für die der lokale Server verantwortlich ist. Wenn Sie bespielsweise in der Computerabteilung der Universität von Illinois sind, hat Ihr lokaler Server wahrscheinlich alle Informationen über die anderen Rechner in Ihrer Abteilung.
- Der lokale Server kennt die Adresse, weil erst kürzlich jemand danach gefragt hat. Immer wenn nach einer Adresse gefragt wird, hält der DNS-Server sie noch für

einige Zeit bereit—für den Fall, daß noch jemand sich danach erkundigt. Dadurch wird das System deutlich effizienter.

- Der lokale Server kennt die Adresse nicht, aber er weiß, wie er sie findet.

Wie findet der lokale Server das heraus? Seine Software weiß, wie er mit einem *Root-Server* Kontakt aufnehmen kann. Das ist der Server, der die Adressen der Name-Server für die Zonen der höchsten Ordnung kennt (ganz rechts, z.B. **edu**). Der Root-Server wird nach dem Server gefragt, der für die **edu**-Zone verantwortlich ist. Diesen befragt das Programm nach der Adresse des **uiuc**-Servers. Der wiederum wird nach der Adresse des **cso**-Servers gefragt. Von diesem schließlich bekommt das Programm die Adresse von **ux**, dem Rechner, der Gegenstand der ursprünglichen Anfrage war.

Einige wenige Rechner sind immer noch so konfiguriert, daß sie die Datei *hosts* nach dem alten Schema verwenden. Wenn Sie sich auf einem solchen Rechner befinden, müssen Sie möglicherweise Ihren Systembetreuer bitten, die Adresse, die Sie brauchen, per Hand ausfindig zu machen. Danach muß er diese Maschine von Hand in die lokale Datei einfügen. Während Sie damit beschäftigt sind, könnten Sie darauf hinweisen, daß er *wirklich* einmal die DNS-Software installieren sollte, damit Sie beide sich diese Umstände in Zukunft ersparen können.*

Hinweise zum Domain-Name-System

Es gibt ein paar verbreitete falsche Annahmen, die Ihnen eventuell begegnen werden, wenn Sie mit Namen umgehen. Hier sind einige »Wahrheiten«, die diesen falschen Annahmen entgegenwirken sollen:

- Die Teile eines Domainnamens teilen Ihnen lediglich mit, wer für diesen Namen verantwortlich ist. Sie verraten Ihnen nicht unbedingt, wer den Computer verwaltet, der zu dieser IP-Adresse gehört, und auch nicht notwendigerweise, wo sich diese Maschine befindet. Es wäre vollkommen legal, den Namen **oz.cso.uiuc.edu** (Teil der Domain »Universität von Illinois«) an eine Maschine in Australien zu vergeben. Das wird normalerweise nicht gemacht, aber es wäre möglich.

- Die Teile eines Domainnamens teilen Ihnen auch nicht unbedingt mit, in welchem Netzwerk sich der Computer befindet. Domainnamen und die Bezeichnungen für Netzwerke überschneiden sich oft, aber es gibt nicht notwendigerweise eine Verbindung zwischen ihnen. Zwei Maschinen in derselben Domain müssen nicht auf demselben Netzwerk sein. Beispielsweise können sich die Systeme **uxc.cso.uiuc.edu** und **ux1.cso.uiuc.edu** in verschiedenen Netzwerken befinden. Noch einmal im Klartext: Domainnamen sagen Ihnen nur etwas darüber, wer für die Domain verantwortlich ist.

---

* Falls Sie auf Ihrem Computer das DNS nicht benutzen können, gibt es auch Möglichkeiten, einen Namen von Hand nachzuschlagen und die zugehörige Adresse zu ermitteln. Sie sind im *Ressourcen-Katalog* unter »Netzwerkinformationen« aufgeführt.

- Eine Maschine kann mehrere Namen haben. Dies ist insbesondere der Fall bei solchen Rechnern, die Dienste anbieten, wenn der Service in Zukunft eventuell auf eine andere Maschine verlagert wird. Meine Sun-Workstation könnte als **ek.cso.uiuc.edu** bekannt sein. Es könnte darüber hinaus der Computer sein, von dem Sie öffentlich zugängliche Dateien bekommen. Er könnte also gleichzeitig den Namen **ftp.uiuc.edu** tragen (**ftp** ist der Name des Programms, mit dem Sie Dateien transferieren). Irgendwann in der Zukunft könnte dieser Service auf einen anderen Rechner verlagert werden. Wenn das passiert, würde der Name **ftp.uiuc.edu** zusammen mit dem Service verlagert werden (mein Computer behält jedoch den alten Namen **ek.cso.uiuc.edu**). Wer diesen spezifischen Service nutzen will, kann also immer denselben Namen verwenden—unabhängig davon, welcher Computer tatsächlich diesen Service anbietet. Namen, die symbolisch auf einen Service Bezug nehmen, werden »canonical names« (kanonische Namen) oder *cnames* genannt. Sie werden diesen kanonischen Namen auf Ihren Wanderungen durch das Internet häufig begegnen.

- Namen sind für die Kommunikation nicht notwendig. Sofern Sie nicht die Fehlermeldung »host unknown« bekommen, war der Name in Ordnung. Eine Meldung wie diese besagt, daß Ihr System den gegebenen Namen nicht in eine Adresse umwandeln konnte. Sobald Ihr System einmal die Adresse in der Hand hat, benutzt es den Namen nicht mehr.

- Es ist einfacher, sich Namen zu merken als Adressen. Einige Menschen denken, daß das Domain-Name-System nur eine Sache mehr ist, die schiefgehen kann. Das Problem ist, daß eine Adresse fest mit einem Netzwerk verknüpft ist. Wenn der Computer, der einen Service anbietet, von einem Gebäude in ein anderes verlegt wird, werden sich wahrscheinlich das Netzwerk und damit seine Adresse ändern—aber der Name muß sich nicht ändern. Der Administrator muß nur den Namensdatensatz so ändern, daß der Name jetzt auf die neue Adresse zeigt. Da der Name nach wie vor funktioniert, müssen Sie sich keine Gedanken darüber machen, ob der Computer oder der Service den Ort gewechselt haben.

Das Domain-Name-System mag kompliziert aussehen, aber es ist eines der Merkmale, die das Internet zu einem komfortablen Aufenthaltsort machen. Wenn Sie die Punkte nicht mögen, die immer wieder auftauchen, vergessen Sie sie. Es sind schließlich nur Namen. Doch recht bald werden Sie aus den Namen herauslesen können, daß eine bestimmte Ressource sich an der Universität von Virginia befindet, daß jemand für IBM arbeitet oder daß Sie die E-Mail-Adresse vor sich haben, unter der Fehler in den Nutshell-Handbüchern berichtet werden (**nuts@ora.com**) usw. Der wahre Vorteil des Domainsystems ist, daß es das gigantische, weltweite Internet in leicht zu handhabende Stücke aufteilt. Obwohl Hunderttausende von Computern »am Netz« sind, tragen sie alle einen Namen, und die Namen sind in einem überschaubaren, rationalen Verfahren erzeugt worden. Das sollte es Ihnen erleichtern, sich diejenigen zu merken, die Sie brauchen.

KAPITEL VIER

WAS IST AUF DEM INTERNET ERLAUBT?

Rechtliche Konsequenzen
Politik und das Internet
Netzwerk und Ethik
Ethik und der private, kommerzielle Teil des Internets
Sicherheitsbewußtsein

In den vorherigen Kapiteln habe ich erläutert, wofür das Internet zu gebrauchen ist, woher es kommt, und wie es arbeitet. Jetzt ist es Zeit, die wirklich interessanten Fragen anzugehen. Wir werden uns damit beschäftigen, was Sie auf dem Netzwerk tun dürfen, und im folgenden Kapitel darüber, wie Sie es tun.

Was Sie tun dürfen, ist eine sehr komplexe Geschichte. Einfluß darauf haben das Gesetz, die Ethik und politische Überlegungen. Wie diese miteinander in bezug stehen und was die Oberhand hat, unterscheidet sich von Ort zu Ort. Das Internet ist nicht nur ein Netz, es ist ein Netzwerk aus Netzwerken, und jedes Netzwerk kann seine eigenen Richtlinien und Regeln haben. Aber lassen Sie sich nicht jetzt schon abschrecken—die Regeln sind relativ ähnlich, und Sie bleiben auf der sicheren Seite, wenn Sie ein paar Grundregeln im Kopf behalten. Glücklicherweise sind diese Grundregeln nicht besonders einschränkend. Solange Sie sich an diese Grundregeln halten, können Sie tun, was Sie möchten. Wenn Sie glauben, in Randbereiche zu gelangen, fragen Sie Ihren Netzwerkprovider, um herauszufinden, was genau erlaubt ist und was nicht. Es kann möglich sein, daß Sie das tun können, was Sie wollten, aber Sie sind verantwortlich dafür, sich dessen zu vergewissern. Schauen wir uns die Gegebenheiten an, damit Sie sehen können, wo die Grenzen liegen.

Rechtliche Konsequenzen

Drei Gebiete des Gesetzes betreffen das Internet:

- Große Teile des Internets werden aus staatlichen Geldtöpfen finanziert. Diese Förderung schließt rein kommerziellen Gebrauch aus.

- Das Internet ist nicht nur ein nationales Netzwerk, sondern ein wirklich globales Netz. Wenn Sie irgend etwas über eine Landesgrenze hinaus verschicken, und das gilt auch für Bits, kommen Exportgesetze zur Geltung und modifizieren möglicherweise das, was lokal erlaubt ist.
- Wenn Sie Software von einem Ort zum anderen versenden (oder auch Ideen), dann müssen Sie das intellektuelle Eigentum anderer daran berücksichtigen sowie die daraus resultierenden Lizenzfragen.

Zunächst werden wir die staatlichen Mittel betrachten.

Forschung, Ausbildung und staatliche Förderung

Viele der Netzwerke im Internet werden von staatlichen Stellen gesponsort. Eine staatliche Einrichtung darf ihre Geldmittel nur für Dinge ausgeben, die in ihren Aufgabenbereich fallen. Beispielsweise kann die US-Air-Force ihr Budget nicht insgeheim aufbessern, indem sie Raketen von der NASA liefern läßt. Die gleichen Gesetze gelten für Netzwerke—wenn die NASA ein Netzwerk gründet, muß sie es für die Weltraumforschung benutzen. Als Anwender haben Sie wahrscheinlich keine Vorstellung davon, durch welche Netze Ihre Pakete auf dem Weg zum Ziel laufen, aber sie sollten in den Aufgabenbereich des entsprechenden Geldgebers fallen. Wenn das nicht der Fall ist, kann es sein, daß die aufgabenfremde Nutzung nicht ohne Folgen bleibt.

Tatsächlich ist es nicht so schlimm, wie es sich anhört. Vor einigen Jahren erkannten die Zuständigen in Washington, daß mehrere parallel arbeitende IP-Netzwerke (NSFNET, NASA Science Internet etc.—ein Netzwerk pro Bundesbehörde) eine Geldverschwendung darstellten (eine radikale Idee). Ein neues Gesetz wurde verabschiedet, das die Gründung des Nationalen Forschungs- und Ausbildungsnetzes (National Research and Education Network, *NREN*) vorsah. Dies sollte ein Teil des Internets sein, der für Forschungs- und Ausbildungsaufgaben vorgesehen war, die allen Bundesbehörden gemein sind. Das bedeutet, daß das NREN sowohl für Ausbildung oder Forschung direkt wie auch zu deren Unterstützung benutzt werden kann*.

Die Bedeutung der Klausel »Unterstützung von Ausbildung oder Forschung« kann nicht genug betont werden. Diese Formulierung legitimiert zahlreiche wichtige Anwendungen des Netzes, die auf den ersten Blick nicht gerechtfertigt erscheinen. Wenn beispielsweise ein Anbieter Software verkauft, die in Ausbildung oder Forschung genutzt wird, kann er Updates und Support über die elektronische Post abwickeln. Diese Nutzung wird als »Unterstützung von Ausbildung oder Forschung« angesehen. Der Anbieter kann das NREN allerdings nicht für geschäftliche Aufgaben wie Marketing, Rechnungsstellung oder Buchhaltung nutzen. Dafür muß er auf einen

* Tatsächlich ist das NREN ein Netz, das noch nicht aufgebaut wurde. Das entsprechende Gesetz erlaubt aber auch, den Verkehr auf existierenden staatlichen Netzen abzuwickeln. Die korrekte Bezeichnung für den derzeitigen Zustand lautet »Interim Interagency NREN«.

kommerziellen Teil des Internets zurückgreifen.* In der letzten Zeit hat die NII (National Information Infrastructure) viel Aufmerksamkeit auf sich gezogen. Die NII ist ein umfangreicher und ziemlich vager Vorschlag für eine landesweite Vernetzung in den USA. Man könnte sie als langfristige Planung für das NREN auffassen oder auch als Ersatz für das NREN—tatsächlich kann das zur Zeit niemand ganz genau sagen. Es gibt viele Mitspieler (einschließlich der Netzwerkprovider, Telefongesellschaften, Kabel-TV-Gesellschaften und sogar Energieversorgungsunternehmen), die alle dafür sorgen wollen, daß die Chips auf ihren Spielfeldern landen. Wir wollen in diesem Buch nicht allzuviel zur NII sagen, weil wir das bereits existierende Netzwerk besprechen wollen, und nicht das Netz, das vielleicht in ein paar Jahren existieren wird. Es ist ziemlich klar, daß die NII einen bedeutenden Einfluß auf die Entwicklung der Netzwerke in den USA haben wird, aber bis sich die Nebel lichten werden wir nicht wissen, welcher Art dieser Einfluß sein wird. Alle Beteiligten versprechen einfacheren Zugang, niedrigere Preise und höhere Übertragungsraten—wir werden das glauben, wenn wir es sehen.

Kommerzielle Nutzung

Als Ihr Arbeitgeber seine Internet-Anbindung bekommen hat, mußte jemand dem Netzwerkanbieter erläutern, ob die Anbindung für Ausbildung und Forschung oder für kommerzielle Nutzung gedacht war. Wenn dabei Ausbildung und Forschung angegeben wurde, wird Ihr Verkehr vorzugsweise über subventionierte Routen geleitet (NREN und andere Forschungsnetze, in Deutschland WIN). Wenn Sie einer kommerziellen Einrichtung angehören, wird der Verkehr über private Strecken geleitet. Wie zu erwarten ist, hängen die Gebühren von dieser Entscheidung ab. Die kommerzielle Nutzung ist normalerweise teurer als der Gebrauch für Ausbildungs- und Forschungszwecke, weil sie nicht subventioniert wird. Nur jemand in Ihrer Netzwerkverwaltung kann Ihnen sagen, ob kommerzielle Nutzung über Ihre Anbindung erlaubt ist. Überprüfen Sie das, bevor Sie damit beginnen.

Natürlich nehmen viele Firmen am Internet wegen »Forschung und Ausbildung« teil—das ist auch angemessen, da die Motivation für die Teilnahme am Internet normalerweise Forschung ist. So möchte z.B. eine Firma, die Saatgut vertreibt, jetzt ein Gemeinschaftsprojekt in der Sojabohnenforschung mit einer Universität beginnen. Dennoch entscheiden viele Rechtsabteilungen sich dafür, ihrer Firma eine kommerzielle Anbindung nahezulegen. Das stellt sicher, daß keine rechtlichen Konsequenzen zu erwarten sind, wenn in Zukunft einmal ein uninformierter Angestellter das Forschungsnetz für kommerzielle Zwecke nutzt. Für viele Firmen wiegt die Nutzung des Internets die zusätzlichen Kosten mehr als auf.

---

* Einen Abdruck der offiziellen Richtlinie für akzeptable Nutzung des NSFNET finden Sie in Anhang C. Es ist eine der restriktivsten in bezug auf kommerzielle Nutzung. Wenn Ihre Nutzung vom NSFNET akzeptiert wird, ist es sehr wahrscheinlich, daß sie auch für andere Netzwerke akzeptabel ist.

Es gibt eine ganze Anzahl kommerzieller Internet-Anbieter. Advanced Networks and Services (ANS), Performance Systems International (PSI), und UUnet sind einige davon. In Deutschland bieten BelWü, der DFN-Verein, EUnet, der IN e.V., MAZ, NTG/Xlink und der sub-Netz e.V. Internet-Dienste an. Jede dieser Firmen hat ihre eigene Marktnische und ihr eigenes nationales Netz, um kommerzielle Internet-Dienste anzubieten. Darüber hinaus befördern regionale und lokale Netze Verkehr für ihre Kunden. Es gibt Verbindungen zwischen jedem dieser privaten Netze und den staatlich unterstützten Netzen. Unter Ausnutzung dieser Verbindungen und einiger trickreicher Abrechnungsverfahren können alle diese Netze miteinander kommunizieren.

Exportgesetze

Möglicherweise wissen Sie es noch nicht, aber der Export von Bits fällt unter die Exportrichtlinien des Handelsministeriums.* Das Internet als nahezu nahtloses globales Netzwerk macht es leicht, Dinge zu exportieren, ohne daß Sie es registrieren. Da ich kein Rechtsanwalt bin, werde ich nicht sehr weit ins Detail gehen, aber ich werde versuchen zu skizzieren, was nötig ist, um im Bereich der Legalität zu bleiben. Wenn Sie denken, daß Sie mit einem Gesetz kollidieren könnten, sollten Sie sich kompetente Rechtsberatung suchen.

Das Exportgesetz basiert auf zwei Grundsätzen:

1. Export muß lizensiert werden, worum auch immer es sich auch handelt.
2. Der Export einer Dienstleistung entspricht ungefähr dem Export der Ausrüstung, die man braucht, um die Dienstleistung anzubieten.

Der erste Punkt ist offensichtlich: Wenn Sie etwas außer Landes schicken, transportieren, eine Datei transferieren oder irgend etwas per elektronischer Post versenden, muß es unter eine Exportlizenz fallen. Glücklicherweise gibt es ein Schlupfloch namens *General License*, das die meisten Dinge abdeckt. Diese Lizenz erlaubt es, alles aus den Vereinigten Staaten zu exportieren, was nicht expliziten Beschränkungen unterliegt und was öffentlich verfügbar ist. Also fällt alles, was Sie erfahren können, indem Sie an einer Konferenz oder Ausbildung ohne besondere Sicherheitsbestimmungen teilnehmen, mit großer Wahrscheinlichkeit darunter.

In der Liste eingeschränkter Exportgüter finden sich allerdings einige Überraschungen, und sie deckt auch Dinge ab, die Sie als Student an jeder Universität lernen können. Netzwerk- und Verschlüsselungssoftware kann unter Restriktionen fallen, abhängig von ihren Fähigkeiten. Häufig ist nur ein einziges Objekt von Bedeutung, aber bis die Bestimmungen geschrieben sind, decken sie ein viel weiteres Feld ab. Während des Golfkrieges erwies es sich beispielsweise, daß das Kommandonetz des

* Dies ist ein streng US-spezifischer Diskurs, der zum Verständnis des Internets hilfreich sein kann. Server in anderen Ländern unterliegen anderen Gesetzen.

Irak viel schwieriger lahmzulegen war als erwartet. Es stellte sich heraus, daß die Iraker kommerzielle IP-Router verwendeten, die sehr gut darin waren, schnell Alternativrouten zu finden. Plötzlich war der Export von allen Routern, die alternative Routen finden konnten, beschränkt.*

Der zweite Punkt ist noch einfacher. Wenn der Export von Hardware, beispielsweise eines Supercomputers, nicht erlaubt ist, dann ist auch der Fernzugang zu diesem Rechner verboten. Seien Sie also vorsichtig, wenn Sie Zugriffsrechte auf solche »speziellen« Ressourcen (wie Supercomputer) an Personen in anderen Ländern vergeben. Der genaue Umfang der Restriktionen hängt, natürlich, vom anderen Land ab, und kann sich schnell ändern (wie Sie aus den Ereignissen der jüngeren Geschichte ablesen können).

Bei der Untersuchung der Haftung für Gesetzesverstöße kam das Konsortium, das das Bitnet betreibt (CREN), zu diesen Schlußfolgerungen:** Ein Netzwerkbetreiber ist nur dann für illegalen Export verantwortlich, wenn dem Betreiber die Verletzung der Bestimmungen bekannt war und er es versäumt hat, die zuständigen Stellen zu informieren. Der Netzwerkbetreiber ist nicht verantwortlich dafür, die Nutzung zu überwachen und in jedem Einzelfall zu entscheiden, ob sie sich noch im Rahmen des Gesetzes bewegt. Also ist es recht wahrscheinlich, daß Ihre Pakete nicht überall von Netzwerkpersonal mitgelesen werden um herauszufinden, was Sie nach Übersee verschicken (allerdings weiß niemand genau, wofür sich die Geheimdienste interessieren). Wenn allerdings ein Netzwerktechniker Ihre Pakete sieht und dabei feststellt, daß Sie offensichtlich gegen eine geltende Regel verstoßen, ist er verpflichtet, die zuständigen staatlichen Stellen zu informieren.

Besitzrechte

Besitzrechte können ebenfalls ein Thema werden, wenn Sie etwas an jemand anderen versenden. Die Problematik wird sogar noch verwirrender, wenn Sie mit jemandem jenseits der Landesgrenze kommunizieren. Die Copyright- und Patentgesetze unterscheiden sich beträchtlich zwischen den einzelnen Ländern. Sie könnten auf dem Netzwerk alte Texte finden, deren Copyright bereits erloschen ist. Wenn Sie diese in ein Land exportieren, in dem Copyrights länger gelten, machen Sie sich nach dem Recht jenes Landes möglicherweise strafbar. Sie müssen von allem, was Sie über das Netzwerk kopieren, wissen, wer die Rechte daran hat. Wenn es nicht Ihr geistiges Eigentum ist, sollten Sie sicherstellen, daß Sie die Erlaubnis dazu haben, bevor Sie es weitergeben.

---

* Es könnte sich bei dieser Geschichte auch um einen »modernen Mythos« handeln. Jeder im Netz sprach von dieser Angelegenheit, aber als ich versuchte, sie zu verifizieren, konnte ich keine definitive Quelle finden.

** Die tatsächlichen Meinungen zur Gesetzgebung sind auf dem Netz verfügbar; siehe im *Ressourcen-Katalog* unter Gesetz—Meinungen zu gesetzlichen Aspekten internationaler Vernetzung.

Die Gesetze, die die elektronische Kommunikation behandeln, haben nicht mit der Technologie Schritt gehalten. Wenn Sie ein Buch, eine Zeitschrift oder einen Brief haben, können Sie fast jeden Rechtsanwalt und Bibliothekar fragen, ob Sie es kopieren oder auf eine bestimmte Weise nutzen dürfen. Man wird Ihre Frage beantworten und Ihnen sagen, wessen Erlaubnis Sie gegebenenfalls noch brauchen. Stellen Sie dieselbe Frage aber mit Bezug auf ein Posting im Netz, eine Nachricht in Ihrem elektronischen Postfach oder einen auf dem Netz verfügbaren Bericht, und man wird davor kapitulieren. Selbst wenn Sie wüßten, wessen Erlaubnis Sie einholen müssen, und diese per elektronischer Post einholten, ist es nicht klar, ob eine E-Mail-Nachricht vor Gericht irgendeinen Schutz bietet. Seien Sie sich im klaren darüber, daß die Gesetze hier sehr viele Lücken aufweisen, die wohl erst im nächsten Jahrzehnt geschlossen werden.

Beachten Sie bitte, daß Eigentumsrechte selbst dann ein Problem sein können, wenn Sie öffentlich zugängliche Dateien nutzen. Einige der Programme, die für öffentlichen Zugriff bereitstehen, müssen trotzdem vom Hersteller lizensiert werden. Angenommen, ein Workstation-Anbieter macht Updates zur Betriebssystemsoftware per FTP verfügbar. Sie können dann zwar leicht an die Software herankommen, doch um sie legal zu nutzen, müssen Sie zusätzlich über eine gültige Softwarelizenz verfügen. Die Tatsache allein, daß eine Datei zum Abholen bereitsteht, macht das Abholen dieser Datei noch nicht legal.

Politik und das Internet

Viele Benutzer des Netzwerks sehen im Wirken der Politik sowohl Segen als auch Fluch. Der Segen ist das Geld. Staatliche Stellen ermöglichen vielen Leuten einen Dienst, den sie sich sonst nicht leisten könnten. Der Fluch ist, daß ihre individuellen Handlungen ständig mit Argwohn betrachtet werden. Jemand könnte feststellen, daß etwas, das Sie getan haben, zu seinem politischen Vorteil ausgeschlachtet werden könnte. Das digitalisierte »Playmate des Monats« auf Ihrer Maschine könnte plötzlich der Gegenstand eines Kommentars werden, der »Steuergelder finanzieren Verbreitung von Pornographie« betitelt ist.* Dies verursacht jedem, der mit der Finanzierung des Internets zu tun hat, endlose Probleme.

Es ist wichtig zu erkennen, daß das Internet viele Fürsprecher in der amerikanischen Politik hat, darunter Kongreßabgeordnete, Berater des Präsidenten, Leiter von Ausbildungseinrichtungen und führende Köpfe staatlicher Einrichtungen. Sie unterstützen das Internet, weil das Land davon profitiert: Es verbessert die Konkurrenzfähigkeit der Vereinigten Staaten in der internationalen Forschung und im Handel. Die

---

* Etwas ähnliches hat sich tatsächlich ereignet. Die Dateien waren etwas brisanter als das »Playmate des Monats«, und die Finanzierung des ganzen NSFNET geriet dadurch tatsächlich in Gefahr.

Beschleunigung der Kommunikation erlaubt die Beschleunigung von Forschungs- und Ausbildungsprozessen: Mit Hilfe des Netzes können Forscher und ihre Studenten bessere Lösungen zu technischen Problemen entwickeln.

Wie es für die politische Szene typisch ist, gibt es auch Leute, die diese Vorteile für unwichtig halten. Die Millionen, die für das Internet ausgegeben werden, sähen sie lieber in landwirtschaftlichen Subventionen angelegt—vorzugsweise für Betriebe in ihrem Wahlkreis.

Alles in allem ist die politische Unterstützung des Internets zwar auf breiter Basis vorhanden, aber relativ schwach. Jede Handlung, die politische Wellen schlägt, könnte diese Unterstützung radikal verändern—wahrscheinlich zum Schlechten.

Netzwerk und Ethik

Für den Netzwerkneuling ist das scheinbare Fehlen von ethischen Standards auf dem Netzwerk reichlich verwirrend. Tatsächlich ist das Netzwerk ein sehr ethischer Ort—die Ethik ist nur eine etwas andere als normalerweise. Um das zu verstehen, muß ich Ihnen den amerikanischen Begriff der »frontier justice« erläutern. Als der Wilde Westen gerade erobert wurde, waren die Gesetze bereits landesweit die gleichen—aber westlich des Mississippi wurden sie anders angewendet. Das Netzwerk ist an der vordersten Front der Technologie, also werden auch hier manche Regeln etwas anders angewendet. Sie können sich hier trotzdem sicher fühlen—vorausgesetzt Sie wissen, was Sie erwartet.

Die beiden Hauptgrundsätze der Netzwerk-Ethik lauten:

- Individualismus wird honoriert und gefördert.
- Das Netzwerk ist etwas Gutes und muß geschützt werden.

Beachten Sie, daß dies der Ethik des Wilden Westens sehr nahe kommt, wo Individualismus und Wahrung des Lebensstils über allem standen. Lassen Sie uns genauer betrachten, wie diese beiden Punkte auf dem Netzwerk zur Geltung kommen.

Individualismus

In der Gesellschaft darf zwar jeder ein Individualist sein, aber häufig wird dieser Individualismus durch den Bedarf nach einer ausreichend großen Gruppe mit denselben Interessen beeinträchtigt. Diese Gruppe wird »kritische Masse« genannt. Sie sind beispielsweise ein Liebhaber mittelalterlicher französischer Dichtung—aber versuchen Sie einmal, eine Interessengruppe zusammenzubekommen, in der Sie sich darüber unterhalten können. Es ist nicht einfach. Sie werden vermutlich nicht genug Leute finden, die interessiert sind und gewillt, sich oft genug zu treffen, um eine fortdauernde Diskussion zu ermöglichen. Um wenigstens ein bißchen Interaktion in Ihr Hobby zu bringen, schließen Sie sich möglicherweise einem Literaturclub mit weiter gefaßten Interessen an—vielleicht einem, der sich ganz allgemein für mittelalterliche Dichtung interessiert. Aber wahrscheinlich gibt es nur eine einzige solche Interessengruppe in Ihrer Umgebung, und die verbringt den Großteil der Zeit mit pseudoreligiösen Versen. Das ist das Problem mit der kritischen Masse. Wenn Sie nicht genug Leute finden, um eine Gruppe zu gründen, haben Sie Pech. Sie schließen sich möglicherweise einer größeren Gruppe an—aus reiner Notwendigkeit—aber es ist nicht unbedingt das, was Sie erwarteten.

Auf dem Netzwerk ist die Größe der kritischen Masse genau zwei. Sie unterhalten sich wann Sie wollen und wie Sie wollen—es ist immer bequem, und Sie müssen sich nicht aus dem Haus begeben. Die Geographie spielt keine Rolle. Die andere Person kann sich irgendwo auf dem Netz befinden (praktisch überall in der Welt). Daher ist eine Gruppe, egal wie spezifisch, möglich. Selbst konkurrierende Gruppen sind möglich und wahrscheinlich. Einige Gruppen »treffen« sich vielleicht per elektronischer Post, andere in elektronischen Konferenzen, wieder andere tauschen Dateien aus oder kommunizieren sonstwie miteinander. Jedem steht es frei zu tun, was er möchte. Da niemand in einer großen Gruppe Mitglied werden muß, um das Gruppengefühl zu erleben, ist jeder ein Teil einer Minorität. Jeder geht das gleiche Risiko ein, ausgegrenzt zu werden. Daher wird niemand sagen wollen: »Dieses Thema sollte nicht auf dem Netz diskutiert werden«. Wenn ich das über französische Dichtung sagen würde, könnten Sie über mein Lieblingsthema lästern—männliche Abenteurer in Frauenkleidern. Die Menschen verstehen, daß andere sich nicht im geringsten für das interessieren, worin sie selbst aufgehen. Viele Internet-Nutzer sind (zu Recht) beunruhigt, daß Unterstützung für eine Zensur durch Außenstehende aufkommen könnte, die schließlich das Netz weniger nützlich machen würde.

Natürlich ist Individualismus ein zweischneidiges Schwert. Er macht das Netzwerk zu einem schönen Ort, um Informationen zu finden und Leute zu treffen, aber er kann Ihre Toleranz auf die Probe stellen. Die Menschen haben unterschiedliche Ansichten in bezug auf akzeptables Benehmen. Da viele Ihrer Tätigkeiten auf dem Netz sich zwischen Ihnen und einem Computer abspielen, werden die meisten Leute keine Ahnung von dem haben, was Sie tun. Die, die es mitbekommen, können sich dafür interessieren oder auch nicht. Wenn Sie Ihre Maschine an das Netz anschließen, sollten Sie beachten, daß viele Anwender davon ausgehen, daß alle Dateien, die sie bekommen können, auch dazu gedacht sind. Hätten Sie nicht geplant, diese Daten verfügbar zu machen, wären sie schließlich nicht im Netz. Diese Ansicht entbehrt natürlich jeder gesetzlichen Grundlage, aber für viele Dinge im Wilden Westen galt das ebenso.

Schutz des Internets

Regelmäßige Nutzer betrachten das Internet als wertvoll für Arbeit und Freizeit. Da der Zugriff auf das Internet normalerweise keine persönlichen Investitionen erfordert (oder nur geringe), sehen sie diese wertvolle Ressource als etwas, das geschützt werden muß. Die Bedrohung des Internets liegt in zwei Bereichen:

- Exzessive Nutzung für nicht vorgesehene Zwecke.
- Politischer Druck.

Das NREN ist für einen bestimmten Zweck aufgebaut worden. Die kommerzielle Anbindung einer Firma an das Internet hat einen bestimmten Grund. Niemand wird eine Person verurteilen, die diese Anbindung für unvorhergesehene Zwecke gebraucht, aber es wird trotzdem auf andere Weise davon abgeschreckt. Wenn Sie den Computer Ihres Arbeitgebers ab und zu privat nutzen, beispielsweise um Ihre private Buchhaltung zu führen, wird das wahrscheinlich niemanden interessieren. Ebenso ist es mit kleinen Mengen von Netzwerkkapazität, die für nicht geplante Anwendungen genutzt wird. (Tatsächlich muß man wahrscheinlich viele scheinbar unbeabsichtigte Anwendungen als vorsätzlich betrachten—wenn beispielsweise ein Student über das Netzwerk ein Spiel spielt. Schließlich muß er oder sie eine ganze Menge über Computer und das Netzwerk gelernt haben, um so weit zu kommen.) Nur wenn jemand etwas tut, das auf keinen Fall mehr toleriert werden kann—vielleicht einen nationalen Spieletag auf dem Netzwerk zu organisieren—treten Probleme auf.

Mißbrauch kann auch in Form einer falschen Auffassung von eigentlich erlaubten Anwendungen auftreten. Das Netzwerk wurde nicht aufgebaut, um ein Ersatz für unzureichende lokale Ausstattung zu sein. Beispielsweise ist es untragbar, ein externes Dateisystem am anderen Ende der Welt zu benutzen, weil Ihr Arbeitgeber keine 500-Mark-Festplatte für Ihre Workstation kaufen wollte. Sie brauchen vielleicht die Kapazität für wichtige Forschung, aber die Kosten dafür, diese Kapazität über das Netzwerk zur Verfügung zu stellen, sind unverhältnismäßig hoch. Das Netzwerk wurde entworfen, um einfachen Zugriff auf einmalige Ressourcen zu ermöglichen, nicht für den kostenlosen Zugriff auf weit verbreitete Ressourcen.

Regelmäßige Netzwerknutzer und Netzwerkanbieter sind nicht spießig. Sie haben Spaß an einem Spiel ebenso wie jeder andere. Sie sind auch nicht dumm. Sie lesen ihre Netzwerk-News. Sie arbeiten regelmäßig mit dem Netzwerk. Wenn die Leistungsfähigkeit ohne ersichtlichen Grund sinkt, untersuchen sie die Ursachen. Wenn sie herausfinden, daß der Verkehr sich in einem kleinen Teil des Netzes um das Hundertfache erhöht hat, werden sie wissen wollen, warum. Wenn Sie der Grund sind und Ihre Anwendung nicht akzeptabel ist, werden Sie vermutlich eine höfliche Nachricht bekommen, doch bitte aufzuhören. Danach werden einige weniger höfliche Nachrichten folgen, und schließlich wird jemand Ihren lokalen Netzwerkanbieter informieren. Sie könnten Ihren Netzwerkzugriff ganz verlieren, und Ihr Arbeitgeber bzw. Ihre Universität könnten höhere Zugriffsgebühren auferlegt bekommen (was sie nicht glücklich machen wird).

Die Selbstregulierung ist wichtig aufgrund der Politik, die das Netzwerk umgibt. Keine klar denkende Person würde erwarten, daß das Netzwerk ohne gelegentlichen Mißbrauch und Probleme existieren kann. Doch wenn diese Probleme nicht innerhalb der Netzgemeinde gelöst werden können, sondern in Zeitungen und im Parlament diskutiert werden, verlieren alle. Um es zusammenzufassen, sind hier einige Punkte, die als »dem Netzwerk politisch schadend« gelten und daher vermieden werden sollten:

- Exzessives Spielen.
- Exzessive mißbräuchliche Nutzung.
- Haßerfülltes, belästigendes oder anderweitig unsoziales Verhalten.
- Absichtliche Schädigung oder Störung anderer (z.B. der Internet-Wurm).*
- Öffentlich zugängliche Dateien mit obszönem Inhalt.

Es ist schwierig, Netzwerkbudgets zu vertreten, wenn gerade am Tag zuvor DER SPIEGEL über mißbräuchliche Benutzung des Netzwerks berichtete.

Ethik und der private, kommerzielle Teil des Internets

In den vorangegangenen Abschnitten haben wir das politische und soziale Umfeld behandelt, in dem das Internet zu dem wurde, was es heute ist. Doch dieses Umfeld ändert sich. Mit jedem Tag wird der Teil des Internets, der aus staatlichen Kassen finanziert wird, kleiner, da der Anteil kommerzieller Nutzung wächst. Ziel der Regierung ist es, ganz aus dem Netzwerkgeschäft auszusteigen und das Anbieten von Internet-Dienstleistungen der Wirtschaft zu überlassen. Damit stellt sich die Frage: Muß ich mich immer noch an die Regeln halten, wenn sich der Staat aus dem Internet-Geschäft zurückzieht? Es gibt zwei Aspekte zu berücksichtigen—einen persönlichen und einen kommerziellen.

Auf der persönlichen Seite würden die meisten Leute, auch wenn der Staat nichts mehr mit der Finanzierung des Internets zu tun hat, gern jemanden anderes für ihre Internet-Anbindung zahlen lassen, statt ihr eigenes Portemonnaie in die Pflicht zu

---

* Der Internet-Wurm war ein Programm, das das Internet nutzte, um bestimmte Typen von Computern auf dem Netz zu attackieren. Es verschaffte sich unberechtigten Zugang und benutzte dann diese Rechner, um zu versuchen, in andere zu gelangen. Es war einem PC-Virus sehr ähnlich, aber technisch wird es ein Wurm genannt, weil es keine vorsätzlichen Schäden in seinen Wirtsrechnern verursachte. Eine gute Beschreibung finden Sie in *Computer Security Basics* von Russell und Gangemi, O'Reilly & Associates.

nehmen. Wenn Sie Ihre Anbindung also über eine Schule, Ihren Arbeitgeber oder über sonst jemanden zur Verfügung gestellt bekommen, kann es immer noch sein, daß diese von Ihnen verlangen, sich an bestimmte Regeln zu halten. »Freedom's just another word for nothin' left to lose«, wie Kris Kristofferson es 1969 in *Me and Bobby McGee* ausdrückte. Sie müssen daher möglicherweise einen Teil Ihrer Freiheit aufgeben, um Ihre gesponsorte Netzwerkanbindung nicht zu verlieren. Es liegt in Ihrer Verantwortung herauszufinden, was bei Ihrem Netzwerkprovider als akzeptable Nutzung gilt und was nicht.

Auf der kommerziellen Seite geht es darum, wie man Geschäfte macht, ohne die Internet-Kultur zu verletzen. Obwohl diese ständigem Wechsel unterworfen ist, gibt es immer noch starke Vorbehalte gegenüber rein kommerzieller Nutzung. Eine elektronische Nachricht mit Werbung für ein Produkt an jeden im Internet zu senden, wäre für die meisten Anwender eine Zumutung. Es würde den Verkauf eher behindern, indem es eine große Gruppe von Menschen entstehen läßt, die mit dieser Firma lieber keine Geschäfte machen.

Die auf dem Internet entstandene Kultur ist nicht strikt gegen Werbung eingestellt, aber sie verlangt, daß Sie Werbung als eine Informationsdienstleistung begreifen. Sie können Marketinginformationen verfügbar machen, aber Sie dürfen sie den Leuten nicht aufzwingen. Es wäre beispielsweise nichts Falsches daran, wenn ein Autohersteller einen Server mit Bildern seiner Autos, technischen Datenblättern und Informationen über die Ausstattungsvarianten verfügbar macht. Wenn ein Internet-Nutzer ein Auto kaufen möchte, kann er an seinem Terminal vergleichen, entscheiden, was er will, und dann nur noch einen Händler statt dreier zwecks einer Probefahrt besuchen. Die meisten Anwender würden Dienstleistungen wie diese begrüßen, und einige Firmen beginnen bereits damit, sie anzubieten.* In Zukunft könnten Sie sogar irgendwann in der Lage sein, die Probefahrt in einer Virtual-Reality-Simulation über das Internet durchzuführen. Aber wir alle versuchen, eine Situation zu vermeiden, in der wir mit unverlangter E-Mail überschwemmt werden, die versucht, uns alles, von Haushaltshilfen bis hin zu Reizwäsche, zu verkaufen.

Sicherheitsbewußtsein

Ein Computer, der mit dem Internet verbunden ist, ist von sich aus kein wesentlich größeres Sicherheitsproblem als eine Maschine, die Sie per Modem erreichen können. Die Probleme sind die gleichen—es ist die Größenordnung der Probleme, die den Unterschied ausmacht. Wenn Sie ein Modem haben, kann jeder die Nummer wählen und versuchen, einzudringen. Es gibt drei Faktoren, die das einschränken: Die Telefonnummer Ihres Computers ist nicht weiter bekannt; der Eindringling muß

* Der *Global Network Navigator* (GNN) von O'Reilly & Associates ist ein Beispiel; senden Sie E-Mail an *info@gnn.com*, um Informationen zu erhalten.

für die Einbruchsversuche bezahlen (oder bereits die Telefongesellschaft betrügen); und es gibt nur einen Zugang, der angegriffen werden kann.

Wenn Sie auf dem Internet sind, verschwinden diese abschreckenden Faktoren. Die Adresse Ihres Teilnetzes ist leicht zu finden und es ist sehr einfach, ein paar Hostnummern auszuprobieren, bevor man schließlich eine aktive findet. Im Prinzip ist das immer noch nicht schlimmer als bei Computerdiensten, die den Wählzugang über eine gebührenfreie Telefonnummer ermöglichen. Das Problem ist, daß diese Onlinedienste spezielles Personal haben, das sich über die Sicherheit Gedanken macht, und daß es nach wie vor nur einen Punkt gibt, von dem aus eingebrochen werden kann: Ein ASCII-Terminalzugang. Auf dem Internet kann jemand versuchen, durch den Terminalport einzubrechen, den Dateitransferport, den E-Mail-Port usw. Es ist einfach, eine Workstation auszupacken und an das Internet anzuschließen. Derjenige, der sie aufbaut, steckt den Stecker in die Steckdose, schaltet den Rechner ein, und es funktioniert. Der Job ist getan, bis jemand einbricht und Schaden verursacht. Langfristig gesehen kostet es weit weniger Zeit, sich vorher ein paar Gedanken über die Systemsicherheit zu machen als sich darum zu kümmern, wenn es zu spät ist.

Sie können beginnen, indem Sie die richtige Einstellung zur Computersicherheit entwickeln. Gehen Sie einfach davon aus, daß es Aufgabe Ihrer Workstation ist, sich selbst zu schützen—und nicht die Aufgabe des Netzwerks. Ein Netzwerkanbieter kann festlegen, wer Ihre Verbindung benutzen darf. Aber das ist vermutlich nicht das, was Sie wünschen, denn es nimmt dem Internet einen Teil seines Wertes. Ein Großteil dieses Buches beschreibt, wie Sie sich mit anderen Stellen im Netz verbinden und interessante Dinge finden. Die Netzwerkkommunikation ist bidirektional. Wenn eine andere Maschine nicht mit Ihnen sprechen kann, können Sie auch nicht mit ihr sprechen. Wenn der andere Computer über eine Ressource verfügt, die Ihnen im nächsten Monat nützlich geworden wäre, ist das ein realer Verlust für Sie. Um vom Internet zu profitieren, müssen Sie ein Teil des Internets sein. Das ist für Ihren Computer ein Risiko, also müssen Sie ihn schützen.

Sicherheit auf dem Internet ist in Wirklichkeit eine Gruppenleistung der ganzen Gemeinschaft. Eine Technik, die Einbruchkünstler gern anwenden, ist es, in eine ganze Kette von Computern einzudringen (also beispielsweise in Rechner A einzudringen, A zu benutzen, um in B einzudringen, von B nach C usw.). Das erlaubt es ihnen, ihre Spuren gründlicher zu verwischen. Wenn Sie glauben, daß Ihre gute alte Maschine kein lohnendes Ziel sei, weil sie so klein ist, dann träumen Sie weiter. Selbst wenn es nichts Nützliches auf Ihrem Computer zu holen gibt, so ist es doch ein lohnender Zwischenstop für jemanden, der in ein wichtiges System einbrechen möchte. Und einige Leute sind nur unterwegs, um Kerben in ihre Tastatur zu schnitzen—eine für jedes System, in das sie eingedrungen sind. Die Größe interessiert dabei nicht.

Die Diskussion von Sicherheit und Gerüchten über Sicherheitsprobleme ist ein wenig problematisch. Könnten Sie sich die folgende Nachricht vorstellen:

> Auf einer Pressekonferenz am heutigen Tage gaben Vertreter der Schloß & Riegel GmbH bekannt, daß ihre Schlösser mit jeder beliebigen Kombination zu öffnen seien ...

Es müßte eine Methode geben, ein bekannt gewordenes Problem zu untersuchen, eine Lösung zu finden und die Betroffenen zu informieren, ohne das Problem noch schlimmer zu machen. Als Antwort hat die Regierung der USA eine Organisation namens CERT gegründet— das Computer Emergency Response Team (für Deutschland: DFN-CERT).

Das CERT kümmert sich um eine Anzahl von Dingen. Es untersucht Sicherheitsprobleme, arbeitet mit Herstellern zusammen an ihrer Lösung, und gibt die Lösungen bekannt. Es stellt auch eine Anzahl von Hilfen zur Verfügung, die es anderen erlauben festzustellen, wie sicher ihre Computer sind. Das CERT zieht es vor, mit Sicherheitspersonal zusammenzuarbeiten, beantwortet aber im Notfall Fragen von jedermann. Wenn Sie sich mit einem Sicherheitsproblem alleingelassen fühlen und sich mit jemandem über Sicherheit unterhalten müssen, können Sie CERT per E-Mail unter folgender Adresse erreichen:

```
cert@cert.sei.cmu.edu
```

oder:

```
dfncert@informatik.uni-hamburg.de
```

Es gibt vier Möglichkeiten, einen Rechner im Netzwerk zu unterwandern. Nach abnehmender Wahrscheinlichkeit geordnet sind das:*

1. Legitime Anwender wählen schlechte Paßwörter.
2. Legitime Anwender importieren fehlerhafte Software.
3. Eindringlinge, die aufgrund falsch konfigurierter Software erfolgreich sind.
4. Eindringlinge, die aufgrund einer Sicherheitslücke im Betriebssystem erfolgreich sind.

Sie können eine wichtige Schlußfolgerung aus dieser Liste ziehen: Es liegt in erster Linie in Ihrer Hand, Ihr System zu schützen. Untersuchen wir, was Sie tun können, um Ärger zu vermeiden.

---

* Gute Gelegenheiten, mehr über Sicherheitsfragen zu erfahren, sind RFC 1244 und die CERT-Server (siehe im *Ressourcen-Katalog* unter »Sicherheit«). Werfen Sie auch einen Blick in *Computer Security Basics* von Russell und Gangemi—Sie finden dort eine allgemeine Diskussion von Sicherheitsfragen, sowie in *Practical UNIX Security* von Garfinkel und Spafford zu UNIX-spezifischen Sicherheitsfragen. Beide sind bei O'Reilly & Associates erschienen.

Paßwörter

Die meisten Leute wählen Paßwörter, die »bequem« sind. Unglücklicherweise ist das, was für Sie bequem ist, auch für den Eindringling bequem. CERT geht davon aus, daß 80% aller Einbrüche in Computer durch schlecht gewählte Paßwörter verursacht werden. Denken Sie daran: Wenn es um Paßwörter geht, brechen Computer ein, nicht Menschen. Ein Programm verbringt den ganzen Tag damit, Paßwörter auszuprobieren; es wird nicht gleich aufgeben, wenn die ersten drei nicht funktionieren. Aber Sie können es sehr schwierig machen, das richtige Paßwort zu erraten. Die meisten Paßwort-Cracker versuchen es nicht mit zufälligen Zeichenfolgen, sondern mit gebräuchlichen Wörtern aus dem Wörterbuch und mit einfachen Namen. Wählen Sie also ein gutes Paßwort, das:

- Mindestens sechs Zeichen lang ist.
- Aus einer Mischung von Groß- und Kleinbuchstaben sowie Zahlen besteht.
- Kein Wort ist.
- Keine Gruppe benachbarter Tasten ist (z.B. QWERTZ).

Vielen Leuten fällt es schwer, sich ein Paßwort auszudenken, das alle diese Kriterien erfüllt, aber trotzdem leicht zu merken ist. Ein beliebtes Verfahren ist es, die ersten Buchstaben eines gängigen Satzes zu nehmen—wie EgeimndB (Ehrlich gesagt, es interessiert mich nicht die Bohne).

Wenn Sie eine Workstation installieren, sollten Sie sicherstellen, daß Sie Paßwörter für *root*, *system*, *maint* und alle anderen Login-Namen vergeben, die spezielle Funktionen erfüllen. Ändern Sie diese Paßwörter regelmäßig. Einige Systeme werden mit Standardpaßwörtern geliefert. Wenn Sie diese nicht ändern, kennt jeder, der die gleiche Workstation gekauft hat, Ihre Paßwörter.

Seien Sie schließlich noch vorsichtig mit Techniken, die Paßwortabfragen übergehen. Es gibt zwei gebräuchliche: Das UNIX-Tool *rhosts* und *anonymes FTP*. **rhosts** erlaubt Ihnen, äquivalente Login-Namen auf einer Reihe von Maschinen zu definieren. Sie listen dazu explizite Maschinennamen und Login-Namen in der Datei *.rhosts* auf. Beispielsweise weist der *rhosts*-Eintrag:

```
uxh.cso.uiuc.edu krol
```

den Computer, auf dem sich diese Datei befindet, an, die Paßwortabfrage zu übergehen, wenn sich jemand unter dem Login-Namen **krol** von der Maschine **uxh.cso.uiuc.edu** aus einloggt. Wenn er diesen Login-Namen und diesen Host sieht, wird der lokale Computer annehmen, daß das Einloggen zulässig ist. Offensichtlich bedeutet das, daß jeder, der es schafft, in **krol**s Account auf **uxh.cso.uiuc.edu** einzudringen, auch in diese Maschine einbrechen kann.

Anonymes FTP (siehe Kapitel 6, *Dateien bewegen: FTP*) ist eine Einrichtung, die einfaches Übertragen von ausgewählten Dateien erlaubt, ohne ein Paßwort zu erfordern. Es sprengt den Rahmen dieses Buches, zu erläutern, wie Sie einen anonymen FTP-Server einrichten.* Trotzdem sei darauf hingewiesen, daß es sehr einfach ist, mit diesem Service mehr Dinge verfügbar zu machen, als eigentlich geplant war. Stellen Sie sicher, daß Sie wissen, was Sie tun, bevor Sie diese Einrichtung aktivieren. (Die bloße Benutzung von anonymem FTP, um selbst Dateien herunterzuladen, ist dagegen risikofrei.)

Import von Software

Die folgende Geschichte illustriert die zweithäufigste Ursache von Sicherheitsproblemen:**

> Zwei Studenten der Cornell-Universität wurden aufgrund von Computermißbrauch festgenommen. Sie modifizierten ein Tetris-ähnliches Spiel auf einem öffentlichen Server an ihrer Universität. Wenn es gespielt wurde, schien das Spiel normal zu funktionieren, aber es verursachte Schaden an der Maschine, auf der es lief. Es wurde durch Computernetze in die ganze Welt verteilt. Das FBI untersucht den Fall und erwartet, daß noch weitere Anklagen hinzukommen ...

Dies ist ein klassisches »Trojanisches Pferd«, etwas Bedrohliches, das sich in einem Geschenk versteckt.

Wenn Sie Software auf Ihre Maschine kopieren, gehen Sie damit ein Risiko ein. Software mit anderen zu teilen kann viele Vorteile bringen. Nur Sie können jedoch entscheiden, ob es das Risiko wert ist. Kommerzielle Software zu kaufen bringt nur ein minimales Risiko mit sich—insbesondere, wenn Sie von angesehenen Anbietern kaufen. Auf dem Netzwerk haben Sie keine Absicherung. Sie finden einen Rechner, der gute Sachen hat. Sie wollen das auch haben. Sie nehmen es sich und kompilieren es. Was können Sie tun, um das so sicher wie möglich zu machen? Hier sind einige Faustregeln:

- Versuchen Sie, offizielle Quellen zu nutzen. Wenn Sie eine Fehlerkorrektur für eine Workstation von Sun suchen, ist es sicherer, den Code von einer Maschine zu holen, deren Name mit **sun.com** endet, als von **hacker.hoople.usnd.edu**.
- Besorgen Sie sich Quellcode—wenn möglich. Sobald Sie den Quellcode haben, lesen Sie ihn, bevor Sie ein Programm installieren. Stellen Sie sicher, daß es nichts Merkwürdiges tut. Das gilt auch für **shar**-Archive, **make**-Dateien usw. Ich weiß,

* Das wird im Nutshell-Handbuch *TCP/IP Network Administration* von Craig Hunt (O'Reilly & Associates 1992, deutsche Ausgabe 1995) erläutert.

** Diese Story ist eine Wiedergabe eines Artikels in der Newsgruppe *clari.biz.courts* vom 26. Februar 1992.

daß das eine schwierige Aufgabe sein mag (und für manche unmöglich), aber wenn Sie sichergehen wollen, müssen Sie genau das tun. Selbst gebräuchliche Public-Domain- oder Free-Software kann riskant sein.* Sie selbst entscheiden, mit wieviel Risiko Sie leben möchten.

- Bevor Sie die Software auf einem wichtigen, häufig benutzten System installieren, sollten Sie sie für eine Weile auf einem weniger kritischen Rechner einsetzen. Wenn Sie eine Maschine haben, auf der Sie wichtige Arbeit erledigen, und eine andere, die nur gelegentlich benutzt wird, legen Sie die neue Software auf der zweiten Maschine ab. Kontrollieren Sie, ob irgend etwas Merkwürdiges passiert.
- Machen Sie ein komplettes Backup Ihrer Dateien, bevor Sie die Software einsetzen.
- Wenn Sie einen PC oder Macintosh einsetzen, sollten Sie einen Virenchecker benutzen, um die Software aus dem Netz zu überprüfen.

Denken Sie daran: Nur Dateien, die ausgeführt werden, können Schaden anrichten. Binärdateien sind am gefährlichsten, Quellcode ist viel sicherer. Daten sind nie eine Bedrohung für einen Computer—obwohl Sie sich im klaren darüber sein sollten, daß Daten inkorrekt sein können.

Falsch konfigurierte Software

Hier wird es schwierig, sich über Sicherheit zu unterhalten. Ich kann nicht wirklich konkret über das Problem schreiben, weil es dann zu einem Lehrbuch für Einbruchtechniken würde. Eine allgemeine Abhandlung wird ausreichen müssen.

Einige Systemprogramme haben Debug-Optionen, die beim Installieren oder beim ersten Start des Systems ein- oder ausgeschaltet werden können. Diese Optionen sind manchmal auch auf ausgelieferten Systemen noch »an«—entweder unbeabsichtigt, oder damit die Entwickler des Systems zu einem späteren Zeitpunkt noch Zugang finden, beispielsweise um zu überprüfen, warum Sie Probleme haben. Trotzdem kann jede Lücke, die groß genug ist, den Entwickler der Software hineinzulassen, auch einem Cracker Zugang gewähren. Einige Einbrüche (darunter auch der Internet-Wurm) sind auf diese Weise erfolgt. Stellen Sie sicher, daß die Debug-Optionen in Ihrer Software ausgeschaltet sind, wenn Sie sie nicht brauchen.

Ganz allgemein: Wenn eine Fähigkeit Ihres Betriebssystems nicht gebraucht wird, warum sollten Sie sie aktivieren? Die meisten Anbieter konfigurieren ihre Systeme so, daß sie alles starten. Das erleichtert das Installieren—wenn alle Optionen automatisch aktiviert werden, müssen Sie sich nicht den Kopf darüber zerbrechen, was Sie

* Wir meinen damit natürlich keine Software, die von der Free Software Foundation produziert wurde. Diese Software ist vertrauenswürdig, zumindest in ihrem originalen Zustand. Wir wiederholen den ersten Punkt: Es lohnt sich sicherzustellen, daß Sie eine offizielle Kopie der Quellcodes bekommen.

wirklich brauchen. Leider macht diese Praxis es aber auch einfacher, in Ihr System einzudringen. Wenn Sie nicht vorhaben, andere Leute ein Programm wie **tftp** (trivial file transfer program) benutzen zu lassen, warum sollten Sie dann den Server dafür laufen lassen?

Fehler in der Systemsoftware

Fehler im Betriebssystem werden entweder gleich nach ihrem Auffinden behoben, oder es wird schnell eine Prozedur entwickelt, mit der Sie das Problem umgehen können. Ein Computerhersteller ist nicht daran interessiert, daß seine Produkte den Ruf bekommen, daß sie leicht zu knacken sind. Das größere Problem kommt auf Sie zu, nachdem der Hersteller das ursprüngliche Problem korrigiert hat. Sie müssen das Update besorgen und installieren, bevor es irgend etwas schützt. Sie können Updates nur installieren, wenn Sie wissen, daß es sie gibt. Daher müssen Sie auf dem aktuellen Stand bleiben, was die Version und den Entwicklungsstand Ihrer Software angeht. Am einfachsten ist es, mit dem zuständigen Support in Kontakt zu bleiben. Aus offensichtlichen Gründen machen die Hersteller keine öffentlichen Ankündigungen wie: »Alles hergehört, Version 7.4.3.2 hat dieses schwerwiegende Sicherheitsproblem«. Es lohnt sich ebenfalls, Newsgruppen und Mailing-Listen zu verfolgen, in denen Ihr System behandelt wird. Sie finden die relevanten Newsgruppen unter *comp.sys*; als Sun-Anwender sollten Sie beispielsweise *comp.sys.sun* verfolgen.

Was ist, wenn in meinen Computer eingedrungen wurde?

Die erste Frage, die Sie sich stellen sollten, ist in Wirklichkeit: »Wie merke ich, daß in meinen Computer eingedrungen wurde?«. Der Eindringling versucht, so unauffällig wie möglich zu sein und verwischt seine Spuren. Sobald Sie ihn entdecken, sollten Sie entsprechende Maßnahmen einleiten. Nun, wie entdecken Sie einen Einbruch? Die meisten Leute nutzen die Sicherheitsinformationen gar nicht, die ihnen ihr Computer anbietet. Angenommen, Ihre Maschine sagt Ihnen: »Last login 06:31 26 Jan 1995«. Können Sie sich erinnern, wann Sie sich zuletzt eingeloggt haben? Vermutlich nicht genau. Aber Sie könnten feststellen, daß ein Login morgens um halb sieben merkwürdig ist, wenn Sie es mit Ihren üblichen Arbeitsgewohnheiten vergleichen. Auf diese Art und Weise werden viele Einbrüche entdeckt. Der Prozeß beginnt häufig damit, daß jemand »fühlt«, daß etwas schiefläuft. Beispielsweise:

- Ich glaube nicht, daß ich mich zu dem Zeitpunkt eingeloggt habe.
- Die Maschine scheint heute langsam zu sein.
- Ich kann mich nicht erinnern, die Datei geändert oder gelöscht zu haben.

Wenn so etwas passiert, dann sagen Sie sich nicht: »Was soll's?« und arbeiten weiter, sondern forschen Sie nach. Wenn Sie vermuten, daß Ihr Rechner Ziel eines Einbruchs wurde, dann gibt es ein paar Dinge, die Sie näher untersuchen sollten:

- Untersuchen Sie die Paßwort-Datei (unter UNIX normalerweise */etc/passwd*) und schauen Sie nach ungewöhnlichen Einträgen, typischerweise mit zahlreichen Rechten.
- Listen Sie alle Tasks auf (auf BSD basierende UNIX-Versionen: **ps aux**; auf System V basierende Versionen: **ps –el**) und sehen Sie nach, ob irgendwelche ungewöhnlichen System-Tasks laufen.
- Erstellen Sie ein erweitertes Verzeichnislisting (wie mit dem UNIX-Befehl **ls –la**) von Ihrem normalen Arbeitsverzeichnis und allen anderen Verzeichnissen, die zu groß oder auf ungewöhnliche Weise verändert erscheinen. Suchen Sie nach Dateien, die Ihnen nicht vertraut sind, oder die merkwürdige Modifikationsdaten haben.

Bevor Sie das untersuchen, müssen Sie natürlich wissen, wie die Paßwortdatei, die Liste der aktiven Prozesse etc. normalerweise aussehen. Wenn Sie nicht wissen, was »normal« ist, dann sind Sie sicherlich nicht in der Lage zu entscheiden, ob etwas anormal ist. Daher sollten Sie die Paßwortdateien, Ihr Arbeitsverzeichnis usw. *jetzt* überprüfen und das regelmäßig wiederholen. Wenn Sie diese Überprüfungen regelmäßig durchführen stellen Sie sicher, daß nichts Verdächtiges vorgeht, und Sie bleiben mit Ihrem System vertraut.

Wenn Sie etwas entdecken, das Ihnen verdächtig vorkommt, holen Sie sich Hilfe von der Sicherheitsabteilung Ihrer Universität oder Firma. Wenn Sie keine haben, fragen Sie den Hersteller Ihres Systems. Beeilen Sie sich, Hilfe zu holen, und machen Sie nicht alleine weiter. Zerstören Sie nichts, bevor Sie Hilfe holen. Machen Sie kein Backup mehr auf eines Ihrer üblichen Backupmedien—das Backup, das Sie überschreiben, könnte das letzte nicht modifizierte sein, das Sie haben. Nehmen Sie nicht an, daß das Schließen einer Sicherheitslücke das Problem beseitigt. Wenn ein Eindringling Zugang erlangt, wird er als erstes seine Spuren verwischen. Danach wird er weitere Lücken einrichten, um weiterhin Zugang auf Ihr System zu behalten.

All dies mag beängstigend klingen, aber lassen Sie sich davon nicht ins Bockshorn jagen. Nach all den Vorsichtsmaßnahmen, die ich Ihnen aufgezeigt habe, möchten Sie vielleicht in einen Zustand der Lähmung verfallen. Aber auch die nicht vernetzte Welt ist voll von Gefahren, und wenn Sie alle eliminieren wollen, werden Sie den Rest Ihres Lebens in einem Untergrundbunker aus Beton verbringen (aber nein, das geht ja auch nicht—die natürliche radioaktive Strahlung ist dann immer noch da). Die meisten Menschen strukturieren ihr Leben so, daß die Gefahr auf einer handhabbaren Stufe bleibt. Dies ist eine sichere, gesunde Reaktion: Gesunde Erwachsene setzen sich nicht absichtlich einer Gefahr aus, die sie minimieren können, und versuchen mit den Gefahren zu leben, die sie nicht minimieren können. Sie tragen Sicherheitsgurte, aber Sie hören nicht auf, Auto zu fahren. Und genau das ist es, was Sie in der Welt des Netzwerks tun müssen. Stellen Sie sicher, daß Ihr Paßwort ein gutes ist, seien Sie vorsichtig bei der Installation von Public-Domain-Software, überwachen Sie Ihr System, um einen Einbruch feststellen zu können, wenn er passiert, und holen Sie sich Hilfe, wenn Sie sie brauchen.

KAPITEL FÜNF

FERNZUGANG

Einfaches TELNET
Was tatsächlich passiert
Der Befehlsmodus von TELNET
Nicht-standardisierte TELNET-Server
TELNET zu IBM-Großrechnern

Wir haben bisher eine Menge Hintergrundinformation erhalten. Wir haben besprochen, was das Internet für Sie leisten kann, was Sie tun dürfen, wie es arbeitet, wie es sich entwickelte usw. Aber ich habe Ihnen noch nichts darüber verraten, *wie* Sie etwas tun; bis jetzt ist das Netz ein unbestimmtes, magisches Etwas. Ein mittelalterlicher Tischler wäre sicherlich auch fasziniert von einer modernen Tischlerei, aber sie wäre dennoch nutzlos für ihn, solange er nicht weiß, wofür man die Werkzeuge braucht und wie man sie benutzt.

Jetzt geht es richtig los. In den nächsten Kapiteln werden wir die grundlegenden Hilfen für die Arbeit auf dem Netz besprechen. Diese Tools sind bereits im ersten Kapitel kurz erwähnt worden. Für den Fall, daß Sie es vergessen haben, geben wir hier trotzdem eine kurze Wiederholung:

TELNET Wird benutzt, um sich in andere Computer auf dem Internet einzuloggen. Es dient dazu, eine Menge öffentlicher Dienste zu nutzen—darunter Büchereikataloge und andere Arten von Datenbanken.

FTP Transferiert Dateien im Netz. Es ist am nützlichsten, um Dateien aus öffentlichen Archiven zu übertragen, die über das ganze Internet verteilt sind. Das wird »anonymous FTP« genannt, weil Sie keinen Account auf dem Computer brauchen, auf den Sie zugreifen. Anonymes FTP wird in Kapitel 6, *Dateien bewegen: FTP*, behandelt.

Elektronische Post

Ermöglicht es Ihnen, elektronische Nachrichten zu versenden. Vermutlich wissen Sie schon, was elektronische Post ist und wie nützlich sie sein kann. Die Internet-spezifischen Aspekte von E-Mail werden in Kapitel 7, *Elektronische Post*, behandelt.

USENET-News
: Ermöglichen das Lesen (und Schreiben) von Nachrichten, die in öffentliche »Newsgruppen« publiziert werden. Das hört sich vielleicht obskur an, aber es ist nur das, was andere als »Nachrichtenbretter« oder »Diskussionsforen« bezeichnen. USENET ist der größte Nachrichtenservice der Welt. Wir behandeln die USENET-News in Kapitel 8, *News aus dem Netzwerk*.

Dies sind die Basisdienste des Internets. Ab Kapitel 9 behandeln wir eine andere Art von Diensten: Wie Sie die »Zuckerstücke« finden, die verfügbar sind. Das Problem mit dem Internet ist, daß es unordentlich ist und schlecht koordiniert wird. Es gibt unglaublich viele Ressourcen, aber es existiert keine zentrale Koordination, die Ihnen hilft, das zu finden, was Sie suchen. In den letzten paar Jahren haben Softwareentwickler beeindruckende Fortschritte dabei gemacht, die Unordnung zu lichten und Werkzeuge zu bieten, die Ihnen helfen, das zu finden, was interessant ist. Die Kapitel 9 bis 14 behandeln diese Hilfen. Wenn in den Kapiteln 5 bis 8 die Sägen und Hämmer aus der Werkzeugkiste des Internets behandelt werden, dann geht es in den folgenden Kapiteln um die computergesteuerten Fräsmaschinen.

Das soll als Einführung reichen. Es ist Zeit, mit TELNET zu beginnen. Unser Ziel ist es, Sie mit TELNET und seiner Anwendung vertraut zu machen. Wir werden eine einfache TELNET-Sitzung beobachten, uns ein bißchen darüber unterhalten, was hinter den Kulissen passiert, und dann einige der etwas ausgefalleneren Anwendungen betrachten.

Einfaches TELNET

Wie wir schon gesagt haben ist **TELNET** das Werkzeug im Internet für den Fernzugang. Es erlaubt Ihnen, sich an eine Tastatur zu setzen, die an einen Computer angeschlossen ist, und sich in einen anderen Computer am anderen Ende des Netzwerks einzuloggen. Die Verbindung kann mit einer Maschine im selben Raum, im selben Gebäude oder mit einer am anderen Ende der Welt bestehen. Wenn Sie verbunden sind ist das so, als ob Ihre Tastatur direkt mit dem anderen Computer verbunden ist. Sie können auf alle Dienste zugreifen, die die andere Maschine ihren lokalen Terminals bietet. Sie können eine normale interaktive Sitzung durchführen (sich einloggen und Befehle ausführen lassen), oder auf eine Vielzahl spezieller Dienste zugreifen. Sie können Bibliothekskataloge einsehen und herausfinden, was im Theater läuft, auf Zeitungstexte zugreifen und von vielen anderen Diensten profitieren, die von verschiedenen Rechnern im Netzwerk angeboten werden.

Der einfachste Weg, **TELNET** zu benutzen, ist:

```
% telnet name-des-anderen-computers
```

in der Kommandozeile einzugeben. Wir benutzen die C-Shell eines UNIX-Systems, also ist der Kommandoprompt ein Prozentzeichen (%). Wenn Sie ein anderes Computersystem (wie DOS, VAX/VMS, einen Macintosh oder einen Amiga) benutzen, bleibt das Kommando prinzipiell dasselbe, obwohl die Details leicht unterschiedlich sein können. Hier ist ein einfaches Beispiel:

```
% telnet sonne.uiuc.edu
Trying...
Connected to sonne.uiuc.edu.
Escape character is '^]'.

SunOS UNIX (sonne)

login: krol                                einloggen ins andere System
Password:                                  das Paßwort wird nicht geechot
Last login: Sat Sep  7 17:16:35 from ux1.uiuc.edu
SunOS Release 4.1(GENERIC) #1:Tue Mar 6 17:27:17 PST 1990
sonne% ls                                  Kommando, das vom anderen System ausgeführt wird
Mail        News        development        project1
sonne% pwd                                 Kommando, das vom anderen System ausgeführt wird
/home/sonne/krol
sonne% logout                              ausloggen aus dem anderen System
%                                          zurück auf dem lokalen System
```

Wir haben **telnet** angewiesen, einen anderen Computer namens **sonne.uiuc.edu** zu suchen. Nachdem es diesen Computer gefunden hat, startete es eine Terminalsitzung. Sobald diese Sitzung beginnt, ist der Dialog mit dem Rechner derselbe, als ob Sie an einem Terminal säßen, das direkt mit diesem Rechner verbunden ist.* Genaugenommen müssen Sie sich ebenso ein- und ausloggen, wie Sie es tun würden, wenn Sie direkt an diesen Computer angeschlossen wären. Nachdem Sie sich eingeloggt haben, können Sie alle Befehle geben, die auf dem anderen System verfügbar sind, und da **sonne.uiuc.edu** ein UNIX-System ist, sind alle Standard-UNIX-Befehle (wie **ls** und **pwd**) verfügbar. Wenn Sie sich aus dem anderen System ausloggen, wird **telnet** beendet. Alle weiteren Kommandos werden von Ihrem lokalen System ausgeführt.

---

* TELNET überträgt möglicherweise nicht die exakte Spezifikation Ihres Terminals an den anderen Rechner. Dies gilt insbesondere, wenn Sie von einem Terminal ungewöhnlicher Größe einloggen (beispielsweise von einem X-Terminal, mehr darüber später). Sie müssen möglicherweise noch etwas tun, um die Terminalparameter bekanntzumachen, nachdem Sie eingeloggt haben. Unter BSD UNIX würden Sie das tun, indem Sie **setenv TERM** eingeben und dann **stty** aufrufen (um anzugeben, wieviele Zeilen und Spalten Ihr Bildschirm hat). Wenn Sie z.B. mit der **xterm**-Terminalemulation arbeiten, die 46 Zeilen und 82 Spalten benutzt, würden Sie folgende Befehle eingeben:

```
% setenv TERM xterm
% stty rows 46
% stty columns 82
```

Das ist wirklich schon alles, was TELNET darstellt: Einfach ein Werkzeug, um sich in andere Rechner einzuloggen. Weiter unten in diesem Kapitel werden wir eine Reihe von fortgeschrittenen **telnet**-Kommandos und -Optionen behandeln, und Sie werden sehen, daß Sie es benutzen können, um einige spezielle Server mit ihren ureigenen Verhaltensweisen zu bedienen. Aber das einfache Kommando **telnet** (dazu natürlich ein Account auf einem anderen Rechner) ist schon alles, was Sie für den Anfang benötigen.

Was tatsächlich passiert

Lassen Sie uns einen genaueren Blick auf das werfen, was passiert, wenn Sie eine TELNET-Sitzung beginnen. Eine Anwendung besteht aus zwei Teilen Software, die miteinander kooperieren: Dem *Client*, der auf dem Computer läuft, welcher den Service anfordert, und dem *Server*, der auf dem Computer läuft, welcher den Service anbietet. Das Netzwerk ist das Medium, über das die beiden kommunizieren—entweder mittels TCP oder UDP.

Der Client, also das Programm, das gestartet wurde, als Sie das Kommando **telnet** eingetippt haben, muß:

- Eine TCP-Verbindung mit dem Server herstellen.
- Eingaben von Ihnen annehmen.
- Die Eingaben in ein Standardformat konvertieren und sie an den Server senden.
- Ausgaben vom Server in einem Standardformat akzeptieren.
- Die Ausgabe neu formatieren und Ihnen anzeigen.

Die Server-Software läuft auf der Maschine, die den Dienst anbietet. Wenn der Server nicht läuft, ist der Service nicht verfügbar. Auf UNIX-Systemen werden Server oft als »Dämon« (engl.: daemon) bezeichnet; das sind Systemprozesse, die die ganze Zeit im Hintergrund laufen. Diese »stillen Helfer« warten darauf, daß ihre Dienste angefordert werden und werden aktiv, sobald das der Fall ist. Wenn ein Server bereit ist, Anforderungen entgegenzunehmen, wird er:

- Die Netzwerksoftware informieren, daß er bereit ist, Verbindungen anzunehmen.
- Darauf warten, daß Anforderungen in einem Standardformat ankommen.
- Die Anforderung bedienen.
- Die Ergebnisse an den Client in einem Standardformat zurücksenden.
- Wieder warten.

Ein Server muß in der Lage sein, eine Vielzahl von Clients zu bedienen, von denen einige vielleicht auf dem gleichen Computer laufen, andere auf PCs, Macintoshes oder Amigas—was auch immer da draußen sein mag. Um das zu tun, gibt es eine Anzahl von Regeln für die Kommunikation mit einem Server. Diese Regeln werden *Protokoll* genannt. In diesem Fall handelt es sich um ein *Anwendungsprotokoll*, da es ein Protokoll zwischen Teilen einer Anwendung ist. Jeder kann einen Client schreiben, auf jedem Typ von Computer. Solange der Client über das Netzwerk kommunizieren kann und sich an das Protokoll hält, kann er auf den Dienst zugreifen. In der Praxis bedeutet das, daß Ihr Macintosh (oder Amiga etc.) TELNET und andere Internet-Tools nutzen kann, um auf einer unglaublichen Vielzahl von anderen Systemen zu arbeiten—das reicht von UNIX-Workstations bis hin zu Großrechnern.

Ein Anwendungsprotokoll erlaubt üblicherweise dem Client und dem Server, zwischen Daten zu unterscheiden, die für den Benutzer, und solchen, die für die Kommunikation miteinander bestimmt sind. Dies wird normalerweise erreicht, indem ein paar Zeichen Text am Beginn jeder Zeile eingefügt werden. Wenn der Server beispielsweise eine Zeile, die mit »TXT« beginnt, an den Client sendet, dann wird der Rest der Zeile auf den Bildschirm ausgegeben. Wenn eine Zeile dagegen mit »CMD« beginnt, dann handelt es sich um eine Nachricht von der Server-Software an die Client-Software. Natürlich bekommen Sie davon nie etwas mit, denn zu dem Zeitpunkt, an dem die Nachricht an Sie durchgereicht wird, ist die Kontrollinformation längst entfernt worden. Lassen Sie uns jetzt aber zur Betrachtung zurückkehren, was all dies mit TELNET zu tun hat.

Der Befehlsmodus von TELNET

TELNET hat mehr Fähigkeiten, als Sie anhand unseres ersten Beispiels vermuten werden. Der Schlüssel dazu ist die Meldung »Escape character is `'^]'`«. TELNET schickt jedes Zeichen, das Sie eingeben, an den anderen Rechner—mit einer Ausnahme, dem *Escape-Code*. Wenn Sie den Escape-Code eingeben, wechselt Ihr **telnet**-Client in einen speziellen Befehlsmodus. Normalerweise ist der Escape-Code **CTRL-]**. Verwechseln Sie das nicht mit der ESC-Taste auf Ihrer Tastatur! Der Escape-Code für TELNET kann jedes Zeichen sein, das Sie niemals an das andere System senden wollen. Die ESC-Taste auf Ihrer Tastatur ist ein spezielles, nicht druckbares Zeichen, das Sie regelmäßig an das andere System senden müssen, um Kommandos zu markieren. Merken Sie sich auch, daß es Ausnahmen gibt: Der Escape-Code ist nicht immer **CTRL-]**. **telnet**-Clients, die auf Maschinen mit modernen Benutzungsoberflächen laufen, verwenden normalerweise Menüs oder Funktionstasten statt eines obskuren Escape-Codes.

Sie können den Kommandomodus auch erreichen, indem Sie nur **telnet** tippen, also ohne einen Maschinennamen dahinter. Wenn Sie im Kommandomodus sind (egal, wie Sie dorthin gelangt sind), werden Sie die Eingabeaufforderung `telnet>` sehen; das bedeutet, daß TELNET darauf wartet, daß Sie einen Befehl eingeben. Sobald Sie im Befehlsmodus sind, liefert Ihnen ein Fragezeichen (?) eine Liste der verfügbaren Befehle:

```
telnet> ?
Commands may be abbreviated.  Commands are:

close        close current connection
display      display operating parameters
mode         try to enter line-by-line or character-at-a-time mode
open         connect to a site
quit         exit telnet
send         transmit special characters ('send ?' for more)
set          set operating parameters ('set ?' for more)
status       print status information
toggle       toggle operating parameters ('toggle ?' for more)
z            suspend telnet
?            print help information
```

Obwohl es eine ganze Reihe von Befehlen und sogar noch Unterbefehle gibt (versuchen Sie einmal **set** ?), werden normalerweise nur wenige davon benutzt:

close Beendet die Verbindung, die gerade besteht oder aufgebaut wird. **close** trennt Sie automatisch vom anderen System und beendet eventuell auch TELNET, wenn Sie beim Aufruf einen Hostnamen angegeben haben. Dieser Befehl ist nützlich, wenn Sie auf der anderen Seite mit etwas festsitzen und abbrechen wollen.

open *name* Versucht, eine Verbindung mit der benannten Maschine aufzubauen. Der Name oder die Adresse der Zielmaschine wird benötigt. Die meisten TELNET-Versionen werden den Maschinennamen erfragen, wenn er nicht angegeben wird. Beachten Sie, daß Sie eine existierende Verbindung beenden (**close**) müssen, bevor Sie eine neue aufbauen.

set echo Schaltet das lokale Echo ein oder aus. Mit *Echo* bezeichnet man den Vorgang, durch den die Zeichen, die Sie tippen, auf Ihrem Bildschirm erscheinen. Normalerweise ist der andere Rechner dafür verantwortlich, diese Zeichen zurück auf Ihren Bildschirm zu senden, nachdem er sie empfangen hat. Dies wird »remote echo« genannt, und ist normalerweise zuverlässiger, weil Sie dann wissen, daß das andere System Ihre Tastendrücke korrekt empfängt. »Local echo« bedeutet, daß der lokale Computer (in diesem Falle der **telnet**-Client) die Zeichen, die Sie tippen, zurück auf Ihren Bildschirm sendet. Weil das »remote echo« zuverlässiger ist, startet TELNET normalerweise mit ausgeschaltetem Echo. Um es zu aktivieren, gehen Sie in den Befehlsmodus und tippen den Befehl

set echo. Um es wieder abzuschalten, tippen Sie noch einmal **set echo**. (Dieser Befehl ist wie ein Lichtschalter: Wiederholte Eingabe schaltet das Echo ein und aus. Er hat denselben Effekt wie der Halb/Vollduplex-Schalter an Modems und Terminals, falls Sie damit schon Erfahrung haben.)

Woher wissen Sie aber, ob das lokale Echo ein- oder ausgeschaltet sein sollte? Wenn das lokale Echo abgeschaltet ist, aber angeschaltet sein sollte, werden die Zeichen, die Sie tippen, nicht auf Ihren Bildschirm ausgegeben; Sie werden die Befehle, die Sie dem anderen System geben, nicht sehen, sondern nur die Antworten. Wenn das lokale Echo eingeschaltet ist, aber ausgeschaltet sein sollte, werden Sie jedes Zeichen, das Sie tippen, doppelt sehen. In beiden Fällen ist die Lösung des Problems dieselbe: Gehen Sie in den Befehlsmodus und tippen Sie **set echo**.

set escape ***zeichen*** Setzt das angegebene ***zeichen*** als Escape-Code. Sie werden dafür normalerweise einen CONTROL-Code verwenden, den Sie entweder direkt eingeben können (wenn Sie beispielsweise **CTRL-b** verwenden wollen, tippen Sie einfach **b**, während Sie die CTRL-Taste gedrückt halten), oder indem Sie ein Caret (»Dach«, ^) gefolgt vom Buchstaben (im Beispiel **^b**), eingeben. Es ist wichtig, daß Ihr Escape-Code ein Zeichen ist, das Sie nie während Ihrer normalen Arbeit eingeben müssen. Dies kann ein Problem sein—viele Programme (insbesondere der Editor *emacs*) weisen nahezu jeder Taste der Tastatur eine Bedeutung zu.

Die Möglichkeit, den Escape-Code zu wechseln wird wirklich nützlich, wenn Sie verkettete Anwendungen laufen lassen. Wenn Sie also beispielsweise per **telnet** von System A auf System B wechseln, sich dort einloggen und dann per **telnet** auf System C gehen. Wenn das, was Sie auf System C erledigen wollen, mißlingt und die Escape-Codes identisch sind, dann gibt es keine Möglichkeit, die Verbindung von B nach C abzubrechen—der Escape-Code wird Sie immer auf System A in den Befehlsmodus befördern. Wenn Sie für jede TELNET-Verbindung einen anderen Escape-Code wählen, dann können Sie sich aussuchen, welche Verbindung Sie mit dem Escape-Code in den Befehlsmodus bringen. Dies gilt auch für andere Anwendungen wie Terminalemulatoren (beispielsweise **kermit**).

quit Verläßt das **telnet**-Programm ordnungsgemäß.

z Unterbricht die TELNET-Sitzung kurzzeitig, um das Ausführen anderer Kommandos auf dem lokalen System zu ermöglichen. Die Verbindung und die anderen Optionen bleiben erhalten, bis die Sitzung wiederaufgenommen wird. Die Sitzung wird auf die beim jeweiligen Betriebssystem normale Weise wiederaufgenommen—unter BSD UNIX in der Regel mit dem Kommando **fg**. SYSTEM-V-UNIX öffnet eine Subshell, um andere Befehle auszuführen. Um zurück in die TELNET-Sitzung zu kommen, verlassen Sie die Shell. (Diese Fähigkeit hängt von der Unterstützung durch das Betriebssystem ab, also ist sie möglicherweise nicht auf allen Systemen verfügbar.)

Carriage Return Wenn Sie keinen Befehl geben (eine leere Zeile im Befehlsmodus), befinden Sie sich wieder in Ihrer Verbindung mit der anderen Maschine. Auch viele der anderen Befehle verlassen nach ihrer Ausführung den Befehlsmodus.

Hier ist eine Beispielsitzung, in der wir uns auf **sonne.uiuc.edu** einloggen, für ein paar Befehle in den Befehlsmodus wechseln, und wieder auf **sonne** zurückkehren:

```
% telnet sonne.uiuc.edu
Trying...
Connected to sonne.uiuc.edu.
Escape character is '^]'.

SunOS UNIX (sonne)

login: krol                                  einloggen in das andere System
Password:
Last login: Sat Sep  7 17:16:35 from ux1.uiuc.edu
SunOS Release 4.1(GENERIC) #1:Tue Mar 6 17:27:17 PST 1990
sonne% ls
Mail          News          development          project1
sonne% pwd
/home/sonne/krol
sonne% CTRL-]                                wechseln in den telnet-Befehlsmodus
telnet> ?                                    Hilfe aufrufen
Commands may be abbreviated.  Commands are:

close         close current connection
display       display operating parameters
...                                          einige Befehle ausgelassen
z             suspend telnet
?             print help information
telnet> set escape ^b                        Escape-Code ändern
escape character is '^B'
sonne% pwd                                   zurück auf sonne, Befehl geben
/home/sonne/krol
```

```
sonne% logout                     und ausloggen
%                                 zurück auf dem eigenen System
```

Beachten Sie, daß der Befehl **set** implizit den Befehlsmodus verläßt. Wenn das nicht der Fall wäre, könnten Sie diesen Modus natürlich immer noch durch Eingabe einer Leerzeile verlassen, um zu **sonne** zurückzukehren.

Nicht-standardisierte TELNET-Server

Ich habe vielleicht den Eindruck vermittelt, daß TELNET nur für das Einloggen in andere Computer zu gebrauchen ist. Das ist nicht ganz richtig. Wenn ich eine Anwendung schreiben wollte und mit der VT-100-Emulation von TELNET zufrieden wäre, warum sollte ich dann nicht einfach **telnet** als Client benutzen und nur einen Server schreiben, der das tut, was ich möchte? Alles, was ich dazu tun muß ist, dem Server das Anwendungsprotokoll von TELNET beizubringen. Die Vorteile sind, daß mir das die Mühe erspart, ein spezielles Client-Programm an jeden auszuliefern, der meine Anwendung nutzen soll. Außerdem erhalten die Anwender eine Oberfläche, mit der sie schon vertraut sind; alle Anwendungen, die mit TELNET arbeiteten, werden auch mit der neuen Anwendung zusammenarbeiten. Doch es gibt auch Nachteile: Es bedeutet, daß der Server nur noch für die neue Anwendung zur Verfügung steht: Jeder, der dorthin **telnet**tet wird zwangsläufig in meiner Anwendung landen.

Für Sie bedeutet das, daß Sie nicht den normalen, vertrauten Login-Prompt bekommen, wenn Sie per TELNET Verbindung mit einem Computer aufnehmen.* Sie bekommen, was immer der Autor des Dienstes Ihnen geben wollte. Daher müssen Sie diese Dienste mit etwas mehr Vorsicht behandeln. Hier sind ein paar Anmerkungen, die Sie im Hinterkopf behalten sollten, wenn Sie mit einem dieser modifizierten Server arbeiten:

- Nahezu jeder Server ist anders. Einige haben gute Benutzungsoberflächen, andere haben miserable Benutzungsoberflächen. Sie müssen mit dem zufrieden sein, was Sie bekommen. Die meisten Server bieten Hilfen an (einige Hilfen sind nützlich, andere weniger).
- Die meisten Server werden Sie nach einem Terminaltyp fragen, wenn Sie die Verbindung aufnehmen. »VT100« ist wohl die gebräuchlichste Auswahl—viele Terminalemulatoren und die meisten Window-Systeme kommen damit zurecht. Wenn Sie nicht wissen, welches Terminal Sie verlangen sollen, oder falls Ihr Terminal nicht aufgeführt wird, oder wenn VT100 merkwürdige Ergebnisse liefert, dann benutzen Sie »hardcopy« oder »dumb«.

---

* Es gibt eine Variation der »Nicht-Standard«-Server, die Sie kennen sollten: Manchmal bekommen Sie einen gewöhnlichen Login-Prompt; wenn Sie dann einen speziellen Login-Namen benutzen (wie beispielsweise »library«), starten Sie ein spezielles Anwendungsprogramm. Sie benutzen aber immer noch den Standard-TELNET-Server.

- Auf der ersten Bildschirmseite teilen Ihnen die meisten Server mit, wie Sie sich wieder ausloggen oder die Sitzung beenden. Achten Sie auf diese Informationen, wenn Sie eine Sitzung beginnen—das wird vermeiden, daß Sie steckenbleiben. Natürlich können Sie immer den Escape-Code von TELNET verwenden, um aus einer Sitzung herauszukommen. (Stellen Sie sicher, daß Sie wissen, welcher Code das ist.)

TELNET zu unüblichen Ports

Die Notwendigkeit, einen Computer für einen nicht standardisierten Service zu reservieren, schränkt dieses Verfahren auf Anwendungen ein, bei denen Benutzerfreundlichkeit über alles geht. Es gibt allerdings eine andere Lösung für das Problem, die einen Kompromiß zwischen Benutzerfreundlichkeit und Kapitaleinsatz eingeht. Sie können den beim Anwender bereits vorhandenen **telnet**-Client nutzen, aber dafür einen speziellen Server schreiben, und trotzdem weiterhin den normalen TELNET-Service anbieten. Dies kann erreicht werden, aber um zu verstehen, wie, müssen Sie etwas mehr darüber wissen, wie das Internet arbeitet. Da die meisten Computer viele verschiedene Server anbieten (für **telnet** und andere Anwendungen), muß es einen Weg für die mit dem Netzwerk kommunizierende Software geben, zu entscheiden, welcher Server eine Anfrage bearbeiten muß. Dies wird erreicht, indem jedem Service eine spezifische *Port*-Nummer als Identifikation zugeteilt wird. Wenn der Server gestartet wird, teilt er der Netzwerksoftware mit, für welchen Port er verantwortlich ist.* Wenn ein Client-Programm sich mit einem Service verbinden will, muß es sowohl die Adresse angeben (um eine spezielle Maschine zu erreichen), als auch die Nummer des Ports (um einen speziellen Service auf dieser Maschine anzusprechen). Häufig benutzte Anwendungen haben Standardportnummern zugewiesen bekommen—TELNET ist beispielsweise der Port 23 zugewiesen.**

Jetzt wird klar, wie ein Standard-Client für eine andere Anwendung benutzbar wird—alles, was wir jetzt noch brauchen, ist ein Weg, eine andere Portnummer zu verwenden. Private Anwendungen müssen einen nicht zugewiesenen Port verwenden, der Client und Server bekannt ist. Wenn wir unseren Nicht-Standard-Server schreiben und ihm sagen, daß er an einem anderen Port lauschen soll (z.B. Port 10001), und wir die Anwender wissen lassen, daß Sie mit Ihrem **telnet**-Client auf Port 10001 unserer Maschine Verbindung aufnehmen müssen, dann haben wir es geschafft.

---

* Dies sind »virtuelle« Ports, die von der Software verwendet werden, um verschiedene Kommunikationsflüsse auseinanderzuhalten. Verwechseln Sie das nicht mit Terminalports, SCSI-Ports etc., die »richtige« Hardwareschnittstellen sind.

** Auf Systemen unter BSD UNIX können Sie die Standardportnummern in der Datei */etc/services* finden. Die Zuweisungen sind in einem RFC dokumentiert, der »Assigned Numbers« betitelt ist. Zur Zeit der Drucklegung war dessen Nummer RFC 1340, aber er wird periodisch aktualisiert—eine neuere Version wird eine andere Nummer haben.

Es gibt tatsächlich viele solcher Anwendungen auf dem Internet. Wenn Anwendungen über Nicht-Standard-Ports angeboten werden, muß die Dokumentation zu diesem Service (oder die Person, die Ihnen sagt, daß Sie ihn benutzen sollen) Ihnen mitteilen, welchen Port Sie benutzen sollten. Lassen Sie uns als Beispiel den »Weather Underground« verwenden, der Ihnen Zugang zu Wetterinformationen für Städte in den Vereinigten Staaten gibt. Sein Eintrag im Katalog sieht so aus:

```
Zugriff über: telnet madlab.sprl.umich.edu 3000
```

Dieser Eintrag enthält folgende Anweisung: »Verbinden Sie sich per **telnet** mit **madlab.sprl.umich.edu**, aber nehmen Sie nicht den Standardport (23), sondern statt dessen Port 3000.« Die nicht standardgemäße Portnummer wird angegeben, indem Sie sie einfach an das Ende des **telnet**-Befehls hängen. Hier ist eine Sitzung, in der auf diesen Dienst zugegriffen wird:

```
% telnet madlab.sprl.umich.edu 3000
Trying 141.212.196.79...
Connected to madlab.sprl.umich.edu.
Escape character is '^]'.
-------------------------------------------------------------
*                University of Michigan
*                  WEATHER UNDERGROUND
-------------------------------------------------------------
*
*       College of Engineering, University of Michigan
*       Department of Atmospheric, Oceanic,
*             and Space Sciences
*       Ann Arbor, Michigan  48109-2143
*       comments: sdm@madlab.sprl.umich.edu
*
* With Help from:
*       The UNIDATA Project,
*       University Corporation for Atmospheric Research
*       Boulder, Colorado  80307-3000
*
-------------------------------------------------------------
* NOTE:> New users, select option "H" on the main menu:
*       H) Help and information for new users
*
-------------------------------------------------------------

Press Return for menu, or enter 3 letter city code:
```

Es gibt zwei Dinge bei dieser Sitzung, die Erwähnung verdienen. Zum einen sind Sie direkt in einer Anwendung gelandet, statt beim üblichen Login-Prompt. Jeder dieser nicht standardisierten Server hat seinen eigenen Befehlssatz. Sie müssen die Informationen aufmerksam durchlesen, um herauszufinden, wie Sie ihn benutzen. Die meisten Server sagen Ihnen recht früh während der Sitzung, wie Sie die Sitzung beenden und wie Sie auf die Hilfemöglichkeiten zugreifen. In diesem Fall müssen Sie RETURN drücken, um zum Hauptmenü zu gelangen, und dort **H** für Hilfe eingeben.

Zum anderen haben Sie keinen Login-Prompt gesehen und mußten sich folglich auch nicht einloggen—um den Service zu benutzen, brauchten Sie nicht einmal einen Account auf **madlab.sprl.umich.edu**. Natürlich kann der Nicht-Standard-Server auch seine eigene Login-Prozedur haben. Möglicherweise müssen Sie sich erst bei jemandem registrieren lassen, um den Service benutzen zu dürfen, und eventuell werden Sie die Nutzung in Rechnung gestellt bekommen. Aber viele Dienste sind kostenlos und öffentlich verfügbar.

In diesem Beispiel haben wir TELNET benutzt, um mit einem Nicht-Standard-Port Verbindung aufzunehmen, und haben einen speziellen Service erreicht. In der Praxis werden Sie beide Lösungen finden: nicht standardisierte TELNET-Server, die den Standard-Port (Port 23) benutzen, und daher nur für diese Anwendung verfügbar sind, und Nicht-Standard-Server, die einen Nicht-Standard-Port benutzen. Der *Ressourcen-Katalog* und andere Datenbanken mit Netzwerkressourcen sagen Ihnen, wann ein Nicht-Standard-Port erforderlich ist.

Imitieren anderer Clients

Eine andere Anwendung von **telnet** zu einem anderen Port ist die Maskierung als ein anderer Client. Diese Technik wird hauptsächlich zur Fehlersuche in den Client-Server-Beziehungen verwendet, während eine Anwendung entwickelt wird. Wenn ich Probleme mit meinem Programm zum Lesen der Schwarzen Bretter (mehr darüber später) hätte, und nicht wüßte, ob ich das Problem beim Client oder beim Server suchen muß, dann könnte ich den Client übergehen, indem ich den Befehl:

```
% telnet sonne.uiuc.edu 119
```

gebe. Dieser Befehl verbindet mich direkt mit dem News-Server auf **sonne**, statt mit dem TELNET-Server—119 ist nämlich der Port, den der News-Server benutzt. An diesem Punkt könnte ich NNTP-Befehle eintippen (NNTP ist das Protokoll, mit dem Netnews verteilt werden), um den Server zu testen und zu kontrollieren, ob alles funktioniert wie geplant.

TELNET zu IBM-Großrechnern

Wenn Sie schon lange mit Computern arbeiten, dann erwarten Sie wahrscheinlich von IBM-Mainframes, daß sie ihre eigenen Verhaltensweisen zeigen, nur um den Rest der Welt zu verwirren. Auch TELNET macht da keine Ausnahme. Soweit es TELNET betrifft, können wir IBM-Anwendungen in zwei Gruppen einteilen: Anwendungen im »Zeilenmodus« und Anwendungen im »Bildschirmmodus« oder »3270-Modus«. Wir werden sie separat behandeln.

Zunächst die Anwendungen im Zeilenmodus. Diese verhalten sich mehr oder weniger wie die, die Sie bereits kennen. Zeilenmodus bedeutet, daß das Terminal die Zeichen zeilenweise an den Host sendet. Das ist dasselbe Verfahren, das die meisten Terminals und normalerweise auch TELNET benutzen. Anwendungen im Zeilenmodus sind also kein Problem. Sie müssen möglicherweise den Befehl **set echo** an **telnet** geben, da Anwendungen im Zeilenmodus die Zeichen, die Sie tippen, eventuell nicht zurücksenden. Aber mit dieser Warnung sind die Probleme auch schon abgehakt. Sie können auf ein IBM-System **telnet**ten, Ihre Anwendung starten (wobei Sie **set echo** eingeben, wenn die Zeichen, die Sie tippen, nicht auf Ihrem Bildschirm erscheinen), und alles wird funktionieren wie immer.

Aber nun zu den Anwendungen im 3270-Modus, die leider nicht ganz so einfach sind. Doch zunächst: Was bedeutet »3270« überhaupt? IBM-Computer haben lange Zeit ein firmenspezifisches Full-Screen-Terminal verwendet, das als 3270 bekannt ist.* Das 3270 wurde entworfen, um die Dateneingabe (das Ausfüllen von Formularen etc.) für den Anwender einfacher zu machen und das System weniger zu belasten. Daher haben diese Geräte zahlreiche Fähigkeiten, die Sie bei einem herkömmlichen Terminal nicht finden werden: geschützte Felder, numerische Felder, alphabetische Felder etc. Es gibt darüber hinaus einige Tasten für spezielle Zwecke, inbesondere die *programmierbaren Funktionstasten* (PF-Tasten), die spezielle Befehle ausführen können. Das Terminal arbeitet blockorientiert; das bedeutet, daß es nichts an den Host sendet, solange Sie nicht die ENTER-Taste oder eine der PF-Tasten drücken. Wenn Sie das tun, sendet es eine komprimierte Wiedergabe der Änderungen des Bildschirminhalts seit der letzten Übertragung. Es ist offensichtlich, daß eine 3270-Anwendung anders gehandhabt werden muß. Es ist normalerweise möglich, eine 3270-Anwendung im Zeilenmodus zu benutzen, aber es wird sehr unkomfortabel sein.

Um eine 3270-Anwendung so zu benutzen, wie es vorgesehen ist, brauchen Sie einen Terminalemulator, der Ihr System so reagieren läßt, wie es ein 3270-Terminal tun würde. Häufig wird die IBM-Mainframe, mit der Sie verbunden sind, die Emulation selbst übernehmen. In dem Fall können Sie Ihr Standard-TELNET benutzen, um mit dem Computer Verbindung aufzunehmen. Sobald TELNET die Verbindung herstellt, fragt der Großrechner, welches Terminal Sie benutzen. Nachdem Sie das dem anderen System mitgeteilt haben, können Sie loslegen. Sie müssen nichts Besonderes mehr unternehmen, aber Sie müssen wissen, wo sich die speziellen Tasten auf Ihrer Tastatur befinden, also lesen Sie trotzdem weiter.

Wenn der Host, mit dem Sie verbunden sind, keine 3270-Emulation anbietet, müssen Sie eine spezielle Version von TELNET benutzen, die einen Emulator eingebaut hat.

* Tatsächlich gibt es eine ganze Reihe von Terminals der 3270er Klasse, die sich z.B. in der Anzahl der Bildschirmspalten unterscheiden. Das ursprüngliche Terminal bekam die Bezeichnung 3270; spätere, verbesserte Versionen hatten Bezeichnungen wie 3278 oder 3279. Wenn Sie also in der Literatur auf den Begriff »3278-Emulation« stoßen, handelt es sich um eine Version des 3270er Terminals, das wir hier behandeln.

Diese Version wird **tn3270** genannt. Woher wissen Sie aber, daß Sie **tn3270** brauchen? Wenn Sie zu einem IBM-Mainframe **telnet**ten, der nicht unter UNIX läuft, und Sie eine Sitzung wie die folgende erleben:

```
% telnet vmd.cso.uiuc.edu
Trying 128.174.5.98...
Connected to vmd.cso.uiuc.edu.
Escape character is '^]'.
VM/XA SP ONLINE-PRESS ENTER KEY TO BEGIN SESSION .
```

Dann sollten Sie vermutlich **tn3270** ausprobieren. Es gibt zwei Hinweise: Einer davon ist der Text »VM« oder »MVS«; dies sind die Namen von IBM-Betriebssystemen. Der andere Hinweis ist die Tatsache, daß die Meldung komplett in Großbuchstaben geschrieben ist. Das ist auf IBM-Großrechnern weit verbreitet. (Es gibt natürlich noch andere Betriebssysteme, die ihre Arbeit mit Großbuchstaben erledigen.) In diesem Fall sollten Sie in der Lage sein, das System mit dem normalen TELNET zu benutzen, aber es dürfte mühselig werden; **tn3270** wird vermutlich besser funktionieren.

Sie sollten ebenfalls **tn3270** verwenden, wenn sich etwas Merkwürdiges in Ihrer Sitzung ereignet:

```
% telnet lib.cc.purdue.edu
Trying 128.210.9.8...
Connected to lib.cc.purdue.edu.
Escape character is '^]'.
Connection closed by foreign host.
```

TELNET hat es geschafft, mit dem anderen System Verbindung aufzunehmen, aber dann ging etwas daneben, und die andere Seite hat aufgegeben. In diesem Beispiel ist die Gegenseite so sehr auf die 3270-Möglichkeiten angewiesen, daß sie abbrach und die Verbindung abbaute als sie herausfand, daß Sie kein 3270-Terminal benutzen. (Ein Hinweis: Viele Ursachen können dafür verantwortlich sein, daß eine Verbindung sofort wieder abgebrochen wird; dies ist nur ein möglicher Grund.)

In diesem Fall ergibt die Verwendung von **tn3270** vollkommen andere Ergebnisse, und so sieht das ganze dann aus:

```
% tn3270 lib.cc.purdue.edu
Trying...
Connected to lib.cc.purdue.edu.
```

Dann wird der Bildschirm gelöscht und Sie sehen folgendes:

```
                            TTTTTT  HH  HH  OOOOOO  RRRRR
                              TT    HH  HH  OO  OO  RR  RR
\                             TT    HHHHHH  OO  OO  RRRRR
 \ \            /\            TT    HH  HH  OO  OO  RR RR
   \ \         /   \          TT    HH  HH  OOOOOO  RR  RR
     \   \    /      \          /\
       \    \/  /\     \      /    \
         \    /    \     \   /      \
            \/       \      \/        \
                       \        /\       \
                         \    /    \      \
                            \/          \   \
                                          \   \
THOR DATABASE SELECTION MENU                \   \
                                               \  \
OPTION            DESCRIPTION                     \ \
------            -----------                        \
 BOOK    BOOKS, PERIODICALS AND OTHER PRINTED MATERIAL
 MEDIA   FILMS AND OTHER AUDIO/VISUAL MEDIA
 QUIT    DISCONNECT FROM THOR

TYPE OPTION AND PRESS ENTER ==> █
THOR RECORDS ARE CURRENT AS OF 11/15/91
```

Dies ähnelt wohl schon mehr dem, was sich der Entwickler des THOR-Systems vorgestellt hat.

Die Benutzung eines Systems im 3270-Modus besteht normalerweise aus einer Kombination von »Ausfüllen der Lücken« und dem Drücken von PF- oder ENTER-Tasten, um die Arbeit abzuschließen. Sie erreichen die Leerstellen, die Sie ausfüllen wollen, indem Sie den Cursor dorthin bewegen und mit dem Tippen beginnen. Wenn Sie das ausgefüllte Formular an den Rechner senden wollen, drücken Sie ENTER. Optionale Befehle können ausgeführt werden, indem Sie statt ENTER eine der PF-Tasten drücken. Unten auf dem Bildschirm wird häufig aufgelistet, welche PF-Tasten welche Funktion erfüllen (das hängt davon ab, was Sie gerade tun). Wenn der Bildschirm zu voll wird oder das System eine »wichtige« Meldung ausgibt, wird die Tastatur blockiert, bis Sie den Bildschirm mit der CLEAR-Taste löschen. Offensichtlich ist dies kein gewöhnliches Terminal.

tn3270 ist die einzige Möglichkeit, bestimmte Maschinen auf dem Netz zu benutzen, aber es ist auch verwirrend. Das erste Problem ist, das Programm zu finden. Manchmal ist es nur ein besonderer Modus von TELNET: Wenn der **telnet**-Client feststellt, daß er mit einer IBM-Maschine kommuniziert, verhält er sich eventuell automatisch wie **tn3270**. In einigen Versionen von TELNET finden Sie eine 3270-Option unter den Befehlen, die TELNET versteht, oder Sie können es auf der Kommandozeile angeben. Bei einer recht verbreiteten Version für PCs heißt der normale TELNET-Befehl **tn**. Er wird folgendermaßen benutzt:

```
C:\> tn vmd.cso.uiuc.edu
```

Wenn Sie jedoch ein TELNET im Bildschirmmodus (3270-typisch) wünschen, verwenden Sie einen etwas anderen Befehl: Sie brauchen die Option **–t 3278**. Wie Sie weiter oben schon erfahren haben, ist 3278 eine von IBMs Varianten des 3270—soweit es uns betrifft, können wir sie als gleich behandeln:

```
C:\> tn -t 3278 vmd.cso.uiuc.edu
```

Meistens ist **tn3270** jedoch ein eigenständiges Programm. Wenn Sie es brauchen, versuchen Sie einfach, **tn3270** zu tippen und schauen, ob es startet. **tn3270** ist derzeit ein Teil des normalen Lieferumfangs von BSD UNIX, aber einige ältere Systeme haben es möglicherweise nicht. Es ist auch bei den meisten TCP/IP-Programmpaketen für Mikrocomputer dabei. Wenn Sie eine Version der Software finden müssen, weil Sie noch keine haben, ist der einfachste Weg, eine frei kopierbare Version für UNIX oder ein anderes Betriebssystem zu finden, **archie** zu befragen. Eine Beschreibung des Verfahrens finden Sie in Kapitel 9, *Dateien finden*.

Wenn Sie eine Version von **tn3270** gefunden haben, oder der Großrechner sich für Sie darum kümmert, müssen Sie noch herausfinden, wie die PF-Tasten auf Ihre Tastatur abgebildet werden. Es gibt keine allgemeingültige Vereinbarung dazu; jede **tn3270**-Version hat eine andere Auffassung davon, wie die speziellen Tasten des 3270 auf Ihre Tastatur umgelegt werden sollen. Das bedeutet, daß manche Implementierungen der Meinung sind, die PF-Tasten sollten auf das numerische Tastenfeld rechts auf der Tastatur gelegt werden (PF1 auf 1, PF2 auf 2 usw.). Andere Versionen von **tn3270** verwenden die Tastenfolge »ESC-1« für PF1, wieder andere verwenden die Funktionstasten in der obersten Reihe der Tastatur etc. Wir können in diesem Buch nicht alle die verschiedenen Varianten beschreiben, die Ihnen begegnen könnten, weil das auch von der Person abhängt, die Ihre Version von **tn3270** installiert hat. Allerdings kann ich Ihnen sagen, was Sie unbedingt brauchen und wie Sie sich »durchtasten« können. Sie müssen wissen, wo die Tasten für die Cursorbewegung, das Löschen des Bildschirms, PF und RESET sind.* Darüber hinaus sollten Sie sicherstellen, daß Sie wissen, wie Sie in den Befehlsmodus kommen, so daß Sie die Verbindung immer noch beenden können, wenn etwas falsch läuft. Dies sollte dem normalen Escape-Code von **telnet** sehr ähnlich sein.

Wenn Sie Glück haben, kann Ihnen die Anleitung oder die Person, die das Programm installiert hat, eine Tastaturbelegung geben. Wenn nicht, sind hier einige Tips, die Ihnen helfen können:

- Stellen Sie sicher, daß Sie den richtigen Terminaltyp anmelden. (Wenn Sie ein ADM-3A-Terminal benutzen und der Computer denkt, daß Sie ein VT100 verwenden, geraten die Dinge wirklich durcheinander.)

---

* RESET gibt das Terminal wieder frei, nachdem Sie etwas Unzulässiges eingegeben haben. Einige Versionen unterstützen RESET nicht.

- Um den Cursor zu positionieren, sollten Sie zunächst die Pfeiltasten verwenden, wenn Sie die auf Ihrer Tastatur vorfinden. Falls nicht, oder wenn der Cursor sich dabei nicht bewegt, versuchen Sie die Tasten h, j, k und l (genau wie im UNIX-Texteditor *vi*, falls Sie damit vertraut sind). Wenn auch das nicht klappt, dann funktioniert die TAB-Taste fast immer. Sie bringt Sie in das nächste Feld, in dem Sie etwas eingeben können. Durch wiederholtes Drücken der TAB-Taste können Sie, wenn auch nicht besonders komfortabel, den Cursor umherbewegen.
- ENTER ist häufig die RETURN-Taste oder die ENTER-Taste neben dem numerischen Tastenblock.
- Um die Funktionstasten zu finden: Falls Ihr Terminal Tasten hat, die mit F1, F2 usw. oder PF1, PF2 usw. beschriftet sind, probieren Sie sie aus. Achten Sie auf Änderungen am Bildschirm oder eine Nachricht wie »PF4 undefined«. Wenn so eine Meldung erscheint, haben Sie erfolgreich eine PF-Taste betätigt, aber ihr war keine Funktion zugewiesen. Wenn das nicht zum Erfolg führt, probieren Sie das numerische Tastenfeld oder die Sequenz ESC-*ziffer* aus, also z.B. **ESC 1** statt der Taste PF1. Wenn Sie immer noch kein Glück haben, müssen Sie wahrscheinlich nach einer Tastaturbelegung suchen (wie im folgenden beschrieben wird).
- Das Löschen des Bildschirms wird häufig mit **CTRL-z**, **CTRL-l** (ein kleines l, nicht die Zahl Eins) oder **CTRL-HOME** ausgelöst. Eine dieser Möglichkeiten sollte funktionieren.
- Implementierungen für grafische Benutzungsoberflächen haben manchmal auch einen Menüpunkt, um spezielle Tasten zu senden.

Wenn Ihnen diese Hinweise nicht weitergeholfen haben und Sie das normale TELNET benutzen, um sich mit dem Host zu verbinden (der Terminalemulator also auf dem anderen System, nicht auf Ihrem lokalen läuft), dann haben Sie Pech. Versuchen Sie, die Anwenderberatung zu erreichen, die für den anderen Computer zuständig ist und fragen Sie nach einer Kopie der dortigen Tastenbelegung. Wenn Sie **tn3270** benutzen, gibt es noch etwas, das Sie probieren können: Suchen Sie eine Datei namens *map3270* (oder ähnlich)—entweder im selben Verzeichnis wie das Programm, im Systembereich oder im Verzeichnis *etc*. Diese Datei sollte eine Liste von Terminaltypen enthalten sowie für jeden Terminaltyp eine Liste der Tastenfolgen, die sinnvolle Dinge tun. Leider ist das Format der Datei ziemlich unlesbar. Dies ist ein Teil des Eintrags für VT100-Terminals aus dem Standardlieferumfang von BSD UNIX:

```
vt100 | vt100nam | pt100 | vt125 | vt102 |          Liste der Terminals,
   direct831 | tek4125 | pcplot |  microvax{         die diese Map beschreibt
enter = '^m';
clear = '^z' | '\EOM';                              die CLEAR-Taste ist
...                                                 CTRL-z oder ESC O M
# pf keys
pfk1 = 'Oq' | '\E1'; pfk2 = '\EOr' | ...            PF1 ist entweder ESC O q
...                                                 oder ESC 1; PF2 ist ...
```

```
# local control keys

escape = '^c';  # escape to telnet command mode
master_reset = '^g';
...
}    # end of vt100, etc.
```

Diese spezielle Tastenbelegung ist die Basis vieler Implementierungen von **tn3270**. Eventuell gibt es eine Lesehilfe am Anfang der Datei, aber die wichtigen Hinweise, die Sie kennen müssen, sind: Ein **\E** steht für die ESC-Taste auf der Tastatur, und ein ^ steht für die CTRL-Version des folgenden Buchstabens; das bedeutet, daß **^c** für das Drücken der c-Taste mit gehaltener CTRL-Taste steht.

Ein letztes Wort der Vorsicht. Es gibt viele **tn3270**-Programme, die mit spezialisierten IBM-Anwendungen nicht gut zurechtkommen. Sie werden eventuell feststellen, daß Ihre Version von **tn3270** problemlos mit einfachen Dingen auf einem IBM-System zurechtkommt (wie elektronischer Post, dem Editieren von Dateien etc.); aber sobald Sie die wichtige Anwendung benutzen wollen, um die es Ihnen eigentlich geht, bekommen Sie eine Nachricht wie diese:

```
Unexpected command sequence - program terminated
```

Das liegt daran, daß das originale **tn3270**-Programm, das die Basis für viele dieser Implementierungen darstellt, mit verschiedenen zwar korrekten, aber selten verwendeten Steuercodes nicht zurechtkam. Daher wird **tn3270** korrekt arbeiten, bis Sie versuchen, ein Programm zu starten, das einen der Codes verwendet, mit denen **tn3270** nicht zurechtkommt. Es gibt für dieses Problem nur eine Lösung: Versuchen Sie eine bessere, normalerweise neuere Version von **tn3270** zu bekommen.

KAPITEL SECHS

DATEIEN BEWEGEN: FTP

Die ersten Schritte mit FTP
Anonymes FTP
Der Umgang mit großen Dateien und Gruppen von Dateien
Besondere Hinweise zu verschiedenen Systemen
Letzte praktische Hinweise

Oft werden Sie Informationen auf dem Internet finden, die Sie nicht auf dem anderen System lesen wollen: Sie möchten Ihre eigene Kopie davon. Sie haben beispielsweise den Text einer aktuellen Entscheidung des Obersten Gerichtshofes gefunden, und wollen Teile davon in eine Vorlage einfügen, die Sie gerade schreiben. Oder Sie haben ein Rezept gefunden, das gut aussieht, und Sie wollen eine Kopie ausdrucken, um sie in die Küche mitzunehmen. Oder Sie haben ein frei kopierbares Programm gefunden, das eventuell alle Ihre aktuellen Probleme löst, und Sie wollen das einmal ausprobieren. In jedem Fall müssen Sie eine Kopie der Datei auf Ihr lokales System transferieren, damit Sie sie dort bearbeiten können. Das Tool dafür ist **FTP**.

FTP ist nach dem Anwendungsprotokoll benannt, das es verwendet: das »File Transfer Protocol«. Wie der Name schon sagt, ist es die Aufgabe dieses Protokolls, Dateien von einem Computer zu einem anderen zu bewegen. Es ist dabei unerheblich, wo die beiden Computer stehen, wie sie verbunden sind, und selbst das Betriebssystem ist unwichtig. Sofern beide Computer das FTP-Protokoll »sprechen« und Zugang zum Internet haben, können Sie das Kommando **ftp** benutzen, um Dateien zu transferieren. Einige Feinheiten bei der Anwendung ändern sich bei verschiedenen Betriebssystemen, aber die Struktur der Grundbefehle bleibt auf allen Maschinen dieselbe.

Ebenso wie **TELNET** hat auch **FTP** eine breite Palette von Datenbanken und Diensten hervorgerufen. Sie können in der Tat nahezu alles, von Urteilen über Rezepte bis hin zu freier Software (und vieles mehr), in einer großen Zahl öffentlich zugänglicher Datenbanken oder Archiven finden, die durch **FTP** zugänglich sind. Eine Auswahl der Archive, auf die Sie per **FTP** zugreifen können, finden Sie im *Ressourcen-Katalog* in diesem Buch. Wenn Sie ernsthafte Forschung betreiben, werden Sie **FTP** schon bald unverzichtbar finden—es ist die gemeinsame »Sprache« für den Datenaustausch.

ftp ist ein komplexes Programm, weil es viele verschiedene Methoden gibt, um Dateien und Dateistrukturen zu manipulieren. Die verschiedenen Arten der Speicherung von Dateien (binär oder Text, komprimiert oder unkomprimiert etc.) verursachen einige Komplikationen und erfordern vielleicht zusätzliches Nachdenken, um alles richtig zu machen. Zunächst betrachten wir den Transfer von Dateien zwischen zwei Computern, auf denen Sie einen Account haben (also einen Login-Namen sowie ggf. ein Paßwort). Danach werden wir *anonymous FTP* behandeln—einen speziellen Dienst, der es Ihnen ermöglicht, auf öffentliche Datenbanken zuzugreifen, ohne erst einen Login-Namen zu beantragen. Die meisten öffentlichen Archive bieten anonymen FTP-Zugang, was bedeutet, daß Sie Gigabytes an Informationen kostenlos bekommen können—noch nicht einmal eine Zugangsberechtigung ist erforderlich. Schließlich behandeln wir einige häufige Fälle (im Zugriff auf VMS-, VM-, DOS- und Macintosh-Systeme), die eine besondere Handhabung erfordern. Unglücklicherweise gibt es eine ganze Reihe unvollständiger Implementierungen von **ftp**—deshalb sind auf Ihrem System eventuell nicht alle Möglichkeiten vorhanden.

Die ersten Schritte mit FTP

Zunächst werden wir uns überlegen, wie Dateien zwischen zwei Computern bewegt werden, auf denen Sie Accounts haben. Wie **telnet** verlangt auch **ftp** von Ihnen, daß Sie die Maschine angeben, mit der Sie Dateien austauschen wollen. Dies tun Sie mit dem Befehl:

```
% ftp name-der-anderen-maschine
```

Dies startet das Programm **ftp** und baut die Verbindung mit der angegebenen Maschine auf.

Wenn **ftp** die Verbindung mit dem anderen Computer aufbaut, werden Sie gebeten, sich mit Ihrem Login-Namen und Ihrem Paßwort zu identifizieren:

```
% ftp sonne.uiuc.edu
Connected to sonne.uiuc.edu.
220 sonne FTP server (SunOS 4.1) ready.
Name (ux.uiuc.edu:krol): krol          Login-Namen krol senden
331 Password required for krol.
Password:                              Paßwort eingeben, wird nicht geechot
230 User krol logged in.
```

Bei einigen Betriebssystemen wie DOS und dem Macintosh-System fragt **ftp** eventuell nicht nach einem Paßwort, sondern nur nach einem Login-Namen, da es auf diesen Systemen keinen Paßwortmechanismus gibt. Auf diesen Rechnern wird Schutz vor ungewolltem Zugriff üblicherweise durch die Deaktivierung der FTP-Server-Software erreicht.

Wenn Sie auf die Abfrage des Namens mit einem Return antworten, senden viele Versionen von **ftp** den Login-Namen, den Sie auf dem lokalen System benutzen. Im obigen Beispiel werden der Name des lokalen Systems und der übliche Login-Name in Klammern angezeigt (**ux.uiuc.edu:krol**). Daher hätten wir als Abkürzung auch einfach RETURN statt des vollen Login-Namens eingeben können. Der Login-Name, den Sie verwenden, wird bestimmen, auf welche Dateien auf dem anderen Rechner Sie zugreifen dürfen—genauso, als ob Sie lokal eingeloggt wären. Beachten Sie jedoch, daß Sie einen Login-Namen und ein Paßwort verwenden müssen, die auf dem anderen System bekannt sind.

Nachdem das andere System Ihren Login-Namen und Ihr Paßwort akzeptiert hat, sind Sie bereit, mit dem Transfer von Dateien zu beginnen. **ftp** gibt `ftp>` aus, wenn es weitere Befehle von Ihnen erwartet. **ftp** kann Dateien in zwei Richtungen transferieren. Es kann eine Datei von der lokalen Maschine nehmen (derjenigen, die den Transfer initiiert), und sie auf der anderen Maschine ablegen (**put**), und es kann eine Datei von der anderen Maschine holen (**get**) und sie auf der lokalen Maschine ablegen. Die **get**- und **put**-Befehle haben folgende Syntax:

```
ftp> get quelldatei zieldatei
ftp> put quelldatei zieldatei
```

Die *Quelldatei* ist der Name der bereits existierenden Datei (der Datei, die Sie kopieren wollen), *Zieldatei* ist der Name der neu erstellten Kopie. Die Angabe der *Zieldatei* ist optional—wenn der Name ausgelassen wird, bekommt die Kopie denselben Namen wie das Original. Im folgenden Beispiel beginnen wir mit dem Einloggen in die Maschine **ux.uiuc.edu** unter dem Namen **edk**. Wir transferieren die Datei *comments* im Heimatverzeichnis des Benutzers **krol** von der Maschine **sonne.uiuc.edu** auf den Ausgangsrechner. Dann transferieren wir die Datei *newversion* nach **sonne.uiuc.edu**, wobei wir die Kopie in *readthis* umbenennen:

```
ux login:   edk                        Login-Namen edk an ux senden
password:                              Paßwort eingeben, wird nicht geechot

    Welcome to ux.uiuc.edu

ux% ftp sonne.uiuc.edu
Connected to sonne.uiuc.edu.
220 sonne FTP server (SunOS 4.1) ready.
Name (ux.uiuc.edu:edk): krol           Login-Namen krol senden
331 Password required for krol.
Password:                              Paßwort eingeben, wird nicht geechot
230 User krol logged in.
ftp> get comments                      Kopie von comments zum Transfer
200 PORT command successful.           von sonne nach ux anfordern
150 ASCII data connection for comments (128.174.5.55,3516) (1588 bytes).
226 ASCII Transfer complete.
1634 bytes received in 0.052 seconds (30 Kbytes/s)
ftp> put newversion readthis           newversion von ux nach sonne
```

```
200 PORT command successful.          kopieren, dabei in readthis umbenennen
150 ASCII data connection for readthis (128.174.5.55,3518)
226 ASCII Transfer complete.
62757 bytes sent in 0.22 seconds (2.8e+02 Kbytes/s)
ftp> quit                             Sitzung beenden
221 Goodbye.
ux%
```

Es gibt ein paar Dinge in diesem Beispiel, die Erwähnung verdienen. Zum einen ist es genauso wichtig, ein Programm beenden zu können, wie es starten zu können. Als wir mit dem Transfer der Dateien fertig waren, haben wir den Befehl **quit** gegeben, um das **ftp**-Programm zu beenden. Das Kommando **bye** erfüllt denselben Zweck—je nach Ihrer bisherigen Computererfahrung finden Sie **bye** vielleicht einfacher zu merken.

Wie Sie gemerkt haben, zeigt dieses Beispiel nicht, wie Sie sich umsehen und heraussuchen, welche Dateien Sie wirklich haben wollen. Wir wußten, daß es eine Datei namens *comments* in unserem Verzeichnis auf **sonne** gibt. Doch haben Sie keine Angst, Sie müssen nicht allwissend sein. **ftp** hat Befehle, um Verzeichnisse zu listen und zu wechseln—wir werden sie etwas weiter unten erklären. Aber wenn Sie schon wissen, wonach Sie suchen, dann sind **put** und **get** schon alles, was Sie brauchen.

ftp ist ziemlich geschwätzig; es gibt Ihnen eine Menge von Informationen darüber, was es gerade tut. Leider sind diese Mitteilungen relativ ungeordnet und inkonsistent; **ftp** wurde entwickelt, bevor »Benutzerfreundlichkeit« ein Thema wurde. Alle Nachrichten beginnen mit einer »Mitteilungsnummer«, die Sie komplett ignorieren können. Der Mitteilungstext selbst ist es aber wert, gelesen zu werden.

Schließlich teilt Ihnen **ftp** nach jedem Transfer mit, was Sie transferiert haben, wie groß es war, sowie die durchschnittliche Transferrate. Diese wird variieren, abhängig davon, wie belastet die beteiligten Rechner waren und welche Netzwerkroute die Pakete genommen haben. Vielleicht finden Sie diese Information interessant—wenn nicht, können Sie sie ignorieren.

Häufige Probleme

Im oben gezeigten Beispiel haben wir das Paßwort und den Login-Namen korrekt eingegeben. Allerdings wird Ihnen das nicht immer gelingen. Wenn Sie einen Tippfehler machen, werden Sie die Meldung »Login incorrect« bekommen. Es gibt zwei Möglichkeiten, damit umzugehen. Sie können **ftp** verlassen und es noch einmal versuchen, oder Sie können den Befehl **user** geben, gefolgt von Ihrem Login-Namen, um das Einloggen zu wiederholen. Sie werden erneut nach Ihrem Paßwort gefragt und können von dort aus weitermachen:

```
ux% ftp sonne.uiuc.edu
Connected to sonne.uiuc.edu.
220 sonne FTP server (SunOS 4.1) ready.
```

```
Name (ux.uiuc.edu:edk): krol               Login-Name krol
331 Password required for krol.
Password:                                  Paßwort wird falsch eingegeben
530 Login incorrect.
Login failed.
ftp> user krol                             nochmals mit Login-Namen beginnen
331 Password required for krol
Password:                                  hier wird das Paßwort richtig eingegeben
230 User krol logged in.
ftp>
```

Es ist ein bißchen verwirrend, weil Sie auch dann einen `ftp>`-Prompt bekommen, wenn Ihr erster Versuch einzuloggen fehlschlägt. Aber Sie können nichts damit anfangen, weil Sie den Login-Prozeß abschließen müssen, bevor Sie weitermachen können.

Es gibt natürlich auch andere Dinge, die schiefgehen können. Sie könnten den Namen des Computers, den Sie erreichen wollen, falsch eingeben—das wird Ihnen vermutlich die Meldung »unknown host« (oder etwas ähnliches) einbringen. Überprüfen Sie die Schreibweise des Hostnamens. Wenn der Host, auf den Sie zugreifen wollen, gerade nicht läuft oder aus anderem Grunde nicht erreichbar ist, werden Sie die Meldung »host not responding«, »host unreachable«, »connection timed out« oder etwas ähnliches sehen. In diesem Falle ist die einzige Lösung, abzuwarten und es später noch einmal zu versuchen. Wenn die Situation sich nicht bessert, sollten Sie versuchen, jemanden zu erreichen, der für das andere System verantwortlich ist. (Weitere Hilfe für den Umgang mit Problemen finden Sie in Kapitel 15, *Der Umgang mit Problemen*.)

Wenn Sie den Namen der Datei, die Sie transferieren wollen, falsch schreiben, werden Sie eine Meldung wie »no such file or directory« oder so ähnlich bekommen. Stellen Sie sicher, daß Sie den Namen richtig geschrieben haben und vergewissern Sie sich, daß die Datei, die Sie kopieren wollen, wirklich existiert. Wir zeigen Ihnen im nächsten Abschnitt, wie das geht.

Denken Sie auch daran, daß manche der Dateien, die Sie auf dem Netz finden können, riesig sind (zumindest ziemlich groß—mehr als eine Million Zeichen). Manche Systeme limitieren die Dateigrößen ihrer Benutzer. Es könnte sein, daß Ihre Festplatte nicht genug Platz für große Dateien hat. Stellen Sie sicher, daß Sie genug Platz für die Datei haben, bevor Sie beginnen, sie zu transferieren. Im nächsten Abschnitt werden wir sehen, wie man herausfindet, wie groß eine Datei ist.

Dateien suchen auf einem anderen Rechner

Wenn Sie **ftp** benutzen, wissen Sie in der Regel nicht genau, welche Dateien Sie brauchen und wo diese sich befinden; Sie müssen normalerweise erst einmal suchen, um herauszufinden, was Sie wirklich transferieren wollen. Es gibt ein paar nützliche Befehle und Techniken, um das zu tun. Die Basisbefehle, um

Verzeichnisinformationen auf der anderen Maschine aufzulisten, sind **dir** und **ls**. Die beiden Befehle haben dasselbe Format:

```
ftp> dir verzeichnisname lokaler-dateiname
ftp> ls verzeichnisname lokaler-dateiname
```

Beide Befehle listen die Dateien aus dem angegebenen *Verzeichnis* auf der anderen Maschine auf, wobei sie ihre Ausgaben in eine lokale Datei senden. Beide Argumente sind optional. Das zweite Argument (der *lokale Dateiname*) weist **ftp** an, die Liste in die angegebene Datei auf dem lokalen System zu schreiben. Wenn Sie die Liste auf Ihrem Terminal statt in einer Datei haben wollen, lassen Sie dieses Argument einfach weg. Da Sie die Liste normalerweise auf dem Bildschirm brauchen, wird das Argument *lokaler-dateiname* nur selten verwendet.

Das erste Argument, *Verzeichnisname*, gibt den Namen des Verzeichnisses oder der Dateien an, die Sie aufgelistet haben möchten. Wenn das erste Argument fehlt, listet **ftp** den Inhalt des aktuellen Verzeichnisses. Das erste Argument kann Platzhalter (wildcards) enthalten, die nützlich sind, wenn Sie beispielsweise alle Dateien mit der Endung *.txt* listen wollen. Es gibt jedoch keine einfachen Regeln für diese Platzhalter, denn sie werden vom anderen System interpretiert. Daher wird ihre Bedeutung sich unterscheiden, je nachdem, auf welchem Rechner Sie gerade suchen. Glücklicherweise ist auf den *meisten* Computersystemen der Stern (*) ein Platzhalter, der eine beliebige Gruppe von Zeichen ersetzt. Beispielsweise listet auf den meisten Maschinen das Kommando:

```
ftp> dir test*
```

nur Dateien, deren Namen mit *test* beginnt. Der größte Unterschied zwischen den Systemen ist dabei, ob der Platzhalter auch einen Punkt ersetzen kann.* Auf Computern, die unter UNIX laufen, ist das möglich, also paßt *test** auch auf Dateinamen wie *test.c* und *test.sh*, und nicht nur auf Namen wie *test1* und *test*. Auf Computern, die das VAX/VMS- oder das DOS-Betriebssystem verwenden, werden Dateiname und Erweiterung als selbständige Einheiten betrachtet, daher paßt *test** nur auf Dateien ohne Erweiterung (wie *test1* und *testout*). Aber das ist noch nicht alles; viele Server auf solchen Rechnern behandeln einen Platzhalter ohne Erweiterung so, als ob die Erweiterung .* vorhanden sei. Der Name *test** wird also wie `test*.*` behandelt (paßt auf jeden Dateinamen, der mit *test* beginnt und der eine beliebige Erweiterung hat).

---

* Dies ist zugegebenermaßen die Weltanschauung eines UNIX-Anwenders. Um auch VMS und DOS gerecht zu werden, werden wir es präziser ausdrücken. Unter diesen Betriebssystemen haben die Dateinamen zwei Felder, einen »Namen« und eine »Erweiterung«, getrennt durch einen Punkt. Ein Platzhalter kann in jedem der Felder auftauchen (oder in beiden). Da aber der Name und die Erweiterung verschiedene Größen sind, kann ein Platzhalter im Namen keine Zeichen in der Erweiterung ersetzen und umgekehrt. Unter UNIX gibt es keinen formalen Unterschied zwischen dem Namen und der Erweiterung. Viele (wahrscheinlich die meisten) Dateinamen haben Erweiterungen, aber es ist nichts Besonderes an der Erweiterung—sie ist einfach ein Teil des Namens.

Denken Sie daran, daß Sie einen Platzhalter im Dateinamen, in der Erweiterung oder in beiden verwenden können. Ein Name wie *test**. würde also auf Dateinamen passen, die mit *test* beginnen und keine Erweiterung haben; **.txt* würde auf alle Namen mit der Erweiterung *txt* passen.

Doch zurück zu den grundlegenden Listenbefehlen **ls** und **dir**. Ihre Anzeigen werden sich erheblich unterscheiden. Das Kommando **ls** gibt Ihnen normalerweise eine einfache Liste der Dateinamen ohne zusätzliche Informationen. Es ist in erster Linie dazu gedacht, eine Liste der Dateien zu erstellen, die dann einfach als Eingabe für ein anderes Programm verwendet werden kann. Sie sollte ungefähr so aussehen:

```
ftp> ls
150 Opening ASCII mode data connection for file list.
nsfnet
CIC
campus
scott
```

Der Befehl **dir** gibt Ihnen mehr Informationen:

```
ftp> dir
150 Opening ASCII mode data connection for /bin/ls.
total 2529
-rw-------  1 krol   cso    110 Oct 31 08:18 .Xauthority
-rw-r--r--  1 krol   cso    821 Nov 21 15:11 .cshrc
-rw-------  1 krol   cso     68 Mar  4  1989 .exrc
```

Die Ausgabe dieses Befehls sieht genau so aus, wie eine komplette Verzeichnisausgabe auf dem anderen System. Wenn Sie also mit einem Computer verbunden sind, der unter VMS läuft, wird sie aussehen wie die Ausgabe des VMS-Kommandos **direct**. Wenn Sie mit einer UNIX-Maschine verbunden sind, wird die Liste aussehen, als ob das UNIX-Kommando **ls –lga** gegeben worden wäre. Dies liegt darin begründet, daß der Client den Server bittet, die Verzeichnisinformation zu senden. Auf dem Server wird dann ein entsprechendes Kommando ausgeführt, und die fertige Liste wird an den Client gesendet. Es gibt einige schlampige FTP-Implementierungen, bei denen **dir** und **ls** Synonyme füreinander sind.

Der mächtigste unter den Verzeichnisbefehlen, der allerdings nur unter UNIX funktioniert, ist **ls –lR**. Dieser Befehl erzeugt ein rekursives Listing, d.h., er listet alle Dateien im aktuellen Verzeichnis und, falls es Unterverzeichnisse gibt, auch die Dateien in diesen, bis er keine Unterverzeichnisse in Unterverzeichnissen mehr findet. Dieser Befehl listet fast alle Dateien, auf die Sie mit **ftp** zugreifen können. Die Ausgabe dieses Befehls sieht wie folgt aus:

```
ftp> ls -lR
200 PORT command successful.
150 Opening ASCII mode data connection for /bin/ls.
total 2529
```

```
-rw-------  1 krol   cso    110 Oct 31 08:18 .Xauthority
-rw-r--r--  1 krol   cso    821 Nov 21 15:11 .cshrc
drwx------  3 krol   cso    512 Oct  3  1989 iab
-rw-r--r--  1 krol   cso   2289 Jan  5 12:34 index

iab:                 Inhalt des Verzeichnisses iab
total 51
-rw-r--r--  1 krol   cso  25164 Sep  1  1989 crucible
-rw-r--r--  1 krol   cso  14045 Oct  3  1989 iab
drwx------  3 krol   cso   1024 Jan  3  1990 ietf
-rw-------  1 krol   cso  10565 May 15  1989 inarc

iab/ietf:            Inhalt des Unterverzeichnisses ietf von iab
total 416
-rw-r--r--  1 krol   cso  24663 Jan 17  1990 agenda
drwxr-xr-x  2 krol   cso    512 Jul 13  1989 reports

iab/ietf/reports:
total 329
-rw-r--r--  1 krol   cso  46652 Jul 13  1989 jun89
-rw-r--r--  1 krol   cso  53905 May 11  1989 mar89
-rw-r--r--  1 krol   cso  53769 Jun 15  1989 may89
-rw-------  1 krol   cso  47429 Dec 15  1988 nov88

226 Transfer complete.
```

Seien Sie vorsichtig: Dieser Befehl kann große Mengen von Ausgabedaten produzieren. Es ist häufig eine gute Idee, die Ausgabe von **ls –lR** mit dem Befehl:

```
ftp> ls -lR dateiname
```

in eine Datei zu speichern. Nun geben Sie also ein paar **dir**-Befehle und finden ein paar Dateien, die Sie eventuell mit **get** holen möchten, aber Sie sind noch nicht sicher, welche Datei Sie möchten. Sie können die Datei mit **get** holen, FTP beenden, die Datei auflisten und das Programm **ftp** gegebenenfalls neu starten, wenn Sie feststellen, daß die Datei nicht die war, die Sie gesucht haben, usw. Aber das wäre eine Zumutung. Was Sie wirklich tun möchten ist, die Datei auf Ihrem Terminal anzuzeigen, um zu sehen, ob es die richtige ist. Viele Implementierungen von **ftp** bieten diese Möglichkeit: um sie zu nutzen, verwenden Sie ein Minuszeichen (–) anstelle des Zieldateinamens.

```
ftp> get quelldatei -
```

Zum Beispiel:

```
ftp> get index -
200 PORT command successful.
150 Opening ASCII mode connection for index (2289 bytes).
The following archives are available at this site:
```

```
activism    Files related to activism in general, NOT to any
            particular "cause."

...Zeilen gelöscht...

226 Transfer complete.
2289 bytes received in 0.41 seconds (5.5 Kbytes/s)
```

Das Problem bei diesem Verfahren ist, daß die gesamte Datei auf Ihr Terminal ausgegeben wird; das kann eine ganze Menge mehr sein, als Sie sehen wollten. Eine Lösung in dieser Situation kann es sein, daß Sie versuchen, die Ausgabe mit **CTRL-S** zu unterbrechen (und Sie mit **CTRL-Q** wieder zu starten, wenn Sie mit dem Lesen fertig sind). Dies sind relativ weit verbreitete Steuerzeichen und könnten daher auch auf ihrem Computer funktionieren.

Eine etwas drastischere Methode ist es, einen Interrupt an den Server zu senden, um die Übertragung abzubrechen. (Unter UNIX ist das das Zeichen CTRL-C.) Dies bricht den aktuellen Transfer ab. Unglücklicherweise wird das die Ausgabe nicht sofort unterbrechen, denn das CTRL-C muß erst durchs ganze Netzwerk bis zum Sender geschickt werden und diesem mitteilen, daß er aufhören soll. Währenddessen schickt der Sender weiterhin Daten zu Ihrem Terminal, so daß Ihr System immer noch Daten empfängt, die es unter Umständen puffert, weil es sie so schnell nicht ausgeben kann. All dies zusammengenommen bedeutet, daß es wesentlich länger dauern kann, als Sie denken, bis der Interrupt Auswirkungen zeigt.

Auf einigen Systemen erlaubt **ftp**, die Ausgabe einer Listenoperation an ein anderes Programm zu übergeben, das andere sinnvolle Dinge damit machen kann. In einer UNIX-Umgebung sind zwei offensichtliche Kandidaten dafür **more** und **grep**.* Zum Beispiel listet:

```
ftp> get quelldatei "|more"
```

einen Bildschirm voller Daten auf und wartet dann auf Sie, bevor mehr angezeigt wird. Und:

```
ftp> get quelldatei "|grep RFC"
```

untersucht die Datei, die gesendet wird und gibt nur die Zeilen aus, die die Buchstaben »RFC« beinhalten.** Keines der beiden Kommandos reduziert die Last auf dem Netzwerk in nennenswerter Weise. Der Sender weiß nicht, daß der Empfänger die

---

* **more** gibt eine Datei bildschirmweise aus, **grep** druckt nur Zeilen, die einen angegebenen Buchstaben oder Text enthalten.

** Wir werden nicht in die Einzelheiten von **more**, **grep** und Pipes gehen. Wenn Sie ein UNIX-Anwender sind, sollten Sie schon damit vertraut sein. Ist das nicht der Fall, empfehlen wir Ihnen, nachzuschlagen; bis Sie mehr herausgefunden haben, können Sie die Schreibweisen »**|more**« und »**|grep** *text*« als gegeben hinnehmen: Schreiben Sie sie einfach so hin, und es wird funktionieren. Wenn Sie nicht UNIX anwenden, bietet Ihr System vielleicht eine andere Möglichkeit, dieses Problem zu lösen. Sehen Sie in Ihrer Dokumentation nach.

Ausgabe in dieser speziellen Art behandelt, also versucht er immer noch, die Datei so schnell wie möglich zu übertragen. Im ersten Fall kann ein Überlauf auf der Empfängerseite dazu führen, daß die Übertragung vorläufig angehalten wird (beispielsweise ein Überlauf der Pipe). Im zweiten Fall wird die gesamte Datei übertragen, selbst wenn nur Teile davon ausgegeben werden. Wenn Sie die Datei vermutlich mehrmals durchlaufen werden, um nach unterschiedlichen Texten zu suchen, ist es effizienter, sie nur einmal zu übertragen und dann lokal auf Ihrem System zu bearbeiten, als sie wiederholt über das Netzwerk zu übertragen.

Sie können den Trick mit »**|more**« auch anwenden, um lange Verzeichnislistings handzuhaben. Dabei gibt es ein Problem: das Kommando **ls** »**|more**« funktioniert nicht. **ftp** wird annehmen, daß Sie eine Datei mit dem Namen *|more* auflisten möchten—Sie werden also gar nichts angezeigt bekommen, falls nicht zufällig eine Datei dieses Namens gefunden wird. Geben Sie statt dessen ein:

```
ftp > ls * "|more"
```

Es muß auch kein Stern an der zweiten Stelle stehen, sondern es könnte auch die Option **-lR** oder sonst etwas sinnvolles sein—wichtig ist, daß das "**|more**" an der dritten Stelle steht.

Verzeichnisse bei FTP

Es gibt eine Anzahl von Befehlen in **ftp**, um mit Verzeichnissen des Dateisystems umzugehen—wahrscheinlich mehr Befehle, als Ihnen lieb sein kann. Es gibt deshalb so viele Befehle, weil es zwei Gruppen von Verzeichnissen gibt, die in einer **ftp**-Sitzung von Bedeutung sind: Das Arbeitsverzeichnis auf der Maschine, auf der Sie eingeloggt sind (das lokale Verzeichnis), und das Verzeichnis auf der Maschine, mit der Sie mittels **ftp** verbunden sind (das andere Verzeichnis, engl. »remote«). Sich im lokalen Verzeichnis zu bewegen ist einfach:

```
ftp> lcd verzeichnis
```

Dabei sind die Benutzungsregeln dieselben wie beim UNIX-Befehl **cd**. Sie können wie folgt zusammengefaßt werden:

- Wenn kein Verzeichnis angegeben wird, setzt **lcd** die Position zurück auf das Standardverzeichnis für Ihren Account.
- Wenn das angegebene Verzeichnis mit einem Schrägstrich (/) beginnt, bewegt **lcd** Sie in das angegebene Verzeichnis—unabhängig von Ihrer aktuellen Position (absolute Positionierung).
- Wenn als Verzeichnis `..` angegeben ist, bewegt **lcd** Sie eine Verzeichnisebene höher, ausgehend vom dem Verzeichnis, in dem Sie sich gerade befinden.
- Wenn das Verzeichnis mit einem alphanumerischen Zeichen beginnt, sucht **lcd** danach als ein Unterverzeichnis des aktuellen Verzeichnisses.

Die Bewegungsmöglichkeiten im anderen (remote) Verzeichnis sind etwas eingeschränkter.* Hierzu benutzen Sie das Kommando **cd**:

```
ftp> cd verzeichnis
```

Wenn Sie mit **ftp** eine Verbindung zu einem anderen Computer hergestellt haben, befinden Sie sich anfangs in demselben Verzeichnis, in dem Sie auch wären, wenn Sie sich direkt in die Maschine eingeloggt hätten. Sie unterliegen auch denselben Restriktionen beim Zugriff auf Dateien und Verzeichnisse. Das bedeutet, daß Sie genau das tun können (oder auch nicht), was Sie tun könnten, wenn Sie den Computer interaktiv von einem direkt angeschlossenen Terminal aus benutzen würden.

Das Format der Verzeichnisspezifikation ist das gleiche wie beim **lcd**-Befehl, abgesehen davon, daß es häufig keinen einfachen Weg gibt, wieder zu Ihrem Standardverzeichnis zurückzukehren. Wenn Sie direkt eingeloggt wären, würde der UNIX-Befehl **cd** ohne Argument Sie wieder in Ihr Standardverzeichnis zurückführen. **ftp** dagegen verlangt ein Argument für seinen **cd**-Befehl, und die meisten Implementierungen werden Sie danach fragen, falls Sie das Argument auslassen.

Eine Methode, um dieses Problem herumzukommen ist es, den kompletten Verzeichnispfad zu kennen, den Sie auf dem anderen Computer benutzen. Wenn Sie ihn kennen, können Sie immer, wenn Sie sich nicht mehr zurechtfinden, den ganzen Pfad angeben und wieder in bekannte Gefilde gelangen. Wenn Sie sich in den Verzeichnissen verlaufen haben, können Sie das Kommando **pwd** benutzen, um herauszufinden, wo Sie sich befinden. **pwd** gibt den Pfad zum aktuellen Arbeitsverzeichnis zurück:

```
ftp> pwd
/mnt/staff/krol
```

ASCII- und Binärübertragungen

Nachdem Sie nun in der Lage sind, sich umherzubewegen und Dateien zu transferieren, können wir genauer darüber nachdenken, wie Dateien transferiert werden. **ftp** kennt zwei häufig verwendete Methoden (mode) des Datentransfers, und zwar »binary« und »ASCII«. In einem Binärtransfer sind das Original und die Kopie Bit für Bit identisch, selbst wenn eine Datei mit dieser Bitfolge auf der Zielmaschine vollkommen nutzlos ist. Wenn beispielsweise von einem Macintosh eine ausführbare Datei auf ein IBM-VM-System binär übertragen wird, könnte sie auf diesem System nicht ausgeführt werden. (Die Datei könnte allerdings von diesem VM-System wieder binär auf einen anderen Macintosh übertragen und dort ausgeführt werden.)

Der ASCII-Modus ist eigentlich falsch benannt—er sollte besser Textmodus genannt werden. Im ASCII-Modus werden Transfers als Anordnung von Zeichen behandelt;

* Dies gilt insbesondere, wenn Sie den Gast-Account *anonymous* benutzen. Wir werden das weiter unten in diesem Kapitel noch genauer behandeln.

der Client und der Server versuchen sicherzustellen, daß die Zeichen, die sie transferieren, auf dem Zielsystem dieselbe Bedeutung wie auf dem Quellsystem haben. Denken Sie wieder an eine Macintosh-Datei, die auf ein IBM-VM-System transferiert wird. Wenn die Datei Textdaten enthält, dann wäre die Datei auf der VM-Maschine bedeutungslos, weil die Codes, die auf einem Macintosh zur Darstellung der Buchstaben verwendet werden, andere sind als die, die auf der IBM-Maschine verwendet werden. Das bedeutet, daß das Bitmuster, das verwendet wird, um ein »A« auf dem Macintosh zu repräsentieren, nicht dasselbe ist, das die VM-Maschine verwendet. Im ASCII-Modus übersetzt **ftp** die Datei automatisch von einer Mac-Textdatei in eine IBM-VM-Textdatei. Deshalb würde die Datei auf der IBM-Maschine lesbar sein.

Wenn Sie jetzt verwirrt sind, denken Sie an jemanden, der einen Fachartikel weitergibt, der in spanisch publiziert wurde. Der Binärmodus entspricht einer Photokopie des Artikels, wodurch der Artikel nutzlos für jeden bleibt, der kein Spanisch spricht (wenn der Empfänger die Kopie allerdings an jemanden weiterreicht, der Spanisch spricht, ist sie wieder nützlich, obwohl der ursprüngliche Empfänger nichts damit anfangen konnte). Der ASCII-Modus entspricht einer Übersetzung des Artikels, bevor er weitergegeben wird. In diesem Fall wird er auch für die Person nützlich sein, die kein Spanisch spricht, aber er verliert bei der Übersetzung wahrscheinlich einige Nuancen.

Im vorherigen Beispiel haben einige Mitteilungen Sie darauf hingewiesen, daß Sie einen ASCII-Transfer durchgeführt haben. Dies ist angemessen, denn die Dateien, die transferiert wurden, waren immer Textdateien. Wir wissen nicht, von welcher Maschine wir sie holen, und es ist auch relativ egal—wir sind nur daran interessiert, daß wir sie auf der eigenen Maschine lesen können. Um sicherzustellen, daß **ftp** sich im ASCII-Modus befindet, geben Sie einfach den Befehl **ascii**. Um **ftp** in den Binärmodus zu versetzen, geben Sie den Befehl **binary**. Der Befehl **image** ist ein Synonym für **binary**; Sie werden feststellen, daß eine Menge der Meldungen von **ftp** die Formulierung »image mode« oder »I mode« verwenden, wenn der Binärmodus gemeint ist. Ein Beispiel:

```
ftp> binary              wir können jetzt eine Binärdatei transferieren
200 Type set to I.       I steht für "image" oder "binär"
ftp> put a.out           eine ausführbare Datei transferieren (binär)
ftp> ascii               jetzt können wir eine Textdatei transferieren
200 Type set to A.       A steht für "ASCII" oder "Text"
ftp> get help.txt        eine Textdatei (ASCII) empfangen
```

Selbst wenn Sie Dateien zwischen identischen Maschinen transferieren, müssen Sie sich über den richtigen Modus für das, was Sie transferieren, im klaren sein. Die **ftp**-Software weiß nicht, daß die beiden Maschinen gleich sind. Wenn Sie also eine Binärdatei im ASCII-Modus transferieren, wird die Übersetzung immer noch stattfinden, obwohl sie nicht gebraucht wird. Dies kann den Transfer geringfügig verlangsamen, was nicht weiter schlimm ist, aber es kann auch die Daten beschädigen, wodurch die Datei unbrauchbar werden kann. (Auf den meisten Computern nimmt der ASCII-Modus an, daß das oberste Bit jedes Zeichens keine Bedeutung hat, da der ASCII-Zeichensatz es nicht benutzt. Wenn Sie dagegen eine Binärdatei transferieren, sind alle Bits von Bedeutung.) Wenn Sie wissen, daß beide Maschinen identisch sind, wird der Binärmodus für Text- und Binärdateien einwandfrei arbeiten.

Das bedeutet, daß es wichtig ist zu wissen, welche Art von Daten Sie transferieren wollen. Tabelle 6-1 gibt Ihnen einige Hinweise für gebräuchliche Dateitypen:

Tabelle 6–1: Gebräuchliche Dateitypen und Übertragungsmodi

Datei	**Modus**
Textdatei	ASCII per Definition*
Tabellenkalkulationsdatei	vermutlich binär
Datenbankdatei	vermutlich binär, möglicherweise ASCII
Textverarbeitungsdatei	vermutlich binär, möglicherweise ASCII
Programmquellcode	ASCII
Elektronische Post	ASCII
UNIX-Shell-Archiv	ASCII
UNIX-tar-Datei	binär
Backupdatei	binär
Komprimierte Datei	binär
Uuencode- oder BinHex-Datei**	ASCII
Ausführbare Datei	binär, aber siehe unten
PostScript (Laserdrucker)-Datei	ASCII
Hypertext (HTML)-Datei	ASCII
Bilddateien (GIF, JPEG, MPEG)	binär

* Berücksichtigen Sie, daß Umlaute und Sonderzeichen nicht im originalen ASCII-Zeichensatz enthalten sind. Dateien, die diese beinhalten, sollten immer binär übertragen werden, auch wenn es sich um Text handelt.

** **uuencode** ist ein UNIX-Dienstprogramm, das wir in Kapitel 7, *Elektronische Post*, noch erwähnen werden. Die UUCP-Dienstprogramme unter UNIX benutzen es, um Binärdateien in eine reine ASCII-Form umzuwandeln. Das macht es einfacher, sie korrekt zu übertragen. **BinHex** ist ein ähnliches Programm für Macintosh- und DOS/Windows-Systeme.

Viele Datenbanken verwenden ein Binärformat, um ihre Daten abzulegen—auch wenn die Daten selbst reiner Text sind. Daher sollten Sie zunächst den Binärmodus probieren, wenn Sie nicht genau wissen, was Ihre Software tut. Schauen Sie dann nach, ob die Daten korrekt übertragen wurden. Wenn nicht, benutzen Sie den ASCII-Modus. Bei Textverarbeitungen erhalten Sie noch einen weiteren Hinweis. Sogenannte »WYSIWYG«-Textverarbeitungen, die auf dem Bildschirm eine sehr genaue Annäherung an das tatsächliche Druckbild anzeigen, legen ihre Dokumente normalerweise in einem Binärformat ab. Einige dieser Programme haben einen speziellen Modus, um Textdateien zu schreiben (als ASCII-Text), die Sie im ASCII-Modus transferieren können, aber Sie verlieren vermutlich einige Formatierungsinformationen dabei. Die einfacheren (und älteren) Textverarbeitungen, die Text für Typenrad- oder Matrixdrucker vorbereiten, legen ihre Dateien normalerweise im ASCII-Format ab.

Ausführbare Dateien (oder »executables«) sind normalerweise Binärdateien. Es gibt allerdings Ausnahmen. Programme, die kompiliert sind und direkt vom Prozessor ausgeführt werden, sind immer binär. Die meisten Betriebssysteme stellen aber mindestens eine »Script-Sprache« zur Verfügung, die es Ihnen ermöglicht, Befehlssequenzen zu schreiben, die dann von einem anderen Programm interpretiert werden. UNIX selbst stellt diverse Script-Sprachen zur Verfügung, darunter auch die »Shell« selbst—es ist sehr verbreitet, Programme aus UNIX-Grundbefehlen zu schreiben. Bei einigen Betriebssystemen werden Script-Dateien auch »Befehlsdateien« genannt. Scripte sind immer Textdateien.

Im Internet finden sich viele Hypertext-Dateien, die in einem Format namens HTML (HyperText Markup Language) gespeichert sind. Es handelt sich um ein ASCII-Format, das vom World Wide Web (siehe Kapitel 13) benutzt wird. An einigen Stellen im Netz finden sich verschiedene Typen von Bilddaten (Wetterkarten, Satellitenbilder etc.). Die wichtigsten Formate für Bilddaten sind GIF und JPEG, die beide Bilder mit aufwendig gestalteter Farbgebung kodieren können. Außerdem gibt es noch MPEG für bewegliche Bilder (Videoclips etc.). Bei allen diesen Formaten handelt es sich um Binärformate, und solche Dateien sollten deshalb im Binärmodus übertragen werden. Wahrscheinlich brauchen Sie spezielle Programme, um solche Dateien anzusehen—auch diese Software können Sie aus dem Internet beziehen.

Unter UNIX können Sie den Befehl **file** verwenden, um herauszufinden, welchen Typs eine Datei ist. Dieses Utility wurde nicht für **ftp** geschrieben, daher gibt es Ihnen mehr Informationen, als Sie eigentlich brauchen. Hier sind einige Beispiele von einem System unter SunOS:

```
% file /bin/spell /bin/ls outline.txt telnet.ms grosbeak.gif
/bin/spell:                  executable shell script
/bin/ls:                     sparc pure dynamically linked executable
outline.txt:                 ascii text
telnet.ms:                   [nt]roff, tbl, or eqn input text
grosbeak.gif:                data
```

Diese Beispiele zeigen Ihnen, daß die Datei */bin/spell* ein ausführbares Shell-Skript ist, das Sie im ASCII-Modus transferieren würden. Das überrascht Sie vielleicht; die meisten Leute nehmen an, daß jede Datei im UNIX-Verzeichnis *bin* eine binäre Datei ist. Das stimmt nicht. Die Datei */bin/ls* ist tatsächlich eine binäre Datei (wie Sie wahrscheinlich erwartet haben), Sie würden sie also im Binärmodus übertragen. *outline.txt* und *telnet.ms* sind Textdateien, die Sie im ASCII-Modus übertragen würden. *telnet.ms* ist zufälligerweise eine Eingabedatei für das Textsatzprogramm **troff**. Wenn Sie nicht wissen, welchen Modus Sie benutzen sollten, ist binär wahrscheinlich der beste Tip. Computer, die nicht ASCII verwenden, werden zunehmend seltener, daher wird die Übersetzung immer häufiger gar nicht gebraucht.

Tatsächlich sind in vielen FTP-Implementierungen noch mehr Modi verfügbar (z.B. **tenex**, ein Format eines überholten Betriebssystems; **jis78kj**, ein *Kanji*-Zeichensatz für Japanisch), aber sie werden normalerweise nicht benötigt.

Transfer von mehreren Dateien

Die Befehle **get** und **put**, die wir weiter oben besprochen haben, können immer nur eine Datei übertragen. Gelegentlich werden Sie aber Gruppen von Dateien übertragen wollen. Um das zu erreichen, können Sie die Befehle **mput** und **mget** benutzen. Ihre Syntax ist:

```
ftp> mput liste-von-dateien
ftp> mget liste-von-dateien
```

Der Befehl **mput** nimmt die Dateien in der Liste und überträgt sie an das andere System. Der Befehl **mget** überträgt Dateien vom anderen System auf das lokale System. In beiden Fällen werden die Dateinamen auf beiden Systemen identisch sein. Die Liste der Dateien kann beliebig lang sein, und auch Platzhalter (Wildcards) enthalten.

Die tatsächlichen Regeln für die Expansion von Platzhaltern sind etwas komplizierter, als die **ftp**-Dokumentation Sie glauben läßt. Sie können normalerweise den Stern (*) verwenden, um beliebig viele Zeichen zu ersetzen und die komplexen Aspekte vergessen. Auf UNIX-Systemen können Sie ein Fragezeichen (?) verwenden, um ein beliebiges einzelnes Zeichen zu ersetzen. Auf anderen Systemen werden Sie experimentieren oder sehr aufmerksam die Dokumentation lesen müssen, um herauszufinden, was zulässig ist.* Hier ist eine typische Sitzung unter Verwendung von **mget** und **mput**:

```
ftp> cd work                                 Verzeichnis auf dem anderen Rechner wechseln
250 CWD command successful.
ftp> ls b*                                   (Gwelche Dateien gibt es dort?
200 PORT command successful.
150 ASCII data connection for /bin/ls (127.0.0.1,1129) (0 bytes).
b.tst
bash.help
bsdman.sh
226 ASCII Transfer complete.
remote: b*
29 bytes received in 0.03 seconds (0.94 Kbytes/s)
```

---

* Die tatsächlichen Regeln lauten ungefähr so: Wenn Sie **mput** benutzen, exportieren Sie Dateien von Ihrem System auf ein anderes. Die Platzhalter werden daher von Ihrem System expandiert, und folgen dabei den Regeln, die auf Ihrem System gelten. Wenn Sie **mget** benutzen, suchen Sie Dateien auf dem anderen System. In diesem Fall benutzt **ftp** das andere System, um herauszufinden, worauf die Platzhalter passen. Daher können die Platzhalterregeln für **mput** und **mget** voneinander abweichen, und die Regeln für **mget** hängen vom anderen System ab.

```
ftp> mget b*                                    Transfer versuchen
mget b.tst? yes                                 erste Datei: wollen Sie die wirklich?
200 PORT command successful.
150 ASCII data connection for b.tst (127.0.0.1,1133) (68112 bytes).
226 ASCII Transfer complete.
local: b.tst remote: b.tst
81927 bytes received in 0.41 seconds (2e+02 Kbytes/s)
mget bash.help? no                              zweite Datei: wollen Sie die wirklich?
mget bsdman.sh? no                              dritte Datei: ...
```

Lassen Sie uns jetzt versuchen, eine Gruppe von Dateien abzulegen. Diesmal werden wir explizit zwei Dateinamen in einen Befehl packen, um Ihnen zu zeigen, daß es funktioniert.

```
ftp> mput login tblsz.c                         jetzt versuchen wir, etwas abzulegen
mput login? yes                                 erste Datei: wirklich transferieren?
200 PORT command successful.
150 ASCII data connection for login (127.0.0.1,1139).
226 Transfer complete.
local: login remote: login
2785 bytes sent in 0.03 seconds (91 Kbytes/s)
mput tblsz.c? y                                 zweite Datei: wirklich transferieren?
200 PORT command successful.
150 ASCII data connection for tblsz.c (127.0.0.1,1141).
226 Transfer complete.
local: tblsz.c remote: tblsz.c
975 bytes sent in 0.04 seconds (24 Kbytes/s)
ftp>
```

Beachten Sie, daß der Befehl, den wir gerade gegeben haben, **mput login tblsz.c**, *nicht* bedeutet, daß die Datei *login* als *tblsz.c* auf das andere System kopiert werden soll, wie es der Fall gewesen wäre, wenn es sich um ein einfaches *put*-Kommando gehandelt hätte. Er bedeutet vielmehr: »Kopiere alle Dateien in der Kommandozeile auf das andere System, in das aktuelle Verzeichnis, ohne ihre Namen zu ändern«.

ftp fragt normalerweise bei jeder Datei nach, ob Sie sie transferieren wollen oder nicht; Sie müssen **y** (oder **yes** oder RETURN) eingeben, um die Datei zu übertragen.

Wenn Sie **n** (oder **no**) eingeben, wird die entsprechende Datei nicht übertragen.* Es ist lästig, für jede Datei gefragt zu werden (insbesondere, wenn Sie eine große Gruppe von Dateien übertragen), aber es hilft, Fehler zu vermeiden. Wenn Sie wirklich nicht gefragt werden möchten, oder eine sehr große Anzahl von Dateien übertragen müssen, geben Sie das Kommando **prompt**. Damit schalten Sie die Nachfragen aus. Die ganze Gruppe von Dateien wird dann ohne weitere Nachfrage übertragen. Mit einem weiteren **prompt**-Befehl schalten Sie die Nachfragen wieder ein.

---

* Tatsächlich wird alles funktionieren, was mit dem Buchstaben **n** beginnt. In einigen Implementierungen wird alles, was *nicht* mit dem Buchstaben **n** beginnt, als »yes« interpretiert, also seien Sie vorsichtig.

Es gibt ein paar Dinge, auf die Sie achten sollten:

- Denken Sie daran, daß Sie keine Möglichkeit haben, den Namen der Zieldatei anzugeben. Alle Namen in der Kommandozeile werden als Quelldateinamen behandelt. Es ist insbesondere verlockend, zu versuchen, eine Gruppe von Dateien in ein Verzeichnis zu kopieren; achten Sie bitte besonders darauf. Es ist nicht möglich, einen Befehl wie den folgenden zu verwenden:

  ```
  ftp> mput ch*.txt buch
  ```

  wobei *buch* der Name eines Verzeichnisses auf der anderen Maschine ist. Statt dessen müssen Sie **cd** benutzen, um das Verzeichnis zu wechseln.

  ```
  ftp> cd buch
  ...
  ftp> mput ch*.txt
  ```

  Das gleiche gilt auch für **mget**-Befehle.

- Sie können **mput** und **mget** (und auch die Befehle **get** und **put**) nicht verwenden, um ein Verzeichnis zu kopieren. Sie können nur Gruppen normaler Dateien kopieren. Ein Verzeichnis zu kopieren führt zu unvorhersehbaren Ergebnissen. Wenn Sie ein Verzeichnis übertragen müssen, sollten Sie ein Archiv erstellen und dieses übertragen. Wir werden weiter unten in diesem Kapitel noch behandeln, wie Sie das tun können.
- Ich habe festgestellt, daß **mget** mit Platzhaltern nicht immer einwandfrei funktioniert. Es scheint davon abzuhängen, ob das **ls**-Kommando auf dem anderen Rechner korrekt implementiert ist. *Caveat emptor.*

FTP-Befehlsübersicht

Die folgende Tabelle faßt die nützlichsten Befehle von **ftp** zusammen. Sie enthält alle Befehle, die wir bislang behandelt haben. Diese Befehle sind für die meisten wenn nicht sogar alle **ftp**-Clients verfügbar. **ftp** zeigt Ihnen die Befehle, die in Ihrem Client implementiert sind, wenn Sie **help** eintippen.

account *info*	Liefert zusätzliche Zugangsinformationen, die manchmal während einer Sitzung erforderlich werden. Wir werden später noch sehen, in welcher Situation der **account**-Befehl beim Zugriff auf IBM-Mainframes benötigt wird.
ascii	Wechselt in den ASCII-Modus zum Transfer von Texten.
binary	Wechselt in den Binärmodus zum Transfer von Binärdaten.
cd *fremdes-verzeichnis*	Wechselt das Arbeitsverzeichnis auf dem entfernten Rechner.

close — Beendet die **ftp**-Sitzung mit einem Rechner und bringt Sie in den Befehlsmodus von **ftp** zurück. Nach einem **close** können Sie mit **open** eine neue Verbindung aufbauen oder **ftp** mit **quit** verlassen.

delete *dateiname* — Löscht die angegebene Datei auf dem entfernten Rechner.

dir *datei ziel* — Liefert eine komplette Verzeichnisauflistung des entfernten Rechners. *Datei* und *Ziel* sind beide optional. *Datei* kann entweder eine einzelne Datei oder eine Platzhalter-Konstruktion sein. Die Liste liefert alle Dateinamen, die darauf passen. Wenn *Datei* fehlt, enthält die Liste alle Dateien im aktuellen Verzeichnis auf der entfernten Maschine. Das *Ziel* gibt an, wohin die Ausgabe geleitet werden soll. Es kann entweder eine Datei oder ein Befehl sein, der die Daten filtert. Wenn diese Angabe fehlt, wird die Liste auf dem Terminal ausgegeben.

hash — Weist **ftp** an, ein Nummernzeichen (#) für jeden transferierten Datenblock auszugeben. Nützlich, wenn Sie nicht sicher sind, ob das Netzwerk arbeitet—Sie erhalten eine visuelle Kontrolle über den Datentransfer. Das ist auch nützlich, wenn Sie den Fortschritt der Übertragung einer langen Datei verfolgen. Wenn **ftp** schon in dieser Einstellung ist, beendet ein erneutes **hash**-Kommando diesen Modus.

help *befehl* — Gibt eine kurze Erläuterung zum *Befehl* aus.

lcd *verzeichnis* — Wechselt das Arbeitsverzeichnis auf dem lokalen Rechner.

ls *datei ziel* — Liefert eine kurze Verzeichnisauflistung des entfernten Rechners. Die Argumente sind dieselben wie für **dir**.

mget *dateiliste* — Holt mehrere Dateien vom entfernten Rechner. Die Dateiliste kann entweder eine durch Leerzeichen getrennte Liste von Dateinamen sein oder eine Platzhalter-Konstruktion.

mput *dateiliste* — Legt mehrere Dateien auf dem entfernten Rechner ab. Die Dateiliste kann entweder eine durch Leerzeichen getrennte Liste von Dateinamen oder eine Platzhalter-Konstruktion sein.

open *rechnername* — Verbindet mit dem angegebenen Rechner. Dies ist nützlich, wenn Sie sich mit einem neuen System verbinden wollen, nachdem Sie Dateien von einem anderen transferiert haben. Sie müssen Ihre alte Verbindung jedoch zuvor mit **close** schließen.

prompt Der Befehl **prompt** weist **ftp** an, bei den Befehlen **mget** und **mput** für jede einzelne Datei nachzufragen, ob sie übertragen werden soll. Das ist nützlich, wenn Sie sicherstellen wollen, daß Sie keine Datei unnötigerweise übertragen oder gar eine Datei überschreiben, die schon existiert. Wenn die Nachfrage schon aktiviert ist, schaltet ein erneutes **prompt** sie wieder ab. Danach werden wieder alle Dateien ohne Rückfrage übertragen.

pwd Gibt den Namen des aktuellen Verzeichnisses auf dem entfernten Rechner aus.

quit Schließt eine offene Verbindung und verläßt **ftp**.

user *name* Sendet Ihren Benutzernamen an den anderen Rechner, um einzuloggen. Nützlich, wenn Sie Ihren Namen oder Ihr Paßwort falsch eingegeben haben. Statt die Verbindung zu schließen und eine neue zu öffnen, können Sie es mit dem **user**-Befehl noch einmal versuchen.

Die meisten Implementierungen von **ftp** haben tatsächlich viel mehr Befehle (manchmal 70 bis 80); diese Liste ist also offensichtlich gekürzt. Die meisten Kommandos brauchen Sie aber nur für sehr ausgefallene Zwecke—wenn Sie keine besonderen Wünsche haben, werden Sie mit den hier aufgeführten Befehlen auskommen.

Anonymes FTP

Die Techniken, die wir bisher besprochen haben, machen es schwierig, eine Datei für die Allgemeinheit anzubieten. Wenn ich beispielsweise ein Softwarepaket verteilen wollte, müßte ich es auf das System kopieren und dann Login/Paßwort-Kombinationen an jeden vergeben, der die Software haben möchte. Das wäre eine Belastung, insbesondere für den Administrator, aber auch für den Anwender.

Anonymes FTP (anonymous FTP) umgeht diese Einschränkung. Es erlaubt Anwendern, die keinen Login-Account haben, bestimmte Dateien auf einer Maschine zu erreichen. Natürlich gibt es Restriktionen: Anonyme Anwender können normalerweise nur Dateien abholen (per **get**), aber keine neuen Dateien ablegen oder existierende modifizieren.* Außerdem gibt es Einschränkungen hinsichtlich der Dateien, auf die Sie zugreifen können.

* Es gibt eine Möglichkeit, Verzeichnisse anzulegen, die von anonymen FTP-Anwendern beschrieben werden können. Diese Verzeichnisse werden häufig zum Ablegen von Artikeln oder Programmen für ein Archiv benutzt. Wenn diese Möglichkeit vorgesehen ist, können Sie dort auch (per **put** und **mput**) anonym Dateien ablegen.

Wenn anonymes FTP verfügbar ist, gibt es den speziellen Login-Namen *anonymous*. Sobald Sie **ftp** starten, mit einem anderen Rechner Verbindung aufnehmen und *anonymous* als Login-Namen angeben, akzeptiert **ftp** beliebige Strings als Paßwort. Es wird allgemein als zum guten Ton gehörig angesehen, hier die E-Mail-Adresse als Paßwort einzugeben. So haben die Verwalter des Servers eine Vorstellung davon, wer ihn nutzt und können bei Bedarf mit Ihnen Kontakt aufnehmen. (Einige Systeme verlangen inzwischen eine gültige E-Mail-Adresse, damit Sie Zugang erhalten.) Nachdem Sie sich als *anonymous* eingeloggt haben, können Sie alle die Dateien abholen, die ausdrücklich für anonymes FTP verfügbar gemacht wurden.

Diese zusätzlichen Restriktionen hinsichtlich der Dateien, auf die Sie zugreifen können, werden durch eine Änderung des **cd**-Befehls unterstützt. Wenn Sie anonym auf ein System zugreifen, werden Sie an eine bestimmte Stelle des Dateisystems positioniert. Diese Stelle ist der Startpunkt für alle anonymen Zugriffe. Von dort aus können Sie sich nur in Unterverzeichnisse bewegen, indem Sie deren Namen angeben, oder Sie bewegen sich von einem Unterverzeichnis mittels `cd ..` zurück zum übergeordneten Verzeichnis. Die absolute Positionierung durch Angabe eines Verzeichnisnamens, der mit einem Schrägstrich (/) beginnt, ist normalerweise nicht möglich. Technisch ist das zwar machbar, aber ein Befehl wie **cd /pub** bedeutet jetzt: »gehe zum Unterverzeichnis *pub* des Ausgangsverzeichnisses für anonymes FTP«. Sie können `cd /`) benutzen, wenn Sie sich bei einem anonymen FTP-Zugriff »verlaufen« haben und wieder dorthin zurückkehren wollen, wo Sie gestartet waren. Die andere Möglichkeit ist, **cd ..** wiederholt einzugeben, bis Sie wieder da sind, wo Sie gestartet waren. Der Befehl **cdup** ist ein Synonym für **cd ..**.

Beachten Sie bitte, daß Sie beim anonymen FTP nur ein Gast auf einem fremden System sind. Manchmal werden Sie Hinweise auf Einschränkungen wie den folgenden sehen:

```
230-Available for anonymous ftp only between 5 pm EST
230-and 8 am EST.
```

Diese Hinweise werden angezeigt, wenn Sie sich einloggen. Bitte halten Sie sich daran—wenn Sie das nicht tun, könnte der Server für uns alle geschlossen werden.

Es ist jetzt wohl an der Zeit für ein Beispiel. Angenommen, Sie haben im *Ressourcen-Katalog* geblättert und sind dabei über ein Dokument namens *Not just Cows* gestolpert, ein Verzeichnis nützlicher Ressourcen für die Landwirtschaft. Der Eintrag zu diesem Dokument gab Ihnen folgende Zugangsinformationen:

```
ftp ftp.sura.net login anonymous; cd pub/nic;
get agriculture.list
```

Das besagt, daß Sie eine Kopie des Dokumentes per anonymem FTP von **nic.sura.net** bekommen können. Ihr **ftp**-Dialog, um an diese Ressource heranzukommen, sähe ungefähr so aus:

```
% ftp ftp.sura.net                      ftp zum Server starten
Connected to nic.sura.net.
220 nic.sura.net FTP server (Version 6.9 Sep 30 1991) ready.
Name (ftp.sura.net:krol): anonymous     anonymes Login
331 Guest login ok, send e-mail address as password.
Password: krol@ux1.cso.uiuc.edu         wird in Wirklichkeit nicht geechot
230 Guest login ok, access restrictions apply.
ftp> cd pub/nic                         in das Verzeichnis wechseln
250-#####WELCOME TO THE SURANET NETWORK INFORMATION CENTER##########
250-SURAnet                                     info@sura.net
250-8400 Baltimore Blvd.                        301-982-4600(voice)
250-College Park, Maryland  USA 20740-2498      FAX 301-982-4605
250-    Many of the documents available in this ftp archive are geared
250-towards the new user of the Internet. SURAnet has provided several
250-"How To" guides for network navigation tools such as, telnet, ftp,
250-and e-mail. These "How To" guides are available in the directory
250 CWD command successful.
ftp> dir                                Dateien auflisten
200 PORT command successful.
150 Opening ASCII mode data connection for /bin/ls.
total 4096
-rw-rw-r--   1 mtaranto 120        1226 Jun  4 17:39 .message
-rw-rw-r--   1 mtaranto 120        7545 Jul 15 18:30 00-README.FIRST
-rw-rw-r--   1 mtaranto 120       47592 Mar  5 17:04 BIG-LAN-FAQ
-rw-rw-r--   1 root     120      216594 Jan  3  1992 Internet-Tour.txt
drwxr-sr-x   2 mtaranto 120         512 Jul 22 13:37 NREN
-rw-r--r--   1 mtaranto 120        1657 Jul 10 20:17 NSFNET.policy.statement
drwxr-sr-x   2 mtaranto 120         512 Jun 29 13:17 ZEN
-rw-rw-r--   2 root     120        2555 Jan  3  1992 acceptable.use.policy
-rw-rw-r--   1 mtaranto 120       85677 May 11 17:29 agricultural.list
-rw-rw-r--   1 mtaranto 120       27840 Apr 17 14:10 archie.manual
        <Rest der Liste aus Platzgründen gelöscht>
226 Transfer complete.
1752 bytes received in 1.2 seconds (1.4 Kbytes/s)
ftp> get agricultural.list NJC          die Datei kopieren
200 PORT command successful.
150 Opening ASCII mode data connection for agricultural.list (85677 bytes).
226 Transfer complete.
local: NJC remote: agricultural.list
88383 bytes received in 2.8 seconds (31 Kbytes/s)
ftp> quit
221 Goodbye.
%
```

Lassen Sie uns dieses Beispiel genauer betrachten und untersuchen, was eigentlich passiert ist. Nachdem Sie mit **ftp.sura.net** verbunden waren (den Hostnamen hatten Sie schon beim Aufruf von **ftp** übergeben), benutzten Sie *anonymous* als Ihren Login-Namen. Als Paßwort wurde die E-Mail-Adresse angegeben—in Wirklichkeit würde sie beim Eingeben allerdings nicht geechot werden. Als nächstes gaben Sie den Befehl **cd pub/nic**, um in das Verzeichnis zu wechseln, das im *Ressourcen-*

Katalog angegeben war. Der Server antwortete darauf mit einer Mitteilung (die Zeilen, die mit dem Code 250 beginnen). Einige der neueren FTP-Server zeigen automatisch eine Datei auf Ihrem Terminal an, wenn Sie in ein Verzeichnis wechseln.* Sie werden das immer häufiger vorfinden; es ist sehr hilfreich, weil es Ihnen die Suche nach Dateien wie *README* oder *INDEX* erspart, um herauszufinden, was in diesem Verzeichnis steht. Nach dem Lesen dieser Meldung haben Sie die Dateien aufgelistet um zu sehen, ob dort noch etwas anderes ist, das Sie interessiert. Schließlich haben Sie die Datei *agricultural.list* unter dem Namen *NJC* vom fremden Rechner auf Ihren eigenen kopiert.

Und das ist auch schon alles. Anonymes FTP funktioniert genau so wie normales FTP—abgesehen davon, daß Sie kein Paßwort benötigen. Der *Ressourcen-Katalog* in diesem Buch listet viele andere FTP-Server, auf die Sie zugreifen können. Das Suchprogramm Archie kann Ihnen weitere Informationen liefern—und zwar sowohl darüber, was verfügbar ist als auch, wo Sie es finden.

Der Umgang mit großen Dateien und Gruppen von Dateien

Netzwerkbenutzer müssen häufig sehr große Dateien oder eine große Anzahl von Dateien über das Netzwerk transferieren. Vielleicht brauchen Sie eine große Datenbank, ein Archiv einer Diskussionsgruppe, eine Anzahl Berichte oder den kompletten Quellcode zu BSD UNIX. In jedem Fall geht es um große Datenmengen. In diesem Abschnitt werden Techniken vorgestellt, große Dateien zu handhaben (Komprimierung) sowie Methoden, viele Dateien in ein einziges Archiv zu packen, um sie einfacher übertragen zu können. Da die meisten anonymen FTP-Server Dateien schon als komprimierte Archive ablegen, behandeln wir auch Techniken, so eine Datei wieder »auszupacken«, nachdem sie auf Ihr System übertragen wurde.

Komprimierte Dateien

Um die Kosten für die Speicherung und Übertragung von Dateien zu reduzieren, werden große Dateien häufig in einem *komprimierten Format* abgelegt. Es gibt viele Methoden der Datenkomprimierung, und demzufolge eine ganze Reihe von Komprimierungsprogrammen, die Sie verwenden können. Texte, die Sie durch ein gutes Komprimierungsprogramm schicken, können auf 30% bis 70% ihrer Länge gekürzt werden.

Komprimierte Dateien sind im Netzwerk nicht weiter problematisch. Sie sollten lediglich im *binary*-Modus übertragen werden. Das Problem ist, daß der Transfer zum Zielsystem nur den ersten Schritt darstellt. Nachdem die Daten dort sind, müssen sie

* Diese erste Meldung ist in der Datei *.message* gespeichert, die Sie auch im Verzeichnislisting sehen können.

noch dekomprimiert werden, bevor Sie damit etwas anfangen können. Dies kann sehr einfach oder auch weniger einfach sein, da es für Komprimierungsprogramme keinen Standard gibt.

Komprimierte Dateien sind normalerweise durch eine ungewöhnliche Namenserweiterung (Suffix) markiert. Die gebräuchlichsten Komprimierungsprogramme sind:

Tabelle 6–2: Häufig benutzte Komprimierungsprogramme

Komprimierungs-programm	**Dekomprimierungs-programm**	**Datei-suffix**	**Typischer Dateiname**
compress	uncompress	*.Z*	*rfc1118.txt.Z*
gzip	gunzip	*.z oder .gz*	*datei.gz*
pack	unpack	*.z*	*textdatei.z*
Stuffit	unsit	*.Sit*	*programm.Sit*
PackIt	unpit	*.pit*	*bericht.pit*
PKZIP	unzip41	*.ZIP*	*paket.ZIP*
zoo210	zoo210	*.zoo*	*bild.zoo*

Wenn Sie sich die Dateien ansehen, die auf einem anderen System verfügbar sind, und dabei auf diese Suffixe stoßen, ist das ein Hinweis darauf, daß die Dateien komprimiert sind. Das Suffix gibt Ihnen einen Hinweis auf das Hilfsprogramm, das Sie zum Dekomprimieren brauchen. Welches Programm Sie benötigen hängt davon ab, welchen Computer Sie benutzen und welche Kompression verwendet wurde. Aber das ist nur die Spitze des Eisberges; es gibt ungefähr so viele verschiedene Komprimierungsprogramme, wie es verschiedene Computer gibt. Eine sehr nützliche Übersicht ist per **ftp** verfügbar (ich sagte doch, daß **ftp** nützlich ist); nachdem Sie dieses Kapitel gelesen haben, können Sie sich diese Übersicht holen. Schlagen Sie die Quelle im *Ressourcen-Katalog* nach.

Unter UNIX werden Komprimierung und Dekomprimierung normalerweise mit den Utilities **compress** und **uncompress** bewerkstelligt. Lassen Sie uns die Datei *NJC* nehmen, die wir gerade übertragen haben, ihre Größe ermitteln, und sie dann komprimieren:

```
% ls -l NJC*                                    alle mit NJC beginnenden Dateien listen
-rw-r--r--  1 krol      61411 Dec 20 14:46 NJC
% compress -v NJC                               -v gibt Kompressionsfaktor aus
NJC: Compression: 57% - replaced with NJC.Z
% ls -l NJC*                                    jetzt existiert nur noch eine .Z-Datei
-rw-r--r--  1 krol      26230 Dec 20 14:46 NJC.Z
```

Wir haben jetzt eine Datei namens *NJC.Z*. Die ursprüngliche Datei war 61.411 Zeichen lang, die komprimierte Version ist nur 26.320 Zeichen lang—eine Einsparung von ungefähr 57%. Das bedeutet, daß die komprimierte Datei nicht einmal halb soviel Platz in Anspruch nimmt und nur halb so lange braucht, um von einem

Rechner auf einen anderen übertragen zu werden. Bei einer relativ kleinen Datei (und 60 Kb sind nicht besonders viel) mag die Einsparung nicht besonders wichtig sein, aber wenn Sie viele Megabytes an Daten speichern und nur eine langsame Internetanbindung haben, dann ist eine Einsparung von 57% durchaus bedeutend.

Lassen Sie uns *NJC.Z* dekomprimieren, um wieder die ursprüngliche Datei zu erhalten:

```
% uncompress NJC.Z
% ls -l NJC*
-rw-r--r--  1 krol        61411 Dec 20 14:46 NJC.txt
```

Wir haben dieselbe lesbare Datei zurückgewonnen. Beachten Sie, daß ihre Größe sich nicht geändert hat. Die unkomprimierte Datei ist immer noch 61.411 Bytes lang, genau wie das Original. Dies ist eine schnelle, unzuverlässige und—ehrlich gesagt—unnötige Überprüfung, ob die Datei korrekt dekomprimiert wurde.

Ein komplettes Verzeichnis kopieren

Wenn Sie **ftp** benutzen, möchten Sie häufig eine ganze Dateistruktur übertragen, ein Verzeichnis oder eine Gruppe von Verzeichnissen, und nicht nur eine einzelne Datei. **ftp** ist nicht dafür gemacht, das effizient zu erledigen; es ist nicht besonders bequem, 50 oder 100 Dateien auf einmal zu holen, und es gibt keine Befehle zur Übertragung ganzer Verzeichnisse.

Obwohl diese Situation immer wieder auftritt, ist sie doch besonders häufig, wenn Sie eine Gruppe von Dateien aus einem FTP-Archiv holen wollen. Beispielsweise muß jemand, der ein Softwarepaket per FTP verfügbar macht, meist Dutzende, wenn nicht Hunderte von Dateien bereitstellen. Statt den Anwendern zu sagen, sie sollen 50 Dateien per **ftp** übertragen, verwendet er oder sie ein Hilfsprogramm, um alle Dateien zu einer einzigen zusammenzufassen (siehe Abbildung 6-1). Auf dem Computer, der die zu verteilenden Dateien anbietet, muß die zuständige Person alle einzelnen Dateien zu einem Paket zusammenfassen. Wenn jemand dieses Paket bekommt, muß er oder sie es öffnen, um die einzelnen Dateien zu restaurieren, die darin enthalten sind. Auf einem UNIX-System wird dieses Paket normalerweise mit **tar** erzeugt, so wie hier:

```
% cd book                                  sehen wir nach, was sich in dem
% ls                                       Verzeichnis befindet
README         ftp.2         news          tmac.Seffnuts
applications   ftp.bak       nut.guide     tmac.Sioc
% cd ..                                    ins übergeordnete Verzeichnis wechseln
% tar -cf book.tar book                    Verzeichnis book in book.tar zusammenfassen
% ls -l book.tar                           wie groß ist book.tar?
-rw-r--r--  1 krol       802816 Dec 21 06:35 book.tar
```

Das Verzeichnis, das zusammengepackt werden soll, heißt *book* und enthält, wie man sieht, eine Anzahl von Dateien. Aus dem *book* übergeordneten Verzeichnis heraus

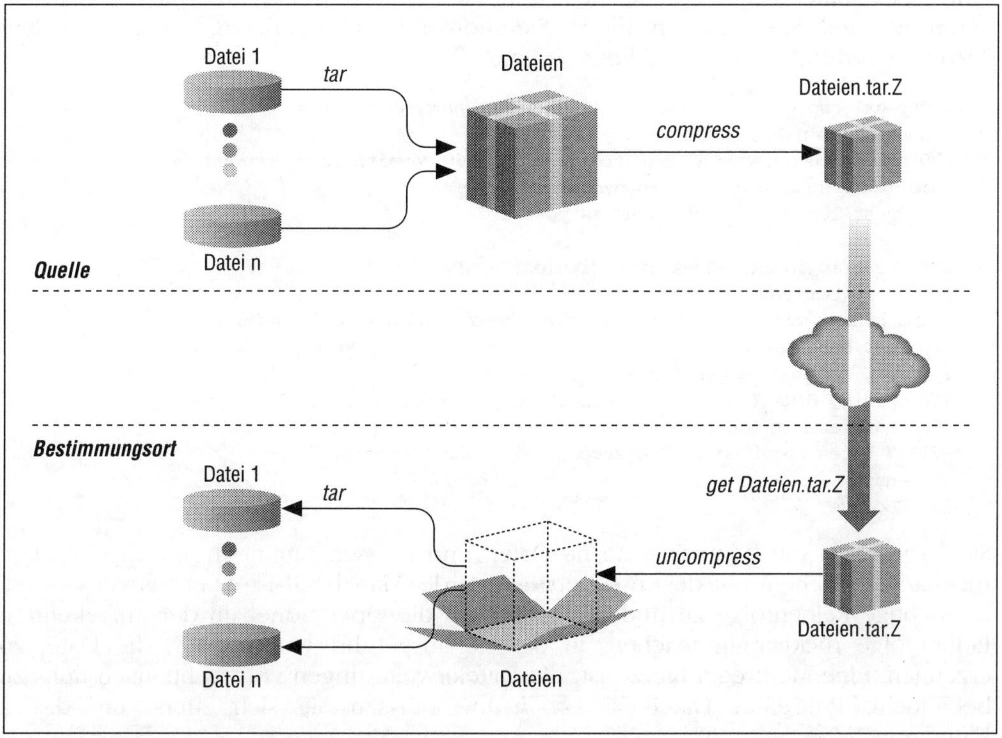

Abbildung 6–1: Kopieren mehrerer Dateien

wird das Kommando **tar** gegeben, um eine Datei namens *book.tar* zu erzeugen, die alle einzelnen Dateien enthält, die verteilt werden sollen. Diese Datei ist recht groß und hat für den Ersteller keinen Nutzen mehr (er hat das Verzeichnis ja schon). Daher ist es sinnvoll, sie zu komprimieren:

```
% compress -v book.tar
book.tar: Compression: 60.13% -- replaced with book.tar.Z
% ls -l book.tar*
-rw-r--r--  1 krol        321717 Dec 21 06:35 book.tar.Z
```

Das sieht schon besser aus—nur noch 40% des ursprünglichen Platzbedarfs. Der Systemadministrator legt diese Datei jetzt im Verzeichnis für anonymes FTP ab, wo sie von jedermann abgeholt werden kann.

Einige Zeit später stellen Sie vielleicht fest, daß Sie das »book«-Paket holen und installieren möchten. Sie beginnen, indem Sie anonymes FTP benutzen, um sich mit dem Server zu verbinden und *book.tar.Z* zu holen:

```
% ftp uxl.cso.uiuc.edu                    ftp zum Server starten
Connected to uxl.cso.uiuc.edu.
220 uxl.cso.uiuc.edu FTP server (Version 5.60) awaits your command
Name (uxl.cso.uiuc.edu:): anonymous       einloggen
331 Guest login ok, send ident as password.
Password:
230 Guest login ok, access restrictions apply.
Remote system type is UNIX.
Using binary mode to transfer files.      beachten Sie den binär-Modus
ftp> get book.tar.Z                       die zusammengepackte Datei holen
200 PORT command successful.
150 Opening BINARY mode data connection for book.tar.Z (321717 bytes).
226 Transfer complete.
321717 bytes received in 2.4 seconds (1.3e+02 Kbytes/s)
ftp> quit                                 ftp beenden
221 Goodbye.
```

Sie haben jetzt die komprimierte **tar**-Datei, und müssen nur noch alle Operationen rückgängig machen, mit denen sie erstellt wurde. Manchmal ist es etwas verwirrend, die richtige Reihenfolge zu finden. Sie müssen die Operationen in der umgekehrten Reihenfolge rückgängig machen, in der sie ausgeführt wurden, um die Datei zu erzeugen. Eine Merkregel hierzu ist, die Dateierweiterungen von rechts nach links zu behandeln. Bei einer Datei wie *book.tar.Z* müssen Sie sich zuerst um das *Z* kümmern:

```
% uncompress book.tar.Z                   die Datei ist nur unkomprimiert verwendbar
% ls -l book*                             jetzt haben Sie eine Datei book.tar
-rw-r--r--  1 krol       802816 Dec 21 07:00 book.tar
```

Sie haben nun eine unkomprimierte **tar**-Datei, nämlich *book.tar*. Nachdem Sie sich nun noch um das **tar** kümmern, sind Sie fertig:

```
% tar -xf book.tar                        alle Dateien aus book.tar extrahieren
% ls -l book*                             dieselbe Datei wie vorher
-rw-r--r--  1 krol       802816 Dec 21 07:00 book.tar

book:                                     und ein ganz neues Verzeichnis
total 792
-rw-r--r--  1 krol         4630 Sep  3 10:43 README
-rw-r--r--  1 krol        14461 Nov 11 15:18 applications
        <Rest der Liste aus Platzgründen gelöscht>
```

Sie werden das Kommando **tar –tf** *dateiname* ebenfalls nützlich finden. Hiermit listen Sie die einzelnen Dateien auf, die sich in der **tar**-Datei befinden. Mit dieser Liste können Sie überprüfen, ob Sie die richtige Datei geholt haben.

Von Zeit zu Zeit werden Sie noch andere Komplikationen erleben. Auf manchen Systemen sind besonders große Archive in viele kleine Stücke aufgeteilt worden (häufig um die 100 Kb). Jedem Teilstück ist normalerweise eine zweistellige Nummer zugeteilt, die den letzten Teil des Dateinamens bildet. Beispielsweise könnten Sie Dateien namens *book.tar.Z.01*, *book.tar.Z.02* usw. vorfinden. Transferieren Sie alle diese Dateien auf Ihr System. (Ja, das ist umständlich. Ja, wir haben oben gesagt, daß Archivverwalter **tar** benutzen, um solche Dateiensammlungen zu vermeiden. Aber bedenken Sie, daß etwas, das groß genug ist, um diese Behandlung zu rechtfertigen, wahrscheinlich mehrere hundert Dateien enthält. Deshalb gibt es **mget**). Fügen Sie die Dateien dann in der richtigen Reihenfolge zusammen. Meist können Sie das wie folgt tun:

```
% cat book.tar.Z.* > book.tar.Z
```

Hier wird angenommen, daß der Administrator jedes Teilstück des Archivs so benannt hat, daß **cat book.tar.Z.*** die Dateien in der richtigen Reihenfolge abarbeitet. Das ist normalerweise der Fall.* Gehen Sie dann weiter vor wie oben bereits gezeigt: Benutzen Sie **uncompress**, um eine **tar**-Datei zu erhalten, und **tar**, um die Dateien aus dem Archiv zu extrahieren:

```
% uncompress book.tar.Z
% tar -xf book.tar
```

Einige Tips:

- Bevor Sie eine **tar**-Datei entpacken, empfiehlt es sich, mit dem Kommando **tar –tf book.tar** nachzusehen, welche Dateien darin enthalten sind. Eine unschöne Eigenschaft von **tar** ist, daß es Dateien während des Entpackens nicht umbenennen kann. Die Namen, die Sie in der Liste sehen, sind die, die Sie bekommen werden.

- Sie können die Schritte »dekomprimieren« und »entpacken« zu einem Kommando zusammenfassen, indem Sie **zcat book.tar.Z | tar –xf –** benutzen. So bleibt keine temporäre Datei übrig.

- Mehr und mehr Archive benutzen das Programm **gzip** (GNU-zip) für die Komprimierung; die Dateien erhalten dann die Erweiterung **.z** oder **.gz**. Das entsprechende Tool für die Dekomprimierung heißt **gunzip**, und **gzip –d** entspricht **zcat**. GNU-zip ist kostenlos erhältliche Software, die von der Free Software Foundation vertrieben wird; deren FTP-Server ist im **Ressourcen-Katalog** aufgeführt. Vielleicht

---

* So können Sie das erkennen: Wenn der Archivverwalter bei der Bennennung der Teilstücke führende Nullen verwendet hat (00, 01, 02, . . . , 09, 10, 11), werden die Dateien in der richtigen Reihenfolge behandelt. Falls der Verwalter die führenden Nullen weggelassen hat (und es zehn oder mehr Dateien sind), wird die Sortierung nicht korrekt sein. Auch mit dem Befehl **ls –l book.tar.Z.*** können Sie die Sortierung prüfen; wenn dieser Befehl die Dateien in der richtigen Reihenfolge auflistet, haben Sie gewonnen.

sind **gzip** und **gunzip** auch in Ihrem Betriebssystem enthalten; falls nicht, besorgen Sie sich eine Kopie davon.

Shell-Archive

Wenn Sie ein UNIX-System benutzen, werden Sie ab und zu auch den *Shell-Archiven* (shell archives) begegnen. Dabei handelt es sich ganz einfach um ein Shell-Skript. Wenn Sie dieses Skript ausführen, werden die Dateien entpackt. Wenn Sie z.B. eine Datei namens *goodies.shar* von Ihrem Lieblings-FTP-Server geholt haben, entpacken Sie sie einfach, indem Sie das Kommando:

```
% sh goodies.shar
```

geben. Es kommt häufig vor, daß Sie Shell-Archiven begegnen, die komprimiert wurden, in Teile zerlegt wurden, oder beides. Sie sollten nun bereits wissen, was Sie tun müssen: Die Teile wieder zusammenfügen, die Gesamtdatei dekomprimieren, und dann mit **sh** das Archiv entpacken.

Wenn Sie ein Shell-Archiv entpacken, führen Sie ein Programm aus, das Ihnen jemand anderes gegeben hat. Wie wir inzwischen wissen, ist es nicht sehr klug, einem Programm zu sehr zu vertrauen, das jemand anderes geschrieben hat. Es hat Berichte über zerstörerische Shell-Archive gegeben, die alle Dateien löschen und andere unschöne Dinge veranstalten. Daher zwei Warnungen:

- Sehen Sie sich *immer* den Inhalt des Archivs an, bevor Sie es entpacken. Stellen Sie sicher, daß es nichts unbegründetes tut. Sie werden etwas über Shell-Programmierung lernen müssen (wenn auch nicht viel), um das zu tun.
- Entpacken Sie *nie* ein Shell-Archiv, wenn Sie als »root« eingeloggt sind. Sie haben dann keinerlei Schutz, falls etwas Unerwartetes passiert.

Obwohl es viele Programme gibt, mit denen Sie ein Shell-Archiv erstellen können, und daher viele leicht unterschiedliche Formate, brauchen Sie sich keine Sorgen zu machen. Jedes ordnungsgemäß aufgebaute Shell-Archiv kann von jeder Bourne- oder Korn-Shell unter UNIX entpackt werden. Falls Sie ein Shell-Archiv erzeugen wollen, gibt es unzählige **shar**-Programme auf dem Internet.

Andere Archivierungssoftware

Meiner Erfahrung nach sind **tar**-Archive mit Abstand die bedeutendsten, dicht gefolgt von den Shell-Archiven. Es gibt noch ein paar andere Archivtypen, die Sie von Zeit zu Zeit sehen werden. Sie werden gelegentlich Archive sehen, die vom UNIX-Hilfsprogramm **cpio** erzeugt wurden. Sie könnten Archiven begegnen, die mit den diversen BACKUP-Programmen unter DOS erzeugt wurden (FASTBACK, ZIP, PCBACKUP usw.)—oder mit dem BACKUP-Utility unter dem Betriebssystem VMS. Unglücklicherweise sind die meisten Archivierungsprogramme betriebssystemspezifisch—wenn Sie einen Macintosh benutzen, haben Sie vermutlich kein **tar**-

Kommando, ganz zu schweigen von einem VMS-BACKUP-Kommando. Wenn Sie ein UNIX-System benutzen, haben Sie wahrscheinlich kein DOS-FASTBACK-Programm zur Verfügung. Als Regel können wir damit festhalten, daß ein Archiv nur dann nützlich ist, wenn Sie es auf demselben Rechnertyp entpacken, auf dem es auch erzeugt wurde. (Das Archiv kann auf einem anderen System gespeichert sein, aber das ist nicht wichtig—solange es als Binärdatei behandelt wird.)

Aber es ist noch nicht alles verloren. Wann immer das Internet Probleme für Sie bereithält, gibt es Ihnen auch einen Weg, sie zu lösen. Wenn Sie die Zeit und Muße haben, sich durch die riesigen Mengen frei kopierbarer Software zu wühlen, die auf dem Netz verfügbar sind, dann *könnten* Sie ein Programm finden, das ein exotisches Archivformat auf Ihrem System entpackt. Für UNIX sind definitiv Implementierungen von COPY und BACKUP des VMS-Betriebssystems verfügbar; wenn Sie lange genug suchen, könnten Sie auch entsprechende Programme für andere Betriebssysteme finden. (Im Kapitel 9, *Dateien finden*, wird beschrieben, wie Sie Software im Netz lokalisieren.) Es gibt sogar kommerzielle Programme für diese Anwendungen; sie kosten Geld, aber dafür können Sie sicher sein, daß sie funktionieren.

Besondere Hinweise zu verschiedenen Systemen

Das beste an **FTP** ist, daß es Ihnen die Möglichkeit gibt, Dateien zwischen ganz unterschiedlichen Computern hin- und herzubewegen. In vielen Fällen müssen Sie nichts über das andere System wissen. Das ist allerdings nicht immer der Fall. In der Praxis stellt sich oft heraus, daß Sie doch etwas (nicht viel, aber eben etwas) über das andere System wissen müssen.

Die Probleme sind relativ unbedeutend und haben typischerweise mit der Frage zu tun, wie das andere System Dateinamen behandelt. **ftp** verwendet so weit wie möglich eine einheitliche, UNIX-ähnliche Notation für Dateinamen und Adressen. Das kann aber auch verwirrend sein, da **ftp** nicht versucht, **dir**-Listings und andere Ausgaben des fremden Systems zu interpretieren. Es zeigt sie Ihnen so, wie es sie empfangen hat. Das Entziffern der Ausgabe von **ls**, **dir** und ähnlichen Befehlen ist normalerweise nicht allzu schwierig. Es ist relativ einfach, den Dateinamen, die Größe und das Datum zu finden, und das ist normalerweise alles, was von Interesse ist. Aber Sie müssen wissen, wie Sie diese Dateinamen in eine Form bringen, die **ftp** versteht.

Hier ist eine Reihe von Beispielen, in denen **ftp** benutzt wird, um auf verschiedene Systeme im Internet zuzugreifen. Dies sind jedoch nur Beispiele—es gibt viele Anbieter von TCP/IP-Software für den Macintosh, Digital-Equipment- und IBM-Rechner. Der Server, den Sie auswählen, könnte von diesen Beispielen ein wenig abweichen. In den meisten Beispielen teilt Ihnen das andere System mit, um welchen Rechnertyp es sich handelt, aber das ist nicht immer der Fall. Wenn Sie nicht wissen, welches System Sie gerade benutzen, sollten Sie sich nach *README*-Dateien umsehen. Es gibt häufig eine, die Ihnen erklärt, welchen Archivtyp Sie gefunden haben, auf welchem System es basiert usw. Wenn Sie damit keinen Erfolg haben, versuchen Sie **dir** und sehen, ob Sie das angezeigte Format bei den Beispielen wiederfinden.

Ziel: VMS-Systeme von Digital Equipment

VMS-Systeme haben eine Dateistruktur mit zahlreichen Merkmalen. Das Einloggen in ein solches System stellt kein besonderes Problem dar:

```
% ftp vaxb.cs.usnd.edu
Connected to vaxb.cs.usnd.edu.
220 FTP Service Ready
Name (vaxb.cs.unsd.edu:krol): anonymous     anonymes FTP
331 ANONYMOUS user ok, send real identity as password.
Password:
230 ANONYMOUS logged in, directory HSC1$DUA1:[ANON], restrictions apply.
Remote system type is VMS.
```

ftp hat Ihnen freundlicherweise mitgeteilt, daß Sie es mit einem VMS-System zu tun haben; Sie wissen also, was Sie erwartet. Das ist nicht immer der Fall. Die Software für die Teilnahme am Internet gehört bei VMS nicht unbedingt zum Lieferumfang. Wer sich ins Internet begeben möchte, muß die Software dazu bei einem von mehreren Herstellern erwerben; die Implementierungen unterscheiden sich in Details. Ein anderer Hinweis darauf, daß Sie es mit einem VMS-System zu tun haben, ist das Wort »Multinet«:

```
220 ftp.unsd.edu MultiNet FTP Server Process 3.3(14)...
```

Multinet ist der Name eines verbreiteten Softwarepaketes für VMS; wenn Sie diesen Namen lesen, haben Sie es wahrscheinlich mit einem VMS-System zu tun.

Die Komplexität von VMS liegt in seiner Dateistruktur begründet. Wir befinden uns in einem Verzeichnis mit Dateien, die für anonymes FTP zur Verfügung stehen; der vollständige Name dieses Verzeichnisses ist *HSC1$DUA1:[ANON]*. Dieser Name besteht aus zwei Teilen: *HSC1$DUA1* ist der Name des Laufwerks und *[ANON]* ist ein Verzeichnis auf diesem Laufwerk.*

Nachdem wir jetzt eingeloggt sind, probieren wir ein **dir**-Kommando, um zu sehen, was dort verfügbar ist:

```
ftp> dir
200 PORT Command OK.
125 File transfer started correctly
```

* Wenn wir normales **FTP** statt des anonymen FTP verwendet hätten, wären wir vermutlich in einem »Standardverzeichnis« gelandet, das dem »home directory« unter UNIX entspricht. Sein Name wäre vermutlich *HSC1$DUA1:[KROL]*.

```
Directory HSC1$DUA1:[ANON]

AAAREADME.TXT;9    2-MAY-1991 15:45:51    730/2    (RWED,RE,,R)
ARTICLES.DIR;1    28-MAY-1990 10:20:14   1536/3    (RWE,RE,RE,R)
LIBRARY.DIR;1     30-APR-1991 11:13:06   1536/3    (RWE,RE,RE,RE)
WAIS.DIR;1         1-OCT-1991 10:21:16    512/1    (RWE,RE,RE,RE)

Total of 4 files, 1448 blocks.

226 File transfer completed ok
```

Jede Datei besteht aus einem Namen (z.B. *AAAREADME*), einer Erweiterung (z.B. *TXT*) und einer Versionsnummer (z.B. *9*). Ignorieren Sie die Versionsnummer—Sie werden meist die neueste Version einer Datei suchen.* Diese bekommen Sie automatisch, wenn Sie einfach so tun, als gebe es die Versionsnummer nicht. Die Erweiterung sagt Ihnen etwas über die Datei. *TXT* kennzeichnet Textdateien—diese Dateien können direkt gelesen werden. Dateien mit der Erweiterung *DIR* sind Verzeichnisse. Es gibt eine Anzahl weiterer Standardsuffixe wie *FOR* für FORTRAN-Dateien, *EXE* für ausführbare Dateien und *COM* für Kommandodateien. Die Dateinamen werden immer in Großbuchstaben angezeigt, aber Sie können Ihre Eingaben in Groß- oder Kleinbuchstaben machen.

Wir sehen, daß das Standardverzeichnis für anonymes FTP drei Unterverzeichnisse hat. Lassen Sie uns **cd** benutzen, um uns das Unterverzeichnis *wais.dir* anzusehen. Wenn Sie **cd** benutzen, um das Verzeichnis zu wechseln, verwenden Sie den Verzeichnisnamen ohne Erweiterung:

```
ftp> cd wais
200 Working directory changed to "HSC1$DUA1:[ANON.WAIS]"
```

Jetzt ist *HSC1$DUA1:[ANON.WAIS]* das aktuelle Verzeichnis. Beachten Sie, daß VMS ein Unterverzeichnis anzeigt, indem es jedes Unterverzeichnis mit einem Punkt abtrennt und innerhalb der eckigen Klammern ausgibt. Dies entspricht also ungefähr dem UNIX-Pfad *HSC1$DUA1/ANON/WAIS*. Ebenso entspricht es dem DOS-Pfad *\ANON\WAIS* auf einer Festplatte namens *HSC1$DUA1:*.

* Also gut, wir erklären das genauer. VMS weist die Besonderheit auf, daß es alte Versionen von Dateien aufbewahrt, bis sie ausdrücklich gelöscht werden. Das kann enorme Mengen an Speicherplatz verbrauchen, macht es aber auch einfacher, Fehler rückgängig zu machen.

Leider konnten sich die Firmen, die TCP/IP-Software für VAX/VMS-Systeme anbieten, nicht auf einen gemeinsamen Standard für das Kommando **cd** einigen. Das gilt insbesondere, wenn Sie sich durch mehrere Ebenen von Verzeichnissen bewegen wollen. Auf einigen FTP-Servern unter VMS müssen Sie eine Verzeichnisangabe in VMS-Schreibweise machen:

```
ftp> cd [x.y.z]
```

Wenn der FTP-Server, den Sie benutzen, diese Syntax erwartet, müssen Sie das Kommando **cdup** benutzen, um eine Ebene höher zu gelangen. Die UNIX-Variante **cd** .. wird nicht funktionieren.

In anderen Implementierungen müssen Sie mehrere Verzeichnisebenen in der UNIX-typischen »Schrägstrich«-Notation angeben:

```
ftp> cd x/y/z
```

Welche Schreibweise Sie verwenden sollen hängt von der Software ab, die auf dem FTP-Server läuft. Der einfachste Weg, das herauszufinden ist, eine der beiden Varianten auszuprobieren. Wenn sie nicht funktioniert, probieren Sie die andere. Es wird kein Schaden angerichtet, wenn eine Möglichkeit nicht funktioniert. Wenn Sie sichergehen wollen, können Sie auch die Verzeichnisse Ebene für Ebene durchwandern:

```
ftp> cd x
ftp> cd y
ftp> cd z
```

Diese Variante funktioniert in jedem Fall. Lassen Sie es mich noch einmal sagen: Sie müssen die Erweiterung *.dir* weglassen, wenn Sie den Verzeichnisnamen in einem **cd**-Kommando verwenden.

get und **put** funktionieren wie gewohnt. Sie müssen die Erweiterung als Teil des Dateinamens angeben. Sie können die Versionsnummer mit angeben, aber es ist einfacher, sie wegzulassen (sofern Sie nicht aus irgendeinem besonderen Grund eine ältere Version wünschen).* In diesem Beispiel werden wir uns zwei Verzeichnisebenen nach unten bewegen, und die Datei *waissearch.hlp* von dort holen:

```
ftp> cd wais/doc            ins Verzeichnis anon/wais/doc wechseln
200 Working directory changed to "HSC1$DUA1:[ANON.WAIS.DOC]"
ftp> get waissearch.hlp     die Datei waissearch.hlp holen
200 PORT Command OK.
125 ASCII transfer started for
    HSC1$DUA1:[ANON.WAIS.DOC]WAISSEARCH.HLP; (1076 bytes)
226 File transfer completed ok
```

* Wenn Sie eine alte Dateiversion angeben, sollten Sie einen lokalen Dateinamen mit angeben. Wenn Sie das nicht tun, werden Sie wahrscheinlich eine Datei erhalten, die ein Semikolon in ihrem Namen hat. Dieses Semikolon wird UNIX gründlich durcheinanderbringen, und wird auch auf DOS- und Windows-Systemen Probleme bereiten.

```
1076 bytes received in 0.35 seconds (3 Kbytes/s)
ftp>
```

Wenn Sie sich durch die VMS-typischen Dateinamen nicht verwirren lassen, sollten Sie keine Probleme haben, mit VAX/VMS-Servern zu arbeiten.

Ziel: DOS-Systeme

DOS-Systeme verhalten sich fast genauso wie andere Server im Netzwerk. Sie loggen sich auf die übliche Weise ein:

```
% ftp server.uiuc.edu
Connected to server.uiuc.edu.
220-server.uiuc.edu PC/TCP 2.0 FTP Server by FTP Software ready
220 Connection is automatically closed if idle for 5 minutes
Name (server.uiuc.edu:): krol
331 User OK, send password
Password:
230 krol logged in
Remote system type is MSDOS.
```

Das andere System teilt Ihnen hier mit, daß Sie mit einem Server verbunden sind, der unter DOS läuft.

Es ist ebenfalls relativ offensichtlich, wie Sie die Ausgabe des **dir**-Befehls interpretieren müssen:

```
ftp> dir
200 Port OK
150 Opening data connection
     336          FS.BAT   Tue Dec 17 21:36:56 1991
       0            MBOX   Thu Nov 07 14:46:30 1991
     123          NS.BAT   Tue Jan 08 22:34:44 1991
<dir>            NETWIRE   Tue Jun 11 02:37:34 1991
<dir>       INCOMING.FTP   Tue Dec 17 21:42:24 1991
226 Transfer successful. Closing data connection
```

Dateinamen bestehen auf einem DOS-Rechner aus dem Namen (z.B. *FS*) und einer Erweiterung (z.B. *BAT*), die bis zu drei Stellen lang ist. Unterverzeichnisse sind durch die Zeichenfolge **<dir>** am Anfang der Zeile kenntlich gemacht.

Wenn Sie mit einem DOS-Server arbeiten, könnte Sie die Art und Weise verwirren, in der Verzeichnisse behandelt werden. Zunächst sind Verzeichnisse einem Laufwerk zugeordnet. Sie müssen mitunter auch das Laufwerk angeben, auf dem sich ein Verzeichnis befindet. Laufwerke sind durch einen einzelnen Buchstaben bezeichnet, dem ein Doppelpunkt folgt (`:`). Das folgende **cd**-Kommando macht Laufwerk **h** zum »Arbeitslaufwerk«:

```
ftp> cd h:
200 OK
```

Wenn Sie jetzt ein weiteres Verzeichnislisting abrufen, sehen Sie eine andere Gruppe von Dateien:

```
ftp> dir
200 Port OK
150 Opening data connection
<dir>                  SYSTEM   Wed Dec 31 00:00:00 1980
<dir>                  PUBLIC   Wed Dec 31 00:00:00 1980
226 Transfer successful. Closing data connection
```

Der Wechsel von Verzeichnissen innerhalb eines Laufwerkes geschieht mit dem normalen **cd**-Kommando:

```
ftp> cd public
200 OK
```

Damit wechseln Sie in das Unterverzeichnis *public*. Sie können auch mehrere Verzeichnisebenen mit einem Kommando durchlaufen:

```
ftp> cd h:public/ibm_pc/msdos
200 OK
```

Eine kleine Falle gibt es noch: DOS verwendet normalerweise den umgekehrten Schrägstrich (\, backslash), um Verzeichnisebenen voneinander zu trennen. Wenn Sie jedoch mit **ftp** auf einen Server unter DOS zugreifen, benimmt er sich Internet-gemäß und akzeptiert den »normalen« Schrägstrich statt des umgekehrten. Wenn Sie den umgekehrten Schrägstrich verwenden (wie es ein regelmäßiger Anwender von DOS erwartet), bekommen Sie eine Fehlermeldung:

```
ftp> cd h:public\ibm_pc\msdos
550 can't CWD: Error 2: No such file or directory
```

Um die Verwirrung komplett zu machen, gibt **ftp** den Verzeichnisnamen beim Abruf des aktuellen Verzeichnisses mit umgekehrten Schrägstrichen aus:

```
ftp> pwd
250 Current working directory is H:\PUBLIC\IBM_PC\MSDOS
```

Sobald Sie sich aber in dem Verzeichnis befinden, wo die Datei liegt, die Sie holen wollen, läuft alles wieder wie erwartet:

```
ftp> get config.bak
200 Port OK
150 Opening data connection
226 Transfer successful. Closing data connection
99 bytes received in 0.12 seconds (0.82 Kbytes/s)
```

Die Moral von der Geschichte ist einfach: Wenn Sie mit **ftp** auf ein DOS-System zugreifen, verwenden Sie einfach den Schrägstrich statt des umgekehrten Schrägstrichs. Wenn Sie sich das merken, gibt es keine Probleme mehr.

Ziel: IBM/VM-Systeme

IBM/VM-Systeme bedürfen einer gewissen Spezialbehandlung. Zum Teil liegt das daran, daß VM kein hierarchisches Dateisystem hat. Unter VM existieren Laufwerke; jedes davon kann mehrere Paßwörter haben (getrennt für Lese- und Schreib/Lesezugriff), und Dateinamen sind kurz und aus zwei Teilen zusammengesetzt. Wenn Sie zu so einem System eine **FTP**-Verbindung aufbauen und sich einloggen, sieht das ungefähr so aus:

```
% ftp vmd.cso.uiuc.edu
Connected to vmd.cso.uiuc.edu.
220-FTPSERVE at vmd.cso.uiuc.edu, 14:46:14 CST MONDAY 12/16/91
220 Connection will close if idle for more than 5 minutes.
Name (vmd.cso.uiuc.edu:krol):        voreingestellter Login-Name krol verwendet
331 Send password please.
Password:
230 KROL logged in; no working directory defined. Remote system type is VM.
```

Auch hier informiert **ftp** Sie freundlicherweise, daß es sich beim anderen System um ein VM-System handelt. Sie sehen hier auch, daß Sie, obwohl Sie eingeloggt sind, nicht an die Dateien herankommen, die Sie haben möchten. Die Mitteilung »no working directory defined«, die Sie sehen, nachdem **ftp** bestätigt, daß Sie eingeloggt sind, besagt, daß Sie noch keine Dateien übertragen können.

Wenn Sie das **cd**-Kommando auf einem VM-System ausführen, wechseln Sie tatsächlich auf ein anderes Laufwerk. Die Laufwerkszuordnung basiert auf dem Login-Namen und einer Laufwerksadresse. Um das in ein **cd**-Kommando zu verpacken, müssen Sie wie folgt vorgehen:

```
ftp> cd login-name.laufwerk-adresse
```

Zum Beispiel baut das Kommando:

```
ftp> cd krol.191
```

eine Verbindung zum Laufwerk an der Adresse `191` des Nutzers `krol` auf. (Sie können Namen und Adressen der Laufwerke, die Sie normalerweise benutzen, herausfinden, indem Sie das **q disk**-Kommando ausführen, wenn Sie eingeloggt sind.)

Normalerweise wird auch ein Paßwort benötigt; um das Paßwort einzugeben, benutzen Sie den Befehl **account** direkt *nach* dem **cd**-Kommando. Um das vorherige Beispiel fortzusetzen:

```
ftp> cd krol.191
550 Permission denied to LINK to KROL 191; still no working directory
ftp> account j9876hoh
230 Working directory is KROL 191
```

Beachten Sie, daß die Mitteilung 550 Ihnen sagt, daß das **cd**-Kommando fehlschlug, obwohl es korrekt eingegeben war. Das **account**-Kommando, das Sie als nächstes eingeben, »korrigiert« den »Fehler«, so daß Sie auf die Dateien zugreifen können. Da Ihr lokales System nicht genau weiß, was das **account**-Kommando auf dem anderen Rechner bewirkt, versucht es nicht, Ihr Paßwort zu verstecken. Stellen Sie sicher, daß niemand anderes Ihr Paßwort herausfinden kann.

Jetzt befinden Sie sich in einem Arbeitsverzeichnis. Die Ausgabe eines **dir**-Kommandos sieht wie folgt aus:

```
ftp> dir
200 Port request OK.
125 List started OK
ACCNT   LEDGER   V   80   59     5 12/20/90  9:04:24 LEN
AGENDA  MEETING  V   73   34     2  9/24/91 10:23:01 LEN
ALL     NOTEBOOK V   80 5174   233 12/10/91 15:17:11 LEN
```

Jeder Dateiname auf einem IBM/VM-System besteht aus zwei Zeichenfolgen mit maximal acht Zeichen. Die erste Folge ist der Dateiname, und die zweite der Dateityp. Oben sehen Sie die Dateinamen in der ersten Spalte (z.B. **ALL**), und die Dateitypen in der zweiten (z.B. **NOTEBOOK**).

Wenn **dir** Ihnen nicht alle Dateien zeigt, die Sie erwarten, dann liegt das daran, daß einer Datei auch ein Modus (1 oder 0) zugeordnet ist. Eine Datei mit Modus 0 wird als »privat« betrachtet und kann mit dem Lese-Paßwort nicht angezeigt werden. Wenn Sie das Schreib-Paßwort angeben, sehen Sie alle Dateien. Beide Paßwörter werden vom Eigentümer des Laufwerks vergeben.

Sowohl Dateiname als auch Dateityp müssen angegeben werden, wenn Sie eine Datei transferieren wollen. Da beide von variabler Länge sind, müssen Sie die beiden durch einen Punkt (.) trennen:

```
ftp> get all.notebook mbox
```

transferiert die Datei *all* vom Typ *notebook* in die Datei *mbox* auf der lokalen Maschine.

Wenn Sie anonymes FTP benutzen und der andere Rechner ein VM-System ist, müssen Sie trotzdem ein **cd**-Kommando eingeben, bevor Sie auf irgendwelche Dateien zugreifen können. Sie müssen allerdings kein zweites Paßwort mit dem

account-Befehl eingeben. Wenn Sie Dateien mit **get** holen, müssen Sie natürlich den zweiteiligen Namen angeben.

Ziel: Macintosh

Der Zugriff mittels **ftp** auf einen Macintosh-Server ist relativ problemlos, sobald Sie verbunden sind. Die Verbindung selbst könnte jedoch zu einem Problem werden, falls sich der Macintosh in einem Netzwerk befindet, das Adressen dynamisch vergibt. Ältere Macs sind häufig in ein *Localtalk*-Netz eingebunden, das wiederum über einen Gateway mit dem Internet verbunden ist. Einige Localtalk-Gateways vergeben Internet-Adressen an die Rechner, sobald diese eingeschaltet werden, wobei sie auf einen Pool von Adressen für das Localtalk-Netz zurückgreifen. Das bedeutet, daß sich die Adresse einer Maschine von Tag zu Tag ändern kann; eine Adresse, die heute funktioniert, kann morgen schon nicht mehr funktionieren. Das ist bei öffentlichen Servern normalerweise kein Problem—wer einen Macintosh als öffentlichen Server konfiguriert, wird permanente Adressen vergeben. (Wenn er oder sie das nicht tut, werden die Nutzer sich heftig beschweren.) Sie werden wahrscheinlich dann mit dem Problem konfrontiert, wenn jemand Ihnen sagt, daß Sie »mal eben« eine Datei von seinem Macintosh holen sollen. Der Benutzer des anderen Systems sagt Ihnen die IP-Nummer, und Sie können die Datei holen—vorausgesetzt, daß der Rechner vorher nicht ausgeschaltet wird. Neuere Macintosh-Rechner haben das Problem normalerweise nicht, da sie Ethernet-Karten aufnehmen und direkt mit dem Internet verbunden werden können.

Wenn Sie mit einem Macintosh verbunden sind, wird **ftp** Sie nach einem Namen, aber nicht nach einem Paßwort fragen. Der Name wird nur für die Überwachung der Systemaktivitäten gebraucht.

```
% ftp 128.174.33.56                     hier findet eine IP-Adresse
Connected to 128.174.33.56.             statt eines Namens Verwendung
220 Macintosh Resident FTP server, ready
Name (128.174.33.56:krol):              Login-Namen senden
230 User logged in
```

Mit dem **dir**-Kommando werden Sie ein Listing wie dieses bekommen:

```
ftp> dir
Accelerator
Administration/
Applications Combined
Article T3 connections
```

Es gibt zwei Dinge, die hier Anmerkungen erfordern. Zum einen sind Unterverzeichnisse, die in der Mac-Welt *Ordner* (folder) genannt werden, durch den Schrägstrich (/) am Ende kenntlich gemacht. Zum anderen können Dateinamen Leerzeichen enthalten, was eine spezielle Behandlung erfordert. Wenn ein Dateiname Leerzeichen beinhaltet, müssen Sie den ganzen Namen in Anführungszeichen setzen. Ein Beispiel:

```
ftp> get "Applications Combined" applications
```

Hiermit holen Sie die Datei *Applications Combined* und legen sie als *applications* auf dem lokalen Rechner ab. Abgesehen vom Macintosh und Amiga können die meisten Systeme Namen mit Leerzeichen nicht richtig verarbeiten. Daher haben wir im obigen Beispiel einen lokalen Dateinamen ohne Leerzeichen angegeben.

Das Wechseln von Verzeichnissen geschieht wie gewöhnlich. Mit dem Kommando:

```
ftp> cd Administration
```

wechseln Sie das aktuelle Verzeichnis auf *Administration*. Um durch mehrere Verzeichnisse und Unterverzeichnisse zu gehen, führen Sie den ganzen Pfad auf, mit Schrägstrichen als Trennzeichen:

```
ftp> cd Administration/Personnel
```

Letzte praktische Hinweise

Da die Benutzung von **ftp** relativ problemlos ist, ist es leicht, angesichts der mächtigen Möglichkeiten den Blick für seine Beschränkungen zu verlieren. Hier sind eine Handvoll Tips, die Sie vielleicht nützlich finden:

- **ftp** ermöglicht es Ihnen, auf dem anderen System Dateien und Verzeichnisse zu erzeugen, zu löschen und umzubenennen. Behandeln Sie diese Möglichkeit als willkommene gelegentliche Hilfe, nicht als eine Technik, die Sie dauernd anwenden. Wenn Sie viele Änderungen an einem anderen Dateisystem durchführen, ist es wahrscheinlich sinnvoller, **telnet** zu benutzen und die Änderungen in einer normalen Shell auszuführen.
- Hinweise auf anonymes FTP sind häufig recht knapp. Jemand wird Ihnen beispielsweise sagen: »Hol' dir doch per anonymem FTP von **server.public.com** den tollen neuen Editor, der ist wirklich praktisch«. Server, die für diese Art von Distribution gedacht sind (und andere öffentliche Archive), haben häufig sehr viele Dateien in verschiedenen Unterverzeichnissen gespeichert. Wenn Sie nicht finden können, was Sie suchen, dann halten Sie Ausschau nach Dateien im Standardverzeichnis, die z.B. *README*, *index*, *ls-lR* oder so ähnlich heißen. Mit etwas Glück finden Sie komplette Verzeichnislisten oder zumindest Hilfen, um sich zurechtzufinden.
- Unter UNIX bietet Ihnen **ftp** ein paar zusätzliche Annehmlichkeiten, indem Sie Befehle in die Datei *.netrc* Ihres Heimatverzeichnisses schreiben können. Damit lassen sich die Schritte zum Einloggen in einen fremden Computer automatisieren. Sie sollten keine automatischen Logins für Systeme eintragen, die einen

privaten Login-Namen samt Paßwort benötigen, weil Paßwörter nicht in Dateien gehören. Aber wenn Sie einen anonymen FTP-Server häufig benutzen, z.B. **ftp.sura.net**, dann könnten Sie das Einloggen überspringen, indem Sie etwa die folgenden Zeilen in Ihre *.netrc* eintragen:

```
machine ftp.sura.net
login anonymous
password krol@ux1.cso.uiuc.edu
```

Mehr Informationen über diese Möglichkeiten finden Sie in Ihrer FTP-Dokumentation.

- Wenn Sie eine Datei per FTP kopieren, wird die Datei mit den Standard-Zugriffsrechten angelegt, die für jede neue Datei verwendet werden, die Sie erzeugen. Wenn die Datei auf dem Ursprungssystem spezielle Zugriffsrechte hatte, bleiben diese nicht erhalten. Insbesondere müssen Sie nach der Übertragung einer Datei, die ausführbar sein muß (wie *.plan* or *.Xsession*), das Kommando **chmod +x** geben, bevor Sie sie ausführen können.

- Einige **ftp**-Server erlauben Ihnen Erweiterungen zu Dateinamen, die in Wirklichkeit Konvertierungsbefehle an den Server sind. Die beiden am häufigsten benutzten Suffixe sind **.tar** und **.Z**. Wenn beispielsweise eine Datei namens *program* existiert und Sie das Kommando **get program.Z** eingeben, dann komprimiert der Server die Datei automatisch, bevor sie transferiert wird. Mit der Endung **.tar** (z.B. **get pub.tar**) wird die Datei oder das Verzeichnis vor der Übertragung in ein UNIX-**tar**-Archiv umgewandelt. Das ermöglicht es, einen ganzen Verzeichnisbaum mit einem einzigen Befehl zu übertragen. Wie Sie möglicherweise schon erwartet haben passiert nichts, wenn schon eine Datei mit dem Suffix existiert. Wenn *program.Z* also bereits vorhanden ist, überträgt der Server die Datei genau so, wie sie vorliegt, ohne sie zu komprimieren.

  Dies sind Erweiterungen zum normalen FTP-Service, die sich in der Zukunft noch weiter verbreiten werden. Im Moment funktionieren sie bei manchen Servern und bei manchen nicht. Wenn Sie einen Server regelmäßig benutzen, sollten Sie einfach einmal ausprobieren, ob diese Möglichkeiten vorhanden sind.

- Manche FTP-Clients geraten durch die ausführlichen Meldungen durcheinander, die von neueren FTP-Servern nach einem **cd**-Befehl ausgegeben werden. Falls Sie nach einem **cd** keine Antwort erhalten, aber der Server nach anderen Befehlen antwortet, zeigt das wahrscheinlich an, daß Ihr FTP-Client Probleme hat. So könnte das aussehen:

```
% ftp ftp.sura.net                                   ftp starten
Connected to nic.sura.net.
220 nic.sura.net FTP server (Version 6.9 Sep 30 1991) ready.
Name (ftp.sura.net:krol): anonymous                  anonymes Login
331 Guest login ok, send email address as password.
Password: krol@ux1.cso.uiuc.edu                      Paßwort wird nicht geechot
```

```
230 Guest login ok, access restrictions apply.
ftp> cd pub/nic                                    Verzeichnis wechseln
250-######WELCOME TO THE SURANET NETWORK INFORMATION CENTER###########
ftp> get NJC                          die folgenden Meldungen sollten

                     vor dieser Zeile erscheinen
250-SURAnet                                      info@sura.net
250-8400 Baltimore Blvd.                         301-982-4600(voice)
250-College Park, Maryland  USA 20740-2498       FAX 301-982-4605
250-     Many of the documents available in this ftp archive are geared
250-towards the new user of the Internet. SURAnet has provided several
250-"How To" guides for network navigation tools such as, telnet, ftp,
250-and email. These "How To" guides are available in the directory
250 CWD command successful.
```

Versuchen Sie dann folgendes: Unterbrechen Sie die Verbindung und loggen noch einmal ein. Stellen Sie Ihrem Paßwort diesmal ein Minuszeichen - voran. Das Minuszeichen weist den Server an, die zusätzlichen Meldungen zu unterdrücken.

KAPITEL SIEBEN

ELEKTRONISCHE POST

Wann kann E-Mail von Nutzen sein?
Tips zum Schreiben von E-Mail
Wie Sie Mail-Adressen finden
Auswahl der E-Mail-Software
Das Programm mail unter UNIX
MIME: Multi-purpose Internet Mail Extensions
Wenn E-Mail zurückkommt
Mailing-Listen und Reflektoren
Dateizugriff per E-Mail

Die meisten Netzwerkbenutzer beginnen mit elektronischer Post (im Deutschen kurz E-Mail, von electronic mail, genannt). Nach ein paar zögerlichen E-Mail-Nachrichten (regelmäßig von Anrufen gefolgt, um zu fragen, ob die Nachricht auch wirklich angekommen ist) werden die meisten Anwender schnell mit dem System vertraut. Auch Ihr Vertrauen in E-Mail wird mit der Zeit wachsen, wenn Sie die ersten merkwürdigen Meldungen des E-Mail-Systems verdaut haben. Sie werden E-Mail häufig benutzen, und Sie werden ein kompetenter Benutzer sein, wobei Sie das System Ihren Bedürfnissen anpassen und eigene Mailing-Listen einrichten. Bald werden Sie herausfinden, daß E-Mail mehr ist als nur eine schnellere Methode, Briefe und Memos zu versenden. Sie können sich an elektronisch geführten Diskussionen über Krimiautoren, den Aktienmarkt, oder was auch immer Ihnen einfällt beteiligen. Sie könnten sogar feststellen, daß Ihr Telefon überflüssig geworden ist.

Wie schnell Sie mit der elektronischen Post vertraut werden, hängt eng mit Ihrer Kenntnis dieses Mediums sowie von einigen grundlegenden Entscheidungen bei der Auswahl der Software und ihrer Anwendung zusammen. Es gibt zahlreiche E-Mail-Programme für alle Arten von Computern. Um ausreichend Hintergrundwissen für eine gründliche Diskussion guter E-Mail-Software zu gewinnen, werden wir zunächst über die Möglichkeiten sprechen, die E-Mail überhaupt bietet, sowie über E-Mail-Adressierung und die Funktionsweise von E-Mail. Danach werden wir am Beispiel des UNIX-Programms **mail** erörtern, welche Funktionen ein E-Mail-Programm bietet. Schließlich besprechen wir, wie diese Funktionen Ihnen dabei helfen, Dateien zu transferieren, an Diskussionen teilzunehmen und die Probleme zu bewältigen, die Ihnen begegnen könnten.

Wann kann E-Mail von Nutzen sein?

Wie jedes andere Hilfsmittel auch hat E-Mail ihre Stärken und Schwächen. Oberflächlich betrachtet mag es bloß als eine neue, schnellere Möglichkeit erscheinen, um (elektronische) Briefe zuzustellen. Um herauszufinden, wann E-Mail angemessen ist, sollten sie sich vergegenwärtigen, wie E-Mail sich von anderen Kommunikationsmedien unterscheidet. In gewisser Weise ähnelt E-Mail dem Telefonieren, andererseits hat es auch Ähnlichkeit mit herkömmlicher Briefpost. Tabelle 7-1 zeigt einen kurzen Vergleich.

Tabelle 7-1: Vergleich der Kommunikationstechniken

	Telefon	**E-Mail**	**Briefpost**
Geschwindigkeit	hoch	mittel	niedrig
Synchronizität	ja	nein	nein
Formalität	unterschiedlich	gemäßigt	unterschiedlich
Zuverlässigkeit	gering	mittel	hoch
Konferenzen	kleine Gruppe	beliebig	nur in eine Richtung
Sicherheit	mittel	gering	hoch

Lassen Sie uns zunächst betrachten, wie schnell jedes der Medien eine Nachricht vom Absender zum Empfänger bringt. Das Telefon bietet unmittelbare Übermittlung und arbeitet mit einer recht hohen Übertragungsrate (obwohl diese weit unter der Geschwindigkeit liegt, mit der E-Mail weitergeleitet wird). Die Zeit, die die Zustellung von E-Mail benötigt, reicht von wenigen Sekunden bis zu einem Tag; wie Sie sicher wissen, trifft Briefpost im besten Fall am nächsten Tag ein, kann aber auch mehrere Tage brauchen. Der Nachteil beim Telefonieren ist, daß Sender und Empfänger sich synchronisieren, also gleichzeitig am Telefon sein müssen. E-Mail und herkömmliche Post sind asynchron—der Absender sendet die Nachricht, wenn er Gelegenheit dazu hat, und Sie lesen sie, wann Sie wollen. Das ist praktisch, wenn Sie über sehr große Distanzen hinweg kommunizieren, z.B. über mehrere Zeitzonen, wenn die Tageszeiten unterschiedlich sind.

Die Zustellzeit für E-Mail besteht aus zwei Komponenten: der Zeit, die das Netzwerk braucht, um die Nachricht auf Ihren Rechner zu bringen, und der Zeit, die die Nachricht dort liegt, bis Sie sie lesen. Die erste Komponente hängt davon ab, wie Ihr Mail-Rechner an das Internet angeschlossen ist; eine Änderung an dieser Stelle ist mit Kosten verbunden. Die zweite Komponente unterliegt Ihrer Kontrolle. Wenn Sie Ihre E-Mail nicht regelmäßig abrufen, ist die schnelle Zustellung nutzlos. Ihre Nachrichten warten bloß darauf, daß Sie Zeit finden, sie zu lesen. Der Nutzen von E-Mail erhöht sich, wenn die Verzögerung bei der Auslieferung von der Maschine an den Empfänger reduziert wird. Versuchen Sie, Ihre E-Mail nicht länger als ein paar Stunden warten zu lassen. Wenn E-Mail schnell zugestellt (und gelesen) wird, kann sie fast so bequem und zusammenhängend wie eine persönliche Unterhaltung werden.

Die Formalität und Verläßlichkeit einer Nachricht sind eng miteinander verknüpft. Beim Telefonieren sprechen Sie mit einigen Personen sehr formell, mit anderen sehr freundschaftlich. Das gleiche gilt auch für die Briefpost. Sie haben Zeit, eine Nachricht aufzusetzen und viele Formate, unter denen Sie wählen können (handgeschriebene Notizen, getippte Geschäftsbriefe etc.). Diese Formate und andere Hinweise (wie z.B. parfümierte Umschläge) sind Signale—sowohl an Sie als auch an den Leser—was den Zweck der Nachricht angeht. E-Mail wird immer getippt, und es gibt noch keine Lehrbücher, die Auskunft darüber geben, wie das Format einer Mail auszusehen hat. Darüber hinaus sind individuelle Funktionen meist nicht offensichtlich (d.h., die Adresse des Chefs sieht genau so aus, wie die eines beliebigen Angestellten). Da E-Mail häufig mit einer Geschwindigkeit ausgetauscht wird, die sich der einer direkten Unterhaltung annähert, und da sich viele Menschen lieber auf freundliche als auf feindselige Art unterhalten, tendieren viele Leute dazu, ihre E-Mail eher formlos zu verfassen. Das kann zu einem Problem werden, wenn es um die Verläßlichkeit von E-Mail geht—die Notwendigkeit, daß der Schreibende die Verantwortung für seine Nachricht übernimmt.

Schriftmedien tendieren dazu, den Autoren mehr Verantwortung aufzubürden als das gesprochene Wort. Wenn Sie eine telefonische Unterhaltung führen und einige Kommentare machen, die Sie später bereuen, dann können Sie nachher immer noch behaupten, das nicht gesagt zu haben; oder daß Sie falsch verstanden worden sind; oder Sie beruhigen sich einfach damit, daß es ja nur eine einzige Person gehört hat. Wenn Sie das mit E-Mail versuchen, wird mit Sicherheit noch jemand eine Kopie der Nachricht gespeichert haben und sie hervorholen. Der einzige Faktor, der die Verläßlichkeit von E-Mail reduziert, ist die Tatsache, daß ein falscher Absender angegeben werden kann. Ich könnte Ihnen eine Mail mit der Antwortadresse (return address) **president@whitehouse.gov** senden, in der ich Ihnen einen Sitz im Supreme Court anbiete. Es ist zwar auch möglich, Briefpost zu fälschen, aber das ist viel aufwendiger—der Briefbogen müßte nachgeahmt werden, der Poststempel, Unterschriften usw.

Als nächstes sollten wir Methoden der Gruppenkommunikation betrachten. Das Telefon ist ein sehr nützliches Medium, aber nur für sehr kleine Gruppen. Zwar erlauben Konferenzschaltungen, in Gruppen zu kommunizieren, aber je größer die Gruppen werden, desto aufwendiger wird die Vorbereitung und Leitung der Konferenz. Am anderen Ende des Spektrums findet sich die Massendrucksache—sie ist leicht zu verteilen und erreicht problemlos Millionen von Empfängern, wenn es sein muß. Das Problem mit Massendrucksachen (abgesehen davon, daß sie lästig sind) ist, daß alle Nachrichten von einem Punkt aus an die ganze Gruppe gehen. Kommunikation von einem beliebigen Punkt (d.h. einem Mitglied der Gruppe) aus mit dem Rest der Gruppe ist nicht ohne weiteres möglich. E-Mail ermöglicht es Ihnen, beliebig große Gruppen einzurichten, und jeder Teilnehmer kann jederzeit mit der ganzen Gruppe kommunizieren. Dadurch wird E-Mail sowohl für das Verteilen von Informationen als auch für das Befragen einer Gruppe äußerst nützlich.

Der Datenschutz bei E-Mail ist im Vergleich zu anderen Medien recht gering. Wenn ich sorgfältig mit meiner Briefpost umgehe, kann ein Brief die ganze Zeit in verschlossenen Behältern bzw. in der Obhut der Post sein, bis er den Empfänger erreicht. Wenn er trotzdem unterwegs geöffnet wird, macht eine Beschädigung des Umschlags die Einsichtnahme in der Regel offensichtlich. Das Abhören von Telefonen erfordert normalerweise den Zugriff auf die technischen Einrichtungen an einem der beiden Enden. Sobald die Verbindung Ihr Haus verlassen hat und im Telefonnetz weitergeleitet wird, ist es technisch schwierig, ohne Hilfe der Telefongesellschaft mitzuhören. E-Mail dagegen nimmt eine relativ vorhersagbare Route durch fremde Rechner, deren Sicherheit fragwürdig sein kann. Darüber hinaus gibt es Fehlerquellen, durch die eine Mail unzustellbar werden kann; die Nachricht wird dann eventuell an den Mail-Verwalter eines fremden Systems weitergeleitet. Dieser wird normalerweise nicht in fremder E-Mail herumschnüffeln oder sie gar weitergeben, aber wenn Datenschutz eine Rolle spielt ist es unakzeptabel, die Nachricht in die Hände von jemand anderem gelangen zu lassen—auch wenn es ein verantwortungsbewußter Mail-Verwalter ist. Mittlerweile gibt es Möglichkeiten, private E-Mail zu verschlüsseln, um ein erhöhtes Maß an Datenschutz zu gewährleisten, aber diese sind noch nicht sehr weit verbreitet. Im allgemeinen sollten Sie sich nicht auf die Sicherheit der E-Mail verlassen—wo Datenschutz wichtig ist, sollten Sie nicht mit E-Mail arbeiten.

Tips zum Schreiben von E-Mail

Wenn Sie viel E-Mail lesen, werden Sie dabei vermutlich viele Mitteilungen finden, die besser nicht abgeschickt worden wären—und bei denen der Autor vermutlich wünscht, daß er sie nie geschrieben hätte. Um solche Fehler zu vermeiden, sollten Sie sich eine »Etikette« für E-Mail zu eigen machen. Es kann später peinliche Situationen vermeiden, wenn Sie sich von Anfang an ein gutes Benehmen angewöhnen. Hier sind einige Hinweise:

- Vertrauen Sie nichts der E-Mail an, das Sie nicht öffentlich bekanntwerden lassen möchten. Wie schon gesagt wurde, können Sie nie sicher sein, wer Ihre E-Mail-Nachricht zu lesen bekommt. Das mag absichtlich passieren (wenn beispielsweise ein anderer Mitarbeiter die E-Mail seines Kollegen bearbeitet, während dieser in Urlaub ist) oder durch ein Versehen—entweder Ihres oder das eines falsch arbeitenden Rechners. Außerdem ist die Gefahr noch nicht gebannt, wenn die Nachricht nach dem Lesen gelöscht wird. Häufig werden Mails bei Datensicherungen erfaßt und lagern dann für Jahre auf Bändern in irgendeinem Nebenraum. Mit genügend großem Aufwand kann eine alte Nachricht wiedergefunden und erneut publiziert werden. (Auf diese Weise wurde ein großer Teil von Oliver Norths Verstrickung in die Iran-Contra-Affäre dokumentiert.)

- Verschicken Sie keine beleidigenden, verletzenden oder drohenden Nachrichten. Obwohl schwer zu definieren ist, wann die Grenze überschritten wird, gibt es eine einfache Regel: Wenn der Empfänger einer Nachricht sich beschwert, dann sollten Sie aufhören. E-Mail kann normalerweise bis zum absendenden Rechner zurückverfolgt werden, und Systeme auf dem Internet sind verantwortlich für die Verfehlungen ihrer Nutzer. Sie möchten sicher nicht, daß Ihr Systemverwalter (oder der für Ihre Mail-Anbindung zuständige Mensch) Beschwerden über Sie bekommt. Das könnte sich als Bumerang erweisen.
- Die Schreiber von E-Mail betrachten diese häufig als freundliche Unterhaltung, aber die Empfänger neigen dazu, sie als verbindliche Geschäftsbriefe zu betrachten. Auch wenn Sie eine Mail mit einem verschmitzten Lächeln verfaßt haben, hat dieses Lächeln keine Chance, mit der E-Mail zusammen durch das Netz transportiert zu werden. Sie haben auch keinen Einfluß darauf, wann die Nachricht gelesen wird—also könnte sie zum ungünstigsten Zeitpunkt aufgenommen werden. Stellen Sie sich vor, Sie sitzen mit einem Kollegen abends beim Bier und sagen zu ihm: »Das hast Du aber gründlich verbockt«. Sie können seine Stimmung einschätzen, bevor Sie das sagen, also können Sie sicher sein, daß er es als Scherz auffassen wird. Wenn Sie den gleichen Satz per E-Mail verschicken, und der Kollege liest das, nachdem er gerade vom Chef zurechtgestutzt wurde, dann liest sich das wie »DAS HAST DU ABER GRÜNDLICH VERBOCKT !!!«.
- Vorsicht mit Sarkasmus. Stellen Sie sich diese (elektronische) Unterhaltung mit einem hohen Vorgesetzten vor:

  Sie haben vor einiger Zeit mit Herrn Meier zusammengearbeitet. Was würden Sie darüber denken, ihn zum regionalen Verkaufsleiter zu befördern?

  Darauf antworten Sie:

  Er ist der geborene Verkäufer!

  Wird er die Beförderung bekommen? Die Antwort könnte entweder bedeuten, daß er die letzten drei »Verkäufer des Jahres«-Preise gewonnen hat, aber auch, daß er drei Jahre lang gar nichts verkauft hat. Es gibt keine Körpersprache, und es ist vielleicht auch keine persönliche Einschätzung durch den Empfänger möglich (er weiß nicht unbedingt, daß Sie gern ironisch sind). Es gibt einige Hilfen für solche Situationen. Beispielsweise können Sie einen »Smiley« in Ihre Nachrichten einfügen, um anzudeuten, daß Sie wie mit einem zynischen Lächeln gesagt aufgenommen werden sollte. Die Antwort:

  Er ist der geborene Verkäufer! :-)

  bedeutet dann, daß er nicht einmal Wasser in der Wüste verkaufen könnte. Ein anderes Symbol ist das Zwinkern, mit der Bedeutung: »Wir lassen das besser ungesagt, aber Sie wissen schon ...« Ein Beispiel:

> Herr Meier und Frau Müller haben gestern in ihrem Büro noch recht lange an der Präsentation gearbeitet. ;-)

Ein Satz, dessen Deutung wir dem Leser überlassen. ;-)

Es gibt noch viele andere Smileys, die seltener verwendet werden. Im allgemeinen ist ihre Bedeutung jedoch relativ offensichtlich, also werde ich es Ihnen überlassen, sie herauszufinden. :-(

Abgesehen von dieser grundlegenden Etikette gibt es noch eine Handvoll von Stilrichtlinien, die E-Mail lesbarer und verständlicher werden lassen:

- Halten Sie die Zeilen angemessen kurz (weniger als 60 Zeichen). Sie möchten doch, daß Ihre Nachricht sich auf fast jedem Terminal anzeigen läßt. Wenn eine Nachricht weitergeleitet wird, könnte sie mit einem Tabulator eingerückt sein (normalerweise um acht Spalten). Nachrichten, die aus einer einzigen langen Zeile bestehen, sind besonders unschön. Sie haben eine RETURN-Taste—benutzen Sie sie auch. Das kann besonders schwierig sein, wenn Sie ein Mail-Programm benutzen, das automatisch eine neue Zeile beginnt, wenn die alte zu voll wird. Häufig werden die Zeilen zwar auf Ihrem Bildschirm getrennt angezeigt, aber nicht als getrennte Zeilen versendet. Wenn die Nachricht ihr Ziel erreicht, sieht sie wieder aus wie eine einzige lange Zeile.
- Verwenden Sie Groß- und Kleinschreibung. Obwohl es immer noch Betriebssysteme gibt, die keine Kleinbuchstaben kennen, können fast alle modernen Terminals welche erzeugen. Komplette Großschreibung klingt hart—als ob Sie schreien wollten. GROSSSCHREIBUNG KANN FÜR BESONDERE BETONUNG VERWENDET WERDEN !
- Verwenden Sie keine exotischen Möglichkeiten Ihres Terminals (Fettschrift, kursiv etc.) Diese erzeugen häufig eine Kette von Steuerzeichen, die auf manchen Terminals sehr merkwürdige Resultate ergeben können.
- Lesen Sie Ihre Nachricht, bevor Sie sie absenden, und entscheiden Sie, ob Sie es am nächsten Morgen möglicherweise bereuen könnten. Auf den meisten Systemen können Sie nichts mehr daran ändern, wenn Sie eine Mail einmal abgeschickt haben.

Wie E-Mail funktioniert

E-Mail unterscheidet sich von den anderen Anwendungen, die wir hier behandeln dadurch, daß es kein »Punkt zu Punkt«-Dienst ist. Absender- und Zielrechner müssen nicht in der Lage sein, direkt miteinander zu kommunizieren, damit E-Mail funktioniert. E-Mail ist ein sogenannter »store and forward«-Dienst (etwa: speichern und zur richtigen Zeit weiterbefördern). E-Mail wird von einer Maschine an die nächste weiterbefördert, bis sie ihr Ziel erreicht hat. Das entspricht der Art und Weise, in der die Briefpost zugestellt wird; wenn wir dieses Verfahren näher betrachten, können wir einige interessante Zusammenhänge feststellen.

Die Briefpost arbeitet wie ein »store and forward«-Netz. Sie adressieren eine Nachricht und werfen Sie in einen Briefkasten. Der Briefkasten wird geleert und ein Lastwagen befördert Ihren Brief an einen anderen Ort, wo er wieder abgelegt wird. Er wird zusammen mit anderen Briefen sortiert und wieder an einen anderen Ort weitergeleitet. Das wiederholt sich, bis der Brief im Briefkasten des Empfängers landet. Auch wenn der Empfängerbriefkasten sich an einem Ort befindet, den die lokale Post nicht direkt erreichen kann (beispielsweise in einem anderen Land), können Sie die Nachricht dorthin senden; die Post wird die Nachricht zwecks Zustellung an die Post des Empfängerlandes weiterleiten.

Wir können aus dieser Analogie auch etwas über das Internet erfahren. Zum einen wird eine Nachricht, nachdem Sie sie korrekt adressiert haben, vom Netzwerk automatisch weiterbefördert. Sie müssen nicht genau wissen, was wirklich passiert. Wir können daraus ebenfalls schließen, daß Nachrichten zwischen dem Internet und anderen Netzen ausgetauscht werden können. Auch das stimmt, aber die nötige Adresse kann komplizierter sein, um in und durch das fremde Netzwerk zu gelangen.

Genau wie bei der Post brauchen wir einen Ort, wo Nachrichten übergeben werden, wenn Adressat und Absender sich nicht im selben Netz befinden. Diese Verbindungspunkte zwischen den Netzen sind Rechner, die »application gateways« genannt werden. Sie heißen Gateways (Übergänge), weil man sie als »magische Tore« zwischen den Netzwerkwelten betrachten kann. »Application gateways« werden sie genannt, weil sie genug über die E-Mail-Anwendungen auf beiden Seiten wissen, um eine Nachricht so umzuformatieren, daß sie im anderen Netz gültig ist und weitertransportiert werden kann. Um E-Mail über einen Gateway zu versenden, müssen Sie häufig eine Adresse angeben, die sowohl Informationen darüber enthält, wie der Gateway erreicht wird, als auch Informationen über die Weiterleitung auf der anderen Seite. Wir werden diese Art der Adressierung weiter unten noch genauer besprechen.

Natürlich müssen Sie einen Brief in einen Umschlag stecken, bevor Sie ihn einwerfen. Das gleiche gilt für E-Mail, nur daß der Umschlag hier *mail header* (Mail-Kopfzeilen) heißt. Darunter versteht man die Zeilen, die am Anfang einer Nachricht stehen und mit **To:**, **From:**, **Subject:** usw. beginnen. Genau wie ein Umschlag unterwegs verändert werden kann (indem beispielsweise eine neue Adresse daraufgeschrieben wird), bekommt auch ein Mail-Header unterwegs Eintragungen, die Ihnen helfen herauszufinden, welchen Weg die Nachricht genommen hat, falls sie nicht zugestellt werden konnte.

Die Adresse sagt Ihnen alles

Ob E-Mail ihr Ziel erreicht oder nicht hängt nahezu ausschließlich davon ab, ob die Adresse korrekt aufgebaut ist. (Manchmal kommt E-Mail auch zurück, weil Maschinen auf dem Netz nicht erreichbar waren, aber normalerweise wird das Netzwerk ein paar Tage lang versuchen, die E-Mail zuzustelllen, bevor es aufgibt.) Leider sind E-Mail-Adressen ein wenig komplexer als die Host-Adressen, die wir bisher kennengelernt haben, und zwar aus mehreren Gründen:*

- Die E-Mail-Welt ist größer als das Internet.
- E-Mail muß an eine Person adressiert werden, nicht nur an einen Rechner.
- Manchmal sind Namen als Kommentare in E-Mail-Adressen untergebracht.

Lassen Sie uns mit den Adressiervorschriften im Internet beginnen. Auf dem Internet ist der Domainname der Maschine, die als Mail-Rechner eingesetzt wird (sich also um die E-Mail des Adressaten kümmert, beispielsweise **ux1.cso.uiuc.edu**), die Basis für die Adressierung. Das ist tatsächlich alles, worum sich das Netzwerk kümmert. Sobald es eine Nachricht an diese Maschine zugestellt hat, ist die Arbeit des Netzes getan. Es ist Aufgabe dieses Rechners, die E-Mail auf dem Rest des Weges zuzustellen, aber diese Maschine braucht weitere Angaben—zumindest den Namen eines Anwenders, aber möglicherweise auch weitere Informationen über die Route in ein anderes Netz. Wie senden Sie also E-Mail in ein anderes Netz? Bei vielen Netzen ist das einfach, beispielsweise bei Delphi. Sie hängen einfach etwas an die Anwender-ID innerhalb seines Netzes an. Behandeln wir zuerst einmal diese einfachen Fälle, danach folgen die schwierigeren.

Tabelle 7–2: Adressierung an Benutzer anderer Netzwerke

Netzwerk	Mail an	Bemerkungen
Alternex	*benutzer*@**ax.apc.org**	
ALAnet	*benutzer*%**ALANET@intermail.isi.edu**	American Library Assn.
America Online	*benutzer*@**aol.com**	Benutzername in Kleinbuchstaben, keine Leerstellen
Applelink	*benutzer*@**applelink.apple.com**	
ATTmail	*benutzer*@**attmail.com**	
BIX	*benutzer*@**bix.com**	
CGNet	*benutzer*%**CGNET@intermail.isi.edu**	
Chasque	*benutzer*@**chasque.apc.org**	

* Eine umfassende Darstellung der E-Mail-Adressierung finden Sie in *@#!%, The Directory of Electronic Mail Addressing & Networks*, O'Reilly & Associates.

Tabelle 7–2: Adressierung an Benutzer anderer Netzwerke (Fortsetzung)

Netzwerk	Mail an	Bemerkungen
Comlink	*benutzer*@oln.comlink.apc.org	
Delphi	*benutzer*@delphi.com	
Econet	*benutzer*@igc.apc.org	
Ecuanex	*benutzer*@ecuanex.apc.org	
eWorld	*benutzer*@online.apple.com	
Genie	*benutzer*@genie.geis.com	
GeoNet	*benutzer*@geo1.geonet.de	Für Empfänger in Europa
	benutzer@geo2.geonet.de	Für Empfänger in England
	benutzer@geo4.geonet.de	Für Empfänger in Nordamerika
Glasnet	*benutzer*@glas.apc.org	
Greenet	*benutzer*@gn.apc.org	
Nasamail	*benutzer*@nasamail.nasa.gov	
Nicarao	*benutzer*@nicarao.apc.org	
NIFTY-Serve	*benutzer*@niftyserve.or.jp	
Nordnet	*benutzer*@pns.apc.org	
Peacenet	*benutzer*@igc.apc.org	
Pegasus	*benutzer*@peg.apc.org	
Prodigy	*benutzer*@prodigy.com	(lieber alphanumerische ID als den Namen)
Pronet	*benutzer*@tanus.oz.au	
Web	*benutzer*@web.apc.org	

Es wäre schön, wenn alle E-Mail-Gateways in der Welt so einfach wären. Leider ist das nicht der Fall. Hier sind die schwierigeren Adressierungsprobleme:

Bitnet Bitnet-Adressen haben normalerweise die Form *name@host.bitnet*. Ändern Sie diese Adresse in etwas wie *name%host*, und verwenden Sie das für den Namensteil der Adresse. Verwenden Sie die Adresse eines Bitnet-Gateways auf der Seite des Maschinennamens (zum Beispiel **cunyvm.cuny.edu**). Trennen Sie die beiden mit einem »Klammeraffen« (@). Zum Beispiel sollten Sie die Adresse »krol@uiucvmd.bitnet« als »krol%uiucvmd@cunyvm.cuny.edu« schreiben.* Wenn Sie dies regelmäßig verwenden, sollten Sie den am besten geeigneten Gateway erfragen.

CompuServe CompuServe-Adressen bestehen aus zwei Zahlen, die durch ein Komma getrennt sind. Ändern Sie das Komma in einen Punkt und

* Genaugenommen ist dies ein nicht-standardisiertes Format für eine Adresse (auch als »BBN hack« bekannt), aber es ist weit verbreitet, leicht zu verstehen, und es funktioniert. Die Standardmethode für diese Adressierung wäre **@cunyvm.cuny.edu:krol@uiucvmd**.

verwenden Sie das auf der linken Seite der Adresse. Auf der rechten Seite des @ verwenden Sie **compuserve.com**. Eine CompuServe-Adresse wie 76543,123 würde also als **76543.123@compuserve.com** geschrieben werden.

Fidonet Fidonet-Adressen bestehen aus dem Vor- und Nachnamen sowie einer Serie von Zahlen in der Form a:b/c.d. Trennen Sie Vor- und Nachname mit einem Punkt (.), und senden Sie beides an die Adresse **p*d*.f*c*.n*b*.z*a*.fidonet.org**. Mail an Willie Martin unter 1:5/2.3 würden Sie an **willie.martin@p3.f2.n5.z1.fidonet.org** senden. Einige Maschinen haben möglicherweise Schwierigkeiten mit einer Adresse in dieser Form. Wenn das bei Ihnen der Fall ist, senden Sie die obige Adresse direkt an einen Gateway-Rechner, z.B.: **willie.martin%p3.f2.n5.z1.fidonet.org@zeus.ieee.org**.

Sprintmail Komplette Sprintmail-Adressen sehen ungefähr so aus: »John Bigboote« /YOYODYNE/TELEMAIL/US.« Wenn die Adresse innerhalb von Sprintmail verwendet wird, kann sie zu John Bigboote/YOYODYNE abgekürzt werden. Diese ersten beiden Parameter sind die Person und die Organization. Wenn jemand Ihnen eine Sprintmail-Adresse gibt, ist dies alles, was Sie bekommen werden. Die Parameter müssen wie folgt in eine Adresse umgesetzt werden:*

/PN=*John.Bigboote*/O=*YOYODYNE*/ADMD=TELEMAIL/C=US/@sprint.com.

Selbst wenn Ihnen jemand nur die ersten beiden Teile der Adresse gibt, sollte die komplette Adresse verwendet werden, wenn Sie an **sprint.com** schreiben.

MCImail Es gibt mehrere Methoden, MCImail zu adressieren. MCI-Mailboxen ist sowohl eine Adresse als auch der Name einer Person zugeordnet. Die Adresse sieht einer Telefonnummer recht ähnlich. Wenn Sie diese haben, verwenden Sie sie links vom @, und verwenden den Gateway-Namen **mcimail.com** auf der rechten Seite. Ein Beispiel: **1234567@mcimail.com**. Wenn Sie den Namen einer Person haben, die MCImail benutzt, können Sie ihr Mail schicken, indem Sie sie an **vorname_nachname@mcimail.com** adressieren, wie beispielsweise **John_Bigboote@mcimail.com**.

UUCP Ändern Sie die UUCP-Adresse, die etwa wie **name@host.uucp** aussieht, in *name%host*. Verwenden Sie das für den linken Teil der Adresse. Nehmen Sie die Adresse eines UUNET/Internet-Gateways als Maschinennamen. Internet-Provider bieten solche Gateways für

* Dies nennt man eine X.500-Adresse. X.500 ist ein ISO-Standard für die Adressierung, den niemand wirklich mag, aber er wird vermutlich noch für eine lange Zeit hier und da verwendet werden.

ihre Kunden. Natürlich müssen Sie die beiden Teile wie immer durch ein @-Zeichen trennen. Ein Anwender, der seine Mail per UUCP von PSI, Inc. erhält, sollte seine Mail über **uu.psi.com** geschickt bekommen, **john_w%yoyodyne@uu.psi.com** beispielsweise. Sie können Ihren E-Mail- oder Systemadministrator nach einem geeigneten Gateway fragen.

Viele Menschen geben ihre UUCP-Adressen auch in der Form **...!uunet!host!name** an. Dies ist ein UUCP-Pfad und bedeutet: »finde heraus, wie Du Mail zu **uunet** bekommst, und **uunet** schickt sie dann an **host**, der sie ausliefert«. Wandeln Sie dies zu *name%host@gateway*. Sie ermitteln den geeigneten Gateway, indem Sie den Pfad untersuchen. Wenn **uunet** darin auftaucht, benutzen Sie **uunet.uu.net** als Gateway, bei **uupsi** bietet sich **uu.psi.com** an usw. In einigen Fällen werden Sie Namen als Gateway finden, die anders als **uunet** oder **uupsi** lauten. Dann müssen Sie die Internet-Adresse des Gateways selbst herausfinden. Glücklicherweise ist die Angabe von Adressen als »Pfad« zunehmend seltener anzutreffen. Wenn Sie eine solche UUCP-Pfad-Adresse verwenden müssen, passen Sie auf: In der UNIX-C-Shell müssen Sie die Ausrufezeichen mit einem Backslash (\) »quoten«, zum Beispiel so: **mail \!uunet\!host\!name**. Wenn Sie die Adressen innerhalb des **mail**-Programms angeben, brauchen Sie die Backslashes nicht.

Wie Sie Mail-Adressen finden

Sobald Sie sich entscheiden, in die Welt der E-Mail einzutauchen, müssen Sie E-Mail-Adressen sammeln. Es gibt kein nationales Verzeichnis von E-Mail-Adressen—lediglich ein paar spezialisierte Server, die Sie benutzen können, um an eine E-Mail-Adresse zu gelangen. Diese Server sind auch als »*white-pages*-Server« bekannt, weil sie das elektronische Äquivalent zu einem Telefonbuch sind. (Kapitel 10, *Menschen finden*, erklärt Ihnen, wie Sie die verbreiteten Varianten benutzen.) Aber der einfachste und beste Weg, an diese Adressen zu gelangen ist es, wenn die Information direkt zu Ihnen kommt—sei es durch eine Visitenkarte, einen Telefonanruf, einen Brief, eine E-Mail-Nachricht oder einen Artikel in einer Newsgruppe.

Diese Methode, an E-Mail-Adressen zu gelangen, hat zwei Vorteile gegenüber allen anderen:

- Sie können relativ sicher sein, daß es eine aktuelle E-Mail-Adresse ist, unter der die E-Mail auch regelmäßig gelesen wird. Eine Adresse, die Sie in einem Verzeichnis finden, könnte eine alte Anschrift bei einem früheren Arbeitgeber sein, oder auf einer Maschine, die gar nicht mehr existiert.

- Wenn es typischerweise Probleme gibt, die E-Mail-Adresse einer Person zu erreichen, dann wird die Adresse, die er selbst angibt, vermutlich der beste Weg sein, ihn zu erreichen. Wenn die Visitenkarte also die Adresse **joe%bizarrenet@bizzaregate.com** angibt, dann sollten Sie diese zuerst ausprobieren.

Wenn Sie versuchen, E-Mail-Adressen aus Mails zu extrahieren, die Sie erhalten, werden Sie ab und zu Adressen wie die folgende sehen:

```
John Bigboote<johnb@yoyodyne.com>
```

Diese Adresse ist eine etwas ausführlichere Version als die Formate, die wir bereits kennengelernt haben:

```
kommentar<e-mail-adresse>
```

Einer E-Mail-Adresse Kommentare hinzuzufügen ist eine praktische Sache. Wie im obigen Beispiel ist der Kommentar häufig der richtige Name des Adressaten. Den Namen in einen Kommentar zu verpacken macht es ein wenig offensichtlicher für andere Empfänger der Nachricht, wer die Nachricht außer ihnen bekommen hat. Dies gilt insbesondere, wenn die E-Mail-Adresse eine computergenerierte ist, wie etwa **ajzxmvk@uicvmc.bitnet**. Sicher würden Sie auch gerne wissen, wer sich dahinter versteckt! Wenn Sie eine Nachricht als Teil einer Mailing-Liste bekommen, und der Verwalter der Liste solche Kommentare eingefügt hat, können Sie einfach auf das To:-Feld schauen und nachsehen, wer diese Nachricht außer Ihnen bekommen hat. Und das selbst dann, wenn die E-Mail-Adressen selbst nicht so klar interpretierbar sind. (Sie möchten vermutlich die eine oder andere Adresse notieren, für den Fall, daß Sie später eine E-Mail an diese Person senden wollen.)

Auswahl der E-Mail-Software

E-Mail-Systeme haben sich in zwei getrennten Umgebungen entwickelt: In Wide-Area-Networks (WANs), wo es darauf ankam, einen Dienst auf dem kleinsten gemeinsamen Nenner für jeden in der Welt zu finden, und in Local-Area-Networks (LANs), wo ein komfortabler Dienst für eine kleine Gruppe das Ziel war. Das Resultat war, daß die Anwender auf den Wide-Area-Networks darüber frustriert waren, daß E-Mail so kompliziert war—aber sie konnten wenigstens jeden erreichen. Die Anwender in LANs waren frustriert, daß sie sehr komfortabel E-Mail an fast niemanden versenden konnten. Als sich E-Mail weiterentwickelte, kamen in den WAN-Mailern bessere Bedienungsoberflächen und Komfortfunktionen hinzu, und die LAN-Produkte erhielten die Fähigkeit, auch über WANs zu kommunizieren. Wir haben jetzt den Punkt erreicht, an dem die meisten E-Mail-Systeme in der Lage sind, wenigstens einfache E-Mail mit jedem anderen System auszutauschen. Das bedeutet, daß die Wahl zwischen verschiedenen E-Mail-Paketen heute nur noch davon abhängt, wie Sie E-Mail und ihre Möglichkeiten nutzen wollen, und wieviel Komfort Ihnen das

E-Mail-Paket dabei bietet—und nicht mehr von den gewünschten Verbindungsmöglichkeiten.*

Wenn Sie entscheiden, wie Sie E-Mail einsetzen möchten, wird eine Anzahl von Fragen die Entscheidung beeinflussen:

- Mit wem werden Sie E-Mail austauschen?
- Wie »eng« sind Sie mit den E-Mail-Partnern verbunden?
- Was erwarten Sie von einer Bedienungsoberfläche?
- Wie oft reisen Sie?
- Reicht es Ihnen, Texte senden zu können, oder übertragen Sie auch andere Daten?

Allen Mailern ist eine Reihe von Fähigkeiten gemein. Andere (wie der digitale Bild- und Soundtransfer) können nur verwendet werden, wenn Sender und Empfänger gleiche oder kompatible Mail-Programme und Betriebssystemerweiterungen verwenden. Wenn es Ihr Ziel ist, alle Arten von Dateien innerhalb einer kleinen Gruppe auszutauschen und dabei so wenig Probleme wie möglich zu haben, dann sollten Sie und Ihre Partner sich auf ein einziges Mail-System einigen und dieses benutzen. Wenn das weniger wichtig ist, sollten Sie die E-Mail-Software auswählen, die Sie am einfachsten zu bedienen finden und mit der Sie sich »zuhause« fühlen. Anders gesagt: Wenn Sie den Macintosh mögen, dann sollten Sie auch etwas wählen, das wie ein Macintosh arbeitet, so aussieht und sich so »anfühlt«. Kaufen Sie nicht irgend etwas anderes, nur weil alle Ihre Bekannten es benutzen.

Wenn Sie oft auf Reisen sind, sollten Sie Systeme in Betracht ziehen, die es Ihnen ermöglichen, sich mit einem portablen Rechner ans Netz anzuschließen und Ihre E-Mail per Download zu erhalten. Sie können Ihre Mails dann lesen und neue Nachrichten vorbereiten, während Sie vom Netz getrennt sind. Wenn Sie das nächste Mal mit dem Netz verbunden sind, wird die aufbewahrte E-Mail abgesendet. So könnten Sie in Hamburg ins Netz einwählen, 20 Nachrichten herunterladen, sie dann lesen und beantworten, während Sie sich 10.000 Meter hoch über den Alpen befinden, und sie schließlich absenden und neue empfangen, nachdem Sie in Mailand gelandet sind. Diese Systeme basieren auf dem »Post Office Protocol« oder *POP*, das die Fernkommunikation zwischen einer Workstation und einem Mail-System ermöglicht.

Wählen Sie also ein Mail-Paket, das Ihre Bedürfnisse erfüllt. Wenn diese nicht groß sind und Sie in erster Linie einfachen Nachrichtenaustausch beabsichtigen, sollten Sie etwas wählen, das kostenlos ist und auch von anderen benutzt wird.

---

* Das soll nicht heißen, daß der Preis keine Rolle spielt. Für den Anschluß eines LAN-Mailsystems an das Internet brauchen Sie eventuell einen dedizierten PC und einiges an ziemlich teurer Software.

Das Programm mail unter UNIX

Das UNIX-Programm **mail** ist sozusagen der Volkswagen unter den Mail-Programmen. Es versetzt niemanden in Ekstase, der es benutzt, aber es erledigt seine Aufgabe—deswegen habe ich es ausgewählt. Mit nur wenigen Befehlen können Sie alle Grundfunktionen nutzen. Auch wenn Sie es möglicherweise nie benutzen werden, gibt es eine gute Grundlage ab, um die Anwendung eines Mail-Systems zu erörtern.* Um das Programm **mail** zu starten, geben Sie folgendes Kommando ein:**

```
% mail adresse
```

Die *Adresse* ist optional. Wenn sie vorhanden ist, sendet der Befehl eine Nachricht an die Personen, die dort aufgeführt werden. Sie können normalerweise sowohl Leerzeichen als auch Kommata verwenden, um die Adressen zu trennen. Wenn die Adresse fehlt, geht **mail** in den Befehlsmodus. Eines der Dinge, die Sie im Befehlsmodus tun können, ist das Lesen Ihrer Nachrichten.

E-Mail lesen

Um Ihre E-Mail zu lesen, müssen Sie in den Kommandomodus wechseln. Wenn keine E-Mail für Sie vorliegt, sagt Ihnen das Programm das:

```
% mail
No mail for krol
```

Falls Nachrichten auf Sie warten, listet **mail** die Header (Kopfzeilen) der ersten 20 Nachrichten auf:

```
% mail
"/usr/spool/mail/krol": 5 messages 1 new
   1 LISTSERV@bitni Fri Nov  8 16:02 128/6172 "File: "LISTSERV FILELI"
   2 LISTSERV@bitni Fri Nov  8 16:08 164/9834 "File: "BITNODE FILELIS"
 U 3 daemon@pit-man Sat Nov  9 09:26  72/2817 "Reply from mserv re: s"
 U 4 akida          Sat Dec 28 05:53  12/298  "Overthruster found"
>N 5 buckaroo       Thu Jan  2 19:15  11/305  "Aliens in Grovers Mill"
&
```

---

* Wenn Sie denken, daß ich E-Mail übermäßig simpel dargestellt habe, sollten Sie einen Blick auf **mh** und das ihm gewidmete Buch werfen (*MH and xmh: E-mail for Users and Programmers*, O'Reilly & Associates). Für eine andere Herangehensweise an E-Mail unter UNIX sollten Sie Z-Mail in Betracht ziehen, früher als **mush** bekannt (beschrieben im *Z-Mail Handbook*, O'Reilly & Associates).

** Leider haben manche UNIX-Systeme zwei Mail-Programme mit ähnlichen Namen. Der richtige Name könnte **mailx** sein.

Jede Nachricht hat einen Status und eine Nummer. Der Status wird durch den Buchstaben (oder die Abwesenheit eines Buchstaben) am Anfang jeder Zeile markiert. Diese Buchstaben können folgende sein:

N Neue Nachricht; empfangen, nachdem Sie das letzte Mal im Kommandomodus von *mail* waren.

P Markiert eine »preserved« (zurückbehaltene) Nachricht, die Sie während dieser *mail*-Sitzung bereits gelesen und zurück in Ihren »Eingangskorb« gelegt haben.

U Ungelesene Nachricht. Neue Nachrichten werden zu ungelesenen Nachrichten, wenn Sie *mail* verlassen, ohne die Nachrichten zu lesen.

kein Buchstabe
Die Nachricht wurde in einer früheren *mail*-Sitzung gelesen und zurückgelegt.

Die Nachrichtennummer wird in vielen Kommandos verwendet, um eine bestimmte Nachricht zu bezeichnen (mehr darüber, wenn wir die Befehle besprechen). Eine der Nachrichten ist mit einem Größer-Zeichen (>) versehen. Dies ist die aktuelle Nachricht. Wenn Sie irgendwelche Befehle ohne eine Nachrichtennummer eingeben, beziehen diese sich immer auf die aktuelle Nachricht.

Das &, das am Ende der Nachrichtenliste steht, ist der Kommandoprompt von **mail**, mit dem es Ihnen mitteilt, daß es auf ein Kommando wartet. Sie müssen nur vier Befehle kennen, um E-Mail zu lesen. Befehle sind normalerweise einzelne Buchstaben—aber es gibt einige, die länger sind, um Mehrdeutigkeiten zu vermeiden. Um Nachrichten zu lesen, verwenden Sie das print-Kommando, das dieses allgemeine Format hat:

& **p** *nachrichten*

Der Parameter *Nachrichten* ist optional. Wenn Sie ihn weglassen, wird die aktuelle Nachricht angezeigt. Der Parameter kann eine der folgenden Formen haben:

& **p 3**	*Nachricht 3 anzeigen*
& **p 3-5**	*Nachrichten 3 bis 5 anzeigen*
& **p $**	*letzte Nachricht anzeigen*
& **p 3-$**	*von Nachricht 3 bis letzte Nachricht anzeigen*

Alle Befehle, bei denen eine Nachrichtennummer angegeben werden kann, folgen diesem Schema. Merken Sie sich, daß Sie **$** verwenden können, um die letzte Nachricht zu bezeichnen.

Das print-Kommando ist gleichzeitig das voreingestellte Standardkommando. Die folgenden Befehle sind also gleichwertig:

```
& 3
& p 3
```

Daher gibt ein RETURN ohne Eingabe eines Befehls einfach die aktuelle Nachricht aus.

Das fast-print-Kommando gibt Ihnen eine »Inhaltsangabe« Ihres Posteingangs—genau wie das Menü, das erscheint, wenn Sie **mail** starten. Die erste Liste zeigt Ihnen bis zu 20 Nachrichten, beginnend mit der ältesten. Falls Sie mehr Nachrichten vorliegen haben, können Sie mit nachfolgenden f-Kommandos in der E-Mail hin- und herwandern:

`& f 1-20`	*zeige Absender & Betreff von Nachricht 1 bis 20*
`& f 21-$`	*zeige Absender & Betreff von Nachricht 21 bis Ende*

Sie können auch das z-Kommando verwenden, um Nachrichten aufzulisten. **z** gibt Nachrichtenbeschreibungen für die nächste Bildschirmseite von Nachrichten aus. Wenn Sie in der Liste zurückgehen wollen, verwenden Sie das Kommando **z–**.

Wenn Sie nichts Besonderes tun, werden alle Nachrichten, die Sie während Ihrer Mail-Sitzung lesen, von Ihrem Eingangskorb in die Datei *mbox* transferiert, wenn Sie **mail** beenden. Die üblichen Kommandos, um das zu ändern, sind:

d *nachrichten* — Löscht die angegebenen Nachrichten (oder die aktuelle, wenn Sie nichts angeben). Damit löschen Sie die Nachrichtennummern aus dem Menü und die Nachrichten selbst, sobald Sie **mail** beenden.

pre *nachrichten* — Behält die angegebenen Nachrichten zurück (oder die aktuelle, wenn keine angegeben war). Das bedeutet, daß sie im Eingangskorb verbleiben und in zukünftigen Sitzungen abgerufen werden können.

q — **mail** verlassen.

Versand von Nachrichten

In diesem Abschnitt erläutern wir, wie Sie eine neue E-Mail-Nachricht verfassen. Sie können auch auf eine Nachricht antworten, die Ihnen jemand gesendet hat, aber dazu später mehr.

Um eine Nachricht zu senden, geben Sie entweder in der Shell das **mail**-Kommando ein, gefolgt von einer Adressliste, oder geben den **mail**-Befehl innerhalb von **mail** (also nach dem &-Prompt). Beide Formen haben die gleiche Syntax:

```
% mail adressen-liste      --oder--
& mail adressen-liste
```

Die Adreßliste kann aus einer oder mehreren Adressen bestehen, die durch Kommata getrennt sind. Wenn die Adressen keine kompletten Domainnamen sind, wie **krol@ux1.cso.uiuc.edu**, dann komplettiert das Mail-Programm diese Adressen normalerweise mit der Domain der Maschine, auf der das Programm läuft. Wenn **krol** also eine Mailbox auf **ux1.cso.uiuc.edu** hat, wird **mail krol** auf **ux1.cso.uiuc.edu** einwandfrei funktionieren. Wenn Sie denselben Befehl auf **yoyodyne.com** eingeben, wird **mail krol** fehlschlagen, weil es auf dieser Machine **mail krol@yoyodyne.com** bedeutet.

Danach erfragt **mail** einen Betreff (subject) von Ihnen:

```
% mail johnb@yoyodyne.com
Subject: Hast Du den Overthruster schon?
```

Geben Sie eine sinnvolle Zusammenfassung der Nachricht als Betreff an. Zusammen mit Ihrem Namen ist der Betreff das Einzige, was der Empfänger hat, um die Wichtigkeit der Nachricht einzuschätzen.* Nachdem Sie den Betreff eingegeben haben, beginnen Sie mit dem Text der Nachricht. Es erscheint kein neuer Prompt. Hier sehen Sie, wie die Nachricht weitergeht, die wir oben begonnen haben:

```
% mail johnb@yoyodyne.com
Subject: Hast Du den Overthruster schon?
John Warfin fragt sich, ob Du den Overthruster schon hast, über den
wir uns neulich unterhalten haben. Er ist leicht etwas gereizt ...
.
```

Beachten Sie den Punkt in Spalte 1. Ein Punkt allein in Spalte 1 einer Zeile bedeutet, daß die Nachricht hier zu Ende ist. Wenn die Nachricht beendet ist, wird sie versendet, und Sie kehren zu dem zurück, was Sie vor dem **mail**-Kommando getan haben. Wenn Sie in der Shell waren, kehren Sie zum Shell-Prompt zurück, wenn Sie im Kommandomodus von **mail** waren, kehren Sie zum Kommandomodus zurück.

Die Nachricht auf diese Art einzugeben kann recht unkomfortabel sein— insbesondere, wenn die Nachricht lang ist. Es ist schwierig, Fehler zu korrigieren—ganz sicher dann, falls Sie sie erst bemerken, wenn Sie schon in der nächsten Zeile sind. Sie können auch den Editor **vi** benutzen, um Ihre Nachricht zu verfassen. Geben Sie

---

* Nicht alle **mail**-Programme erfragen automatisch den Betreff. Manchmal müssen Sie eine Zeile wie `set ask` (oder, bei manchen Versionen, `set asksub`) in die Datei *.mailrc* in Ihrem Home-Verzeichnis schreiben. Wir empfehlen wärmstens, *immer* einen Betreff für Ihre Nachrichten anzugeben. Das macht es für den Empfänger (der vielleicht Hunderte von Nachrichten erhält) viel einfacher, damit umzugehen.

dazu das Kommando **~v** ein, wobei die Tilde ~ in der ersten Spalte stehen muß. Das ~v-Kommando startet den Editor **vi**; wenn Sie bereits einen Teil der Nachricht eingegeben hatten, sollten Sie sie innerhalb von **vi** sehen. Geben Sie **vi**-Kommandos ein, um Ihre Nachricht zu editieren; wenn Sie fertig sind, speichern Sie die Nachricht und verlassen **vi**. Sie sind dann wieder im Mail-Programm—tippen Sie einen Punkt an den Anfang der Zeile, um die Nachricht zu beenden und senden Sie sie ab.

Wenn Sie **vi** nicht mögen, verlassen Sie **mail** und geben Sie das Unix-Kommando:

```
% setenv EDITOR ihr-lieblingseditor
```

wobei *ihr-lieblingseditor* der Name des Editors ist, den Sie anstelle von **vi** benutzen möchten. Wenn Sie beispielsweise den Editor **emacs** bevorzugen, geben Sie das Kommando **setenv EDITOR emacs** ein. Benutzen Sie dann in **mail** das **~e**-Kommando, um **emacs** zu starten. Diese beiden Befehle sind sehr ähnlich. **~v** startet den »visuellen« Editor **vi**, **~e** startet den Editor, der durch die Environment-Variable EDITOR bestimmt ist. Wenn diese Variable nicht gesetzt ist, startet der Editor **ex** (Sie wollen **ex** bestimmt nicht benutzen!).

Der **~e**-Befehl gehört zu einer großen Gruppe von Befehlen, die *Tilde-Befehle* (tilde escapes) genannt werden. Sie werden gegeben, während Sie den Text der Nachricht schreiben und werden mit einer Tilde in der ersten Spalte eingeleitet. Sie werden noch mehr von diesen Tilde-Befehlen kennenlernen, während wir gebräuchliche Funktionen von **mail** durchgehen. (Wenn Sie sehen wollen, welche verfügbar sind, versuchen Sie einmal ~?.)

Ein Wunschzettel für Mail-Funktionen

Ich wünschte, ich könnte Ihnen die definitive Liste der E-Mail-Pakete geben und Ihnen sagen, welches Sie anschaffen sollten—aber es gibt mindestens fünf für UNIX-Systeme, drei für IBM/VM-Systeme, fünf für PCs und drei für Apple-Rechner. Sie alle haben einige Funktionen gemeinsam, die benutzt werden, um E-Mail an einen beliebigen anderen Mailer zu senden; einige Funktionen, die ähnlich aussehen, aber unterschiedlich implementiert sind, und die deshalb nicht für die Kommunikation mit anderen Mailern verwendet werden können; sowie einige Funktionen, die ganz und gar einzigartig und deshalb zu anderen Mailern *inkompatibel* sind. Hier sind also einige gemeinsame Funktionen der Mail-Systeme, was sie tun, und wie weit sie miteinander verträglich sind.

Universell unterstützte Funktionen

Abgesehen von der Fähigkeit, E-Mail zu versenden, bieten fast alle E-Mail-Programme Ihnen auch die folgenden Funktionen, die auch mit anderen Mail-Systemen zusammenarbeiten:

Aliasing

Unter Aliasing versteht man die Möglichkeit, Kurznamen für Ihre Mail-Partner zu definieren. Wenn Sie nicht jedesmal die komplette Internet-Adresse eingeben möchten (und wer will das schon?), dann können Sie festlegen, daß **edk** eine Abkürzung für **krol@ux1.cso.uiuc.edu** sein soll. Wenn Sie dann **edk** als Empfänger einer Nachricht angeben, ersetzt Ihr System das für Sie durch die komplette Adresse. Legen Sie die Alias-Namen aber nicht nach Gutdünken fest, sondern überlegen Sie sich ein System und halten Sie sich daran. Ein Kurzname hilft Ihnen überhaupt nicht, wenn Sie sich nicht mehr daran erinnern können oder ihn raten müssen. Sie sollten sich auch noch an einen Alias-Namen erinnern, wenn Sie ihn eine lange Zeit nicht benutzt haben. Es ist üblich, den Vornamen zu verwenden, gefolgt vom ersten Buchstaben des Nachnamens. Es ist ebenfalls verbreitet, Kurznamen zu verwenden, die nichts mit dem Namen, sondern mit der »Funktion« zu tun haben (wie »Vertrieb« oder »Chef«). Mit der Zeit können die Personen wechseln, aber die Funktion bleibt.

Bei **mail** unter UNIX können Sie Alias-Definitionen in der Datei *.mailrc* ablegen, in der sich auch Ihre persönlichen Konfigurations-Optionen befinden. Um einen Alias-Namen zu definieren, schreiben Sie in diese Datei Zeilen in folgendem Format:

```
alias kurzname volle-adresse
```

Die folgende Zeile würde also den Kurznamen **edk** definieren, den wir oben schon gesehen haben:

```
alias edk "Ed Krol<krol@ux1.cso.uiuc.edu>"
```

Dieses Beispiel enthält einen Kommentar in der Adresse—eine Methode, die wir schon weiter oben empfohlen hatten. Nachdem Sie einen Alias-Namen definiert haben, können Sie ihn überall dort benutzen, wo Sie normalerweise eine Adresse verwenden würden. Mit dem oben definierten Kurznamen sind die folgenden Befehle synonym:

```
% mail krol@ux1.cso.uiuc.edu
% mail edk
```

Vorsicht: Wenn Sie einen Kurznamen definieren, der mit einem lokalen Login-Namen identisch ist, wird Ihr Mailer den Kurznamen berücksichtigen. Wenn Sie also einen Kurznamen wie:

```
alias krol "Karen Rolex<karen@blitzos.com>"
```

benutzen, dann wird das Kommando:

```
% mail krol
```

eine Nachricht an Karen Rolex (deren Adresse **karen@blitzos.com** ist) senden, nicht an den lokalen Anwender **krol**.

Folder

Folder (Ordner) ermöglichen es Ihnen, Mails geordnet abzuspeichern. Sie könnten beispielsweise einen Folder für jedes Projekt haben, mit dem Sie befaßt sind, und einen für persönliche Dinge. Wenn E-Mail ankommt, können Sie sie im passenden Ordner ablegen, um sie später schnell wiederzufinden. Folder können normalerweise genauso wie der Posteingang mit Ihrem Mail-Programm gelesen werden—Sie müssen **mail** nur mitteilen, daß es einen Folder statt der neuen E-Mail einlesen soll.

Unter UNIX ist ein Folder eine Datei, die Nachrichten in einem Format enthält, das das Programm **mail** kennt. Die Datei *mbox*, in der **mail** solche Nachrichten speichert, die Sie nicht löschen, aufbewahren oder anderswo ablegen, ist in Wirklichkeit nur der Standard-Folder. Um einen neuen Folder anzulegen oder etwas an einen existierenden anzufügen, verwenden Sie das Kommando **s**. Es hat folgendes Format:

```
& s folder-name
```

Dieses Kommando speichert die aktuelle Nachricht im angegebenen Folder. Das folgende Kommando legt die aktuelle Nachricht im Folder **ietf** ab:

```
& s ietf
```

Das Umschalten auf einen anderen Folder wird mit dem Kommando **folder** bewerkstelligt, und zwar in einer der folgenden Formen:

```
& folder name      zum Folder name wechseln
& folder #         zum vorherigen Folder wechseln
& folder %         zurück zum Posteingang
```

Wenn Sie in einen anderen Folder wechseln, listet **mail** den Inhalt des neuen Folders auf. Diese Liste sieht genauso aus wie die, die **mail** beim Start ausgibt. Ein Beispiel:

```
% mail "/usr/spool/mail/krol": 1 message 1 new
>N 1 johnb@yoyodyne.cso   Fri Jan  3 13:27  11/307  "junk"
& folder mbox
Held 1 message in /usr/spool/mail/krol
"mbox": 2 messages
```

```
   1 quayle@lawyersRus. Fri Nov 15 19:48  46/1852 "More stupid remarks"
>  2 Kennedy@senate.gov Thu Nov 21 10:09  52/2352 "Candidate wanted"
&
```

Sobald Sie in einem Folder sind, können Sie alle üblichen Befehle geben (**print**, **delete** usw.), um die abgelegten Nachrichten zu lesen oder zu bearbeiten.

Weiterleiten von E-Mail

Bei **mail** unter UNIX hat der Begriff »Weiterleiten« zwei leicht verschiedene Bedeutungen. Zum einen versteht man darunter das Weitersenden von allen Mails, die an eine bestimmte Person auf einem bestimmten Rechner gehen, an einen anderen Rechner. Das ist besonders nützlich, wenn Sie Accounts auf verschiedenen Rechnern haben. Damit Sie nicht auf jedem einzelnen Computer ständig Ihre elektronische Post überprüfen müssen, können Sie alle Mails an alle anderen Accounts automatisch auf den einen Account weiterleiten lassen, unter dem Sie normalerweise E-Mail lesen.

UNIX verwendet die Datei *.forward*, um das zu ermöglichen. Sie erzeugen diese Datei in Ihrem Home-Verzeichnis auf jedem System, von dem Sie E-Mail weitergeleitet haben wollen. In der Datei notieren Sie die Adresse, an die Ihre E-Mail gesendet werden soll. Die folgende *.forward*-Datei stammt aus dem Home-Verzeichnis von **johnb** bei **johnb@yoyodyne.com**; sie enthält eine einzige Zeile:

```
krol@ux1.cso.uiuc.edu
```

Diese Datei sorgt dafür, daß sämtliche E-Mail, die an **johnb@yoyodyne.com** gesendet wird, an **krol@ux1.cso.uiuc.edu** weitergeleitet wird.

Weiterleiten bedeutet aber auch das Weiterleiten einer Nachricht, die Sie empfangen haben, an jemand anderen, der sich auch dafür interessieren könnte. Sie haben dabei normalerweise die Wahl, ob Sie die Mail ganz oder als Teil einer eigenen Nachricht weiterleiten wollen. (Auch dies ist ein typisches Werkzeuge für die Chefetage: Die Originalnachricht wird einfach weitergeleitet, eventuell um so etwas wie »Kümmern Sie sich darum, Sam« ergänzt—und schon ist es Ihr Problem.)

Bei **mail** unter UNIX ist das nicht ganz so komfortabel, wie es sein sollte. In **mail** müssen Sie eine neue Nachricht an die Person schreiben, die die weitergeleitete Nachricht bekommen soll. Dann fügen Sie die alte Nachricht in die neue ein, indem Sie eines der Kommandos **~m** oder **~f** verwenden. Sowohl **~m** als auch **~f** akzeptieren einen optionalen Parameter, der die einzufügende Nachricht bezeichnet. Fehlt dieser, wird die aktuelle Nachricht verwendet. Der Unterschied zwischen **~m** und **~f** besteht darin, daß **~m** einen Tabulator am Beginn jeder Zeile der alten Nachricht einfügt. Das ist praktisch, wenn Sie Text in die alte Nachricht einfügen wollen—z.B. um eine Nachricht Punkt für Punkt zu beantworten. Die durch Tabulatoren eingerückten Zeilen gehören zur Originalnachricht, die nicht eingerückten Zeilen sind Ihre Kommentare. Dagegen fügt **~f** die alte Nachricht unverändert ein. Das ist nützlich, wenn die Nachricht etwas enthält, das von einem Computer weiterverarbeitet werden soll (und wo das Format beibehalten werden muß), oder wenn der neue Empfänger Punkt für Punkt antworten soll. Werfen wir einmal einen Blick auf die **mail**-Sitzung der Chefin, während sie eine Beschwerde an Sam weiterleitet:

```
% mail
"/usr/spool/mail/krol": 2 messages 2 new
>N  1 pking@ux1.cso.uiuc.e  Fri Jan  13 13:48  16/621  "CTP-100-Preis"
 N  2 whiner@bigaccount.com Fri Jan  13 14:00  13/559  "Schlechter Service"
& mail sam
 Subject: Beschwerde von Hrn. Whiner
Schau doch mal, was sich machen läßt.
~m 2
Interpolating: 2
(continue)
.
```

Wenn Sam seine Mail liest, bekommt er ungefähr das hier angezeigt:

```
/cso/staff/sam-6>mail
"/usr/spool/mail/sam": 1 message 1 new
>N  1 Bertha the Boss Fri Jan  13 14:12  23/718  "Beschwerde von Hrn. Whi"
& 1
From bertha Fri Jan  13 14:12:56 1992
Date: Fri, 13 Jan 1992 14:12:55 -0600
From: Bertha the Boss<bertha@fledgling.com>
To: sam@fledgling.com
Subject: Beschwerde von Hrn. Whiner

Schau doch mal, was sich machen läßt.

        From whiner Fri Jan  13 14:12:06 1992
        Received: by fledgling.com id AA09908
          (5.65d/IDA-1.4.4 for bertha); Fri, 13 Jan 1992 14:12:05 -0600
        Date: Fri, 13 Jan 1992 14:12:05 -0600
        From: whiner@bigaccount.com
        Message-Id: <199201032012.AA09908@fledgling.com>
        To: bertha@fledgling.com
        Subject: Schlechter Service

        Ich wurde von Ihrer Firma schlecht bedient ...
```

Einfügen von Texten

Häufig möchten Sie eine Textdatei per E-Mail versenden. Sie möchten dann meist den Text selbst unverändert behalten und nur eine Kopie davon in eine Mail einfügen, die Sie versenden. So wird der Empfänger sofort etwas damit anfangen können, und muß nicht erst **ftp** benutzen, um an die Datei zu gelangen. Sie können auch einen Kommentar in die Nachricht einfügen, die dem Empfänger sagt, was er mit der Datei tun soll.

Ein Beispiel, um das zu verdeutlichen:

```
% mail johnb   normale Nachricht beginnen
Subject: Schau Dir das mal an
Hier ist der Entwurf. Korrigiere ihn bitte und schicke ihn mir so bald
wie möglich zurück.
~r entwurf Datei entwurf einfügen
"entwurf" 300/13427        300 Zeilen 13427 Zeichen lang
.
```

In diesem Beispiel haben Sie eine Mail mit etwas einleitendem Text begonnen, und dann eine Kopie von einer Datei namens *entwurf*« eingefügt. Um diese Datei einzufügen, haben Sie das Kommando **~r** gegeben. Die allgemeine Form dieses Kommandos ist:

```
~r dateiname
```

Sie können dieses Kommando an jeder beliebigen Stelle der Nachricht geben, solange die Tilde ~ sich in Spalte 1 befindet, und vorausgesetzt, daß Sie die Nachricht nicht in einem Editor schreiben.* Die benannte Datei wird durch diesen Befehl nicht verändert.

Mailing-Listen

Bei E-Mail macht es keinen Unterschied, ob Sie eine Mail an eine Person oder an eine Gruppe von Personen senden. Die Konstruktion, die das ermöglicht, wird Mailing-Liste genannt. Sie läßt einen Alias- oder Kurznamen stellvertretend für eine Gruppe von Personen stehen. Zum Beispiel könnte der Alias-Name **staff** (Angestellte) definiert sein als »alle Angestellten«. Wenn Sie E-Mail an **staff** senden, wird die Mail tatsächlich an jeden Angestellten ausgeliefert.

Bei vielen Mailern, darunter auch UNIX-**mail**, ist dies eine einfache Erweiterung des **alias**-Befehls, den wir bereits erwähnten. Anstatt nur einen Empfänger nach dem Kurznamen aufzuführen, können Sie auch mehrere auflisten. Wenn die Namen nicht in eine Zeile passen, können Sie mehrere aufeinanderfolgende Zeilen benutzen:

```
alias staff tommy@banzai.com, pecos@banzai.com
alias staff akida@banzai.com, newjersey@banzai.com
alias staff buckaroo@banzai.com, rawhide@banzai.com
```

---

* Das bedeutet nur, daß Sie nicht **~r** verwenden können, um einen Text einzufügen, wenn Sie mit **vi** oder einem anderen Editor arbeiten. Jeder vernünftige Editor hat seinen eigenen Befehl dafür—verwenden Sie also diesen Befehl.

Wenn Sie diese Einträge in Ihrer Datei *.mailrc* haben, können Sie E-Mail an alle Angestellten senden, indem Sie einfach folgendes eingeben:

```
% mail staff
Subject: Betriebsversammlung um 9 Uhr
Besprechung der 8ten Dimension.
.
```

Ihr Mailer expandiert dann den Namen der Mailing-Liste zu einem Satz normaler E-Mail-Adressen. Das bedeutet, daß die Adressen der Empfänger in der **To**:-Zeile aufgelistet werden.

E-Mail beantworten

Wenn Sie eine Mail beantworten wollen, so gibt es eine Abkürzung, die Ihrem Mailer sagt, daß Sie eine Mail an den Verfasser der gerade gelesenen Mail schreiben wollen. Sie ersparen sich damit die Eingabe der E-Mail-Adresse. Ihr Mailer kopiert dann das **From**:- oder **Reply-To**:-Feld aus der Originalnachricht in die **To**:-Zeile der Antwort. Die neue Betreffzeile wird erzeugt, indem der Originalbetreff ein »Re: » vorangestellt bekommt. Das zeigt an, daß es sich um eine Antwort (reply, response) auf eine vorangegangene Nachricht handelt.

Antworten können etwas trickreich sein. Ihr Mailer ist eventuell nicht in der Lage, die originale **From**:-Zeile in etwas Sinnvolles zu verwandeln. Ob eine Antwort einwandfrei zugestellt werden kann, hängt davon ab, ob die Rücksendeadresse des Absenders vollständig und für Ihren Mailer akzeptabel ist. Wenn es nicht funktioniert, müssen Sie möglicherweise selbst die **From**:-Adresse nachschlagen und in etwas Sinnvolles umwandeln—gestützt auf Ihre Erfahrung mit E-Mail. (Lesen Sie auch den Abschnitt »Wie Sie Mail-Adressen finden« weiter oben in diesem Kapitel.)

Wie die meisten Mailer kennt auch Unix-**mail** zwei verschiedene Befehle zum Antworten:

```
& r nachrichten-nummer
& R nachrichten-nummer
```

Das **r**-Kommando sendet die Antwort an den Absender und alle ursprünglichen Empfänger der Mail. Das **R**-Kommando antwortet nur an den Absender.* Die *Nachrichtennummer* ist optional. Wenn sie nicht angegeben wird, antworten Sie auf die aktuelle Nachricht. Welche Form der Antwort Sie wählen, hängt natürlich von der Nachricht ab. Wenn Sie an einer Diskussion teilnehmen, möchten Sie sicher, daß alle Empfänger Ihre Antwort lesen (**r**). Wenn Sie nur auf eine spezifische Frage antworten (»ja, ich werde am Ausflug teilnehmen«), dann können Sie annehmen, daß nicht alle Empfänger Ihre Antwort lesen müssen (hier würden Sie **R** verwenden).

* In einigen Versionen von **mail** unter UNIX sind diese Funktionen vertauscht. Achten Sie sicherheitshalber darauf, wenn Sie die ersten Antworten schreiben.

Lassen wir Sam auf die Mail antworten, mit der er die Beschwerde von Herrn Whiner bekam:

```
& 1
>From bertha Fri Jan  13 14:12:56 1992
Date: Fri, 13 Jan 1992 14:12:55 -0600
From: Bertha the Boss<bertha@fledgling.com>
To: sam@fledgling.com
Subject: Beschwerde von Hrn. Whiner

Schau doch mal, was sich machen läßt.

        From whiner Fri Jan  13 14:12:06 1992
        Received: by fledgling.com id AA09908
          (5.65d/IDA-1.4.4 for bertha); Fri, 13 Jan 1992 14:12:05 -0600
        Date: Fri, 13 Jan 1992 14:12:05 -0600
        From: whiner@bigaccount.com
        Message-Id: <199201032012.AA09908@fledgling.com>
        To: bertha@fledgling.com
        Subject: Schlechter Service

        Ich wurde von Ihrer Firma schlecht bedient ...
& R
To: bertha@fledgling.com
Subject: Re: Beschwerde von Hrn. Whiner
Ich habe mich darum gekümmert.
.
```

mail fügt die Nachricht, auf die Sie antworten, nicht automatisch in den Text ein (viele Mailer tun das für Sie). Wenn Sie sie eingefügt haben möchten, müssen Sie sie mit dem ~**m**- oder ~**f**-Kommando einfügen, wie jede andere Nachricht auch.

Allgemein unterstützte Funktionen

Es gibt eine Anzahl von Funktionen, die die meisten Mail-Programme kennen. Wenn Ihr Mailer irgendeine dieser Funktionen kennt, können Sie sie benutzen, egal mit welchem anderen Mailer Sie kommunizieren.

Carbon-copies (Durchschläge)

Alle Mailer ermöglichen es Ihnen, mehrere Adressen in das To:-Feld zu schreiben. Es ist oft sinnvoll, zwischen solchen Empfängern zu unterscheiden, die die Nachricht direkt betrifft, und solchen, die sie nur zur Information bekommen. Daher kennt die Mail-Software ein Feld Cc: mit weiteren Adressen. Jeder, der hier genannt wird, bekommt ebenfalls eine Kopie der Mail, genau so, als ob er in der To:-Zeile stünde. Daher hat das Cc:-Feld die gleiche Bedeutung wie die Durchschlag:-Zeile auf einem

Brief. Viele Mailer erzeugen automatisch eine **Cc**:-Zeile. Wenn Ihr Mailer die Möglichkeit bietet, den Kopf zu editieren, können Sie eine **Cc**:-Zeile auch von Hand einfügen.

UNIX-**mail** bietet Ihnen zwei Möglichkeiten, eine **Cc**:-Zeile zu erzeugen. Zum einen können Sie **~c** an beliebiger Stelle im Text einsetzen:

```
~c johnb@yoyodyne.com            ~ muß in Spalte 1 stehen
```

Sie können auch die Zeile **set askcc** in Ihre *.mailrc*-Datei schreiben. Dies weist den Mailer an, daß er am Ende einer Nachricht immer nach Durchschrift-Empfängern fragen soll. Wenn **askcc** gesetzt ist, sieht eine typische **mail**-Sitzung so aus:

```
& mail johnb
Subject: Schaffst Du's zum Treffen?
Es geht um das Treffen um 09.00 Uhr. Wirst Du da sein?
.
Cc: sekretariat
&
```

Einige UNIX-Systeme bieten diese Möglichkeit schon als Installationsoption. Wenn das bei Ihnen zutrifft, wird Ihre Mail-Software Sie auch nach weiteren Empfängern fragen, wenn **askcc** nicht gesetzt ist.

Blind-Carbon-Copies

Blind-carbon-copies sind ebenfalls Durchschriften, die an eine Liste von Empfängern gehen—wie Carbon-copies. Allerdings wird die Kopfzeile, die diese Liste enthält, vor dem Versand automatisch gelöscht. So kann keiner der Empfänger sehen, wer eine Blind-carbon-copy erhalten hat (oder ob das überhaupt der Fall war). Da in der versendeten Nachricht darüber kein Vermerk existiert, werden spätere Aktionen, die auf Daten im Kopf basieren (wie etwa Antworten an eine Gruppe), diese Empfänger nicht berücksichtigen.

In UNIX-**mail** stehen diese Durchschriften über die Tilde-Befehle **~b** zur Verfügung. Es arbeitet genau wie **~c**. Es gibt allerdings keine Option, um automatisch nach Bcc:-Empfängern zu fragen. Wenn Ihr Mailer Ihnen erlaubt, den Kopf zu editieren, können Sie eine **Bcc**:-Zeile auch manuell einfügen.

Signaturen

Signaturen sind eine Möglichkeit, abgehenden Nachrichten weitere Informationen anzuhängen. Sie enthalten oft Informationen über Sie und wie Sie erreicht werden können. Wenn Sie also nicht der Meinung sind, daß:

```
From: johnb@yoyodyne.com
```

bereits genug über Sie aussagt, könnten Sie eine Datei erstellen, die Ihren Namen,

Ihre Postanschrift, Telefonnummer, Faxnummer, weitere E-Mail-Adressen usw. enthält. Eine solche Datei könnte so aussehen:

```
----------------------------------------------------
John Bigboote         | Yoyodyne Industries
johnb@yoyodyne.com    |
(212)333-4444         | "The Future Begins Tomorrow"
----------------------------------------------------
```

Denken Sie daran: Wenn der Empfänger einer Mail Ihnen nicht direkt antworten kann, dann kann die Information in Ihrer Signaturdatei alles sein, was ihm sonst noch zur Verfügung steht. Halten Sie sie aber kurz und prägnant. Es ist etwas übertrieben (und recht verwirrend), wenn Ihre Signatur die Namen Ihrer Kinder und Haustiere enthält oder Bilder Ihrer Lieblingsstars, und wenn sie 15 oder 20 Zeilen lang ist.

Es gibt in **mail** unter UNIX keine Signatur-Funktion. Das Beste, was Sie hier tun können ist, eine solche Datei anzulegen und sie an jede Mail mittels **~r** von Hand anzuhängen.

Ungewöhnliche und nicht standardisierte Funktionen

Die folgenden Funktionen finden sich in manchen Mail-Paketen, aber Sie können nicht davon ausgehen, daß sie jedem zur Verfügung stehen. Einige davon, wie das Anfügen von Dokumenten, verbreiten sich zusehends, weil es standardisierte Verfahren dafür gibt. Andere, wie eine Empfangsbestätigung, werden vermutlich nie zum Standard werden. Daher können Sie nicht davon ausgehen, daß es funktioniert—es sei denn, Sie wissen, daß der Mailer des Empfängers diese Funktion auch unterstützt und dabei kompatibel zu Ihrem ist. Keine dieser Funktionen ist in UNIX-**mail** enthalten.

Anhängen von Dokumenten

Einige E-Mail-Systeme ermöglichen es Ihnen, Dateien als separate Einheiten zusammen mit einer Nachricht zu versenden. Wenn Sie jemandem eine Mail schreiben, können Sie also sagen: »Schicke diese Datei auch mit«. Wenn die Nachricht gelesen wird, fragt das Mail-System des Empfängers, wo die mitgeschickte Datei abgespeichert werden soll. Diese Dateien können sowohl Text als auch binär sein, und Systeminformationen bleiben bei der Übertragung erhalten. Wenn Sie also beispielsweise eine Nachricht wie, »Sieh Dir die Kalkulation mal an und melde Dich dann«, versenden, können Sie eine Excel-Datei von einem Macintosh anhängen. Wenn der Empfänger die Mail liest und die angehängte Datei abspeichert, erzeugt sein Macintosh automatisch die Excel-Datei auf seiner Maschine.

Die Möglichkeit der »Multimedia-E-Mail« bezieht sich auf angehängte Dateien. Diese Erweiterung ermöglicht es Ihnen, digitalisierte Sprache und Bilder als Teil einer

Nachricht zu versenden—zusammen mit anderen Anhängseln (wie binären Daten). Das neue Standardverfahren dafür im Internet heißt »MIME«—mehr darüber erfahren Sie weiter unten in diesem Kapitel. Denken Sie daran, daß digitalisierte Sprach- und Bilddaten viel Zeit für den Transfer und viel Platz auf der Festplatte benötigen.

Empfangsbestätigung

Bei der Empfangsbestätigung erhalten Sie automatisch eine Mail, wenn die Mail, die Sie abgesendet haben, dem Adressaten zugestellt wurde. Dies verhindert, daß jemand behauptet, die Mail nie erhalten zu haben—genau wie bei einem Einschreiben mit Rückschein, bei dem der Rückschein beweist, daß das Schreiben zugestellt wurde.

Lesebestätigung

Diese Bestätigung wird Ihnen zugesendet, wenn der Empfänger die Mail anzeigen läßt. Sie sagt nichts darüber aus, ob er sie verstanden oder auch nur gelesen hat. Aber sie sagt Ihnen, daß er lügt, wenn er behauptet, die Mail erst jetzt gesehen zu haben, während Sie die Lesebestätigung schon seit zwei Tagen haben.

Zurücknehmen von Nachrichten

Das Zurücknehmen (message cancelling) ermöglicht es Ihnen, eine Nachricht zu widerrufen, nachdem Sie sie abgesendet haben. Dies kann praktisch sein, wenn Sie häufig überreagieren und danach wünschen, diese Mail nicht geschrieben zu haben. Natürlich gibt es nur einen engen Zeitrahmen, in dem Sie eine Nachricht noch zurücknehmen können. Wie lang er ist, hängt vom Ziel der Nachricht und von Ihrer Netzanbindung ab. Wenn die Nachricht an einen anderen Anwender auf dem gleichen System geht, kann sie normalerweise noch zurückgenommen werden, bis er sie gelesen hat. Wenn sie an ein anderes System geht, kann eine Nachricht in der Regel nicht mehr zurückgenommen werden, sobald sie das absendende System verlassen hat.

Binäre Daten als Text versenden

Ab und zu möchten Sie vielleicht binäre Dateien per E-Mail versenden (zum Beispiel WordPerfect-Dokumente, Speicherauszüge etc.) Das Standard-Hilfsprogramm **ftp** ist unter Umständen nicht geeignet oder unpraktisch. Per E-Mail können Sie viele Adressen erreichen, die Sie mit **ftp** nicht erreichen; unter anderem Netze, die nicht direkt an das Internet angeschlossen sind, oder Teilnetze, die nur den E-Mail-Dienst anbieten. Darüber hinaus können Sie mit **ftp** eine Datei nicht an mehrere Empfänger versenden. Wenn Sie beispielsweise Ihre neue Version eines Newsreaders (siehe Kapitel 8, *News aus dem Netzwerk*) an viele Empfänger versenden wollen, ist **ftp** unpraktisch.

E-Mail sieht also aus, als sei es genau das, was wir brauchen. Leider überträgt E-Mail normalerweise nur Text, d.h. Dateien, die ausschließlich aus Textzeichen bestehen. Wie wir weiter oben schon festgestellt haben, erlaubt Ihnen jeder Mailer, Text in eine Nachricht einzufügen. Doch nur wenige Mailer ermöglichen es, binäre Dateien direkt zu übertragen, und die wenigen, die das tun, sind möglicherweise untereinander nicht kompatibel. Allerdings ist MIME dabei, hier einen Standard zu etablieren.

Mit etwas zusätzlicher Arbeit ist es aber für jeden Mailer möglich, eine binäre Datei zu übertragen, sofern auf dem sendenden Rechner ein Programm zur Verfügung steht, das binäre Dateien in eine Textform wandelt. Alle UNIX-Systeme verfügen über solche Programme—eines davon heißt **uuencode**, und wir verwenden es weiter unten als Beispiel. Viele andere Systeme haben ein vergleichbares Hilfsprogramm, und wenn Sie ein Programmierer sind, ist es nicht sehr schwierig, ein eigenes zu schreiben und an Ihre Freunde zu verteilen.

Natürlich bedeutet die Möglichkeit, eine binäre Datei zu versenden, noch nicht, daß sie am Ziel auch wirklich *genutzt* werden kann. Sie können beispielsweise ein **tar**-Archiv eines Verzeichnisses an jemanden verschicken; aber er wird nur etwas damit anfangen können, wenn er ein Utility hat, mit dem er **tar**-Archive lesen kann. Wenn die Dateien ausführbare Programme sind, werden sie nur funktionieren, wenn Sender und Empfänger den gleichen Computertyp benutzen. Ob die übertragenen Daten *nützlich* sind, ist allerdings ein anderes Problem, das nichts mit E-Mail an sich zu tun hat.

Wie auch immer: Sobald wir auf beiden Seiten die gleichen Hilfsprogramme zur Verfügung haben, ist alles in Ordnung. Sie benötigen ein Programm, das eine binäre Datei in eine Textdarstellung derselben Daten verwandelt. Sie könnten das selbst tun, wenn Sie wollten, indem Sie jedes Byte nehmen, es als Zahl zwischen 0 und 255 darstellen, und diese Zahlenfolge in eine andere Datei speichern. Sie müßten am anderen Ende die Prozedur dann nur umkehren. Aber wozu? Wie bereits gesagt, bringen die meisten Systeme diese Fähigkeit schon mit. **uuencode** wird mit UNIX geliefert, **btoa** ist auf vielen UNIX-Systemen verfügbar, und beide sind als Public-Domain-Programme für PCs verfügbar. **BinHex** führt eine ähnliche Funktion auf Macintosh-Rechnern aus. Mit diesen Utilities können Sie eine Datei kodieren und die Binärdatei in eine Textdarstellung wandeln. Sobald Sie eine solche Textdarstellung haben, können Sie sie per E-Mail versenden. Der Empfänger nimmt dann die Nachricht, entfernt den Nachrichtenkopf (manchmal ist nicht einmal das erforderlich), dekodiert sie, und hat wieder die originale Binärdatei.

Auch hier ist wohl ein Beispiel angebracht:

```
% uuencode overthruster < overthruster > temp
% mail john@yoyodyne.com
Subject: Programm
Hier ist das Programm, das Du haben wolltest (erst mit uudecode
bearbeiten):
```

```
~r temp
"temp" 7216/447224
.
Cc:
%
```

Die erste Zeile (**uuencode**) nimmt die Datei *overthruster* und kodiert sie als Text. Sie legt die Ausgabe in der Datei *temp* ab (wobei sie etwa um ein Drittel größer wird). Dabei versieht sie die Datei intern mit dem Namen *overthruster* (mehr darüber weiter unten). Danach beginnen wir eine E-Mail an **johnb@yoyodyne.com**, und geben ihm einen Hinweis, was er mit dieser Datei zu tun hat (was immer eine gute Idee ist). Die **~r**-Zeile ist das Mailer-Kommando, das eine Datei in eine Nachricht einzufügt; hier fügen wir die Datei *temp* ein, die wir vorher erzeugt haben. Die nächste Zeile sagt uns, daß die *temp*-Datei eingefügt wurde und 7216 Zeilen und 447.224 Zeichen lang ist.* Die Eingabe des Punktes (**.**) in der letzten Zeile bedeutet »Ende der Nachricht«, ein RETURN als Antwort auf die **Cc**:-Abfrage bedeutet: »Keine Kopien an irgend jemanden«.

Einige Zeit später loggt John sich ein, um seine E-Mail durchzugehen. Er sieht folgendes:

```
% mail
"/usr/spool/mail/john": 1 message 1 unread
>N 1 krol              Sat Nov 2 19:57 7245/448458 "Programm"
& 1
Received: from uxh.cso.uiuc.edu by uxc.cso.uiuc.edu with...
  (5.65c/IDA-1.4.4 for <john@yoyodyne.com>);
  Sat, 2 Nov 1991 19:56:31 -0600
Received: by uxh.cso.uiuc.edu id AA22546
  (5.65c/IDA-1.4.4 for john@yoyodyne.com);
  Sat, 2 Nov 1991 19:56:16 -0600
Date: Sat, 2 Nov 1991 19:56:16 -0600
From: Ed Krol <krol@uxh.cso.uiuc.edu>
Message-Id: <199111030156.AA22546@uxh.cso.uiuc.edu>
To: john@yoyodyne.com
Subject: Programm

Hier ist das Programm, das Du haben wolltest (erst mit uudecode
bearbeiten):
begin 755 overthruster
M```!@0D````I$U;Q````!0``````````!<````'`````````!,J<``````````*4H`
M````````````````````````````````!*``````#C0````"``!`P@````````
CTRL-C  Interrupt
& s encodedprog
"encodedprog" [New file] 7244/448458
```

---

* Einige E-Mail-Systeme beschränken die Länge einer Nachricht—z.B. auf 1000 Zeilen oder 50.000 Zeichen. Wenn Sie eine dieser Grenzen erreichen, können Sie das Unix-Tool **split** verwenden, um die Datei in mehrere Teile zu trennen, die Sie dann separat versenden.

```
& q
% uudecode encodedprog
```

Er sieht also eine Nachricht von »krol«, und sie ist ziemlich groß (7244 Zeilen). Hinter dem &-Prompt gibt er eine **1** ein, was bedeutet: »lies Nachricht 1«. Sie fängt wie eine normale Nachricht an—bis zu der Zeile, in der **begin** steht. Dies ist der Anfang der kodierten Binärdatei. Nach ein paar Zeilen unterbricht er das Listing (hier, indem er CTRL-C drückt) und gibt das Kommando **s kodiertes-programm**. Dieses Kommando speichert die aktuelle Mail in eine Datei namens **kodiertes-programm**. Er läßt dann **uudecode** über die neue Datei laufen. Es ignoriert den Text vor der **begin**-Zeile und dekodiert dann den Zeichensalat, der darauf folgt. Dabei erzeugt **uudecode** eine neue Binärdatei, die dem Original entspricht, und gibt ihr den Namen, den Sie ihr im **uuencode**-Kommando gaben (**overthruster**), und der in der »begin«-Zeile festgehalten wurde. Zum Schluß hat John das Programm **overthruster**.

MIME: Multi-purpose Internet Mail Extensions

MIME ist eine Spezifikation, die den automatischen Transfer von Daten, die keine Texte sind, in E-Mail-Nachrichten ermöglicht. MIME erspart Ihnen die ganze komplizierte Prozedur mit **uuencode** und **uudecode**, die wir gerade besprochen haben. Selbst wenn Sie und der Empfänger unterschiedliche E-Mail-Pakete benutzen—solange sie MIME-kompatibel sind, können Sie untereinander nahezu beliebige Daten austauschen.

Obwohl MIME in erster Linie spezifiziert, wie Dateien an E-Mail-Nachrichten angehängt werden, assozieren viele Menschen MIME mit Multimedia, und haben so etwas weitergehende Erwartungen. MIME-Mailer wissen normalerweise von verschiedenen Dateitypen, wie sie damit umzugehen haben. Insbesondere gilt das für Bilder, Audioaufnahmen und Filme. (Ob sie diese tatsächlich anzeigen können, hängt in erster Linie davon ab, ob Ihr Computer über die nötige Hardware verfügt; wahrscheinlich brauchen Sie auch zusätzliche Software.) Sie könnten auf diese Weise eine Nachricht versenden, die das neue ferngesteuerte Spielzeug vorstellt, das Sie vermarkten wollen, und gleichzeitig einen Film anhängen, der zeigt, wie das Spielzeug einen Hund durch das Zimmer jagt. Der Empfänger kann dann die Nachricht lesen und—ohne zusätzlichen Aufwand—den Film ablaufen lassen. (Natürlich könnte er darüber fluchen, daß Sie ihm eine so große Datei geschickt haben, insbesondere, wenn er für seine Anbindung volumenabhängig bezahlt.)

Im Extremfall können MIME-Mails sogar Software enthalten, die dann auf Ihrem System abläuft. Zum Beispiel könnten Sie eine Mail erhalten, die Sie über die Situation der Obdachlosen informiert. Nachdem Sie die Nachricht gelesen haben, könnte automatisch ein neues Fenster erscheinen, das einen Musterbrief an Ihren Abgeordneten enthält. Darunter dann die Aufforderung, hier zu klicken, wenn Sie den Brief direkt per E-Mail absenden wollen. Er wird dann automatisch aufgesetzt, unterzeichnet und versendet.* Obwohl es gefährlich klingen mag, jemanden anderes Programme auf Ihrem System ausführen zu lassen, hat man ausnahmsweise gründlich gearbeitet: Diese Programme sind in einer speziellen Sprache geschrieben, die Ihr MIME-Mailer versteht, und es ist ihnen nicht möglich, etwas zu tun, das in irgendeiner Weise schädlich wäre.

Alle diese Möglichkeiten sind sowohl ein Segen als auch ein Fluch—untrennbar miteinander verbunden. Der Segen ist, daß auf diese Weise auch Menschen mit geringen technischen Kenntnissen in die Lage versetzt werden, alle Arten von Dateien zu versenden. Der Fluch ist, daß diese Leute nicht unbedingt erkennen, daß sie Funktionen verwenden, die nicht universell anwendbar sind, und daß einige Empfänger möglicherweise nicht in der Lage sind, ihre Nachrichten zu entschlüsseln.

Was MIME macht

Lassen Sie uns ein etwas weniger ausgefallenes Beispiel betrachten, das uns einen Einblick in das gibt, was MIME wirklich leistet. Wenn Sie jemandem eine Excel-Tabelle senden wollen, können Sie diese Tabelle als Dokument an eine E-Mail anhängen. Wenn der Empfänger keine MIME-fähige Mail-Software benutzt, dann wird er ungefähr das hier sehen:

```
From e-krol@uiuc.edu Mon Jan  3 11:19:49 1994
Date: Mon, 3 Jan 1994 11:19:39 -0600
Message-Id: <199401031719.AA25021@ux1.cso.uiuc.edu>
X-Sender: krol@ux1.cso.uiuc.edu
Mime-Version: 1.0
Content-Type: multipart/mixed; boundary="=====_3514124==_"
To: ajzxmvk@ux1.cso.uiuc.edu
From: e-krol@uiuc.edu (Ed Krol)
Subject: Hier ist die Tabelle
Status: RO

--=====_3514124==_          der normale Text
Content-Type: text/plain; charset="us-ascii"

Hallo, Martha. Hier ist die Tabelle, auf die Du wartest.

--=====_3514124==_          die angehängte Datei
Content-Type: application/mac-binhex40; name="Kostenplanung"
Content-Disposition: attachment; filename="Kostenplanung"

(This file must be converted with BinHex 4.0)

:&&"bEfTPBh4PC#"$Eh0dFb"-DA0d!&K-8c0B3d9-!3!!!%!&!!!!!2`H#3)'!!!
!%!$f"9`!)!!+8QpcFb"@C@&MD#!J)#!J)#!J)#!J)#!J)#!J)#!J)!X#'!"@!`!
...
```

* Ob Sie das als großen Fortschritt auffassen oder nicht, bleibt ganz Ihnen überlassen.

Als MIME die Nachricht verschickt hat, wurden einige zusätzliche Zeilen eingefügt, die genaugenommen Anweisungen an die E-Mail-Software des Empfängers sind. Egal, ob Sie die Nachricht versenden oder empfangen, Sie müssen sich nicht um diese Anweisungen kümmern—sie werden automatisch verarbeitet. Sie sollten jedoch hoffen, daß die Mail-Software des Empfängers sie auch versteht. Es gibt leider keine Möglichkeit, vorherzusagen, ob sie das tut oder nicht.

Wozu sind diese Anweisungen nun gut? Sie teilen eine Nachricht in eine Anzahl von Teilen (*parts*), getrennt durch Abgrenzungen (*boundary markers*). Das ist einfach eine Zeichenkette, die sonst nirgendwo in der Nachricht vorkommt. Definiert wird die Abgrenzung im Kopf der Nachricht—sie ist nicht für alle Mails gleich.

Nach der ersten Abgrenzung sehen Sie eine oder mehrere Zeilen, die aussehen wie weitere Kopfzeilen. Diese Zeilen beschreiben den *Typ* dieses Teils, das heißt, sie verraten dem Mailer des Empfängers, wie er diesen Teil der Nachricht dekodieren muß. Der erste Teil unserer Beispielnachricht ist vom Typ *text/plain*—das bedeutet, daß es sich um einfachen Text in ASCII-Kodierung handelt. Hier findet sich eine sehr kurze Nachricht, die der Empfänger als herkömmlichen Text angezeigt bekommt. Danach folgt eine Datei namens *Kostenplanung*, vom Typ *application/mac-binhex40*. Der Mailer des Empfängers sollte diesen Typ kennen und die Datei automatisch dekodieren (nachdem er gegebenfalls den Anwender um Erlaubnis gefragt hat).

Also: MIME-fähige Mailer sollten in der Lage sein, unterschiedliche Arten von Dateien korrekt zu dekodieren. Wenn alles glatt läuft— und das ist meistens der Fall—wird MIME die dekodierte Datei *Kostenplanung* auf dem Computer des Empfängers hinterlassen, ohne daß der Empfänger manuelle Kodier- oder Dekodierarbeit leisten muß. Allerdings gibt es hier trotzdem noch ein Kompatibilitätsproblem: Es gibt viele MIME-Typen. Eine MIME-fähige Mail-Software muß in der Lage sein, Mails im MIME-Format zu verarbeiten, aber sie muß nicht alle denkbaren Typen kennen. Allgemein: Sowohl die Mail-Software des Absenders als auch die des Empfängers kennen eine Gruppe von MIME-Typen—einige davon werden beiden bekannt sein und einige nicht. Wenn Ihr Mailer MIME-kompatibel ist, aber einem unbekannten MIME-Typ begegnet, dann werden Sie so etwas wie das hier sehen:

```
This message contains data in an unrecognized format,
application/mac-binhex40, which can either be viewed
as text or written to a file.

What do you want to do with application/mac-binhex40 data?
1 -- See it as text
2 -- Write it to a file
3 -- Just skip it
```

In diesem Fall können Sie die Nachricht dennoch retten, wenn Sie sie abspeichern und von Hand dekodieren—genau so, wie Sie es mit einem der altmodischen Mailer tun würden. Die MIME-Nachricht sagt Ihnen normalerweise sogar, was Sie tun müssen. In diesem Beispiel müssen Sie ein Hilfsprogramm finden, das BinHex-

Dateien dekodieren kann und es anwenden, um die Datei lesbar zu machen.* Denken Sie daran: Nur weil Sie oder Ihre Mail-Software in der Lage waren, die Datei zu dekodieren, muß sie noch lange nicht auf ihrem Rechner verwendbar sein. Wenn Sie eine Tabelle wie im Beispiel empfangen haben, brauchen Sie immer noch Excel, um sie anzuzeigen.

Eine andere Spezialität von MIME ist es, eine Datei nicht zu versenden, wenn der Empfänger sie nicht wirklich haben will. Statt die Datei kodiert in die Mail einzufügen, wird eine Anweisung eingefügt, die dem Mailer des Empfängers sagt, wie die Datei automatisch per FTP geholt werden kann (natürlich muß der Absender sicherstellen, daß die Datei wirklich irgendwo für FTP bereitsteht). Mit dieser Möglichkeit erhalten Sie die Chance zu entscheiden, ob Sie eine Datei wirklich empfangen wollen oder nicht. Wenn Sie die Datei nicht benötigen, sparen Sie Platz auf Ihrem Computer und reduzieren den Netzverkehr. Sie könnten beispielsweise den Entwurf eines neuen Benutzerhandbuchs an jeden in Ihrer Firma »mailen«. Das Benutzerhandbuch würde in Wirklichkeit nicht versendet werden, sondern in einem FTP-Archiv darauf warten, daß einzelne Leser es tatsächlich anfordern. Die, die das Handbuch haben möchten, könnten es bekommen ohne auch nur zu wissen, was FTP ist—der MIME-fähige Mailer kümmert sich um den Transfer. Diejenigen, die das Handbuch nicht möchten, können die Mail einfach ignorieren.

Hier ist eine solche Einfügung:

```
--OtherAccess--          dies ist der Boundary-marker
Content-Type:  Message/External-body;
        name="draft-ietf-atommib-sonet-03.txt";
        site="ds.internic.net";
        access-type="anon-ftp";
        directory="internet-drafts"

Content-Type: text/plain
Content-ID: <19931228115236.I-D@CNRI.Reston.VA.US>

--OtherAccess--
```

Hiermit wird eine MIME-fähige Mail-Software angewiesen, die Datei *draft-ietf-atommib-sonet-03.txt* vom Host **ds.internic.net** zu holen. Nun gibt es da ein offensichtliches Problem: Es ist für den Empfänger einfach, an die Datei zu gelangen, solange er direkt mit dem Internet verbunden ist. Wenn er sich aber auf einem anderen Netz befindet, das mit dem Internet nur über ein Mail-Gateway verbunden ist, dann wird **ftp** nicht funktionieren. Wenn Ihnen dieses Problem begegnet, können Sie möglicherweise noch von Hand an die Datei gelangen, indem Sie einen **ftpmail**-Dienst benutzen (mehr darüber weiter hinten in diesem Kapitel).

---

* Siehe auch unter Kompressions- und Archiv-Software im *Ressourcen-Katalog*.

Pine: Ein MIME-Beispiel

Bis jetzt habe ich viel Zeit darauf verwendet, Ihnen zu erklären, wie MIME Ihnen das Leben schwermachen kann, und dabei mag der Eindruck entstanden sein, daß es Ihnen eher Schwierigkeiten macht, als Ihnen zu helfen. Das stimmt so nicht. Meistens tun MIME-Mailer das, was Sie wollen: Sie sind unendlich hilfreich, um alle Arten von Dateien zu transferieren, mit denen Sie sonst Schwierigkeiten hätten. Und die Dinge, die MIME nicht bewältigt, sind Dinge, die Sie mit normaler E-Mail nicht einmal versuchen würden.

Lassen Sie uns einmal betrachten, wie MIME die Handhabung von E-Mail vereinfacht. Zahlreiche Pakete sind in der Lage, MIME-Nachrichten zu verarbeiten; eines davon ist **metamail** (kostenlose Erweiterungen zum Standard-BSD-Mailer, den wir weiter oben besprochen haben). Z-Mail ist ein anderes (ein populärer kommerzieller Mailer, der auf zahlreichen Systemen läuft), und **pine** ist schließlich ein anderes Produkt, das als kostenlose Software an Bekanntheit gewinnt. Wir werden einen kurzen Blick auf **pine** werfen. Wir werden nicht versuchen, seine Möglichkeiten komplett aufzuzählen—dafür existiert eine brauchbare Hilfe-Funktion. Seine Einfachheit und die Menüsteuerung sorgen dafür, daß die meisten Leute schnell damit zurechtkommen.

Pine wurde an der Universität von Washington für den Gebrauch durch Studenten entworfen.* Seine Funktionen sind relativ einfach, aber es ist auch einfach anzuwenden. Es läuft im Ganzseiten-Modus auf normalen ASCII-Terminals. Daher arbeitet es über Wählleitungen mit VT100-Emulation ebenso wie auf alten Terminals; es benötigt keinen Grafikbildschirm.

Sie starten **pine** mit dem Kommando:

```
% pine
```

Sie werden mit einem Bildschirm begrüßt, der die wichtigsten Befehle aufführt:

```
PINE 3.05          MAIN MENU          Folder:inbox  1 Message

?   HELP          - Get help using Pine
C   COMPOSE       - Compose and send a message
I   MAIL INDEX    - Read mail in current folder
F   FOLDERS       - Open a different mail folder
A   ADDRESSES     - Update your address book
O   OTHER         - Use other functions
Q   QUIT          - Exit the Pine mail program

? Help        Q Quit         F Folders      O Other
C Compose     I Mail Index A Addresses
```

---

* Sie können **pine** per anonymem FTP von **ftp.cac.washington.edu** erhalten, im Verzeichnis **/mail**. Viele ausführbare Binärdateien für UNIX liegen im **unix-bin**-Verzeichnis, dazu kommen Binärdateien für andere Plattformen. Schauen Sie in die *README*-Datei.

Alle Befehle werden mit einem einfachen Tastendruck ausgeführt—es gibt keine exotischen Tilde-Befehle wie in **mail** unter UNIX. Wiederholen wir unser früheres Beispiel: Wir senden das **overthruster**-Programm an **johnb@yoyodyne.com**. Diesmal müssen wir uns keine Gedanken über **uuencode** machen; wir senden das Programm als MIME-Anhängsel, das seine eigene Kodierung verwendet. Um eine Nachricht zu versenden, drücken Sie **C** (für das Kommando »Compose«). MIME zeigt dann eine Maske für die Eingabe einer Mail an:

```
PINE 3.05    COMPOSE MESSAGE    Folder:inbox  1 Message

To      : johnb@yoyodyne.com
Cc      :
Attchmnt: 1. /cso/staff/krol/overthruster (185 KB) ""
Subject : Programm
----- Message Text -----
Hier ist das Programm, das Du haben wolltest..







^G Get Help ^C Cancel   ^R Read File^Y Prev Pg  ^K Del Line ^O Postpone
^X Send     ^J Justify  ^W Where is ^V Next Pg  ^U UnDel Lin^T To Spell
```

Der Cursor befindet sich anfangs im `To:`-Feld. Wir geben hier die Zieladresse ein und benutzen dann **TAB**, um andere Felder zu erreichen. Wenn wir zum `Attachmnt:`-Feld kommen, geben wir den Namen der Datei ein, die versendet werden soll—in diesem Fall *overthruster*. Wir haben hier nur *overthruster* eingegeben; sobald **pine** bemerkte, daß es sich um einen gültigen Dateinamen handelt, hat es automatisch den Rest des Pfades, die Dateigröße und die restlichen Informationen hinzugefügt. Das ist alles, was wir tun müssen, um das Programm zu versenden—MIME erledigt den Rest. Nun geben wir noch einen Betreff und einen Nachrichtentext ein. Wenn das erledigt ist, fehlt noch ein **CTRL-X**, um die Nachricht abzusenden.

Sehen wir nun einmal John B. bei Yoyodyne über die Schulter und beobachten, was passiert, wenn er die Nachricht erhält. Er beginnt ebenfalls mit dem Hauptmenü von **pine**, das eine Kommandoübersicht gibt und ihm mitteilt, daß eine Nachricht in seinem Posteingang wartet:

```
PINE 3.05       MAIN MENU       Folder:inbox  1 Message

?   HELP        - Get help using Pine
C   COMPOSE     - Compose and send a message
I   MAIL INDEX  - Read mail in current folder
F   FOLDERS     - Open a different mail folder
A   ADDRESSES   - Update your address book
```

```
 O   OTHER          - Use other functions
 Q   QUIT           - Exit the Pine mail program

             [Folder "inbox" opened with 1 message]
? Help        Q Quit       F Folders      O Other
C Compose     I Mail Index A Addresses
```

Er wählt **I**, um die Mail im aktuellen Folder **inbox** anzuzeigen:

```
 PINE 3.05     MAIL INDEX     Folder:inbox  Message 1 of 1

  N 1   Jan  5 Ed Krol               (256K) Programm



? Help         M Main Menu  P Prev Msg     - Prev Page  F Forward     D Delete
O OTHER CMDS V View Mail  N Next Msg SPACE Next Page  R Reply  S Save
```

Indem er den Cursor auf die Nachricht, die ihn interessiert, positioniert und **V** drückt, läßt er die Nachricht anzeigen, die wir ihm geschickt haben:

```
PINE 3.05     VIEW MAIL    Folder:inbox  Message 1 of 1 100%

Date: Wed, 5 Jan 1994 13:18:59 -0600 (CST)
From: Ed Krol <krol@ux1.cso.uiuc.edu>
To: johnb@yoyodyne.com
Subject: Program
Parts/attachments:
 1 Shown  2 lines Text
 2      251 Kb    File "overthruster", ""  darauf warten wir
----------------------------------------

Hier ist das Programm, das Du haben wolltest.


  [Part 2, ""  Attached file "overthruster"  251Kb]
  [Can not display this part. Use the "A" command to save in a file]

? Help         M Main Menu  P Prev Msg     - Prev Page  F Forward     D Delete
O OTHER CMDS I Mail Index N Next Msg SPACE Next Page  R Reply       S Save
```

Wie zu erwarten war, zeigt **pine** den lesbaren Teil der Nachricht an und teilt mit, daß die Datei *overthruster* angehängt ist—aber daß es nicht sinnvoll ist, sie auf dem Bildschirm anzuzeigen. **Pine** teilt John B. weiter mit, wie er sie abspeichern kann: **A** drücken. Wenn er das tut, antwortet **pine**:

```
Enter attachment number to view or save (1 - 2) :2
^G Help            ^C Abort            RETURN Enter
```

John B. sagt **pine** jetzt, daß er den zweiten Teil der Nachricht speichern möchte, indem er **2** drückt. MIME-Nachrichten können aus vielen Teilen bestehen—in dieser Nachricht war Teil 1 der erläuternde Text (»Hier ist das Programm, das Du haben wolltest.«), und Teil 2 ist das Programm selbst. **pine** fragt dann:

```
Save or View attachment? (s/v) [s]
```

Dies zeigt eine der Beschränkungen von **pine**. Es weiß nur von zwei Arten von Dateien, wie es damit umzugehen hat: GIF-Bilder und Binärdaten.* Wäre das Anhängsel eine Bilddatei, könnten Sie sie anzeigen, indem Sie **v** drücken. John B. möchte die Datei jedoch abspeichern, und das tut er, indem er **s** drückt. Das **[s]** zeigt Ihnen an, daß **s** die Vorgabe ist; ein einfaches RETURN hätte also den gleichen Effekt. **Pine** erfragt dann einen Dateinamen, wobei es *overthruster* vorschlägt (denselben Namen, den auch der Absender verwendete):

```
File (in home directory) to save attachment in: overthruster
```

Wenn John das nicht gefällt, kann er es löschen und einen anderen Namen eingeben. Da er mit *overthruster* zufrieden ist, drückt er einfach RETURN und ist fertig. Es gibt nichts zu kodieren oder dekodieren, und auch keine exotischen Dateiformate zu lernen.

Das ist alles, was wir über **pine** sagen werden. Es lohnt sich, sich damit zu beschäftigen, wenn Sie es zur Verfügung haben. Wenn Sie es ausprobieren, sollten Sie sich merken, daß jeder Bildschirm ein Hilfe-Kommando hat, das die Befehle beschreibt, die Sie an dieser Stelle eingeben können.

Wenn E-Mail zurückkommt

Wenn E-Mail nicht zugestellt werden kann, bekommen Sie normalerweise eine Nachricht, die Ihnen sagt, warum. Diese erreicht Sie als ziemlich merkwürdige Nachricht, die plötzlich in Ihrem Posteingang erscheint:

```
% mail
"/usr/spool/mail/krol": 1 message 1 unread
>N 1 MAILER-DAEMON@uxc.cs Sun Nov 3 09:03 29/1233 "Returned mail: Host un"
&
```

Zu diesem Zeitpunkt ist alles, was Sie wissen, daß Ihre Mail das Ziel nicht erreicht hat, aber Sie wissen noch nicht, warum. Um das herauszufinden, müssen Sie die kryptische Nachricht durchgehen, die zurückkam.

* GIF (Graphics Interchange Format) ist ein weit verbreitetes Format, um farbige Bilder abzulegen. Viele der Bilder, die Sie im Netz finden werden, sind als GIF-Dateien abgelegt.

Es gibt drei verbreitete Gründe, warum E-Mail fehlschlagen kann:

- Das Mail-System kann die Maschine des Empfängers nicht finden.
- Der Empfänger ist auf dieser Maschine unbekannt.
- Die Mail erreicht die Maschine, kann aber trotzdem aus irgendeinem Grund nicht zugestellt werden.

Lassen Sie uns diese Gründe einen nach dem anderen untersuchen.

Unbekannte Rechner

Wenn Sie eine Nachricht an jemanden senden, versucht das Netzwerk, den Adreßteil rechts vom `@` zu interpretieren. Wenn es keinen Sinn hineinbekommt oder die Adresse der bezeichneten Maschine nicht nachsehen kann, gibt der Mailer den Versuch auf und teilt Ihnen mit, daß die Maschine unbekannt ist. Sehen Sie nochmal das vorherige Beispiel an, in dem wir ein Programm kodiert haben und es an **johnb@yoyodyne.com** sendeten. Nehmen wir an, daß das Netz keine Maschine namens **yoyodyne.com** kannte. Dann bekommen Sie eine Nachricht zurück, die etwa so aussieht:

```
& 1
From MAILER-DAEMON@uxc.cso.uiuc.edu Sun Nov  3 09:03:18 1991
Date: Sun, 3 Nov 1991 09:02:57 -0600
From: Mail Delivery Subsystem <MAILER-DAEMON@uxc.cso.uiuc.edu>
To: krol@ux1.cso.uiuc.edu
Subject: Returned mail: Host unknown

   ----- Transcript of session follows -----
550 yoyodyne.com (TCP)... 550 Host unknown

   ----- Unsent message follows -----
Received: from ux1.cso.uiuc.edu by uxc.cso.uiuc.edu with SMTP id AA17283
  (5.65c/IDA-1.4.4 for <johnb@yoyodyne.com>); Sun, 3 Nov 1991 09:02:57 -0600
Received: by ux1.cso.uiuc.edu id AA17906
  (5.65c/IDA-1.4.4 for johnb@yoyodyne.com); Sun, 3 Nov 1991 06:22:30 -0600
Date: Sun, 3 Nov 1991 06:22:30 -0600
From: Ed Krol <krol@ux1.cso.uiuc.edu>
Message-Id: <199111031222.AA17906@uxh.cso.uiuc.edu>
To: johnb@yoyodyne.com
Subject: Programm
```

Als Antwort auf den &-Prompt gaben Sie die Nummer der Nachricht ein, die Sie lesen wollen (wie bei jeder anderen Nachricht). Sie sehen eine Nachricht vom MAILER-DAEMON auf einer Maschine namens **uxc.cso.uiuc.edu**. **uxc.cso.uiuc.edu** ist ein zwischengeschalteter Mail-Rechner. Ihre Mail wurde auf dem Weg zu **yoyodyne.com** dorthin gesendet, und dort trat ein Problem auf. Unter dem Kopf der zurückgesendeten Nachricht, in einem Abschnitt namens »Transcript of session«, finden Sie die Nachricht, daß ein Host namens **yoyodyne.com** im Netzwerk unbekannt ist. Danach finden Sie gewöhnlich die unzustellbare Nachricht selbst. Dies erspart Ihnen die Mühe, sie erneut einzugeben. Sie müssen allerdings den überflüssigen Text am Anfang löschen, bevor Sie diese Nachricht erneut absenden.

Was sollten Sie tun, wenn etwas wie das hier passiert? Zunächst überprüfen Sie die Adresse—ist **yoyodyne.com** korrekt geschrieben? Als nächstes überprüfen Sie, ob die Adresse komplett ist. Viele Mailer fügen selbsttätig eine Domain an, wenn Sie nur **yoyodyne** erhalten, und nehmen dafür die gleiche Domain wie Ihre eigene. Auf einer Maschine namens **ux1.cso.uiuc.edu** würde **yoyodyne** also zu **yoyodyne.cso.uiuc.edu** expandiert. Das ist eine praktische Abkürzungskonvention, weil der größte Teil der E-Mail innerhalb derselben Organisation bleibt. Sie müssen jedoch darauf achten, die richtige Domain anzugeben, wenn Sie E-Mail an jemanden außerhalb senden.

Eine andere Variante dieses Problems tritt auf, wenn Ihnen jemand eine Teil-Adresse gibt—in der Annahme, daß Sie den Rest schon selbst herausfinden werden. Beispielsweise könnte Ihnen jemand eine Adresse wie **joe@turing.cs** geben. Er nimmt an, daß Sie wissen, daß er im Informatik-Fachbereich (cs für Computer Science) der Universität von Illinois in Urbana-Champaign sitzt. Diese hat die Domain **uiuc.edu**, und damit lautet seine vollständige Adresse **joe@turing.cs.uiuc.edu**. Wenn Sie das nicht wissen, und einfach die Adresse **joe@turing.cs** verwenden, dann gerät die Mail-Software durcheinander. In diesem Falle sogar richtig durcheinander, denn für einen Computer sieht **turing.cs** exakt wie der vollständige Domainname eines Rechners in Tschechien aus (**.cs** ist der Ländercode für Tschechien). Wenn Sie Glück haben, existiert **turing.cs** nicht, und Sie bekommen die Fehlermeldung »unknown host«. Wenn Sie Pech haben, existiert **turing.cs**, und bringt Sie dadurch noch mehr durcheinander. (Und wenn Sie richtiges Pech haben, gibt es auch einen **joe@turing.cs**, und er bekommt die Mail.)

Die Moral von der Geschichte ist zweigeteilt. Zum einen müssen Sie möglicherweise eine Adresse selbst vervollständigen, indem Sie weitere Informationen verwenden, die Ihnen vorliegen. Zum anderen sollten Sie immer Ihre komplette Adresse angeben, wenn Sie sie jemand anderem mitteilen. Gehen Sie nicht davon aus, daß er schon wissen wird, wie er sie vervollständigen muß.

Eine letzte Warnung: Sie könnten zurückgewiesene Nachrichten erhalten, in denen der unbekannte Rechner mehr als eine Top-Level-Domain hat, z.B. so etwas wie:

```
yoyodyne.com.cso.uiuc.edu
```

Wenn Ihnen so etwas passiert, dann sind Sie einem falsch konfigurierten Mailer begegnet. **yoyodyne.com** war eine vollkommen korrekte Adresse. Irgendein Mailer auf dem Weg dorthin hat aber entschieden, daß sie das nicht ist und hat versucht, sie zu korrigieren, indem er seine eigene Domain anhängte—wodurch die Sache richtig danebenging. In diesem Fall gibt es nichts, was Sie tun können. Versuchen Sie jemanden zu finden, der sich mit Mailern auskennt, und bitten Sie ihn um Hilfe.

Was war an der Nachricht, die wir diskutiert haben, nun falsch? Nehmen wir an, daß John Ihnen die Adresse **yoyodyne.com** gab und Sie sie auch richtig geschrieben haben. Da die Domain **.com** eine gültige Top-Level-Domain ist, sollte das Problem nicht bei der versuchten Vervollständigung des Namens liegen. Von der Seite des Netzwerks her ist also alles in Ordnung. Es ist anzunehmen, daß **yoyodyne.com** nicht existiert. Entweder gab John Ihnen eine fehlerhafte Adresse, oder sie hat im Laufe der Zeit aufgehört zu existieren.

Es ist außerdem möglich, daß Ihr Computer das System, an das Sie etwas senden wollen, einfach nicht kennt. Einige Mailer verwalten Listen gültiger Rechnernamen, die nicht ständig aktualisiert werden. Der Zielrechner taucht vielleicht nicht in dieser Liste auf. Wenn Sie denken, daß dies das Problem sein könnte, dann sprechen Sie mit demjenigen, der für Ihr Mail-System verantwortlich ist.

Ähnliche Fehler können auftreten, wenn Sie auf die Nachricht von jemand anderem antworten. Einige Mailer schreiben keine komplette Adresse in die **From**:-Zeile der Nachricht. Wenn **johnb@yoyodyne.com** einen solchen Mailer benutzt, dann steht in der **From**:-Zeile der Nachrichten, die Sie von ihm erhalten, nur **johnb@yoyodyne**. Da diese Zeile für die Zustellung der Nachricht nicht von Belang ist, werden Sie sie problemlos zugestellt bekommen. Wenn Sie darauf antworten, wird das **From**:-Feld in das **To**:-Feld kopiert. Und dann haben Sie die gleiche Situation wie oben: Ihre Mail wird an **johnb@yoyodyne** adressiert. Ihr Computer wird die Adresse zwar vervollständigen, aber wahrscheinlich nicht korrekt. Wenn Ihr Mailer Ihnen erlaubt, den Nachrichtenkopf zu editieren, können Sie die Antwort trotzdem schreiben und anschließend die Adresse vervollständigen. Wenn Sie das nicht tun können, bleibt Ihnen nur, auf **reply** zu verzichten und statt dessen eine neue Nachricht zu schreiben.

Wenn keiner dieser Tips Ihnen weiterhilft, können Sie nur noch den Adressaten anrufen und versuchen, eine andere Adresse zu bekommen.

Unbekannte Empfänger

Nehmen wir an, daß Ihre Mail den Weg zum richtigen Rechner gefunden hat. Irgendwann wird ein Rechner auf der Strecke Kontakt mit dem Zielrechner aufnehmen und ihm den Namen des Empfängers mitteilen. Was passiert, wenn der Zielrechner den Namen des Empfängers nie gehört hat? Dann sieht die Mail, die Sie zurückerhalten, ungefähr so aus:

```
>From daemon Mon Nov  4 14:44:31 1991
Received: by uxh.cso.uiuc.edu id AA08280
  (5.65c/IDA-1.4.4 for krol); Mon, 4 Nov 1991 14:44:26
Date: Mon, 4 Nov 1991 14:44:26 -0600
From: Mail Delivery Subsystem <MAILER-DAEMON>
Message-Id: <199111042044.AA08280@uxh.cso.uiuc.edu>
To: krol
Subject: Returned mail: User unknown Status: RO
```

```
   ----- Transcript of session follows -----
While talking to yoyodyne.com:
>>> RCPT To:<johm@yoyodyne.com>
<<< 550 <johm@yoyodyne.com>... User unknown
550 johm@yoyodyne.com... User unknown
```

Diese Meldung wird häufig durch einen Tippfehler im Benutzernamen verursacht (und genau das ist oben passiert, ich habe mich bei john verschrieben). Es ist auch möglich, daß der Benutzername stimmt und der Rechnername falsch, aber trotzdem zulässig ist. Wenn Sie beispielsweise eine Nachricht an **johnb@ux2** statt an **johnb@ux1** adressieren, könnten Sie die Fehlermeldung »User unknown« bekommen. Die Maschine **ux2** existiert, aber auf ihr gibt es keinen Benutzer **johnb**. (Im schlimmsten Fall bekommt jemand anderes die Mail—ein »johnb«, den Sie vielleicht gar nicht kennen, der aber einen Account auf **ux2** hat.)

E-Mail, die nicht zugestellt werden kann

Die vorherigen Beispiele zeigen die häufigsten Fehler, aber wenn Sie es darauf anlegen, können Sie andere Fehler produzieren—wie beispielsweise diesen:

```
----- Transcript of session follows -----
554 <johnb@yoyodyne.com>... Service unavailable
```

Diese Nachricht sagt Ihnen, daß die Zielmaschine, obwohl Sie gefunden wurde und erreichbar war, zu diesem Zeitpunkt keine E-Mail angenommen hat. In diesem Fall ist das beste, was Sie tun können, eine Weile abzuwarten und es dann noch einmal zu versuchen—vielleicht während der üblichen Arbeitszeit (bzw., falls Sie es während der Arbeitszeit versucht hatten, versuchen Sie es außerhalb). Einige Rechner sind so konfiguriert, daß sie an Wochenenden oder zu einer beliebigen anderen Zeit keine E-Mail annehmen.

In den bisher geschilderten Fällen bekommen Sie fast sofort eine Nachricht über das Problem. Wenn beispielsweise der Zielrechner dem Netz unbekannt ist, bekommen Sie eine Nachricht, sobald ein beteiligtes System versucht, die Zieladresse zu finden. Das sollte in Minuten oder maximal binnen weniger Stunden passieren. Es gibt einen weiteren häufigen Fehler, bei dem das Problem über Tage unbekannt bleiben kann: Wenn die Maschine zwar dem Netz bekannt, aber nicht erreichbar ist. In diesem Fall wird mitunter für zwei oder drei Tage (oder noch länger) versucht, die Mail zuzustellen, bevor es aufgegeben wird und Sie eine Mitteilung erhalten. Das sieht dann ungefähr so aus:

```
From: Mail Delivery Subsystem <MAILER-DAEMON@ux1.cso.uiuc.edu>
Message-Id: <199111091804.AA27807@ux1.cso.uiuc.edu>
To: e-krol@uiuc.edu
Subject: Returned mail: Cannot send message for 2 days
Status: RO
```

```
   ----- Transcript of session follows -----
421 deadhost.cso.uiuc.edu (TCP)... Deferred:
    Connection timed out during user open
    with deadhost.cso.uiuc.edu

   ----- Unsent message follows -----
```

Diese Nachricht kann mehrere Ursachen haben:

- Das Netzwerk selbst hat einen Fehler, der es unmöglich macht, das andere System zu erreichen.
- Das andere System ist außer Betrieb, beispielsweise aufgrund von Hardwareproblemen.
- Das andere System ist falsch konfiguriert; es ist nicht ungewöhnlich, daß jemand die Konfiguration seines Systems ändert und vergißt, das dem Netz »mitzuteilen«.

Beachten Sie bitte, daß die Nachricht nicht besagt, daß das System zwei Tage lang gar nicht erreichbar war. Nach den ersten paar Fehlversuchen versucht die sendende Maschine es unter Umständen nur noch alle paar Stunden einmal. Wenn der Zielrechner Hardwareprobleme hat, ist die Chance des Netzes, ihn zu erreichen, wenn er gerade funktioniert, relativ klein.

Fehler bei der Zustellung an mehrere Empfänger

Bis jetzt behandelten alle Beispiele Fehler bei einer Mail an nur eine Person. Es kann leicht verwirrend werden, wenn etwas bei einer Mail an mehrere Personen schiefläuft. Die Mail, die zurückkommt, kann etwa so aussehen:

```
Subject: Returned mail: User unknown
Status: RO

   ----- Transcript of session follows -----
While talking to ux1.cso.uiuc.edu:
>>> RCPT To:<willie_martin@ux1.cso.uiuc.edu>
<<< 550 <willie_martin@ux1.cso.uiuc.edu>... User unknown
550 willie_martin@ux1.cso.uiuc.edu... User unknown

   ----- Unsent message follows -----
...
Date: Thu, 7 Nov 1991 10:43:40 -0600
From: Ed Krol <krol>
To: krol@ux1.cso.uiuc.edu, willie_martin@ux1.cso.uiuc.edu
Subject: Willie do you exist?
```

Wer hat die Mail bekommen, und wer nicht? Sie können das herausfinden, indem Sie in den Abschnitt »unsent message« schauen. Die Nachricht war sowohl an **krol@ux1.cso.uiuc.edu** als auch an **willie_martin@ux1.cso.uiuc.edu** adressiert. Der

Abschnitt »Transcript of session« sagt uns, daß es um die Mail an **willie_martin** geht, nicht um die an **krol**. Sie können daraus folgern, daß die Mail an **krol** zugestellt wurde, und nur mit der Adresse **willie_martin** etwas nicht stimmte. Sie müssen die Nachricht nur an **willie** erneut senden, wenn Sie die Adresse korrigieren.

Wenn alles andere fehlschlägt

Gemäß einer allgemein anerkannten Konvention sollte jeder Computer, der E-Mail mit anderen austauscht, auch ein Postfach namens **postmaster** haben. E-Mail, die an **postmaster** adressiert wird, sollte vom E-Mail-Zuständigen für diesen Rechner gelesen werden. Wenn Sie irgendeine Hilfe in bezug auf eine bestimmte Maschine brauchen, können Sie eine Anfrage an:

```
postmaster@hostname
```

senden. Einige der Situationen, in denen eine Mail an **postmaster** hilfreich sein kann, sind:

- Wenn Sie eine E-Mail-Adresse von jemandem suchen, der diesen Rechner benutzt.
- Wenn Sie den richtigen Gateway für E-Mail in andere Netze suchen.
- Wenn Sie sich über jemanden auf diesem Rechner beschweren möchten (beispielsweise wegen belästigender Nachrichten).

Mailing-Listen und Reflektoren

In einem vorangegangenen Abschnitt haben wir Alias-Namen diskutiert, und wie ein Alias-Name mit mehreren Empfängern definiert wird. Ich kann beispielsweise einen Gruppennamen für mehrere Personen definieren:

```
alias aliens johnb@yoyodyne.com, johnw@yoyodyne.com
```

Nachdem dieser Kurzname eingerichtet ist, kann ich eine Nachricht an **aliens** senden, und sie wird an **johnb** und **johnw** zugestellt werden. Dies ist ein natürlicher Weg, Gruppendiskussionen auf E-Mail zu verlagern. Das funktioniert prima für kleine Gruppen oder für Gruppen, die nur Sie ansprechen. Sobald die Gruppe wächst oder andere Leute die gleiche Gruppendefinition verwenden wollen, wird die Wartung der Liste zum Alptraum. Wann immer jemand zur Gruppe hinzugefügt oder daraus gelöscht wird, muß jeder, der den Alias-Namen verwendet, seine persönliche Definition ändern. Natürlich schafft das niemals jeder, also bleibt irgend jemand außen vor und bekommt keine Nachricht.

Was Sie wirklich brauchen ist eine zentral verwaltete Liste, so daß Sie nur eine einzige Änderung machen müssen, die dann für alle gilt. Solange Sie (oder jemand anderes) die **aliens**-Liste verwalten, wird niemand Probleme haben. Normalerweise setzt man dafür einen *Mail-Reflektor* ein. Das ist eine spezielle E-Mail-Adresse, die so eingerichtet ist, daß jede E-Mail an diese Adresse automatisch an alle Personen auf der Liste geht. Nehmen wir an, es gebe einen Mail-Reflektor für **aliens**, und nicht nur einen einfachen Alias-Namen. Jetzt kann ich eine Nachricht an **aliens@yoyodyne.com** senden. Der Mailer auf **yoyodyne.com** wird meine Nachricht nehmen und sie an **johnb** und **johnw** weitersenden. Es muß kein besonderer Rechner sein, der als Mail-Reflektor fungiert, aber Sie brauchen Systemadministrator-Rechte, um einen einzurichten.* In diesem Abschnitt sagen wir Ihnen, wie Sie Listen benutzen, die andere Menschen eingerichtet haben. Wir werden nicht behandeln, wie Sie eigene Mailing-Listen einrichten.

Wie immer in Rechnerangelegenheiten müssen wir die Sache noch etwas komplizierter machen. Der Mail-Reflektor, den wir oben angesprochen haben, arbeitet nur für eine private Gruppe (auch wenn sie groß sein kann). Was wäre, wenn die Liste nicht privat wäre, sondern jedem zugänglich, der sich für eine Diskussion interessiert? Nehmen wir an, wir wollten jedem in der Welt, der Interesse am Sammeln von Bleistiften hat, Zugriff auf die Liste **pencils@hoople.usnd.edu** geben. Von dort wird die Mail dann an alle teilnehmenden Sammler verteilt. Sie werden die Nachrichten von allen anderen automatisch empfangen—ebenso geht alles, was Sie an diese Adresse senden, an alle anderen Teilnehmer.

Damit das funktioniert, brauchen wir eine Methode, mit der wir um Aufnahme in die Liste bitten. Eine solche Nachricht an **pencils@hoople.usnd.edu** zu senden, ist keine akzeptable Lösung. Damit senden Sie die Nachricht an jeden auf der Liste. Das mag zwar funktionieren, gilt aber als schlechtes Benehmen (und sorgt dafür, daß Sie sich unter Sammlern aus aller Welt als Anfänger zu erkennen geben). Noch schlimmer: Die Person, die die Liste verwaltet, bekommt Ihre Nachricht eventuell gar nicht. Der Listenverwalter könnte ein E-Mail-Administrator sein, der sich überhaupt nicht für das Sammeln von Bleistiften interessiert.

Unglücklicherweise hängt das korrekte Abonnieren einer Liste davon ab, wie die Liste verwaltet wird. Aus historischen Gründen verwendet das Internet spezielle Adressen für administrative Funktionen. Wann immer Sie einen öffentlichen Mail-Reflektor einrichten, richten Sie gleichzeitig auch eine weitere E-Mail-Adresse auf Ihrer Maschine ein. Sie hat denselben Namen wie die Mailing-Liste, aber mit dem Anhängsel **–request**. Dieses spezielle Postfach ist »privat«—alles, das dort ankommt, wird nicht weiterverteilt, sondern an den Verwalter der Mailing-Liste gesendet. Der korrekte Weg, eine Mailing-Liste zu abonnieren, ist also eine Nachricht an:

```
pencils-request@hoople.usnd.edu
```

Das bedeutet immer noch etwas Arbeit für den Verwalter der Liste, der die Anforderungen lesen muß und die Liste von Hand ändert. Ein praktisches Hilfsprogramm namens **listserv**, das diese Aufgaben (und andere) ohne menschlichen Eingriff

* Einer der Gründe dafür ist, daß Sie bei mehreren Mail-Reflektoren, von denen einer Mail an den anderen sendet, eine endlose Mail-Schleife verursachen können.

erledigt, ist auf den IBM/VM-Rechnern im BITNET entstanden.* Da diese **listserv**-Listen sowohl dem BITNET als auch dem Internet offenstanden, haben sie hohe Popularität erlangt. Sie wurden sogar so beliebt, daß auf allen möglichen Rechnern **listserv**-kompatible Software entstand. Glücklicherweise akzeptieren alle diese Pakete (wie **mailserv**, **majordomo** und **almanac**) sehr ähnliche Befehle, so daß das Abonnieren einer Mailing-Liste nicht ganz so schwierig ist, wie es sein könnte.**

Um eine Mailing-Liste zu abonnieren, die von einem dieser automatisierten Pakete verwaltet wird, senden Sie eine spezielle Mail an den Rechner, der die Liste verwaltet. Der Adressat ist häufig (aber nicht immer) das Programm, das die Liste verwaltet. Um beispielsweise die Liste für Bleistiftsammler zu abonnieren, könnten Sie eine Nachricht an **listserv@hoople.usnd.edu** senden. Die Nachrichten bestehen aus einer einzigen Zeile ohne Betreff:

subscribe pencils *ihr name*

Hier ist **subscribe** ein Schlüsselwort und **pencils** der Name der Liste. Ihr Name ist eigentlich nur für die lokale Dokumentation erforderlich—obwohl viele Listen Sie nicht zulassen, wenn Sie nicht Ihren Namen angeben. Stellen Sie sicher, daß Sie die Abo-Anforderung von dem Account absenden, auf dem Sie auch die Mails aus der Liste empfangen wollen. Das Listenverwaltungsprogramm nimmt die Adresse direkt aus dem Kopf Ihrer Nachricht; wenn Sie den falschen Account benutzen, werden die Mails falsch zugestellt werden. Sobald Sie abonniert haben, werden Sie eine Kopie von jeder Nachricht erhalten, die jemand an **pencils@hoople.usnd.edu** sendet.‡ Wenn die Mailing-Liste durch **majordomo** verwaltet wird, könnte die Adresse **majordomo@hoople.usnd.edu** sein; die Nachricht zum Abonnieren wäre identisch. Ebenso würden Sie bei einer von **almanac** verwalteten Liste die Nachricht zum Bestellen an eine Adresse wie **almanac@hoople.usnd.edu** senden. Die Nachricht wäre auch hier die gleiche—abgesehen davon, daß **almanac** Ihren Namen nicht benötigt; die Nachricht wäre einfach **subscribe pencils**. (**almanac** hat eine weitere praktische Funktion: Sie können die Nachricht **send mail-catalog** senden, um eine Liste aller Mailing-Listen zu erhalten, die dieser Server verwaltet.)

---

* BITNET ist ein Netzwerk für Nachrichten- und Dateitransfer, das im Ausbildungsbereich bereits seit langem existiert. Früher war es ein echtes Netz, mit eigenen Kommunikationsleitungen. Obwohl BITNET sicherlich immer noch einige davon hat, benutzt es heute das Internet für einen Großteil des Datenverkehrs.

** **almanac** scheint im landwirtschaftlichen Bereich die meiste Verwendung zu finden. Es sieht aber wie ein gutes Programm aus, also kann erwartet werden, daß es sich weiter verbreitet.

‡ Einige Mailing-Listen fügen einen weiteren Schritt ein: Sie benötigen eine Bestätigung des Abonnements. Das bedeutet, daß sie Ihnen eine Standardnachricht senden, die Sie zurücksenden sollen—gegebenenfalls ergänzt um einige Informationen. Auf jeden Fall sollte die Nachricht Ihnen nähere Informationen darüber geben, was Sie zu tun haben.

Wer auch immer die Liste verwaltet, die folgenden Regeln gelten immer:

- Die Adresse, an die Sie Ihre Bestellungen senden, dient vermutlich vielen Listen: **listserv@hoople.usnd.edu** könnte Mailing-Listen für Bleistiftsammler, Katzenfreunde und Liebhaber barocker Komponisten verwalten.
- Die Adresse, an die Sie die Bestellung senden, und die, an die Sie Nachrichten für die Liste senden, sind verschieden.
- Viele Listen senden keine Mail an den Absender zurück, also werden Sie nicht das gute Gefühl haben, Ihre Nachricht an Sie zurückgeschickt zu sehen. Wenn Sie wirklich eine Kopie wollen, senden Sie eine **Cc:** an sich selbst.

Ein Abonnement abbestellen

Nachdem Sie nun auf eine Liste kommen können—wie kommen Sie wieder herunter? Mailing-Listen können genauso lästig sein wie Werbesendungen, wenn Sie sich nicht mehr dafür interessieren. Das Abbestellen ist bei **listserv** als **signoff** bekannt, und geschieht durch Absenden einer Nachricht wie dieser an den Server:

```
signoff pencils
```

Die Entwickler von **majordomo** und **almanac** sahen die subscribe/signoff-Kombination als etwas unlogisch an, so daß sie das offensichtliche:

```
unsubscribe listenname
```

für ihre Listen wählten. Wenn Sie eine normale Mailing-Liste abbestellen wollen, senden Sie natürlich einfach eine Mail an die administrative Adresse (**list–request**).

Wenn Sie mehr Informationen darüber möchten, was die automatisierten Mail-Pakete für Sie tun können, senden Sie die Nachricht:

```
help
```

an jeden beliebigen Listen-Server, den Sie finden können. Es ist nicht wichtig, welcher Server das ist. Sie werden einen Hilfetext zurückerhalten.

Dieser Abschnitt bietet eine Menge an Informationen, die ich nun in einer Tabelle zusammenfassen möchte. In der folgenden Tabelle steht *hostname* für den Rechner, der die Liste verwaltet, und *liste* für den Namen der Liste.

Tabelle 7-3: Mailing-Listen abonnieren

List type	abonnieren bei Adresse	Nachricht zum Abonnieren	Abonnement beenden mit	Beiträge an Adresse
Listserv	listserv@*hostname*	Subscribe *liste* ihr-name	Signoff *liste*	*liste*@hostname
majordomo	majordomo@*hostname*	Subscribe *liste* ihr-name	Unsubscribe *liste*	*liste*@hostname
Internet	*liste*-request@hostname	egal	egal	*liste*@hostname
almanac	almanac@*hostname*	Subscribe *liste*	Unsubscribe *liste*	*liste*@hostname

Wenn Ihnen dies kompliziert erscheint, dann denken Sie daran, daß es auch noch Ausnahmen gibt! (Auch wenn das nicht das ist, was Sie jetzt hören wollten). Wenn Sie eine Mailing-Liste abonnieren, wird die erste Nachricht, die Sie bekommen, wahrscheinlich ein Formbrief sein, der die Liste detailliert beschreibt und Ihnen sagt, wie Sie wieder abbestellen. Falls Sie vergeßlich sind, dann speichern Sie diese Nachricht unbedingt ab!

Wenn Sie näher darüber nachdenken, was ein Mail-Reflektor tut, dann werden Sie erkennen, daß er nicht sonderlich effizient arbeitet. Wenn fünf Personen von der Yoyodyne Corporation die Mailing-Liste **aliens** auf **hoople.usnd.edu** abonnieren, werden jedesmal fünf Nachrichten von **hoople.usnd.edu** an **yoyodyne.com** gesendet, wenn eine Mail die Liste erreicht. Das sorgt für zusätzlichen, unnötigen Verkehr auf dem Internet. Es gibt einen Weg, dieses suboptimale Verhalten zu umgehen und die Liste gleichzeitig besser auf lokale Personaländerungen einzustellen. Der Systemadministrator für **yoyodyne.com** kann einen lokalen Mail-Reflektor einrichten, der die Nachrichten nur an die Angestellten weitersendet (Abbildung 7-1).

Dann bestellt er beim übergeordneten Reflektor **hoople** die Liste für den lokalen **yoyodyne**-Reflektor. Wenn nun eine Nachricht an **aliens@hoople.usnd.edu** gesendet wird, wird nur noch eine Nachricht an **aliens@yoyodyne.com** zurückgesendet, der sie wiederum an die interessierten Yoyodyne-Mitarbeiter verteilt.

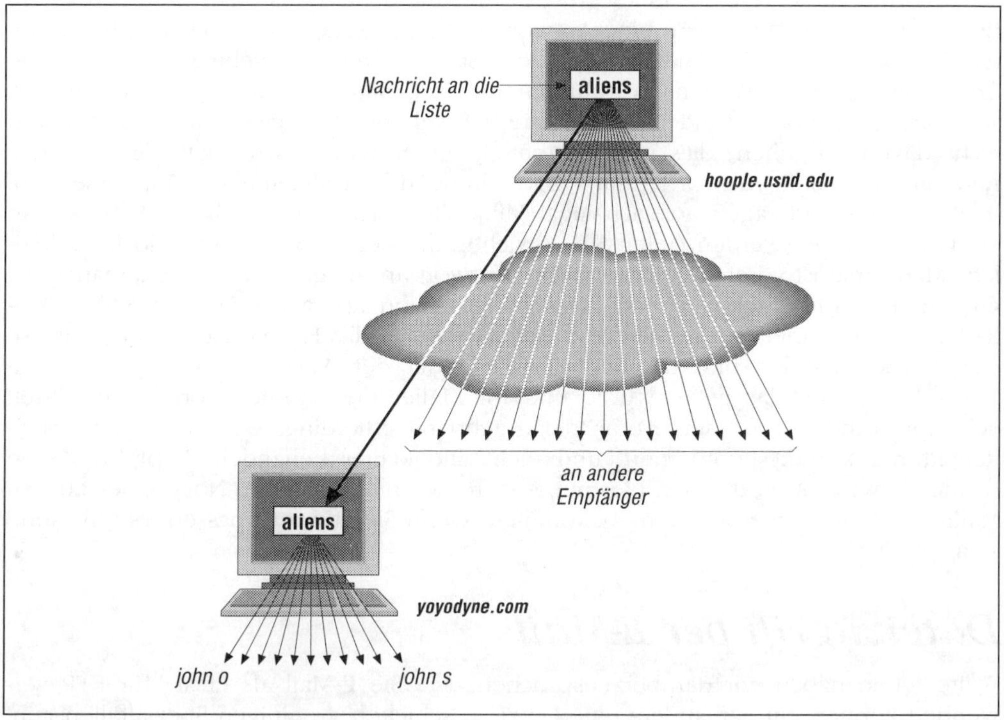

Abbildung 7-1: Lokaler Mail-reflector

Moderatoren und die Listen-Etikette

Ein paar Kleinigkeiten über Mailing-Listen fehlen noch. Zum einen sind einige Listen *moderiert.* In einer moderierten Liste werden die Nachrichten nicht automatisch verteilt. Statt dessen sieht ein *Moderator* die Nachrichten vorher durch um zu entscheiden, ob sie zur Liste passen oder nicht. Normalerweise ist das nicht so wichtig, aber es kann zu Verzögerungen bei der Weiterleitung an die Liste führen. Es bedeutet auch, daß unpassende oder unhöfliche Beiträge aussortiert werden—obwohl die genaue Definition von »unpassend« vom Moderator und den Erwartungen der Teilnehmer dieser Liste abhängt.

Viele Mailing-Listen haben ihre eigene Etikette. Manche sind einfach für jedermann zugänglich, andere haben sehr enge Richtlinien für das Benehmen der Teilnehmer. Der Formbrief, den Sie beim Abonnieren bekommen, wird Ihnen gegebenenfalls mitteilen, was die Liste von Ihnen erwartet. Halten Sie sich an diese Regeln; senden Sie keine unpassenden Beiträge.

Schließlich sollten Sie beim Beantworten von Nachrichten aus einer Liste aufpassen. Bei einigen Nachrichten wird eine Antwort an den Absender sinnvoll sein, bei anderen ist es besser, die Antwort an die Liste zu senden. Nehmen Sie z.B. die Ankündigung eines Treffens, verbunden mit der Bitte um Antwort. Ihre Antwort sollte an die Person gesendet werden, die die Ankündigung gemacht hat. Sie sollten nicht davon ausgehen, daß jeder Listenteilnehmer wissen will, daß Sie kommen. Andererseits sollten Antworten auf Fragestellungen von allgemeinem Interesse (z.B. »Kann mir jemand sagen, wie ich legal Millionär werde?«) wahrscheinlich besser an die Liste gesendet werden. Seien Sie vorsichtig mit dem **reply**-Kommando Ihres Mailers. Manchmal ist voreingestellt, daß Ihre Antwort an die ganze Liste geht, manchmal nur an den Autor der Nachricht. Das hängt davon ab, wie dieser spezielle Mail-Reflektor konfiguriert wurde. Ein Mail-Reflektor sollte das **From:**-Feld mit der Adresse des Reflektors füllen und die **Reply-To:**-Zeile mit der Adresse des ursprünglichen Absenders. Wenn das getan wurde und Ihr Mailer diese Zeilen korrekt auswertet, geht Ihre Antwort an den Autor der Nachricht. Allerdings sind nicht alle Mail-Reflektoren korrekt konfiguriert, und nicht alle Mailer behandeln **Reply-To:**-Zeilen richtig. Gewißheit wird Ihnen hier nur Ausprobieren verschaffen. Noch eines zu den Mailing-Listen: Sie werden es mitbekommen, wenn Sie etwas Unpassendes tun—und zwar per E-Mail.

Dateizugriff per E-Mail

Weiter oben haben wir darüber gesprochen, wie Sie E-Mail als Ersatz für FTP verwenden können, um jemandem eine Datei zu schicken. In einigen Spezialfällen geht das auch umgekehrt: Sie können eine E-Mail senden, um Dateien von FTP-Archiven anzufordern und per E-Mail zu erhalten. Dafür ist ein spezieller Server beim FTP-Archiv erforderlich. Sie senden eine Nachricht an diesen Server, in der Sie angeben, welche Datei Sie möchten. Nachdem der Server diese Nachricht empfangen hat, holt er die Datei und sendet sie Ihnen per E-Mail zu. Der Grund für diesen Service ist wieder einmal, daß Sie auf diese Weise auch Dateien beziehen können, wenn der Server sich in einem anderen Netz befindet (wie z.B. BITNET) oder Sie nur über eine UUCP-Anbindung verfügen. Archie-, Gopher- und Veronica-Dienste sind ebenfalls per E-Mail erreichbar; mehr darüber in den entsprechenden Kapiteln.

Es gibt drei Methoden, Dateien per E-Mail anzufordern:

- Spezielle Internet-Server, die Zugriff auf eine bestimmte Gruppe von Dateien auf einem lokalen Server bieten.
- Server für Mailing-Listen, etwa **listserv**, **majordomo** und **almanac**, die Zugriff auf bestimmte lokale Dateien bieten. Von der Funktion her entsprechen sie den Internet-Servern, aber aus historischen Gründen arbeiten sie anders. **listserv** ist besonders verbreitet, weil es im BITNET kein Äquivalent zu FTP gibt. In jüngster Zeit sind viele **almanac**-Server entstanden.

- Universelle FTP-Mail-Übergänge (**ftpmail** und **bitftp**). Diese Server erlauben es Ihnen, eine Nachricht zu senden, die beschreibt, was Sie haben möchten. Der Server führt dann den anonymen FTP-Zugriff für Sie aus, und sendet das Ergebnis zurück. Der Unterschied zu den ersten beiden ist, daß Sie mit **ftpmail** auf jede öffentlich zugängliche Datei auf dem Internet zugreifen können.

Wenn Sie Zugriff auf FTP haben, werden Sie diese Einrichtungen nicht benötigen. Es ist einfacher, FTP direkt zu benutzen.

Internet-Server

Die erste Methode für den Dateizugriff wird von Informationsservern benutzt, die für eine große Zahl von Benutzern erreichbar sein müssen. Um eine Datei von diesen Servern anzufordern, senden Sie eine Mail an den Server, bei der im Text das Kommando **send** steht, gefolgt vom Namen der Datei, die Sie erhalten möchten. Ein Beispiel:

```
% mail mail-server@rtfm.mit.edu
Subject:
send usenet/comp.mail.misc/Inter-Network_Mail_Guide
.
Cc:
```

Diese Nachricht beauftragt die Maschine **rtfm** beim MIT, eine Kopie der Datei **usenet/comp.mail.maps/Inter-Network_Mail_Guide** an den Absender der Nachricht zu schicken (der in der **From**:-Zeile der Nachricht genannt wird). Wenn Sie nicht genug Informationen über die Datei haben, oder Ihre Anforderung fehlschlägt, erhalten Sie mit einer Nachricht, die nur **help** enthält, weitere Informationen über den Server und seine Möglichkeiten. Ein oft übersehener Fallstrick: Dateinamen auf Internet-Servern müssen oft in der korrekten Groß/Kleinschreibung angegeben werden—achten Sie also darauf, Groß- und Kleinbuchstaben zu verwenden; Sie müssen den exakten Dateinamen angeben.

Listserv-Server

Hier müssen Sie darauf achten, welche Art von Server Sie benutzen, da es einige Unterschiede in der Syntax und der Interpretation der Kommandos gibt, die Sie senden, um Dateien zu erhalten.

Listserv-Befehle für den Dateizugriff

Die **listserv**-Befehle zum Anfordern von Dateien ähneln denen für die Verwaltung von Mailing-Listen. Senden Sie Ihre Anforderung an die Adresse **listserv** auf der

Maschine, die den Dienst anbietet. Der Nachrichtentext sollte Zeilen wie die folgende enthalten:

```
get dateiname dateityp
```

Dabei sind *Dateiname* und *Dateityp* die beiden Komponenten, aus denen ein IBM/VM-Dateiname besteht.* Nehmen wir beispielsweise an, Sie möchten eine Liste der Dateien, die zum Thema »Netzwerkknoten im BITNET« verfügbar sind. Diese Liste befindet sich in der Datei *bitnode filelist* und ist auf dem Server **bitnic.bitnet** verfügbar. Um diese Datei zu erhalten, senden Sie die Nachricht:

```
get bitnode filelist
```

an die Adresse **listserv@bitnic.bitnet**. Es gibt eine Reihe merkwürdiger Dinge, die Ihnen auffallen werden, wenn Sie das erste Mal eine Datei von einem **listserv**-Server anfordern. Sie werden mindestens zwei Nachrichten zurückerhalten: Eine, die Ihre Anforderung bestätigt und Ihnen mitteilt, daß sie bearbeitet werden wird, und eine, die die angeforderten Daten enthält. Die Daten können auch in mehreren Teilen ankommen, da BITNET eine Grenze für die Länge einer Mail kennt. Wenn die Datei, die Sie möchten, zu lang ist, wird sie in mehrere Teile zerlegt. Schließlich müssen Sie sich bei einer **listserv**-Anforderung nicht um die Groß- und Kleinschreibung kümmern. Alle Anforderungen werden in Großbuchstaben umgewandelt, bevor sie bearbeitet werden.

majordomo-Dateizugriff

Die Kommandos für den Dateizugriff mit **majordomo** sind dieselben wie die für **listserv**, mit zwei Ausnahmen:

- Die verfügbaren Dateien sind Listen-spezifisch.
- Bei den Dateinamen werden Groß- und Kleinschreibung unterschieden.

Auf **listserv**-Servern sind alle bereitgestellten Dateien in einer einzigen großen Gruppe abgelegt, so daß sie alle eindeutige Namen haben müssen. Die Autoren von **majordomo** hielten das für ein Problem, daher hat **majordomo** je eine Dateigruppe für jede Liste, die es verwaltet. Das bewirkt, daß der Server zwei Informationen braucht: Den Namen der Datei und den Namen der zugeordneten Liste.

Der zweite Unterschied resultiert einfach aus dem UNIX-Hintergrund von **majordomo**. Auf Unix-Systemen wird zwischen Groß- und Kleinbuchstaben unterschieden.

* Mehr darüber in Kapitel 6, *Dateien bewegen: FTP*, im Abschnitt »Ziel: IBM/VM-Systeme«.

Daher ist die Datei *REPORT* eine andere als *report.* Sie müssen die Namen der Dateien exakt eingeben.

Nachdem das geklärt ist, hier das nötige Kommando:

```
get listenname dateiname
```

Listenname ist der Name der Mailing-Liste, und *Dateiname* der Name der Datei, die Sie geschickt bekommen möchten. Sie schreiben das in die Nachricht und senden sie ab, genau wie bei **listserv**.

Almanac-Dateizugriff

almanac-Server arbeiten etwas anders als die anderen beiden, denn sie sind in themenorientierten »Foldern« organisiert. Um eine Liste der Folder eines **almanac**-Servers zu erhalten, senden Sie folgende Nachricht an den Server:

```
send catalog
```

Folder können viele Dateien (und andere Folder) enthalten. Sobald Sie wissen, welche Folder verfügbar sind, müssen Sie in die Folder sehen, die Sie interessieren. Um das zu tun, senden Sie ein Kommando wie:

```
send foldername catalog
```

Wenn Sie einen Folder gefunden haben, der eine Datei enthält, die Sie haben möchten, senden Sie folgenden Befehl, um die Datei zu übertragen:

```
send foldername dateiname
```

Um beispielsweise ein Dokument namens **0001** aus dem Folder **ers-reports** zu erhalten, senden Sie das Kommando:

```
send ers-reports 0001
```

Viele Folder und Dateien haben Alias- oder verkürzte Namen, die die Anforderung vereinfachen. Der Katalog wird Ihnen alle Abkürzungen anzeigen. Sie können dann statt des Datei- oder Folder-Namens verwendet werden. Sie können auch Wildcards verwenden, um mehrere Dateien anzufordern; zum Beispiel holt:

```
send ers-reports "*"
```

alle Dateien im Folder *ers-reports.* Aber Vorsicht: Kommandos wie dieses können sehr viele Dateien holen. Wenn Sie für die Verbindungszeit oder das Volumen bezahlen, kann das zu einer sehr hohen Rechnung führen.

Mehr Informationen erhalten Sie durch eine »help«-Nachricht an **almanac**.

FTP-Mail-Dienstübergang

Sie können eine Datei auch per E-Mail statt FTP anfordern, indem Sie den FTP-Mail-Dienstübergang **ftpmail** benutzen. **ftpmail** kann benutzt werden, um Dateien von einem beliebigen öffentlichen FTP-Server im Internet zu holen. Sie fordern diesen Dienst an, indem Sie eine Nachricht an einen **ftpmail**-Server senden. Der ursprüngliche Server war **ftpmail@decwrl.dec.com**, aber einige weitere sind inzwischen verfügbar—eine Liste folgt weiter unten. Der Server verwendet den Betreff der Nachricht auch für die Nachricht, die Sie zurückerhalten, ignoriert ihn aber ansonsten. Sie können den Betreff also zur persönlichen Referenz verwenden. Nehmen wir an, daß Sie sich für das Jonglieren interessieren und die »Juggling-FAQs« haben möchten (das sind immer wieder gestellte Fragen und die Antworten darauf zum Thema Jonglieren), die im Verzeichnis */pub/juggling* auf dem Server **cogsci.indiana.edu** liegen. Sie können dann folgendes tun:

```
% mail ftpmail@decwrl.dec.com
Subject: juggling FAQ
connect cogsci.indiana.edu          FTP zu diesem Computer
chdir pub/juggling                  ins Ziel-Verzeichnis geben
get FAQ                             Datei anfordern
quit
.
Cc:
```

Sie können komplette Informationen über **ftpmail** erhalten, indem Sie eine Mail mit dem Wort »help« im Text hinschicken, aber einige der nützlicheren Kommandos sind trotzdem hier aufgelistet:

connect *hostname login paßwort*
: Gibt den Host an, mit dem Sie verbunden werden möchten. Jede Anforderung muß ein **connect**-Kommando enthalten. Wenn Sie keinen *Hostnamen* angeben, nimmt **ftpmail** an, daß die Datei sich auf dem Host **gatekeeper.dec.com** befindet (was keine sehr gute Annahme ist). *Login* und *Paßwort* sind optional. Wenn sie fehlen, nimmt **ftpmail** dafür »anonymous« und Ihre E-Mail-Adresse an.

binary
: Spezifiziert, daß die Dateien binär sind und vor der Übertragung nach ASCII konvertiert werden sollen. Normalerweise wird dazu **btoa** verwendet.

uuencode
: Gibt an, daß die Dateien mit **uuencode** statt **btoa** kodiert werden sollen.

compress
: Gibt an, daß die Dateien mit dem UNIX-Utility **compress** komprimiert werden sollen.

chdir *verzeichnis*
: Wechselt in das angegebene *Verzeichnis*, nachdem die **ftp**-Verbindung zum anderen Rechner hergestellt ist.

dir *verzeichnis*
Gibt ein Inhaltsverzeichnis des angegebenen *Verzeichnis*ses. Wenn keines angebenen ist, wird das aktuelle Verzeichnis angenommen.

get *datei* Holt die angegebene *Datei* vom **ftp**-Server und versendet sie per E-Mail an Sie.

chunksize *zahl*
Spezifiziert die maximale *Zahl* von Zeichen für eine einzelne Nachricht. Wenn die Nachricht größer wird als die angegebene Länge (Voreinstellung ist 64.000 Bytes), wird die Datei in so viele Einzelnachrichten aufgeteilt, wie für die Übertragung erforderlich sind. Wenn Sie alle Teile erhalten haben, müssen Sie sie wieder in der richtigen Reihenfolge zusammensetzen.

quit Teilt dem Server mit, daß die Anforderung beendet ist.

Das **ftpmail**-Utility wird Ihnen jede beliebige Datei zustellen. Es liegt an Ihnen, anzugeben, ob es eine Binärdatei ist oder nicht. Wenn es eine Binärdatei ist und Sie das nicht angeben, werden Sie nutzlose Daten erhalten.

Andere ftpmail-Server

Der ursprüngliche **ftpmail**-Server auf **decwrl.dec.com** ist überlastet—offensichtlich ist er sehr gefragt. Es kann Tage dauern, bis er antwortet. Im Hilfetext wird von bis zu einer Woche gesprochen. Daher sind inzwischen andere Server aufgetaucht, die Sie ebenfalls ausprobieren können. Tabelle 7-4 führt einige FTP-Mail-Server auf, die uns bekannt sind. Es ist eine gute Idee, einen Ihnen nahegelegenen Server zu benutzen. Insbesondere sollten Sie Server in anderen Ländern vermeiden.

Wie benutzen Sie nun diese Server? Bevor Sie irgend etwas anderes tun, sollten Sie die Hilfedatei holen. Alle Server antworten auf »help«, wenn Sie es als Nachrichtentext senden. Das war der einfache Teil.

Es ist schwierig, mehr als das »help«-Kommando zu beschreiben. Das Problem ist, daß schon die fünf Server, die wir auflisten, drei verschiedene Befehlssätze haben! Wir können Ihnen aber eine Handvoll Beispiele geben. Zusammen mit dem Hilfetext des Servers, den Sie benutzen wollen, sollte das für den Anfang ausreichen.

FTPmail mit IEUnet

Hier sehen Sie, wie Sie die Datei, die wir weiter oben geholt haben, vom IEUnet-Server bekommen. Senden Sie folgende Nachricht an **ftpmail@ieunet.ie**:

```
begin
send cogsci.indiana.edu:/pub/juggling/FAQ
end
```

Normalerweise wird die Datei Ihnen im **uuencode**-Format zugesendet, wenn Sie keine andere Methode mit dem ENCODE-Befehl angeben. Sie können mehrere **send**-Befehle angeben, wenn Sie möchten. Beachten Sie, daß der Befehl den Hostnamen, das Verzeichnis und den Dateinamen als eine einzige Zeichenkette enthält.

BITFTP

Die drei BITNET-Server haben glücklicherweise dieselbe Benutzerschnittstelle. Hier sehen Sie, wie Sie eine Datei von dort erhalten. Senden Sie die folgende Nachricht an **bitftp@pucc.princeton.edu**, **bitftp@vm.gmd.de** oder **bitftp@plearn.edu.pl**:

```
FTP cogsci.indiana.edu
USER anonymous
cd /pub/juggling
get FAQ
QUIT
```

Sie können mehrere **get**-Befehle geben, wenn Sie möchten.

Tabelle 7-4: FTPmail- und BITFTP-Server

Server	Standort
ftpmail@decwrl.dec.com	Vereinigte Staaten
ftpmail@ieunet.ie	Irland
bitftp@vm.gmd.de	Deutschland
bitftp@pucc.princeton.edu	New Jersey
bitftp@plearn.edu.pl	Polen

Mach mal Pause

Sie sind jetzt schon recht weit vorangekommen auf Ihrem Weg zum kompetenten Internauten. Vielleicht sollten Sie sich Gedanken über einen Urlaub machen. Schließlich nehmen auch viele andere Netz-Bewohner Urlaub—Sie haben sicherlich schon ein paar Nachrichten wie diese bekommen:

```
>From krol@uxh.cso.uiuc.edu Thu Jan  6 11:54:12 1994
Date: Thu, 6 Jan 1994 11:54:23 -0600
From: krol@ux1.cso.uiuc.edu
Subject: Out of town
X-Sender: vacation program
Precedence: bulk
Apparently-To: johnb@yoyodyne.com

Ich werde in der nächsten Woche nicht hier sein. In dringenden
Fällen nehmen Sie bitte unter secretary@maced.cso.uiuc.edu Kontakt
mit meinem Sekretariat auf.
```

Diese Nachrichten werden von einem UNIX-Programm namens **vacation** (Urlaub) erzeugt. Die Aufgabe von **vacation** ist simpel: Es antwortet automatisch auf eingehende E-Mail, wenn Sie nicht da sind. Wenn Sie ein UNIX-Anwender sind und Ihr Systemverwalter es erlaubt, können Sie **vacation** auch anwenden, um automatische Antworten zu erzeugen.

Um **vacation** zu konfigurieren, müssen Sie drei Dinge tun. Alle diese Dinge müssen im Home-Verzeichnis des Accounts stattfinden, auf dem Sie Ihre E-Mail lesen. Zunächst müssen Sie eine Datenbank initialisieren:

```
% vacation -i
```

vacation verwaltet eine Liste der Personen, die Ihnen Nachrichten senden, und schickt nur eine automatische Antwort pro Person und Woche zurück. Mit diesem Aufruf richten Sie die Datenbank ein und löschen Sie zwischen Ihren Reisen.

Als zweites schreiben Sie die Nachricht, die **vacation** versenden soll, in die Datei *.vacation.msg* in Ihrem Home-Verzeichnis. Sie sollte etwa so aussehen:

```
From: krol@ux1.cso.uiuc.edu
Subject: unterwegs
X-Sender: vacation program
Precedence: bulk
Ich werde in der nächsten Woche nicht hier sein. In dringenden
Fällen nehmen Sie bitte unter secretary@maced.cso.uiuc.edu Kontakt
mit meinem Sekretariat auf.
```

Es ist eine normale E-Mail-Nachricht—abgesehen davon, daß ihr das **To**:-Feld fehlt. Sie müssen in der **From**:-Zeile natürlich Ihre eigene E-Mail-Adresse einsetzen. Beachten Sie auch die beiden Zeilen **X-Sender**: und **Precedence**:. Es gilt als gutes Benehmen, diese beiden Zeilen einzufügen. **X-Sender**: ist ein Kommentar, der dem Empfänger mitteilt, daß die Nachricht automatisch generiert wurde. Die Zeile **Precedence: bulk** veranlaßt die Software, die die Mail durch das Netz befördert, dieser Nachricht eine geringe Priorität einzuräumen (sozusagen eine Drucksache, keine Express-Sendung).

Schließlich müssen Sie, kurz bevor Sie abreisen, noch Ihre *.forward*-Datei wie folgt ändern:

```
\krol, "|/usr/ucb/vacation krol"
```

Sie müssen hier an beiden Stellen Ihren eigenen Login-Namen statt **krol** einsetzen. **vacation** beginnt, eingehende E-Mail zu bearbeiten, sobald Sie diese Änderung abspeichern.

Diese Kurzanleitung, die ich Ihnen gerade gegeben habe, berücksichtigt nur E-Mail, die **krol** im **To**:-Feld enthält. Wenn Sie andere E-Mail-Adressen haben, ignoriert **vacation** sie. Es gibt eine Anzahl von Optionen, um **vacation** auch auf andere Nachrichten antworten zu lassen, aber normalerweise ist das nicht nötig.

Nachdem Sie **vacation** konfiguriert haben, können Sie beruhigt in der Sonne entspannen. Sie wissen, daß alle Menschen, die Ihnen in der Zwischenzeit elektronische Post schreiben, darüber informiert werden, daß Sie momentan nicht verfügbar sind. Sobald Sie zurückkommen, werden Sie alle Nachrichten wie gewöhnlich in Ihrer Mailbox vorfinden. Sie müssen nun aber das Weiterleiten an **vacation** wieder abstellen. Sie können das tun, indem Sie eines der Kommandos:

`% rm .forward`	*entfernen*
`% mv .forward forward`	*umbenennen in forward*

eingeben. Wenn Sie **vacation** nur selten verwenden, können Sie die Datei einfach löschen. Wenn Sie viel reisen und **vacation** häufig aktivieren und deaktivieren, ändern Sie nur den Namen. Dann können Sie **vacation** einfach wieder starten, indem Sie folgendes eingeben:

`% vacation -i`	*Datenbank aktivieren*
`% mv forward .forward`	*Datei forward umbenennen*

KAPITEL ACHT

NEWS AUS DEM NETZWERK

Newsgruppen und die Struktur von Newssystemen
Die ersten Schritte
News lesen
Artikel veröffentlichen
Übersicht der Befehle und Möglichkeiten von nn
Die etwas andere Philosophie: tin

Angenommen, Sie haben eine Frage—beispielsweise: »Wo sollte ich auf meiner ersten Reise nach DisneyWorld übernachten?« oder: »Warum arbeitet meine Western-Digital-Ethernetkarte in meinem 286er nicht mit dem NCSA-Telnet zusammen?« oder: »Was fehlt meinem Laserdrucker, wenn er nicht laserdruckt?«.

Wäre es nicht angenehm, die Welt nach einer Lösung für Ihr Problem fragen zu können? Würde es Ihnen nicht gefallen, eine Diskussion über Ihr ausgefallenenes Steckenpferd mit Anhängern desselben Hobbys weltweit zu führen? Oberflächlich betrachtet scheint E-Mail Ihnen dabei bereits alles zur Verfügung zu stellen, was Sie für die Teilnahme an weltweiten Diskussionen brauchen. Bei längerer Beschäftigung damit finden Sie jedoch heraus, daß die Masse an Nachrichten hier ein Problem darstellt. Es gibt Diskussionen, an denen Sie beruflich teilnehmen, und andere, die Sie nur zum Spaß verfolgen. Wenn sich diese Nachrichten auch noch mit wichtigen Nachrichten Ihres Chefs vermischen, bei denen Ihre unmittelbare Antwort erwartet wird, steht das Desaster vor der Tür. Die Netzwerknachrichten, kurz News, sind eine Möglichkeit, an mehr Diskussionen teilzunehmen, sie aber geordnet und getrennt von Ihrer E-Mail zu halten.

News haben einen weiteren Vorteil: Sie sind ideal zum Durchblättern und erfordern keine besondere Hingabe. Wenn Sie sich nur am Rande für ein exotisches Hobby interessieren, können Sie monatlich oder sogar nur jährlich kurz vorbeischauen und die aktuellen Diskussionen durchlesen. Sie müssen keine Mailingliste abonnieren, und Sie werden keine großen Mengen an E-Mail bekommen, die Sie nur am Rande interessiert, und die Sie ohnehin wieder löschen. Häufig wird dieses gelegentliche Interesse durch die Teilnahme an den Netzwerknews allerdings zu einem ernsthaft betriebenen Hobby. Wenn auch E-Mail viele Nutzer ins Internet bringt, so sind es doch die News, die für ihre regelmäßige Wiederkehr sorgen.

News sind das Internet-Äquivalent eines Forums auf einem Online-Dienst wie CompuServe oder eines Bretts in privat betriebenen Systemen. Für den Anwender präsentieren sich die Diskussionen in den News unter einer ganzen Anzahl von Titeln—den Titeln der Nachrichtengruppen (*Newsgruppen* genannt). Ein Programm zum Lesen der News (*Newsreader*) präsentiert die Diskussionen nach Themen geordnet: Ein Menü mit Diskussionen über klassische Musik, gefolgt von einem Menü mit Diskussionen über das Sammeln von Schreibgeräten, gefolgt von einem Menü mit Themen aus der Chemie usw. In jeder Nachrichtengruppe gibt es normalerweise mehrere unabhängige Diskussionen, die jeweils ein bestimmtes Thema behandeln.

In einer Newsgruppe über klassische Musik könnten Sie Diskussionen über Beethovens Neunte ebenso finden wie solche über Bachs Kinder. Alle diese Diskussionen werden gleichzeitig stattfinden. Der Newsreader, das Programm, mit dem Sie News lesen, hilft Ihnen, das alles geordnet zu halten. Er merkt sich die Nachrichten, die Sie schon gesehen haben und zeigt nur neue Nachrichten an, die nach der letzten Sitzung eingetroffen sind. Sobald der Newsreader Ihnen die Nachrichten gezeigt hat, die zu einem bestimmten Thema vorhanden sind, können Sie die Artikel, die Sie interessieren, auswählen und lesen. Wenn Sie vergessen, wo Sie einen interessanten Artikel gesehen haben, können Sie ihn anhand von Autor, Thema oder dem Betreff suchen lassen. Sie können Ihren Newsreader auch so einrichten, daß er bestimmte Artikel automatisch anzeigt oder verwirft—abhängig von Autor oder Betreff.

Wie bei den meisten Internet-Anwendungen gibt es auch bei den Newsreadern eine Reihe von Programmen, aus denen Sie auswählen können. Auf UNIX-Systemen sind die bekanntesten Newsreader wahrscheinlich **rn**, **trn**, **nn** und **tin**:

- **rn** ist einer der ältesten Newsreader, die noch von Bedeutung sind. Ich habe mich entschieden, **rn** nicht zu behandeln. Er verzichtet auf einige wichtige Möglichkeiten, so daß Sie ihn frustrierend finden könnten. Unter anderem nimmt **rn** an, daß Sie die meisten der Nachrichten, die Sie erreichen, tatsächlich lesen wollen. Inzwischen fließen aber so viele News umher, daß Sie schnell mit Artikeln zugeschüttet sind, die Sie gar nicht interessieren.

- **trn** ist ein Abkömmling von **rn**, der *Threads* (thread; etwa: Thema, Gesprächsfaden) unterstützt: Sie können Nachrichten zu einem Thema gesammelt und in der richtigen Reihenfolge lesen. Wir werden später mehr über Threads erfahren. Auch **trn** soll hier nicht behandelt werden, obwohl es ein guter, moderner Newsreader ist.

- Ich werde **nn** benutzen, um die Möglichkeiten eines Newssystems zu erläutern. Das Programm hat eine gute Auswahl von Funktionen und wurde entwickelt, um auch mit vielen News klarzukommen. Es hat weite Verbreitung unter UNIX-Anwendern gefunden.

- **tin** ist ein recht neues Programm—zumindest das neueste unter den vieren. Es ist insbesondere bei Neueinsteigern sehr beliebt; viele Menschen halten es für leicht bedienbar, wobei es auf keine der Funktionen verzichtet, die **nn** bietet. Weil es in so kurzer Zeit so beliebt geworden ist, beende ich dieses Kapitel mit einer kurzen Einführung in **tin**.

Es gibt viele Ähnlichkeiten zwischen den verschiedenen Newsreadern; ein Blick auf die Befehle und Möglichkeiten von **nn** gibt Ihnen also auch eine Orientierungshilfe zu allen anderen Newsreadern.* Trotz dieser Ähnlichkeiten wird nirgends auf dem Internet so heftig über ein Thema gestritten wie über den besten Newsreader. Ignorieren Sie diese Streitereien einfach. Die Frage ist nicht, ob Sie nun **nn**, **trn**, **tin** oder irgend etwas anderes benutzen, sondern ob das Programm Ihrer Wahl Threads unterstützt. Diese Möglichkeit trennt die Spreu vom Weizen. **nn**, **trn** und **tin** unterstützen, neben einigen anderen Programmen, Threads.

Newsreader unterscheiden sich in der Art und Weise, in der sie die Nachrichten organisieren und präsentieren. Was für Sie am besten ist, hängt von Ihrem Geschmack ab. Einige Leute lesen Zeitschriften von Anfang bis Ende, andere wählen lieber einzelne Artikel aus. Das gleiche gilt für News. **nn** ist ein »Anfang bis Ende«-Newsreader. Wenn Ihnen das nicht zusagt, sollten Sie sich **tin** ansehen, das Ihnen mehr Freiheiten beim Hin- und Herspringen bietet.

Newsgruppen und die Struktur von Newssystemen

Newsgruppen sind hierarchisch organisiert, wobei die oberste Ordnungsstufe am Anfang des Namens steht, gefolgt von beliebig vielen Unterordnungen. Jede Ordnung ist von Vorgänger (*parent*) und Nachfolger (*subgroup*) durch einen Punkt getrennt—eine Notation, die Ihnen inzwischen vertraut sein dürfte.

rec.music.folk

ist also eine Freizeit-orientierte Diskussionsgruppe (*rec* steht für recreational; etwa: Freizeit-, Vergnügungs-) aus dem Bereich der Musik (*music*). Insbesondere geht es hier um Folklore (*folk*).

Jetzt kommt die große Frage: »Welche Newsgruppen stehen mir eigentlich zur Verfügung?« Die Antwort darauf ist, natürlich: »Es kommt darauf an.« In erster Linie hängt das davon ab, welchen Computer Ihr Newsreader als Newsserver benutzt. Um das zu verstehen, müssen wir genauer betrachten, wie die News funktionieren. Bild 8-1 zeigt, wie der Anwender das Newssystem sieht. Es gibt einen *Newsreader*, der einen Newsserver abfragt, um Menüs mit Artikeln zu erhalten, und der bei Bedarf die

---

* **nn** ist ein sehr kompliziertes Programm; sein Eintrag in den UNIX-Online-Manuals ist mehr als 50 Seiten lang, und damit deutlich länger als dieses Kapitel. Wir werden also nicht vorgeben, alle Möglichkeiten von **nn** erschöpfend zu behandeln—nur die »wichtigsten« werden vorgestellt.

Artikel selbst anfordert. Der Server sammelt die News aus einer Vielzahl von Quellen: USENET-News, lokale News, Mailreflektoren und möglicherweise Clarinet. Er hält diese Artikel für eine bestimmte Zeit verfügbar (die der Verwalter des Newsservers einstellen kann), und verwirft sie dann.

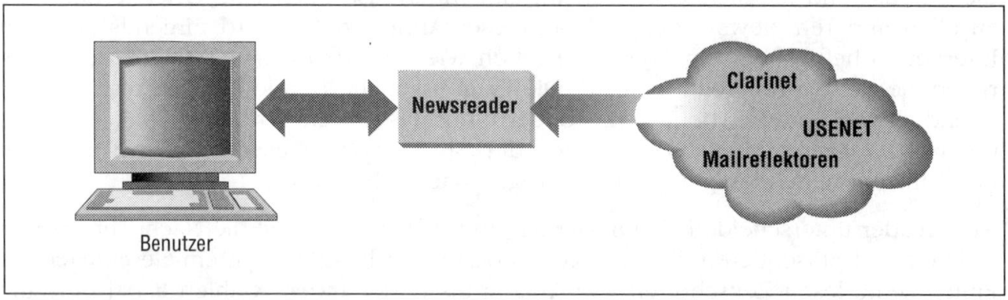

Abbildung 8–1: Das Newssystem aus der Sicht des Benutzers

Die meisten Newsgruppen auf dem Server sind Teil von *USENET*, einer Sammlung von Newsgruppen, die von allgemeinem Interesse und kostenlos verfügbar sind. USENET ist eines der am häufigsten mißverstandenen Konzepte. Es ist kein Rechnernetz. Es hängt nicht vom Internet ab. Es ist keine Software. Es ist eine Sammlung von Regeln, wie Newsgruppen weitergeleitet und verwaltet werden. Es ist außerdem ein Haufen Freiwilliger, die diese Regeln anwenden und respektieren. (Wenn Sie die ganze Geschichte hören wollen, sollten Sie sich den Artikel »What is USENET?« holen, der unter »USENET News« im *Ressourcen-Katalog* gelistet ist.) USENET besteht aus sieben gut verwalteten Newsgruppen-Hierarchien. Die Regeln für die Benutzung, Einrichtung und Löschung von Newsgruppen existieren schon länger als das Internet. (Ja, USENET ist älter als das Internet. Damals wurden News über Wählverbindungen übertragen. Es gibt immer noch sehr viele Systeme, die auf diesem Wege am USENET teilnehmen.) Die sieben Haupt-Hierarchien sind:

comp
: Informatik (computer science) und verwandte Themen. Dies umfaßt sowohl die eigentliche Informatik als auch Programmquellcodes, Informationen und Diskussionen zu bestimmten Hard- und Softwaresystemen sowie Themen allgemeiner Natur.

news
: Gruppen, die das Newsnetzwerk und Newsprogramme behandeln. Dies beinhaltet die wichtigen Gruppen *news.newusers.questions* (Fragen neuer Anwender) und *news.announce.newusers* (wichtige Informationen für neue Anwender). Wenn Sie neu im USENET sind, sollten Sie diese Gruppen eine Zeitlang lesen.

rec
: Gruppen, in denen Hobbys, Freizeitaktivitäten und die Künste diskutiert werden.

sci	Gruppen, in denen wissenschaftliche Forschung und Anwendungen (abgesehen von der Informatik) diskutiert werden. Dies beinhaltet Gruppen für viele der etablierten Natur- und Ingenieurwissenschaften sowie einige der Sozialwissenschaften.
soc	Gruppen, die gesellschaftliche Themen behandeln. Das umfaßt sowohl den politischen als auch den zwischenmenschlichen Bereich.
talk	Die *talk*-Gruppen sind ein Forum, um über kontroverse Themen zu debattieren. Die Diskussionen sind meist weit verzweigt und ohne Abschluß. Hier würden Sie z.B. religiöse Themen diskutieren.
misc	Alles, was nicht in eine der oben genannten Kategorien paßt, oder in mehrere. Aufmerksamkeit verdienen *misc.jobs* (Stellenangebote und -gesuche) sowie *misc.forsale* (Verkaufsangebote).

Server können auch lokale Newsgruppen führen. Der Verwalter eines Servers kann, abhängig von den Interessen der lokalen Benutzer, beliebige Newsgruppen einrichten. Dies kann Diskussionen über lokale Ereignisse beinhalten, Ankündigungen von Netzwerkausfallzeiten oder Mitteilungen an die Mitarbeiter. Obwohl das lokale Gruppen sind, können sie an jeden anderen Server weitergegeben werden, der sie haben möchte. In einer großen Firma könnte jede Abteilung ihren eigenen Server haben; die Server wären trotzdem in der Lage, die Mitarbeiternachrichten untereinander weiterzuleiten. Natürlich würde man solche Gruppen nicht an die Außenwelt weitergeben. Lokale Gruppen werden durch den Administrator benannt. Er wählt dazu Namen aus, die nicht mit bereits existierenden Namen kollidieren.

Jetzt gelangen wir an eine Stelle, an der es etwas verwirrend wird. Einem Anwender präsentiert sich das Newssystem ungefähr so wie in Abbildung 8-1. Tatsächlich ist es aber so implementiert wie in Abbildung 8-2 zu erkennen ist. Ein Serveradministrator trifft gegenseitige Abmachungen mit anderen Administratoren, um mit ihnen bestimmte Newsgruppen auszutauschen—in der Regel über das Internet. Eine Site, die Ihren Server mit einer oder mehreren Newsgruppen versorgt, wird *Newsfeed* genannt. Einige Server werden Feeds für manche Gruppen anbieten, andere Server bieten Feeds für andere Gruppen. Der Administrator eines Servers kann beliebige Vereinbarungen über die Lieferung von News treffen, die nötig sind, um den von seinen Nutzern gewünschten Satz von Newsgruppen bereitzustellen. Im Laufe der Jahre hat das dazu geführt, daß einige ehemals lokale Gruppen inzwischen fast genauso weit verteilt werden wie die eigentlichen USENET-Gruppen. Diese weit verteilten lokalen Gruppen werden »alternative Hierarchien« genannt.* Da sie genau wie

* Wenn Sie an einer kompletten Liste interessiert sind, sollten Sie in der Newsgruppe *news.groups* nachsehen. Die Listen werden dort regelmäßig veröffentlicht. Wenn Sie **nn** benutzen, geben Sie einfach das Kommando **nn –x –X –n/"David C Law« news.groups**, um diese Listen (und ein bißchen mehr) zu erhalten.

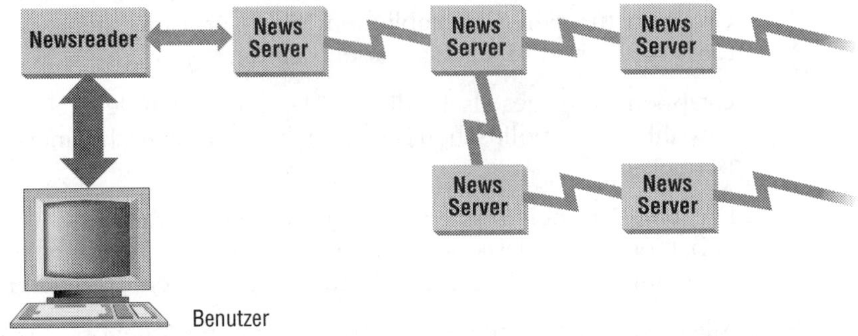

Abbildung 8-2: Implementierung des Newssystems

USENET-Gruppen aussehen (abgesehen von ihrem Namen), faßt man unter USENET häufig auch diese Gruppen zusammen. Die am weitesten verbreiteten dieser Gruppen sind:

alt Gruppen, in denen es um alternative Ansichten geht. Es gibt eine große Zahl wirklich bizarrer Newsgruppen hier (sogar eine, in der die Reisen eines bekannten Evangelisten von der Westküste beschrieben werden). In einigen Gruppen lassen die Artikel sogar jeden Zusammenhang vermissen, und geben mitunter Anlaß zu der Frage, welche Stimulanzien den Autor beim Schreiben »beflügelt« haben mögen. Es sind aber auch viele nützliche Informationen zu finden. Einige wichtige Gruppen (wie *alt.gopher*) wurden kurzerhand hier eingerichtet, statt die Abstimmung zu durchlaufen, die für eine »offizielle« Gruppe nötig ist. (Wenn die Themen größere Akzeptanz erlangen, werden aus diesen Gruppen manchmal nachträglich offizielle Gruppen.) Im großen und ganzen sind die Diskussionen in *alt* aber etwas neben dem Mainstream.

bionet Gruppen für Biologen.

bit Die populärsten der *Listserv*-Diskussionsgruppen aus dem BITNET.

biz	Diskussionen rund um Gewerbe und Geschäfte. Diese Hierarchie erlaubt Werbung und andere Marketinghilfen, was in anderen Gruppen nicht erlaubt ist.
de	Diskussionen zu verschiedenen Themen auf deutsch.
fj	Diskussionen zu verschiedenen Themen auf japanisch (teilweise wird ein Newsreader benötigt, der den Kanji-Zeichensatz beherrscht).
hepnet	Diskussionen von Interesse hauptsächlich für Hochenergiephysiker.
ieee	Diskussionen rund um das IEEE (Institute of Electronic and Electrical Engineers).
info	Eine Gruppe von Mailinglisten zu einer breiten Palette von Themen, die in Newsgruppen umgesetzt werden.
gnu	Diskussionen um die Free Software Foundation (FSF) und das GNU-Projekt. Das beinhaltet Ankündigungen neuer FSF-Software, neue Entwicklungen zu alter Software, Fehlermeldungen und Fragen, sowie Diskussionen unter den Anwendern der GNU-Software.
k12	Eine Schülern und Lehrern gewidmete Hierarchie—vom Kindergarten bis zum Gymnasium.
relcom	Diverse Gruppen, die ihren Ursprung in der ehemaligen UdSSR haben (einige erfordern spezielle Software, um das kyrillische Alphabet anzuzeigen).
u3b	Diskussionen um die 3B-Rechnermodelle von AT&T.
vmsnet	Diskussionen über das VAX/VMS-Betriebssystem von DEC sowie DECnet.

Einige dieser Gruppen werden über Gateways verbreitet—insbesondere die Gruppen *bit*, *info* und *gnu*. Das ist eine weitere Methode, Newsgruppen zu erzeugen. Die Ausgabe eines Mailreflektors oder eines Listservers wird in eine Newsgruppe gewandelt. Dies erlaubt es auch Menschen, die lieber einen Newsreader benutzen, an den Diskussionen teilzunehmen, die über Mailinglisten geführt werden. Ein paar Systeme abonnieren eine Mailingliste, formatieren die Mails so um, daß sie vom Newssystem verarbeitet werden können, und verteilen sie dann an jeden, der sie beziehen möchte.

Schließlich gibt es noch kommerzielle Informationsdienste, die über das Newssystem verteilt werden. Ein Beispiel ist *Clarinet*, eine Newshierarchie, die die Meldungen der Nachrichtendienste sowie darauf basierende eigene Artikel verteilt. Damit ein Server diese Gruppen anbieten kann, muß ein Vertrag mit Clarinet abgeschlossen werden. In diesem Vertrag wird festgelegt, an wen der Server die Gruppen weiterverteilen darf. Der Verteiler umfaßt normalerweise eine bestimmte Firma, Organisation oder Arbeitsgruppe. Diese Newsgruppen tragen im Namen das Präfix *clari*.

Alle diese Gruppen erzeugen eine beträchtliche Menge von Verkehr auf dem Netz. Ein typischer Server hat etwa 2500 Newsgruppen abonniert und bezieht ca. 50 MBytes/Tag. Das führt zu weiteren Einschränkungen hinsichtlich der Verfügbarkeit einer Newsgruppe von einem bestimmten Server. Ein Serveradministrator kann entscheiden, eine bestimmte Gruppe nicht zu führen, weil sie sehr aktiv ist und zuviel Platz auf der Festplatte belegen würde. Auch die Zahl der Tage, die ein Artikel auf einem Server gespeichert wird, ist vom Plattenplatz abhängig. Es ist möglich, zurückzugehen und Artikel erneut abzurufen, die Sie vorher schon gelesen haben—aber nur, solange der Server den Artikel noch nicht gelöscht (*expired*) hat. Die Zeitspanne, die ein Artikel auf einem System bereitgehalten wird, hängt ausschließlich davon ab, wie lange der Administrator diese Artikel aufbewahren läßt. Das reicht von wenigen Tagen bis zu Monaten und kann von Gruppe zu Gruppe unterschiedlich sein. Das bedeutet auch, daß Sie Artikel verpassen können, wenn Sie im Urlaub sind. Die Artikel kommen an und werden wieder gelöscht, ohne daß Sie eine Chance gehabt hätten, sie zu lesen. Glücklicherweise werden viele der beruflich relevanten Newsgruppen an vielen Orten zentral archiviert. Die genaue Adresse dieser Archive wird normalerweise in der jeweiligen Gruppe bekanntgegeben.

Zum Schluß müssen wir auch das Thema Zensur ansprechen (und ich überlege, wie ich das formulieren soll). Einige Administratoren entscheiden, daß bestimmte Gruppen (insbesondere in der *alt*-Hierarchie) nicht geeignet sind, von den Nutzern des Servers gelesen zu werden. Deshalb abonnieren sie diese Gruppen nicht. Wenn Sie sich dadurch betroffen fühlen, haben Sie nur zwei Möglichkeiten: entweder einen anderen Server zu finden, oder Ihren Administrator zu überzeugen.

Dieses Thema ist recht kompliziert und führt häufig zu angeregten Diskussionen über die Grundrechte. Es gibt viele Gründe, die einen Administrator entscheiden lassen, eine Gruppe nicht anzubieten. Zensur ist normalerweise keiner davon. Der Administrator eines Servers ist der Verwalter der Maschine. Dieser Rechner gehört jemandem, und er hat eine Aufgabe—abgesehen davon, Newsserver zu spielen. Der Administrator muß hier abwägen zwischen dem Ziel, möglichst viele Gruppen zu führen und dem, nicht zuviel der Kapazität der Maschine für die News zu opfern. Logisch betrachtet hat eine Gruppe wie *sci.engr.chem* auf den meisten Servern mehr mit der beabsichtigten Nutzung der Maschine zu tun als *alt.sex* (außer vielleicht auf dem Server des Kinsey-Institutes). Daher ist die zu streichende Gruppe, falls der Plattenplatz zur Neige geht, eindeutig *alt.sex*. Wenn Sie diese Maschine als Newsserver verwenden, benutzen Sie das Eigentum eines anderen. Es gibt kein Grundrecht auf den freien Gebrauch fremden Eigentums. Sie können zwar vorschlagen, *alt.sex* (oder eine beliebige andere Gruppe) zu abonnieren, aber Sie können es nicht verlangen.

Die ersten Schritte

Dies ist vermutlich der schwierigste Teil. Wenn Sie beginnen, News zu lesen, ist das größte Problem, daß die Software keine Ahnung davon hat, was Sie am meisten interessiert. Typische Newsserver im Netz bieten 2500 Newsgruppen oder mehr, und wenn Sie das erste Mal einen Client benutzen, sind Sie wahrscheinlich auf alle abonniert. Die meisten davon werden Sie uninteressant finden. Die direkte Lösung des Problems ist, alle uninteressanten Gruppen einzeln abzubestellen (*unsubscribe*). Natürlich dauert das lange und ist recht langweilig: Der Client zeigt eine Seite an, Sie sagen: »unsubscribe«; der Client fragt nach: »really?«, Sie sagen: »yes«—und das 2450 Mal. Es muß einen einfacheren Weg geben, mit den News zu beginnen.

Einige Leute beginnen nie richtig, News zu lesen. Sie benutzen keinen Client, sondern die UNIX-Dienstprogramme, um News zu lesen. Sie verlassen sich dabei auf den Umstand, daß auf einem Newsserver alle Artikel im Verzeichnis */usr/spool/news* liegen, und benutzen **grep**, um nach Schlüsselwörtern zu suchen. Das ist zwar möglich, aber unter dem Gesichtspunkt der Informationsorganisation ein noch schlechteres Verfahren als einen uralten Newsreader wie **rn** zu benutzen. Das größte Problem ist, daß dieses Verfahren nicht unbedingt funktioniert. Wenn Sie nochmals einen Blick auf Abbildung 8-1 werfen, dann sehen Sie, daß der Computer, auf dem der Newsreader läuft, gar keine Artikel speichert. Wann immer Sie News lesen, werden die Artikel vom Newsserver angefordert. Dieses Verfahren funktioniert also nur, wenn der Server auf dem gleichen System läuft, auf dem Sie News lesen wollen. Früher war das die Regel, aber heute wird das zunehmend seltener.

Nehmen wir an, daß Sie nicht der Typ sind, der seine Zigaretten selbst dreht und nichts von Power-Tools hält—dann werden Sie einen Newsreader benutzen wollen. Lassen Sie uns daher noch auf eine Vereinfachung für **nn** zu sprechen kommen. Wir werden diese Vereinfachung behandeln, obwohl wir noch nicht einmal gesagt haben, wie News gelesen werden. Sie werden keine News lesen *wollen*, solange Sie keine Kontrolle über das haben, was Sie lesen. Die Vereinfachung ist so nur für den Newsreader **nn** zu gebrauchen, aber Sie lernen eventuell auch etwas darüber, wie andere Newsreader konfiguriert werden. Andere Reader benutzen andere Dateien und Utilities; eventuell müssen Sie selbst herausfinden, wie es bei Ihnen funktioniert. Was auch immer Sie tun, der erste Schritt wird derselbe sein: Sie müssen Ihrem Computer mitteilen, welche Gruppen er Ihnen anzeigen soll.

Konfiguration von nn

Zwei Dateien legen fest, wie sich **nn** verhält: *.nn/init* und *.newsrc*. *.nn/init* dient zur Aufnahme von Konfigurationsvariablen und teilt **nn** mit, welche Gruppen Sie lesen wollen (und welche nicht). Benutzen Sie diese Datei um anzugeben, welche Gruppen Sie nie lesen wollen. Die andere Datei, *.newsrc*, gibt an, welche Gruppen Sie abonniert haben, und welche Artikel in welchen Gruppen Sie schon gelesen haben.* Benutzen Sie diese Datei, um einzelne Gruppen abzubestellen, die Sie nicht schon in der *init*-Datei herausgenommen haben. Lassen Sie uns Schritt für Schritt vorgehen und dabei erklären, was passiert.

1. Wenn Ihr Heimatverzeichnis kein Unterverzeichnis namens *.nn* enthält (Sie können das mit **ls –a .nn**) überprüfen), dann legen Sie mit **mkdir .nn** eines an, während Sie sich in Ihrem Heimatverzeichnis befinden (dorthin gelangen Sie mit **cd** ohne Argumente).

2. Mit einem Editor Ihrer Wahl legen Sie eine Datei *init* im Verzeichnis *.nn* an (wenn Sie den Editor **vi** benutzen, geben Sie einfach das Kommando **vi .nn/init**). Der Inhalt dieser Datei sollte wie folgt aussehen:

```
sequence
!bionet
!gnu
```
(listen Sie beliebig viele Gruppen auf)

   Die erste Zeile muß aus dem Wort »sequence« bestehen. Die folgenden Zeilen bezeichnen die Gruppen, die Sie nie abonnieren wollen. Hier bestellen Sie alle die Gruppen ab, die mit *bionet* oder *gnu* beginnen. Sie können hier beliebig genau vorgehen. Wenn Sie kein Interesse an TV-Gruppen haben, könnten Sie die Zeilen:

```
!alt.tv
!rec.arts.tv
```

   hinzufügen. Damit würden nur diese Teile der *alt-* und *rec*-Gruppen ausgeschlossen. Wenn Sie alle Gruppen aufgelistet haben, die Sie nicht interessieren, verlassen Sie den Editor.**

3. Geben Sie das Kommando **nn**. Wenn **nn** startet, tippen Sie sofort **Q**. Damit verlassen Sie **nn** wieder, aber vorher erzeugt **nn** die Datei *.newsrc*. Diese Datei listet alle Gruppen auf, die der von Ihnen benutzte Server anbietet.

---

* Auf UNIX-Systemen benutzen fast alle Newsreader die Datei *.newsrc*, um Ihre Newskonfiguration zu speichern.

** Woher sollen Sie aber wissen, an welchen Gruppen Sie nicht interessiert sind? Das ist das alte Huhn-oder-Ei-Problem; solange Sie noch keinen Newsreader installiert haben, können Sie nicht sehen, welche Gruppen es gibt. Sie bekommen eine vage Vorstellung, wenn Sie die Namen der Hierarchien auf der obersten Ebene lesen, aber wahrscheinlich hätten Sie gerne eine genauere Kontrolle. Eine Möglichkeit, mehr zu erfahren ist es, den Newsserver zu fragen. Finden Sie heraus, welchen Newsserver Ihr System benutzt, und loggen Sie dann per **telnet** in seinen **nntp**-Port ein: **telnet name.des.servers nntp**. Dieser Befehl verbindet Sie mit dem Server. Geben Sie dann den Befehl **list newsgroups**—Sie erhalten eine Liste der Newsgruppen, die auf dem Server zur Verfügung stehen. Verlassen Sie anschließend Telnet mit **quit**.

4. Editieren Sie *.newsrc* (wenn Sie **vi** benutzen, geben Sie das Kommando **vi .newsrc**). Sie sollten etwa folgendes angezeigt bekommen:

```
alt.activism:
alt.aquaria:
alt.atheism:
alt.bbs:
alt.callahans:
alt.co-ops:
alt.cobol:
alt.config:
alt.conspiracy:
alt.cosuard:
```

5. Geben Sie ein Kommando zum globalen Ersetzen und lassen Sie alle Doppelpunkte durch Ausrufezeichen ersetzen. Damit bestellen Sie alle Gruppen ab (ein Doppelpunkt hinter einer Gruppe markiert die Gruppe als abonniert, ein Ausrufezeichen als abbestellt). Wenn Sie **vi** benutzen, geben Sie das Kommando **:%s/:/!/** ein.

6. Suchen Sie sich die Gruppen heraus, an denen Sie teilnehmen wollen—entweder mit einem Suchbefehl, wenn Sie den Namen der Gruppe kennen (*/name-der-Gruppe* für Anwender von **vi**) oder indem Sie durch die Datei scrollen (in **vi** können Sie mit CTRL-f jeweils eine Bildschirmseite weiterblättern). Wenn Sie eine Gruppe finden, die Sie abonnieren möchten, ersetzen Sie das Ausrufezeichen hinter dem Namen durch einen Doppelpunkt. Indem Sie das ! gegen einen : austauschen, markieren Sie die Gruppe wieder als abonniert. Wiederholen Sie dies so oft wie nötig. Anwender von **vi** können einfach den Cursor über dem ! positionieren und **r:** eingeben.

7. Speichern Sie die Datei und verlassen Sie den Editor (in **vi** erledigt **ZZ** beides für Sie).

Sie haben damit alle Gruppen abonniert, deren Name von einem Doppelpunkt gefolgt ist, und die nicht schon in der Datei *.nn/init* ausgeschlossen wurden.

Diese Anleitung war etwas ausführlicher, als unbedingt notwendig gewesen wäre. Sie können auch nur die Schritte 1 und 2 ausführen, wobei Sie die Gruppenanzahl schon auf etwa 200 reduzieren, und dann den Rest Gruppe für Gruppe innerhalb von **nn** abbestellen. Oder Sie können die Schritte 3 bis 7 ausführen, um Ihre derzeitige Gruppenauswahl festzulegen. In diesem Fall abonnieren Sie automatisch alle Gruppen, die neu angelegt werden, und müssen sie von Hand abbestellen. Die Schritte 1 und 2 ersparen es Ihnen, automatisch alle neuen Gruppen zu abonnieren. Auf lange Sicht erledigt die ganze 7-Schritte-Prozedur genau das, was Sie wollen.

News lesen

Den Einstieg haben wir bereits hinter uns: die Auswahl der Newsgruppen, die Sie überhaupt interessieren. Sobald Sie diese etwas umständliche Prozedur hinter sich gebracht haben, können Sie zum interessanten Teil übergehen: News lesen und eigene Artikel schreiben.

Was ist ein Newsartikel?

Ein Newsartikel ist einer E-Mail-Nachricht sehr ähnlich. Er hat die gleichen Bestandteile wie eine Mail: Nachrichtenkopf (Header) und Nachrichtentext (Body). Wie zu erwarten ist, steht die eigentliche Nachricht im Textteil. In dem Kopf erfährt die Newssoftware, wie der Artikel durch das Internet verteilt werden muß. Darüber hinaus finden Sie hier einige Informationen zum Inhalt der Nachricht. Die Informationen aus dem Nachrichtenkopf werden verwendet, um auf Newsservern einen Index aufzubauen. Dieser Index erlaubt es den Clients, Menüs aufzubauen und nach interessanten Themen zu suchen, ohne die kompletten Artikel durchgehen zu müssen. Daher besteht der Header aus Informationen über den Autor, das Thema und möglicherweise einer Zusammenfassung sowie einigen Schlüsselwörtern für die Indizierung. Der Header wird automatisch erzeugt, wenn Sie einen Newsartikel verfassen. Sie müssen sich über das Format keine Gedanken machen, aber Sie müssen die nötigen Informationen angeben. (Das Programm, das Sie benutzen, um Newsartikel zu schreiben, wird die nötigen Informationen erfragen.) Sie werden den Header wiedersehen, wenn Sie einen Artikel für späteren Gebrauch in eine Datei abspeichern, weil der Header mit abgespeichert wird.

Jeder Newsartikel wird als Teil eines Diskussionsstrangs (Thread) betrachtet. Wenn ein Artikel zu einem neuen Thema geschrieben (gepostet) wird, beginnt mit ihm ein neuer Thread. Leser, die ihren Kommentar dazu abgeben wollen, machen dann Folgepostings (Follow-ups). Ein Follow-up ist ein neuer Artikel, aber in ihm steht, daß dieser Artikel Teil des Threads ist, der durch einen anderen Artikel begonnen wurde. So kann die Newssoftware die Artikel eines Threads in ihrer logischen Reihenfolge anzeigen.

Benutzung eines Newsreaders

Wir haben bereits gesagt, daß wir hier den Newsreader **nn** behandeln—einen der populärsten Newsreader unter UNIX. Sie können davon ausgehen, daß andere Newsreader Ihnen ähnliche Möglichkeiten bieten. Egal wie die Befehle lauten—die Grundfunktionen, die Sie nutzen werden, sind dieselben (die Auswahl von Newsgruppen und einzelnen Artikeln darin, die Suche nach unterschiedlichen Themen). Sobald Sie gesehen haben, welche Möglichkeiten es überhaupt gibt, wird es relativ einfach sein herauszufinden, wie das bei Ihrem Newsreader funktioniert.

In *nn* gibt es zwei unterschiedliche Modi: Den *Auswahlmodus* und den *Lesemodus*. Im Auswahlmodus sehen Sie eine Liste von Artikeln in einer Newsgruppe, die Sie abonniert haben, und Sie wählen diejenigen aus, die Sie wirklich lesen wollen. Nehmen wir an, die mühsame Auswahl der Newsgruppen ist bereits abgeschlossen, und ich sei auf *rec.music.folk* als einzige Newsgruppe abonniert. Wenn ich das nächste Mal das Kommando **nn** gebe, werde ich ein Menü wie dieses sehen:

```
% nn
Newsgroup: rec.music.folk              Articles: 6 of 6/1
a Mr. Chicago         19  World Cafe
b John Storm           8  >
c Willie Martin        4  >>
d John Bigboote       34  lyric request: HARD TIMES
e Jimmy Gretzky        ?  Jimmy Driftwood
f Jimmy Gretzky        ?  Guitar Strings
 -- 13:16 -- SELECT -- help:? -----All-----
```

Das Format dieser Liste ist relativ simpel. Es gibt eine Titelzeile ganz oben, die Ihnen mitteilt, welche Gruppe Sie gerade betrachten. Der rechte Teil der Zeile, der mit **Articles:** beginnt, sagt Ihnen, daß Sie insgesamt 6 Artikel dieser Gruppe noch nicht gelesen haben. Die **6/1** bedeutet, daß Sie insgesamt 6 Artikel (aus allen bestellten Gruppen) noch nicht gelesen haben, und daß in einer Gruppe noch ungelesene Artikel sind (natürlich, denn Sie haben ja bislang nur eine Gruppe bestellt). Am unteren Rand des Bildschirms sehen Sie eine Statuszeile. Diese Zeile teilt Ihnen die aktuelle Zeit mit, sagt Ihnen, daß Sie sich derzeit im Auswahlmodus (Selection Mode) befinden, daß Sie Hilfe mit ? bekommen, und daß diese Seite alle Artikel anzeigt, die Sie noch nicht gelesen haben.

Zwischen Kopf- und Fußzeile sehen Sie Einträge für die Artikel, die Sie zum Lesen auswählen können. Jede Zeile hat das Format:

```
ID autor            größe  thema
```

Die Einträge in jeder Zeile bedeuten folgendes:

ID — Ein Buchstabe, den Sie eingeben, um den Artikel zum Lesen auszuwählen (oder diese Entscheidung zu revidieren). Um beispielsweise den sechsten Artikel auf dem Bildschirm auszuwählen, drücken Sie **f**. Mit einem weiteren **f** löschen Sie die Markierung wieder. Auf vielen Terminals verwendet **nn** die inverse Darstellung oder hervorgehobenen Text, um die ausgewählten Artikel zu markieren.

Autor — Der Name der Person, die den Artikel gepostet hat. Normalerweise wird beim Absenden eines Artikels der richtige Name eingefügt. Einige Newsreader erlauben aber, dieses Feld mit einem Pseudonym zu füllen (so wie bei Mr. Chicago). Diese Pseudonyme werden häufig in Diskussionen benutzt, wo Anonymität eine freiere Meinungsäußerung ermöglicht (beispielsweise in *alt.sex*).

Größe Die Anzahl der Textzeilen im Artikel. Einige Newsreader füllen diese Informationszeile nicht aus, so daß Sie ab und zu ein ? in diesem Feld sehen werden.

Thema Das Thema des Artikels, wie es vom Absender eingegeben wurde. Einige Einträge haben Text in diesem Feld, andere nur ein oder mehrere >. Die Zeilen, in denen Text steht, sind ursprüngliche Artikel in ihrem Thread. Zeilen, in denen ein > steht, sind Reaktionen oder Follow-ups zum Ursprungsartikel. Mehr als ein > bezeichnet ein Follow-up zu einem Follow-up. Im Beispiel oben ist Artikel **b** ein Kommentar zum originalen »World Cafe«-Artikel. Der Artikel **c** ist ein Kommentar zu dem, was John Storm in Artikel **b** sagte.

Wenn Sie ein Leerzeichen eingeben, machen Sie den nächsten Schritt. Folgende Statuszeile:

```
-- 09:37 -- SELECT -- help:? -----Top 6%-----
```

besagt, daß es noch mehr Artikel im Auswahlmodus durchzublättern gibt—bis jetzt haben Sie erst sechs Prozent der Artikel angezeigt bekommen. In diesem Fall wechseln Sie mit der Leertaste zum nächsten Menü (der nächsten »Seite«) ungelesener Artikel. Wenn Sie bereits alle Auswahlmenüs gesehen haben, bringt Ihnen SPACE den ersten Artikel auf den Bildschirm, den Sie ausgewählt haben. Wenn Sie gar keine Artikel markiert haben, wechselt SPACE in die nächste Newsgruppe, die Sie abonniert haben. Sobald keine weiteren Newsgruppen mehr vorhanden sind, wird **nn** beendet. Natürlich können Sie mit ? jederzeit ein Hilfemenü anfordern; außerdem gibt es noch viele weitere Optionen.

Häufig wird es mehr als einen Bildschirm mit Artikeln durchzusehen geben—insbesondere, wenn Sie eine neue Newsgruppe abonniert haben. Um zwischen den Artikelübersichten hin- und herzublättern, können Sie mit > eine Seite vor- und mit < eine Seite zurückblättern.

Nehmen wir an, daß Sie Jimmy Gretzkys zweites Posting zum Thema Gitarrensaiten ausgewählt haben, indem Sie **f** eingegeben haben: Nachdem Sie im letzten Menü angekommen waren, haben Sie SPACE gedrückt. **nn** zeigt dann den ersten ausgewählten Artikel an—Seite für Seite. Hier ist Jimmy Gretzkys Posting:

```
Jimmy Gretzky: Guitar Strings     Thu, 21 Nov 1991 16:24
I've been following this newsgroup for a long time, to
my knowledge there's never been a discussion of guitar
strings.  I have two primary questions:
```

```
 1. What's the brand that the good people buy?
 2. How long before a gig should you change
    your strings?
Thanks for any opinions.
-- Jimmy Gretzky    "The old axe man"

-- 13:30 --rec.music.folk-- LAST --help:?--Bot--
```

Sie befinden sich jetzt im Lesemodus. Erneut sind eine ganze Reihe von Optionen verfügbar; wenn Sie ein Fragezeichen eingeben, um Hilfe zu erhalten, bekommen Sie eine Liste mit allen Optionen, die Ihnen in diesem Modus zur Verfügung stehen. Sie können die Artikel, die Sie ausgewählt haben, lesen, indem Sie die Leertaste drücken, bis Sie sie alle durchgeblättert haben. Im Lesemodus führt Sie ein Druck auf SPACE immer zur nächsten Seite des Artikels, den Sie gerade lesen, oder zum nächsten Artikel. Wenn Sie auf die vorherige Seite des aktuellen Artikels zurückgehen möchten, drücken Sie einfach BACKSPACE.

Wenn Sie mehrere Einträge zum Lesen ausgewählt haben, präsentiert **nn** sie in der Reihenfolge, in der sie im Menü standen—für jeden Thread einzeln vom ältesten zum neuesten sortiert. Wenn Sie ein Originalposting mit Follow-ups sehen, steht das Originalposting oben, darunter die Follow-ups. Wenn Ihnen ein langer Artikel langweilig wird und Sie ihn überspringen möchten, verwenden Sie den Befehl **n**. Manchmal werden Sie auch nach einigen Artikeln in einem langen Thread feststellen, daß das Thema Sie gar nicht mehr interessiert und Sie den Rest des Threads überspringen wollen. Das erledigen Sie mit dem Kommando **k**—es wechselt zum ersten ausgewählten Artikel in einem anderen Thread.

Wenn Sie mit dem Lesen der Artikel fertig sind, bringt SPACE Sie in den Auswahlmodus der nächsten Newsgruppe zurück, die Sie abonniert haben (wenn noch Gruppen mit ungelesenen Artikeln vorhanden sind). Falls Sie bereits alle Gruppen gelesen haben, wird **nn** normal beendet. (Später werden wir noch ein paar andere Möglichkeiten besprechen.)

Wenn Sie später auf **nn** zurückkommen und das Programm erneut starten, werden Sie einen ähnlichen Dialog durchlaufen—abgesehen davon, daß **nn** nur noch Newsartikel anzeigen wird, die seit Ihrer letzten Sitzung eingetroffen sind. Sie könnten dann auch Betreffzeilen sehen, die sowohl ein > als auch ein Thema zeigen. Dies sind Follow-ups zu Artikeln, die Sie bereits angezeigt bekommen haben, und die deshalb in dieser Sitzung nicht mehr angezeigt werden.

Wenn Sie im Auswahlmodus sind, müssen Sie nicht durch eine ganze Newsgruppe durchblättern, bevor Sie anfangen können zu lesen. Die Befehle **X** und **Z** bringen Sie direkt in den Lesemodus und zeigen den ersten ausgewählten Artikel an. Der Unterschied liegt darin, daß Sie mit **X** die Auswahl beenden—Sie landen nach dem letzten Artikel in der nächsten Gruppe. Mit **Z** führt **nn** Sie in das Auswahlmenü für dieselbe Gruppe zurück.

Ob Sie im Auswahl- oder im Lesemodus sind: Wenn Sie aufhören wollen, bevor Sie alle Gruppen durchgegangen sind, tippen Sie **Q**. Damit beenden Sie **nn** ordnungsgemäß, wobei die Liste der angezeigten Artikel aktualisiert wird. Wenn Sie nach einem **Q** den **nn** das nächste Mal starten, werden Sie gefragt, ob Sie mit dem Lesen am Anfang der Gruppenliste beginnen wollen oder ob Sie dort weitermachen möchten, wo Sie bei der letzten Sitzung aufgehört haben. Sie beantworten dazu eine Frage wie:

```
Enter clari.biz.market.ny (1 unread)?
```

In diesem Beispiel ist *clari.biz.market.ny* der Name der Gruppe, die Sie gelesen haben, als Sie **nn** beendeten. Wenn Sie die Frage mit **y** (yes) beantworten, landen Sie wieder in dieser Gruppe. Antworten Sie mit **n** (no), beginnen Sie mit den Gruppen, die Sie auch sonst zuerst lesen.

Effiziente Handhabung eines Newsreaders

Im letzten Abschnitt haben Sie eine typische Newssitzung durchlaufen und einige der Möglichkeiten kennengelernt, die Sie dabei haben. Nachdem Sie nun wissen, wie Sie News lesen, lassen Sie uns über die effiziente Handhabung reden. Wenn Sie wieder und wieder zum Newsreader zurückkehren, wird Ihr größtes Problem die Menge an Information sein, die Ihnen präsentiert wird. Es ist so viel Information vorhanden, daß es schwierig ist herauszufinden, wo Sie anfangen sollen. Wie können Sie sich in den News hin- und herbewegen, um das Material zu finden, das Sie lesen wollen, ohne Zeit mit interessant aussehenden Artikeln zu verschwenden, die es dann doch nicht sind?

Wenn Sie im Auswahlmodus von **nn** sind, können Sie:

- Zwischen verschiedenen Gruppen vor- und zurückblättern.
- Zwischen verschiedenen Menüs einer Gruppe blättern.
- In den Lesemodus wechseln.
- **nn** beenden.

Wenn Sie versuchen, sich in **nn** zu bewegen (oder in einem anderen Newsreader), ist es wichtig daran zu denken, in welchem Modus und in welcher Gruppe Sie sich befinden, und was Sie als nächstes tun wollen. Gruppen werden jedesmal in der gleichen Reihenfolge präsentiert, wenn Sie **nn** starten. Sie werden ein Gefühl dafür bekommen, wann eine Gruppe normalerweise an der Reihe ist. Wenn Sie eine Gruppe verlassen und in die nächste wechseln wollen, drücken Sie **N**. Sie können **P** benutzen, um in eine Gruppe zu wechseln, die Sie schon gelesen oder übersprungen haben.

Wenn Sie in der gleichen Gruppe bleiben möchten, können Sie in den Auswahlmenüs mit **>** und **<** vor- und zurückblättern. Sobald Sie ein paar Artikel ausgewählt haben, müssen Sie nicht alle Menüs durchblättern, um mit dem Lesen zu beginnen. Wir haben die Kommandos **Z** und **X** schon erwähnt, mit denen Sie sofort zu lesen beginnen können. Verwenden Sie **Z**, wenn Sie noch einmal in dieselbe Gruppe zurückkehren möchten. **X** läßt Sie die Artikel lesen, beendet dann aber die Auswahl für diese Gruppe und wechselt in die nächste.

Ähnliche Optionen gibt es auch im Lesemodus. Sie können mit den Befehlen **n** und **p** zwischen Artikeln hin- und herblättern. Sie können mit SPACE und BACKSPACE in einem Artikel vor- und zurückblättern. Selbst wenn Sie festgelegt haben, daß Sie nicht mehr in die Gruppe zurückkehren möchten (mit **X**), können Sie wieder dorthin gelangen, indem Sie (=) eingeben.

Wenn Sie direkt in eine bestimmte Gruppe springen möchten (z.B. in eine Gruppe, die Sie nicht abonniert haben), verwenden Sie das Kommando **G** (go to). Nachdem Sie ein **G** eingegeben haben, sehen Sie den Prompt:

```
Group or Folder (+./~ %-sneN) █
```

Ignorieren Sie die komplizierte Zeichenfolge. Geben Sie einfach den Namen der Newsgruppe ein, gefolgt von RETURN. Alternativ können Sie auch den Dateinamen einer Gruppe von Artikeln eingeben, die Sie abgespeichert haben (im nächsten Abschnitt lesen Sie, wie man Artikel speichert). In diesem Beispiel wollen wir in die Gruppe *rec.music.folk* wechseln. Als nächstes werden wir gefragt, wieviele Artikel angezeigt werden sollen:

```
Number of Articles (uasne)  (a) █
```

Dabei bedeutet **u** alle ungelesenen Artikel, und **a** steht für alle Artikel—egal, ob Sie sie schon gelesen haben oder nicht. Sie können auch eine Zahl eingeben, die dann festlegt, wieviele Artikel Sie angezeigt bekommen wollen; **nn** sucht dann die neuesten heraus. Wenn Sie nur RETURN eingeben, verwendet **nn** die Voreinstellung (in diesem Fall alle Artikel, obwohl das auf Ihrem System anders sein könnte). Sobald Sie RETURN eingegeben haben, führt **nn** Sie in das Auswahlmenü, in dem Sie die zu lesenden Artikel auswählen.

Alle hier beschriebenen Befehle (und weitere) finden Sie am Ende der Besprechung von **nn** noch einmal aufgelistet.

Speichern von Artikeln

Nachdem Sie einen Newsartikel gelesen haben, werden Sie ihn vielleicht ausdrucken, an jemanden schicken oder auch nur abspeichern wollen. Sie können einen Artikel speichern, während Sie ihn lesen, indem Sie das Kommando **s** eingeben. Damit fügen Sie den aktuellen Artikel an das Ende einer Datei an. Als Reaktion auf ein **s** schlägt **nn** einen Dateinamen vor, der aus dem Namen der Newsgruppe gebildet wird. Dabei werden Punkte zu Schrägstrichen und das ganze wird als Dateiname innerhalb Ihres Newsverzeichnisses interpretiert. Das mag verwirrend klingen, ist in der Praxis aber keine schlechte Idee. Wenn Sie einen Artikel speichern wollen, während Sie *rec.music.folk* lesen, dann generiert **nn** den Pfad *~/News/rec/music/folk*—oder, äquivalent dazu, *+/rec/music/folk*. (~ ist die UNIX-Abkürzung für Ihr Heimatverzeichnis, und + ist eine Abkürzung des Newsreaders für *~/News*.) Dies ist ein geeigneter Dateiname für die Archivierung, weil somit Artikel aus unterschiedlichen Newsgruppen auch in unterschiedlichen Dateien landen.

```
Save on (+~|) +rec/music/folk █
```

Um diesen Pfad zu akzeptieren und den Artikel zu speichern, drücken Sie einfach RETURN. Wenn es schon einen Artikel in *News/rec/music/folk* gibt, wird der neue Artikel einfach an die Datei angehängt; Sie werden keine alten Artikel verlieren.

Wenn Sie lieber einen anderen Dateinamen für die Datei verwenden möchten, drücken Sie BACKSPACE solange, bis Sie den Teil gelöscht haben, den Sie ändern möchten. Da das + für Ihr Newsverzeichnis steht, ist es ein guter Platz, um Artikel zu speichern; wir behalten es daher bei. Aber wir möchten einen einfacheren Dateinamen—z.B. **guitar**. Also löschen wir *rec/music/folk* und geben den neuen Namen hinter dem Pluszeichen ein:

```
Save on (+~|) +guitar
```

Wenn Sie mit dem Namen zufrieden sind, drücken Sie RETURN. Jetzt wird der Newsartikel an die Datei *guitar* in Ihrem Newsverzeichnis angehängt. Wenn diese Datei nicht existiert, fragt **nn** nach, ob es sie wirklich anlegen soll:

```
Create /home/krol/News/"guitar" ?
```

Sie können jetzt mit **y** oder **n** antworten. **nn** erzeugt selbständig alle Verzeichnisse, die es braucht, um eine Datei anzulegen.

Sie können **nn** benutzen, um gespeicherte Artikel zu lesen, indem Sie das Kommando **G** (go to) verwenden. Tippen Sie **G**; wenn **nn** Sie nach dem Namen der Gruppe oder des Folders fragt, geben Sie den Dateinamen an. Sie können + als Abkürzung für »das Newsverzeichnis in Ihrem Heimatverzeichnis« verwenden. Lassen Sie uns als Beispiel die Datei nehmen, in die wir gerade etwas abgespeichert haben. Wenn Sie **G** eingeben, sehen Sie den Prompt:

```
Group or Folder (+./~ %=sneN) █
```

Wenn Sie dann + eingeben erkennt **nn**, daß Sie einen Folder öffnen möchten. Sie sehen nun:

```
Folder +█
```

Geben Sie nun **guitar** ein, gefolgt von RETURN, und Sie sind fertig. Sie können auch Abkürzungen wie ~ (Ihr Heimatverzeichnis) oder **.** (aktuelles Verzeichnis) verwenden. Sie können *nicht* einen Dateinamen für sich eingeben (also irgend etwas, das mit einem Buchstaben anfängt). Wenn **nn** einen Buchstaben am Anfang erkennt nimmt es an, daß Sie den Namen einer Newsgruppe eingeben. Wenn diese Regeln Ihnen unnötig kompliziert erscheinen, dann sind sie es vielleicht tatsächlich. Bewahren Sie alle Artikel in einem Newsverzeichnis auf und verwenden Sie **+**, um es zu bezeichnen—dann müssen Sie sich diese Regeln nicht merken.

Es ist für den Administrator möglich, **nn** so zu konfigurieren, daß es als Voreinstellung ein anderes Schema zur Benennung von Dateien verwendet. Wenn Sie das erste Mal einen Artikel mit **nn** speichern, sollten Sie überprüfen, ob der Dateiname dem entspricht, was Sie erwarten. Wenn nicht, können Sie den Dateinamen in etwas ändern, das Ihnen besser gefällt, aber Sie sollten lieber versuchen, das bestehende Namensschema zu verwenden. Systemweite Voreinstellungen permanent zu ignorieren kann mühsam werden.

Kontrollieren Sie Ihr Newsaufkommen

Es gibt nur wenige Nadeln im Heuhaufen. Für jeden Newsartikel, der es wirklich wert ist, gelesen zu werden gibt es Dutzende, die reine Zeitverschwendung sind. Entweder geht es um ein völlig uninteressantes Thema, oder eine anfangs intelligente Diskussion ist zu einer Schimpforgie degeneriert, oder die Teilnehmer haben nicht die geringste Ahnung, wovon sie reden. Sie sollten also nicht überrascht sein wenn Sie erfahren, daß jeder Newsreader Ihnen Möglichkeiten bietet festzulegen, was Sie nicht lesen wollen.

Abonnieren und Abbestellen

Am Anfang dieses Kapitels sind wir durch eine relativ mühsame Prozedur gegangen, um die Nummer der Newsgruppen zu reduzieren, die Sie lesen. Wir haben dort gesagt, daß Sie nur eine eingeschränkte Anzahl von Newsgruppen bestellen (aus denen, die verfügbar sind). Wie bei einer Zeitschrift können Sie den Abonnementstatus aber jederzeit ändern. Sie können neue Gruppen abonnieren und Gruppen, die Sie derzeit beziehen, wieder abbestellen.

Beides geschieht mit dem Kommando **U** (unsubscribe), während Sie sich im Auswahlmenü einer Gruppe befinden. Wenn Sie die Gruppe *alt.callahans* bestellt haben, wird die Eingabe von **U** den folgenden Dialog präsentieren:

```
Unsubscribe to alt.callahans ?
```

Wenn Sie mit **y** antworten, bestellt **nn** die Gruppe ab.

Das Abonnieren hält ein Problem bereit: Wenn Sie eine Gruppe noch gar nicht bestellt haben, wie gelangen Sie dann in das Auswahlmenü? Der einfachste Weg, das zu tun ist, **nn** mit irgendwelchen Kommandozeilenoptionen zu starten.* Sie können

* Es gibt auch andere Möglichkeiten: Sie können mit dem Kommando **G** in eine nicht bestellte

nn anweisen, daß Sie eine Gruppe lesen wollen, auch wenn sie nicht abonniert ist, indem Sie die Option **–X** auf der Kommandozeile verwenden. Starten Sie **nn** mit dem Kommando:

```
% nn -X gruppenliste
```

Wenn Sie das tun, lesen Sie die angegebenen Gruppen auf die übliche Weise. Um z.B. *alt.callahans* zu abonnieren, geben Sie den Befehl:

```
% nn -X alt.callahans
```

Sie sehen dann das Auswahlmenü für die ungelesenen Artikel dieser Gruppe. Wenn Sie dann das Kommando **U** eingeben, wird die Reaktion folgende sein:

```
Already unsubscribed. Resubscribe to alt.callahans ?
```

Wenn Sie mit einem **y** antworten, abonnieren Sie die Gruppe. Wenn Sie Gruppen auf der Kommandozeile auflisten, liest **nn** nur diese Gruppen ein, und Sie werden nicht die anderen Gruppen angezeigt bekommen, die Sie normalerweise sehen. Also sehen Sie diesmal nur *alt.callahans*, aber beim nächsten normalen Start von **nn** erscheint die neu abonnierte Gruppe an der üblichen Stelle.

Übrigens ist **–X** auch nützlich, wenn Sie in eine Gruppe nur gelegentlich hineinschauen wollen, ohne sie zu abonnieren. Wenn Sie beispielsweise einmal im Jahr *rec.arts.poems* lesen möchten, aber nicht regelmäßig, dann wollen Sie sicher nicht, daß die Gruppe ständig in den Auswahlmenüs auftaucht. Bestellen Sie die Gruppe also gar nicht erst, sondern verwenden Sie einfach **nn –X rec.arts.poems**, wenn das Verlangen danach Sie packt.

Themen ausschließen und automatisch selektieren

Ausschließen (killing) bedeutet in diesem Zusammenhang, Artikel in einer Gruppe automatisch zu ignorieren. Sie geben dazu bestimmte Kriterien an. Wenn ein Artikel diese Kriterien erfüllt, ignoriert der Newsreader ihn beim Aufbau des Auswahlmenüs, und Sie bekommen diesen Artikel nicht zu sehen. Auto-Selektion (auto-select) ist das genaue Gegenteil. Sie geben einige Kriterien an. Wenn ein Artikel diese Kriterien erfüllt, wählt der Newsreader den Artikel automatisch für Sie aus, wenn das Auswahlmenü erscheint. Der Gebrauch von »Killfiles« (zum Ausschließen von Artikeln) ist aber viel weiter verbreitet. Das liegt daran, daß gezielter Gebrauch von Killfiles Zeit spart. Es gibt weniger Artikel, die Sie durchsehen müssen, und die Menüs werden schneller angezeigt. In diesem Abschnitt werden wir uns auf den Gebrauch von Killfiles konzentrieren. Die Auto-Selektion läuft fast genauso ab.

In **nn** können Ausschlußkriterien in beiden Modi eingeben werden. Sie geben dazu dem Newsreader ein Wort oder eine Wortfolge als Suchbegriff vor* und teilen ihm mit, ob er anhand des Themas (wie es in der Betreffzeile erscheint) oder anhand des

Gruppe wechseln. Aber dies soll kein **nn**-Handbuch sein, und **G** hat mehr Nebeneffekte.

Autors der Nachricht ausschließen soll. **nn** speichert diesen Suchstring in einer Ihrer Startdateien. In Zukunft geht **nn** bei jedem Aufbau eines Auswahlmenüs diese Datei durch und prüft, ob eines der Kriterien zutrifft. Wenn das der Fall ist, ignoriert der Newsreader den betreffenden Artikel. (Das gleiche gilt für die Kriterien zur Auto-Selektion: Wenn diese zutreffen, selektiert **nn** den Artikel automatisch für Sie.)

Wie funktioniert das nun? Nehmen wir an, Sie lesen gerade in *rec.humor*, und sehen dieses Auswahlmenü:

```
Newsgroup: rec.humor                Articles: 671 of 671/1

a willie martin      9  >>>racial
b aa1y055            ?  >>>>
c Peter Johnson     39  >
d M K T             30  >>>
e M K T             13  >>>
f Earl Butz         18  >>>
...
-- 10:07 -- SELECT -- help:? -----11%-----
```

Sie entscheiden, daß Sie keine rassistischen (racial) Witze lesen wollen; also möchten Sie deren Anzeige unterdrücken. Geben Sie das Kommando **K**, mit dem Sie *sowohl* killen als auch auto-selektieren. **nn** antwortet mit:

```
AUTO (k)ill or (s)elect (CR => Kill subject 30 days) █
```

An diesem Punkt haben Sie drei Möglichkeiten. Tippen Sie **k**, um in einen etwas längeren Dialog über den Killvorgang zu wechseln, **s** für einen ähnlichen Dialog zur Auto-Selektion, oder einfach RETURN für einen »Standard-Kill«. Dieser schließt den Betreff des angezeigten Artikels für die nächsten 30 Tage aus. Wenn Sie RETURN tippen, fragt **nn** Sie:

```
AUTO (k)ill or (s)elect (CR => Kill subject 30 days)
from article: a
```

worauf Sie mit einem **a** antworten. Das bedeutet: Zeige mir keine Artikel mit dem gleichen Betreff wie Artikel **a**. Für die nächsten 30 Tage werden alle Artikel, die Teil dieses Threads sind, ignoriert.

In diesem Fall überlegen Sie sich aber, daß die Ausschlußkriterien nicht weit genug gehen. Wenn jemand einen Witz mit dem Betreff »racial joke« postet, sehen Sie ihn trotzdem, weil er Ihr Ausschlußkriterium nicht exakt erfüllt. Was Sie wirklich wollen ist, jeden Artikel mit dem Wort »racial« im Betreff zu unterdrücken. Um das zu

---

Tatsächlich kann das praktisch jeder String sein; sogar reguläre Ausdrücke sind möglich. Falls Sie kein versierter UNIX-Benutzer sind und sich nicht mit regulären Ausdrücken beschäftigen wollen, suchen Sie einfach nach Wörtern und Sätzen.

bewerkstelligen, geben Sie ebenfalls das Kommando **K**, drücken dann aber nicht RETURN, sondern ein **k**, und der Dialog geht wie folgt weiter:

```
AUTO (k)ill or (s)elect (CR => Kill subject 30 days)k
AUTO KILL on (s)ubject or (n)ame (s) s
KILL Subject: (/)racial
KILL in (g)roup 'rec.humor' or in (a)ll groups (g)g
Lifetime of entry in days (p)ermanent  (30)p
CONFIRM KILL Subject perm: racial y
```

Dieser Dialog erklärt sich fast von selbst, aber einige Punkte sollten noch erläutert werden. Beachten Sie, daß **nn** Ihnen die Möglichkeit anbietet, das Thema nur in dieser Gruppe oder in allen Gruppen zu killen. Da Sie möglicherweise Artikel über rassistische Voreingenommenheit in *soc.politics* nach wie vor lesen wollen, entscheiden Sie sich, Artikel mit diesem Thema nur in *rec.humor* auszuschließen.

Der Newsreader ermöglicht auch, die Lebensdauer des Eintrags festzulegen. Er kann permanent (also für immer) gültig sein oder für eine bestimmte Zeitspanne (voreingestellt sind 30 Tage). Sie fragen sich vielleicht, warum jemand einen temporären Eintrag im Killfile aufnehmen möchte—was rassistische Witze angeht, möchten Sie sie wahrscheinlich permanent verbannen. Aber es gibt auch andere Gründe für Einträge in Killfiles, wobei andere Überlegungen eine Rolle spielen. Sie könnten generell an einem Thema interessiert sein, aber nicht an der derzeitigen Diskussion. Angenommen, Sie, als Raketenwissenschaftler, lesen gern *rec.models.rocketry*. Ein Artikel mit dem Thema »Designing rocket motors« erscheint, und Sie denken: »toll«. Wenn Sie dann aber beginnen, den Thread zu lesen, stellen Sie fest, daß es um bekannte Grundlagen geht, die Sie einfach nicht interessieren. Sie wollen Artikel über den Entwurf von Raketenmotoren nicht für immer ausschließen, aber Sie wollen abwarten, bis der aktuelle Thread beendet ist. Obwohl es jedem selbst überlassen ist, abzuschätzen, wie lange eine Diskussion wohl noch anhalten wird, sind 30 Tage eine angemessene Dauer für einen Killfile-Eintrag.

Abgesehen vom Rassismus-Beispiel gibt es noch eine Situation, in der ein permanenter Ausschluß sinnvoller ist als ein temporärer. Einige Gruppen haben eine interne Struktur. Obwohl die Gruppe nicht in Untergruppen aufgeteilt ist, haben die Leser der Gruppe sich darauf geeinigt, bestimmte Codes in ihre Betreffzeilen aufzunehmen, um die Einordnung der Nachricht einfacher zu machen. Zum Beispiel verwendet die Gruppe *rec.arts.tv.soaps* solche Codes, um anzuzeigen, um welche Seifenoper es geht. Im Auswahlmenü sieht das etwa so aus:

```
Newsgroup: rec.arts.tv.soaps        Articles: 630 of 630/1

a Sherri Lewis       42  >OLTL: Blair-ramblings
b John R. Anderson    ?  >>>>OLTL: Gabrielle's son
c M. T. Czonka       24  >>>
d S. A. Winslow     143  >>>DOOL: Friday 10th of January
e Lisa J. Huff       38  AMC: Terrence Was: The Wedding
```

```
f S. A. Winslow    18  >>>DOOL: One Stormy Night Update
g Willie Martin    50  >GH--Faison,etc.
h Willie Martin   126  >GH: More Ramblings
i Liz Wolf          ?  >DOOL : please clear some things up
j Liz Wolf          ?  >>
k Jason Castillo   15  >>
l Liz Wolf          ?  >OLD KL: Question

-- 13:33 -- SELECT -- help:? -----8%-----
```

Angenommen, die einzige Seifenoper, die Sie diskutieren wollen, ist »Days of Our Lives«, dann könnten Sie alle Artikel killen, die nicht die Zeichenfolge »DOOL« im Betreff enthalten.

Wenn eine Newsgruppe Konventionen wie diese eingeführt hat, wird jemand regelmäßig einen Schlüssel posten, der die verwendeten Zeichenfolgen erläutert.

Versäumtes nachholen (catching up)

Irgendwann, vielleicht nachdem Sie begonnen haben, zwanzig oder dreißig Gruppen regelmäßig zu lesen, werden Sie wieder einmal in Urlaub gehen. Bei Ihrer Rückkehr finden Sie Tausende von Artikeln, die durchgesehen werden möchten. Angesichts des enormen Aufwands entscheiden Sie möglicherweise, daß Sie in der einen oder anderen Gruppe tatsächlich alle Artikel durchsehen *müssen*; in den meisten Gruppen aber könnten Sie ebensogut alle alten Artikel ungelesen verwerfen. Viele Newsreader bieten Ihnen eine Möglichkeit, das zu tun—dieser Vorgang wird allgemein *catching up* genannt. **nn** bietet Ihnen dafür die Kommandozeilenoption **–a0**. Um mit dem Lesen alter Artikel in dieser Weise aufzuholen, geben Sie das Kommando:

```
% nn -a0
```

nn antwortet dann mit:

```
Release 6.4.16,  Kim F. Storm, 1991

Catch-up on 2031 unread articles ?
(auto)matically (i)nteractive i

  y - mark all articles as read in current group
  n - do not update group
  r - read the group now
  U - unsubscribe to current group
  ? - this message
  q - quit
```

```
Update bit.listserv.cdromlan (2)? (ynrU?q) y
Update comp.dcom.lans (3)? (ynrU?q) U
Update rec.arts.disney (12)? (ynrU?q) n
Update rec.music.folk (1)? (ynrU?q) n
...
```

In der ersten Zeile werden Sie gefragt, ob Sie automatisch oder interaktiv aufholen wollen. Beim *automatischen* Aufholen teilen Sie **nn** mit, daß alle noch nicht angezeigten Artikel als gelesen markiert werden sollen, so daß Sie sie nicht mehr angezeigt bekommen. Ihre Abonnementstatus wird dadurch nicht verändert. Wenn Sie eine Gruppe vorher abonniert hatten, haben Sie sie immer noch abonniert, und alle Artikel, die ab diesem Zeitpunkt ankommen, werden Ihnen wieder wie üblich angezeigt. Um das Aufholen automatisch durchführen zu lassen, geben Sie einfach **auto** ein.

Die Alternative ist ein *interaktives* Aufholen, das Sie mit **i** auswählen. **nn** fährt dann fort, indem es Ihnen die Auswahlmöglichkeiten anzeigt, und geht dann die bestellten Gruppen einzeln durch. In diesem Beispiel entscheiden Sie sich, in *bit.listserv.cdromlan* alle Artikel als gelesen zu markieren (**y**); trotzdem sind Sie noch auf diese Gruppe abonniert. Sie entscheiden sich dann, *comp.dcom.lans* abzubestellen (**U**), so daß Sie aus dieser Gruppe keine Artikel mehr angezeigt bekommen. Schließlich entscheiden Sie, die letzten beiden Gruppen nicht zu ändern (**n**). Das bedeutet, daß Sie die Artikel, die während Ihres Urlaubs angekommen sind, noch lesen wollen.

Wenn Sie **nn** das nächste Mal starten, werden Sie *comp.dcom.lans* nicht mehr angezeigt bekommen; Sie haben die Gruppe abbestellt, also überspringt **nn** sie. Sie werden *bit.listserv.cdromlan* noch sehen, aber es werden nur die Artikel angezeigt, die seit dem Aufholen neu dazugekommen sind. *rec.arts.disney* und *rec.music.folk* werden komplett angezeigt, inklusive der Artikel, die eintrafen, während Sie in Urlaub waren.

rot13

Um möglichem politischem Druck auszuweichen, gibt es eine ungeschriebene Regel im USENET. Sie besagt, daß Postings, die andere Benutzer möglicherweise verärgern, mit einem Code verschlüsselt werden sollten, der **rot13** heißt. Die Absicht dahinter ist nicht, irgendwelche Informationen vertraulich zu halten. **rot13** soll nur verhindern, daß jemand zufällig etwas liest, das er lieber nicht gelesen hätte. Wenn Sie sich die Mühe machen, die Nachricht zu dekodieren, verdienen Sie, was Sie bekommen.

Am wahrscheinlichsten werden Sie solche kodierten Nachrichten in *rec.humor* finden. Diese Gruppe wird von einer breiten Leserschaft mit unterschiedlichen Vorlieben verfolgt. In entsprechenden Gruppen der *alt*-Hierarchie, wo manche solcher Themen eine eigene Gruppe haben, ist diese Vorsicht nicht nötig. Wer sich schnell angegriffen fühlt, sollte die *alt*-Gruppen ohnehin nicht durchstreifen.

Ein Posting im **rot13**-Format ist normalerweise bereits in der Auswahlzeile kenntlich gemacht:

```
e Ed Krol            38 Joke offensive to some (rot13)
```

Wenn Sie die Gefahr nicht scheuen und dieses Posting lesen wollen, werden Sie so etwas vorfinden:

```
Ed Krol: Joke offensive to some  Thu, 21 Nov 1991 16:24

Lbh qvqa'g rkcrpg or gb trg
bssrafvir va cevag, qvq lbh?
------
Ed Krol   Speaking for myself not my employer
```

Jetzt werden Sie neugierig und möchten sehen, worum es hier geht. Um den Text zu lesen, müssen Sie ihn mit dem Kommando **D** entschlüsseln. Das sorgt dafür, daß der Bildschirm nun so aussieht:

```
Ed Krol: Joke offensive to some  Thu, 21 Nov 1991 16:24

You didn't expect me to get
offensive in print, did you?
------
Rq Xeby   Fcrnxvat sbe zlfrys abg zl rzcyblre
```

Beachten Sie, daß sich der Text der gesamten Nachricht geändert hat—sogar die Signatur (die anfangs nicht verschlüsselt war).

Wenn Sie einen **rot13**-Text lesen müssen, und nicht herausfinden können, wie Ihr Newsreader das erledigt, müssen Sie sich selbst um die Dekodierung kümmern. Der Code ist so einfach, daß man ihn sogar mit einem Kodierring dekodieren könnte, wie er ab und zu als Spielzeug in Cornflakes-Packungen auftaucht. Das Alphabet wird einfach um 13 Buchstaben verschoben. »a« wird durch »n« ersetzt, »b« durch »o«, »A« durch »N« usw. Zeichen, die keine Buchstaben sind, bleiben unverändert. (Wie schon erwähnt: Dieser Code ist nicht dazu gedacht, irgend etwas geheimzuhalten. Er soll Newslesern nur die Möglichkeit geben, solche Artikel bequem zu übergehen.) Unter UNIX könnte man das wie folgt umsetzen:

```
% tr "[a-m][n-z][A-M][N-Z]" "[n-z][a-m][N-Z][A-M]"
```

Wenn Sie also neugierig sind, speichern Sie die Nachricht und übersetzen sie mit **tr**. Wenn Sie nicht UNIX verwenden, müssen Sie sich Ihr eigenes Übersetzungsprogramm suchen oder basteln.

Artikel veröffentlichen

Nachdem Sie für eine Weile News gelesen haben, finden Sie vielleicht den Mut, sich an einer Diskussion zu beteiligen. Es gibt zwei grundlegend verschiedene Methoden, das zu tun: Entweder geben Sie einen Kommentar zu einer bereits laufenden Diskussion ab, oder Sie beginnen eine neue.

Kommentare zu einer laufenden Diskussion

Beginnen wir mit einem Kommentar zu einer schon laufenden Diskussion. Dies ist etwas einfacher, weil alle die Arbeiten, mit denen der Thread beschrieben wird (z.B. das Erstellen des Headers) schon für Sie getan wurde. Es ist wie eine Antwort auf eine E-Mail-Nachricht. Erinnern Sie sich an Jimmy Gretzkys Frage:

```
Jimmy Gretzky: Guitar Strings     Thu, 21 Nov 1991 16:24
I've been following this newsgroup for a long time, to
my knowledge there's never been a discussion of guitar
strings.  I have two primary questions:

1. What's the brand that the good people buy?

2. How long before a gig should you change
   your strings?

Thanks for any opinions.
--
Jimmy Gretzky   "The old axe man"
```

Da Sie ein Folk-Gitarrist der alten Schule sind, möchten Sie auf diese Frage antworten. Also drücken Sie, während Sie den Artikel lesen, auf **f**, was bedeutet, daß Sie ein Follow-up schreiben wollen. Beachten Sie, daß **f** im Lesemodus eine andere Bedeutung als im Auswahlmodus hat. **nn** fragt Sie dann:

```
Include original article? n
```

worauf Sie mit **n** antworten, weil das Einfügen der Fragen hier nicht unbedingt sinnvoll ist. Sie landen dann im Editor **vi**,* und können Ihre Antwort mit den üblichen Editorfunktionen verfassen. Nachdem Sie damit fertig sind, sehen Sie etwa folgendes:

```
Newsgroups: rec.music.folk
Subject: Re: Guitar Strings
References: <1991Nov21.162445.17611@yoyodyne.com>
```

---

* Wenn Sie **vi** nicht mögen, können Sie das Kommando **setenv EDITOR emacs** geben (oder welchen Editor Sie auch immer vorziehen), bevor Sie **nn** starten, und dann diesen Editor benutzen.

```
I've been playing acoustic guitar for a long time and
I've found one brand of strings that I think is the
best.  I use GHS Bright Bronze, which are the
mellowest-sounding I've ever found.
```

Speichern Sie die Datei und beenden Sie die Editorsitzung (in **vi** erledigt das Kommando **ZZ** beides). Anschließend fragt **nn**, was Sie als nächstes tun möchten:

```
a)bort c)c e)dit h)old m)ail r)eedit s)end v)iew w)rite
Action: (post article)
```

Sie haben jetzt die Möglichkeit, Ihren Artikel noch einmal zu überarbeiten (**e**), ihn zu verwerfen (**a**), oder ihn zu verschicken (mit RETURN oder **s**). Sobald Sie RETURN drücken, ist Ihr Artikel unterwegs an den Rest der Welt. Es wird eine Weile dauern, bis er um die Welt gelangt ist, also haben Sie ein bißchen Geduld. (Es gibt natürlich noch andere Optionen, aber Sie kommen schon recht weit, ohne sie jemals zu verwenden.)

Einige Newsgruppen sind **moderiert**; das bedeutet, daß alle Artikel einer Gruppe durch einen Moderator begutachtet werden, der nur solche Postings an die Gruppe weiterleitet, die wirklich interessant sind. Eine moderierte Newsgruppe entspricht eher einer Zeitschrift oder einem Journal als einer Frei-für-alle-Diskussion. Wie Sie vielleicht schon erwartet haben, zeigen moderierte Gruppen ein höheres Qualitätsniveau—allerdings auf Kosten der Spontaneität und Aktualität. Das Posten an eine moderierte Gruppe unterscheidet sich nicht vom Posten an eine normale Gruppe. Der Newsserver weiß, welche Gruppen moderiert sind und wer sie moderiert; Ihr Newsartikel wird automatisch an den zuständigen Moderator weitergeleitet.

Eine neue Diskussion starten

Der einzige Unterschied zwischen einem Follow-up und dem Beginn eines neuen Threads ist, daß Sie die Headerinformationen angeben müssen. Um eine neue Diskussion zu beginnen, geben Sie das Kommando:

```
:post
```

zu einem beliebigen Zeitpunkt während einer **nn**-Sitzung. **nn** fragt dann, in welche Newsgruppe Sie etwas schreiben möchten:

```
POST to group rec.music.folk
```

In diesem Fall haben Sie den Namen der Folkmusik-Gruppe eingegeben, *rec.music.folk*. Sie müssen sich nicht gerade in dieser Gruppe befinden, Sie müssen sie noch nicht einmal abonniert haben. Nachdem Sie den Namen der Gruppe eingegeben haben, fragt **nn** Sie nach dem Betreff des Artikels, nach Schlüsselwörtern und nach einer kurzen Zusammenfassung. Dies sind die Einträge, die im Header stehen, um eine Suche zu ermöglichen. Schließlich müssen Sie dem Newsreader noch mitteilen, wie weit Ihr Beitrag verteilt werden soll. Dieser Dialog sieht etwa so aus:

```
Subject: Is Mike Seeger Still Touring?
Keywords: traditional
Summary: Wondering if Mike Seeger is still alive
Distribution: (default 'world')
```

Die ersten drei Zeilen (Subject, Keywords und Summary) werden von Newsservern an die Newsreader weitergegeben, um den Aufbau von Auswahlmenüs sowie Kill/Auto-Selekt von Artikeln zu ermöglichen. Sie sollten diese Zeilen also sorgfältig ausfüllen. Diese Angaben sind alles, was dem Leser die Entscheidung erleichtert, welche der Artikel lesenswert sind und welche nicht. (Der eigentliche Text des Artikels wird nur dann vom Newsserver an den Newsreader übertragen, wenn jemand den Artikel zum Lesen auswählt. Leser wählen die zu lesenden Artikel in der Regel anhand des Betreffs aus; irreführende Betreffzeilen können also ärgerlich sein.)

Die Distribution-Zeile teilt dem Newssystem mit, wie weit Sie den Artikel verteilt haben möchten. Sie sollten hier angeben, wie weit Sie den Artikel mindestens verteilt haben möchten. Es gibt keine Garantie dafür, daß er nicht auch anderswo landet. Sobald Sie eine Distribution (Verteilung) auswählen, die über Ihren lokalen Server hinausgeht, verlassen Sie sich zwangsläufig auf die korrekte Konfiguration anderer Server. Das ist möglicherweise zu optimistisch.

Es gibt keine Methode um exakt herauszufinden, welche Verteiler verfügbar sind. Es gibt eine Anzahl standardisierter Distributionen, die allerdings sehr große Gebiete beschreiben. Sie finden sie in Tabelle 8-1.

Tabelle 8–1: Schlüsselwörter für die Verteilung

Schlüsselwort	Verteiler
world	Weltweite Verteilung (Voreinstellung)
att	AT&T
can	Kanada
eunet	Europa
na	Nordamerika
usa	Vereinigte Staaten
IL,NY,FL . . .	Der entsprechende Bundesstaat der USA

Das Problem beginnt bei lokalen, kleineren Verteilungsgebieten, deren Namen vom lokalen Administrator vergeben werden. Darüber kann Ihnen also nur Ihr Administrator sichere Auskunft geben.

Die Lage ist nicht ganz so hoffnungslos, wie es sich vielleicht anhört. Meistens ist die Voreinstellung für eine bestimmte Gruppe genau das, was Sie möchten. Die Voreinstellung ist in Ordnung, auch wenn Ihnen die Verbreitung zu groß vorkommt. Diese basiert auf freiwilligen Vereinbarungen zwischen den Systemen, und meistens wird eine lokale Gruppe nicht allzuweit verteilt—selbst wenn Sie »world« als Verteilung angeben. Jemand, der einen Server für eine benachbarte Firma betreibt, möchte seine Festplatte sicher nicht von Artikeln gefüllt sehen, die Probleme im benachbarten Studentenwohnheim beschreiben. Also wird er die Gruppe *hoople.campuslife* nicht beziehen.

Sie sollten die Verteilung allerdings einschränken, wenn Sie versuchen, lokale Kontakte über eine weltweit verbreitete Gruppe zu finden. Was, wenn Sie Menschen suchen, die mit Ihnen in der Mittagspause joggen möchten? Eine Möglichkeit, das Problem zu lösen, wäre die Annahme, daß Jogger sicher *rec.running* lesen und Sie Ihre Anfrage folglich in diese Gruppe posten. Aber *rec.running* wird weltweit verteilt und gelesen. Wenn Sie eine solche Anfrage in diese Gruppe posten würden, bekämen Sie sicherlich Kommentare wie: »Sicher, laß uns den Pariser Nordbahnhof als Treffpunkt nehmen«. Sie müßten ziemlich weit joggen. Sinnvoller ist es, an die Gruppe zu posten, aber eine lokale Distribution zu verwenden: »campus«, »local« oder »hoople« kämen in Frage, oder wie auch immer Ihre lokale Distribution benannt ist. Ähnlich sieht es aus, wenn Sie Ihr altes Auto zum Verkauf anbieten: Sie möchten die Verteilung sicher auf Ihre lokale Umgebung beschränken (sofern Sie nicht gewillt sind, das Auto selbst zu liefern).

Abschließend noch eine Warnung zu den Distributionen: Sie können keinen Verteiler benutzen, der Ihren Server nicht enthält. Der Versuch, eine Distribution innerhalb Floridas zu veranlassen, wenn Sie von einem Rechner in New York posten, wird scheitern. Das liegt im »Flood fill«-Prinzip begründet, nach dem News verteilt werden. Newsartikel tröpfeln über den Server, auf dem sie gepostet wurden, in das Netz, und fließen dann an alle angeschlossenen Systeme weiter. Wenn Sie Florida in einer Nachricht spezifizieren, die in New York geschrieben wurde, dann beginnen sich die beteiligten Systeme spätestens in New Jersey zu fragen, was sie damit sollen—und verwerfen Ihren Artikel.

Nachdem Sie die Distribution angegeben haben, ist der Header komplett. Sie beginnen dann eine Editor-Sitzung und gehen vor, als ob Sie ein Follow-up schrieben. Schreiben Sie Ihre Nachricht, verlassen Sie den Editor, und teilen Sie **nn** dann mit, ob Sie die Nachricht überarbeiten, verwerfen oder absenden wollen.

Antworten per E-Mail

Sie möchten dem Autor eines Artikels manchmal privat antworten, indem Sie E-Mail verwenden. Das ist hilfreich, wenn die Kommentare, die Sie abgeben möchten, nicht von allgemeinem Interesse sind oder nicht weit verteilt werden sollen. Um das zu erleichtern, beinhaltet **nn** eine eingebaute E-Mail-Möglichkeit. Um sie aufzurufen, verwenden Sie das Kommando **r**, während Sie einen Artikel lesen. Die E-Mail-Schnittstelle verhält sich dann fast so, als ob Sie ein Follow-up posten würden. Wenn Sie beispielsweise den gleichen Artikel von Jimmy Gretzky lesen würden, der schon mehrmals als Beispiel herhalten mußte, und währenddessen **r** drückten, würden Sie etwa folgendes sehen:

```
Include original article? n
```

Sie landen dann wieder in einer Editor-Sitzung (mit **vi** oder Ihrem Lieblingseditor), wobei der Mailheader bereits erstellt wurde:

```
To: gretzky@ux.uiuc.edu
Orig-To: gretzky@ux.uiuc.edu
Subject: Guitar Strings
Newsgroups: rec.music.folk
References: <1991Nov21.233330.1466@ux.uiuc.edu>

Are you the same Jimmy Gretzky who was in the class
of '80 at PS12 in Sheboygan?
```

Wieder verlassen Sie den Editor ganz normal, wenn Sie fertig sind. Sie kehren dann zu **nn** zurück, und werden gefragt:

```
a)bort e)dit h)old m)ail r)eedit s)end v)iew w)rite
Action: (send letter)
```

Von den möglichen Antworten sind die nützlichsten wohl **a**, um die Nachricht abzubrechen, **s**, um sie abzusenden und **e**, um sie erneut zu editieren.

Weitere Hinweise und allgemeine Vereinbarungen

Hier sind einige weitere Hinweise, die erfahrenen Newslesern meist bekannt sind:

- Lesen Sie, bevor Sie posten. Nehmen Sie sich die Zeit, sowohl das System als auch die Newsgruppe kennenzulernen. Wenn Sie irgendwelche Artikel sehen, die mit **FAQ** (frequently asked questions; häufig gestellte Fragen) markiert sind, lesen Sie sie. Diese Artikel finden sich entweder in der Gruppe selbst oder in der speziellen Gruppe *news.answers*. Ihre Frage ist möglicherweise schon längst ausdiskutiert worden; wenn Sie sie erneut stellen, wird Sie jeder für einen Anfänger halten.
- Formatieren Sie Ihre Artikel vernünftig. Verwenden Sie einen Betreff, der den Artikel gut beschreibt. Andere Menschen wählen die zu lesenden Artikel anhand des Betreffs aus. Vielbeschäftigte Menschen haben meist zu wenig Zeit, um soviel zu lesen, wie sie eigentlich möchten—also wählen sie solche Themen aus, die nicht nach Zeitverschwendung aussehen. Ein Betreff wie »Frage« wird vermutlich ignoriert werden, weil nur ein Universalgenie sicher wäre, alle Fragen beantworten zu können. Verwenden Sie statt dessen lieber: »Frage zu Gitarrensaiten«. Verwenden Sie nie »Aufreißer« (z.B. Subject: Sex), um dann im Text selbst mit: »Nun, da ich Ihre Aufmerksamkeit habe, eine Frage über Insekten« fortzufahren. Am Ende eines Artikels sind Signaturen keine schlechte Idee—aber halten Sie sie kurz.

- Seien Sie höflich. Sie haben eine Frage an das Netzwerk gestellt. Jemand hat seine Zeit geopfert, um Ihnen zu antworten. Wenigstens ein Dankeschön ist dafür angebracht. Es ist in Ordnung, wenn Sie mit jemandem nicht übereinstimmen, aber jemanden persönlich anzugreifen, weil Ihnen seine Postings nicht gefallen, ist kein Beispiel für gutes Benehmen (obwohl so etwas leider weit verbreitet ist). Diese Handlungsweise ist allgemein als *Flaming* (etwa: heftig schimpfen, anmachen) bekannt.

- Posten und antworten Sie in angemessener Weise. Posten Sie mit der kleinsten Distribution, die Ihnen sinnvoll erscheint. Lesen Sie den ganzen Thread, bevor Sie auf etwas antworten. Wenn jemand fragt: »Was ist die Antwort?« und jemand schon antwortete: »Die Antwort ist 42«, dann liefern Sie keine sinnvolle Information, indem Sie es wiederholen. Einiges ist unvermeidbar, weil die Newsverteilung immer zeitversetzt erfolgt—aber tun Sie so etwas nicht mit Absicht. Wenn die Antwort nicht von allgemeinem Interesse ist, antworten Sie per E-Mail.

- Fügen Sie den Artikel, auf den Sie antworten, nicht automatisch in Ihre Antwort ein. Viel zu häufig werden Artikel mit jeder Antwort länger und länger, weil die Teilnehmer die gesamte vorherige Diskussion mit einfügen. Die Menschen, die die Gruppe lesen, haben Ihren Artikel anhand des Betreffs zum Lesen ausgewählt. Wenn Sie ein Follow-up schreiben, ist die Wahrscheinlichkeit groß, daß diese Menschen auch die vorherigen Artikel (mit demselben Betreff) gelesen haben. Zwingen Sie sie nicht, alles noch einmal zu lesen. Wenn Sie Punkt für Punkt auf den Artikel eingehen möchten, editieren Sie den Ursprungsartikel so weit, daß nur noch die relevanten Punkte zitiert werden.

- Kontroverse Diskussionen sind in Ordnung, aber halten Sie alles an seinem Platz. Es gibt Gruppen, die für solche Diskussionen angelegt wurden, und es gibt Gruppen, in denen sich Menschen mit gleichen Interessen austauschen. Posten Sie keine Argumente gegen Waffenbesitz in *rec.hunting*—Sie werden nichts damit erreichen außer Mengen von haßerfüllter E-Mail. In jeder Gruppe sollten Sie möglicherweise kontroverse Meinungen mit IMHO markieren (in my humble opinion; meiner bescheidenen Meinung nach)—etwa so: »IMHO werden die besten Feuerwaffen von Mossberg hergestellt«.

- Haben Sie Geduld. Es dauert eine Weile, bis ein Newsartikel verteilt ist. Wenn Sie etwas posten, wird es erst einmal auf Ihrem Server eingeordnet. Dann muß es indiziert und an den Rest der Welt weiterverteilt werden. Alles das wird durch Hintergrundprozesse auf Ihrem Server erledigt. Ihr Artikel wird also nicht sofort erscheinen, und es kann schon einen Tag oder zwei dauern, bis er auch an den Rest der Welt verteilt ist. Sie sollten nicht sofort Antworten erwarten, auch nicht per E-Mail. Einige Menschen finden es nicht richtig, z.B. *rec.arts.disney* während ihrer Arbeitszeit zu lesen, und lesen diese Gruppen deshalb nur am Wochenende.

- Das größte Problem mit News ist, daß es so viele davon gibt, und daß sie so interessant sind. Es ist leicht, sich vollkommen in News zu verlieren. Seien Sie wählerisch hinsichtlich der Gruppen, die Sie lesen. Ihre Arbeit, Ihre Familie oder Ihre Karriere könnte davon abhängen.

Übersicht der Befehle und Möglichkeiten von nn

In den folgenden Abschnitten werden wir die **nn**-Befehle zusammenfassen, die wir behandelt haben. Wenn Sie nicht **nn** benutzen, sind diese Listen vielleicht nicht von allzu großem Wert für Sie. Trotzdem bieten sie Ihnen eine Checkliste interessanter Möglichkeiten eines Newsreaders.

Kommandozeilenoptionen

In den meisten der oben gezeigten Beispiele haben wir angenommen, daß Sie **nn** ohne Parameter aufgerufen haben. Tatsächlich ist die Aufrufsyntax von **nn**:

```
% nn optionen gruppenliste
```

Wenn Sie eine Liste von Newsgruppen angeben, geht **nn** in dieser Sitzung nur die angegebenen Gruppen durch—und das nur, wenn Sie sie auch abonniert haben (es sei denn, Sie geben zusätzlich die Option **–X** an). Wenn Sie den Anfang eines Gruppennamens angeben, werden alle Gruppen in dieser Hierarchie durchgegangen. Zum Beispiel zeigt:

```
% nn -X rec.arts.
```

alle Gruppen an, die mit *rec.arts.* beginnen. Wenn Sie keine Gruppenliste angeben, werden alle Gruppen durchgegangen, die Sie bestellt haben. Die Optionen kontrollieren verschiedene Aspekte für diesen speziellen Aufruf von **nn**. Einige der nützlicheren sind:

–a0 Wird verwendet, um alle Gruppen, die sie abonniert haben, auf den aktuellen Stand zu bringen (ausführlicher im Abschnitt »Versäumtes nachholen« erläutert).

–i Läßt Suchbefehle mit den Kommandos **s** oder **n** die Groß- und Kleinschreibung berücksichtigen. Normalerweise ist die Groß- und Kleinschreibung bei diesen Befehlen unwichtig.

–m Zeigt alle Artikel, die bestimmte Kriterien erfüllen (wenn es mit anderen Optionen wie **–s** oder einer Gruppenliste angegeben wird), in einem einzigen Auswahlmenü, statt in einem Menü pro Gruppe. Dies ist nützlich, wenn Sie einen bestimmten Artikel suchen und nicht mehr wissen, in welcher Gruppe er steht. Wenn Sie **–m** verwenden, markiert **nn** die in dieser Sitzung neu angezeigten Artikel nicht als bereits angezeigt.

–n*string* Durchsucht die vorher markierten Gruppen und wählt Einträge aus, deren Autor mit dem angegebenen String übereinstimmt. (Denken Sie sich »n« einfach als Abkürzung für »Name«.) Der String kann entweder ein einzelnes Wort sein (wie **–nkrol**), ein kompletter Name wie **–n"ed krol"** oder ein Suchbegriff wie **–n/"ed.***", um alle Autoren zu suchen, deren Name mit »ed« beginnt. Die Suche berücksichtigt zwar die Groß/Kleinschreibung nicht, aber ansonsten muß der Name exakt eingegeben werden; das bedeutet, daß **–n"ed krol"** nicht auf »Edward Krol« passen würde.

–s*string* Durchsucht die angegebenen Gruppen und wählt Einträge aus, deren Betreff (Subject) mit dem String übereinstimmt. Der String kann entweder ein einzelnes Wort sein (wie **–sgolf**), eine Wortfolge wie **–s"u.s. open golf scores"** oder ein Suchbegriff wie **–s/"go.***". Der letzte Ausdruck sucht nach Artikeln, deren Betreff ein Wort enthält, das mit »go« beginnt.

–x Weist **nn** an, alle Artikel anzuzeigen (unter Berücksichtigung anderer Kriterien wie z.B. Suchbegriffe)—auch wenn Sie sie schon einmal angezeigt bekommen haben. Nützlich, wenn Sie einen Artikel gelesen haben und ihn später noch einmal lesen möchten. (Wenn Sie **–x** verwenden, markiert **nn** die in dieser Sitzung angezeigten Artikel nicht als bereits angezeigt.)

–X Weist **nn** an, Artikel aus allen Gruppen anzuzeigen—auch aus den nicht abonnierten. Nützlich, wenn Sie einen Artikel in einer Gruppe suchen, die Sie nicht abonniert haben.

Hier ist ein Beispiel. Sie erinnern sich, einen interessanten Artikel von John Wadsworth gelesen zu haben. Aber Sie können sich nicht mehr erinnern, in welcher Newsgruppe das war. Sie wissen aber, daß es eine Gruppe war, die Sie normalerweise abonniert haben. Um den Artikel zu finden, können Sie den Befehl:

```
% nn -x -n"john wadsworth"
```

geben. Wir verwenden **–x**, um alle Artikel in allen abonnierten Newsgruppen zu durchsuchen—auch die, die wir schon gelesen haben. Um einen noch umfangreicheren Suchvorgang zu starten, der auch die Artikel in den nicht abonnierten Gruppen einschließt, könnten wir folgendes verwenden:

```
% nn -X -n"john wadsworth"
```

Beachten Sie, daß in unserem Beispiel diese erweiterte Suche überfüssig ist—da wir uns ja daran erinnern, daß der Artikel in einer von uns abonnierten Gruppe erschien, reicht **–x** aus.

Wann ist es sinnvoll, **–X** zu verwenden? Nehmen wir an, jemand hat Ihnen von einem interessanten Artikel erzählt, aber vergessen, wo er stand. In diesem Fall ist **–X** angebracht. Sie sollten jedoch genau überlegen, wann Sie die Optionen **–x** und **–X** einsetzen. **–x** erweitert die Kriterien, die festlegen, welche *Artikel* durchsucht werden. **–X** unterdrückt die Einschränkungen bezüglich der *Gruppen*, die durchsucht werden. Wenn Sie beide Parameter verwenden, dann wird bei der Suche jeder einzelne Newsartikel auf dem Server durchsucht—was recht lange dauern kann. Es ist besser, wenn Sie sagen können: »Ich bin mir recht sicher, daß ich den Artikel in einer *talk*-Gruppe gelesen habe«. Sie könnten dann dieses Kommando geben:

```
% nn -X -x -n"john wadsworth" talk.
```

Einige Kommandos für den Auswahlmodus

Die folgende Liste zeigt einige der wichtigsten Kommandos, die im Auswahlmodus verfügbar sind. Sie enthält alle Befehle, die wir schon behandelt haben, und ein paar, die bis jetzt noch nicht erwähnt wurden. Es gibt noch viele weitere, die hier nicht aufgeführt werden, aber die unten aufgelisteten reichen bestimmt aus, um Ihnen den Start zu ermöglichen; vielleicht sind das auch schon alle, die Sie jemals benötigen werden.

Kleinbuchstaben
Wählen Newsartikel aus. Geben Sie einfach den Buchstaben ein, der vor einem Newsartikel steht. Wenn der Artikel schon selektiert war, wird er damit wieder deselektiert.

Leertaste
Führt den nächsten logischen Schritt beim Auswählen oder Lesen aus. Wenn Sie das Auswahlmenü lesen, wechseln Sie mit der Leertaste auf die nächste Menüseite, wenn es sie gibt. Wenn keine weitere Menüseite existiert, wechseln Sie zum ersten ausgewählten Artikel. Beim Lesen von Artikeln wechseln Sie mit der Leertaste auf die nächste Seite eines Artikels—falls vorhanden. Wenn keine weiteren Seiten folgen, wechseln Sie zum nächsten Artikel. Falls keine weiteren Artikel markiert sind, landen Sie im Auswahlmenü der nächsten Gruppe. Sind keine Gruppen mehr vorhanden, beendet sich das Programm.

< Führt Sie im Menü eine Seite zurück.

> Führt Sie im Menü eine Seite vorwärts.

G Springt (go to) zu einer anderen Gruppe.

K Ruft den Kill-Dialog auf, um die Anzeige bestimmter Artikel zu unterdrücken (lesen Sie den Abschnitt über Kill und Auto-Selektion weiter oben in diesem Kapitel).

N Wechselt in die nächste Gruppe. Alle ausgewählten Einträge in der aktuellen Gruppe bleiben ausgewählt für den Fall, daß Sie in diese Gruppe zurückkehren.

P Wechselt in die vorherige Gruppe. Alle ausgewählten Einträge in der aktuellen Gruppe bleiben ausgewählt für den Fall, daß Sie in diese Gruppe zurückkehren.

Q Beendet die **nn**-Sitzung. Dadurch wird die Liste der bereits angezeigten Artikel aktualisiert, so daß Sie sie nicht ein zweites Mal sehen.

S Speichert die ausgewählten Artikel in eine Datei.

U Wechselt den Abonnementstatus der ausgewählten Gruppe. Wenn Sie diese momentan abonniert haben, wird sie abbestellt; wenn nicht, wird sie bestellt.

X Wechselt in den Lesemodus, wenn Artikel ausgewählt sind, bzw. in die nächste Gruppe, wenn nicht. Markiert alle Einträge im Auswahlmenü als angezeigt, so daß sie nicht wieder angezeigt werden. Nachdem Sie die Artikel gelesen haben, kommen Sie nicht in dasselbe Auswahlmenü zurück.

Z Wie **X**, aber mit dem Unterschied, daß Sie nach dem Lesen der ausgewählten Artikel **doch** wieder im selben Auswahlmenü landen.

Einige Kommandos für den Lesemodus

Hier sind die nützlichsten Befehle für den Lesemodus. Auch hier haben wir alle bereits besprochenen Befehle aufgelistet, und einige mehr. Natürlich sind noch viel mehr Befehle verfügbar, aber Sie werden auch diese vermutlich niemals brauchen.

Leertaste
Blättert im Artikel eine Seite nach unten bzw. zum nächsten Artikel oder Menü, wenn das Ende des Artikels erreicht ist. Beachten Sie den Unterschied zum Befehl für das Vorwärtsblättern im Auswahlmodus.

Backspace
Blättert im Artikel eine Seite nach oben. Beachten Sie den Unterschied zum Befehl für das Zurückblättern im Auswahlmodus.

= Wechselt in der aktuellen Gruppe aus dem Lesemodus in den Auswahlmodus.

C Widerruft den aktuellen Artikel. Auf diese Weise können Sie einen Artikel, den Sie gepostet haben, ungültig machen. Trotzdem werden andere Leute ihn schon gesehen haben, bevor Sie ihn widerrufen—Reaktionen auf den Artikel sind also trotzdem nicht ausgeschlossen. Sie können nur Artikel widerrufen, die Sie geschrieben haben.

D Dekodiert einen Artikel, der mit **rot13** kodiert wurde, und macht ihn lesbar.

f Startet ein Follow-up auf den aktuellen Artikel (siehe auch den Abschnitt »Kommentare zu einer laufenden Diskussion« weiter oben in diesem Kapitel).

k Übergeht den Rest des aktuellen Threads. Wenn Sie einen Artikel und fünf Follow-ups dazu auswählen, sich dann aber entscheiden, sie doch nicht lesen zu wollen, überspringt **k** diese Artikel und alle weiteren in diesem Auswahlmenü für diese Sitzung.

K Beginnt den Kill-Dialog, mit dem Sie Artikel automatisch killen oder auswählen können (siehe auch den Abschnitt zu Kill/Auto-Selekt). Beachten Sie den Unterschied zwischen **k** und **K**. Mit dem großen **K** können Sie eine Gruppe von Artikeln permanent ausschließen (oder auto-selektieren), mit dem kleinen **k** ignorieren Sie Folgeartikel auf einen Artikel nur für die aktuelle Sitzung.

n Beendet die Anzeige des aktuellen Artikels und wechselt zum nächsten markierten Artikel.

p Beendet die Anzeige des aktuellen Artikels und wechselt zum vorher gewählten Artikel.

r Startet eine E-Mail-Antwort auf den ausgewählten Artikel (siehe auch »Antworten per E-Mail« in diesem Kapitel).

s Speichert den ausgewählten Artikel in eine Datei (siehe auch »Abspeichern von Artikeln« in diesem Kapitel).

U Wechselt den Abonnementstatus der ausgewählten Gruppe. Wenn Sie diese momentan abonniert haben, wird sie abbestellt; wenn nicht, wird sie bestellt (siehe auch »Kontrollieren Sie Ihr Newsaufkommen«).

Q Beendet die **nn**-Sitzung. Dadurch wird die Liste der bereits angezeigten Artikel aktualisiert, so daß Sie diese nicht ein zweites Mal sehen.

Die etwas andere Philosophie: tin

Obwohl wir bisher nur einen Newsreader behandelt haben, gibt es wahrscheinlich Dutzende davon, die alle mehr oder minder dieselben Aufgaben erledigen. Einer der Gründe für die Vielzahl von Newsreadern ist die Tatsache, daß keiner von ihnen jedermanns Geschmack ist. Sie haben beispielsweise gesehen, daß **nn** eine Abonnementliste der Gruppen führt, die Sie interessieren. **nn** erwartet von Ihnen, daß Sie diese Liste in einer vorgeschriebenen Reihenfolge durchgehen. Sie können zwar aufhören, bevor Sie alle Gruppen durchgesehen haben, aber dann haben Sie beim Neustart nur zwei Möglichkeiten—ganz vorne anzufangen oder dort, wo Sie aufgehört hatten. Was machen Sie aber, wenn Sie zwei Sets von Newsgruppen haben, von denen Sie die einen lesen müssen (z.B. aus beruflichen Gründen), und die anderen nur lesen, wenn Sie Zeit dazu haben (z.B. solche, die sich mit Ihren Hobbys beschäftigen). Es gibt eine Reihe von Möglichkeiten, das mit **nn** zu bewerkstelligen, aber das wäre so unangenehm wie ein Besuch beim Zahnarzt. Für diesen Zweck wurde **nn** nicht geschrieben, also würden Sie zwangsläufig gegen das Programm ankämpfen müssen.

tin ist ein anderer populärer Newsreader. Er kann alles, was **nn** auch kann, aber er verfolgt eine etwas andere Philosophie bei der Anzeige von Newsgruppen. Wir werden Sie nun in die Arbeit mit **tin** einführen, aber nicht so detailliert wie bei der Einführung in **nn**. Da Sie nun bereits wissen, wie Sie einen Newsreader benutzen, kennen Sie auch die Möglichkeiten der anderen Reader. Wenn Ihnen die Art und Weise der Newspräsentation von **tin** mehr zusagt, kann Ihnen dieser Abschnitt als Starthilfe dienen. **tin** verfügt über eine gute eingebaute Online-Hilfe, die Sie jederzeit mit **h** erreichen.

nn teilt das Lesen von News in zwei Schritte ein: Auswählen und Lesen. In **tin** sind es drei Schritte: Gruppenauswahl, Threadauswahl und Lesen. Wenn Sie **tin** starten, sehen Sie als erstes eine Liste aller Gruppen, die Sie abonniert haben:

```
                     Group Selection (2585)          h=help

   1   596  alt.1d                                ?
   2   199  alt.3d                                Discussions of 3 dimensi
   3   162  alt.abortion.inequity                 Paternal obligations of
   4        alt.abuse-recovery
   5  1384  alt.activism                          Activities for activists
   6   291  alt.activism.d                        A place to discuss issue
   7   183  alt.adoption                          Adopting people.
   8    12  alt.aeffle.und.pferdle                German TV cartoon charac
   9     7  alt.alien.vampire.flonk.flonk.flonk
  10   588  alt.alien.visitors                    Space Aliens on Earth!
  11    47  alt.amateur-comp                      Discussion and input for
  12        alt.anarchism
  13   490  alt.angst                             Anxiety in the modern wo
  14        alt.angst.xibo.sex                    Tightening the screws of
  15    36  alt.appalachian                       Appalachian region aware
  16   317  alt.aquaria                           The aquarium & related a

<n>=set current to n, TAB=next unread, /=search pattern, c)atchup,
g)oto, j=line down, k=line up, h)elp, m)ove, q)uit, r=toggle all/unread,
s)ubscribe, S)ub pattern, u)nsubscribe, U)nsub pattern, y)ank in/out
```

Dies ist das Gruppenauswahlmenü, das von Ihnen erfragt, welche Gruppen Sie gerne lesen möchten. Bevor Sie irgend etwas anderes tun, sollten Sie beachten, daß **tin** Ihnen die nützlichsten der an dieser Stelle verfügbaren Kommandos am unteren Rand des Bildschirms auflistet.

Wie bei **nn** sind wir auf 2585 Gruppen abonniert, da wir gerade erst begonnen haben, News zu lesen. Das ist viel zu viel, um noch überschaubar zu sein. Aber anders als andere Newsreader bietet **tin** Ihnen eine einfache Möglichkeit, die Liste auf ein sinnvolles Maß zurechtzustutzen. Sie können große Mengen von Newsgruppen in einem Schritt abbestellen, indem Sie das Kommando U (unsubscribe pattern) verwenden. Dieses Kommando ermöglicht es Ihnen, einen regulären Ausdruck als Suchbegriff zu verwenden; es bestellt alle Gruppen ab, auf die der Suchbegriff paßt.

tin antwortet auf die Eingabe von **U** wie folgt:

```
Enter regex unsubscribe pattern>
```

Sie geben dann den regulären Ausdruck **alt.*** ein, gefolgt von einem RETURN, um alle **alt**-Gruppen abzubestellen, d.h. alle Gruppen, die den String *alt.* enthalten.* Dieses eine Kommando bringt die Gruppenliste schon auf etwa 700 Gruppen herunter. Indem Sie diesen Prozeß wiederholen, können Sie die Liste schnell auf eine handhabbare Größe bringen.**

Es gibt einen Trick, den Sie kennen sollten. Nehmen wir an, daß Sie alle *alt*-Gruppen abbestellt haben, aber später entscheiden, daß Sie *alt.aquaria* lesen wollen. Es ist nicht ganz einfach, eine Gruppe zu bestellen (oder auch nur kurz zu besuchen), wenn sie nicht mehr im Auswahlmenü erscheint. Wie bekommen Sie die Gruppe also dorthin? Der einfachste Weg ist es, **y** (yank) einzugeben, das alle Gruppen, auf die Sie zugreifen können, ins Menü bringt. Sie sehen dann einige tausend Gruppen im Menü. Bestellen Sie die Gruppe (oder Gruppen), die Sie lesen möchten, indem Sie das Kommando **S** verwenden. Geben Sie **S** ein, gefolgt vom Gruppennamen (*alt.aquaria*). Sie können einige der nicht bestellten Gruppen auswählen und zuerst ein paar Artikel lesen, um herauszufinden, ob die Gruppe das ist, was Sie wollen. Wenn Sie damit fertig sind, Ihre Abonnementliste zu erweitern, tippen Sie nochmals **y**, und alle nicht bestellten Gruppen verschwinden wieder. Nachdem Sie nun die Gruppen abbestellt haben, die Sie nicht sehen möchten, können Sie die Newsgruppen auswählen, die Sie in dieser **tin**-Sitzung lesen möchten.

Das Menü zur Gruppenauswahl bietet einige nützliche Merkmale. Für jede Gruppe gibt es eine Indexnummer auf der linken Seite, die es Ihnen ermöglicht, durch Eingabe derselben sofort die Artikelliste dieser Gruppe zu sehen. Neben dem Index steht die Anzahl der ungelesenen Artikel in dieser Gruppe. Diese Zahlen sind relativ groß, da wir vorher keine News gelesen haben. In den meisten Gruppen kommen nur einige wenige Postings pro Tag. Der Gruppenname folgt als nächstes. Auf der rechten Seite ist eine kurze, manchmal sogar aussagekräftige Beschreibung der Gruppe.

---

* Genaugenommen haben Sie **tin** angewiesen, alle Gruppen auszuwählen, deren Name ein »alt« beinhaltet, gefolgt von einem Punkt, gefolgt von irgend etwas. Normalerweise steht ein Punkt in einem regulären Ausdruck für ein beliebiges Zeichen. Hier müssen wir aber den Punkt am Ende von »alt« angeben. Was wir benötigen, ist eine Methode, um auszudrücken, daß wir einen Punkt brauchen, kein beliebiges Zeichen. Das erledigt der umgekehrte Schrägstrich (backslash). Er bedeutet: »Ich meine wirklich dieses Zeichen, keine spezielle Bedeutung«. Der Stern (*) am Ende bedeutet, daß von dort an beliebige Zeichen stehen können. Reguläre Ausdrücke können sehr komplex sein, aber wenn Sie sich diese beiden Besonderheiten merken, kommen Sie schon relativ weit.

** Wenn Sie wollen, können Sie auch denselben Trick anwenden, den wir Ihnen bei **nn** gezeigt haben: Starten Sie **tin** einmal, damit die Datei *.newsrc* erzeugt wird, beenden Sie ihn wieder, und editieren Sie die Datei *.newsrc*.

Lassen Sie uns jetzt ein paar Artikel lesen. Die Grundfunktionen von **tin** sind relativ einfach. Eine Zeile des Bildschirms wird invers dargestellt; wenn Ihr Terminal keine inverse Darstellung unterstützt, verwendet **tin** statt dessen einen Pfeil:

```
                 Group Selection (11)              h=help

  1   439  misc.books.technical Discussion of books about technical top
  2        rec.arts.sf.movies   Discussing SF motion pictures.
  3    90  rec.folk-dancing     Folk dances, dancers, and dancing.
  4    73  sci.anthropology     All aspects of studying humankind.
  5   196  sci.classics         Studying classical history, languages,
  6    62  soc.couples          Discussions for couples (cf. soc.single
  7   227  soc.culture.nordic   Discussion about culture up north.
  8    35  misc.kids.computer   The use of computers by children.
  9        fedreg.commerce
 10        sci.bio.ecology      Ecological research.
 11     1  sci.anthropology.paleo

<n>=set current to n, TAB=next unread, /=search pattern, c)atchup,
g)oto, j=line down, k=line up, h)elp, m)ove, q)uit, r=toggle all/unread,
s)ubscribe, S)ub pattern, u)nsubscribe, U)nsub pattern, y)ank in/out
                     *** End of Groups ***
```

In diesem Menü bewegen Sie sich durch die Newsgruppen, indem Sie die Pfeiltasten auf der Tastatur benutzen. Wie Sie vermutlich erwartet haben, bewegen Sie sich mit der CURSOR-HOCH-Taste in die vorherige Newsgruppe, mit der CURSOR-RUNTER-Taste in die folgende Gruppe. Wenn Sie sich also in *misc.books.technical* befinden, gelangen Sie mit CURSOR-RUNTER in *rec.arts.sf.movies.* Mit CURSOR-RECHTS wählen Sie die aktuelle Gruppe aus. Wenn Sie auf *misc.books.technical* positioniert sind, gelangen Sie also mit CURSOR-RECHTS in folgende Artikelliste:

```
             misc.books.technical (128T 154A 0K 0H R)        h=help

  1  +    4 Sale: *Cheap* Unix/dBase/Beginner's/Prog Duc Cheng
  2  + 2  numerical analysis recommendations sought  Craig Levine
  3  +    standard IGES file format                  Oren H. Hershel
  4  +    Bookstores info.                           Antonio Cleopatra
  5  + 3  Anyone know of companies that locate out o S. Slade
  6  +    "The Unicode Standard"                     Rob Warren
  7  +    books in ascii via ftp sought              Wilbur Wright
  8  + 2  >>> Technical Books for sale (X/UNIX/C/C++ S. Slade
  9  + 3  Books on Internet needed                   Andrew Jones
 10  + 2  RAID literature                            Betty Brelin
 11  +    looking for books on FoxPro ver.2.5 (for D Adrian Hall
 12  +    "Scientific C++" wanted, by Guido Buzzi-Fe Calvin Hobbs
 13  + 2  books forsale                              Dilbert
```

```
14 +    PASCAL BOOKS!!!! DISCOUNT SALE!!!!          Jian Ng
15 +    books for sale                              Peter Rzewski
16 +    Books forsale                               Willie Martin

<n>=set current to n, TAB=next unread, /=search pattern, ^K)ill/select,
a)uthor search, c)atchup, j=line down, k=line up, K=mark read, l)ist
thread, |=pipe, m)ail, o=print, q)uit, r=toggle all/unread, s)ave, t)ag, w=post
```

Dies ähnelt stark dem vorherigen Bildschirm—wegen der Indexnummern auf der linken Seite. Das + teilt Ihnen mit, daß Sie diesen Thread noch nicht gelesen haben. Einige Threads haben eine weitere Zahl vor dem Titel, die angibt, wieviele Artikel in diesem Thread vorliegen. Schließlich werden das Thema des Threads sowie der Autor des ersten Artikels angezeigt. Ebenso wie **nn** verwendet auch **tin** das >-Flag um anzuzeigen, daß Sie den Anfang des Threads verpaßt haben. Ein Beispiel dafür finden Sie bei Artikel 8.

Wie im Gruppenauswählmenü bewegen Sie sich auch hier mit den Cursortasten durch das Angebot. Wenn Sie CURSOR-RECHTS drücken, lesen Sie den entsprechenden Thread. Wenn Sie das tun, während Zeile 1 selektiert ist, sehen Sie etwa folgendes:

```
Fri, 22 Oct 1993 19:43:44  misc.books.technical   Thread 1 of 128
Lines 39 4 Sale: *Cheap* Unix/dBase/Beginner's/Program No responses
dcheng@poi.uhcc.Hawaii.Edu        Duc Cheng at University of Hawaii


SCO Xenix OS Ref. Manual $15
SCO Xenix Develpment Sys. Programmer's Ref. $15
Microsoft Fortran Compiler User Manual $10
Using Norton Backup Manual $6
Using Norton Desktop for Windows Manual $7
Microsoft Win386 Manual Set $5
The Whole Internet, Users Guide and Catalog $10
Quattro Pro Manual Set $18
Lotus Agenda Manual Set $18

A/UX Handbook(422 pages) was $29.95
Excel Macro for the IBM (276pages) was $21.95
Using Clarion Professional Developer (761pg) was $26.95

<n>=set current to n, TAB=next unread, /=search pattern, ^K)ill/select,
a)uthor search, B)ody search, c)atchup, f)ollowup, K=mark read,
|=pipe, m)ail, o=print, q)uit, r)eply mail, s)ave, t)ag, w=post
```

Mit der Leertaste blättern Sie durch den Artikel; wenn Sie bereits auf der letzten Seite sind, wechselt SPACE zum nächsten Artikel (dasselbe erreichen Sie auch mit CURSOR-RUNTER). Wenn Sie einen Thread komplett gelesen haben, gelangen Sie mit SPACE automatisch in das Threadauswahlmenü zurück. Wenn Sie einen Thread nicht zu Ende lesen wollen, können Sie mit CURSOR-LINKS zurück zum Menü wechseln.

Um zum nächsten Artikel in einem Thread zu gelangen, verwenden Sie die TAB-Taste.

Kommentare und eigene Artikel posten

Um einen Kommentar zu einem anderen Artikel zu posten, drücken Sie entweder **f** oder **F**, während der Artikel angezeigt wird. Der einzige Unterschied zwischen diesen beiden Befehlen ist, daß **f** den Text des Ursprungsartikels in Ihren Kommentar einfügt, **F** dagegen nicht. In beiden Fällen startet **tin** den Editor Ihrer Wahl; wie bei **nn** gesteuert durch die Umgebungsvariable EDITOR. Wenn Sie den Editor verlassen, fragt **tin**:

```
q)uit e)dit p)ost: p
```

Wenn Sie an dieser Stelle ein RETURN eingeben, wird Ihr Artikel abgesendet. Falls Sie den Artikel noch einmal ändern möchten, drücken Sie **e**, und **tin** startet den Editor erneut. Wenn Sie entscheiden, daß nur Schweigen Gold ist, können Sie das Absenden mit **q** verhindern.

Einen neuen Thread beginnen Sie mit dem Kommando **w**. Es ähnelt dem **:post**-Kommando von **nn**, aber es gibt einen entscheidenden Unterschied: **nn** fragt Sie, in welche Gruppe Sie posten wollen, **tin** sendet den Artikel immer in die gerade ausgewählte Gruppe. Wenn Sie also **w** eingeben, während Sie gerade einen Artikel in *misc.books.technical* lesen, wird Ihr neuer Artikel ebenfalls in *misc.books.technical* eingeordnet.

Der einzige Unterschied zwischen einem Follow-up und einem neuen Artikel ist, daß Sie bei einem neuen Artikel nach dem Betreff gefragt werden:

```
post Subject[]>
```

Schließlich beginnen Sie eine neue Diskussion. Geben Sie den Betreff für den neuen Thread ein. Nachdem Sie das getan haben, sehen Sie denselben Dialog wie vorher.

Etwas verdient noch erwähnt zu werden: **tin** merkt sich den letzten Betreff während einer Sitzung. Wenn Sie also später noch einen Artikel posten, könnten Sie etwas wie das hier sehen:

```
post Subject[Unix Book For Sale]>
```

»Unix Book For Sale« war das Thema Ihres letzten Postings. Wenn Sie die gleiche Betreffzeile wieder verwenden wollen, drücken Sie einfach RETURN.

tin beenden

Alle Menüs von **tin** haben eine **quit**-Option: Drücken Sie einfach **q**. Leider ist das etwas verwirrend. »Quit« bedeutet nicht: »**tin** beenden«, sondern nur: »Beende den aktuellen Vorgang und gehe auf die übergeordnete Ebene zurück. Wenn Sie beispielsweise gerade einen Artikel lesen, müssen Sie einmal **q** drücken, um das Lesen zu beenden und zurück zum Threadauswahlmenü zu gelangen. Dann müssen Sie erneut **q** eingeben, um in die Gruppenauswahl zurückzuwechseln, schließlich noch einmal, um **tin** zu verlassen.

Wie gelangen Sie also schneller aus **tin** heraus? Es muß einen einfacheren Weg geben. Und es gibt auch einen—geben Sie **Q** ein. Was auch immer Sie gerade tun, mit dem Kommando **Q** verlassen Sie **tin** sofort.

KAPITEL NEUN

DATEIEN FINDEN

Wie Archie funktioniert
Kontakt aufnehmen mit Archie
Archie über Telnet benutzen
Archie per E-Mail benutzen
Archie mit einem Client benutzen
Nachbearbeitung von Archie-Ausgaben
Archie unter dem X Window System

In der Geschichte des Internets war eines der größten Probleme, etwas wiederzufinden, von dem Sie genau wußten, daß es existiert. Anonyme FTP-Server wurden schon bald eingerichtet und boten die Möglichkeit, Dateien aus Archiven auf dem Netz zu holen; die Existenz dieser Dateien wurde allerdings nur durch Mund-zu-Mund-Propaganda bekannt. Ein Teil der Lehrzeit auf dem Weg zum Netzwerk-Guru wurde damit verbracht, ausreichend andere Leute kennenzulernen und genügend Konferenzen zu besuchen, um herauszufinden, wo die Daten versteckt waren. Das funktionierte prima, solange das Internet ein kleines Netz war, das nur von Computerexperten benutzt wurde. Nachdem die Internet-Ressourcen jetzt aber der breiten Masse zur Verfügung stehen, funktioniert das alte »Kumpel-Prinzip« nicht mehr. Ein Großteil der neuen Anwender hat keinen Kontakt zu einem Systemadministrator der alten Garde, der die richtigen Beziehungen hat. Außerdem sind inzwischen so viele Ressourcen verfügbar, daß selbst der beste Administrator sie nicht alle kennen kann. Sie wissen vielleicht, daß diese Datenbank oder jenes Public-Domain-Programm existiert, aber es tatsächlich zu finden gleicht der Suche nach der sprichwörtlichen Nadel im Heuhaufen.

Das sieht ganz nach einer Aufgabe für einen Computer aus. Damit hat Archie seinen Auftritt—ein System, das es ermöglicht, Indizes zu durchsuchen, um Dateien aufzuspüren, die auf öffentlichen Servern verfügbar sind. Damit sollten Sie beginnen, wenn Sie Programme, Texte oder Daten suchen. Derzeit sind mehr als 1200 Server und 2,5 Millionen Dateien durch Archie indiziert. Sie fragen Archie entweder, um Dateinamen zu finden, die einen bestimmten Suchstring enthalten, oder um Vorschläge für Dateien zu erhalten, deren Kurzbeschreibung ein bestimmtes Wort enthält. Archie gibt dann die Dateinamen zurück, die das Suchkriterium erfüllen sowie die Namen der Server, auf denen Sie diese Dateien finden. Sobald Sie entschieden haben, welche der Dateien Ihre Anforderungen wohl am ehesten erfüllt, können Sie die Daten mit anonymem FTP ganz einfach auf Ihren Computer herunterladen.

Lassen Sie uns zunächst betrachten, wie Archie funktioniert. Es ist so einfach, daß es Jahre dauerte, bis jemand auf die Idee kam. Danach werden wir sehen, wie Archie benutzt wird. Wie auch andere Dienste auf dem Internet bietet Archie mehrere Möglichkeiten des Zugriffs. Am einfachsten ist es, Archie durch TELNET zu benutzen, indem Sie auf einen öffentlichen Client zugreifen, da Sie hierfür keine spezielle Software brauchen. Vom TELNET-Zugang werden wir zum anderen Extrem wechseln: Archie-Zugriff per E-Mail. Der Zugang per E-Mail ist nützlich, wenn Sie an ein anderes Netzwerk angeschlossen sind, das nur E-Mail-Zugang zum Internet erlaubt.

Danach werden wir diskutieren, wie Sie einen Archie-Client auf Ihrem eigenen Computer benutzen. Wir werden uns dabei auf ein einfaches, zeilenorientiertes Programm konzentrieren (**archie**), weil es auf praktisch jedem Computertyp und jedem Bildschirm funktioniert. Die wirklich smarten Anwender haben **xarchie** auf ihrem Rechner; das ist der beste verfügbare Archie-Client, und er beinhaltet einen FTP-Client. Voraussetzung ist ein UNIX-System mit graphischem Display. (Es gibt auch Archie-Clients für IBM-kompatible und Macintosh-Systeme; wir werden diese hier nicht diskutieren.) Schließlich können Sie auf Archie auch durch einen Service zugreifen, der bisher nicht diskutiert wurde: Gopher. Der Gopher-Zugriff auf Archie wird in Kapitel 11 besprochen.

Wie Archie funktioniert

Wenn dies ein Kriminalroman wäre, wäre es jetzt an der Zeit, den Mörder zu entlarven. In den vorherigen Kapiteln habe ich Ihnen alle notwendigen Hinweise gegeben, um einen Archie-Dienst zu entwickeln. Die Antwort auf: »Wer war's?« ist: »Einige Leute an der McGill-Universität«.*

Die Antwort auf: »Wie haben sie das gemacht?« lautet: »Leute, die Server betreiben, via Netz zu bitten, diese Server zu registrieren«. Dazu läuft monatlich ein Programm, das mit diesen Servern per **ftp** Kontakt aufnimmt (Abbildung 9-1). Sobald das Programm einen Server anspricht, erstellt es ein Verzeichnis aller Dateien auf diesem Server, indem es standard **ftp**-Befehle benutzt (**ls -lR**, um genau zu sein). Wenn Sie dann einige Zeit später daherkommen und Archie anweisen: »Suche mir alle Dateien, die den String 'eudora' im Dateinamen haben«, dann durchsucht Archie alle Verzeichnisse und sendet Ihnen die Dateinamen, auf die der Suchbegriff paßt, zusammen mit den Namen der Server, die diese Dateien gespeichert haben.

---

* Die Entwicklung von Archie wird fortgesetzt, aber nicht an der McGill-Universität, sondern von einer Firma namens Bunyip.

Das ist der Basisdienst, wie er ursprünglich entworfen wurde. Es wurde aber schnell offenbar, daß einige Leute merkwürdige, nicht intuitive Namen für ihre Dateien vergaben. Beispielsweise einen Dateinamen wie *MacPOPclient* für das Macintosh-E-Mail-Programm namens Eudora. Die Archie-Entwickler baten dann, Informationen zu den wichtigsten Paketen auf dem jeweiligen Server einzusenden. Diese Informationen verwendeten sie, um einen Service namens **whatis** zu etablieren—eine Gruppe alternativer Indexschlüsselwörter für Dateien auf dem Netz. Diese Indizes können verwendet werden, um Software oder Daten zu finden, selbst wenn der Dateiname keinen Bezug zum Inhalt hat. Da dieser Service menschliche Interaktion erfordert, ist er weniger flächendeckend, aber dennoch nützlich.

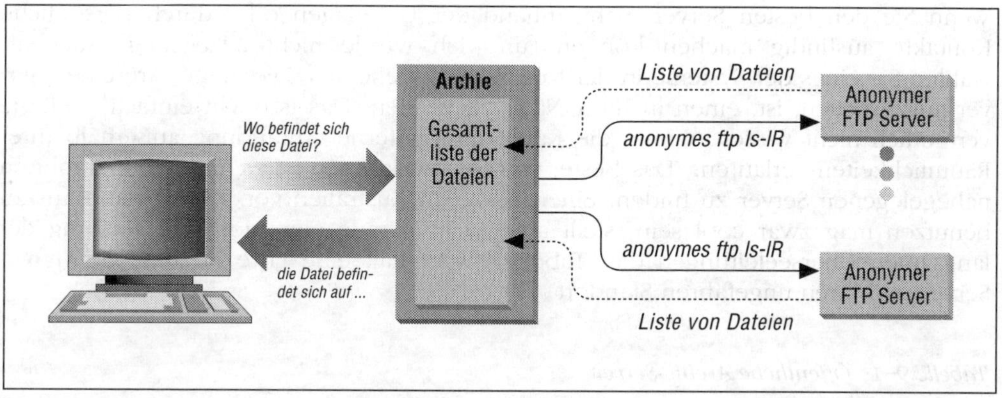

Abbildung 9–1: Wie Archie funktioniert

Mit der wachsenden Nutzung von Archie änderte sich auch der Dienst, um den gewachsenen Bedarf zu decken. Derzeit gibt es viele Archie-Server, die im ganzen Internet verteilt sind. Jeder Server erstellt einen Index der FTP-Server in seiner Nähe, dann tauscht er diese Informationen mit anderen Servern aus. Das erlaubt schnellere Updates, ohne das Netz zu überlasten. Meist wird es Sie aber nicht interessieren, wie das System funktioniert. Die interne Arbeitsweise bleibt verborgen—Sie müssen nur irgendeinen Archie-Server ansprechen (alle haben dieselben Daten) und die Daten erfragen, die Sie interessieren.

Kontakt aufnehmen mit Archie

Um Archie zu benutzen, müssen Sie einen Archie-Server auswählen. Es gibt eine Anzahl von Servern, die alle über dieselben Informationen verfügen.* Sie interessiert

* Zumindest theoretisch. Von Zeit zu Zeit schleichen sich Unterschiede zwischen den Archie-Servern ein. Normalerweise werden sie bald darauf behoben; die Archie-Entwickler bei Bunyip arbeiten an Methoden, diese Probleme aus der Welt zu schaffen. In der Zwischenzeit können

nur, welcher Server Ihnen die Information am schnellsten liefert.

Beginnen Sie die Suche nach einem guten Archie-Server bei Ihrem Serviceprovider. Wenn Ihr Provider Ihnen einen bestimmten Server empfiehlt, sollten Sie diesen zuerst ausprobieren. Einige Provider bieten private Server, die nur ihren Kunden zur Verfügung stehen (mit steigender Konkurrenz bieten Serviceprovider zunehmend mehr Sonderdienste wie diesen an). Wenn Ihr Provider dazugehört, haben Sie Glück: Der private Server wird Ihnen ein hervorragendes Antwortverhalten bieten. Falls Ihr Serviceprovider einen privaten Server anbietet, ist das sicher in den Informationsunterlagen erwähnt. Wenn nicht, fragen Sie Ihren Systemadministrator oder den Kundensupport bei Ihrem Provider, ob es einen zu bevorzugenden Archie-Server gibt.

Wenn Sie den besten Server nicht anhand der Unterlagen oder durch persönliche Kontakte ausfindig machen können (und ich würde nicht allzu lange suchen), wählen Sie eines der Systeme in der folgenden Tabelle aus. Die »nette« Art, einen Server auszusuchen, ist, einen in Ihrer Nähe zu wählen. Das ist nicht einfach, weil Sie vermutlich nicht wissen, wohin die Kabel Ihrer Internet-Anbindung außerhalb Ihrer Räumlichkeiten verlaufen. Das Beste, was Sie tun können ist es, einen geographisch nahegelegenen Server zu finden. Einen Server in Australien von Deutschland aus zu benutzen mag zwar cool sein, stellt aber nicht gerade eine sinnvolle Nutzung der langsamen Überseeleitungen dar. Tabelle 9-1 enthält eine Liste öffentlicher Archie-Server und ihren ungefähren Standort.

Tabelle 9–1: Öffentliche Archie-Server

Name	Für Benutzer in
archie.au	Australien
archie.edvz.uni-linz.ac.at	Österreich
archie.univie.ac.at	Österreich
archie.uqam.ca	Kanada
archie.funet.fi	Finnland
archie.th-darmstadt.de	Deutschland
archie.ac.il	Israel
archie.unipi.it	Italien
archie.wide.ad.jp	Japan
archie.kr	Korea
archie.sogang.ac.kr	Korea
archie.rediris.es	Spanien
archie.luth.se	Schweden
archie.switch.ch	Schweiz
archie.ncu.edu.tw	Taiwan
archie.doc.ic.ac.uk	Großbritannien

Sie einfach einen anderen Server benutzen, wenn Sie nicht finden, was Sie suchen—aber erst nachdem Sie sichergestellt haben, daß alles andere korrekt ist (Sie führen die richtige Suche durch, der Suchbegriff stimmt etc.). Die Unterschiede zwischen den Servern sind sehr gering.

Tabelle 9–1: Öffentliche Archie-Server (Fortsetzung)

archie.unl.edu	USA
archie.internic.net	USA
archie.rutgers.edu	USA
archie.ans.net	USA (für ANS-Kunden*)
archie.sura.net	USA

* ANS ist einer der Internet-Provider.

Archie ist ein sehr populärer Service. Es ist nicht ungewöhnlich, daß ein Server 40 Anfragen gleichzeitig bearbeitet. Um kurze Antwortzeiten zu gewährleisten, haben einige Server die Anzahl gleichzeitiger Anfragen beschränkt. Wenn Sie einen Server benutzen und mit einem solchen Limit konfrontiert werden, sehen Sie eine Nachricht wie:

```
Due to serious overloading on the archie server,
we have been forced to restrict the number of concurrent
interactive (telnet) sessions to 10.

Connection closed by foreign host.
```

Der Text der Meldung wird sich von Server zu Server unterscheiden, aber die Bedeutung sollte klar sein. Wenn jeder einen Server in seiner Nähe benutzt, verteilt sich die Last automatisch und diese irritierende Meldung wird weitgehend vermieden.

Archie über Telnet benutzen

Nachdem Sie entschieden haben, welcher Server der für Sie beste ist, ist der übliche Weg der Nutzung ein **telnet** zu diesem Host. Sie werden den üblichen UNIX-Login-Prompt sehen, woraufhin Sie sich als **archie** einloggen:

```
% telnet archie.au
Trying 139.130.4.6...
Connected to archie.au.
Escape character is '^]'.

      Welcome to Archie.AU (aka plaza.AARNet.EDU.AU)

login: archie
Last login: Tue Jan 25 21:55:05 from 143.108.1.4
SunOS Release 4.1.3: Wed Oct 20 18:12:43 EST 1993

# Message of the day from the localhost Prospero server:

NOTE: By default this version of archie returns 'au' sites only.

As usual, contact owner-archie@archie.au if you have any problems.
```

```
# Bunyip Information Systems, 1993

# Terminal type set to `vt100 24 80'.
# `erase' character is `^?'.
# `search' (type string) has the value `sub'.
Archie.au>
```

An diesem Punkt sprechen wir mit Australiens Archie und können Parameter setzen und Suchen durchführen. Dieser einführende Bildschirm gibt Ihnen viele Informationen, die bei Ihrer Suche helfen werden. Ignorieren Sie sie nicht. Diesem Bildschirm können Sie entnehmen, daß Archie davon ausgeht, daß Sie ein Terminal mit 24 Zeilen zu 80 Zeichen verwenden; daß Sie Substring-Suche verwenden, d.h., Ihr Suchstring kann an beliebiger Stelle im Dateinamen auftauchen (Groß/Kleinschreibung wird nicht berücksichtigt); und daß Sie nur Dateien finden werden, die sich auf Computern in Australien befinden. Sie können jeden dieser Parameter verändern, und Sie werden gleich lernen, wie. Wenn diese Parameter alle in Ordnung sind, können Sie mit der Suche beginnen.

Wenn Sie die Suche beenden wollen, verlassen Sie Archie mit:

```
archie> quit
```

Das beendet die TELNET-Sitzung und führt Sie auf Ihren lokalen Rechner zurück.

Nach Dateinamen suchen

Die am weitesten verbreitete und zuverlässigste Methode, mit Archie Dinge zu finden, ist die Suche nach wahrscheinlichen Dateinamen. Sie ist zuverlässig, weil Sie wissen, daß die Informationen, die Sie finden, maximal 30 Tage alt sind. Wenn Sie eine Datei im Index finden, werden Sie fast mit Sicherheit dieselbe Datei vorfinden, wenn Sie sie mit anonymem FTP holen. Um die Suche zu beginnen, wählen Sie einen möglichst kurzen String, der mit hoher Wahrscheinlichkeit im Namen der gesuchten Datei auftaucht. Verwenden Sie den Befehl:

```
archie> prog suchstring
```

um die Suche zu starten. Der Suchstring wird so interpretiert, wie es durch den Befehl »set search« vorgegeben ist.

Nehmen wir beispielsweise an, jemand hat Ihnen das Eudora-Paket empfohlen, um mit Ihrem Macintosh E-Mail zu versenden. Sie könnten folgendes versuchen:

```
Archie.au> prog eudora
# Search type: sub, Domain: au.
# Your queue position: 1
# Estimated time for completion: 00:01
```

Wenn Sie einen Suchbefehl eingeben, werden Sie vom Archie-Server in eine Warteschlange eingereiht—zusammen mit den restlichen Menschen, die gerade eine Suche durchführen. Archie sagt Ihnen, wo in der Schlange Sie sich befinden und wie lange es dauern wird, bis Ihre Anforderung bearbeitet werden kann. In diesem Fall sind Sie der erste in der Schlange und müssen voraussichtlich 00:01 (0 Minuten, 1 Sekunde) warten, bis Sie bedient werden. Seien Sie aber nicht überrascht, wenn es sehr lange dauert, bis Sie Antwort bekommmen. Die meisten Archie-Server sind sehr stark belastet.

Nachdem die Suche beendet ist, gibt der Server eine Liste von FTP-Archiven und Dateinamen zurück, die Ihre Kriterien erfüllen. Eudora, als sehr populäres Paket, wird allein in Australien von neun Servern angeboten. Eine gekürzte Ausgabe dieser Suche sieht etwa so aus:

```
Host sunb.ocs.mq.edu.au    (137.111.1.11)
Last updated 11:44 23 Jan 1994

 Location: /Mac/networking
  FILE -r-xr-xr-x 960108 bytes 06:34 28 Oct 1993 eudora-14-manual.hqx
  FILE -r-xr-xr-x 510354 bytes 06:20 28 Oct 1993 eudora-14.hqx
  FILE -r--r--r-- 263976 bytes 01:00 11 Jun 1992 eudora1.3b34.sit.hqx

Host csuvax1.murdoch.edu.au    (134.115.4.1)
Last updated 20:02 24 Jan 1994

 Location: /pub/pc/windows
  DIRECTORY  drwxr-xr-x      512 bytes  14:05 11 Nov 1993  eudora

Host ftp.connect.com.au    (192.189.54.17)
Last updated 20:02 24 Jan 1994

 Location: /pub/mac
  DIRECTORY  drwxr-xr-x      512 bytes  10:50 22 Nov 1993  eudora

Host ftp.utas.edu.au    (131.217.1.20)
Last updated 19:39 24 Jan 1994

 Location: /pc/win31/mail
  DIRECTORY  drwxrwxr-x      512 bytes  22:49  1 Nov 1993  eudora

Host uniwa.uwa.edu.au    (130.95.128.1)
Last updated 11:27 23 Jan 1994

 Location: /pub/mac/freeware
  DIRECTORY  drwxrwxr-x      512 bytes  10:22 17 Jan 1994  eudora
```

Für jeden Treffer gibt Archie Ihnen den Host an, der eine oder mehrere passende Dateien anbietet. Der erste Host im Beispiel ist **sunb.ocs.mq.edu.au**. Als nächstes teilt Archie Ihnen mit, in welchem Verzeichnis sich die Datei befindet (*/Mac/networking*). Schließlich werden die Dateinamen in diesem Verzeichnis aufgelistet (eudora-14-manual.hqx usw.).

Manchmal wird eine Suche ein Wort in einem Pfadnamen finden, aber keine Dateinamen in diesem Verzeichnis. In diesem Fall zeigt Ihnen die Zeile mit der Fundstelle nur den Pfad zu dem Verzeichnis, auf das der Suchbegriff zutraf. Statt einer Zeile, die mit FILE beginnt, sehen Sie eine Zeile mit DIRECTORY, wie z.B.:

```
Host uniwa.uwa.edu.au    (130.95.128.1)
Last updated 11:27 23 Jan 1994

  Location: /pub/mac/freeware
   DIRECTORY  drwxrwxr-x   512 bytes  10:22 17 Jan 1994  eudora
```

Das zeigt Ihnen, daß ein Verzeichnis gefunden wurde, das etwas Nützliches enthalten könnte. Wenn Sie den Eintrag für vielversprechend halten, werden Sie anonymes FTP verwenden müssen, um herauszufinden, was genau in diesem Verzeichnis steht.

Da viele anonyme FTP-Server die Datei anbieten, die Sie haben möchten, stehen Sie nun vor einem neuen Problem: Welchen Server sollen Sie benutzen? Dies ist ein signifikantes Problem: Sie finden eine Menge über die Dateien »draußen im Netz« heraus, aber Sie bekommen wenig oder keine Informationen, die Ihnen bei der Entscheidung helfen, welche Datei für Sie am geeignetsten ist. Hier sind ein paar Vorschläge:

1. Wenn das Programm auf mehreren Computertypen läuft, müssen Sie entscheiden, ob das Archiv die Version beinhaltet, die Sie suchen. Es gibt sowohl PC/Windows- als auch Mac-Versionen von Eudora. Die einzige Hilfe, die Archie Ihnen gibt, sind die Verzeichnis- und Dateinamen. Es gibt keine Standards für diese Namen, aber die meisten Serveradministratoren versuchen, Verzeichnisse mit kurzen, leicht verständlichen Namen zu versehen. In diesem Beispiel werden Sie feststellen, daß viele Kopien von Eudora in Verzeichnissen abgelegt sind, die *mac* heißen, was vermutlich für Macintosh steht. Dateien, die in Verzeichnissen namens *pc*, *windows* oder *win31* stehen, sind vermutlich die PC-Version des Programmpakets. Die Erweiterungen der Dateinamen geben Ihnen einen weiteren Hinweis. Bestimmte Verfahren zur Kompression und Dateikodierung sind auf bestimmten Computern verbreitet. Insbesondere werden *.sit* und *.hqx* häufig auf Macintoshes verwendet. (Eine übersichtliche Tabelle dieser Erweiterungen finden Sie in Kapitel 6, *Dateien bewegen: FTP*.) Also ist *eudora-14.hqx* vermutlich eine Datei für den Macintosh.

2. Mehrere Versionen derselben Software könnten verfügbar sein. Wenn Sie Glück haben, beinhaltet der Dateiname eine Versionsnummer—wie in diesen Beispielen:

   ```
   eudora-14.hqx
   eudora1.3b34.sit.hqx
   ```

   Wenn Sie durch Freunde von diesem Programm gehört haben, können Sie sie fragen, welche Version sie verwenden. Ansonsten sollten Sie, wenn möglich, die aktuelle Version holen. Auch hier gibt es aber keine Standards, in welchem Format eine Versionsnummer im Dateinamen auftaucht. Sie könnten vermuten, daß es sich bei 14 um eine neuere Version als bei 1.3 handelt, und Sie haben damit fast sicher Recht.* Manchmal gibt auch der Name des Verzeichnisses einen Hinweis. Wenn Sie Verzeichnisse namens */mac/eudora/old* und */mac/eudora* fänden, könnten Sie mit Recht vermuten, daß die neuere Software sich im zuletzt genannten Verzeichnis befindet.

Denken Sie auch daran, daß die Bezeichnungen **alpha** und **beta** für Testversionen verwendet werden. Sofern Sie nicht abenteuerlich veranlagt sind, sollten Sie auf diese verzichten.

3. Wählen Sie einen Server, der offiziell aussieht. (Erinnern Sie sich dazu an die Sicherheitsaspekte, die in Kapitel 4, *Was ist auf dem Internet erlaubt*, erwähnt wurden.) Versuchen Sie, einen Server auszuwählen, der von jemandem betrieben wird, der mit der Lieferung von Software zu tun hat—z.B. ein Rechenzentrum, ein Netzwerkprovider etc.

4. Schließlich sollten Sie einen Server auswählen, der in Ihrer Nähe liegt. Weiter oben haben wir gesagt, daß Sie einen Archie-Server auswählen sollten, der in der Nähe angesiedelt ist, um den Verkehr auf dem Netz gering zu halten und die Last auf die verschiedenen Server zu verteilen. Die gleiche Logik trifft auch hier zu. Um Sie zu motivieren, eine nahegelegene Site zu benutzen, teilen Ihnen manche Archie-Server (wie der im Beispiel verwendete) nur Fundstellen innerhalb einer bestimmten Domain mit—im Beispiel Australien. Es ist immer möglich (und manchmal notwendig) statt dessen weltweit zu suchen, aber auf vielen Servern ist das nicht die Voreinstellung.

   Es gibt einen weiteren wichtigen Grund, einen lokalen FTP-Server auszuwählen. Wenn Sie eine Datei von einem Server holen, der sich nicht in Ihrem Heimatland befindet, könnte es sein, daß die Datei nicht in Ihrer Heimatsprache ist. Wenn Sie beispielsweise nur Deutsch sprechen, aber Eudora von einem Server in Finnland holen, steht Ihnen möglicherweise eine Überraschung ins Haus: Sie könnten feststellen, daß alle Meldungen und Menüs ins Finnische übersetzt sind.

Wenn ich ein Australier wäre, der sich überlegt, von welchem der Server er das Eudora-Paket holen soll, würde ich vermutlich im Verzeichnis */pub/mac/eudora* auf dem Server **ftp.connect.com.au** nachsehen. Erstens wird der Server von *connect.com* betrieben, einem Netzwerkprovider in Australien. Die Firma hat ein Interesse daran, ihren Kunden nur verläßliche Software anzubieten. Ich weiß zwar nicht genau, welche Dateien dort zu haben sind, da die Suche nur ein Verzeichnis fand, aber das wäre die Stelle, an der ich zuerst nachsehen würde.

---

* Tatsächlich ist *eudora-14.hqx* die Version 1.4. Dateien sind nicht immer so benannt, wie man es erwarten würde; Sie benötigen eventuell einige Kreativität, um herauszufinden, was die Namen bedeuten.

Ich verzichtete auf die offensichtliche Möglichkeit **sunb.ocs.mq.edu.au**, weil ich nicht genug über diesen Server weiß. Es ist vermutlich eine Sun-Workstation in »ocs«, möglicherweise ein »office of computer science« an irgendeiner Universität—aber ich kann es nicht sicher erkennen. Wenn ich näheres über diese Site wüßte, wäre mir möglicherweise auch bekannt, ob es in Ordnung ist, Software von dort zu holen. Weil ich das nicht weiß, würde ich mich von dort fernhalten.

Die Suche eingrenzen

Wir behandeln hier Archie-Server der Version 3.1 oder höher. Einige Variablen wie **match_path** oder **match_domain** existieren in früheren Versionen möglicherweise nicht. Die grundlegenden Suchbefehle und Optionen funktionieren in jeder Version.

Es gibt neben der Suche ohne Berücksichtigung von Groß- und Kleinschreibung, die wir im letzten Abschnitt verwendet haben, noch weitere Möglichkeiten. Sie können während einer Sitzung jederzeit nachsehen, wie momentan gesucht wird, indem Sie folgendes Kommando geben:

```
archie> show search
# 'search' (type string) has the value 'exact'.
```

Verschiedene Server sind auf verschiedene Suchmodi voreingestellt. Einige berücksichtigen Groß/Kleinschreibung, andere nicht. Einige erlauben die Suche mit regulären Ausdrücken. Der oben erwähnte Server ist auf exakte Übereinstimmung eingestellt (exact). Das bedeutet, daß Sie den Dateinamen genau angeben müssen—inklusive der Groß- und Kleinschreibung. Wenn Sie Software suchen, ist das vermutlich nicht das, was Sie wollen. Bei der Suche nach dem Paket Eudora wollen Sie den Suchalgorithmus in der Regel auf eudora, Eudora und EUDORA erweitern.

Sie können den Suchvorgang beeinflußen, indem Sie das Kommando:

```
archie> set search typ
```

geben. *Typ* bezeichnet hier, wie Archie Ihre Suchanfrage ausführt. Es gibt folgende Möglichkeiten:

exact Der angegebene Suchstring muß exakt mit dem Dateinamen übereinstimmen.

regex Der Suchstring wird als regulärer Ausdruck behandelt.

sub Der Suchstring paßt auf alle Dateinamen, in denen er als Teilstring vorkommt. Groß/Kleinschreibung wird dabei ignoriert. Dies ist vermutlich der sinnvollste Suchmodus für die meisten Anwendungen.

subcase Der Suchstring paßt auf alle Dateinamen, in denen er als Teilstring vorkommt. Die Groß/Kleinschreibung wird ebenfalls beachtet.

Es gibt keine Möglichkeit, mit dem **prog**-Befehl auch einen Teil eines Verzeichnisnamens vorzugeben. Das bedeutet, daß Archie auf das Kommando **prog eudora** sowohl Verzeichnisse als auch Dateien namens *eudora* findet. Sie können nicht nach **pub/eudora** suchen (*eudora* im Verzeichnis *pub*). In den meisten Fällen ist das vernünftig, denn die Verzeichnisstruktur hängt ganz von dem FTP-Server ab, der die gesuchte Datei anbietet. Wenn Sie das Verzeichnis kennen, in dem sich eine Datei befindet, ist die Chance groß, daß Sie auch den Server kennen und Archie nicht benötigen.

Wenn Sie wirklich nach einer Datei in einem bestimmten Verzeichnis suchen wollen, können Sie das auch. Sie brauchen allerdings zwei Kommandos. Zunächst müssen Sie die zu durchsuchenden Verzeichnisse angeben. Sie tun dies, indem Sie die **match_path**-Variable setzen:

```
archie> set match_path verzeichnisliste
```

Die *Verzeichnisliste* ist eine Liste von Pfaden, getrennt durch Doppelpunkte. Einer dieser Strings muß im Verzeichnispfad gefunden werden. Dies ist immer eine Substring-Suche—egal, welchen Suchtyp Sie ausgewählt haben. Nehmen wir beispielsweise an, daß Sie sich für die PC-Version des Eudora-Pakets interessieren; ein Programm für den Macintosh hilft Ihnen nicht weiter. Daher beschränken Sie die Suche auf Verzeichnisse namens *pc* oder *win31*. Um diese Suche durchzuführen, geben Sie diese beiden Befehle:

```
archie> set match_path pc:win31
archie> prog eudora
# Search type: sub, Domain: au, Path: win.
# Your queue position: 8
# Estimated time for completion: 01:14
working... -

Host ftp.utas.edu.au    (131.217.1.20)
Last updated 13:56  2 Feb 1994

    Location: /pc/win31/mail
      DIRECTORY    drwxrwxr-x     512 bytes  22:49  1 Nov 1993  eudora

...     (weitere Fundstellen gelöscht)
```

Das erste Kommando bedeutet, daß entweder *pc* oder *win31* im Verzeichnisnamen vorkommen muß, mit dem zweiten Kommando beginnen Sie die Suche. Natürlich sind das nicht die einzigen Verzeichnisse, in denen die gesuchte Software liegen könnte—lediglich recht gute Annahmen. Wenn Sie nichts finden, sollten Sie eine breitere Suche probieren. Denken Sie daran, erst den Befehl **unset match_path** zu geben; **set match_path** bleibt aktiv, bis Sie es ändern oder mit **unset** rückgängig machen.

Die Suche geographisch einschränken

Neuere Archie-Server erlauben Ihnen, eine Suche auf eine bestimmte geographische Region einzuschränken—genaugenommen auf eine begrenzte Menge von Domains. Es gibt einige Gründe, warum Sie das tun sollten:

- Im Australien-Beispiel haben wir festgestellt, daß der Server nur Informationen über Dateien auf Servern in Australien ausgab. Wir lassen die Möglichkeit, daß ein europäischer Benutzer diesen Server ansprechen möchte, einmal außen vor. Wie schon gesagt, ist das unhöflich. Ein Australier allerdings, der etwas Ungewöhnliches sucht, könnte vor der Notwendigkeit stehen, die Suche weltweit auszuführen.
- Wenn Sie ein populäres Softwarepaket suchen, präsentiert Ihnen Archie möglicherweise eine große Liste von FTP-Servern weltweit, die Ihnen diese Datei anbieten. Statt eine so große Liste durchzugehen, könnten Sie die Suche von vornherein auf nahegelegene Systeme beschränken.
- Wenn Sie spezielle Software suchen, haben Sie möglicherweise eine konkrete Idee, wo Sie sie finden könnten. Wenn Sie beispielsweise eine Version von Eudora suchen, die ins Japanische übersetzt wurde, dann finden Sie aktuelle Versionen davon vermutlich am ehesten, indem Sie die Domain **.jp** durchsuchen lassen.

Um eine Archie-Suche einzugrenzen (oder zu erweitern), verwenden Sie das Kommando **set match_domain**:

```
archie>set match_domain domainliste
```

Die *Domainliste* ist eine Liste aller Domains, die Sie in dieser Suche eingeschlossen haben möchten. Sie werden ohne den einführenden Punkt aufgelistet und durch Doppelpunkte getrennt. Um beispielsweise Dateien in den Vereinigten Staaten zu suchen, verwenden Sie das folgende Kommando vor Ihrer Suche:

```
archie> set match_domain us:com:mil:edu:gov
```

Es könnte lästig werden, diesen String jedesmal einzugeben, wenn Sie in einer bestimmten Region suchen wollen, aber glücklicherweise gibt es einen einfacheren Weg. Viele Archie-Server haben eine vordefinierte Liste von Kürzeln für bestimmte Regionen. Sie können herausfinden, welche Kürzel auf Ihrem Server definiert sind, indem Sie das Kommando **domains** geben:

```
archie> domains
Domains supported by this server:

africa          Africa          za
anzac           OZ & New Zealand au:nz
asia            Asia            kr:hk:sg:jp:cn:my:tw:in
```

```
centralamerica Central America  sv:gt:hn
easteurope     Eastern Europe   bg:hu:pl:cs:ro:si:hr
europe         Europe           westeurope:easteurope
mideast        Middle East      eg:.il:kw:sa
northamerica   North America    usa:ca:mx
scandinavia    Scandinavia      no:dk:se:fi:ee:is
southamerica   South American   ar:bo:br:cl:co:cr:cu:ec:pe:ve
usa            United States    edu:com:mil:gov:us
westeurope     Western Europe   westeurope1:westeurope2
westeurope1                     de:ie:pt:es:uk:at:fr:it:be:nl
westeurope2                     ch:cy:gr:li:lu:tr
world          The World        world1:world2
world1                          europe:scandinavia:northamerica
world2                          southamerica:mideast:africa:anzac:as
```

Statt **set match_domain us:com:mil:edu:gov** hätten wir also auch folgendes eingeben können:

```
archie>set match_domain usa
```

Denken Sie daran, daß diese Kürzel immer nur für einen bestimmten Server gelten. Verwenden Sie die obige Liste nicht als Referenz; rufen Sie immer das Kommando **domains** auf, um zu sehen, welche Kürzel auf Ihrem Server möglich sind.

Suchen im ausführlichen Index

Archie ermöglicht es auch, einen ausführlichen Index zu durchsuchen—dies wird **whatis**-Suche genannt. Archie durchsucht dazu die sogenannte »software descriptions database«, eine Datenbank mit Dateibeschreibungen. Wenn ein Administrator ein Programm in das FTP-Archiv aufnimmt, kann er einen Indexeintrag für diese Datei einreichen, um das Auffinden zu erleichtern. Der Indexeintrag stellt eine Beziehung zwischen dem Dateinamen und einer Gruppe von Schlüsselwörtern her. Wenn Sie eine **whatis**-Suche durchführen, wird Ihr Suchstring verwendet, um die Liste der Schlüsselworter zu durchsuchen. Die Suche wird mit dem Kommando:

```
archie> whatis suchstring
```

durchgeführt. Wenn der Suchstring auf eines der Schlüsselwörter in der Datenbank paßt, gibt Archie die Namen der Dateien aus, die mit diesem Schlüsselwort assoziiert sind. (Suchen in der Beschreibungsdatenbank sind immer Substring-Suchen ohne Berücksichtigung von Groß- und Kleinschreibung—unabhängig vom derzeit eingestellten Suchtyp.) Sobald Sie einen Dateinamen gefunden haben, der passend klingt, müssen Sie eine Dateinamensuche durchführen, um herauszufinden, wo Sie die Datei finden können.

Nehmen wir einmal an, daß Sie nach einer Genkarte für das Bakterium Escherichia

Coli suchen.* Wenn Sie ein **prog coli** ausführen, wird Archie Ihnen mehr als 100 Einträge zurückliefern. Die meisten der Treffer sind offensichtlich nicht das, was Sie wollen: Rezepte mit Brokkoli (broccoli), Datenbanken über Pferdekoliken (horse colic) und ähnliches. Es gibt einige Einträge wie **colidb**, die passend sein könnten, aber das ist alles, was Sie wissen. Also entscheiden Sie sich, eine **whatis**-Suche durchzuführen, um an weitere Informationen zu gelangen:

```
archie> whatis coli

ECD         Escherichia coli db (M. Kroeger, Giessen)
NGDD        Normalized gene maps for E.coli, S.typh., etc.
                          (Y. Abel, Montreal)
```

Die Datei *NGDD* sieht genau wie das aus, was der Doktor haben wollte. Um herauszubekommen, wo Sie diese Datei finden können, starten Sie dann eine **prog**-Suche, genau wie oben:

```
archie> prog NGDD
# Search type: sub, Domain: edu:com:mil:gov:us.
# Your queue position: 2
# Estimated time for completion: 02:40

Host ncbi.nlm.nih.gov   (130.14.20.1)
Last updated 02:23  4 Mar 1992
 Location: /repository
   DIRECTORY rwxrwxr-x    512  Jun 25  1990    NGDD
```

Das sieht sogar noch vielversprechender aus. Die Daten kommen sogar von einer zuverlässigen Quelle, dem National Institute of Health (*nih.gov*). Beachten Sie jedoch, daß Archie keine Datei namens NGDD gefunden hat, sondern ein Verzeichnis dieses Namens. Sie wissen also nicht genau, was Sie wirklich vor sich haben. Sie müssen per anonymem FTP auf **ncbi.nlm.nih.gov** im Verzeichnis */repository/NGDD* nachsehen. Sobald Sie dort sind, geben Sie das *dir*-Kommando, um zu sehen, welche Dateien dort liegen.

Erinnern Sie sich an den einen Pferdefuß. Der **prog**-Index ist maximal 30 Tage alt. Der **whatis**-Index ist nicht so aktuell. Jemand kann einen Eintrag erstellen, und irgendwann später die Datei wieder löschen. Also bekommen Sie gelegentlich etwas mit **whatis** angezeigt, das Sie dann mit dem **prog**-Kommando nicht auffinden können.

Mit der Zeit wurde das Problem der Updates in der Beschreibungsdatenbank immer größer. Der »whatis«-Index hängt viel zu stark von menschlicher Mitarbeit ab—und zwar so stark, daß die Archie-Verwalter aufgehört haben, ihn zu pflegen. Sie entwarfen statt dessen ein neues System, das es FTP-Verantwortlichen erlaubt, eigene

---

* Wie dieses Beispiel zeigt, ist Archie nicht nur zur Suche nach Software geeignet; es hilft beim Auffinden aller möglichen Ressourcen.

Informationen zu verwalten. Unglücklicherweise ist dieses neue System noch nicht weit verbreitet. Derzeit sind Archie-Anwender also mit einem Index relativ alter Information alleingelassen.*

Andere Archie-Befehle

Wir haben bisher die Archie-Kommandos erwähnt, die regelmäßig verwendet werden. Es gibt eine Anzahl anderer Kommandos, die gelegentlich von Nutzen sein können. Hier ist eine Auswahl der anderen Kommandos, die Sie möglicherweise brauchen:

bugs
Zeigt eine Liste der derzeit bekannten Bugs in Archie an.

find
Entspricht dem **prog**-Kommando.

help
Zeigt eine Liste an, die der hier gezeigten entspricht.

list *regexp*
Zeigt eine Liste der anonymen FTP-Server an, die vom Archie-System indiziert werden. Wenn ein regulärer Ausdruck angegeben wird, werden nur Server angezeigt, auf die der Ausdruck paßt.

mail *ziel*
Schickt das Resultat der letzten Suche an eine E-Mail-Adresse. Das *Ziel* ist optional. Falls angegeben, bezeichnet es die E-Mail-Adresse, an die die Resultate geschickt werden sollen. Fehlt das *Ziel*, wird der Inhalt der Variablen **mailto** als Zieladresse verwendet.

manpage
Zeigt die komplette Referenz-Dokumentation zu Archie an.

set *variable wert*
Setzt Parameter, die Ihre Archie-Sitzung steuern. Der Name der Variablen wird benötigt (eine Liste der Variablen finden Sie im nächsten Abschnitt). Der Wert wird nur benötigt, wenn die Variable keine Boolsche Variable ist (ein- oder ausgeschaltet). Boolsche Variablen werden durch **set** *variable* auf wahr (oder an) gesetzt. Bei anderen Variablen wird der Wert gemerkt und entsprechend verwendet.

show *variable*
Zeigt den Wert der angegebenen Variablen an. *Variable* ist optional. Falls nicht angebenen, zeigt Archie den Wert aller Variablen. **show** ohne einen Variablennamen ist eine

---

* Das neue System ist Teil der IAFA-Templates-Arbeit, die in der IETF geleistet wird. Die Templates sind Formulare, die vom Administrator eines Archivs ausgefüllt werden und in einer speziellen Datei auf dem System abgelegt werden. Sie werden während der Archie-Visitation jedes Servers mit abgeholt; also sind sie aktueller und werden durch Menschen verwaltet, die näher mit den Daten zu tun haben. Die Standardisierung ist abzusehen, aber es ist noch nicht ganz so weit.

geeignete Methode, um eine Liste der gültigen Variablen oder die Voreinstellungen Ihres Servers zu erhalten.

servers — Zeigt eine aktuelle Liste aller bekannten Archie-Server.

unset *variable* — Setzt eine Boolsche Variable auf aus bzw. löscht den Inhalt einer Stringvariablen.

version — Gibt die Versionsnummer des Archie-Servers zurück, den Sie benutzen.

Die Konfigurationsvariablen von Archie

Hier folgt eine unvollständige Liste der Variablen, die mit **set**, **unset** und **show** beeinflußt werden können, und die an keiner anderen Stelle im Text erwähnt werden.

mailto *adresse* — Setzt die voreingestellte E-Mail-Adresse, die immer dann verwendet wird, wenn das **mail**-Kommando ohne Parameter gegeben wird.

match_domain — Gibt eine Liste von Top-Level-Domains an; FTP-Server, die von Archie ausgegeben werden, müssen einer dieser Domains angehören. Wird im Abschnitt »Die Suche geographisch einschränken« genauer erklärt.

match_path — Gibt eine Liste der Bestandteile von Verzeichnisnamen an, von denen einer im Pfadnamen enthalten sein muß, damit ein Treffer ausgegeben wird. Wird im Abschnitt »Die Suche eingrenzen« genauer erklärt.

maxhits *anzahl* — Limitiert die Ausgabe auf maximal *Anzahl* Einträge. (Die *Anzahl* muß zwischen 1 und 1000 liegen.)

pager — Legt fest, ob die Ausgabe anhalten soll, wenn der Bildschirm voll ist. Wenn *pager* gesetzt ist, wird die Ausgabe angehalten, bis Sie ein RETURN eingeben. Dies ist eine Boolsche Variable. Verwenden Sie **set pager**, um sie einzuschalten, und **unset pager** zum Ausschalten.

sortby *schlüsselwort* — Setzt die Sortierreihenfolge der Ausgabe. Eine Liste der Sortiermöglichkeiten erhalten Sie mit **help set sort**.

search *schlüsselwort* — Setzt den Suchtyp. Eine ausführlichere Beschreibung finden Sie im Abschnitt »Die Suche eingrenzen«.

term *typ zeilen spalten*

Gibt an, daß Sie ein Terminal vom Typ *typ* verwenden (z.B. *VT100*), das *zeilen* Zeilen und *spalten* Spalten hat. Der Typ ist ein beliebiger der unter UNIX bekannten Terminaltypen. *Zeilen* und *Spalten* sind optional. Wenn sie fehlen, wird die Standardgröße des angebenen Terminaltyps verwendet.

Archie per E-Mail benutzen

Zusätzlich zum direkten Zugang können Sie Archie auch per E-Mail benutzen. Obwohl das weniger komfortabel ist als eine interaktive Sitzung, gibt es zwei Gründe, warum Sie möglicherweise E-Mail benutzen möchten. Zum einen könnten Sie dazu gezwungen sein, weil Ihr Netzwerk es nicht erlaubt, via TELNET Kontakt zu Archie aufzunehmen. Das wäre beispielsweise der Fall, wenn Ihre einzigen Verbindungen mit der Außenwelt über UUCP oder Bitnet laufen. Viele der Server, die **Archie** indiziert, bieten auch einen Zugang über **ftpmail** (Kapitel 7, *Elektronische Post*) für diejenigen Netze, die **ftp** nicht unterstützen. Zum anderen wollen Sie aber möglicherweise auch nicht auf Archie warten, bis die Recherche beendet ist. Wenn Sie kurz vor Feierabend von einem großartigen Programm hören, aber den Zug noch erreichen müssen, senden Sie eine E-Mail-Anfrage—die Antwort wird da sein, wenn Sie am nächsten Morgen zur Arbeit kommen. Die gleiche Logik trifft zu, falls Archie Ihnen mitteilt, daß es beschäftigt ist, oder falls es aus irgendeinem Grund nicht verfügbar ist.

Die Kommandos, mit denen Sie Archie per E-Mail benutzen, sind eine Untermenge derjenigen, die Sie in einer direkten **telnet**-Sitzung verwenden können. Sie setzen Suchbefehle zu einer E-Mail zusammen und senden sie an:

archie@*server*

Dabei ist *Server* einer der oben schon erwähnten Server. Die Kommandos müssen in der ersten Spalte einer Zeile beginnen. Sie können beliebig viele Kommandos in eine Nachricht schreiben. Jedes Kommando, das nicht verstanden wird, wird als **help** interpretiert. Wenn Sie also irgend etwas falsch eingeben, bekommen Sie Hilfe—ob Sie sie brauchen oder nicht. Da die Antwortzeit hier nicht von primärer Bedeutung ist, sind bei den Argumenten umfangreichere Möglichkeiten wie z.B. reguläre Ausdrücke (**regex**) gegeben. Sie können alle Variablen (wie **match_path** und **match_domain**) setzen wie in einer TELNET-Sitzung. Sie können auch alle anderen Kommandos verwenden, die in der E-Mail-Umgebung sinnvoll sind. Hier ist eine Zusammenfassung der am häufigsten verwendeten Kommandos für das E-Mail-Interface:

path *E-Mail-adresse* — Weist Archie an, die Antworten an *E-Mail-Adresse* zu senden statt an die Adresse im **From**:-Feld der Anfrage. Nützlich, wenn Ihre Nachricht über E-Mail-Gateways läuft und im **From**:-Feld nicht ausreichend Information über den Rückweg enthalten ist. Wenn Sie Anforderungen absenden und nie eine Antwort bekommen, sollten Sie versuchen, eine explizite

	Route zu Ihrem Rechner anzugeben—eventuell hilft das.
compress	Sorgt dafür, daß die Ausgabe vor dem Versand an Sie mit **compress** komprimiert und dann **uuencoded** wird. Sie sollten diese Option verwenden, wenn Sie mit einer Ausgabe von mehr als 45 Kbyte rechnen.
prog *regexp*	Sucht Dateinamen, auf die der reguläre Ausdruck *regexp* paßt.
help	Schickt Hilfe für das E-Mail-Interface von Archie.
list *regexp*	Gibt eine Liste aller Server zurück, auf die der reguläre Ausdruck *regexp* paßt.
servers	Gibt eine Liste aller bekannten Archie-Server zurück.
whatis *schlüsselwort*	Gibt eine Liste von Dateien zurück, die mit dem angegebenen Schlüsselwort in der **whatis**-Datenbank gefunden wurden. Sie können diese in einer folgenden Mail im **prog**-Kommando verwenden um herauszufinden, wo diese Dateien sind.
quit	Bricht die Bearbeitung der Mail ab und sorgt dafür, daß alle folgenden Zeilen ignoriert werden. Dies ist nützlich, wenn Sie eine Signatur verwenden, die Archie ansonsten als Kommandos interpretieren könnte.

Nehmen wir z.B. an, daß Sie ein Archiv der Newsgruppe *sci.geo.meteorology* suchen. Da Sie ein allgemeines Interesse an Meteorologie haben, könnten Sie bei der Gelegenheit gleich nach anderen interessanten Dateien suchen. Um das zu tun, verwenden Sie Ihren Lieblingsmailer und schreiben eine Nachricht wie diese:

```
% mail archie@archie.rutgers.edu     oder ein anderer Server
Subject:            kein Betreff erforderlich
prog meteorology
.
```

Einige Zeit später werden Sie eine Nachricht wie diese vom Server zurückbekommen:

```
>From archie-error@dorm.rutgers.edu Sat Apr 11 06:33:30 1992
Received: from dorm.rutgers.edu by ux1.cso.uiuc.edu with SMTP
Date: Sat, 11 Apr 92 07:32:35 EDT
Message-Id: <9204111132.AA04307@dorm.rutgers.edu>
From: archie@dorm.rutgers.edu
To: Ed Krol <krol@ux1.cso.uiuc.edu>
Subject: archie reply: prog meteorology
Status: R

Sorting by hostname
Search request for 'meteorology'
```

```
Host cnam.cnam.fr    (192.33.159.6)
Last updated 02:06  8 Apr 1992
 Location: /pub/Archives/comp.archives/auto
  DIRECTORY rwxr-xr-x  512  Feb  5 21:20   sci.geo.meteorology

Host earth.rs.itd.umich.edu   (141.211.164.153)
Last updated 06:48 10 Apr 1992
 Location: /mac.bin/development/libraries/MacVogl :c4/fonts
  FILE       rw------- 3034  Oct 17 06:55   meteorology

Host rtfm.mit.edu   (18.172.1.27)
Last updated 06:27 26 Mar 1992
 Location: /pub/usenet
  DIRECTORY rwxrwxr-x  512  Feb 19 01:56   sci.geo.meteorology
...
```

Nun, Sie haben gefunden, was Sie gesucht haben, und zwar auf **cnam.cnam.fr** in Frankreich und auf **rtfm.mit.edu** in Massachusetts, USA. Sie haben ganz nebenbei auch einige Macintosh-Fonts gefunden, die in der Meteorologie nützlich sein könnten, und zwar bei der Universität von Michigan (**earth.rs.itd.umich.edu**). Vielleicht lohnt es sich, sie einmal anzusehen!

Archie mit einem Client benutzen

Am angenehmsten lassen sich Archie-Recherchen durchführen, wenn der Befehl **archie** auf Ihrem System installiert ist. Wenn Sie dieses Kommando zur Verfügung haben, können Sie Suchen so durchführen:

```
% archie -parameter string
```

String ist derselbe Suchstring wie in allen anderen **prog**-Befehlen auch. Die *Parameter* steuern den Typ der Suche. Einige der verfügbaren Parameter sind:

–c
: Sagt **archie**, daß Sie Dateien suchen, deren Name den Suchstring enthält. Groß- und Kleinschreibung müssen exakt übereinstimmen.

–e
: Sagt **archie**, daß Sie Dateien suchen, deren Name exakt mit dem Suchstring übereinstimmt. Dies ist die Voreinstellung.

–r
: Sagt **archie**, daß der Suchstring ein regulärer Ausdruck ist.

–s
: Sagt **archie**, daß Sie Dateien suchen, deren Name den Suchstring enthält. Groß- und Kleinschreibung sind dabei nicht relevant.

–l
: Sagt **archie**, daß die Ausgabe als Eingabe für weitere Programme formatiert werden soll.

–h*name*
: Weist den **archie**-Client an, den Server *Name* für die Anfrage zu benutzen. Bei vielen Clients können Sie mit einer Umgebungsvariablen

angeben, welchen Server Sie benutzen wollen. Unter UNIX heißt die Variable **ARCHIE_HOST**.

–m*anzahl* Sagt **archie**, daß nicht mehr als *Anzahl* Dateien zurückgegeben werden sollen. Wenn Sie diesen Parameter nicht angeben, gibt Archie maximal 95 Treffer aus.

Eine beliebige Anforderung darf nur einen der Parameter **–c**, **–r** oder **–s** enthalten. Wenn **–e** zusammen mit einem der anderen Parameter verwendet wird, sucht Archie zuerst nach einer exakten Übereinstimmung um danach die anderen, zeitaufwendigeren Suchtypen zu probieren.

Schauen wir doch einmal, ob wir den Quellcode für das **archie**-Kommando für UNIX-Workstations finden können—für den Fall, daß Sie es selbst installieren wollen:

```
% archie -s -m5 archie
Host ab20.larc.nasa.gov
 Location: /usenet/comp.sources.amiga/volume89/util
  FILE -rw-rw-r--   5015  Mar 15 1989  archie.1.Z

Host nic.funet.fi
 Location: /pub/archive/comp.sources.amiga/volume89/util
  FILE -rw-rw-r--   4991  Aug  1 1989  archie18.1.Z

Host wolfen.cc.uow.edu.au
 Location: /ab20/usenet/comp.sources.amiga/volume89/util
  FILE -rw-rw-r--   5015  Aug 16 1991  archie.1.Z
  FILE -rw-rw-r--   4979  Aug 16 1991  archie18.1.Z

Host wuarchive.wustl.edu
 Location: /usenet/comp.sources.amiga/volume89/util
  FILE -rw-rw-r--   5054  Mar 16 1989  archie.1.Z
```

Dieser Suchbefehl sagt: »Suche nach Dateinamen, die 'archie' beinhalten, unabhängig von der Groß/Kleinschreibung (**–s**), und gib die ersten fünf Treffer zurück (**–m5**)«. Wir haben fünf Archie-Clients gefunden, aber sie scheinen alle für Amiga-Computer zu sein. Da das nicht das ist, wonach wir suchen, müssen wir die Suche noch einmal starten, wobei wir hinter **–m** einen größeren Wert angeben. Das Verfahren dürfte jetzt klar sein.

Nachbearbeitung von Archie-Ausgaben

Die Ausgabe von Archie sieht normalerweise aus wie die Beispiele in diesem Kapitel. Das ist für Menschen in Ordnung, aber manchmal wollen Sie die Ausgaben von Archie als Eingabe für ein anderes Programm verwenden. In dieser Situation wäre es angenehmer, wenn alle Informationen über eine Datei in einer einzigen Zeile stünden, statt auf mehrere Zeilen verteilt.

Zwei Optionen geben Ihnen ein einzeiliges Ausgabeformat. Sie werden durch die Variable **output_format** gesteuert. Normalerweise ist diese Variable auf **verbose** gesetzt, wodurch das bekannte Ausgabeformat erzeugt wird. Indem Sie diese Variable auf **terse** setzen, bekommen Sie eine einzeilige Ausgabe wie diese:

```
Archie.au> set output_format terse
Archie.au> prog eudora
# Search type: sub, Domain: au, Path: win31:pc.
# Your queue position: 1
# Estimated time for completion: 02:29
working...

tasman.cc.utas.edu.au  22:49  1 Nov 1993 512 bytes /pc/win31/mail/eudora
csuvax1.murdoch.edu.au  14:05 11 Nov 1993 512 bytes /pub/pc/windows/eudora
ftp.utas.edu.au  22:49  1 Nov 1993 512 bytes /pc/win31/mail/eudora
```

Dies ist die gleiche alte Suche nach Eudora für PCs und Windows in Australien. Die gleichen Dateien, ein anderes Format. Die Ausgabe ist immer noch recht gut lesbar, insbesondere das Datum.

Das Kommando **set output_format machine** sorgt für eine Ausgabe, die leicht von einem Computer gelesen werden kann, aber nicht so leicht von Menschen. Sie gibt zusätzliche Informationen über die Zugriffsrechte und gibt das Datum in einem numerischen Format an. Abgesehen davon ähnelt die Ausgabe der von oben:

```
19931101224900Z tasman.cc.utas.edu.au 512 bytes drwxrwxr-x /pc/win31/mail/eudora
19931111140500Z csuvax1.murdoch.edu.au 512 bytes drwxr-xr-/pub/pc/windows/eudora
19931101224900Z ftp.utas.edu.au 512 bytes drwxrwxr-x /pc/win31/mail/eudora
```

Wenn Sie einen lokalen **archie**-Client verwenden, geben Sie die Option –l an, um die maschinenlesbare Ausgabe zu erhalten.

Archie unter dem X Window System

Der Caddilac (oder, wenn Sie es vorziehen, der Lamborghini) unter den Archie-Clients ist **xarchie**.* Es bietet eine schöne grafische Oberfläche für den Archie-Dienst. Zusätzlich verfügt es über einen eingebauten FTP-Client, so daß Sie **xarchie** verwenden können, um Verzeichnisse auf FTP-Servern zu untersuchen (ein Defizit der anderen **archie**-Clients, die wir besprochen haben)—und Sie können sogar Dateien holen. Wenn Sie das X Window System verwenden, ist dies der Client, den Sie ausprobieren sollten!

* Per anonymem FTP u.a. verfügbar auf **ftp.cs.rochester.edu**.

Wir werden **xarchie** nicht komplett vorstellen, aber wir werden Ihnen zeigen, wie es funktioniert. Der Start von **xarchie** ist einfach—tippen Sie:

```
% xarchie &
```

xarchie beginnt mit einer Bildschirmanzeige wie dieser:

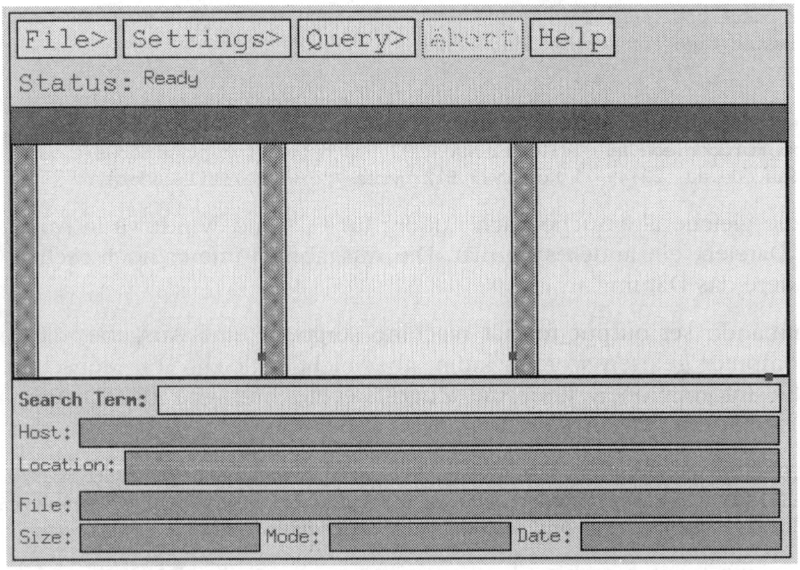

Abbildung 9–2: Eingangsbildschirm von xarchie

Eine Suche zu starten ist einfach. Wählen Sie das Menü **Settings>**, um die Optionen (Suchtyp, Archie-Server) passend voreinzustellen. Setzen Sie dann den Cursor in das Feld **Search Term**, geben Sie den Dateinamen ein, den Sie suchen wollen, und drücken Sie RETURN. Archie füllt dann die linke Spalte mit einer Liste von FTP-Sites, auf denen Treffer gefunden wurden. Wenn Archie mehr FTP-Sites findet, als angezeigt werden können, verwenden Sie den Scrollbalken, um sich in der Liste nach oben und unten zu bewegen (mit dem linken Mausknopf können Sie nach unten scrollen, mit dem rechten nach oben). Um näheres über die Dateien herauszufinden, die sich auf einer FTP-Site befinden, klicken Sie auf den Namen der Site. **xarchie** zeigt dann die Verzeichnisse auf dieser Site, in denen Treffer gefunden wurden, in der mittleren Spalte an. Der Treffer selbst wird in der rechten Spalte angezeigt. Wenn mehr als ein Verzeichnis Treffer enthält, ist die rechte Spalte zunächst leer; klicken Sie auf ein Verzeichnis in der mittleren Spalte um zu sehen, was es enthält.

Lassen Sie uns jetzt eine typische Suche verfolgen. Wir suchen die PDIAL-Liste, eine Liste von Internet-Providern. Dazu wählen wir das **Settings>**-Menü, um eine Substring-Suche mit Berücksichtigung von Groß- und Kleinschreibung auszuwählen (wahrscheinlich der sinnvollste Suchtyp, wenn Sie eine Datei suchen). Wir geben dann den Namen **pdial** im **Search Term**-Feld ein, gefolgt von einem RETURN. Nachdem wir auf die Ausführung der Suche gewartet haben, sehen wir folgendes:

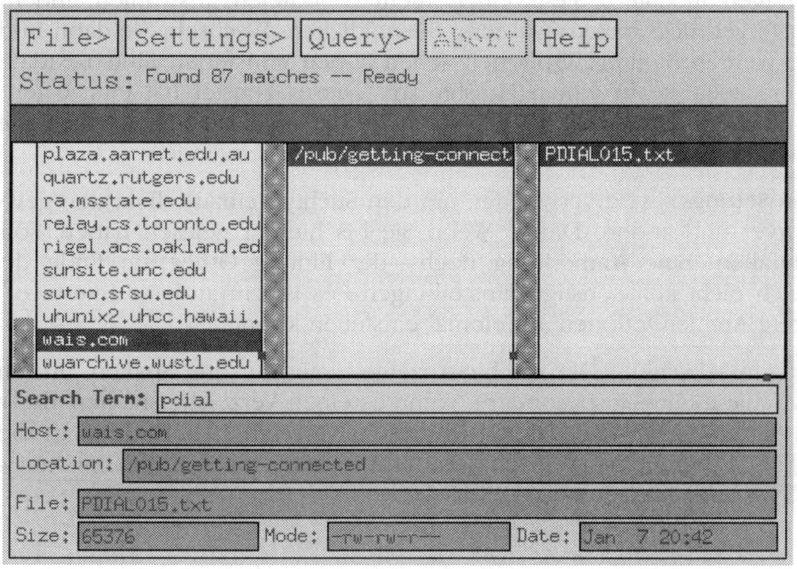

Abbildung 9–3: Suchergebnis von xarchie

Die linke Spalte zeigt an, wo Versionen dieser Datei gefunden wurden. Das FTP-Archiv **wais.com** enthält eine Version, der Dateiname (*PDIAL015.txt*) steht in der rechten Spalte, und das Verzeichnis (*/pub/getting-connected*) befindet sich in der Mitte. Wenn ein Name in einer Spalte zu lang ist, können Sie sie mit dem »Handgriff« unten verbreitern.* Wenn mehrere Verzeichnisse des FTP-Archivs Treffer beinhalten, listet **xarchie** die Verzeichnisse in der mittleren Spalte auf und läßt die rechte Spalte leer. Um die Dateinamen zu sehen, klicken Sie auf eines der Verzeichnisse.

Hier wird auch das eingebaute FTP nützlich. Vorhin haben wir gesagt, daß Archie-Suchen häufig ein Verzeichnis statt einer Datei finden. In diesem Falle stecken Sie

---

* Die Suche nach der *pdial*-Liste ist eine gute Übung, bei der Sie lernen, wonach Sie schauen müssen, wenn Sie etwas auf dem Netz suchen. Es gibt viele Versionen auf dem Netz. Viele sind mehr oder weniger veraltet—einige sind mehr als ein Jahr alt. Einige sind mit Versionsnummern versehen, andere nicht.

fest—Sie müssen mit FTP auf der betreffenden Site nachsehen, was sich im Verzeichnis befindet. Mit **xarchie** sehen Sie dagegen einen Verzeichnisnamen (statt eines Dateinamens) in der rechten Spalte. Klicken Sie zweimal auf den Verzeichnisnamen; **xarchie** holt dann eine Liste der Dateien in diesem Verzeichnis und zeigt sie ganz rechts an.

Ob Sie ein Verzeichnis auflisten müssen oder nicht—Sie können **xarchie**s eingebautes FTP für den Dateitransfer verwenden. Klicken Sie auf den Namen der Datei, die Sie übertragen möchten. Sie können mehrere Dateien auswählen, indem Sie die SHIFT-Taste gedrückt halten, während Sie anklicken. Wechseln Sie dann in das Menü **File>**. Sie werden mehrere Optionen sehen. **Open** transferiert eine Textdatei auf Ihr System und zeigt sie in einem Fenster an. (Dieses Fenster hat eine eigene Option zum Abspeichern der Datei.) Mit **get** holen Sie die Datei via FTP auf Ihr System, ohne sie anzuzeigen; Sie können **get** für beliebige Dateien verwenden.

Das Menü **Settings>** wird verwendet, um den Suchtyp einzustellen, den gewünschten Archie-Server und andere Dinge. Wenn Sie bis hierher gelesen haben, sollte Ihnen das leichtfallen. Eine Anmerkung noch—der Eintrag **Other** am Ende des Menüs bezieht sich nicht auf »sonstige Einstellungen«; es ist ein anderes Interface, mit dem Sie mehrere Archie-Optionen auf einmal einstellen können.

Ein Trick zum Abschluß: Die **xarchie**-Anzeige bietet nur drei Spalten, und manchmal braucht Archie mehr—insbesondere, wenn es einen Verzeichnisnamen als Treffer findet, und Sie eine Liste der Dateien in diesem Verzeichnis anfordern. In diesem Fall können Sie das Hauptdisplay nach links und rechts scrollen, indem Sie auf die Pfeile (<<< und >>>) klicken.

KAPITEL ZEHN

MENSCHEN FINDEN

Warum gibt es kein einheitliches Internet-Telefonbuch?
CSO-Verzeichnisse
Wie Sie einen Anwender auf einem bestimmten System finden
Whois
Die USENET-Benutzer-Liste
X.500-Verzeichnisdienste
Der Knowbot-Information-Service (KIS)
Netfind

Es scheint nur natürlich zu sein, daß, wenn eine Telefongesellschaft Telefonbücher herausgeben kann, auch das Internet so etwas haben sollte. Nun—es hat auch eines. Das Problem ist, daß es wie bei der Telefongesellschaft mehrere Telefonbücher für unterschiedliche Teile des Internets gibt. Es ist einfach, Friedel Hermanns Telefonnummer herauszufinden, wenn Sie wissen, daß er in Hannover wohnt. Wenn Sie nicht wissen, wo er wohnt, wird es fast unmöglich sein. Das gleiche gilt auch für das Internet. Sie können jemanden in der Regel finden, aber je mehr Sie wissen, desto einfacher wird es sein.

In einer seltenen Anwandlung, einmal nicht zu verwirren, nennt die Technikergemeinde diesen Dienst *white pages*—angelehnt an die weißen Seiten des amerikanischen Telefonbuches. Oberflächlich betrachtet mag es so aussehen, als sei die Erstellung eines globalen Verzeichnises kein Problem—schließlich haben wir Computer dafür. Aber es ist nicht so einfach, wie es aussieht. Es gibt eine Reihe von Gründen, warum es kein einheitliches Verzeichnis für das gesamte Internet gibt. Wir werden uns zuerst damit befassen und dann zeigen, wie Sie dennoch Personen auffinden.

Es ist nicht so einfach, die weißen Seiten zu besprechen, wie es sein sollte. Es gibt viele unterschiedliche Arten von solchen Verzeichnissen. Obendrein gibt es zu jedem Verzeichnis verschiedene Methoden, darin nachzuschlagen. Eine Art von Verzeichnis heißt beispielsweise *whois*. Es gibt einen Befehl **whois**, um auf diese Verzeichnisse zuzugreifen; Sie können **whois**-Anfragen aber auch per TELNET, Gopher, WAIS und WWW durchführen. In diesem Kapitel werden wir uns auf die »natürlichen« Zugriffsarten beschränken, beispielsweise das **whois**-Kommando. Wir behandeln die alternativen Zugriffe (wie Gopher) in den Kapiteln zu diesen Diensten. Meistens präsentieren diese Dienste die Teilnehmerverzeichnisse als einfache Index-Suche.

Warum gibt es kein einheitliches Internet-Telefonbuch?

Es gibt drei Gründe, warum kein einheitliches Internet-Telefonbuch existiert:

- Die Häufigkeit, mit der Anwender ihren Wohnort und Arbeitsplatz wechseln.
- Fehlende Standardisierung solcher Verzeichnisse.
- Besorgnisse bezüglich Privatsphäre und Datenschutz.

Diese Faktoren haben die Einrichtung eines solchen Verzeichnisses verzögert. Es werden mittlerweile Fortschritte gemacht, nachdem einige der grundlegenden Probleme gelöst worden sind, aber es geht immer noch langsam voran. Lassen Sie uns diese Punkte genauer betrachten.

Anwendermobilität

Lassen Sie uns den ersten Punkt betrachten, indem wir ein Internet-Verzeichnis mit einem Telefonverzeichnis vergleichen. Sie wollen ein Telefon. Sie rufen bei der Telefongesellschaft an, geben einige Informationen, zahlen einen gewissen Betrag, besorgen ein Telefon und werden ins Telefonbuch eingetragen. Wenn Sie umziehen, kündigen Sie den Anschluß und werden wieder aus dem Telefonbuch gestrichen. Wenn Sie aufhören, Ihre Rechnung zu bezahlen, wird Ihr Anschluß gesperrt und etwas später werden Sie auch aus dem Telefonbuch genommen. Sie müssen das Spiel der Telefongesellschaft mitspielen: Jedesmal, wenn Sie ein neues Telefon bekommen, müssen Sie ihr Informationen geben und Gebühren bezahlen. Unter diesen Umständen ist das Erstellen und Warten eines Verzeichnisses einfach: Die Telefongesellschaft hat immer alle benötigten Informationen.

Auf dem Internet gibt es keine bestimmte Firma, mit der Sie zu tun haben; niemand muß Informationen sammeln, und häufig wechselt nicht einmal Geld den Besitzer. Wenn meine Workstation am Netz ist, und Sie auch gern aufs Netz wollen, dann kann ich in fünf Minuten einen Account für Sie eintragen. Ich trage den Account ein und—schwupps—sind Sie ein Internet-Anwender mit allen Möglichkeiten, die den Hunderttausenden anderer Anwender auch offenstehen. Da es keine monatliche Gebühr für den Account gibt, gibt es keinen Grund, den Account zu deaktivieren, wenn Sie ihn nicht mehr benutzen. Er ist weiter da und sieht wie ein aktiver Account aus.

Dieses Beispiel illustriert vielleicht, wie schwierig es ist, die Daten aktuell zu halten, aber es ist wirklich nur die Spitze des Eisbergs. Zum einen haben viele Menschen auf dem Netz mehrere Accounts. Manchmal sind diese auf Rechnern in der Nähe, wenn beispielsweise jeder neben seinem eigenen auch Accounts auf allen anderen Workstations in der Firma hat. Manchmal sind sie auch weit entfernt: Ich könnte einen Account in der Filiale in San Francisco haben, so daß ich dort arbeiten kann, wenn ich vor Ort bin. In jedem Fall macht die Tatsache, daß ich einen Account auf einer Internet-Maschine habe, mich zu einem Internet-Benutzer. Das muß nicht heißen, daß ich den Account jemals wieder benutzen werde. Wenn Sie eine dringende E-Mail-Nachricht an meinen Account in San Francisco senden, werde ich sie vermutlich nicht vor dem nächstem Jahr lesen, wenn ich dort das jährliche Verkäufertreffen besuche.

Um ein gutes Verzeichnis zu erhalten, muß es jemand pflegen; umgekehrt benötigt der damit Beauftragte die Mitarbeit der Anwender—notfalls auch gezwungenermaßen. Auf dem Internet ist der erste Teil einfach. Der zweite ist fast unmöglich. Viele Universitäten und Firmen unterhalten interne Anwenderverzeichnisse. Einige von diesen beinhalten elektronische Zugangsmöglichkeiten, und einige sind online verfügbar. Das bedeutet nicht, daß die Information unbedingt aktuell ist. Der Großteil der Information wird gesammelt, wenn die jeweilige Person eingestellt wird, und sie wird bei einer Kündigung oder bei der Pensionierung gelöscht. Die Information aktuell zu halten ist optional und wird häufig vernachlässigt.

Standards

Wenn jeder seine eigene Version eines Dienstes etabliert, um eine bestimmte Anwendergruppe zu bedienen (beispielsweise die Angehörigen einer Universität), dann ist es für die, die nicht zu dieser Gruppe gehören, schwierig, auf den Dienst zuzugreifen. Selbst wenn Außenstehende Zugriff auf die benötigte Software haben, brauchen Sie immer noch separate Programme für die verschiedenen Verzeichnisse. Nach einer gewissen, frustrierenden Zeitspanne der Verwirrung kristallisiert sich ein Standard heraus, und man einigt sich auf ihn. Jeder, der den Standard kennt, kann dann auf den Dienst zugreifen—unabhängig davon, wo er angesiedelt ist.

Vor langer Zeit (zumindest nach den Standards der schnellebigen Computerbranche) begann die Organisation für internationale Standardisierung (ISO), einen Standard für Verzeichnisdienste zu entwickeln, der *X.500* genannt wurde. Es gab bereits einige nicht-standardisierte Server, die für spezielle Anwendergruppen gedacht waren. Als der X.500-Standard länger und länger zur Fertigstellung brauchte, wurden mehr und mehr spezielle Server mit ihren eigenen Möglichkeiten in Betrieb genommen—einfach, weil sie benötigt wurden. Inzwischen ist X.500 Realität, aber ein Großteil der anderen Dienste ist immer noch existent und arbeitet zufriedenstellend. Nahezu jede Organisation oder Universität hat ihren eigenen Dienst. Die Menschen, die darauf zugreifen, wollen nicht nur um des Wechselns willen wechseln. Warum etwas ersetzen, das noch funktioniert?

Sicherheit und Privatsphäre

Erinnern Sie sich noch daran, daß wir Sicherheit diskutiert haben und dort sagten, daß ein verbreiteter Weg, in ein System einzudringen, das Herausfinden eines Benutzernamens und das Ausprobieren gebräuchlicher Paßwörter ist? Da eine E-Mail-Adresse normalerweise den Loginnamen des Empfängers enthält, denken einige Menschen, daß eine Veröffentlichung dieser Information ein Sicherheitsproblem darstellt. Es wird für einen Cracker geringfügig einfacher, einzubrechen—daher weigern sich einige Systeme aus Prinzip, Informationen über Benutzer herauszugeben.

Die andere Seite der Medaille ist der Schutz der Persönlichkeit. Einige Menschen sind der Auffassung, daß sie die Kontrolle darüber haben sollten, ob ihre E-Mail-Adresse und ihr Benutzername öffentlich zugänglich sein sollen. Einige Länder haben sehr strikte Gesetze, die es verbieten, daß persönliche Daten ohne explizite Zustimmung veröffentlicht werden. Dies ist kein Problem bei Systemen auf freiwilliger Basis, wo Sie sich melden, um aufgenommen zu werden. Aber das Problem entsteht, sobald Sie versuchen, Menschen automatisch aufzunehmen—ohne ihre Zustimmung. Viele Firmen und Universitäten haben E-Mail-Informationen zusammengetragen, aber es fehlt möglicherweise an administrativen Maßnahmen zum Schutz der Privatsphäre der Anwender. Statt das administrative Problem direkt anzugehen, wird das Problem häufig dadurch gelöst, daß überhaupt keine Informationen herausgegeben werden.

Nachdem Sie nun einen Einblick in einige der Streitpunkte gewonnen haben, lassen Sie uns einen Blick auf die verfügbaren Verzeichnisse werfen, und wie Sie benutzt werden. Die verschiedenen Systeme werden nicht in einer wertenden Reihenfolge präsentiert; jedes hat seinen Platz. Sie müssen selbst entscheiden, welches am ehesten brauchbare Ergebnisse liefern wird, basierend darauf, was Sie bereits wissen. Denken Sie noch einmal daran, daß selbst das beste Online-Verzeichnis veraltet ist und nur annähernd exakte Information liefern kann. Wenn Sie sichergehen wollen, recherchieren Sie selbst; das ist zuverlässiger. Wenn Sie Jane Does E-Mail-Adresse brauchen, rufen Sie sie an oder schauen Sie auf ihre Visitenkarte.

CSO-Verzeichnisse

CSO-Verzeichnisse gehören zu den am weitesten verbreiteten auf dem Internet. Eine große Anzahl von Universitäten und Oberschulen verwendet sie, um Informationen über ihre Studenten und Angestellten online zu halten. Um diese Verzeichnisse direkt zu benutzen, benötigen Sie einen Client namens **ph**. Dieser Client ist nicht so einfach zu bekommen. Er ist in erster Linie auf Sites verfügbar, die CSO-Verzeichnisse nutzen, und ist manchmal als Teil eines anderen Paketes enthalten (beispielsweise im Mailpaket Eudora). Die meisten Menschen greifen auf CSO-Verzeichnisse über Gopher zu, der eine Menge mehr bietet als nur Verzeichnisrecherchen. Weil diese Verzeichnisse normalerweise über Gopher abgefragt werden, verschieben wir eine detaillierte Diskussion auf Kapitel 11, *Wühlen im Internet mit Gopher.*

Wie Sie einen Anwender auf einem bestimmten System finden

finger ist eine alte und weit verbreitete Möglichkeit, die Datei mit den Benutzerlogins auf einem UNIX-System (*/etc/passwd*) zu untersuchen. Es erlaubt Ihnen, den Loginnamen von jemandem herauszufinden (und damit auch die E-Mail-Adresse), sowie seinen bzw. ihren richtigen Namen, sofern Sie wissen, welchen Computer Ihr Gegenüber benutzt. **finger** teilt Ihnen auch mit, ob der Benutzer, nach dem Sie fragen, im Moment eingeloggt ist. Obwohl **finger** sehr eng mit UNIX verbunden ist, gibt es Clients, die es Ihnen ermöglichen, **finger**-ähnliche Abfragen von anderen Systemen aus durchzuführen.

Das allgemeine Format des **finger**-Kommandos ist:

```
% finger name@host
```

Der *Name* ist optional und gibt den Namen an, den Sie nachschlagen wollen. **finger** baut dann eine Verbindung mit dem angegebenen *host* auf und gibt Informationen über alle Anwender zurück, deren Vor- oder Nachname *Name* lautet, oder die *Name* als Loginnamen verwenden. *host* ist der Name des Computers, auf dem Sie die Recherche durchführen wollen. Es ist ebenfalls optional. Wenn Sie nach jemandem auf Ihrem lokalen System suchen, können Sie **@host** weglassen. Mit anderen Worten: Wenn Sie keinen Host angeben, sucht **finger** auf dem Computer, auf dem Sie das Kommando eingegeben haben.

Die genaue Funktionsweise einer Suche ist etwas verwirrend. Der **Name**, den Sie angeben, muß eine der folgenden Bedingungen erfüllen:

- Eine exakte Übereinstimmung mit dem Loginnamen eines Benutzers. Es mag hilfreich sein, sich daran zu erinnern, daß unter UNIX die Loginnamen normalerweise klein geschrieben werden.
- Eine exakte Übereinstimmung mit dem Vornamen eines Anwenders—allerdings ohne Berücksichtigung der Groß- und Kleinschreibung—wie er in der Accounts-Datei des Systems steht (für UNIX-Anwender: das GECOS-Feld in */etc/passwd*).
- Eine exakte Übereinstimmung mit dem Nachnamen eines Anwenders (auch hier ohne Groß/Kleinschreibung), wie er in der Accounts-Datei des Systems steht.

In der Praxis ist das nicht so schlimm, wie es sich anhört. Wenn Sie ausschließlich Kleinbuchstaben verwenden, sind Sie auf der sicheren Seite. Sie werden nicht versehentlich Loginnamen ausschließen, und Sie werden immer noch alle passenden Vor- und Nachnamen finden.

Nehmen wir beispielsweise an, daß Sie wissen, daß Ed Krol den Computer **ux1.cso.uiuc.edu** benutzt. Um seine E-Mail-Adresse herauszufinden, könnten Sie folgendes versuchen:

```
% finger krol@ux1.cso.uiuc.edu
[ux1.cso.uiuc.edu]

Login name: ajzxmvk               In real life: Marge Krol
Directory: /mnt/other/ajzxmvk     Shell: /bin/csh
Last login Mon Dec  3, 1990 on ttyq5 from dc-mac49
No Plan.

Login name: krol                  In real life: Ed Krol
Directory: /cso/staff/krol        Shell: /bin/csh
Last login Sun Mar  8 20:01 on ttyr3 from beretta
No Plan.
```

Diese Anfrage fand zwei Krols auf **ux1.cso.uiuc.edu**. Zum einen Marge Krol mit dem Loginnamen *ajzxmvk*, zum anderen Ed Krol mit dem Login *krol*. Es gibt noch weitere Informationen von Interesse. Wenn Sie nach einer E-Mail-Adresse suchen, können Sie annehmen, daß Mail an **ajzxmvk@ux1.cso.uiuc.edu** erfolglos bleiben dürfte. Der Account wurde zuletzt 1990 verwendet—offensichtlich wird er nicht regelmäßig benutzt. Ed Krol dagegen benutzte seinen Account zuletzt am Sonntag, dem 8. März, um 20:01 Uhr. Diese Adresse für E-Mail zu verwenden wäre vermutlich erfolgreich.

Oberflächlich betrachtet scheinen beide Logins antriebsarmen Menschen ohne Pläne zu gehören. »No Plan« bezieht sich aber tatsächlich auf die Datei *.plan*. Wenn die Datei *.plan* im Heimatverzeichnis des Anwenders existiert, zeigt **finger** ihren Inhalt an. Die Datei *.project* wird ebenso behandelt; wenn sie existiert, wird ihr Inhalt am Ende der Ausgabe von **finger** angezeigt. Sehen wir uns an, was passiert, wenn ich diese beiden Dateien erzeuge:*

```
% finger krol@uxh.cso.uiuc.edu
[uxh.cso.uiuc.edu]

Login name: krol                  In real life: Ed Krol
Office: 3337886
Directory: /cso/staff/krol        Shell: /bin/csh
On since Mar  9 19:23:37 on ttyp3 from mossberg.cso.uiu
Project: Write this damn book.
Plan:
Keep plugging away working early mornings and
weekends until it is done.
```

Beachten Sie, daß die Inhalte der Dateien *.plan* und *.project* angezeigt wurden.

* Damit das funktioniert, müssen die Dateien Leseberechtigung für jeden haben, und das Homeverzeichnis muß Lese- und Execute-Berechtigung für jeden haben.

finger wird häufig verwendet, um eine Liste der Personen zu erhalten, die ein System im Moment benutzen. Um das zu tun, lassen Sie einfach den Loginnamen aus (aber denken Sie an den Klammeraffen vor dem Hostnamen). Das folgende Kommando nutzt **finger**, um herauszufinden, wer auf dem System **uxc.cso.uiuc.edu** eingeloggt ist:

```
% finger @uxc.cso.uiuc.edu
[uxc.cso.uiuc.edu]

Login Name          Tty Idle Login        Office Phone
joh   John Debgrat  p0       Mar 9 19:33 1705 UCB 443-7584
opr   Operator      co 3:12  Mar 6 15:01
halph Hal Philland  p2   55  Mar 9 17:52 114 DCL  542-4664
madd  Maddox Ross   p3 5:26  Mar 9 12:15 169 DCL  542-8765
```

Beachten Sie, daß diese Ausgabe völlig anders aussieht. Sie erhalten Informationen über die derzeit eingeloggten Benutzer sowie einige persönliche Informationen.

Finger als allgemeiner Informationsserver

Die Fähigkeit von **finger**, eine Plan-Datei anzuzeigen, liefert einen einfachen und effektiven Weg, kleine Mengen von Informationen zu verteilen. Es wird oft für diesen Zweck verwendet, wobei es die Rolle eines sehr einfachen Datenbankservers übernimmt. Zum Beispiel verwaltet jemand in der Plan-Datei auf dem Account **quake@ geophys.washington.edu** eine Liste kürzlich aufgetretener Erdbeben. Wenn Sie **finger** verwenden, um dieses Login abzufragen, erhalten Sie etwa folgendes:

```
% finger quake@geophys.washington.edu
Login name: quake                       In real life: Earthquake Information
Directory: /u0/quake                    Shell: /u0/quake/run_quake
Last login Mon Feb 28 06:23 on ttyp0 from 192.102.245.2
New mail received Sun Feb 27 21:27:46 1994;
  unread since Sun Feb 27 00:57:52 1994
Plan:

Recent events reported by the USGS National Earthquake Information Center
 DATE-(UTC)-TIME   LAT(N) LON(W)   DEP  MAG    COMMENTS
yy/mm/dd hh:mm:ss   deg.   deg.    km
94/02/20 01:54:36   2.00N 126.60E 33.0 5.6Ms    NORTHERN MOLUCCA SEA
94/02/23 08:02:08  30.90N  60.60E 33.0 6.1Ms    NORTHERN IRAN
94/02/23 23:39:52  18.60N 146.80E 33.0 5.5Ms    MARIANA ISLANDS
94/02/24 00:11:14  31.10N  60.50E 10.0 6.2Ms    NORTHERN IRAN
94/02/26 02:31:12  31.10N  60.60E 10.0 5.9Ms    NORTHERN IRAN

Recent earthquakes in the Northwest located by Univ. of Wash. (Mag > 2.0)
 DATE-(UTC)-TIME   LAT(N) LON(W)   DEP  MAG QUAL COMMENTS
yy/mm/dd hh:mm:ss   deg.   deg.    km   Ml
94/02/04 22:22:32  42.40N 122.05W   5.8 2.0  B   30.0 km  NW of Klamath Falls,
94/02/05 15:25:52  42.25N 121.90W   6.9 2.0  B   11.6 km WNW of Klamath Falls,
94/02/06 14:54:09  47.71N 120.33W   3.6 2.5  C FELT  11.2 km  NW of Entiat
```

```
94/02/07 13:22:36  42.26N 121.98W   7.7 2.0  A   18.4 km WNW of Klamath Falls,
<die Liste wurde hier aus Platzgründen gekürzt>
```

Wenn Sie den *Ressourcen-Katalog* durchgehen, werden Sie eine Reihe weiterer Organisationen finden, die ähnliche Informationen via **finger** bereitstellen.

Falls finger fehlschlägt

finger erfordert einen laufenden Server auf dem Zielrechner, um die Anfrage zu bearbeiten. Wenn Sie versuchen, **finger** mit einem Host zu verwenden, der nicht kooperiert, werden Sie eine Nachricht wie diese bekommen:

```
% finger krol@sonne.cso.uiuc.edu
[sonne.cso.uiuc.edu]
connect: Connection refused
```

In diesem Fall gibt es nichts, was Sie tun können. **finger** ist auf dem anderen Rechner einfach nicht verfügbar. Sie könnten sich beim Systemverwalter beschweren, aber ebensogut könnte es sein, daß der Verwalter entschieden hat, daß **finger** ein Sicherheitsrisiko darstellt (ein auf dem Netz heiß diskutiertes Thema). Sie müssen auf anderem Wege versuchen, an die Informationen zu gelangen, die Sie benötigen.

Whois

whois ist der Name eines bestimmten Teilnehmerverzeichnisses, einer generellen Art von Verzeichnis, und auch der Name eines Programms, um darauf zuzugreifen. Die Verwirrung entstand, weil **whois** die ursprüngliche Methode war, Internet-Teilnehmer nachzuschlagen (im damaligen ARPAnet). Wenn es keine Möglichkeit der Verwechslung gibt, sind Menschen nicht allzu genau mit Namen. Sie konnten sagen: »Ich muß weg, schick's mir per E-Mail, ich bin in **whois**«, und jeder wußte, wie er nachschlagen mußte.

Das originale Verzeichnis wurde durch das Network Information Center (NIC) des Defense Data Network (DDN) erstellt und erreichte seine Spitze bei ca. 70.000 Einträgen. Anfangs wurde man automatisch aufgelistet, wenn man irgendeine Autorität über ein IP-Netz oder eine Domain hatte; zusätzlich konnte jeder, der aufgenommen werden wollte, das durch Ausfüllen eines Formulars erreichen. Das Leben war gut und einfach.

Mit der Außerdienststellung des ARPAnet hörte auch das DDN-NIC auf, ein globales Verzeichnis für das Internet zu unterstützen. Das DDN-NIC existiert immer noch, aber es unterstützt nur noch ein Verzeichnis der Menschen in einem eingeschränkten Teil des Internets namens MILNET (wird benutzt vom US-Verteidigungsministerium und seinen Lieferanten). Derzeit verwaltet die Registrierstelle des InterNIC, des neuen Internet-Informationsproviders*, das **whois**-Verzeichnis für nicht-militärische Netzwerk- und Domainkontakte. Das neue **whois**-Verzeichnis unterscheidet sich ein wenig von seinem Vorläufer. Es wird nicht mehr jeder akzeptiert, der aufgenommen werden will; das Verzeichnis ist auf Menschen beschränkt, die Autorität über den einen oder anderen Teil des Internets haben. Die Einschränkung liegt darin begründet, daß **whois** nie dazu gedacht war, wirklich große Verzeichnisse zu verwalten (es ist nicht »skalierbar«). Sie können die beiden **whois**-Verzeichnisse immer noch benutzen, um jemanden zu finden, aber sie sind nur dann wirklich hilfreich, wenn Sie jemanden suchen, der mit der Netzwerkinfrastruktur zu tun hat.

Auch das ist noch nicht die ganze Geschichte. Als die ursprüngliche Datenbank aufgeteilt wurde, wollte das DDN-NIC nur DDN-Anwender verwalten, und die Registrierstelle des InterNIC nur Netzwerk- und Domainkontakte. Niemand wollte die restlichen Adressen, die ohne ersichtlichen administrativen Grund aufgenommen werden wollten. Diese fielen einer weiteren Einrichtung zu, der Sektion Datenbankdienste des InterNIC, deren Aufgabe es ist, mit dem Aufbau des großen, globalen Verzeichnisses zu beginnen. Man begann mit dieser Aufgabe, indem die alten Datensätze in ein drittes Verzeichnis eingeordnet wurden. In Wirklichkeit ist dies eine WAIS-Datenbank, aber auf sie kann mit dem **whois**-Interface zugegriffen werden.

Es gibt viele Möglichkeiten, auf diese Verzeichnisse zuzugreifen. Wir werden das **whois**-Kommando und den **telnet**-Zugang detailliert behandeln. Sie können auch durch die Gopher-, WAIS- und WWW-Server des InterNIC an diese Verzeichnisse gelangen, aber wir werden diese Hilfen erst einige Kapitel weiter unten behandeln. Um das **whois**-Kommando zu verwenden, geben Sie einfach **whois** ein, gefolgt vom Nachnamen der Person, die Sie suchen:

```
% whois krol
Krol, Ed (EK10)          Krol@UXC.CSO.UIUC.EDU
   University of Illinois
   Computing and Communications Service Office
   195 DCL
   1304 West Springfield Avenue
   Urbana, IL  61801-4399
   (217) 333-7886

   Record last updated on 27-Nov-91.

Please note that all INTERNET Domain, IP Network Number, and ASN
records are now kept in the new Internet Registry, RS.INTERNIC.NET.
This whois server only contains DOD Information.
```

* Eine ausführlichere Erklärung des InterNIC und wie es arbeitet finden Sie in der Einleitung zum *Ressourcen-Katalog.*

Wonach können Sie nun suchen? Namen werden wie folgt gespeichert:

```
nachname, vorname, titel
```

Übereinstimmungen beginnen immer am Anfang dieses Textes, also ist es am einfachsten, Menschen über ihren Nachnamen zu suchen. Wenn Sie sich bei der Schreibweise nicht ganz sicher sind, können Sie auch einen Teil des Nachnamens suchen, wenn Sie den Suchstring mit einem Punkt abschließen. Beispielsweise paßt der Suchstring *kro.* auf alle Namen, die mit den drei Buchstaben *kro* beginnen:

```
% whois kro.
Krokeide, Per-Arne (PK117)                           +47-2-800200
Krokoski, Chester (CK124)  OOSCT1G@GW3.ARMY.MIL      (817) 287-3270
Krol, Ed (EK10)            Krol@UXC.CSO.UIUC.EDU     (217) 333-7886
Krolikoski, Stan (SK139)   KROLIKOS@WPAFB.AF.MIL     (507) 253-7200
Kroll, Carol (CK43)        carol@CS.UTEXAS.EDU       (512) 835-6732
<dies ist nur ein Teil der Treffer>
```

Wenn Sie mehr als einen Eintrag zurückbekommen, zeigt **whois** Ihnen ein verkürztes Ausgabeformat, das Sie oben sehen. Der merkwürdige String in Klammern, wie (EK10) für »Krol, Ed«, ist ein eindeutiger Identifikator, der auch als *Handle* bekannt ist. Wenn Sie das Handle von jemandem haben, können Sie seinen oder ihren kompletten Datensatz mit einem weiteren **whois**-Kommando abrufen:

```
% whois \!ek10
```

Das Ausrufezeichen teilt **whois** mit, daß Sie eine Person über ihr Handle nachschlagen wollen, statt über den Namen. Wenn Sie sich auf einem UNIX-System befinden und die C-Shell benutzen, müssen Sie vor dem Ausrufezeichen noch einen Backslash (\) einfügen, um sicherzustellen, daß der String nicht als History-Referenz interpretiert wird. Sie können auf den Backslash verzichten, wenn Sie eine andere UNIX-Shell verwenden (wie die Korn-Shell), oder wenn Sie kein UNIX verwenden.

Als wir Ed Krol das erste Mal nachgeschlagen haben, sagte die letzte Zeile der **whois**-Ausgabe etwas darüber, daß dieses Verzeichnis nur DOD-Informationen enthält. Das **whois**-Kommando enthält den Domainnamen eines Servers, den es befragt. Da es das DDN-NIC schon immer gegeben hat (zumindest auf der Zeitskala des Internets), ist dies der Server, den **whois** befragen wird. Dies war eine gute Idee, als das DDN allein auf weiter Flur war. Inzwischen ist es leider keine so gute Idee mehr, da es mehrere Server gibt. Als die **whois**-Datenbank geteilt wurde, zeigten viele **whois**-Clients auf die falsche Datenbank. Plötzlich war es nicht mehr möglich, Leute zu finden.

Um das Problem zu umgehen, leiten die beiden größten **whois**-Server, **nic.ddn.mil** und **rs.internic.net**, sich gegenseitig Anfragen zu. Dieser Kommentar ist eine sanfte Mahnung, die Ihnen sagt: »Hey, Dummerchen, ich habe die Person, die Du suchst, in der Datenbank von **rs.internic.net** gefunden. Warum gehst Du beim nächsten Mal nicht direkt dorthin und ersparst mir die Arbeit?«. Die meisten **whois**-Versionen erlauben Ihnen, einen alternativen Server mit der Option **–h** anzugeben, gefolgt von der Serveradresse. Zum Beispiel sagt das folgende Kommando: »Schlage das Handle **ek10** beim InterNIC nach«:

```
% whois -h rs.internic.net \!ek10
```

Seien Sie gewarnt: Einige **whois**-Clients unterstützen die Option **–h** und einige nicht. Das ist ziemlich schlimm, weil es weitere Dienste in der Art von **whois** gibt. Einige Sites, die bereits früh auf den Zug sprangen, verwenden **whois** für ihre Online-Telefonbücher. Sie können auf jeden dieser speziellen Server zugreifen, indem Sie **whois** mit einem bestimmten Hostnamen angeben—wie im vorherigen Beispiel.*

Bis jetzt haben wir nur erwähnt, wie Sie zwei der drei großen **whois**-Verzeichnisse durchsuchen. Wie gelangen Sie an das dritte? Diesmal lassen wir **whois** bei **ds.internic.net** nachfragen:

```
% whois -h ds.internic.net krol
```

Der Server auf **ds.internic.net** durchsucht automatisch alle drei Datenbanken in Folge. Da dieser Server alle drei Datenbanken anspricht, ist er der beste für die meisten Anfragen—es sei denn, Sie wissen, daß Sie nach jemandem suchen, der mit der Netzwerkverwaltung zu tun hat.

Sie können die **whois**-Datenbank der Registrierstelle auch per **telnet** abfragen. Beginnen Sie mit einem **telnet** zu **ds.internic.net**.** Sobald Sie dort sind, geben Sie **whois** als Loginnamen an, und beginnen mit Ihren Anfragen. Ein Beispiel:

```
% telnet internic.net
Trying 198.41.0.5...
Connected to internic.net.
Escape character is '^]'.

SunOS UNIX (rs) (ttyp8)

***************************************************************
* -- InterNIC Registration Services Center  --
*
* For gopher, type:                  GOPHER <return>
* For wais, type:                    WAIS <search string> <return>
* For the *original* whois type:     WHOIS [search string] <return>
* For registration status:           STATUS <ticket number> <return>
*
* For user assistance call (800) 444-4345 | (619) 455-4600 or (703) 742-4777
* Please report system problems to ACTION@internic.net
```

* Es sind Listen von **whois**-Servern verfügbar. Siehe im *Ressourcen-Katalog* unter »Teilnehmerverzeichnisse«.

** Nicht alle **whois**-Server erlauben den Zugriff per TELNET.

```
*************************************************************
Please be advised that the InterNIC Registration host contains INTERNET
Domains, IP Network Numbers, ASNs, and Points of Contacts ONLY. Please
refer to rfc1400.txt for details (available via anonymous ftp at
either nic.ddn.mil [/rfc/rfc1400.txt] or ftp.rs.internic.net
[/policy/rfc1400.txt]).


Cmdinter Ver 1.3 Sun Feb 27 14:33:08 1994 EST
[vt100] InterNIC > whois
Connecting to the rs Database . . . . . .
Connected to the rs Database
InterNIC WHOIS Version: 1.0 Sun, 27 Feb 94 14:33:23

Whois: krol
Krol, Ed (EK10)          Krol@UXC.CSO.UIUC.EDU
   University of Illinois
   Computing and Communications Service Office
   195 DCL
   1304 West Springfield Avenue
   Urbana, IL 61801-4399
   (217) 333-7886


   Record last updated on 27-Nov-91.
Whois: ^D
[vt100] InterNIC > ^D
%
```

Wenn Sie fertig sind, müssen Sie zweimal **CTRL-D** senden; einmal, um die **whois**-Sitzung zu beenden und zum zweitenmal, um die Verbindung mit **ds.internic.net** zu beenden.

Die **whois**-Datenbank enthält mehr als nur Menschen. Es gibt diverse andere Arten von Einträgen. Interessiert Sie das? Ja, aus zwei Gründen. Zum einen werden Sie bei breit angelegten Suchen manchmal merkwürdige Einträge zurückerhalten. Zum anderen brauchen Sie gelegentlich vielleicht andere Arten von Information. Nach den Informationen über Anwender sind die Informationen über Netzwerk- und Domainzuständigkeiten wohl die wertvollsten in der **whois**-Datenbank. Lassen Sie uns versuchen, einige Informationen über die Netze an der Universität von Illinois zu erhalten. Dieses Mal versuchen wir es per E-Mail. Erstellen Sie zunächst eine Nachricht wie die folgende, und senden Sie sie dann mit einem Mailprogramm Ihrer Wahl an **mailserv@internic.net**:

```
% mail mailserv@internic.net
Subject:
whois University of Illinois
.
```

Nach ungefähr einem Tag werden Sie eine Antwort auf Ihre Anfrage erhalten. Sie wird etwa so aussehen:

```
>From mailserv@internic.net Tue Mar  1 07:34:59 1994
Date: Tue, 1 Mar 94 06:17:58 EST
From: mailserv@internic.net (Mail Server)
To: krol@uxh.cso.uiuc.edu
Subject: Re: whois university of illinois

University of Illinois (ILLINOIS-DOM)                          ILLINOIS.NET
University of Illinois (NET-NCSA-K12-NET) NCSA-K12-NET           192.17.6.0
University of Illinois (NET-UI-ISDN-NET) UI-ISDN-NET             192.17.7.0
University of Illinois (NET-UIUC-CAMPUS-B) UIUC-CAMPUS-B        128.174.0.0
University of Illinois (NET-UIUC-NCSA) UIUC-NCSA                130.126.0.0
University of Illinois (ASN-UIUC) UIUC                                   38
University of Illinois (GARCON) VIXEN.CSO.UIUC.EDU             128.174.5.58
University of Illinois (UIUC)   A.CS.UIUC.EDU                 128.174.252.1

<Ausgabe aus Platzgründen verkürzt>
```

Unsere Anfrage betraf die Universität von Illinois, aber Sie können die gleiche Technik verwenden, um nach Personen, Domains und anderen Netzen zu fragen.

Die USENET-Benutzer-Liste

Das MIT verwaltet eine Liste der Namen und E-Mail-Adressen von jedem, der USENET-Newsartikel postet. Diese Liste wird automatisch erzeugt, indem Namen und Adressen aus jedem Posting extrahiert werden, das das MIT passiert. Das umfaßt so ziemlich alle offiziellen und inoffiziellen Newsgruppen, die in Kapitel 8, *News aus dem Netzwerk*, beschrieben wurden. Die Extraktion selbst ist recht simpel. Die meisten Newsartikel enthalten eine Zeile wie die folgende:

```
From: krol@ux1.cso.uiuc.edu (Ed Krol)
```

Ein Newsreader wie **nn** oder **tin** verwendet diese Information, um Ihnen mitzuteilen, daß jemand namens Ed Krol diese Nachricht gepostet hat. Der Adreßdienst des MIT verwendet diese Zeile, um daraus zu folgern, daß vermutlich die E-Mail-Adresse **krol@ux1.cso.uiuc.edu** funktioniert, wenn Sie jemanden namens Ed Krol erreichen wollen.

Um diesen Dienst zu benutzen, senden Sie eine E-Mail an **mail-server@rtfm.mit.edu**. Der Text der Nachricht sollte etwa so aussehen:

send usenet-addresses/*suchstring*

Suchstring ist der Name, den Sie finden möchten. Der Suchstring kann nur ein Wort ohne Leerzeichen sein. Teile eines Wortes werden nicht gefunden. Sie können also nicht »kro« verwenden, um »krol« zu finden. Um beispielsweise »Ed Krol« mittels dieser Datenbank zu finden, senden Sie eine Nachricht wie diese:

```
% mail mail-server@rtfm.mit.edu
Subject:
send usenet-addresses/krol
.
```

Einige Zeit später erhalten Sie die Antwort:

```
From daemon@bloom-picayune.MIT.EDU Mon Feb 28 09:52:54 1994
Date: Mon, 28 Feb 1994 10:41:09 -0500
From: mail-server@BLOOM-PICAYUNE.MIT.EDU
To: Ed Krol <krol@uxh.cso.uiuc.edu>
Subject: mail-server: "send usenet-addresses/krol"
Reply-To: mail-server@BLOOM-PICAYUNE.MIT.EDU
Precedence: junk
X-Problems-To: owner-mail-server@rtfm.mit.edu

-----cut here-----
        krol <krol@TISLINK.TIS.ANL.GOV> (Apr 21 93)
Ed Krol <krol@UX1.CSO.UIUC.EDU> (Aug 3 93)
Melanie.Krol@f152.n321.z1.fidonet.org (Melanie Krol)    (Aug 26 93)
Ed Krol <e-krol@UIUC.EDU>       (Dec 5 93)
e-krol@uiuc.edu (Ed Krol)       (Jan 8 94)
krol@ux1.cso.uiuc.edu (Ed Krol) (Jan 8 94)
Ed Krol <krol@ux1.cso.uiuc.edu> (Oct 15 93)
meajjk@ercx44.Skferc.Nl (Jan Jitze Krol)         (Apr 21 93)
        Rosemary Krol <B42603BC@ANLCV1.BITNET>  (Apr 11 93)
Andrzej Krol <genda@LILY.ICS.AGH.EDU.PL>        (Aug 3 93)
genda@galaxy.uci.agh.edu.pl (Andrzej Krol)      (Feb 11 93)
krol@Mari.Unit.NO (Kristian Olsen)      (Mar 11 93)
```

Beachten Sie, daß die Suche mehrere Krols fand, und mehrere mögliche E-Mail-Adressen für Ed Krol. Sie müssen selbst herausfinden oder raten, unter welcher Adresse Sie wohl am wahrscheinlichsten die Person erreichen, die Sie suchen.

Wenn Ihre Suchanfrage niemanden findet, sieht die Antwort so aus:

```
From daemon@bloom-picayune.MIT.EDU Mon Feb 28 09:49:36 1994
Date: Mon, 28 Feb 1994 10:24:25 -0500
From: mail-server@BLOOM-PICAYUNE.MIT.EDU
To: Ed Krol <krol@uxh.cso.uiuc.edu>
Subject: mail-server: "send usenet-addresses/ekrol"
Reply-To: mail-server@BLOOM-PICAYUNE.MIT.EDU
Precedence: junk
X-Problems-To: owner-mail-server@rtfm.mit.edu

-----cut here-----
No matches for "ekrol".
-----cut here-----
```

Dieser Dienst hat ein paar kleinere Einschränkungen. Zum einen weiß er nichts über Personen, die keine News posten, oder nur in lokalen Newsgruppen, oder mit Distributionen, die das MIT nicht einschließen.

Etwas wichtiger ist, daß dieser Service sich auf die Information aus den **From**:-Zeilen der Artikel verläßt. Viele Anwender benutzen Pseudonyme, wenn sie Artikel posten. Wenn Ed Krol seinen Newsreader also so konfiguriert hat, daß er Newsartikel mit einem Aliasnamen wie »Mr. Hockey« postet, dann werden Sie »Ed Krol« nicht in diesem Verzeichnis finden. Wenn Sie jedoch wissen, daß Ed's Aliasname »Hockey« lautet, dann könnten Sie statt dessen danach suchen.

X.500-Verzeichnisdienste

Keiner der bisher erwähnten Dienste ist gut skalierbar, d.h., **whois**-Verzeichnisse funktionieren gut für 70.000 Einträge, aber bei Millionen von Anwendern würde das System zusammenbrechen. Wie so oft ist auch das Internet Opfer seines eigenen Erfolges. Als **whois** geplant wurde, dachte noch niemand daran, daß die Datenbank einmal 70.000 Einträge haben würde, geschweige denn an die Millionen von Anwendern, die nicht einmal eingetragen sind.

Am Anfang dieses Kapitels haben wir den X.500-Informationsdienst erwähnt, der von der Organisation für internationale Standardisierung (ISO) angenommen wurde. Anders als **whois** skaliert X.500 gut. Tatsächlich ist es derzeit die einzige Technologie, die das tut, also wurde sie für das globale Online-Verzeichnis ausgewählt, das das InterNIC aufbaut. Unglücklicherweise erzeugt es, obwohl es das Problem der Skalierbarkeit löst, ein neues Problem: Das Standardangebot ist nur sehr beschwerlich direkt zu benutzen. Wir werden damit beginnen, uns ein wenig über die Philosophie hinter X.500 zu unterhalten. Danach sehen wir uns an, wie eine Suche mit einem öffentlichen Client durchgeführt wird.

Einfaches X.500

Kehren wir zurück zu unserer ersten Analogie, der Telefongesellschaft. Wenn Sie Willie Martin in Chicago nachschlagen, könnten Sie an einem Ende des Regals mit den Telefonbüchern anfangen und jedes einzelne durchsehen—aber das würde den ganzen Tag dauern. Statt dessen würden Sie den USA-Bereich des Regals suchen, innerhalb diesem den Abschnitt für Illinois, dann das Chicagoer Telefonbuch, um dann Willie nachzuschlagen. Dies ist auch als Baumstruktur bekannt. Abbildung 10-1 zeigt, wie Sie eine Sammlung von Telefonbüchern als Baum darstellen können.

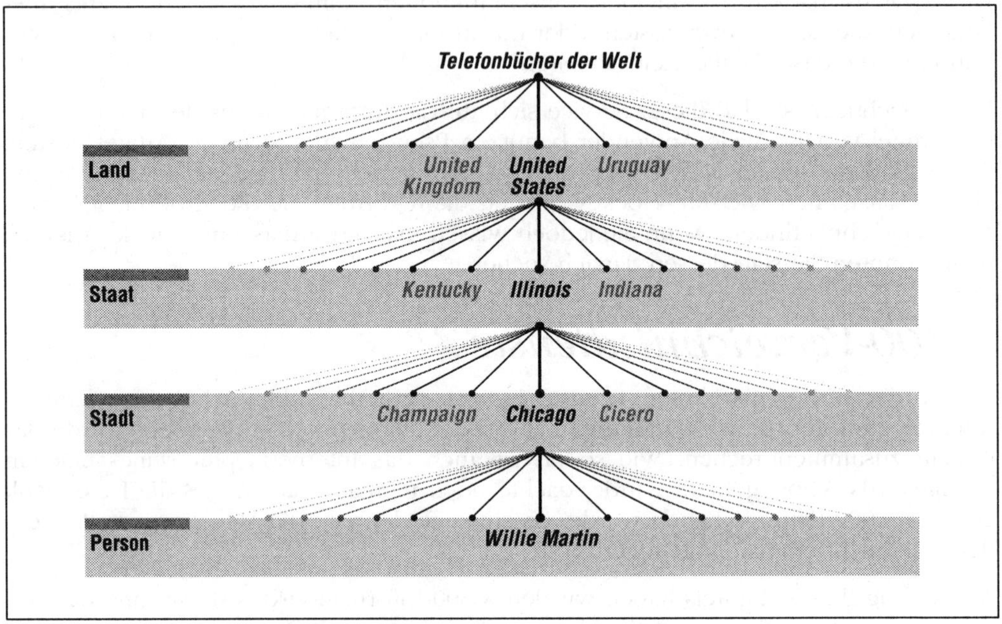

Abbildung 10–1: Telefonbuchstruktur

Wenn Sie eine Person finden möchten, beginnen Sie oben und wählen den wahrscheinlichsten Weg. Wenn Sie schließlich zu einem Knoten am unteren Ende gelangen, wo Sie Verzeichnisinformation finden, können Sie Willie nachschlagen. Der Pfad von der Spitze des Baumes bis zu den Wurzeln identifiziert einen bestimmten Willie:

```
Welt, USA, Illinois, Chicago, Willie Martin
```

Das bezeichnet »Ihren« Willie, nicht den in Grovers Mills.

X.500 betrachtet das Verzeichnisproblem als eine Bibliothek von Telefonbüchern. Jede teilnehmende Gruppe ist für ihr eigenes Verzeichnis verantwortlich, so wie die Chicagoer Telefongesellschaft für das Chicagoer Telefonbuch verantwortlich ist. Abbildung 10-2 zeigt Ihnen die Baumstruktur für den X.500-Dienst. Die Struktur ähnelt sehr dem Telefonbuchmodell, obwohl die Bezeichnungen für jede Ebene sich unterscheiden. Die dargestellten Ebenen sind ziemlich statisch. Auf der Organisationsebene hat jede Organisation die Verantwortung für ihre eigene untergeordnete Struktur. Dies ist analog zu den Telefonbüchern für Illinois, wo alle Änderungen an den Büchern oder ihrer Struktur von der Telefongesellschaft vorgenommen werden.

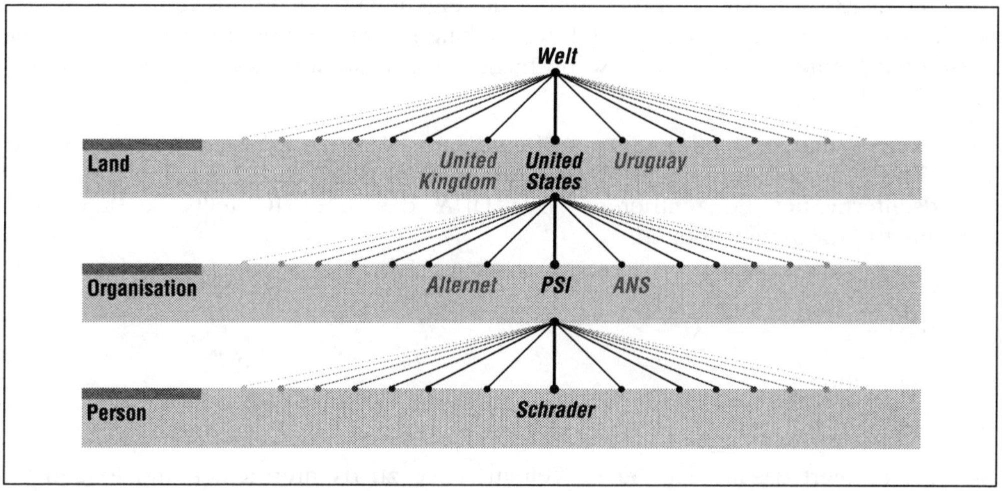

Abbildung 10–2: X.500-Baumstruktur

Daher ermöglicht Ihnen der X.500-Dienst wahrscheinlich das problemlose Auffinden des gesuchten Namens, sobald Sie die Organisation kennen. Wenn Sie wollen, können Sie sich auch noch ein bißchen umsehen und mehr über die interne Struktur der Organisation herausfinden, aber Sie müssen es nicht. In der Regel wird es ausreichen, wenn Sie Ihre Suche auf die Organisation begrenzen.

Wie funktioniert das? Wenn ich nach meinem Kumpel Bill Schrader suchen würde, der für Performance Systems International arbeitet, würde ich etwa folgendes tippen:

```
c=US@o=PerformanceSystemsInternational@cn=Schrader
```

Wie Sie sehen können, verwendet direktes X.500 eine recht komplexe Syntax. Sie haben **whois** vielleicht nicht als besonders benutzerfreundlich eingeordnet, aber X.500 ist schlimmer. Der Fairness halber sei erwähnt, daß X.500 für die Benutzung durch Rechner entwickelt wurde, nicht durch Menschen. Und, wie wir wissen, scheren sich Computer nicht um Komplexität.

X.500-Zugriff

Die ISO entscheidet üblicherweise, daß Standardterminologie nicht gut genug ist, um zu beschreiben, was sie tut—also entwickelt sie regelmäßig ihre eigene Sprache. X.500-Clients sind als Directory User Agents (DUA) bekannt. Um eine Suche im Verzeichnis durchzuführen, müssen Sie mit dem DUA, den Sie verwenden, einen Directory Server Agent (DSA) ansprechen, der die eigentliche Suche durchführt. Wenn Sie das Glück haben, einen DUA auf Ihrem lokalen Rechner vorzufinden, können Sie diesen für Abfragen verwenden. Wenn nicht, müssen Sie irgendwie an einen öffentlichen DUA herankommen.

Es gibt verschiedene Methoden, mit öffentlichen DUAs zu arbeiten: Gopher, WWW und TELNET funktionieren alle. Wir werden uns auf den TELNET-Zugang zum Client auf **ds.internic.net** konzentrieren.* Der DUA des InterNIC teilt die X.500-Verzeichnisstruktur in vier Ebenen:

1. Person
2. Abteilung
3. Organisation
4. Land

Wie funktioniert das in der Praxis? **Telnet**ten Sie zu **ds.internic.net** und loggen Sie sich mit **x500** ein. Das sieht wie folgt aus:

```
%telnet ds.internic.net
Trying 198.49.45.10...
Connected to ds.internic.net.
Escape character is '^]'.

                InterNIC Directory and Database Services

<einleitender Text aus Platzgründen gelöscht>

SunOS UNIX (ds)

login: x500
Last login: Mon Feb 28 03:20:14 from slip-2-3.ots.ute
SunOS Release 4.1.3 (DS) #3: Tue Feb 8 10:52:45 EST 1994
******************************************************************

     Welcome to the InterNIC Directory and Database Server.

******************************************************************


                   Welcome to the InterNIC X.500 Directory Service
```

* Ältere Bücher über das Internet, inklusive der ersten Auflage dieses Buches, empfahlen den öffentlichen Client namens **fred**, der von PSI Inc. auf dem Rechner **wp.psi.com** betrieben wird. Fred scheint gestorben zu sein. Der Computer ist noch da, aber sobald Sie das Paßwort »fred« geben, kappt er die Verbindung. Verwenden Sie das InterNIC—es ist verläßlicher.

```
Connecting to the Directory - wait just a moment please ...
You can use this directory service to look up telephone numbers and
electronic mail addresses of people and organizations participating
in the Directory Service. You will be prompted to type in:

:- the NAME of the person for whom you are seeking information
:- their DEPARTMENT (optional),
:- the ORGANIZATION they work for, and
:- the COUNTRY in which the organization is based.

On-line HELP is available to explain in more detail how to use the
Directory Service.  Please type ?INTRO (or ?intro) if you are not familiar
with the Directory Service.

?           for HELP with the current question you are being asked
??          for HELP on HELP
q           to quit the Directory Service (confirmation asked unless at the
            request for a person's name)
Control-C   abandon current query or entry of current query
```

Sobald Sie den Loginnamen »x500« eingegeben haben, sind Sie ohne Paßwort eingeloggt, und die Suchsoftware steht Ihnen zur Verfügung.

Nehmen wir an, Sie wollen Ihren alten Freund Bill Schrader noch einmal finden. Sie erinnern sich noch daran, daß er den Job gewechselt hat und nun bei einer Firma »Performance irgendwas« arbeitet. Wie finden Sie ihn? Zunächst brauchen Sie den exakten Namen der Organisation. Lassen Sie uns alle Organisationen ansehen, deren Name mit »P« beginnt. Das bewerkstelligen wir, indem wir auf die ersten beiden Fragen (Name der Person und ihrer Abteilung) mit RETURN antworten, und »p*« eingeben, wenn wir nach der Organisation gefragt werden:

```
Person's name, q to quit, * to list people, ? for help
:-                  RETURN eingeben
Department name, * to list depts, ? for help
:-                  RETURN eingeben
Organisation name, * to list orgs, ? for help
:- p*
Country name, <CR> to search `United States of America', * to list countries, ?
for help
:-                  RETURN eingeben
United States of America
```

Das **p*** bedeutet: »Finde alle Einträge, die im Feld *Organisation* mit P anfangen«. Beachten Sie den Gebrauch von * als Platzhalter für jeden String mit null oder mehr Zeichen. Das Resultat dieser Suche ist:

```
Got the following approximate matches.  Please select one from the list
by typing the number corresponding to the entry you want.
```

```
United States of America
    1 Pacific Northwest Laboratory
    2 Performance Systems International
    3 Portland State University
    4 Princeton University
    5 Princeton University Plasma Physics Laboratory
    6 United States Postal Service
    7 Pace University

It was not possible to search all the parts of the Directory necessary
to complete this search - part of the database is currently inaccessible.
There may thus be more results than those displayed.
```

Nummer 2 sieht aus wie ein guter Kandidat für Bills Arbeitgeber. Lassen Sie ihn anzeigen, indem Sie auf die folgende Frage mit 2 antworten:

```
Organisation name, * to list orgs, ? for help
:- 2
United States of America
  Performance Systems International
    postalAddress          PSI Inc.
                           Reston International Center
                           11800 Sunrise Valley Drive
                           Suite 1100
                           Reston, VA 22091
                           US
                           PSI Inc.
                           5201 Great American Parkway
                           Suite 3106
                           Santa Clara, CA 95054
                           US
                           PSI Inc.
                           165 Jordan Road
                           Troy, NY 12180
                           US
    telephoneNumber        1-703-620-6651 (Corporate Offices)
                           +1 800-836-0400 (Operations)
                           +1 800-82PSI82 (Sales)
                           +1 518-283-8860 (Troy Office)
                           +1 408-562-6222 (Santa Clara Office)
    fax                    +1 703-620-4586
                           +1 518-283-8904
                           +1 408-562-6223
```

Ja, das ist es. Lassen Sie uns nun Bill suchen:

```
Person's name, q to quit, * to list people, ? for help
:- schrader
Department name, * to list depts, <CR> to search all depts, ? for help
:-                  RETURN eingeben
Organisation name, <CR> to search `Performance Systems International',
```

```
          * to list orgs, ? for help
:-                 RETURN eingeben
Country name, <CR> to search `United States of America', * to list countries, ?
for help
:-                 RETURN eingeben
```

Beachten Sie, daß Performance Systems International zur voreingestellten Organisation für diese Suche wurde, weil wir sie in der vorherigen Suche anzeigen ließen. Hier mußten wir also bei der Frage nach der Organisation nur RETURN drücken, statt den Namen einzugeben. Hier ist das Ergebnis:

```
United States of America
  Performance Systems International
    Reston
      William Schrader
        postalAddress         PSI Inc.
                              Reston International Center
                              11800 Sunrise Valley Drive
                              Suite 1100
                              Reston, VA 22091
                              USA
        telephoneNumber       +1 703-620-6651 x310
        fax                   +1 703-620-4586
        electronic mail       wls@psi.com

Person's name, q to quit, <CR> for `schrader', * to list people, ? for help
:- q
If you have any comments, or have had any difficulties while using this
service, or if you would like further information, please contact:

  InterNIC Directory Services Help
  email:          admin@ds.internic.net

Connection closed by foreign host.
```

Der quit-Befehl **q** teilt dem Client mit, daß Sie fertig sind. Er beendet die Sitzung und loggt Sie aus, wobei Sie auf das System zurückkehren, von dem aus Sie starteten.

Denken Sie daran, daß X.500 eine dezentrale Datenbank ist. Jede teilnehmende Organisation ist für ihren eigenen Server verantwortlich. Ein Server kann zeitweise nicht verfügbar sein. Wenn das passiert, erhalten Sie die Nachricht:

```
The search for 'schrader' has failed, probably because a Directory
server is unavailable.  In the meantime, displaying organisation details.
For information on people, try again a little later.
```

Das bedeutet, daß der Server, der für die Organisation »Performance Systems International« zuständig ist, nicht verfügbar war. Sie versuchen besser auf andere Weise, den Namen herauszufinden. Sie könnten dieselbe Anfrage einige Stunden später wiederholen, auf die Chance hin, daß PSIs Server nur zeitweise außer Betrieb ist.

Der Knowbot-Information-Service (KIS)

Der Knowbot-Information-Service (KIS) ist ein experimenteller Metaserver. Das bedeutet, daß er selbst keine Verzeichnisdaten bereithält. Statt dessen kennt er andere Server und macht es möglich, sie alle zu befragen, indem Sie nur einen Satz von Befehlen verwenden. Sie sagen »finde krol«, und er befragt **whois**-Server, X.500-Server, **finger**-Server usw. Sie müssen nicht darüber nachdenken, welches Suchprogramm Sie verwenden sollen—das tut Knowbot für Sie.

Zunächst einmal klingt das so gut, daß Sie sich fragen werden, warum ich mir überhaupt die Mühe gemacht habe, über die anderen Server zu sprechen. Aus zwei Gründen: Zum einen sind Knowbots tatsächlich ein Forschungsgebiet, das viel weiter geht als nur bis zu Verzeichnisdiensten. (Sie werden in Kapitel 14, *Andere Anwendungen*, weitergehend diskutiert.) Der KIS ist eine der ersten Knowbot-Anwendungen. Da das Gebiet so neu ist, kann jeder Teil davon sich ändern oder plötzlich nicht mehr verfügbar sein. Ich möchte nicht, daß Sie im Regen stehen, wenn das passieren sollte.

Zweitens wird die Knowbot-Philosophie der einfachen Anwendbarkeit derzeit durch die Praxis noch etwas behindert. Der KIS könnte leicht dazu gebracht werden, jeden Host auf dem Internet zu befragen, wenn eine Person gesucht wird—aber es würde Tage dauern. Daher entkommen Sie dem grundlegenden Telefonbuchproblem nicht wirklich: Sie müssen etwas darüber wissen, wie Sie suchen, bevor Sie effektiv suchen können. Ein Knowbot kann **finger** verwenden—aber nur, wenn Sie ihm sagen, auf welchem Host. Er kann X.500 verwenden—aber nur, wenn Sie ihm eine Organisation nennen. Kurz: Sie müssen etwas über diese Dienste wissen, um sie durch Knowbot zu benutzen—aber wozu überhaupt? Es ist einfacher, direkt mit **finger** anzufragen, als Knowbot das für Sie übernehmen zu lassen.

Dennoch sind Knowbots nützlich, weil sie wissen, wie Sie auf einige weniger gebräuchliche Verzeichnisse zugreifen. Einer dieser Dienste ist das Verzeichnis von MCImail, das Informationen über die Benutzer von MCI-Mailboxen enthält. Ein weiteres ungewöhnliches Verzeichnis ist das RIPE-Verzeichnis, das Namen und Adressen von Internet-Netzwerkpersonal in Europa enthält. Lassen Sie uns sehen, wie es funktioniert.

Der KIS kann über **telnet** benutzt werden. Sie **telnet**ten zu Port 185 von **info.cnri.reston.va.us**. Unter UNIX würden Sie folgendes Kommando verwenden:

```
% telnet info.cnri.reston.va.us 185
```

Sie werden gebeten, Ihre E-Mail-Adresse in das Knowbot-"Gästebuch« einzutragen. Wenn Sie anonym bleiben wollen, können Sie das ignorieren. Der einfachste Weg, den KIS zu benutzen ist es, den gesuchten Namen beim Prompt einzugeben. Als Beispiel lassen Sie uns noch einmal nach »krol« suchen, diesmal mit dem KIS:

```
% telnet info.cnri.reston.va.us
Trying 132.151.1.15...
Connected to info.cnri.reston.va.us.
Escape character is '^]'.

                Knowbot Information Service
KIS Client (V2.0).    Copyright CNRI 1990.    All Rights Reserved.


The KIS system is undergoing some changes.
Type 'news' at the prompt for more information
Type 'help' for a quick reference to commands.

Backspace characters are '^H' or DEL

Please enter your email address in our guest book...
(Your email address?) > krol@ux1.cso.uiuc.edu

> krol
Connected to KIS server (V1.0). Copyright CNRI 1990. All Rights Reserved.

Trying whois at ds.internic.net...

The ds.internic.net whois server is being queried:

No match for "KROL"

The rs.internic.net whois server is being queried:

Krol, Ed (EK10)          Krol@UXC.CSO.UIUC.EDU
   University of Illinois
   Computing and Communications Service Office
   195 DCL
   1304 West Springfield Avenue
   Urbana, IL 61801-4399
   (217) 333-7886

<hier werden noch weitere krols in diversen Verzeichnissen gefunden>

> quit
```

Sie können auf diese Weise so viele Anfragen durchführen, wie Sie möchten. Wenn Sie fertig sind, geben Sie **quit** ein, um zu beenden.

Wenn Ihre Anfrage nicht vom NIC bedient worden wäre, hätte der Knowbot selbsttätig noch eine Reihe anderer Quellen befragt. Sofern Sie nicht eine andere Handhabung vorgeben, wird er die folgenden Verzeichnisse befragen:

1. DDN-NIC und InterNIC **whois**-Server
2. MCImail
3. RIPE

Der KIS weiß, wie er in einer Reihe von weiteren Quellen nachschlagen muß—darunter die meisten der Quellen, die wir in diesem Kapitel behandelt haben und einige, die wir nicht behandelt haben. Sie können eine Liste der Verzeichnisse, die der KIS kennt, mit dem Kommando **services** anfordern:

```
> services
nic
mcimail
ripe
latin-america-nic
x500
finger
nwhois
quipu-country
quipu-org
>
```

Wenn Sie eines der hier aufgelisteten Verzeichnisse in der Suche verwenden wollen, etwa das kombinierte lateinamerikanische Verzeichnis, fügen Sie es mit dem **service**-Kommando hinzu:

```
> service latin-america-nic
```

Wenn Sie fertig sind, verlassen Sie das Programm mit **quit**.

Netfind

Netfind ist ein nützlicher, aber zudringlicher Weg, Personen zu finden. Es ist eigentlich kein Verzeichnis, sondern eher ein Privatdetektiv. Sie sagen Netfind, daß es jemanden finden soll, geben ihm ungefähr an, wo es mit der Suche beginnen soll, und es durchsucht die angegebene geographische Gegend für Sie. Zunächst klingt das wirklich toll, aber Sie sollten es nur in verzweifelten Fällen einsetzen. Es ist nicht besonders effizient—weder in bezug auf Ihre Zeit, noch in bezug auf die Ressourcen des Netzes. Und wie ein Privatdetektiv *ist* es etwas zudringlich.

Netfind erledigt seine Arbeit in zwei Phasen. In Phase eins nimmt es die Liste der Hinweise, die Sie ihm mitgegeben haben, und findet jede Domain in der angegebenen Gegend. Wenn die Liste klein genug ist, verwendet es eine Anzahl von

Hilfsmitteln, z.B. **finger**, um jede Maschine in der Gegend zu befragen. Wenn es zu viele Domains sind, zeigt Netfind Ihnen die Liste und bittet Sie, ein paar wahrscheinliche auszuwählen, bevor es das **finger**n in den ausgewählten Domains startet. Vielleicht erkennen Sie das Problem bereits: Wenn Sie nicht wissen, wo jemand ist, wissen Sie möglicherweise nicht genug, um vielversprechende Domains auszuwählen.

Die am weitesten verbreitete Methode, eine Netfind-Suche durchzuführen, ist ein **telnet** zu einem Netfind-Server. Alternativ dazu können Sie Netfind auch durch ein integriertes Paket wie Gopher benutzen. Wie vorher werden wir uns auch hier auf den TELNET-Zugang beschränken. Um zu beginnen, suchen Sie sich einen Server aus Tabelle 10-1 und **telnet**ten dorthin.

Tabelle 10–1: Öffentliche Sites für den Netfind-Zugang

Computername	Standort
archie.au	Melbourne, Australien
bruno.cs.colorado.edu	Boulder, Colorado, USA
dino.conicit.ve	Venezuela
ds.internic.net	Herndon, Virginia, USA (InterNIC Directory Services)
lincoln.technet.sg	Singapur
malloco.ing.puc.cl	Santiago, Chile
monolith.cc.ic.ac.uk	London, England
mudhoney.micro.umn.edu	Minneapolis, Minnesota, USA
netfind.oc.com	Dallas, Texas, USA
nic.nm.kr	Taejon, Korea
nic.uakom.cs	Slovakien (frühere Tschechoslowakei)

Sobald Sie dort sind, geben Sie einen Suchstring wie diesen ein:

```
name hinweis hinweis hinweis....
```

Name ist normalerweise der Nachname der gesuchten Person, und die Hinweise sind Schlüsselwörter, die die Suche eingrenzen. In allen Suchstrings, die Sie angeben, wird die Groß/Kleinschreibung ignoriert. Die Hinweise können Namen von Städten oder Ländern sein (wenn Sie sie kennen), oder Domainnamen (getrennt durch Leerzeichen statt durch Punkte). Als Beispiel lassen Sie uns nach »krol« an einer Universität in Illinois suchen:

```
krol university illinois     bei Universitäten in Illinois suchen
```

Netfind antwortet, die Suche sei zu breit angelegt, und gibt eine Liste von Hunderten von Domains zurück, bei denen es gerne nachsehen würde. Einige davon sind:

```
cs.uiuc.edu (computer science department, university of illinois, urbana-champaign)
csl.uiuc.edu (university of illinois, urbana-champaign)
cso.uiuc.edu (computing services office, university of illinois, urbana-champaign)
```

```
cso.niu.edu (northern illinois university, dekalb, illinois)
csrd.uiuc.edu (university of illinois, urbana-champaign)
```

Die Suche ist zu breit, weil sie die Universität von Illinois in Urbana befragt, die Universität von Illinois in Chicago usw. Wenn Sie die Suche eingrenzen wollten, könnten Sie Urbana dazunehmen, aber es gibt immer noch Hunderte von Domains an der Universität von Illinois in Urbana. Die Suche wird nur dann erfolgversprechend, wenn Sie wissen, daß die gesuchte Person für das Computing Services Office (CSO) arbeitet:

```
Please form a more specific query.
Enter person and keys (blank to exit) --> krol illinois university cso
( 0) check_name: checking domain cso.uiuc.edu.  Level = 0
( 1) check_name: checking domain cso.niu.edu.  Level = 0
MAIL FOR Ed Krol IS FORWARDED TO krol@ux1.cso.uiuc.edu
NOTE:   this is a domain mail forwarding arrangement - so mail intended
        for "krol" should be addressed to "krol@cso.uiuc.edu"
        rather than "krol@ux1.cso.uiuc.edu".

( 0) check_name: checking host ux1.cso.uiuc.edu.  Level = 0
The domain 'cso.niu.edu' does not run its own name servers,
        and there is no aliased domain IP address/CNAME/MX record for
        this domain -> Skipping domain search phase for this domain.
SYSTEM: ux1.cso.uiuc.edu
        Login name: ajzxmvk                     In real life: Marge Krol
        Directory: /mnt/courtesy/ajzxmvk        Shell: /bin/csh
        Last login Thu Jan 20 17:06 on ttysk from goofy.aiss.uiuc.
        No Plan.

        Login name: krol                        In real life: Ed Krol
        Directory: /cso/staff/krol              Shell: /bin/csh
        On since Feb 28 08:15:46 on ttyph from maced
```

Aber wenn Sie so viel über »krol« wissen, können Sie auch direkt im Online-Verzeichnis der Universität von Illinois nachsehen und Erfolg haben, statt jede Maschine auf dem Campus zu be**finger**n.

Die Moral von der Geschichte ist, daß Sie, wenn Sie irgendeinen Hinweis über den Verbleib von jemandem haben, besser einige der Online-Verzeichnisse statt Netfind benutzen. Wenn Willie Martin ein Computerprogrammierer an einer Universität in Illinois war, als Sie zuletzt von ihm hörten, dann ist es vermutlich schneller, in jedem online verfügbaren Telefonbuch in Illinois nach »martin, wil*« zu suchen, als Netfind zu befragen. Wenn Sie in einem Verzeichnis nach »martin, wil*« suchen, und niemand gefunden wird, können Sie relativ sicher sein, daß er nicht dort ist und zum nächsten Verzeichnis wechseln. Bei Netfind sind Sie nie ganz sicher. Sie könnten nach Martin an einer Universität in Illinois suchen, und Hunderte von Domainnamen der Abteilungen zurückerhalten, von denen wohl die meisten Programmierer beschäftigen. Sie können eine lange Zeit mit der Suche verschwenden und doch mit leeren Händen dastehen.

Selbst wenn Sie über den Verbleib von jemandem Bescheid wissen, gibt es keine Garantie, daß Netfind funktionieren wird. Nehmen wir an, Sie wissen, daß Willie ein Chemiker an der Universität von Illinois ist. Aber es gibt keinen Grund anzunehmen, daß Sie ihn im Fachbereich Chemie finden. Es gibt eine gute Chance, daß das der Fall ist. Aber er könnte seine Mail auch auf einem Computer mit der Domain **cso** empfangen. Netfind arbeitet am besten, wenn Sie gute, begründete Annahmen über den Aufenthalt von Menschen machen können, und diese Annahmen sind oft sehr schwer zu machen.

KAPITEL ELF

WÜHLEN IM INTERNET MIT GOPHER

Gopher im Internet
Internet-Ressourcen finden
Bookmarks - Gophers Lesezeichen
Die Weiterentwicklung von Gopher

In den letzten Kapiteln haben wir von Hilfsprogrammen gesprochen, die es Ihnen ermöglichen, bestimmte Aufgaben zu erledigen: Menschen zu finden, Programme, oder Daten. Die nächsten drei Kapitel stellen Ihnen Tools vor, die eine Menge mehr können. Sie versuchen »freundlich« zu sein und helfen Ihnen, eine Menge von Online-Ressourcen durchzusehen. Um zu verstehen, was jedes dieser Hilfsprogramme tut, denken Sie an Ihre lokale Bibliothek. Das ist eine bequem zu erreichende Dienstleistung, und die Bibliothek verfügt über eine recht gute Sammlung in ihren Regalen. Sie gehört (aller Wahrscheinlichkeit nach) auch zu einem System miteinander kooperierender Bibliotheken. Die Bibliothek in der nächsten Stadt gehört zum gleichen System, und sie bietet im großen und ganzen das gleiche Material wie Ihre Bibliothek an. Aber es gibt dort auch einige andere Bücher. Wenn Ihre Bibliothek etwas nicht hat, wird die Nachbarbibliothek aushelfen. Sie sprechen mit Ihrem Bibliothekar, arrangieren eine Fernleihe, und die Bücher, die Sie brauchen, werden aus der nächsten Stadt zu Ihnen verschickt.

Dieses Kapitel behandelt **gopher**, ein Programm, das es Ihnen ermöglicht, im Internet herumzustreifen, indem Sie Ressourcen aus Menüs auswählen. Wenn Sie auf eine der Ressourcen zugreifen wollen, die Gopher Ihnen anbietet, hilft es Ihnen beim Zugriff darauf. Dies entspricht einer Hilfe beim Durchblättern des Katalogs der anderen Bibliothek und dem automatischen Verschicken des von Ihnen gewünschten Materials. Es ist nicht wichtig, wo sich die andere Bibliothek befindet—solange sie Teil des Gopher-Systems ist.

In Kapitel 12 betrachten wir dann WAIS (Wide Area Information Service). Dieser Dienst hilft Ihnen bei der Suche in indiziertem Material. Sie können nach bestimmten Wörtern oder Sätzen suchen und erhalten dann eine Liste von Dateien, die diese Wörter enthalten. WAIS zu benutzen ist fast so, wie mit einem Zitat in eine Bibliothek zu gehen und dort automatisch alle Bücher heraussuchen zu lassen, die das Zitat enthalten.

In Kapitel 13, *Das World Wide Web*, behandeln wir dann das Neueste aus dem Internet-Werkzeugkasten: WWW, das World Wide Web (das weltweite Netz oder Gewebe). Zunächst scheint WWW eine Variante von Gopher zu sein; ein weiterer menübasierter Dienst, der Ihnen beim Zugriff auf verschiedene Ressourcen hilft. WWW basiert jedoch auf einem viel flexibleren »Hypertext«-Modell, das Querverweise, oder Verkettungen (links), zwischen Ressourcen erlaubt, die miteinander in bezug stehen. Einige dieser Ressourcen können auch andere Medien sein. WWW erlaubt es, Bilder, Text und Audio gemeinsam zu präsentieren. Anders als Gopher ist WWW eine Ressource, auf die Sie nicht nur lesend, sondern auch schreibend zugreifen können (zumindest theoretisch). WWW bietet eine neue Art des Arbeitens: Wenn Sie einen WWW-Server und einen Hypertexteditor haben, unterstützt es alle Arten von Zusammenarbeit und gemeinsamer Veröffentlichung. Die Anzahl der WWW-Server auf dem Internet wächst rasant. Es ist immer noch mühselig, Hypertext zu schreiben, weil Hypertexteditoren noch recht selten sind, aber das verfügbare Potential macht das World Wide Web zu einem der interessantesten neuen Internet-Dienste.

Gopher im Internet

Gopher (genauer: Internet-Gopher) ermöglicht es Ihnen, Ressourcen durchzusehen, indem Sie Menüs benutzen. Wenn Sie etwas finden, das Sie interessiert, können Sie es lesen oder darauf zugreifen, ohne daß Sie sich Gedanken über Domainnamen, IP-Adressen, andere Programme etc. machen müßten. Wenn Sie beispielsweise auf den Online-Katalog der Bibliothek an der Universität von Kalifornien zugreifen wollen, können Sie, statt die Adresse herauszufinden und dorthin zu **telnet**ten, auch einfach einen Eintrag in einem Gopher-Menü auswählen. Gopher kümmert sich dann um den Rest (to go for it).

Der große Vorteil von Gopher ist nicht so sehr, daß Sie die Adressen oder Namen der Ressourcen nicht mehr nachschlagen müssen; auch nicht, daß Sie nicht mehrere Kommandos verwenden müssen um zu bekommen, was Sie möchten. Wirklich clever daran ist, daß Gopher es Ihnen erlaubt, durch die Ressourcen des Internets zu gehen, ohne sich um den Typ der Ressourcen kümmern zu müssen—so wie Sie in Ihrer lokalen Bibliothek möglicherweise Bücher, Filme und Tonaufnahmen zum gleichen Thema nebeneinander vorfinden. Nehmen wir an, daß Sie Informationen zum amerikanischen Westen suchen: Geschichte, Klimadaten, Mineralogie usw. Sie können Gopher benutzen, um auf der Suche nach den Daten durch das Internet zu streifen. Indem Sie ein Menü von »Online-Katalogen« oder »Online-Büchereien« (libraries) durchsehen (die genaue Bezeichnung ist unterschiedlich, abhängig von Ihrem Server), erfahren Sie, daß der Bibliothekskatalog der Universität von Kalifornien verfügbar ist, und Sie wissen, daß die dortige Kollektion von Material zum Westen beachtlich ist; also greifen Sie auf den Katalog zu und versuchen, relevante Bücher zu finden (Sie sind möglicherweise sogar in der Lage, eine Fernleihe via Gopher zu arrangieren, wenn die Bibliothek das erlaubt). Eine Suche in den FTP-Archiven bringt einige interessante Daten über den Zusammenhang zwischen Trockenzeiten und Schneefall, und wenn Sie weitersuchen, finden Sie möglicherweise einige meteorologische Daten aus der Zeit des Goldrausches.* Ja, Sie müssen immer noch wissen, was Sie suchen und wo Sie diese Ressourcen finden könnten—aber gopher erleichtert Ihnen die Suche erheblich.

Um zu verstehen, wie Sie Gopher benutzen, gehen wir am besten zum vielleicht schon etwas abgegriffenen Bibliothekbeispiel zurück. Stellen Sie sich das Internet aus der Zeit vor Gopher wie eine Ansammlung öffentlicher Bibliotheken ohne Kataloge und Bibliothekare vor. Um etwas zu finden, müssen Sie ziellos durch die Gegend wandern, bis Sie über etwas Interessantes stolpern. Diese Sorte von Bibliothek ist nicht sehr nützlich, wenn Sie nicht sehr genau wissen, was Sie suchen und wo Sie es vermutlich finden. Ein Gopher-Server entspricht der Anstellung eines Bibliothekars, der einen Katalogindex erstellt. Sie können etwas finden, indem Sie durch die Themenliste blättern, die Karte dann dem Bibliothekar zeigen und ihn bitten, Ihnen bei der Suche nach dem Buch behilflich zu sein. Wenn Sie es nicht in der einen Bibliothek finden, können Sie auf elektronischem Wege in die nächste wechseln und es dort versuchen.

Unglücklicherweise haben die Betreiber von Gopher-Diensten meist keine gutausgebildeten Bibliothekare engagiert. Es gibt keinen standardisierten Stichwortkatalog, nach dem Gopher-Server organisiert sind. Statt dessen wurde auf jedem Server das Bestmögliche getan, um die Welt zu organisieren—jedenfalls den eigenen Teil der Welt der Informationen. Es ist vergleichbar mit der Situation, die wir hätten, wenn eine Bibliothek Bücher unter »Amerikanische Folklore« und eine andere die gleichen Titel unter »Lustiges aus der Gründerzeit« archiviert hätte. Jeder Server ist ein bißchen anders—und Sie sollten daher jedem System aufgeschlossen gegenübertreten.

Sie erreichen mit Gopher keine Informationen, die Ihnen nicht auch anderweitig zugänglich wären. Es gibt keine speziell aufbereiteten »Gopher-Ressourcen«, auf die Sie zugreifen könnten—wie etwa auf FTP-Archive oder Teilnehmerverzeichnisse.** Aber sobald Sie etwas gefunden haben, das Sie sich näher ansehen möchten, wird

---

* Ich weiß nicht, ob so eine Datenbank existiert—aber Sie könnten problemlos mit Gopher nachsehen. Ein bißchen Praxis wird lehrreicher sein, als dieses Buch es sein kann.

** Einige Dateien sind vielleicht nur durch Gopher zu erreichen, aber das beruht nur auf Sicherheitsüberlegungen. Wenn Sie auf diese Dateien durch Gopher zugreifen, erhalten Sie sie per **ftp**.

Gopher Ihnen dabei helfen. Gopher weiß, mit welcher Anwendung (**telnet**, **ftp** etc.) die Information geholt wird, die Sie haben möchten, und erledigt das für Sie. Jede Ressource wird ein bißchen anders verarbeitet; aber alle sind in einer intuitiven Art und Weise verfügbar und zeigen durchgehend das »Look-and-Feel« des Gopher-Clients, den Sie benutzen.

Wenn Sie das bisher gelesene in Betracht ziehen, erkennen Sie sicher, daß es nicht von Bedeutung ist, welchen Gopher-Server Sie zuerst ansprechen. Ihr Heimatserver ist nur für das erste Menü verantwortlich, das Sie sehen. Alle anderen Menüs kommen immer von dem Server, der zu diesem Zeitpunkt abgefragt wird. Jeder Server hat eine eigene Sammlung von Informationen—wie eine Bibliothek.* Populäre Informationen, wie Sammlungen häufig gestellter Fragen (FAQ, frequently asked questions) sind oft auf einer Vielzahl von Servern verfügbar, während eher obskure Informationen mitunter nur durch einen einzigen Server zugänglich sind. Wenn Sie das, was Sie in einer Bibliothek suchen, nicht im ersten Anlauf finden, versuchen Sie es woanders. Wenn Sie finden, was Sie suchen, besorgen Sie es per Fernleihe. Bei Bibliotheken kann das eine Weile dauern, mit Gopher bekommen Sie Materialien von anderswo in Sekundenschnelle.

Schließlich ist das System intelligent genug, lizenzrechtliche Einschränkungen zu beachten. Bestimmte Programme oder Ressourcen (beispielsweise Online-Versionen von Zeitschriften) sind eventuell nur für die Verbreitung innerhalb einer bestimmten Region oder Institution lizensiert. Sie können zwar auf einen entfernten Gopher-Server zugreifen, aber er kann Sie vom Zugriff auf eine bestimmte Ressource ausschließen, weil Sie kein lokaler Benutzer sind. Das ist zwar ärgerlich, aber die fehlende Möglichkeit zur Durchsetzung von Lizenzbestimmungen war ein großer Stolperstein für das Online-Angebot von Informationen. Gopher scheint hier einen Schritt in die richtige Richtung gemacht zu haben.

Gopher ist viel schwieriger zu erklären als zu benutzen. Wenn Sie nun also etwas verwirrt sein sollten, machen Sie einfach weiter. Finden Sie einen **gopher**-Client und benutzen Sie ihn. Die Information ist da, um gelesen zu werden; sie ist zum Benutzen gedacht. Niemand beobachtet Sie und lacht über Ihre Fehler—also machen Sie welche!

---

* Tatsächlich können die Informationen sich auch ganz woanders befinden, aber das interessiert Sie nicht weiter. Die Daten werden automatisch für Sie geholt, wenn Sie sie anfordern.

Wo Gopher geboren wurde

Der Name »Gopher« beinhaltet ein interessantes Wortspiel. Gopher war anfangs ein verteilter Campusinformationsdienst an der Universität von Minnesota, Heimat der »Golden Gophers« (Taschenratten). Weil es in erster Linie dazu dient, Informationsverweisen zu folgen (engl.: to go for it, verballhornt zu »go fer«), entstand der Name **gopher**.

Der Dienst wurde so konzipiert, daß jeder Teil einer Bürokratie die Kontrolle über den eigenen Server und die darauf enthaltenen Daten haben kann. Anders gesagt: Die Schulverwaltung kann einen Computer im Verwaltungsgebäude anschließen, der Informationen zu Verwaltungsangelegenheiten liefert. Der Fachbereich Sport kann einen Server mit Wettkampfterminen in seinen Räumlichkeiten anschließen. Jeder Fachbereich kann einen Server mit Veranstaltungsankündigungen anbieten usw. Es kann so viele Server geben wie Gruppen, die einen anbieten möchten.

Die Entwickler von Gopher kreierten dann eine spezielle Anwendung, die Studenten zu den Informationen führt, ohne daß sie dafür Lernaufwand betreiben müssen. Um das zu erreichen, organisierten sie das System nach Themenbereichen, so daß es nicht wie Hunderte von kleinen Datenbanken, sondern wie eine einzige große Datenbank aussieht. Es kann auf Dateien in FTP-Archiven zugreifen, auf Telefonnummern aus Verzeichnisservern, auf Bibliothekskataloge und andere Datenbanken mit speziellen (TELNET-basierten) Servern—und vieles mehr. Nur Gopher weiß, wo die Daten wirklich sind, und daß es mehrere Server gibt, die sie zur Verfügung stellen.

Es dauerte nicht sehr lange bis man erkannte, daß ein System, das für eine Anzahl von Servern in verschiedenen Abteilungen funktionierte, auch für Server auf der ganzen Welt funktionieren könnte. Alles, was man brauchte war das Internet, um diese Rechner miteinander zu verbinden. Im Zeitraum von etwa 4 Jahren wuchs das Gopher-System von einer Site auf über 1300 Sites an.

Einen Gopher-Client finden

Um auf das Gopher-System zuzugreifen, brauchen Sie einen Gopher-Client. Die spezielle Client-Software muß auf einem Computer installiert werden, der an das Internet angeschlossen ist. Es gibt frei kopierbare Gopher-Clients für so ziemlich jedes Betriebssystem, das Sie kennen: UNIX, Macintosh, IBM/PC, X Windows, VAX/VMS, VM/CMS, und inzwischen wahrscheinlich noch etliche mehr.

Jeder Client hat das »Look-and-Feel« der Maschine, auf der er läuft. Wenn Sie Anwender eines IBM-kompatiblen PCs sind, wird die PC-Version für Sie genau so arbeiten wie andere PC-Anwendungen. Die Macintosh-Version sieht wie ein Hypercard-Stack mit Knöpfen aus, die Sie drücken können. Die X Windows-Version hat ebenfalls ein *Point-and-Click*-Interface. Fast alles, was Sie mit einem Gopher-Client tun können, ist auch mit einem beliebigen anderen möglich. Es mag einfacher sein, wenn Sie eine Maus zur Verfügung haben, aber es geht ebenso gut ohne. Schließlich ist die Wahl des Clients nicht wichtig—finden Sie einen, der Ihrem Geschmack entspricht. Sie können die Software, die Sie brauchen, vom anonymen FTP-Server **boombox.micro.unm.edu** im Verzeichnis */pub/gopher* abholen. Sie können auch Archie benutzen, um andere Quellen zu finden—vielleicht eine gute Übung!

Welchen Client Sie auch immer installieren, er wird mit der Adresse eines Home-Servers vorkonfiguriert sein. Da alle Server öffentlich sind, ist es nicht wirklich von Bedeutung, auf welchem Sie beginnen. Sie können den Client starten, ein Menü bekommen, und beginnen, **gopher** zu benutzen. Nachdem Sie einige Erfahrung haben, können Sie entscheiden, welchen Gopher-Server Sie als Startpunkt benutzen möchten, und die Konfiguration entsprechend anpassen.*

Wie in den anderen Kapiteln mußte ich auch zur Erläuterung von **gopher** einen bestimmten Client auswählen. Ich benutze die nicht-grafische UNIX-Version (manchmal auch Curses-Version genannt, weil es das gleichnamige UNIX-Standardpaket zur Terminalausgabe verwendet). Diese Version habe ich aus zwei Gründen gewählt. Zum einen ist alles, was sie erfordert, ein Terminalemulator. Sie brauchen keine Maus und keinen hochauflösenden Farbbildschirm. Zum anderen werden Sie bei Ihren ersten Schritten mit **gopher** vermutlich einen öffentlichen Client auf einem fremdem Rechner benutzen, statt selbst einen zu installieren. Wenn Sie **telnet** (oder einen Wählzugang) benutzen, um auf den Gopher-Server auf einem anderen System zuzugreifen, werden Sie höchstwahrscheinlich dem UNIX-Curses-Client begegnen.

Wenn Sie **gopher** auf einer der öffentlichen Gopher-Sites ausprobieren möchten, wählen Sie aus Tabelle 11-1 einfach eine Site, die in Ihrer Nähe liegt. **telnet**ten Sie dann zum angegebenen Host und loggen Sie sich mit dem entsprechenden Loginnamen ein. **gopher** wird automatisch für Sie gestartet, wenn Sie einloggen.

Tabelle 11–1: Öffentliche Gopher-Sites

Computer	Login	Standort
consultant.micro.umn.edu	gopher	Nordamerika
ux1.cso.uiuc.edu	gopher	Nordamerika
panda.uiowa.edu	*nicht erforderlich*	Nordamerika*
gopher.msu.edu	gopher	Nordamerika
gopher.th-darmstadt.de	gopher	Deutschland
gopher.ebone.net	gopher	Europa

* Wie Sie die Konfiguration ändern, ist von Client zu Client unterschiedlich. Schauen Sie in die Dokumentation des Clients, den Sie installiert haben.

Tabelle 11–1: Öffentliche Gopher-Sites (Fortsetzung)

info.anu.edu.au	info	Australien
gopher.chalmers.se	gopher	Schweden
tolten.puc.cl	gopher	Südamerika
ecnet.ec	gopher	Ekuador
gan.ncc.go.jp	gopher	Japan

* **panda.uiowa.edu** verwendet einen anderen zeilenorientierten Gopher-Client (namens **panda**) als den, den wir behandeln. Er funktioniert genauso gut, aber Sie müssen möglicherweise die Hilfeinformationen abrufen, um ihn zu bedienen.

HINWEIS

Öffentliche Gopher-Zugänge sind gut geeignet, um in das Gopher-System hineinzuschnuppern, aber Sie werden in einigen Bereichen eingeschränkt sein. Jede Nutzung, die entweder das Gopher-System verläßt (so der Zugriff auf TELNET-Dienste), Speicherplatz benötigt (wie das Abspeichern von Dateien, die Sie finden), oder Ergebnisse per E-Mail zustellt, wird Ihnen nicht möglich sein. Wenn Sie diese Dinge tun wollen, müssen Sie einen Client auf einem Rechner benutzen, auf dem Sie einen Account haben.

Wie Gopher arbeitet

Wenn Sie einen Gopher-Client zum ersten Mal starten, nimmt Gopher mit dem Homeserver Kontakt auf und fragt nach dem Hauptmenü. Der Server sendet das Menü und einige nicht sichtbare Informationen an Ihren Client. Die nicht angezeigten Informationen sagen Ihrem Client, welcher Art die einzelnen Menüeinträge sind (ein Text, ein Verzeichnis, ein anderer Server etc.), die IP-Adresse des zuständigen Servers, den zu verwendenden Port, und einen Pfad zu einer Datei. Die IP-Adresse könnte die des Homeservers selbst sein, wenn die Daten dort liegen, aber es könnte ebenso gut ein Server irgendwo anders sein. Es macht keinen Unterschied; wenn Sie einen Menüeintrag auswählen, macht der Client dasselbe. Er speichert Ihre derzeitige Position (falls Sie später zurückkehren wollen) und nimmt mit dem neuen Server Kontakt auf. Dann wiederholt sich der Prozeß.

Irgendwann werden Sie eine Ressource statt eines Menüs auswählen. Ihr Gopher-Client wird das passende Hilfsprogramm für die ausgewählte Ressource starten—welches auch immer das sein mag. Wenn es sich um eine Datei handelt, holt Gopher die Datei für Sie mit **ftp**. Wenn die Ressource eine »login«-Ressource ist (d.h. ein System, auf das Sie sich einloggen können), startet Gopher eine TELNET-Sitzung. Wenn es eine Datensammlung ist, die durch Archie oder WAIS indiziert ist, verwendet Gopher auch Archie oder WAIS, um herauszufinden, was relevant ist. Der Gopher-Client, den Sie verwenden, erlaubt Ihnen, Ihre Wünsche in einer bildschirmorientierten, menügesteuerten Art und Weise zu äußern. Gopher nimmt das, was Sie eingeben, und verwandelt es in echte Kommandos für die zuständige Anwendung.

Wenn Sie sich also im Gopher-System befinden, werden Sie nie das FTP-Kommando **get** eingeben müssen.

Internet-Ressourcen finden

Der Anfang ist einfach. Um einen Gopher-Client unter UNIX zu starten, geben Sie einfach das Kommando:

```
% gopher
```

oder verwenden Sie **telnet**, um auf einen der öffentlichen Clients zuzugreifen. Welchen Client Sie auch benutzen, und auf welche Gopher-Server er auch immer zugreift—das erste Menü wird etwa so aussehen:

```
              Internet Gopher Information Client v1.12S

                          Root Directory

      --> 1.  Welcome to the U of Illinois Gopher.
          2.  CCSO Documentation/
          3.  Computer Reference Manuals/
          4.  Frequently Asked Questions/
          5.  GUIDE to U of Illinois/
          6.  Libraries/
          7.  National Weather Service/
          8.  Other Gopher and Information Servers/
          9.  Peruse FTP Sites/
          10. Phone Books/

  Press ? for Help, q to Quit, u to go up a menu      Page: 1/1
```

Wenn Ihr Startserver sich an der Universität von Minnesota befindet, finden Sie möglicherweise Menüeinträge zu Ereignissen auf dem Campus vor. Wenn Sie den Gopher-Server der Universität von Illinois ansprechen, werden Sie Informationen von Interesse für deren Studenten vorfinden. Zu diesen lokalen Informationen kommen aber immer auch ein paar Themen von allgemeinem Interesse hinzu (beispielsweise Punkt 6, Online-Bibliothekskataloge; Punkt 7, derzeitiges Wetter und Vorhersagen; Punkt 9, Software- und Datenarchive), sowie eine Möglichkeit, andere Server zu erreichen (Punkt 8). Sie werden vermutlich auch einige Einstiegsinformationen finden (Punkt 1). Normalerweise wird bereits am Menüeintrag recht deutlich, worum es sich handelt. Wenn nicht, greifen Sie einfach darauf zu und sehen selbst, ob es interessant ist.

gopher verwaltet dabei viele verschiedene Typen von Einträgen. Die wichtigsten sind Verzeichnisse und Textdateien, zu den anderen kommen wir später. Alle Clients verwenden die eine oder andere Art Flag, um Ihnen zu zeigen, von welchem Typ ein Eintrag ist. Der Client, den wir benutzen, setzt einen Slash (/) an das Ende eines

Eintrages, um ein Verzeichnis zu markieren.* Ein Verzeichnis ist eigentlich ein Äquivalent für ein weiteres Menü. Wenn Sie ein Verzeichnis auswählen und darauf zugreifen, sehen Sie ein anderes Menü; diesmal eines, das genauer auf Ihr Thema eingeht. (Wenn Sie Punkt 8 auswählen, erhalten Sie ein Menü mit anderen Gopher-Servern.)

Mit dieser Gopher-Implementierung bewegen Sie sich zwischen den Menüs, indem Sie die Nummer eintippen, die Sie auswählen möchten, oder indem Sie die Pfeiltasten Ihres Terminals benutzen, um sich auf dem Bildschirm nach oben und unten zu bewegen. (Bei einer Version mit grafischem Interface würden Sie vermutlich die Maus benutzen, um auf den Eintrag zu klicken—oder etwas ähnliches.) Während Sie sich durch das Menü bewegen, zeigt Ihnen ein Pfeil auf der linken Seite, was Sie momentan ausgewählt haben. Wenn Sie Interesse an den »Frequently Asked Questions« haben, bewegen Sie den Cursor (d.h. den Pfeil) auf Eintrag Nummer 4.** Beachten Sie, daß diese Zeile einen Slash (/) am Ende hat, was bedeutet, daß es sich um ein Verzeichnis handelt. Rechnen Sie mit einem weiteren Menü, wenn Sie darauf zugreifen. Wenn Sie auf dieses Verzeichnis zugreifen wollen, oder auf irgendeine andere Ressource, die Sie ausgewählt haben, verwenden Sie RETURN oder CURSOR-rechts. Dann wechselt der Bildschirminhalt zu:

```
              Internet Gopher Information Client v1.12S

                     Frequently Asked Questions

     --> 1.  About Frequently Asked Questions.
         2.  New Users/
         3.  AIX and IBM RS6000/
         4.  Binaries Sent via News or E-mail.
         5.  Bulletin Board Systems.
         6.  C Language/
         7.  Consumer Information/
         8.  Credit/
         9.  E-mail Questions/
        10.  Experienced Internet User Questions.
        11.  FAQs from Finland/
        12.  File Compression Questions/
        13.  GNU EMACS/
        14.  Glossary of Networking Terms.
        15.  Home Owner/
        16.  How to find sources.
```

---

* Komfortablere Clients (wie Macintosh- oder X-Clients) werden wahrscheinlich ein Icon verwenden.

** »Frequently Asked Questions« (FAQ) sind Listen häufig gestellter Fragen, die nach Themen geordnet sind. Es gibt Tausende von diesen Listen auf diverse Archive verteilt; viele werden regelmäßig in den USENET-News veröffentlicht. Diese Listen existieren, damit Anwender die häufigsten Probleme selbst lösen können, anstatt einen Experten damit zu behelligen—der würde vermutlich dieselbe Frage 100 mal am Tag beantworten.

```
        17.  Internet Naming Conventions/
        18.  LISP/

   Press ? for Help, q to Quit, u to go up          Page: 1/2
```

Sie können, abgesehen von der Auswahl eines Menüpunktes, noch zahlreiche weitere Dinge tun. Manchmal paßt ein Menü nicht ganz auf den Bildschirm. Die **Page**:-Anzeige in der unteren rechten Ecke sagt Ihnen, wieviel Material vorliegt und wo Sie sich befinden (in diesem Beispiel auf Seite 1 von zweien). Um zwischen den Seiten hin und her zu blättern, drücken Sie <, um zurück- und >, um vorzublättern. Manchmal werden Sie sich in einem Menü mit vielen Seiten befinden, vielleicht 20. Eine einfache Methode, ein Menü zu durchsuchen, ist das Kommando /. Auf diese Eingabe hin fragt **gopher**:

```
+------------------------------------------------------------+
|                                                            |
| Search directory titles for [redacted]                     |
|                                                            |
|                          [Cancel ^G] [Accept - Enter]      |
|                                                            |
+------------------------------------------------------------+
```

Sie geben den String ein, nach dem Sie suchen, und drücken dann RETURN. Gopher positioniert den Cursor auf den nächsten Menüeintrag, der den String enthält. Wenn Gopher den gesuchten String nicht finden kann, bekommen Sie eine Nachricht, die Ihnen mitteilt, daß die Suche fehlgeschlagen ist (z.B. »Search failed.«).

Wenn Sie sich irgendwo wiederfinden, wo Sie nicht hinwollten, oder wenn Sie entscheiden, daß Sie mit einem Thema fertig sind, können Sie wieder dorthin zurückkehren, wo Sie angefangen haben, indem Sie **u** (für »up«) eingeben. Wenn Sie das jetzt täten, würden Sie sich zurück zum Hauptmenü begeben. Wenn Sie sich einmal »verlaufen« haben, können Sie Ihr Hauptmenü jederzeit mit **m** erreichen. Schließlich können Sie **gopher** wieder verlassen, indem Sie **q** eingeben. Das war im Prinzip schon alles, was Sie wissen müssen, um **gopher** zu benutzen.

Textdateien lesen

Das erste Menü, das wir betrachtet haben, zeigte uns Verzeichnisse. Aber in diesem zweiten Menü (Frequently Asked Questions) gibt es einige Einträge, die mit einem Punkt statt mit einem Slash enden. Dies sind Textdateien. Um eine Textdatei zu lesen, greifen Sie darauf zu wie auf ein Verzeichnis: Sie wählen sie aus und drücken RETURN oder CURSOR-rechts. Nehmen wir beispielsweise an, Sie suchten nach dem

»Glossar der Netzwerkterminologie«. Geben Sie **14** ein, die Zeilennummer. Wenn der Gopher-Client eine numerische Eingabe erhält, ändert sich die unterste Zeile in:

```
Move To Line: 14
```

gopher bleibt in diesem Modus, bis Sie RETURN drücken. Dieses RETURN bewegt den Auswahlpfeil auf Zeile 14 und holt das Dokument; Sie werden so etwas wie das hier auf Ihrem Bildschirm sehen:

```
Network Working Group                              O. Jacobsen
Request for Comments: 1208                            D. Lynch
                                                 Interop, Inc.
                                                    March 1991


          A Glossary of Networking Terms

Status of this Memo

   This RFC is a glossary adapted from "The INTEROP
   Pocket Glossary of Networking Terms" distributed
   at Interop '90.  This memo provides information
   for the Internet community.  It does not specify
   an Internet standard.  Distribution of this memo
   is unlimited.

Introduction
--More--(1%)[Press space to continue, 'q' to quit.]
```

Der UNIX-Gopher-Client beachtet die Environment-Variable PAGER. Hiermit legen Sie unter UNIX fest, wie ein Programm reagieren soll, wenn es Text anzeigt, der nicht vollständig auf den Bildschirm paßt. Wenn Sie diese Variable gesetzt haben, verwendet **gopher** den Pager Ihrer Wahl (z.B. **more** oder **pg**). Um beispielsweise **more** als Ihren Pager zu verwenden, geben Sie das folgende Kommando, bevor Sie **gopher** starten:

```
% setenv PAGER more
```

Wenn PAGER nicht gesetzt ist, verwendet dieser **gopher**-Client den internen Pager, den Sie hier sehen; mit einem Druck auf SPACE gelangen Sie zur nächsten Textseite. Clients, die fensterorientiert arbeiten, verwenden einen Scrollbalken, um vor- und zurückzublättern.

Wenn Sie das Ende des Artikels erreicht haben (indem Sie wiederholt auf die SPACE-Taste gedrückt haben) oder beenden (indem Sie **q** für quit drücken), fragt **gopher**, was Sie als nächstes tun wollen:

```
Press <RETURN> to continue, <m> to mail, <s> to save: █
```

Tippen Sie einfach RETURN, wenn Sie in das Menü zurückkehren möchten, aus dem Sie die Information ausgewählt haben. Wenn Sie eine Kopie des Dokumentes übertragen möchten, das Sie gerade betrachten, können Sie diese entweder per E-Mail oder als Datei erhalten.* Sie können sich selbst (oder jemand anderem) eine Kopie des Dokumentes zuschicken, indem Sie **m** drücken. Sie sehen dann einen Prompt wie diesen:

```
Mail document to: █
```

Dann geben Sie Ihre E-Mail-Adresse ein:

```
Mail document to:krol@ux1.cso.uiuc.edu
```

gefolgt von einem RETURN. Etwas später erhalten Sie dann das Dokument als E-Mail; Sie können dann Ihr bevorzugtes Mailprogramm verwenden, um den Text zu lesen oder zu speichern, genau wie jede andere Nachricht.

Alternativ können Sie eine Kopie der Datei in Ihrem Verzeichnis auf dem Computer speichern, auf dem der Client läuft. Das mag nicht sehr hilfreich sein, wenn Sie einen öffentlichen Client benutzen, da Sie auf dieser Maschine kein Verzeichnis haben. Wenn Sie den Client auf einem Rechner laufen lassen, auf dem Sie Dateien anlegen dürfen, können Sie quer durch die Welt wandern und unterwegs Souvenirs sammeln. Wenn Sie zurückkehren, können Sie Ihre Kollektion bewundern. Um eine Datei zu speichern, drücken Sie einfach **s**. **gopher** fragt dann:

```
Enter save filename: █
```

Geben Sie den Dateinamen ein, unter dem Sie den Artikel speichern wollen. **gopher** speichert den Artikel im *aktuellen Verzeichnis* (das aktuell war, als Sie den Gopher-Client gestartet haben). Sie können jeden gültigen Dateinamen vergeben, und der Name darf auch Verzeichniskomponenten enthalten (z.B. *rfc/1208*). Wenn Sie einen Pfad wie diesen verwenden, müssen die Verzeichnisse schon existieren.** Es ist nicht wichtig, welchen Gopher-Server Sie gerade benutzen oder wo sich die Daten befinden: **gopher** weiß, wie es die Daten auf den Rechner bekommt, auf dem Ihr Client läuft.

In den nächsten Abschnitten werden wir einige weitere Menüs besuchen. Das sollte Ihnen ein Gefühl dafür geben, wie Sie mit Gopher navigieren, und welche Art von Informationen Sie finden werden.

* **mail** und **save** sind inaktiv, wenn Sie einen öffentlichen Gopher-Client benutzen.

** Viele **gopher**-Implementierungen wissen nicht, wie Verzeichnisse angelegt werden.

Auf andere Server wechseln

Indem Sie mit **gopher** auf Ihrem Heimatserver herumstöbern, finden Sie vielleicht 80 Prozent von dem, was Sie finden wollten. Nun müssen Sie irgendwie noch die restlichen 20 Prozent finden. Sie können das schaffen, indem Sie sich auch auf anderen Servern umsehen. **gophers** Hauptmenü hat normalerweise einen Eintrag wie diesen:

```
--> 8.  Other Gopher and Information Servers/
```

Die genaue Wortwahl mag sich von Server zu Server unterscheiden. Manchmal finden Sie diesen Punkt auch erst eine Menüebene tiefer, unter »Other Services« oder etwas ähnlichem. Es mag versteckt sein, aber es ist immer da.

Von einem Server zum anderen zu wechseln unterscheidet sich nicht von jeder anderen Suche: Sie sehen Menüs durch und wählen einen Eintrag aus. Nachdem Sie also den »Other Gophers«-Eintrag angewählt haben, müssen Sie möglicherweise noch einige Seiten blättern, um zu finden, was Sie suchen. Einige Server teilen die Einträge nach dem Alphabet auf:

```
    1.  Gopher Servers (A-G)/
    2.  Gopher Servers (G-T)/
    3.  Gopher Servers (U-Z)/
```

Einige teilen sie nach geographischen Kriterien ein, normalerweise nach Kontinenten. Schauen Sie sich um, bis Sie einen Eintrag gefunden haben, den Sie ausprobieren möchten:

```
--> 1.  CICNET gopher server/
    2.  CONCERT Network -- Research Triangle Park, NC, USA/
    3.  Cornell Information Technologies Gopher/
    4.  Cornell Law School/
```

Beachten Sie, daß andere Server wie Verzeichnisse markiert sind: ihre Einträge enden mit einem Slash. Wenn Sie darüber nachdenken, stellen Sie fest, daß das sinnvoll ist, denn wenn Sie auf einen dieser Server zugreifen, erhalten Sie ein Menü mit Diensten. Es ist nicht weiter wichtig, daß diese Dienste von einem anderen Server angeboten werden.

Aus der oben gezeigten Liste können Sie vielleicht schon ersehen, daß einige Server von allgemeinem Interesse sind—wie der, den wir bisher benutzten. Andere, wie der Server an der Cornell Law School (Nummer 4) haben einen bestimmten Schwerpunkt. Auf einem Server zu einem bestimmten Thema finden Sie unter Umständen keinen der Einträge, die wir bisher behandelt haben, wie das Glossar der Netzwerkterminologie oder ein Verzeichnis von Verzeichnisdiensten. Aber es wird immer einen Weg zu anderen Gophern geben. Wenn Ihre Interessen auf dem Gebiet eines dieser speziellen Server liegen, möchten Sie vielleicht diesen Server zu Ihrem Ausgangspunkt machen; der Server der Cornell Law School wäre eine naheliegende Wahl, wenn Sie besonderes Interesse an Rechtsfragen haben. Sie haben damit einen

Großteil der Information, die Sie täglich brauchen, direkt zur Verfügung—und jemand anderes verwaltet sie für Sie.

Wenn Sie bereits einen bestimmten Server im Hinterkopf haben, gibt es auch einen einfacheren Weg, ihn zu erreichen, als ihn durch eine Kette von Gopher-Menüs anzuwählen. Sie können Ihren Gopher-Client auf einen bestimmten Server ansetzen, indem Sie den Domainnamen des Servers auf der Kommandozeile angeben. Nehmen wir an, daß Sie auf den Gopher der Cornell Law School zugreifen möchten, **fatty.law.cornell.edu**. Um das zu tun, fügen Sie die Adresse einfach dem **gopher**-Kommando hinzu:

```
% gopher fatty.law.cornell.edu
```

Sie werden mit dem Hauptmenü der Cornell Law School beginnen, und sich nicht erst zu diesem Server durchkämpfen müssen. Bei der Rate, mit der sich Gopher-Server vervielfachen, ist das ein effektiverer Weg für den Einstieg. In dieser Form werden Gopher-Ressourcen auch im *Ressourcen-Katalog* aufgelistet. Wenn Sie einen öffentlichen Gopher-Client benutzen, haben Sie diesen Luxus nicht—Sie werden Ihren Gopher-Server über eine Kette von Menüs anwählen müssen. Das ist ein guter Grund für einen eigenen Client.

Indexsuchen

Nehmen wir an, Sie seien Biologe, und suchen nach Drosophila-Beständen (Fruchtfliegen) für ein bestimmtes Experiment. Sie wählen das Biologiearchiv der Universität von Indiana an (**gopher ftp.bio.indiana.edu**) und sehen dort einen Eintrag namens »Flybase«. Nachdem Sie diesen Eintrag ausgewählt und sich ein bißchen umgesehen haben, landen Sie in einem Menü namens »Stocks« (Bestände). Dieses Menü besteht scheinbar aus »fragwürdigen« Einträgen:

```
              Internet Gopher Information Client v1.12S

                             Stocks

    --> 1.  Search stocks at Bloomington, USA  <?>
        2.  Search stocks at Bowling Green, USA  <?>
        3.  Search stocks at Umea, Sweden  <?>
```

Was bedeutet das? Ist Gopher sich nicht sicher, was diese Einträge bedeuten?

Nicht im geringsten. Das Symbol <?> bezieht sich auf einen Typ von Eintrag, der uns bisher noch nicht begegnet ist. In einem normalen Gopher-Verzeichnis (/) wählen Sie das Verzeichnis aus und sehen ein komplettes Menü. Ein Index ist ähnlich. Wenn Sie einen Eintrag auswählen, der mit <?> endet, erhalten Sie Gelegenheit, eine Schlüsselwortsuche in einer Datenbank durchzuführen. Zunächst werden Sie nach einem Suchbegriff gefragt, Gopher sucht dann nach Einträgen, in denen der Begriff vorkommt und präsentiert Ihnen dann ein spezielles Menü, das nur die gefundenen

Einträge enthält—statt einer kompletten Liste der Inhalte. Für Ihr Experiment suchen Sie eine spezielle Art von Drosophila mit violetten Augen. Nachdem Sie also das Stocks-Menü erreicht haben, wählen Sie Eintrag 1 aus: »Search stocks at Bloomington, USA«. Dann sehen Sie dieses auf dem Bildschirm:

```
+---------------- Search stocks at Bloomington, USA -----------------+
|                                                                    |
| Words to search for                                                |
|                                                                    |
|                                  [Cancel ^G] [Accept - Enter]      |
+--------------------------------------------------------------------+
```

Jetzt können Sie Suchbegriffe eingeben. Wenn Sie bereits eine Suche durchgeführt haben, merkt Gopher sich die Suchbegriffe vom letzten Mal und zeigt sie an. Das erleichtert es, die Suche zu wiederholen, wenn Sie beim ersten Mal noch nicht fündig geworden sind. Wenn Sie vollkommen andere Suchbegriffe eingeben möchten, löschen Sie die alten einfach und geben neue ein (wenn Sie unter UNIX arbeiten, können Sie vermutlich auch CTRL-u eingeben).

In unserem Fall suchen wir Drosophila mit violetten (purple) Augen, also geben wir das Suchwort »purple« ein, gefolgt von einem RETURN:

```
Words to search for: purple
```

Wenn Sie RETURN tippen, durchsucht **gopher** den Index und baut daraus ein spezielles Verzeichnismenü, das nur Einträge enthält, auf die Ihr Suchbegriff paßt. In diesem Fall listet das Menü nur Einträge auf, die das Wort »purple« enthalten:

```
              Internet Gopher Information Client v1.12S

          Drosophila Stocks (genotype,breakpt,...): purple

     --> 1.  Genotype: D. mauritiana  pr-3.
         2.  Genotype: D. simulans  pur osp-3.
         3.  Genotype: D. simulans  pur e.
```

Dieses Menü unterscheidet sich nicht von anderen Menüs. Sie betrachten eine Auflistung von Dateien (alle Einträge enden mit einem Punkt). Daher zeigt die Auswahl des ersten Eintrages einfach die Datei an:

```
>>>
Genotype: D. mauritiana  pr-3
Comments: Coyne stocks, 1990; purple eye
Stock #:  2520  Stock Center: Bloomington

Press <RETURN> to continue, <m> to mail, <s> to save:
```

(Wenn Sie Biologe sind, wissen Sie vermutlich, wie Sie diese Information verwenden!)

Die indizierte Suche eröffnet großartige Möglichkeiten, aber es gibt einige Fallstricke. Die Gopher-Schnittstelle ist sehr allgemein gehalten, und wie bei jeder allgemein gehaltenen Sache gibt es einiges, das sehr verwirrend sein kann. Zum einen haben Sie keinen Anhaltspunkt dafür, welche Software die Suche tatsächlich durchführt. Gopher kann Suchen durch Archie-Server erledigen lassen, durch WAIS-Server, und andere. Jeder dieser Server hat seine eigenen Suchregeln und interpretiert Schlüsselwörter unterschiedlich. Einige, wie Archie, erlauben Ihnen nur die Suche nach einem einzigen Wort. Einige Server akzeptieren Schlüsselwörter, aber die Bedeutung kann von Server zu Server unterschiedlich sein. Nehmen Sie beispielsweise den String:

```
clinton and gore
```

Bedeutet das nun, daß die Suche nur Einträge findet, die »clinton«, »and« und »gore« enthalten? Oder sagt die »and«-Direktive dem Server, daß er alle Einträge finden soll, die das Wort »clinton« und das Wort »gore« enthalten? Sie wissen es nicht, und Sie können es vorab auch nicht herausfinden. Sie wollen sicherlich keine Liste aller Einträge, die das Wort »and« beinhalten!

Ein weiteres Problem ist, daß Gopher die Suchmöglichkeiten unterschiedlicher Server auf die gemeinsame Schnittmenge eingrenzt. Ihnen stehen die Möglichkeiten zur Verfügung, die alle gemeinsam haben; nicht die besten, die jeder einzelne Server bietet. Beispielsweise können Sie auf WAIS-Server auch durch Gopher zugreifen. WAIS-Suchen sind sehr leistungsfähig—viel fortgeschrittener als alles, was Sie bis jetzt gesehen haben. (Ihnen sollte jetzt das Wasser im Munde zusammenlaufen!) Wenn Sie jedoch einen WAIS-Server durch Gopher benutzen, geht ein Großteil der umfangreichen Möglichkeiten verloren, weil Sie durch die einfache kommandoorientierte Gopher-Schnittstelle nicht alle Möglichkeiten nutzen können.

Sie werden auch herausfinden, daß manchmal gerade die Ressourcen, bei denen ein Index am nützlichsten ist, in dieser Hinsicht durch das Lizenzrecht eingeschränkt werden. Meistens wird Ihnen erlaubt, die Datenbank zu durchsuchen—aber nicht, sich anzusehen, was Sie gefunden haben. Beispielsweise bietet der Gopher der Universität von Minnesota den UPI-Pressedienst (aus der Clarinet-Newsgruppe) als indizierte Ressource an. Sie können darauf zugreifen:

```
              Internet Gopher Information Client v1.12S

                              UPI News

          1.  About UPI News.
      --> 2.  Search Today's News <?>
          3.  Search entire news archive <?>
          4.  Search last month's news archive <?>
          5.  Search this month's news archive <?>
          6.  Stories/
```

Und nach »clinton« suchen:

```
+-------------------- Search Today's News --------------------------+
|                                                                   |
| Words to search for  clinton                                      |
|                                                                   |
|                                  [Cancel ^G] [Accept - Enter]     |
+-------------------------------------------------------------------+
```

Der Gopher gibt Ihnen dann ein Menü mit Einträgen, auf die der Suchbegriff paßt:

```
              Internet Gopher Information Client v1.12S

                    Search Today's News: clinton

     --> 1.  Today/biz/Israeli report: Pan Am security was lax before bombing.
         2.  Today/feature/PEROT CAN CASH IN BY IGNORING ISSUES.
         3.  Today/news/What Newspapers Are Saying.
         4.  ..news/Israeli report: Pan Am security was lax before bombing.
         5.  Today/news/UPI NEWS AT A GLANCE.
         6.  Today/news/Voters still unhappy with their choices.
         7.  ..news/Florida Perot supporters say they've got enough signatures.
         8.  ..Bush, Clinton get big wins but Perot could be a factor in th.
         9.  Today/news/Clinton takes campaign to Congress.
```

Aber wenn Sie versuchen, einen Artikel zu lesen, erhalten Sie:

```
We cannot off campus allow connections to this server.
Sorry

Bummer.....

Press <RETURN> to continue, <m> to mail, <s> to save:
```

Das liegt daran, daß die Lizenz, die der Universität von Minnesota erlaubt, den UPI-Pressedienst online verfügbar zu halten, die Weitergabe an Außenstehende untersagt. Gopher weiß, wo Sie sich befinden, und berücksichtigt diese Einschränkung. Einschränkungen wie diese sind ein kleiner Preis für das, was Gopher bietet. Behalten Sie im Hinterkopf, daß die Alternative zu Lizenzeinschränkungen nicht freie Daten für alle wären, sondern in Wirklichkeit überhaupt keine Daten.

Mit etwas Erfahrung werden Sie die Unterschiede bei der Durchführung von Suchen kaum noch beachten. Hier sind ein paar Hinweise, um Ihnen dabei zu helfen:

- Gopher-Suchen finden immer ohne Berücksichtigung von Groß- und Kleinschreibung statt. Große und kleine Buchstaben werden als gleich betrachtet.

- Halten Sie die erste Suche einfach. Wenn Sie Artikel suchen, die »clinton« und »gore« enthalten, suchen Sie einfach nach »gore«. Er taucht vermutlich in weniger Artikeln auf, also wird das resultierende Menü kürzer sein. Wenn Ihre Suche zu breit war, macht das nichts—nur das Menü wird länger sein.
- Wenn Sie eine bestimmte Ressource regelmäßig verwenden, nehmen Sie sich fünf Minuten Zeit zum experimentieren. Finden Sie einen Artikel und lesen Sie ihn. Schreiben Sie sich ein paar Begriffe aus dem Artikel auf. Starten Sie ein paar Suchen mit unterschiedlichen Schlüsselwörtern, einige davon auch mit »and«, »or« und »not« dazwischen. Achten Sie darauf, was passiert: Werden Wörter wie »and« als Teil des Suchstrings behandelt, oder als Schlüsselwörter? Erinnern Sie sich, daß die Regeln von Server zu Server unterschiedlich sein können; das bedeutet, daß zwei unterschiedliche Ressourcen, auf die Sie von demselben Gopher-Server aus zugreifen, sich unterschiedlich verhalten können.
- Wenn Sie von Gopher-Server zu Gopher-Server wechseln, kann sich die Art und Weise, in der eine Suche durchgeführt wird, auch für eine ähnlich benannte Ressource unterscheiden. Wenn Sie eine Ressource immer vom gleichen Server aus verwenden, bleiben die Suchfunktionen die gleichen.
- Es gibt keinen direkten Weg, eine Suche zu beenden, wenn Sie erst einmal gestartet wurde. Wenn Sie instinktiv mit CTRL-C abbrechen wollen, beenden Sie nur den Gopher-Client. Das beste ist, die Suche beenden und sich eine bizarre Kollektion von Menüeinträgen anzeigen zu lassen.

Suchen in Menüs

Wir sehen, daß es recht einfach ist, sich innerhalb eines Servers zu bewegen und von einem zum anderen zu wechseln. Daraus resultiert aber auch ein Problem: Wie finden Sie das, was Sie interessiert, zwischen den Tausenden von Einträgen, die Sie nicht interessieren? Bis zwei Menschen an der Universität von Nevada das Gopher-Äquivalent zu Archie bastelten, gab es tatsächlich keinen einfachen Weg dorthin. Mit dem typischen Hacker-Humor nannten sie ihren Archie-Verwandten Veronica—wie die Comicfigur.

Erste Schritte mit Veronica

Veronica gewinnt die Daten genau so wie Archie: Es besucht Gopher-Server in der ganzen Welt und ruft ihre Menüs ab, merkt sich, was dort ist, und konstruiert daraus einen Index aus Gopher-Menüs. Das faszinierendste an Veronica ist, daß Sie bereits wissen, wie Sie es benutzen müssen! Es sieht wie eine Indexsuche aus. Sie wählen Veronica wie irgendein anderes Suchmenü aus, es fragt dann nach den Suchbegriffen und baut daraus ein eigenes Menü. Die Menüeinträge sind Einträge von Gopher-Servern weltweit, die die Wörter enthalten, nach denen Sie suchen.

Um auf Veronica zuzugreifen, suchen Sie auf einem beliebigen Gopher-Server nach einem Eintrag wie diesem:

```
19. Search titles in Gopherspace using Veronica <?>
```

Wenn Sie diesen Eintrag auswählen, sieht das nächste Menü etwa so aus:

```
                   Internet Gopher Information Client v1.12S

                   Search titles in Gopherspace using Veronica

    1. Search gopherspace by veronica at PSINet <?>
--> 2. Search gopherspace by veronica at SUNET <?>
    3. Search gopherspace by veronica at University of Cologne <?>
    4. Search Gopher Directory Titles using PSINet <?>
    5. Search Gopher Directory Titles using SUNET <?>
    6. Search Gopher Directory Titles using University of Cologne <?>
    7. FAQ:  Frequently-Asked Questions about veronica  (1993/08/23).
    8. How to compose  veronica queries (NEW June 24) READ ME!!.


Press ? for Help, q to Quit, u to go up a menu              Page: 1/1
```

Zuerst fällt auf, daß es mehrere Menüeinträge gibt, die auf mehrere Veronica-Server hinweisen. Die Anzahl dieser Server variiert von Mal zu Mal und von Server zu Server. Einige Gopher-Server sind intelligent genug, um zu wissen, wann ein Veronica-Server unbenutzbar ist und löschen nicht benutzbare Server dynamisch aus ihren Menüs. Andere lassen alle Einträge dort und überlassen es Ihnen, sie auszuprobieren.

Es gibt viele Server, und das in erster Linie, weil sie oft benutzt werden: Ein einzelner Server könnte nicht die Suchen für das ganze Internet erledigen. Woher wissen Sie nun, welchen Sie benutzen sollten ? Tja, es gibt keinen Weg, im voraus zu wissen, welcher der beste ist. Alle enthalten die gleichen Daten, aber Sie wissen nicht, welche Server ausgelastet sind und welche nicht. Wie mit Archie sollten Sie zunächst einen Server probieren, der in Ihrer Nähe liegt; wenn das nicht funktioniert, nehmen Sie einen etwas entfernteren, bis Sie einen gefunden haben, der antwortet. Wenn Sie einen Veronica-Server auswählen, fragt Gopher Sie nach den Suchbegriffen. Nehmen wir an, daß Sie die politische Debatte um die Gesundheitsvorsorge verfolgen wollen. Sie suchen also nach einem Ort, wo Sie gelegentlich vorbeischauen können, um dort die Neuigkeiten zu finden. Sie beginnen, indem Sie Ihren Suchbegriff eingeben:

```
+-------------Search gopherspace by veronica at SUNET--------------+
|                                                                  |
| Words to search for  healthcare                                  |
|                                                                  |
|                               [Cancel ^G] [Accept - Enter]       |
|                                                                  |
+------------------------------------------------------------------+
```

An diesem Punkt können Sie die Suche noch durch CTRL-g abbrechen—damit gelangen Sie zum vorherigen Menü zurück. Um mit der Suche fortzufahren, drücken Sie RETURN. Wenn alles klappt, erhalten Sie ein Menü mit Einträgen, die mit Ihrem Suchbegriff zu tun haben:

```
                    Internet Gopher Information Client v1.12S

                 Search gopherspace by veronica at SUNET: healthcare

--> 1. PubH 5753    Strategic Management in the Healthcare Industry.
    2. healthcare-reform-group.
    3. Healthcare Professionals to Review Healthcare Reform Options .
    4. womancare - healthcare for women, by women.
    5. Conference on Healthcare for the Poor and Uninsured:...
    6. 06/21/93 - Orange County Healthcare Agency/Cal EPA Inspection.
    7. PREFERRED FAMILY HEALTHCARE, INC. - 1.
    8. PREFERRED FAMILY HEALTHCARE, INC. - 3.
    9. PREFERRED FAMILY HEALTHCARE INC. - 2.
   10. PREFERRED FAMILY HEALTHCARE INC. - 4.
   11. PREFERRED FAMILY HEALTHCARE INC. - 5.
   12. PREFERRED FAMILY HEALTHCARE INC. - 6.
   13. CFP: Neural Networks in Medicine and Healthcare.
   14. Bloodborne Pathogens     Healthcare Workers with AIDS.
   15. Bloodborne Pathogens   B.Review of the Epidemiology of ...
   16. Bloodborne Pathogens   (4)Information Provided to the...
   17. Bloodborne Pathogens   (5)Healthcare Professional's Written...
   18. President's Remarks on NAFTA, Healthcare, and the Canadian...

Press ? for Help, q to Quit, u to go up a menu           Page: 1/9
```

Diese Suche hat Ihnen mehr geliefert, als Sie erwartet hatten: neun volle Seiten!

Neun Seiten mögen annehmbar sein, wenn Sie die Suche nur einmal durchführen. Beispielsweise, wenn Ihr Kind nach Hause kommt und sagt, daß es schnell das Periodensystem der Elemente für den Chemieunterricht braucht. Sie finden es, wählen es aus, sehen es sich an und sind fertig. Aber das ist nicht die einzige Möglichkeit, die gefundenen Informationen einzusetzen. Wenn Sie gelegentlich herausfinden wollen, was es zu einem bestimmten Thema an Neuigkeiten gibt, möchten Sie lieber einige wenige Informationsquellen als viele weit verstreute Ressourcen im Auge behalten. Das bedeutet, daß Sie ein Verzeichnis suchen—statt einzelner Einträge. Dafür enthielt das Veronica-Menü Einträge wie den folgenden:

```
5. Search Gopher Directory Titles using SUNET <?>
```

Die erste Suche, die wir durchgeführt haben, fand alle Einträge, die auf das Suchwort paßten. Hier werden nur die Verzeichnisse gesucht (die per Definition Sammlungen von Einträgen sind). Die Vorgehensweise bei der Suche ist in beiden Fällen die gleiche: Veronica fragt, wonach Sie suchen, Sie geben dann einen String gefolgt von einem RETURN ein. Wenn wir unsere Suche nach »healthcare« durchführten und dabei nur nach Verzeichnissen suchten, bekämen wir als Antwort eine überschaubarere Zahl von Treffern:

```
                 Internet Gopher Information Client v1.12S

          Search Gopher Directory Titles using SUNET: healthcare

   -->    1.  HealthCare/
          2.  HealthCare/
          3.  HEALTHCARE/

  Press ? for Help, q to Quit, u to go up a menu           Page: 1/1
```

Das ist schon eher das, was Sie wollten. Sie brauchen keine komplette Liste von Ressourcen—nur ein paar Stellen, wo Sie ab und an mal nachsehen können.

Diese Beispiele zeigen die Standardanwendungen von Veronica. Häufig werden Sie einen Veronica-Server anwählen und eine Nachricht wie diese bekommen:

```
                Internet Gopher Information Client v1.12S

         Search gopherspace at University of Cologne: healthcare

  --> 1. *** Too many connections - Try again soon. ***.
```

Wenn das passiert, probieren Sie einen anderen Server oder versuchen es später noch einmal. Gopher merkt sich Ihren Suchbegriff, so daß Sie ihn nicht jedesmal erneut eingeben müssen.

Veronica für Fortgeschrittene

Als wir vorhin von Indexsuchen sprachen, erwähnte ich, daß Sie nicht wissen, welche Software die Suche für Sie durchführt. Sie konnten keine wirklich komplexen Suchmuster verwenden, ohne genau über den Server Bescheid zu wissen. Veronica-Server sind aber intelligenter als der durchschnittliche Server. Sie beherrschen alle in eingeschränktem Maße Boolsche Suchen sowie die Suche nach Teilstrings.

Boolsche Suchen erlauben Ihnen, die Wörter »and«, »or« und »not« zusammen mit Klammern zu verwenden, um Ihnen eine genauere Kontrolle der Suche zu erlauben. Wenn Sie beispielsweise an Gesundheitsvorsorge für Familien oder Frauen interessiert wären, könnten Sie diesen Suchstring verwenden:

```
healthcare and (women or family)
```

Dieser String wird wie ein mathematischer Ausdruck ausgewertet; »healthcare and« bezieht sich auf alles innerhalb der Klammern. Die Bedeutung dieses Ausdrucks ist also: Suche alles, das sowohl »healthcare« und »women« oder »healthcare« und »family« enthält. Die Ausgabe wäre:

```
                    Internet Gopher Information Client v1.12S

   Search gopherspace by veronica at SUNET: healthcare and (women or
family)

 --> 1.  PREFERRED FAMILY HEALTHCARE INC. - 4.
     2.  PREFERRED FAMILY HEALTHCARE, INC. - 3.
     3.  womancare - healthcare for women, by women.
     4.  PREFERRED FAMILY HEALTHCARE INC. - 5.
     5.  PREFERRED FAMILY HEALTHCARE INC. - 2.
     6.  PREFERRED FAMILY HEALTHCARE INC. - 6.
     7.  PREFERRED FAMILY HEALTHCARE, INC. - 1.
```

Als eine Abkürzung wird angenommen, daß aufeinanderfolgende Wörter mit »and« verknüpft sind, sofern dort keine andere Direktive steht. Das bedeutet, daß die Eingabe von »healthcare and women« das gleiche bedeutet wie »healthcare women«. Warum sollten Sie also tippen, was nicht unbedingt nötig ist?

Wenn Sie noch einmal gründlich über die Suche nachdenken, die wir gerade durchgeführt haben, werden Sie feststellen, daß sie einige Einträge nicht erfassen konnte, die wir gerne sehen würden, weil sie »woman« (oder sogar »womyn«) statt »women« enthalten. Um Situationen wie diese zu bewältigen, verwenden Sie den Stern * als Platzhalter für Wortteile. In der letzten Suche hätte **wom*** die meisten Möglichkeiten abgedeckt—und zusätzlich Artikel über die Pflege von Wombats—denn nichts ist perfekt. Der Stern darf nur am Ende eines Wortes verwendet werden.

Schließlich fanden wir bei unserer Suche noch einen Haufen Information über »Preferred Family Healthcare, Inc.«—müßte ich raten, würde ich vermuten, daß es sich hier um Informationen für ein Gesundheitsvorsorgeprogramm an irgendeiner Universität handelt. Nicht allzu interessant für uns, und wir hätten es daher mit dem Boolschen Operator »not« aussschließen können. Das würde unsere Suche weiter verfeinern, und wir erhielten:

```
healthcare (wom* or family) not inc
```

Wir suchen also nach »healthcare« und einem Wort, das mit »wom« beginnt, sowie nach »healthcare and family«, aber wenn der Eintrag auch »inc« enthält, soll er übergangen werden.

Jughead—der Spion, den Sie nie sehen werden

Wir haben bisher zwei Sorten von Gopher-Suchen kennengelernt—die Indexsuche in einer bestimmten Datenbank und eine Indexsuche durch das gesamte Gopher-Universum. Wie wäre es mit etwas, das genau dazwischen liegt? Erinnern Sie sich an den Abschnitt über die Geburt von Gopher? Die Idee war, daß jede Abteilung einer

Universität ihren eigenen Gopher-Server haben könnte. Einen für die Verwaltung, einen für den Fachbereich Sport etc. Mit Veronica gibt es aber keine Möglichkeit, nur die Gopher-Server der Universität von Minnesota zu durchsuchen. Dafür können Sie Jughead benutzen.

Jughead steht für einen Index über eine bestimmte Gruppe von Gopher-Servern. Sie werden dem Namen Jughead aber nur selten begegnen. Statt dessen sehen Sie einen weiteren Eintrag in einem Menü (normalerweise im Hauptmenü einer Site), etwa wie diesen:

```
5. Search Gopher Menus at the University of Minnesota <?>
```

Für Sie ist das nur eine Indexsuche wie jede andere auch. Die zugrundeliegende Technologie ist Jughead, aber Sie brauchen sich nicht weiter darum zu kümmern.

White-Pages-Server (Verzeichnis-Server)

In Kapitel 10, *Menschen finden*, haben wir Verzeichnisdienste behandelt, die eine elektronische Entsprechung zu herkömmlichen Telefonbüchern sind. Allerdings haben wir eine wichtige Gruppe unter den mehr als 300 Servern übergangen—die, die Sie durch Gopher erreichen. Verzeichnisdienste werden durch **gopher** in zwei Varianten angeboten: als normale Indexsuche und als »CSO-Nameserver«.* Wenn Sie in einem Gopher-Menü einen Eintrag finden, der etwas mit »Phone Books« beinhaltet, und ihm durch eine Anzahl von regionalen Unterteilungen folgen, werden Sie irgendwann auf eine Liste von Servern für unterschiedliche Gruppen von Menschen stoßen. Auf der Liste finden Sie eventuell Einträge wie die folgenden:

```
    142. Penn State University <CSO>
--> 143. Performance Systems International <?>
```

Die Einträge, die mit <CSO> markiert sind, sind CSO-Server, und die mit <?> markierten sind Gopher-Indexserver.

White-Pages-Indexsuchen mit Gopher

Verzeichnisse, auf die Sie mittels der Gopher-Indexsuche zugreifen, verhalten sich genau so, wie Sie es erwarten. Sie wählen das Verzeichnis aus, das Sie verwenden möchten, und Sie bekommen die vertraute Dialogbox. In diese tragen Sie Ihren Suchbegriff ein, und Gopher schlägt dann den Namen nach. Nehmen wir z.B. den Server

* So benannt, weil sie beim Computing Services Office an der Universität von Illinois in Urbana aus dem CSnet-Nameserver-Programm entwickelt wurden.

von Performance Systems International und suchen wir nach Bill Schrader, wie wir es schon in Kapitel 10 getan haben:

```
+-----------------Performance Systems International------------------+
|                                                                    |
| Words to search for  schrader                                      |
|                                                                    |
|                                     [Cancel ^G] [Accept - Enter]   |
|                                                                    |
+--------------------------------------------------------------------+
```

Sie geben den Namen ein und drücken RETURN. Gopher schlägt dann den Namen nach und gibt Ihnen einige Informationen darüber in einem Menüeintrag mit dem Namen **Raw Search Results**. Wenn Sie diesen Eintrag auswählen (häufig ist es der einzige), sehen Sie:

```
William Schrader (1)                          wls@psi.com

President

Chief Executive Officer
PSI Inc.
  Reston International Center
  11800 Sunrise Valley Drive
  Suite 1100
  Reston, VA 22091
  USA

Telephone: +1 703-620-6651 x310
FAX:       +1 703-620-4586

Locality:    Reston, Virginia
...
```

Im Prinzip sind diese Suchen einfach. Der Haken ist, daß Sie nie genau wissen, wonach Sie suchen dürfen. Einige Server haben das gesamte interne Verzeichnis indiziert, andere nur die Namen, und wieder andere liegen irgendwo dazwischen. Komplizieren Sie die Sache nicht unnötig und suchen Sie nur nach Vor- und Nachnamen.

CSO-Verzeichnissuche

Als CSO-Verzeichnisse entwickelt wurden, brauchten Sie ein spezielles Client-Programm, um Namen nachzuschlagen. Die Software für diesen Client ist nicht sehr weit verbreitet; wenn Sie nicht in einer Firma beschäftigt sind, die selbst einen solchen Server betreibt, haben Sie vermutlich keinen Zugang dazu (daher haben wir diese Server nicht in Kapitel 10, *Menschen finden*, besprochen). Gopher weiß jedoch, wie auf solche Server zugegriffen wird; sobald Sie sich also mit Gopher auskennen, können Sie auch auf diese Verzeichnisse zugreifen.

Lassen Sie uns noch einmal zum Hauptmenü des Gopher-Servers der Universität von Illinois zurückgehen. Eintrag 10 in diesem Menü war mit **Phone Books** überschrieben. Wenn Sie diesen Eintrag auswählen, sehen Sie so etwas wie »Phone Books at other institutions«. Wenn Sie wiederum diesen Eintrag auswählen, sehen Sie ein weiteres Menü, das alle Telefonbücher nach geographischen Kriterien unterteilt. Irgendwann werden Sie schließlich in einem Menü wie diesem landen:

```
          Internet Gopher Information Client v1.12S

                        North America

          175. University of Houston <?>
          176. University of Idaho Faculty/Staff <CSO>
      --> 177. University of Illinois Urbana-Champaign <CSO>
          178. University of Iowa <CSO>
          179. University of Kansas School of Engineering <CSO>
          180. University of Kentucky <CSO>
         ...
```

Das **<CSO>**-Anhängsel am Ende einer Zeile zeigt an, daß es sich um einen CSO-Server handelt. Die Einträge verweisen in erster Linie auf große Universitäten, wo CSO-Server am weitesten verbreitet sind. Wenn Sie einen dieser Einträge auswählen—genau so, wie Sie im vorherigen Beispiel die Datei auswählten—können Sie im ausgewählten Verzeichnis nachschlagen.

Nehmen wir an, daß Sie den Server der Universität von Illinois angewählt haben, indem Sie einfach RETURN drückten. Jetzt erhalten Sie ein neues Menü, um die Suchkriterien einzugeben:

```
          Internet Gopher Information Client v1.12S

 +-------------University of Illinois Urbana-Champaign--------------+
 |                                                                  |
 | name                                                             |
 | alias                                                            |
 | email                                                            |
 | curriculum                                                       |
 | phone                                                            |
 | office_phone                                                     |
 | home_phone                                                       |
 | fax                                                              |
 | permanent_phone                                                  |
 | address                                                          |
 | office_address                                                   |
 | office_location                                                  |
```

```
| home_address                                                     |
| permanent_address                                                |
|                                                                  |
|  [Switch Fields - TAB]          [Cancel ^G] [Accept - Enter]     |
|                                                                  |
+------------------------------------------------------------------+
```

Der Cursor ist anfangs auf dem Feld **Name** positioniert. Sie können die Begriffe, nach denen Sie suchen, dort eingeben. Wenn Sie die Suche mit irgendeinem der anderen Felder einschränken wollen, drücken Sie TAB, um in das entsprechende Feld zu wechseln, und machen Ihre Eingabe. Drücken Sie nicht RETURN, bevor Sie alles eingetragen haben; RETURN startet die Suche.

Die Suchregeln der CSO-Server sind sinnvoll, aber sie unterscheiden sich ein wenig von dem, was Sie wahrscheinlich gewohnt sind. Jedes Wort im Namen wird als Suchbegriff betrachtet, wobei Wildcards (Platzhalter) erlaubt sind.* Die Wörter im Suchstring müssen alle gefunden werden, damit der Eintrag angezeigt wird. Teilstrings werden nicht automatisch gefunden. Wenn Sie Ed Krol bei einem Bier kennengelernt haben, und Sie nun nach »Ed Krol« suchen, weil Sie gerade wieder Durst haben, dann trinken Sie diesmal vermutlich alleine. »Ed« paßt nicht auf »Edward« oder »Edwin«, und »Ed« ist nicht sein Vorname. Daher ist es normalerweise sicherer, in Vornamen Wildcards zu verwenden, wie »Ed*«. Reihenfolge und Groß/Kleinschreibung sind nicht wichtig. Das bedeutet, daß:

```
name    Ed* Krol
```

auf »Edward M Krol« paßt, weil sowohl »Ed«, gefolgt von beliebigen Zeichen, als auch »Krol« im Namen vorkommen. Ebenso würde:

```
name    Krol Ed*
```

zum Ziel führen. Sie müssen nicht jedes Wort in einem Eintrag angeben, wie den Anfangsbuchstaben des mittleren Vornamens, M. Nachdem Sie einen dieser Strings eingegeben haben, starten Sie die Suche mit RETURN. Wenn sie beendet ist, sehen Sie:

```
-------------------------------------------------------
        alias: e-krol
         name: krol edward m
       e-mail: krol@ux1.cso.uiuc.edu
        phone: (217) 333-7886
      address: 1121 dcl, MC 256
             : 1304 w springfield : urbana, il 61801
```

* Kurz zusammengefaßt: `*` paßt auf jede Zeichenfolge. [*liste*] paßt auf jeden einzelnen Buchstaben zwischen den Klammern, d.h. [abc] würde auf a, b, oder c passen. CSO-Server kennen allerdings nicht die regulären Ausdrücke von UNIX oder das ? als Wildcard.

```
        department: computing and communications services office
             title: asst director

    Press <RETURN> to continue, <m> to mail, <s> to save:
```

Wie bei der Textdatei, die wir weiter oben erhalten haben, können Sie nun entweder fortfahren (also eine weitere Adresse nachschlagen), die Ausgabe in eine Datei speichern, oder das ganze an sich selbst mailen.

Ein kleiner Haken bei CSO-Servern ist, daß sie die Einträge nur nach einigen Feldern indizieren. Sie könnten vermuten, daß Sie die Person mit der Adresse »1121 DCL« finden, indem Sie Zeile 4 ausfüllen und die Suche beginnen. Das funktioniert leider nicht, weil es keinen Index gibt, der auf der Adresse basiert. Ihre Suche muß auf dem Namen der Person, der Telefonnummer oder der E-Mail-Adresse basieren. Sie können allerdings beliebige Felder verwenden, um eine Suche weiter einzugrenzen. Nehmen wir z.B. an, daß Sie eine Notiz von Ihrer Sekretärin erhalten, die besagt: »L Ward unter 244-0681 hat angerufen«. Sie können den Namen nicht zuordnen, und nach einigen erfolglosen Versuchen, dort anzurufen, beschließen Sie, es per E-Mail zu versuchen. Also nehmen Sie eine Suche nach »L* Ward« vor:

```
name     L* Ward
```

Die Antwort lautet:

```
query name=L* Ward

Too many entries to print.
```

Die Suche war zu breit angelegt, und der Server weigert sich, eine Liste der gefundenen Einträge auszugeben (normalerweise ist das Maximum bei etwa 20). Sie können die Suche weiter eingrenzen, indem Sie die Telefonnummer angeben:

```
+-------------University of Illinois Urbana-Champaign--------------+
|                                                                  |
| name                                                             |
| alias                                                            |
| email                                                            |
| curriculum                                                       |
| phone                   244-0681                                 |
| office_phone                                                     |
| home_phone                                                       |
| fax                                                              |
| permanent_phone                                                  |
| address                                                          |
| office_address                                                   |
| office_location                                                  |
```

```
| home_address                                                     |
| permanent_address                                                |
|                                                                  |
|  [Switch Fields - TAB]          [Cancel ^G] [Accept - Enter]     |
|                                                                  |
+------------------------------------------------------------------+
```

Jetzt erhalten Sie einen einzigen passenden Eintrag:

```
-----------------------------------------------------
           alias: l-wardl
            name: ward lynn e halpern
          e-mail: uxl.cso.uiuc.edu
           phone: (217) 244-0681
         address: 1541 dcl, MC 256
                : 1304 w springfield
                : urbana, il 61801
      department: computing services office
           title: res programmer
           hours: 7:30am - 6pm"ish" (Mon-Fri)

Press <RETURN> to continue, <m> to mail, <s> to save:
```

FTP mit Gopher

Nachdem Sie nun wissen, wie Gopher-Indizes funktionieren, können Sie Gopher auch als Alternative zu FTP verwenden. Die FTP-Möglichkeiten von Gopher erlauben Ihnen derzeit, Dateien von einem anonymen FTP-Server auf den Computer zu transferieren, auf dem der **gopher**-Client läuft. (Normalerweise wäre das Ihr eigener Computer, aber anfangs ist es wahrscheinlicher, daß Sie einen öffentlichen **gopher**-Client benutzen. Dies ist eine große Motivation, den Client auf Ihrem eigenen Rechner bzw. Ihrer eigenen Workstation laufen zu lassen—Sie können Dateien direkt dorthin übertragen.)

Wenn Sie noch einmal auf Gophers Hauptmenü zurückblicken, sehen Sie dort den Eintrag »Peruse FTP sites«. Auf unserem **gopher** ist es Eintrag 9. Der Name mag sich von Server zu Server unterscheiden, aber Sie sollten den richtigen finden können. Nachdem Sie den Eintrag ausgewählt haben, werden Sie einen von zwei Menütypen sehen; welcher von den beiden, hängt von Ihrem Gopher-Server ab. Einige Server verwenden FTP direkt, in diesem Fall sehen Sie eine alphabetische Liste von Sites, zusammen mit einer Kurzbeschreibung ihres Inhalts:

```
                 Internet Gopher Information Client v1.12S

                               Peruse FTP Sites

      --> 1.  About Peruse FTP Sites.
          2.  About Anonymous FTP.
```

```
3.  a FTP sites/          Sites mit "a"
4.  b FTP sites/          Sites mit "b"
5.  c FTP sites/          Sites mit "c"
...
```

Wenn Sie ein Menü wie dieses sehen, werden Sie sich durch einige Menüs blättern müssen, bis Sie den Server und die Datei gefunden haben, die sie aufspüren möchten. Nehmen wir einmal an, Sie suchen Informationen über die Auswirkungen von Schneedecken auf Perioden der Trockenheit, und daß Sie sich vage erinnern können, daß die Dateien, die Sie suchen, sich auf einem Server befanden, dessen Name mit »c« begann. Also wählen Sie das Menü für die »c«-Server:

```
            Internet Gopher Information Client v1.12S

                        c FTP sites

        1.  c.scs.uiuc.edu 128.174.90.3    adventure, dungeon, world,/
        2.  cadillac.siemens.com 129.73.2.39    unknown/
        3.  caf.mit.edu 18.62.0.232    giraphe3/
        4.  calpe.psc.edu 128.182.62.148  GPLOT, GTEX/
        5.  calvin.nmsu.edu 128.123.35.150  unknown/
        6.  casbah.acns.nwu.edu 129.105.113.52  unknown/
        7.  casper.na.cs.yale.edu 128.36.12.1    multigrid repository/
    --> 8.  ..Drought info for/
        9.  cayuga.cs.rochester.edu 192.5.53.209   JOVE, NL-KR mail list/
        10. cc.curtin.edu.au 134.7.70.1     internet access sw, chemical/
        ...
```

Sie haben Glück: **gopher** hat zwar den Hostnamen unterdrückt, weil er zu lang war, aber der Kommantar zeigt, daß Eintrag 8 eine entsprechende Quelle sein könnte. Es macht nichts, daß der Name fehlt; **gopher** weiß trotzdem, wie auf diese Ressource zugegriffen wird. Also wählen Sie Eintrag 8 aus und drücken RETURN:

```
          Internet Gopher Information Client v1.12S

           caticsuf.cati.csufresno.edu 129.8.100.15
                  Weather/Drought info for

        1.  bin/
        2.  dev/
        3.  etc/
    --> 4.  pub/
        5.  usr/
```

Jetzt haben wir eine Verbindung mit dem FTP-Server **caticsuf.cati.csufresno.edu**, wo sich vermutlich die Daten befinden, die Sie suchen. Sie müssen nun genauer herausfinden, welche Informationen auf diesem Server brauchbar sind. Um die Verzeichnisse des Servers zu durchsuchen, verwenden Sie aber eine Reihe von **gopher**-Menüs—statt der **ls**- oder **dir**-Befehle von FTP. Beginnen Sie, indem Sie sich die README-Datei ansehen, wenn es eine gibt. Leider gibt es hier keine. Da Sie ein wenig über FTP wissen, vermuten Sie, daß das Verzeichnis **pub** ein guter Startplatz wäre. Wenn Sie Eintrag 4 auswählen, sehen Sie viele Unterverzeichnisse, darunter auch diese:

```
       4. beer/
   --> 5. drought/
       6. ethics/
```

Der Eintrag *drought* sieht passend aus, also wählen Sie ihn aus. Sie erhalten ein weiteres Verzeichnis, diesmal mit einem Eintrag *snowpack*—was genau das ist, was Sie suchten. Wenn Sie diesen Eintrag auswählen, zeigt Gopher die Daten an und fragt, ob Sie speichern oder mailen wollen. Das Interessante hierbei ist, daß die Maschine, von der Sie die Datei erhalten, gar nicht zum Gopher-System gehört; es handelt sich einfach um einen anonymen FTP-Server.

Natürlich ist der Prozeß, den wir gerade beschrieben haben, immer noch alles andere als bequem. Gopher erleichtert die Suche ein bißchen, aber Sie müssen immer noch wissen, welcher Server die Daten hat, die Sie haben möchten. Hier hilft der andere Typ von FTP-Menü weiter. Einige Gopher-Server verwenden Archie, um FTP-Ressourcen zu ermitteln. Daraus resultiert eine indizierte, menügeführte Übersicht aller anonymen FTP-Server auf der Welt! Wenn der Gopher-Server, den Sie benutzen, zu diesen gehört, sehen Sie ein Menü wie dieses:

```
                     FTP Sites

   --> 1. Read Me First.
       2. Exact Word FTP Search <?>
       3. Partial Word FTP Search <?>
       4. University of Minnesota - Gopher, POPMail/
       ...
```

Wir sehen nun keine »rohen« Verzeichnisse mehr, wie im vorherigen Beispiel; wir sehen indizierte Verzeichnisse, mit Zugriff durch Archie. Das bedeutet, daß Sie, um einen Server zu finden, statt vieler Menüs eine Gopher-Verzeichnissuche verwenden. Tatsächlich verwenden Sie Archie; aber, wie Sie nun sicherlich schon erwarten, versteckt Gopher die Archie-Details vor Ihnen. Sie können zwei Arten des Suchens durchführen, passend zu zwei Suchtypen von Archie: entweder exakte Übereinstimmung oder Substring-Suche. Wenn wir 3 auswählen, antwortet Gopher mit:

```
+--------------Search of Most FTP sites (archie)-----------------+
|                                                                |
| Words to search for                                            |
|                                                                |
|                              [Cancel ^G] [Accept - Enter]      |
|                                                                |
+----------------------------------------------------------------+
```

Worauf wir mit der Eingabe **snowpack** antworten. Nachdem die Suche beendet ist, erhalten wir ein Menü:

```
            Internet Gopher Information Client v1.12S

               Partial Word FTP Search: snowpack


      --> 1.  caticsuf.cati.csufresno.edu:/pub/drought/snowpack  General Info.
          2.  caticsuf.cati.csufresno.edu:/pub/drought/snowpack.
```

Dieses Menü zeigt uns zwei Einträge, von denen beide das Suchkriterium erfüllen, das wir angegeben haben. Wenn wir Eintrag 2 auswählen, erhalten wir den gleichen Eintrag wie vorhin:

```
                         DEPARTMENT OF WATER RESOURCES
                         Hydrology and Flood Operations

                            WATER SUPPLY CONDITIONS
                             as of March 15, 1991

       Precipitation,  Northern Sierra 8-station index:
          Mar 1 - Mar 15:  12.1" (est.)
          March average:    7.0"
          Pct of Mar avg:   172%
   ...
```

Seien Sie nicht überrascht, wenn Ihnen beide Schnittstellen begegnen: sowohl ein Archie-ähnliches, indiziertes Verzeichnis als auch eine alphabetische Liste von FTP-Servern. Die Ressourcenliste von Archie ist wahrscheinlich verläßlicher, aber beide haben ihren Nutzen. Die indizierte Liste ist offensichtlich sinnvoller, wenn Sie Information zu einem bestimmten Thema suchen und nicht wissen, wo Sie fündig werden könnten. Die alphabetische Liste mag einfacher sein, wenn Sie schon wissen, wo Sie die Daten finden (Sie sparen sich das Ausdenken passender Suchbegriffe), oder wenn Sie gehört haben, daß der FTP-Server auf **hoople.usnd.edu** interessante Sachen anbietet, und Sie sich das einmal ansehen wollen.

Gopher arbeitet problemlos, solange es um ASCII-Dateien geht, aber mit Binärdateien können Probleme auftreten. Um eine Binärdatei korrekt zu behandeln, muß **gopher** in der Lage sein, den Typ der Datei zu erraten. Gopher verläßt sich dabei auf Erweiterungen der Dateinamen (wie *.tar.Z*, *.hqx* etc.). Wenn es eine Datei findet, die es als binär erkennt, markiert **gopher** die Datei für Sie mit dem Suffix **<BIN>**. In diesem Bereich wird noch emsig weiterentwickelt; die Art und Weise, in der **gopher** mit diesen Dateien umgeht, kann sich von Client zu Client unterscheiden. Der Mac-Client mag beispielsweise in der Lage sein, Dateien problemlos zu übertragen und automatisch zu entpacken, wenn sie auf *.hqx* enden. Die Unix-Version kann diese Dateien vielleicht auch übertragen, aber sie läßt sie unverändert. Die X-Version kann vielleicht verschiedene Bildformate automatisch anzeigen. Und wieder eine andere Version teilt Ihnen vielleicht nur mit, daß sie nicht weiß, wie sie mit Binärdateien umzugehen hat. Alles das ändert sich ständig (und hoffentlich zum besseren), also probieren Sie es einfach aus und sehen Sie, was passiert.

Selbst wenn Ihr Gopher-Client sich weigert, Binärdateien zu verarbeiten (oder wenn er es vergeblich versucht), ist er noch nicht ganz unbrauchbar. Das Kommando = zeigt, was **gopher** für Sie tut. Wenn Sie eine Ressource wie Eintrag 2 auswählen und = drücken, zeigt **gopher** Ihnen etwa dieses:

```
Name=snowpack
Type=0
Port=7997
Path=caticsuf.cati.csufresno.edu@/pub/drought/snowpack
Host=gopher.uiuc.edu

Press <RETURN> to continue, <m> to mail, <s> to save: █
```

Die wichtige Zeile ist hier **Path**. Sie sagt Ihnen exakt, wo Sie die Daten finden können. Selbst wenn **gopher** nicht in der Lage ist, die Datei für Sie zu übertragen, wissen Sie so immerhin den Hostnamen **caticsuf.cati.csufresno.edu**. Sie können anonymes FTP verwenden, um auf den Host zuzugreifen, dann mit **cd** in *pub/drought* wechseln, und die Dateien, die Sie haben möchten, mit Ihrem FTP-Client abholen. Sobald Sie die Datei haben, können Sie manuell ausführen, was nötig ist, um die Daten nutzbar zu machen.

Das Kommando = gibt Ihnen Gophers interne Informationen über eine beliebige Ressource. Was Sie mit dieser Information anstellen können, hängt vom Typ der Ressource ab. Wenn es sich um eine **telnet**-Ressource handelt, müssen Sie **telnet** verwenden, um darauf zuzugreifen. Ist es eine Datei, verwenden Sie FTP usw. Wenn es sich um eine Gopher-Ressource handelt, können Sie nur mit **gopher** garantiert darauf zugreifen. Im Notfall könnten Sie es auch mit FTP versuchen, aber das funktioniert nicht unbedingt.

Telnet durch Gopher benutzen

Gopher kann Sie auch mit Ressourcen verbinden, die **telnet** als Schnittstelle verwenden. Das funktioniert genau so wie bei jeder anderen Ressource: Sie gehen durch Menüs und wählen eine Ressource aus, die Sie interessiert. Sie könnten beispielsweise die folgende Ressource entdecken, während Sie ein Menü unter dem Titel **Libraries** lesen:

```
--> 23. University of California MELVYL <TEL>
```

Dies ist ein TELNET-Interface zum Online-Katalog der Universität von Kalifornien. Das Suffix <TEL> am Ende des Eintrags sagt Ihnen, daß es sich hier um eine **telnet**-

Ressource handelt. Wenn Sie eine **telnet**-Ressource auswählen, gibt **gopher** Ihnen eine Warnung und einen Hilfebildschirm aus:*

```
         Warning!!!!!, you are about to leave the Internet
            Gopher program and connect to another host.
       If you get stuck press the control key and the ] key,
                         and then type quit

                 Now connecting to melvyl.ucop.edu

                      Press return to connect:
```

Gopher gibt Ihnen diese Warnung, weil es die Kontrolle über Ihre Sitzung verliert, sobald **telnet** startet, und sie erst dann zurückbekommt, wenn **telnet** beendet ist. Wenn Sie während der TELNET-Sitzung irgendwo hängenbleiben, sind Sie auf sich selbst gestellt. Mit CTRL und der schließenden eckigen Klammer (CTRL-]) gelangen Sie normalerweise in den Kommandomodus von **telnet**.**

Abhängig von der Ressource enthält der Hinweisbildschirm vielleicht einige Tips zur Benutzung. Ein Beispiel:

```
Use login "Guest"
```

oder:

```
When you get connected do a "DIAL VTAM"
```

In anderen Situationen sind Sie auf sich selbst gestellt. Möglicherweise müssen Sie Kontakt mit der Verwaltung der betreffenden Site aufnehmen, um einen Account zu bekommen. Die bloße Tatsache, daß Sie durch **gopher** dorthin gelangen können, bedeutet noch nicht, daß Sie damit sämtliche Zugangsbeschränkungen umgangen haben.

---

* Im Macintosh-Hypercard-Gopher sieht dies erheblich anders aus.

** Wenn Sie **telnet** benutzen, um auf einen öffentlichen Gopher-Client zuzugreifen, sollten Sie an die Vorsichtsmaßnahmen bezüglich der Escape-Zeichen bei einer Sitzung über mehrere TELNET-Verbindungen hinweg denken. Beachten Sie auch, daß öffentliche Gopher-Server Ihnen normalerweise nicht erlauben, auf eine TELNET-Ressource zuzugreifen. Um an TELNET-Ressourcen zu gelangen, müssen Sie den Client entweder auf Ihrem eigenen Computer starten oder von einem Account aus, der Ihnen gehört. Kapitel 5, *Fernzugang*, beschreibt TELNET im Detail.

Nachdem Sie die Warnungen gelesen haben, drücken Sie RETURN, um mit der Ressource verbunden zu werden:

```
Trying 31.1.0.1...
Connected to melvyl.ucop.edu.
Escape character is '^]'.

DLA LINE 145 (TELNET) 06:56:54 05/06/92   (MELVYL.UCOP.EDU)

Please Enter Your Terminal Type Code or Type ? for a List of Codes.

TERMINAL?
```

Wenn Sie fertig sind und sich ausloggen, kehren Sie zu **gopher** zurück—in das Menü, aus dem Sie die Ressource ausgewählt hatten.

Bookmarks - Gophers Lesezeichen

Inzwischen dürften Sie sich mit **gopher** gut genug auskennen, um einen der frustrierenden Seiteneffekte kennengelernt zu haben: Viele Menüs zu durchlaufen, um an eine bestimmte Information zu gelangen, kann etwas nervig sein. Sie beginnen im Hauptmenü, wählen andere Gopher aus, wählen USA, North Carolina, NCSU Library Gopher, Library without Walls. Alles das nur, um an die Ressource zu gelangen, die Sie tatsächlich benutzen wollen. Das ist erträglich, wenn Sie sich nur umsehen um herauszufinden, was interessant ist; aber was, wenn Sie eine Ressource finden, die Sie regelmäßig benutzen wollen? Es wird schnell zur Tortur.

Die Lösung dieses Problems nennt sich *bookmark* (Lesezeichen). Bookmarks sind in nahezu allen Clients verfügbar; sie ermöglichen es Ihnen, eine bestimmte Stelle zu markieren. Damit kann Gopher später an diese Stelle zurückkehren—auch in einer anderen Sitzung.

Was tun Sie, wenn Sie regelmäßig Veronica-Suchen durchführen? Statt durch Menüs zu suchen, bis Sie die Veronica-Einträge gefunden haben, könnten Sie auch ein Bookmark auf die Stelle setzen, wo Veronica-Suchen untergebracht sind. Das Erzeugen eines Bookmarks geschieht in zwei Schritten. Zunächst gehen Sie zu dem Eintrag, den Sie sich merken möchten:

```
--> 19. Search titles in Gopherspace using Veronica/
```

Dann erzeugen Sie ein Bookmark mit dem Kommando **a**. Wenn Sie **a** drücken, erhalten Sie folgende Dialogbox:

```
+----------------------------------------------------------------------+
|                                                                      |
| Name for this bookmark? Search titles in Gopherspace using Veronica|
|                                                                      |
|                                [Cancel ^G] [Accept - Enter]         |
+----------------------------------------------------------------------+
```

Sie werden nach einem Namen für das Bookmark gefragt, so daß Sie es später wiedererkennen. Als Name wird der Name des Eintrags vorgeschlagen. Wenn das in Ordnung ist, drücken Sie einfach RETURN, und Sie sind fertig. Ansonsten können Sie den vorgeschlagenen Namen löschen und eingeben, was Sie möchten. Drücken Sie RETURN, wenn Sie fertig sind.

Sie haben jetzt ein Bookmark. Sie können nun eine Suche ausführen, woanders hingehen, oder Gopher beenden. Es ist unerheblich, was Sie tun—Sie können jederzeit wieder an diese Stelle zurückkehren. Das tun Sie mit dem Kommando **v**—es erzeugt ein Menü mit allen Bookmarks, die Sie bis jetzt gesetzt haben:

```
                  Internet Gopher Information Client v1.1

                                Bookmarks

--> 1. Search titles in Gopherspace using Veronica/

Press ? for Help, q to Quit, u to go up a menu          Page: 1/1
```

Um direkt in das Veronica-Verzeichnis zu springen, wählen Sie diesen Eintrag einfach wie jeden anderen aus.

Irgendwann in der Zukunft möchten Sie möglicherweise ein Bookmark wieder löschen. Sie brauchen die Ressource vielleicht nicht mehr, oder sie ist in der Zwischenzeit verschwunden oder verschoben worden. (Das Internet im allgemeinen, und das Gopher-Universum im speziellen sind ständig in Bewegung.) Um ein Bookmark zu löschen, gehen Sie einfach in das Bookmark-Menü, wählen das zu löschende Bookmark, und drücken **d**.

Bookmarks sind besonders nützlich nach Veronica-Suchen. Sie könnten eine Anzahl von Artikeln zurückerhalten, die wirklich interessant sind. Sie wissen aber nicht, wo sie sich befinden. Sie könnten es mit einem = herausfinden, aber warum sollten Sie sich darüber den Kopf zerbrechen? Setzen Sie einfach ein Bookmark auf die Artikel, die Sie sich merken wollen, und das war's.

Eine Variation des Bookmark-Kommandos merkt sich, wie Sie zu einem bestimmten Menü gelangt sind—statt zu einem Eintrag. Das ist das Kommando **A**. Oberflächlich gesehen erscheint es als Abkürzung für zwei Tastendrücke: **A** kann verwendet werden, um das vorherige Menü zu markieren, statt zunächst mit **u** dorthin zurückzugehen und dann mit **a** ein Bookmark zu setzen. Warum Sie das tun sollten? Nun, es gibt einen offensichtlichen Grund: Oft gelangen Sie zu einem Verzeichnis, das interessant aussieht, aber Sie wissen nicht, ob es das enthält, was Sie suchen, bis Sie es sich angesehen haben. Wenn Sie nun die Einträge ansehen, und sich sagen »Ja, das ist es, was ich suchte«, drücken Sie **A**.

Wirklich praktisch ist **A** aber, wenn Sie es nicht als Abkürzung verwenden. Es ermöglicht Ihnen, sich Suchen zu merken. Wenn Sie **A** drücken, nachdem Sie eine Suche durchgeführt haben, merkt Gopher sich das Suchmenü und den Suchstring, den Sie verwendet haben. Nehmen wir an, daß Sie sich unsere vorherige Veronica-Suche in bezug auf Artikel zur Gesundheitsvorsorge merken möchten. Als wir mit der Verfeinerung der Suche fertig waren, war sie recht kompliziert——**healthcare (wom* or family) not inc**——und nicht gerade das, was Sie jede Woche eintippen möchten, wenn Sie nach neuen Artikeln suchen. Um die Suche zu speichern, führen Sie sie zuerst einmal aus, überprüfen dann, daß sie lieferte, was Sie suchten, und drücken dann **A**. Das speichert die Suche als Bookmark. In Zukunft wird die Suche jedesmal, wenn Sie das Bookmark auswählen, erneut durchgeführt, statt nur die Artikel zurückzuliefern, die Sie schon kennen. Es ist eine einfache Möglichkeit, regelmäßig nach neuen Ressourcen zu suchen.

Bookmarks können allerdings nur benutzt werden, um sich Ihre Position im Gopher-System zu merken. Wenn Sie **gopher** verlassen, um auf irgend etwas per **telnet** zuzugreifen, können Sie zwar ein Bookmark auf die <TEL>-Ressource setzen, aber nicht innerhalb der Ressource. Sie können beispielsweise ein Bookmark setzen, um zu:

```
23. University of California MELVYL <TEL>
```

zu gelangen. Wenn Sie die Ressource anwählen, erhalten Sie die Nachricht »Warning!!!!!, you are about to leave the Internet gopher ...«. Erinnern Sie sich noch? Unter anderem bedeutet das, daß Gopher nicht mehr kontrollieren kann, wo Sie sich befinden. Wenn es das nicht kann, kann es auch keine Bookmarks setzen. Sie können also keine Bookmarks auf bestimmte Menüs oder Ressourcen innerhalb von MELVYL setzen.

Verweise auf andere Server

Anfangs sagten wir, daß jeder Gopher-Client so konfiguriert ist, daß er auf einen voreingestellten Server zugreift, wenn er gestartet wird, und daß Sie einen alternativen Server angeben können, wenn Sie Gopher starten:

```
% gopher servername
```

Es gibt zwei Gründe, warum Sie eventuell direkt zu einem bestimmten Server gehen wollen. Wenn Sie wissen, daß die Information, die Sie wünschen, von einem bestimmten Server angeboten wird, können Sie direkt dorthin gehen, statt erst eine Anzahl von Menüs zu durchwandern. Bei Tausenden von Servern kann die Auswahl aus einem Menü ziemlich langwierig sein. (Im *Ressourcen-Katalog* gehen wir davon aus, daß Sie Gopher auf diese Weise benutzen.)

Zweitens kann es Zeiten geben, in denen Ihr Hauptserver nicht verfügbar ist. Nehmen wir an, Ihr Chef kommt herein und sagt, daß er eine bestimmte Information dringend benötigt. Sie denken sich »kein Problem« und starten **gopher**, aber die Antwort ist:

```
+-------------------Network Error--------------------+
|                                                    |
|  Cannot connect to host gopher.cso.uiuc.edu, port 70. |
|                                                    |
|  Connection refused by host.                       |
|                                                    |
|                        [Cancel - ^G] [OK - Enter]  |
|                                                    |
+----------------------------------------------------+
```

Was tun Sie also? Ganz einfach: Sie fischen den Namen eines anderen Gopher-Servers aus der Tasche und geben ihn auf der Kommandozeile an:

```
% gopher gopher.internic.net
```

Wie gelangen Sie an Servernamen wie **gopher.internic.net**? Der einfachste Weg ist, das Menü **Other Gopher and Information Servers** durchzugehen. Wenn Sie einen besonders gut sortierten Server finden, benutzen Sie das Kommando = und schreiben den Namen auf.

Die Weiterentwicklung von Gopher

Da der Gopher-Dienst sich immer noch in Entwicklung befindet, ändern sich die verfügbaren Möglichkeiten ständig—hoffentlich zum besseren. Client-Programme für andere Computertypen werden entwickelt—und während sie entwickelt werden, bekommen einige vielleicht unterschiedliche Fähigkeiten mit. Die einen mögen bestimmte Funktionen auslassen, andere haben eventuell merkwürdige Implementierungen von Funktionen. Seien Sie also gewarnt: Wenn Sie auf ein paar Überraschungen eingestellt sind, werden Sie in der Lage sein, ohne allzu große Schwierigkeiten zurechtzukommen.

Tag für Tag lernen Menschen mehr darüber, wie verschiedene Sorten von Ressourcen am besten auf das Netz gebracht werden. In gewisser Weise bedeutet das, daß ein großes Chaos noch größer gemacht wird. Aber es treibt auch die Entwicklung neuer Server und Indexhilfen voran, die das Netz besser benutzbar und freundlicher machen. Es bedeutet auch, daß Ihr Lieblingsserver von Mal zu Mal ein wenig anders sein kann—Sie müssen bloß lernen, wie Sie sich die wechselnden Gegebenheiten am besten zunutze machen.

Andere Gopher-Clients

In diesem Kapitel haben wir einen einfachen, zeilenorientierten Gopher-Client für UNIX besprochen. Das war eine offensichtliche Wahl, da das der Client ist, den Sie sehen werden, wenn Sie Ihren Zeh ins kalte Wasser stecken und zum ersten Mal einen öffentlichen Gopher-Client per **telnet** ausprobieren. Es gibt aber noch viele andere Clients: **xgopher** für X Windows, TurboGopher für den Macintosh (ein sehr angesehenes Programm) und diverse Clients für Windows. Aber der beste Gopher-Client ist ironischerweise gar kein Gopher-Client: Es ist Mosaic (in UNIX-, Windows- und Macintosh-Versionen verfügbar), ein Client für das World Wide Web. Dazu kommen wir in Kapitel 13—bleiben Sie bei uns!

Ein letztes Wort

Ich hoffe, daß ich Ihnen eine Idee davon vermitteln konnte, was durch Gopher verfügbar ist—das heißt, beinahe alles. Was ich Ihnen nicht vermitteln kann, ist ein Gespür dafür, wie Gopher organisiert ist; z.B. wo Sie suchen sollten, wenn Sie Archäologe sind, oder Softwareentwickler, oder Dozent. Gopher mag Ihnen helfen, zu den Ressourcen zu gelangen, aber Sie müssen immer noch recht genau wissen, was und wo Sie suchen. In einer herkömmlichen Bibliothek gibt es einfach keinen Ersatz für das Durchstöbern der Regale, während Sie prüfen, was interessant ist. Das gleiche gilt für Gopher: Es gibt keinen Ersatz für das Erforschen; genau das wird Ihnen nicht nur helfen, mit den verschiedenen Kommandos vertraut zu werden, sondern Sie werden so auch herausfinden, wo die interessanten Dinge sind. Vermutlich werden Sie auch einige Dienste finden, von denen Sie nicht einmal ahnten, daß sie existieren.

KAPITEL ZWÖLF

SUCHEN IN DATENBANKEN: WAIS

Wie WAIS arbeitet
Zugang zu WAIS
Öffentliche WAIS-Clients
Quellen hinzufügen

WAIS, der Wide Area Information Service, ist ein weiterer Dienst des Internets. Es eignet sich hervorragend dazu, mit einem Index versehenes Material zu durchsuchen und Artikel anhand ihres Inhaltes zu finden. Anders gesagt: WAIS ermöglicht es Ihnen, Internet-Archive nach bestimmten Wortfolgen zu durchsuchen.

Eigentlich ist WAIS ein Werkzeug, um mit Sammlungen von Daten—oder Datenbanken—umzugehen. Für viele Leute besteht eine Datenbank aus einer Datei voller Zahlen—oder, sobald Sie ein wenig von dem gesehen haben, was WAIS tun kann, einer Sammlung von Artikeln zu einem bestimmten Thema. Diese Sichtweise ist aber zu eng. WAIS kann noch mit viel mehr umgehen—das Format der Information ist nicht sonderlich wichtig. WAIS sieht bei einer Suche nicht in den Daten selbst nach, sondern in einem Index. Wenn Sie oder jemand anderes sich die Mühe machen, einen Index zu erstellen, kann WAIS Informationen auswählen und präsentieren—unabhängig vom Format. Am häufigsten sehen Sie Indizes für verschiedene Arten von Texten (Artikel und ähnliches), aber Sie können Indizes für alles mögliche erstellen. Zum Beispiel könnte jemand einen Index über bekannte Kunstwerke erstellen. Die Daten, die mit diesem Index verknüpft sind, könnten die Kunstwerke selbst sein, abgelegt in einem standardisierten Grafikformat (z.B. GIF). Sie könnten dann nach »Gotik« suchen und dabei Grant Woods Bild »Amerikanische Gotik« finden. Es gibt viele Indizes zu Daten, die anderswo verfügbar sind (so wie die **whois**- und **archie**-Indizes). Einige sind nützlich, und andere nicht, aber Sie können sie durchsuchen und werden dabei häufig auch fündig.

Ich gebe zu, daß ich die »offizielle« Terminologie zu WAIS nicht sonderlich schätze. Die Datenbanksprache ist überaus abstrakt und verhindert, daß Sie erkennen, was WAIS tun kann. Ich betrachte WAIS-Datenbanken lieber als Privatbibliotheken zu einem bestimmten Thema; beispielsweise eine Bibliothek von Architekturrichtlinien und -normen. Da ich diese Sichtweise als einfacher empfinde, werden wir es für den Rest des Kapitels dabei belassen.

Wie Gopher läßt auch WAIS Sie Ressourcen im Netzwerk finden und darauf zugreifen, ohne daß Sie wissen müßen, wo sich diese Materialien befinden. In Gopher finden Sie Ressourcen, indem Sie eine Reihe von Menüs durchgehen, bis Sie etwas Passendes finden. WAIS funktioniert im Prinzip genauso, aber es erledigt das Suchen für Sie. Sie sagen ihm, was Sie wollen, und WAIS versucht dann, das Material zu finden, das Sie brauchen. Ein WAIS-Befehl bedeutet im Kern: »Suche mir zu diesem Thema, was Du in der Bibliothek finden kannst«. WAIS durchsucht dann die Bibliothek (oder die Bibliotheken), die Sie angegeben haben, und sagt Ihnen, welche Dokumente am wahrscheinlichsten das enthalten, was Sie suchen. Wenn Sie wollen, zeigt WAIS die Dokumente auch gleich an.

Es gibt mehr als 500 frei zugängliche WAIS-Bibliotheken im Netz. Da sie von Freiwilligen gewartet und mit gespendeter Rechnerkapazität betrieben werden, sind die Themen oft recht lückenhaft abgedeckt. Bei solchen Themen, für die es eine Vielzahl von freiwilligen Helfern gibt, ist die Abdeckung gut: Wie zu erwarten ist, gibt es etliche Datenbanken zur Informatik, zu Netzwerken und zur Molekularbiologie. Es gibt auch einige Literaturdatenbanken, darunter die Kollektion des Gutenberg-Projektes, sowie verschiedene religiöse Texte. In den Sozialwissenschaften sieht es dagegen noch nicht so gut aus, aber es kommen laufend neue Datenbanken hinzu. Außerdem gibt es eine Möglichkeit, von WAIS zu erfahren, ob es eine Datenbank zu einem bestimmten Thema gibt. Sie können also leicht herausfinden, ob WAIS Ressourcen hat, die für Sie von Interesse sind.

Einige kommerzielle Informationsdienste, wie der Dow Jones Information Service, bieten ihr Produkt ebenfalls über die WAIS-Schnittstelle an. Sie müssen ein Entgelt entrichten, um einen Service wie diesen zu benutzen. Sobald Sie die Bezahlung arrangiert haben, unterscheiden sich diese Dienste nicht von den frei zugänglichen WAIS-Diensten.

Wir werden Sie in WAIS einführen, indem wir diskutieren, wie es funktioniert. WAIS hat Pluspunkte und Schwachstellen, und Sie brauchen daher etwas Praxis, um WAIS genau das tun zu lassen, was Sie wollen. Sie müssen dazu die richtigen Fragen stellen. Wie Sie diese Fragen stellen, ist einfacher zu verstehen, wenn Sie wissen, was WAIS damit anstellt. Sobald wir das hinter uns haben, werden wir einige Suchen ausführen. Schließlich können Sie WAIS auch benutzen, um eigene Datenbanken zu erstellen und darin zu suchen; wir werden das ebenfalls kurz behandeln.

Wie WAIS arbeitet

WAIS ist ein verteiltes Textsuchsystem. Es basiert auf einem Standard (namens Z39.50*), der eine Methode beschreibt, wie ein Computer einen anderen um die Durchführung einer Suche bittet. WAIS ist eines der ersten Systeme, die auf diesem Vorab-Standard basieren. Derzeit ist es auch das am weitesten verbreitete.

Um ein Dokument durch einen WAIS-Server verfügbar zu machen, muß jemand einen Index generieren, auf den der Server bei der Suche zugreifen kann. Bei Textinformationen ist normalerweise jedes Wort im Dokument indiziert. Wenn Sie von einem WAIS-Client aus eine Suche einleiten, nimmt er Kontakt mit den Servern auf, die für die von Ihnen vorgeschlagenen Datenbanken zuständig sind. Er läßt der Reihe nach jeden Server seinen Index nach einer Gruppe von Wörtern durchsuchen. Der Server sendet dann eine Liste von Dokumenten, die passend scheinen, und zusätzlich eine Punktwertung (score), die angibt, für wie relevant das Dokument gehalten wird. Die Punktwertungen sind normalisiert: Das Dokument, das am besten auf Ihre Suchkriterien paßt, erhält 1000 Punkte; die anderen proportional weniger. Wenn Sie also nach allen Dokumenten suchen lassen, die die Wörter »clinton and gore« enthalten, dann sieht WAIS im Index nach und ermittelt dort, wie oft jedes der Wörter »clinton«, »and« und »gore« im Text enthalten ist. Die Summe dieser Treffer, geringfügig nach der Wortart gewichtet, wird in eine Punktzahl für das Dokument gewandelt. Nachdem alle Datenbanken durchsucht sind, gibt WAIS die Titel der Dokumente aus, die die höchsten Punktzahlen erhielten. Es gibt ein Limit für die Anzahl der angezeigten Dokumente—je nach Client sind es 15 bis 50. Sie können dann auswählen, welche Dokumente Sie sich anzeigen lassen wollen, und WAIS kümmert sich darum.

Sie sollten hier schon ein Problem erkennen. Wie oft wird ein Dokument wohl ausgewählt, weil es das Wort »and« enthält? Sie könnten vermutet haben, daß »and« eine logische UND-Operation bezeichnet, aber es gibt in WAIS keine solchen Schlüsselwörter. Jedes Wort zählt für die Bewertung. Ein Dokument, das 1000 mal »and« enthält, aber weder »clinton« noch »gore«, könnte den besten Punktwert bekommen—oder zumindest ausreichend Punkte für einen Platz unter den ersten zehn. Berücksichtigen Sie, daß WAIS eine recht neue Einrichtung ist, und noch nicht alle Kinderkrankheiten abgelegt hat. Mit zunehmender Reife der Software werden die meisten dieser Probleme beseitigt werden.

Ein weiteres, möglicherweise nicht ganz so offensichtliches Problem ist, daß WAIS nicht kontextsensitiv arbeitet. Sie könnten WAIS nach Artikeln fragen, die »problem children« enthalten, aber es wäre genauso glücklich, Ihnen statt Artikeln zum Thema »Problemkinder« auch solche anzuzeigen, die den Satz enthalten: »Die Kinder hatten

---

* Z39.50 ist ein noch nicht verabschiedeter ANSI-Standard, der die Anforderung von bibliographischen Informationen regelt. Er befindet sich bereits seit langer Zeit in Entwicklung, vorangetrieben in erster Linie durch Bibliothekare und Computernutzer.

ein Problem—sie hatten ihr Essensgeld verloren«. Sie können WAIS nicht mitteilen, daß die Wörter in einer bestimmten Reihenfolge auftreten sollen, und auch keine Angaben über den Kontext machen.

Schließlich ist es nicht möglich, WAIS nach einer vollkommen mißlungenen Suche zu sagen, daß es bestimmte Wörter ausschließen soll. Sie können kein Kommando geben, das besagt: »Finde alle Artikel, die die Wörter 'problem children', aber nicht das Wort 'lunch' enthalten«. Es gibt auch keinen Weg, um nach Artikeln zu fragen, die im letzten Jahr neu aufgenommen wurden. Das macht es schwierig, wiederholt in einer sich ändernden Ressource zu suchen. Wenn Ihre Ressource ein Index von Fachartikeln in einer Zeitschrift ist, gibt es keine Möglichkeit, nach den Artikeln zu suchen, die seit der letzten Anfrage veröffentlicht wurden.

Soviel zu den negativen Aspekten. Trotz dieser Schwachstellen werden Sie bald herausfinden, daß WAIS eine der nützlichsten Recherchehilfen auf dem Internet ist—und es ist möglich, daß zukünftige Versionen von WAIS auch diese Schwachpunkte beheben werden. Für WAIS spricht außerdem die wirklich einzigartige Einrichtung des *Relevance Feedback* (etwa: Hinweis auf die Wichtigkeit eines Dokumentes). Einige Clients ermöglichen es Ihnen, Artikel zu finden, die den bereits gefundenen ähneln. Nehmen wir an, daß Ihre Suche nach »problem children« neben dem unerwarteten »Essensgeld«-Artikel auch einen Artikel mit der Überschrift »Educational Problems In Gifted Children« gefunden hat. »Educational Problems« ist zufällig genau das, was Sie suchten. Das Relevance Feedback ermöglicht es Ihnen dann, Text aus diesem Artikel zu nehmen und WAIS daraus Suchbegriffe extrahieren zu lassen, die für weitere Suchen verwertbar sind. Diese Suchen können entweder in derselben oder einer anderen Quelle durchgeführt werden.

Zugang zu WAIS

Der Zugang zu WAIS ähnelt sehr dem zu Gopher. Um WAIS zu benutzen, brauchen Sie einen Computer, auf dem ein WAIS-Client-Programm läuft. Sie können den WAIS-Client auf Ihrer eigenen Workstation installieren, oder Sie können auf einen Computer zugreifen, auf dem bereits ein WAIS-Client installiert ist, und dort damit arbeiten. Wie bei Gopher gibt es auch WAIS-Clients für die meisten Betriebssysteme und Rechner: Macintosh, DOS, X Window System, NeXT, UNIX usw. In allen anderen Kapiteln dieses Buches habe ich einfach die UNIX-Version erklärt, für die keine besonderen Voraussetzungen vorliegen müssen. Ich könnte das auch mit WAIS tun, denn es gibt ein zeilenorientiertes UNIX-Interface namens **swais**. Das Problem ist, daß die Erläuterung von WAIS-Suchen anhand von **swais** ziemlich verwirrend ist. Sie müssen viele Kommandos geben und andere Eingaben machen, nur um eine Suche vorzubereiten, und es ist absolut nicht offensichtlich, was eigentlich passiert. Es ist wesentlich einfacher, sich die Abläufe zu visualisieren, wenn Sie einen grafischen Client verwenden—etwa **xwais**, das unter dem X Window System läuft. Im nächsten Abschnitt werde ich also zunächst einige Beispiele mit dem X-Client geben. Wenn Sie wissen, was passiert, werde ich Ihnen auch zeigen, wie Sie den zeilenorientierten Client (**swais**) benutzen.

Der zeilenorientierte Client ist wichtig, weil er auf einer Anzahl von öffentlich zugänglichen Servern verfügbar ist. Wie bei Gopher können Sie auch hier zu einer Site **telnet**ten, mit einer speziellen Kennung einloggen (wie »wais«), und einfache Suchen durchführen. Sie können WAIS-Suchen auch durch Gopher und das World Wide Web erledigen (das wir im nächsten Kapitel behandeln werden). Die meisten Gopher-Server haben eine Zeile wie diese im Hauptmenü:

```
9. Other Gopher and Information Servers/
```

Wenn Sie diesen Eintrag auswählen, wird das nächste Menü einen Eintrag wie diesen haben:

```
6. WAIS Based Information/
```

Dieser Eintrag gewährt Ihnen den Zugriff auf die Gopher-Index-Schnittstelle, um eine beliebige WAIS-Ressource abzufragen, sofern sie kostenfrei ist. Das einzige, was Sie auf diese Art nicht tun können, ist die Abfrage mehrerer Ressourcen in einer Suche.

Sie möchten möglicherweise für die ersten Schritte einen öffentlichen Client benutzen. Wenn Sie sich dann entscheiden, daß Sie regelmäßig mit WAIS arbeiten wollen, sollten Sie sich einen besseren Client besorgen (wie bei Gopher werden auch bei WAIS die Clients laufend verbessert). Sie sind an verschiedenen Stellen kostenlos erhältlich—Sie können **archie** benutzen, um sie zu finden. Suchen Sie nach *freeWAIS*.* Zwei FTP-Archive, in denen Sie diese Software finden können, sind **ftp.cnidr.org** in den USA und **nic.funet.fi** in Finnland. Wie bei der anderen Software, die wir in diesem Buch behandelt haben, ist auch bei WAIS die Wahl des Clients in erster Linie eine Frage des Geschmacks.

Eine WAIS-Suche formulieren

Nachdem wir die Einleitung nun hinter uns haben, sollten wir endlich beginnen. Um das zu tun, sollten Sie das Vertrauen haben, alles zu vergessen, was Sie bereits über den Umgang mit Computerdatenbanken wissen. Viele Benutzer stellen beim ersten Kontakt mit WAIS die Frage, welche Bilbliotheken von Dokumenten es überhaupt gibt. Das ist nicht die geeignete Herangehensweise. Man ist daran gewöhnt, sich für bestimmte Aufgaben eines Computers zu bedienen und für andere das eigene Gehirn zu bemühen. Letzteres beispielsweise zum Durchsuchen von Listen nach interessanten Einträgen. Um WAIS wirklich effektiv zu nutzen, müssen Sie Vertrauen haben und WAIS die Suche erledigen lassen.

---

* Obwohl WAIS von Thinking Machines, Apple, Dow Jones und KPMG Pete Marwick entwickelt wurde, werden weitere Arbeiten an der Freeware (*freeWAIS*) z.Zt. vom Clearinghouse for Networked Information Discovery and Retrieval (CNIDR) geleistet.

Wenn Sie **xwais**, den WAIS-Client für das X Window System, starten, sehen Sie als erstes das Hauptfenster (siehe Bild 12-1). WAIS-Clients verwalten zwei Listen—die Liste der Fragen und die der Quellen.* Dieses Fenster zeigt beide. Die **Questions**-Liste oben enthält die Fragen, die Sie möglicherweise noch einmal stellen wollen. Wenn Sie nachsehen möchten, was es in einem bestimmten Bereich Neues gibt, können Sie die Suche immer wieder in der ursprünglichen Form ausführen, oder sie modifizieren und dann ausführen. Hier sehen wir eine gespeicherte Fragestellung, die als *child-sources* abgelegt wurde.

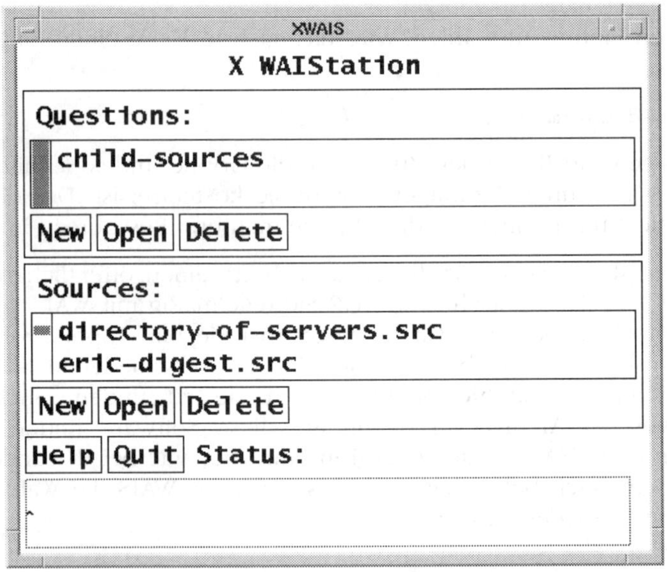

Abbildung 12-1: Hauptfenster

Die **Sources**-Liste, die sich direkt unter der **Questions**-Liste befindet, dient zur Verwaltung der Quellen. Es ist eine Liste von Datenbanken, die Sie vor- und rückwärts durchblättern können. Der Client weiß, wie er diese Quellen auffindet und durchsucht.

* Diese Listen sind in Verzeichnissen namens *wais-questions* und *wais-sources* im Heimatverzeichnis des Accounts abgelegt, von dem aus Sie den Client starten.

Jede Liste hat drei Schaltflächen:

New Öffnet ein Fenster für eine neue Frage oder Quelle.

Open Zeigt eine bereits bekannte Frage oder Quelle an, die Sie ausgewählt haben. Die Schaltfläche **Open** wird benutzt, um eine Frage zu modifizieren und erneut auszuführen, oder um Quelleinträge zu ändern.

Delete Löscht die ausgewählte Frage oder Quelle.

Am unteren Rand des Fensters befinden sich zwei weitere Schaltflächen. Mit **Help** rufen Sie die Hilfefunktion auf, mit **Quit** beenden Sie **xwais**.

Eine Datenbank finden

Es gibt eine Liste von öffentlichen WAIS-Datenbanken, aber diese Liste ist selbst eine WAIS-Datenbank. Wenn Sie diese eine Datenbank kennen—sie heißt *Directory-of-servers*—dann haben Sie alle im Griff. Aber statt die Liste der Datenbanken selbst zu lesen, sollten Sie Ihre Suche beginnen, indem Sie WAIS fragen: »In welcher Datenbank sollte ich nach 'gifted children' suchen«? Um die Suche zu starten, klicken Sie auf **New**. Damit öffnen Sie ein weiteres Fenster, in dem Sie ein Formular für die Eingabe einer Frage vorfinden.

Jetzt ist es also an der Zeit, die Frage zu formulieren. Bevor Sie damit beginnen, gebe ich Ihnen noch einen Hinweis. »Gifted children« ist ein viel zu eng gefaßter Begriff; Sie werden vermutlich keine passenden Datenbanken finden. Das ist auch verständlich, wenn Sie an herkömmliche Bibliotheken denken: Sie werden kaum eine finden, die sich ausschließlich mit hochbegabten Kindern befaßt. Wenn Sie einen Index wichtiger Spezialsammlungen hätten, würden Sie vermutlich ein paar finden, die diese Worte im Namen tragen, aber wahrscheinlich nicht allzu viele. Wenn Sie Ihre Suche auf diese wenigen Bibliotheken beschränkten, würden Sie auf viele Bibliotheken mit exzellenten sozialwissenschaftlichen Sammlungen verzichten, von denen viele vielleicht passender als die Spezialsammlungen gewesen wären. Dasselbe gilt für WAIS. Der richtige Weg, die passende Datenbank zu finden, besteht darin, möglichst weit gefaßte Begriffe zu verwenden. Denken Sie einfach an die Menschen, die sich mit hochbegabten Kindern befassen würden. Das könnten Sozialarbeiter sein, Lehrer, Eltern etc. Da mehrere Begriffe in einer WAIS-Suche die Erfolgsaussichten verbessern, sollten Sie das *Directory-of-servers* mit diesen relevanten Begriffen durchsuchen:

```
social work education parenting
```

Tippen Sie die Schlüsselwörter in das Fenster **Tell me about:**, wie Sie es in Bild 12-2 sehen:

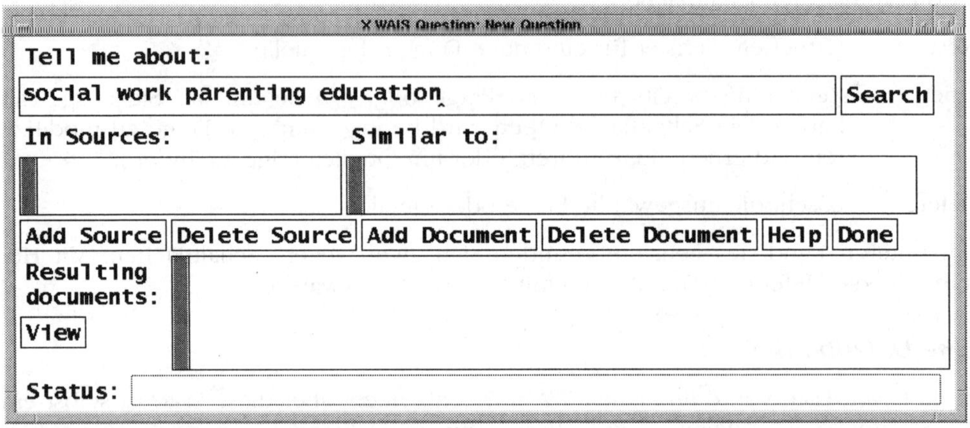

Abbildung 12–2: Directory-of-servers-Anfrage

Nachdem Sie die relevanten Schlüsselwörter eingetragen haben, klicken Sie auf **Add Source**. Damit erhalten Sie ein Pull-down-Menü aller Datenbanken, die Ihr Client als Quelle kennt—Sie sehen das in Bild 12-3.

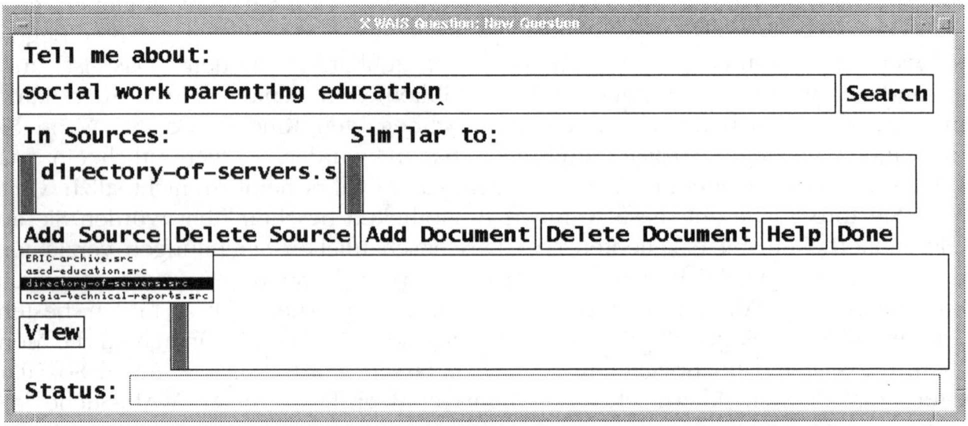

Abbildung 12–3: Eine Quelle auswählen

Bewegen Sie den Pfeil auf *Directory-of-servers*, das dann in inverser Darstellung erscheint, und lassen Sie den Mausknopf wieder los. Das *Directory-of-servers* erscheint dann im Feld **In Sources**:. Jetzt sind Sie bereit, die Suche zu starten—halten Sie den Atem an und klicken Sie auf **Search**.

Wenn Sie alles korrekt ausgeführt haben, wird WAIS das Feld **Resulting Documents**: des Fensters ausfüllen, wie in Bild 12-4 zu sehen ist.

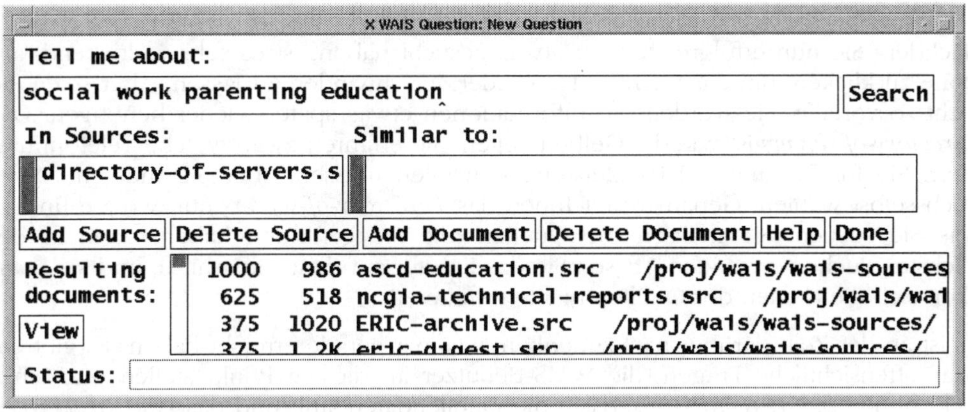

Abbildung 12-4: Resultat der Verzeichnissuche

Betrachten Sie das erste Ergebnis:

```
1000  986 ascd-education.src /proj/wais/wais-sources
```

Die 1000 ist die Punktwertung—dieses Ergebnis zeigt an, daß der gefundene Eintrag besser auf Ihr Suchkriterium paßt als alle anderen; nicht aber, daß es sich um eine perfekte Übereinstimmung handelt. Aber es ist wahrscheinlicher, daß Sie hier passende Artikel finden als sonst irgendwo. Dahinter ist die Größe angegeben: 986 Zeichen.* Der Name der Quelle, *ascd-education.src*, klingt vielversprechend. Wenn Sie die nächste Suche durchführen, wobei Sie nach den Artikeln selbst suchen (statt nach passenden Datenbanken), wählen Sie *ascd-education.src* im Menü **Add Source** aus und fügen es zu Ihrer Suchliste hinzu. Am Ende der Zeile sehen Sie den Dateinamen dieser Quelle—Sie können diesen vorerst ignorieren.

* Dies ist die Größe des gefundenen Eintrags. Es handelt sich um die Größe der Serverbeschreibung. Diese 986 Zeichen haben nichts mit der Größe oder Vollständigkeit der Datenbank selbst zu tun.

Wenn Sie in der Liste der möglichen Quellen nach unten blättern, sehen Sie, daß die Punktwertungen nach den ersten vier Einträgen viel kleiner werden. Also beschließen Sie, dort die Grenze zu ziehen und verwenden diese vier für die eigentliche Suche:

```
ascd-education.src
ncgia-technical-reports.src
ERIC-archives.src
eric-digest.src
```

Nachdem Sie nun erfolgreich nach etwas gesucht haben, ist es sehr verlockend, auf **Done** zu klicken, um das Suchfenster wieder verschwinden zu lassen. Aber seien Sie nicht so voreilig: Sie werden die Informationen etwas später wieder benötigen. Das *Directory-of-servers* ist wie die Gelben Seiten. Sie erfahren zwar, welche Telefonnummern Sie für bestimmte Dienstleistungen wählen müssen, aber Sie müssen immer noch selbst wählen. Genauso sagt Ihnen das *Directory-of-servers* nur, wo Sie finden, was Sie suchen. Sie müssen die Quellen, die Sie gefunden haben, dann in der nächsten Suche verwenden. Lassen Sie das Fenster auf dem Bildschirm, und sie brauchen sich die Namen der Quellen nicht zu notieren.

Es ist an der Zeit, darüber nachzudenken, was wir gerade erreicht haben. Es gibt ein paar offensichtliche Fragen, die WAIS-Benutzer an diesem Punkt stellen. Zunächst: »Wie stehen das *Directory-of-servers*, die Quellendatenbank und das Feld *In Sources:* miteinander in bezug?« Um das zu verstehen, müssen Sie im Hinterkopf behalten, was Sie wissen und was Ihr Client weiß. Anfangs wissen Sie nur, was Sie fragen wollen—aber nicht, wo Ihr Client nachsehen soll. Ihr Client weiß, wie er in den Quellen nachsieht, die im *Directory-of-sources* verzeichnet sind, aber Sie müssen ihm sagen, in welchen er nachsehen soll. Das *Directory-of-servers* löst das Dilemma, indem es vorschlägt, wo Sie Ihren Client suchen lassen sollten. Wenn Sie dann herausgefunden haben, welche Datenbanken nützlich sind, können Sie den **In Sources**-Teil der Frage ausfüllen und WAIS an die Arbeit schicken.* Gelegentlich werden Sie feststellen, daß eine Suche im *Directory-of-servers* Datenbanken vorschlägt, die Ihr Client nicht kennt. Möglicherweise sind sie neu und die Quellenbibliothek Ihres Clients hat diese Einträge noch nicht erfaßt (erinnern Sie sich, daß Ihr Client nur Datenbanken durchsuchen kann, die hier eingetragen sind). Lassen Sie uns für den Anfang annehmen, daß alle vom *Directory-of-servers* vorgeschlagenen Quellen auch in der Quellenbibliothek Ihres Clients vorhanden sind.

---

* Sie werden möglicherweise herausfinden, daß eine Suche im *Directory-of-servers* Sie in ein anderes Serververzeichnis führt; z.B. das *JANUS-dir-of-servers* (eine gute Quelle für Rechtsfragen und UN-bezogene Themen). Das ist in Ordnung—fügen Sie einfach dieses neue Verzeichnis Ihrer Quellenliste hinzu und stellen Sie dieselbe Frage noch einmal.

Die zweite Frage ist einfach: »Warum interessiert uns das überhaupt?« Warum weisen wir WAIS nicht einfach an, überall zu suchen? Es gibt mehrere Gründe dafür. Zum einen ist die Auswahl der Quellen ein Weg, die Suche einzugrenzen. Wenn Sie WAIS auffordern würden, Artikel über »cars« herauszusuchen, bekämen Sie Artikel über Spielzeug, Autos und computergestützte Registratursysteme (CARS;Computer Aided Registration Systems). Die Auswahl einiger passender Datenbanken wie »automobile-repair-records« hilft Ihnen, die Suche einzugrenzen.* Es ist pure Zeitverschwendung, durch Hunderte von Artikeln zu blättern, um zu entscheiden, was relevant ist—genau das ist Aufgabe von WAIS. Zweitens würde es lange dauern, überall zu suchen. Sie gehen schließlich auch nicht in eine Bibliothek und suchen jedes Regal von vorne bis hinten durch, um zu finden, was Sie brauchen. Statt dessen wissen Sie, daß Bücher über Autoreparaturen in einem bestimmten Regal stehen, und fangen dort an zu suchen.

Eine Anfrage formulieren

Nachdem wir diese Probleme nun aus dem Weg geräumt haben, lassen Sie uns zu den Verhaltensproblemen zurückkommen. Wie sollen wir eine passende Frage formulieren? Die eigentliche Suche ähnelt der Verzeichnissuche, die wir vorhin gestartet haben. Gehen Sie zurück ins Hauptmenü und klicken Sie auf **New** im Bereich Questions. Sie erhalten dann ein Menü, um eine neue Frage einzugeben. Tragen Sie einige relevante Schlüsselwörter ein:

```
behavior problems in gifted children
```

Dann füllen Sie den Sources-Teil aus. Sie tragen also die »Telefonnummern« ein, die Sie gerade in den »Gelben Seiten« gefunden haben. Sie tun das genau wie vorhin: mit dem Pull-down-Menü unter **Add Source**, aber Sie müssen es viermal tun—einmal für jede Quelle. Anschließend sind Sie soweit. Sie klicken auf **Search**, und es geht los.

* Ich habe dies nur zur Veranschaulichung verwendet; ich glaube nicht, daß eine solche Datenbank existiert—noch nicht.

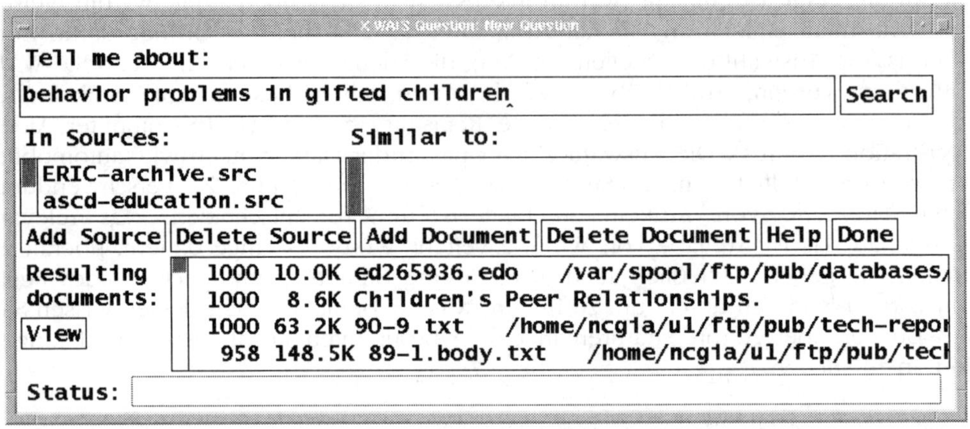

Abbildung 12-5: Ergebnisse der Suche zu Verhaltensproblemen

Einen Moment später erhalten Sie die Ergebnisse, die Sie in Bild 12-5 sehen. Jetzt haben Sie genau das, was Sie suchten: Eine Reihe von Artikeln mit vielversprechenden Titeln. (Wenn Sie mehr von den Titeln sehen wollen, können Sie das Fenster horizontal verbreitern.) Das Größenfeld der Einträge zeigt die Dateigrößen in Bytes an. Wenn Sie dann auf **Childrens Peer Relationships** und **View** klicken, holt WAIS den Artikel (ca. 8600 Zeichen) und zeigt ihn in einem separaten Fenster an. Sie sehen das in Bild 12-6.

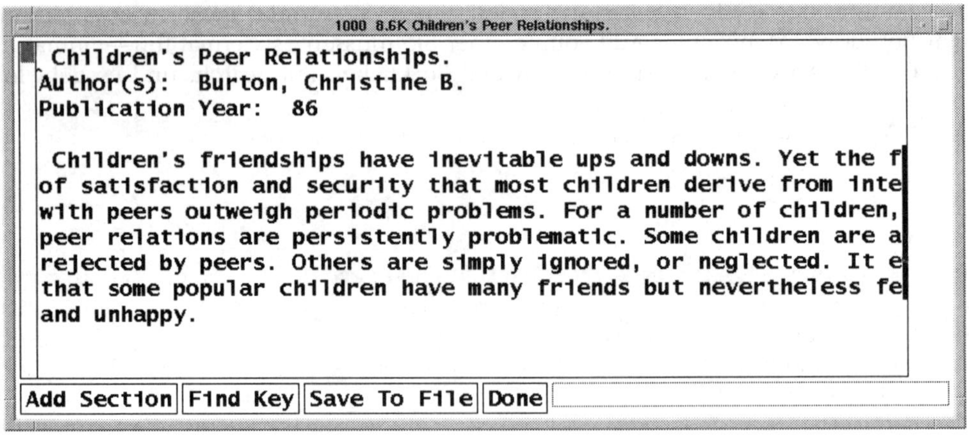

Abbildung 12-6: Der gefundene Artikel

In diesem Fenster haben Sie vier Möglichkeiten—abgesehen vom Lesen des Artikels:

Add Section Fügt einen vorher ausgewählten Abschnitt des Artikels in die »Relevance Feedback«-Sektion des Fragefensters ein (das ist das Feld **Similar To:**«, das Sie in Bild 12-5 sehen).

Find Key Springt im Text zum nächsten Vorkommen eines der Suchbegriffe und stellt ihn invers dar.

Save to File Speichert den Text in eine Datei auf dem Rechner, auf dem der Client läuft. Der Client fragt Sie nach einem Dateinamen; WAIS speichert den Artikel dann unter diesem Namen in einem Verzeichnis namens *wais-documents* in Ihrem Heimatverzeichnis.

Done Verwirft den Artikel und schließt das Fenster.

Da Ihr Problem nun gelöst ist, können Sie jetzt **Done** im Fragefenster anklicken. WAIS fragt Sie, ob Sie die Frage speichern wollen. Wenn Sie das tun, müssen Sie einen Dateinamen angeben. Nachdem Sie eine Frage abgespeichert haben, erscheint Sie in der »Question Library«, der Fragebibliothek. Wenn Sie das nächste Mal dieselbe Frage stellen wollen, wählen Sie sie einfach unter **Questions** im Hauptfenster aus und klicken dann auf **Open**.

Eine Suche verfeinern

Das Relevance Feedback ermöglicht es Ihnen, die Ergebnisse einer Suche zur weiteren Verfeinerung der Suche einzusetzen. Sie tun dies, indem Sie Einträge, die Sie bereits gefunden haben, ganz oder teilweise auswählen und dann in den **Similar To:**-Bereich des Fragefensters bewegen. Wenn Sie den ganzen Artikel verwenden wollen, wählen Sie den Artikel im Fragefenster aus und klicken auf **Add Document**. Das Resultat dieser Aktion sehen Sie in Bild 12-7. In diesem Beispiel haben Sie »Children's Peer Relationships« als den passendsten Artikel ausgewählt.

Um Teile eines Artikels für das Relevance Feedback zu verwenden, müssen Sie sich das Dokument anzeigen lassen. Selektieren Sie die gewünschten Textteile mit der Maus und klicken dann auf **Add Section** im Anzeigefenster. Wenn Sie sich zum Fragefenster zurückbewegen, wird der Feedback-Bereich sich auf die selektierten Textstellen beziehen. Sie können mehrere Stellen des gleichen Artikels oder unterschiedlicher Artikel auf dieselbe Art markieren. Wenn Sie mit der Auswahl fertig sind, klicken Sie **Search** an, um die Suche erneut zu starten—diesmal mit den zusätzlichen Selektionskriterien.

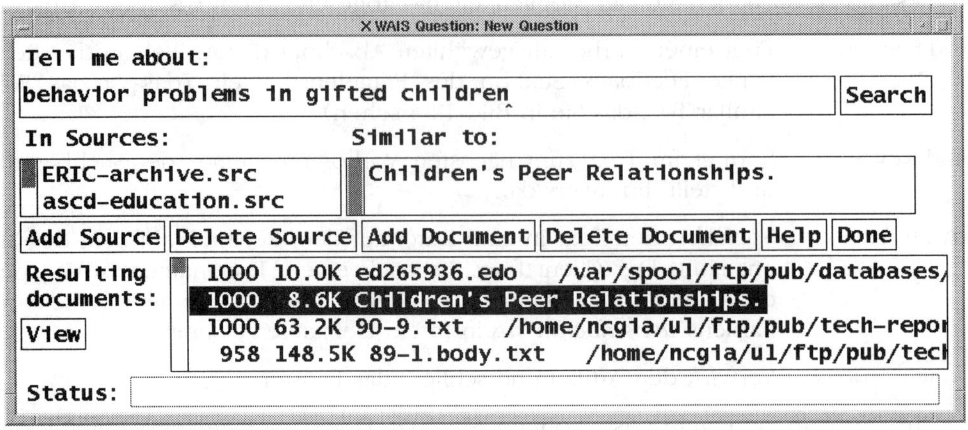

Abbildung 12–7: Eine Feedback-Suche vorbereiten

HINWEIS

> Relevance Feedback ist der Bereich, in dem die Clients die intensivste Weiterentwicklung erfahren. Wenn ein Client abstürzt, dann ist es vermutlich hier. Wenn Sie Probleme haben, sollten Sie herausfinden, ob schon eine neuere Version verfügbar ist.

Es sind viele Schritte vom Start bis zum Ziel—eine kurze Zusammenfassung der Schritte in der richtigen Reihenfolge ist wohl angebracht:

1. Wählen Sie das *Directory-of-servers* aus.
2. Formulieren Sie eine allgemeine Anfrage an das *Directory-of-servers*, um relevante Datenbanken zu finden. Wiederholen Sie das so oft wie nötig, um die besten Archive aufzuspüren.
3. Wählen Sie interessant erscheinende Datenbanken aus.
4. Stellen Sie eine spezifische Frage, um die gesuchten Artikel oder Einträge zu finden.
5. Wenn Sie mit den Ergebnissen nicht zufrieden sind, verfeinern Sie Ihre Suche (eventuell mittels Relevance Feedback), um eine neue Gruppe von Artikeln zu erhalten.

Ich habe bereits erwähnt, daß es trickreich sein kann, eine gute Suchanfrage für WAIS zu formulieren. Mit etwas Übung werden Sie aber schnell lernen, wie das funktioniert.

Wenn Suchen nicht wie geplant verlaufen

Manchmal werden Ihre Suchen nicht das finden, was Sie wollten. Sie könnten Artikel erhalten, die keinen Bezug zum Thema haben, oder Sie könnten überhaupt nichts finden. Es gibt zwei mögliche Probleme: Sie haben entweder unpassende Suchbegriffe verwendet oder in den falschen Quellen gesucht. Dies ist einer der Gründe, warum Ihnen die meisten WAIS-Clients erlauben, Ihre Fragen zu speichern. Einige Fragen sind schwierig zu formulieren. Wenn Sie erst einmal eine Anfrage haben, die funktioniert, möchten Sie sie sicher nicht gleich wieder verwerfen. Selbst wenn Sie beim nächsten Mal nicht genau dieselbe Frage stellen wollen, ist es vielleicht doch einfacher, die letzte Frage zu modifizieren, als ganz von vorn zu beginnen. Es ist nicht ungewöhnlich, eine Suche viele Male durchzuführen, und sie dabei jedesmal ein wenig zu verändern, bis Sie das haben, was Sie suchten.

Natürlich löst das bloße Speichern der Fragen noch nicht das Problem mit ineffektiven Suchen. Die einzige Lösung ist, es wieder und wieder zu versuchen, bis Sie Suchbegriffe haben, die Ihnen weiterhelfen. Aber wir können Ihnen einige Hinweise geben, wie Sie vorgehen sollten:

- Wenn die Ergebnisse der Suche vernünftig sind, aber nicht genau das, was Sie wollten, dann verfeinern Sie die Suche; entweder indem Sie selbst Begriffe hinzufügen oder indem Sie Relevance Feedback verwenden.
- Lassen Sie sich Artikel auch anzeigen, wenn sie nicht exakt das sind, was Sie suchten. Sie könnten darin Begriffe finden, die zu Ihrem Suchfeld passen. Sie werden beispielsweise »Gott« nicht allzuoft im Koran finden, dafür aber sehr oft »Allah«. WAIS probiert nicht automatisch, Synonyme zu finden. Diese Technik kann Ihnen auch Hinweise auf andere Schreibweisen geben (z.B. »behavior« statt »behaviour«) oder relevante Synonyme (wie »Llah«).
- Wenn WAIS nichts findet, Sie sich der Quellen aber sicher sind, sollten Sie zunächst eine einfache Suche probieren, bei der Sie sicher sein können, ein paar Artikel zu finden. Sehen Sie sich das Ergebnis an, es könnte Ihnen Hinweise geben, nach welchen Begriffen Sie am besten suchen.
- Wenn WAIS nicht das findet, was Sie suchen, Sie aber der Meinung sind, daß es sich um geeignete Quellen handelt, probieren Sie zunächst eine einfache Anfrage—so daß Sie sicher sein können, daß Artikel gefunden werden. Schauen Sie sich die Ergebnisse an; eventuell erhalten Sie Hinweise darauf, welche Suchbegriffe besser geeignet sind.
- Wenn Sie wieder und wieder irrelevante Artikel bekommen, sollten Sie die Anzahl der verwendeten Quellen limitieren. Das Problem ist, daß auch eine hoch bewertete Quelle gelegentlich sehr viele irrelevante Artikel liefern kann. Also müssen

Sie herausfinden, welche Quelle für die unerwünschten Artikel verantwortlich ist, und sie aus der Suche herausnehmen. Leider sagen Ihnen nicht alle WAIS-Clients, wo ein Eintrag gefunden wurde. Sie könnten versuchen, das zu erraten, indem Sie prüfen, ob der Dateiname des Artikels zum Namen einer der Quellen paßt (das hilft nicht immer, aber es ist einen Versuch wert). Wenn es nötig ist, können Sie einfach irgendeine der Quellen löschen und die Suche wiederholen. Wenn das Ergebnis besser ist, belassen Sie es dabei. Wenn es schlechter wird, nehmen Sie die Quelle wieder dazu und lassen eine andere weg.

Öffentliche WAIS-Clients

Die Benutzung des zeilenorientierten Clients **swais** ist nicht besonders schwierig. (Erinnern Sie sich, daß **swais** eigentlich nicht anders ist—es handelt sich lediglich um einen bestimmten WAIS-Client, der benutzt wird, wenn Sie ein zeilenorientiertes Terminal benutzen.) Wie bei Gopher ist er vielleicht schon auf dem Computer verfügbar, den Sie benutzen. In diesem Falle sollten Sie einfach durch Eingabe von **swais** darauf zugreifen können. Für die folgenden Absätze nehme ich aber an, daß Sie einen öffentlichen Client benutzen. Das erste, was Sie tun müssen ist also, einen passenden Server aus der folgenden Tabelle öffentlicher WAIS-Clients auszusuchen und dorthin zu **telnet**ten.

Tabelle 12-1: Öffentliche WAIS-Server

Name	Login	Standort
info.funet.fi	wais	Europa
swais.cwis.uci.edu	swais	Westliche USA*
cnidr.org	demo	Östliche USA
sunsite.unc.edu	swais	Östliche USA
quake.think.com	wais	Östliche USA

* Dieser Server hat eine begrenzte Anzahl von Datenbanken. Die meisten sind nur für Studenten und Angestellte der Universität von Kalifornien in Irvine interessant. Er kann dennoch benutzt werden, um zu üben und **swais** näher zu erforschen.

Sobald Sie verbunden sind, verwenden Sie das angegebene Login und Sie befinden sich automatisch in **swais**. Ein Beispiel:

```
% telnet quake.think.com
Trying 192.31.181.1...
Connected to quake.think.com.
Escape character is '^]'.

SunOS UNIX (quake)
```

```
login: wais
Welcome to swais.
Please type user identifier (i.e user@host): krol@ux1.cso.uiuc.edu
TERM = (unknown) vt100
Starting swais (this may take a little while)...
```

Was als nächstes passiert, wird sich von Ort zu Ort ein wenig unterscheiden. Als die Anzahl von WAIS-Datenbanken noch klein war, kannte jeder dieser öffentlichen Clients alle Datenbanken. Nachdem es nun über 500 WAIS-Datenbanken gibt, würden Sie mehr als 25 Seiten mit Quellen angezeigt bekommen, die Sie durchsehen müßten.

Da Sie nicht über Speicherplatz verfügen, um sich eine eigene Liste interessanter Quellen zusammenzustellen, und die Arbeit mit allen Datenbanken gleichzeitig unangebracht wäre, beginnen viele der öffentlichen Clients mit einer einzigen Datenbank: dem *Directory-of-servers*. Selbst wenn Sie genau wissen, welche Datenbank Sie benutzen möchten, müssen Sie trotzdem das *Directory-of-servers* durchgehen, um sie zu finden. Durch diese Suche werden die Beschreibungsdatensätze dieser Datenbank gefunden. Sie fügen diese dann der Liste hinzu und wählen sie aus, um die eigentliche Suche durchzuführen. Wenn der Client Ihnen an diesem Punkt bereits die gesamte Liste der Quellen geben sollte, könnten Sie die Suche im *Directory-of-servers* auslassen—wenn Sie schon genau wissen, wo Sie suchen wollen. Suchen Sie die Quellen einfach (in der 25 Seiten langen Liste) und wählen Sie sie aus. (Es könnte trotzdem einfacher sein, das *Directory-of-servers* zu bemühen).

Nehmen wir an, daß Sie nach einem interessanten Fischgericht suchen, das Sie zum Abendbrot zubereiten könnten. Nachdem Sie sich mit **quake.think.com** verbunden und eingeloggt haben, werden Sie von diesem **swais**-Bildschirm begrüßt:

```
SWAIS                          Source Selection
Sources:  1
  #             Server                  Source                 Cost
001:  [     quake.think.com]  directory-of-servers              Free




Keywords:

<space> selects, w for keywords, arrows move, <return> searches, q quits, or ?
```

Sie haben nur eine Quelle zur Verfügung, das *Directory-of-servers.* Wählen Sie also diese Quelle aus (Sie haben ja nicht allzu viel Auswahl; entweder diese oder keine). Um eine Quelle auszuwählen, bewegen Sie sich zu der Zeile, in der sie steht—entweder mit den Cursortasten oder durch Eingabe der Zahl vor der Zeile, gefolgt von RETURN. Nachdem Sie korrekt positioniert haben, wählen Sie die Quelle aus, indem Sie SPACE drücken. Da nur eine Quelle verfügbar ist, sollten Sie nur SPACE drücken müssen. Ein Stern erscheint in der Anzeige, um das *Directory-of-servers* als ausgewählte Quelle zu markieren:

```
001: * [     quake.think.com] directory-of-servers      Free
```

Nachdem Sie eine Quelle ausgewählt haben, müssen Sie die Suchbegriffe eingeben. Mit **w** signalisieren Sie, daß Sie Suchbegriffe eingeben wollen; der Client positioniert den Cursor in den unteren linken Bildschirmbereich und fragt Sie:

```
Keywords: ethnic cooking
```

Geben Sie die Suchbegriffe ein, getrennt durch Leerzeichen. Wir suchen nach interessanten Fischrezepten, also beginnen wir mit »ethnic cooking«. Warum nicht einfach mit »fish« beginnen? Zu diesem Zeitpunkt suchen wir in unserem elektronischen Zettelkasten noch nach Kochbüchern, nicht nach spezifischen Rezepten. Sobald wir Kochbücher gefunden haben, werden wir mit einer spezifischeren Suche weitermachen.

Nachdem Sie die Suchbegriffe eingegeben haben, drücken Sie RETURN; damit starten Sie die eigentliche Suche. Wenn die Suche beendet ist, wird sie einen Bildschirm wie diesen zurückliefern, in dem die Ergebnisse angezeigt werden:

```
SWAIS                                  Search Results
Items:  8
  #    Score     Source                   Title                        Lines
001:   [1000] (directory-of-se)  ANU-Aboriginal-Studies                   73
002:   [1000] (directory-of-se)  ANU-CanbAnthropology-Index               86
003:   [1000] (directory-of-se)  ANU-SSDA-Australian-Census              106
004:   [1000] (directory-of-se)  ANU-SSDA-Australian-Opinion             114
005:   [1000] (directory-of-se)  ANU-SSDA-Australian-Studies             126
006:   [1000] (directory-of-se)  ANU-Thai-Yunnan                          83
007:   [1000] (directory-of-se)  recipes                                  15
008:   [1000] (directory-of-se)  usenet-cookbook                          21

<space> selects, arrows move, w for keywords, s for sources, ? for help
```

Das ist wirklich interessant: Sie haben acht Quellen gefunden—alle mit einer Punktwertung von 1000. Einige davon scheinen überhaupt nicht zu passen. Das ist eine gute Illustration für die Arbeitsweise von WAIS. Sie suchten nach den Wörtern »ethnic« und »cooking«. Die ANU-Ressourcen sind eine Ansammlung soziologischer Quellen, die auf das eine Wort »ethnic« paßten. Die Quellen 7 und 8 paßten auf das andere Wort »cooking«. Da jede der Quellen auf genau ein Wort paßte, erhielten alle dieselbe Punktwertung.

Nachdem Sie nun wissen, welche Quellen Sie verwenden sollten, müssen Sie sie der Liste der verfügbaren Quellen hinzufügen. Wählen Sie alle Quellen aus, die interessant sind—entweder mit den Pfeiltasten oder indem Sie die Nummer und RETURN eingeben. Nach der Positionierung des Cursors geben Sie das Kommando **u** (use). Daraufhin zeigt die unterste Bildschirmzeile Meldungen wie »Initializing connection . . . « gefolgt von »Adding source . . . « an, aber die Anzeige selbst ändert sich nicht. In diesem Beispiel würden Sie zweimal den Befehl **u** geben—einmal in Zeile 7 und einmal in Zeile 8 (tippen Sie 7 RETURN u 8 RETURN u).

Um zu sehen, was Sie erreicht haben, geben Sie den Befehl **s**, um sich die Quellen noch einmal anzusehen. Die Ausgabe wird nun etwa so aussehen:

```
SWAIS                              Source Selection
Sources:  3
  #            Server                    Source                      Cost
001: * [      quake.think.com]  directory-of-servers                 Free
002:    [    wais.oit.unc.edu]  recipes                              Free
003:    [ cmns-moon.think.com]  usenet-cookbook                      Free

Keywords: ethnic cooking

<space> selects, w for keywords, arrows move, <return> searches, q quits, or ?
```

Beachten Sie, daß Sie jetzt drei mögliche Quellen für Ihre Suche haben, und daß Sie immer noch das *Directory-of-servers* aktiviert haben. (Erinnern Sie sich an die Bedeutung des Sternchens.) Wenn Sie sofort nach einem Rezept suchen würden, würden Sie nur das *Directory-of-servers* durchsuchen; das ist nicht ganz das, was Sie beabsichtigten. Sie müssen zwei Dinge tun: Zum einen die momentan ausgewählten Quellen deselektieren, dann die richtigen Quellen auswählen. Das ist recht einfach. Drücken Sie **=**, um alle Quellen zu deselektieren. Das läßt alle Sternchen in der Anzeige verschwinden. Dann wählen Sie die gewünschten Quellen ebenso aus wie anfangs das *Directory-of-servers*: Bewegen Sie sich in die Zeilen 2 und 3 und drücken Sie jeweils SPACE.

Sie haben jetzt endlich die richtige Umgebung für die ursprünglich geplante Suche geschaffen. Sie müssen die Suchwörter noch ändern, also drücken Sie erneut **w**. Die Überraschung: Der Cursor befindet sich hinter »ethnic cooking«, den Suchbegriffen von weiter oben. Sie müssen diese erst löschen, indem Sie **CTRL-U** eingeben. Nachdem Sie die Suchbegriffe gelöscht haben, führen Sie die Zutaten auf, die im Rezept enthalten sein sollen:

```
Keywords: garlic fish rice onion
```

Indem Sie RETURN drücken, signalisieren Sie das Ende der Suchworteingabe und starten die Suche. Lassen Sie uns sehen, was dabei herausgekommen ist:

```
SWAIS                    Search Results                        Items: 40
   #      Score      Source                Title                    Lines
001:     [1000] (cmns-moon.think)  SARDINE-FRY(M)   USENET Cookbook    47
002:     [1000] (          recipes)  gidh@buckn Re: COLLECTION  LONG I 936
003:     [ 946] (          recipes)  arielle@ta Re: Appetizers (Long) 1591
004:     [ 946] (          recipes)  arielle@ta Re: Appetizers         1590
005:     [ 931] (cmns-moon.think)  RICE-BEAN-BAKE      USENET Cookbook 61
006:     [ 931] (cmns-moon.think)  CURRIED-RICE        USENET Cookbook 67
007:     [ 924] (cmns-moon.think)  CABBAGE-SALAD(SL)   USENET Cookbook 45
008:     [ 917] (cmns-moon.think)  TARAMOSALATA-1(A)   USENET Cookbook 61
009:     [ 917] (cmns-moon.think)  HOT-FANNY-1(S)      USENET Cookbook 64
010:     [ 910] (cmns-moon.think)  TORTILLA-SOUP(SPV)  USENET Cookbook 74
011:     [ 910] (cmns-moon.think)  STROGANOFF-1(M)     USENET Cookbook 56
012:     [ 889] (cmns-moon.think)  PONCIT(M)           USENET Cookbook 54
013:     [ 889] (cmns-moon.think)  PEANUT-SAUCE-1(M)   USENET Cookbook 62
014:     [ 889] (cmns-moon.think)  CUBAN-BEANS(MV)     USENET Cookbook 67
015:     [ 882] (cmns-moon.think)  BLACK-EYE-RICE(B)   USENET Cookbook 57
016:     [ 882] (cmns-moon.think)  AFRICAN-STEW(MV)    USENET Cookbook 56
017:     [ 869] (cmns-moon.think)  PICADILLO(M)        USENET Cookbook 92
018:     [ 862] (cmns-moon.think)  CHICKEN-WINE(M)     USENET Cookbook 52

<space> selects, arrows move, w for keywords, s for sources, ? for help
```

Sie können jeden dieser Einträge anzeigen lassen, indem Sie ihn auswählen und dann SPACE drücken. Beachten Sie, daß die meisten Einträge nicht allzu viel mit Fisch zu tun haben—beim nächsten Mal wäre eine etwas restriktivere Suche vielleicht sinnvoll. Der erste Eintrag, SARDINE-FRY, sieht aber appetitlich aus. Da diese Zeile hervorgehoben ist, ist sie bereits selektiert; drücken Sie einfach SPACE, um das Rezept zu sehen:

Recipe From The Net

```
SARDINE-FRY(M)              USENET Cookbook              SARDINE-FRY(M)

SLOPPY SARDINES

   SARDINE-FRY - Sardines with garlic and tomato. A quick and easy meal for
   two people. This is a recipe conjured up by my friend, Carole Senior.

INGREDIENTS (serves 2)
   2         cans of sardines
   1         small onion chopped
   1/2       green pepper, chopped
   6 oz      tomatoes (1 small can)
   1/2       garlic clove, crushed
   pinch     salt and pepper
   2 Tbsp    cooking oil
   1 cup     uncooked white rice
   2 cups    water

PROCEDURE
   (1)  Heat the oil in a small frying pan.
   (2)  At the same time place the water, rice and a pinch of salt
        into a small saucepan and simmer for 15 minutes.
   (3)  Place the chopped onion and pepper in the frying pan and
        cook until the onion becomes soft.
   (4)  Add the tomatoes, garlic, sardines, salt and pepper to the
        frying pan and cook for 10 to 15 minutes, stirring occasionally.
   (5)  Serve over the rice.

RATING
   Difficulty: easy. Time: 5 minutes preparation, 15 minutes cooking.
   Precision: measure the rice.

CONTRIBUTOR
   Andy Cheese, Department of Computer Science, University of
   Nottingham, UK abc@uk.ac.nott.cs    mcvax!ukc!nott.cs!abc
```


Und das war's schon. Wenn Sie eine eigene Kopie haben möchten, geben Sie **q** ein, um zur Liste zurückzugelangen, und drücken Sie dann **m**, um sich selbst eine Kopie zuzumailen. Ihre E-Mail-Adresse wird abgefragt. Wenn Sie mit **swais** fertig sind, geben Sie **q** ein, um das Programm zu verlassen.

Sie haben jetzt alle Kommandos kennengelernt, die Sie benötigen, um den **swais**-Client zu benutzen, aber es gibt noch ein paar mehr, die Ihnen das Leben erleichtern können:

/string Suche nach einem bestimmten String im Suchergebnis.

s Speichert einen Artikel in eine Datei (nicht bei öffentlichen WAIS-Clients).

r Verwendet einen Artikel für Relevance Feedback.

Quellen hinzufügen

Als wir vorhin die Frage über Verhaltensprobleme bei hochbegabten Kindern stellten, haben wir zunächst einige interessante Datenbanken im *Directory-of-servers* nachgeschlagen. Wir haben dann das Pop-Up-Menü **Add Source** benutzt, um sie zur Quellenliste für die eigentliche Frage hinzuzufügen. Nun ist es an der Zeit zu fragen, wie eine Quelle eigentlich in das **Add Source**-Menü kommt.

In unserem Beispiel haben wir angenommen, daß der WAIS-Client bereits über die Quellen Bescheid weiß—zumindest über diejenigen, die Sie interessierten. Das ist normalerweise eine gute Annahme. Trotzdem finden Sie gelegentlich Quellen, die Ihr WAIS-Client noch nicht kennt. Diese Quellen sind vielleicht im *Directory-of-servers* enthalten, und können daher bei Suchen in diesem Verzeichnis ausgegeben werden, aber Sie stehen nicht im Menü **Add Source** (es ist sogar möglich, daß Sie Quellen entdecken, die nicht einmal im *Directory-of-servers* stehen; dazu kommen wir weiter unten noch). Erinnern Sie sich daran, daß das *Directory-of-servers* den Gelben Seiten entspricht—wenn wir bei diesem Bild bleiben, entspricht das **Add Source**-Menü den Kurzwahltasten auf Ihrem Telefon. Wenn Sie Ihre Lieblingspizzeria in den Gelben Seiten nachschlagen, finden Sie sie dort—aber Sie könnten ebenso gut eine Kurzwahltaste Ihres Telefons betätigen (wo Sie die Nummer längst einprogrammiert haben). Falls Sie aber einmal eine neue Pizzeria ausprobieren wollen, müssen Sie die Nummer in den Gelben Seiten nachschlagen und sie dann einprogrammieren.

Um zu sehen, warum diese Analogie relevant ist, sollten Sie daran denken, worum es sich beim *Directory-of-servers* handelt. Es ist einfach eine Datenbank wie jede andere. Die eigentliche Information befindet sich nicht in Ihrem Client, sondern auf einem Server in einem möglicherweise weit entfernten Teil der Welt (vermutlich in Cambridge, Massachusetts, wo Thinking Machines, einer der WAIS-Entwickler, den Firmensitz hat). Sie können WAIS-Suchen auf diesem Server ausführen, und alle Informationen erhalten, die er kennt. Von Zeit zu Zeit (eigentlich sogar recht häufig) erstellen Menschen neue WAIS-Datenbanken, informieren die Zuständigen bei Thinking Machines darüber, und die neuen Quellen werden ins Verzeichnis aufgenommen. Ihr Client weiß nichts von diesen neuen Quellen, ebensowenig wie Ihr Telefon von neuen Telefonnummern in den Gelben Seiten weiß. Wie könnte es auch? Sie finden eine neue Datenbank im Verzeichnis, und würden Sie gern benutzen, aber Ihr Client kennt nicht einmal den Namen des Systems, wo er sie finden kann. Die Information ist verfügbar, aber in Cambridge.* Wie teilen Sie also Ihrem WAIS-Client mit, daß es eine neue Datenbank gibt?

Dieser Vorgang wird als »adding« oder »saving a source« bezeichnet (eine Quelle hinzufügen oder speichern). Das ist ganz einfach. Die meisten WAIS-Clients erlauben Ihnen, einen Quelleintrag direkt zu kopieren. Falls Sie den öffentlichen **swais**-Client benutzt haben, haben Sie genau das bereits getan. Als Sie den Befehl **u** eingaben, um die Quelle zu verwenden, haben Sie **swais** in Wirklichkeit angewiesen, die ausgewählte Quelle in die Quellenbibliothek aufzunehmen. Mit dem öffentlichen Client erhalten Sie einen temporären Speicher für diese Bibliothek; die Einträge werden wieder gelöscht, wenn Sie das Programm verlassen.

Es ist ebenso einfach, das in **xwais** zu tun—wenn nicht noch einfacher. Nehmen wir an, daß Ihre Frage an das *Directory-of-servers* bezüglich »social work« auch eine merkwürdige Quelle namens *beer.src* mit einem recht niedrigen Punktwert fand. Vermutlich ist diese Quelle nicht relevant, aber Sie halten sie trotzdem für interessant: Sie könnte Rezepte für selbstgebrautes Bier enthalten, oder irgend etwas anderes Interessantes. Sie ignorierten die Quelle, als Sie nach Artikeln zu den Verhaltensproblemen suchten, aber nun wollen Sie wissen, ob Sie ein neues Bierrezept finden können. Also öffnen Sie ein neues Fragefenster und beginnen, das **Add Source**-Menü durchzugehen. Aber es gibt eine Überraschung: *beer.src* wird nicht angezeigt. Mit dem X-Client gehen Sie nun in das Menü, in dem Sie das *Directory-of-servers* nach relevanten Datenbanken durchsuchten—d.h., zu der Frage zurück, bei der Sie die neue Datenbank fanden. Klicken Sie auf *beer.src*, und lassen Sie sich dann die Datenbank mit **View** anzeigen. Sie werden ein neues Fenster mit einer Beschreibung der Datenbank sehen. Dieses Fenster hat eine Schaltfläche **Save**. Wenn Sie darauf klicken, speichert Ihr Client die Quelle automatisch—Sie müssen nichts weiter eingeben.

Nun können Sie zu Ihrer neuen Frage zurückkehren. Diesmal werden Sie *beer.src* im Menü **Add Source** finden. Ihr Client kennt die Datenbank jetzt; Sie haben sie zu den »Kurzwahltasten« hinzugefügt. Anschließend können Sie *beer.src* der Suchliste hinzufügen wie jede andere Quelle.

---

* Es ist genaugenommen ein Pluspunkt von WAIS, daß dies so verwirrend ist. Wenn wir detailliert darüber nachdenken müßten, welche Information wo ist, und wer was weiß, wäre alles klar. Wenn jemand Ihnen sagte, daß es ein tolles neues FTP-Archiv gibt, wüßten Sie, daß Sie nicht genug Information haben, um es zu nutzen. Also fragen Sie sofort: »Wo?« WAIS hingegen gibt Ihnen die Illusion, daß alle Daten lokal verfügbar sind. Sie müssen immer noch fragen: »Wo?« (bzw. WAIS dazu bringen, das für Sie zu tun), aber es hat zumindest den Anschein, als ob das nicht notwendig sei.

Neue Quellen, die nicht im Directory-of-servers sind

Meistens werden Sie neue Quellen durch das *Directory-of-servers* finden. Gelegentlich werden Sie aber auch auf andere Weise auf eine neue Quelle aufmerksam. Sie blättern vielleicht gerade durch eine Newsgruppe und finden eine Nachricht wie diese:

```
I just created a new and most wonderful source:

(:source
        :version  3
        :ip-name "nic.sura.net"
        :tcp-port 210
        :database-name "/export/software/nic/wais/databases/ERIC-archive"
        :cost 0.00
        :cost-unit :free
        :maintainer "info@sura.net"
        :description "ERIC (Educational Resources Information Center)
Digests

Information provided by EDUCOM

ERIC Digests are:

- short reports (1,000 - 1,500 words) on one or two pages, on topics
  of prime current interest in education.
- targeted specifically for teachers and administrators, and other
  practitioners, but generally useful to the broad educational
community.
- designed to provide an overview of information on a given topic,
  plus references to items providing more detailed information.
- produced by the 16 subject-specialized ERIC Clearinghouses, and
reviewed
  by experts and content specialists in the field.
- funded by the Office of Educational Research and Improvement (OERI),
  of the U.S. Department of Education (ED).

Created with WAIS Release 8 b4 on Apr 10 13:02:45 1992 by
lidl@nic.sura.net
")
```

Der Großteil dieser Nachricht (alles nach der ersten Zeile) ist ein Standard-WAIS-Deskriptor für eine Quelle. Um Ihrem Client diese Quelle bekanntzumachen, gehen Sie in den **Sources**-Bereich des Hauptmenüs. Klicken Sie auf **New**. Nachdem Sie diese Schaltfläche betätigt haben, öffnet **xwais** ein leeres Formular, in das Sie die nötige Information eintragen können, um die Quelle hinzuzufügen.* Wenn Sie das Formular für das ERIC-Archiv im vorherigen Beispiel ausfüllen wollten, würde das wie in Bild 12-8 aussehen. Die Beschreibung noch einmal abzutippen mag unnötig umständlich erscheinen, aber wenn Sie eine grafische Oberfläche verwenden, sollten Sie einen Mechanismus haben, um große Mengen Text einfach auszuschneiden und woanders einzufügen (copy/paste).

Wenn Sie mit dem Hinzufügen oder Ändern eines Eintrags fertig sind, können Sie Ihre Änderungen entweder speichern oder verwerfen, indem Sie auf die Schaltflächen **Accept Changes** oder **Discard Changes** am unteren Rand des Fensters klicken.

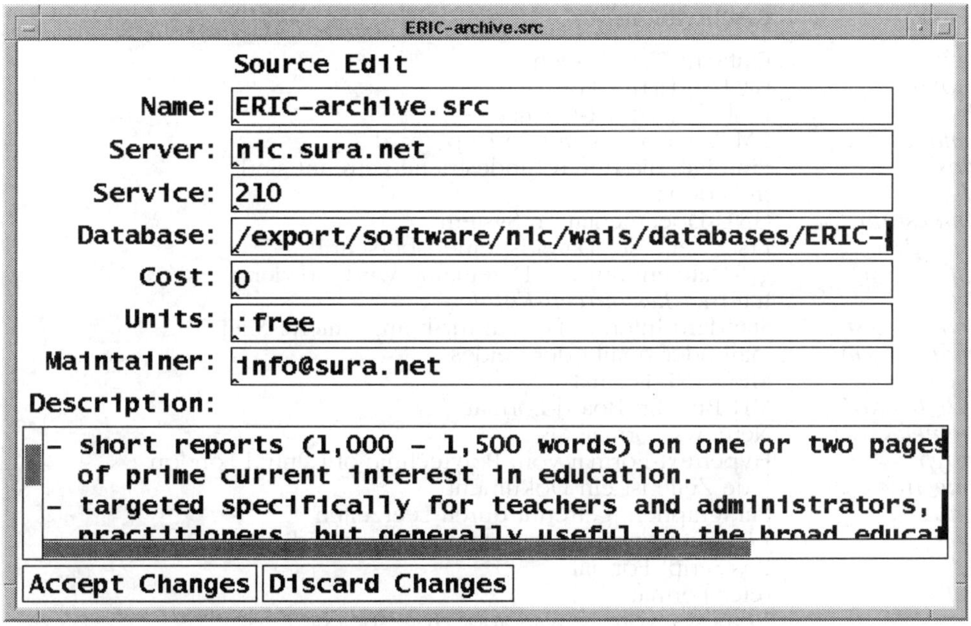

Abbildung 12–8: Fenster zur Pflege der Quellenliste

* Bevor Sie den Quellen-Deskriptor von Hand kopieren, sollten Sie kurz im *Directory-of-servers* überprüfen, ob die Quelle nicht schon »offiziell« hinzugefügt wurde. Eventuell erspart Ihnen das einige Arbeit. Jeder, der eine neue Datenbank erstellt, sollte auch Thinking Machines davon informieren. Gelegentlich unterbleibt das, aber Sie sollten es zumindest prüfen.

Eigene Quellen erstellen

Die Softwarearchive, die WAIS-Clients bereithalten, bieten auch die Programme und Dokumentation, um eigene Quellen erstellen und selbst einen Server anbieten zu können. Eines dieser Programme, **waisindex**, nimmt einen Satz von Dateien und erstellt daraus einen Index. Es kennt verschiedene Arten von Daten: normalen Text, verschiedene Textformate (z.B. LaTeX), das Mailfolder-Format usw. Diese Formate können Sie Tabelle 12-2 entnehmen.

Tabelle 12–2: Dateiformate für waisindex

Name	Beschreibung
text	Einfache Textdateien
bibtex	BibTeX/LaTeX-Format
bio	Biology-abstract-Format
cmapp	CM-Anwendungen von Hypercard
dash	Einträge, die durch Bindestriche getrennt sind
dvi	*dvi*-Format
emacsinfo	GNU-Documentation-System
first_line	Erste Zeile der Datei ist eine Überschrift
gif	*gif*-Dateien; nur der Dateiname wird indiziert
irg	Internet *Ressourcen-Katalog*
mail_digest	Standard-Internet-Format für komprimierte Mail
mail_or_rmail	mail oder rmail oder beides
medline	MEDLINE-Format
mh_bboard	MH-Bulletin-Board-Format
netnews	Netnews-Format
nhyp	Hypertext-Format vom Polytechnic of Central London
one_line	Jede Zeile ist ein Dokument
para	Paragraphen, getrennt durch Leerzeilen
pict	*pict*-Dateien; nur der Dateiname wird indiziert
ps	PostScript-Format
refer	**refer**-Format
rn	Netnews, vom Newsreader **rn** gespeichert
server	Serverstrukturen für das *Directory-of-servers*
tiff	*tiff*-Dateien; nur der Dateiname wird indiziert

Wenn Sie also einen WAIS-Index für die E-Mail aufbauen wollen, die Sie empfangen, dann können Sie das tun. Aber es würde den Rahmen dieses Buches sprengen, das genau zu erklären. Viele Anwender finden, daß WAIS auch ein nützliches Hilfsprogramm für viele andere Dinge ist, wenn sie es erst einmal kennengelernt haben. Falls Sie gerne experimentieren, sollten Sie mit Archie nach **waisindex** suchen. Es gehört auch zur Distribution für UNIX-WAIS-Server, verfügbar durch anonymes FTP im Verzeichnis *wais* bei *think.com.*

KAPITEL DREIZEHN

DAS WORLD WIDE WEB

Der Einstieg
Das Web und Gopher
Navigieren im Web mit www
Navigieren im Web mit xmosaic
Zugriff auf weitere Dienste
Eine eigene Homepage erstellen
Tips für Mosaic-Benutzer
Wie das Web weitergesponnen wird

Das World Wide Web, kurz WWW oder Web, ist der neueste Informationsdienst im Internet. Das Web basiert auf einer Technologie namens *Hypertext*. Ein Großteil der Entwicklung fand am CERN statt, dem Europäischen Laboratorium für Teilchenphysik; es wäre allerdings ein Fehler, das Web nur als Hilfsmittel von und für Physiker zu betrachten. Obwohl es ursprünglich von Physikern entwickelt wurde, ist es heute eines der flexibelsten Hilfsprogramme, wenn nicht das flexibelste überhaupt, das jedermann für die Suche im Internet zur Verfügung steht. Das Web und seine Hilfsprogramme befinden sich noch immer in Entwicklung—also seien Sie nicht überrascht, wenn es einmal nicht so funktioniert wie erwartet. Trotzdem lohnt es sich auf jeden Fall, mit diesen Programmen herumzuspielen; sie werden sich in den nächsten Jahren wahrscheinlich zur wichtigsten Methode des Internet-Zugriffs entwickeln.

Um das Web auszuprobieren, **telnet**ten Sie einfach nach **info.cern.ch**. Damit landen Sie automatisch in einem öffentlichen Client (oder *Browser*, um in der Web-Terminologie zu bleiben).* Dies ist ein zeilenorientierter Browser, der mit herkömmlichen Textterminals arbeitet. Viele weitere Browser sind verfügbar; wenn Sie sich entscheiden, einen eigenen zu installieren (und das ist für die regelmäßige Nutzung sehr zu empfehlen), dann haben Sie die Auswahl zwischen dem zeilenorientierten Browser und vielen grafikfähigen Browsern für das X Window System,

---

* Genauer gesagt ist ein Browser irgendein Programm, um Hypertext zu lesen. Da Web-Clients im Grunde Hypertextreader sind, werden sie Browser genannt (to browse; stöbern, sich umsehen, ...).

Was ist Hypertext?

Hypertext ist eine Methode der Informationspräsentation, bei der ausgewählte Wörter im Text jederzeit »erweitert« werden können, um weitere Informationen zu einem Begriff zu liefern. Diese Wörter sind Verbindungen zu anderen Dokumenten, sogenannte *Links*. Diese Dokumente können Texte, Dateien, Bilder oder irgend etwas anderes sein. Stellen Sie sich vor, Ihre Bibliothek hätte einen Hypertextkatalog. Wenn Sie die Karte für ein bestimmtes Buch herausziehen, sieht sie etwa so aus:

```
TITLE:    The river and the prairie : a history
            of the Quad-Cities, 1812-1960
AUTHOR:   Roba, William Henry.
PUBL.:    (Davenport, Iowa) : Hesperian Press,
DATE:     1986
SUBJECT:  Quad Cities (Iowa-Ill.)--History.
          Davenport (Iowa)--History.
FORMAT:   157 p. : ill., map ; 24 cm.
CONTENTS: Includes bibliographical references and notes.
```

Wenn die kursiv gesetzten Wörter Links sind, können Sie beispielsweise den Namen des Autors erweitern und erhalten eine Kurzbiographie. Wenn Sie »Prärie« erweitern, gelangen Sie möglicherweise in eine Hypertextversion des Oxford English Dictionary und sehen:

```
prairie ('pre&schwa.rI). Also 8, 9 parara, pararie, praira, 9 praire,
prairia.  a A tract of level or undulating grass-land, without trees,
and usually of great extent; applied chiefly to the grassy plains of
North America; a savannah, a steppe.
```

Da dies ein weiteres Hypertextdokument ist, enthält es ebenfalls Links. Sie können tiefer in die Materie einsteigen, wenn Sie auch *savannah* erweitern, und landen in einer Hypertextenzyklopädie, die einen ganzen Artikel über Savannen bietet—zusammen mit Bildern oder sogar Filmen. Sie können den Prozeß so oft wiederholen, wie Sie möchten, und dabei ein Thema weiter und weiter vertiefen.

In den letzten Jahren hat sich die Menge an Hypertext auf dem Netz vervielfacht. Viele Ausstellungen, Zeitschriften und andere Hypertextpräsentationen sind verfügbar, darunter auch O'Reillys *Global Network Navigator* (GNN). Das große Problem ist die spärliche Anzahl an Programmen zum Erstellen der verketteten Struktur. Die meisten der verfügbaren Hypertextdokumente sind noch mühsam per Hand erstellt worden. Hypertexteditoren werden gerade programmiert, und mit der Zeit werden Sie sowohl mehr Hypertext als auch bessere Programme zur Erstellung desselben zu sehen bekommen.

NeXT-Workstations, den Macintosh und PCs.* Zum gegenwärtigen Zeitpunkt ist der am weitesten entwickelte Browser einer namens Mosaic. Er arbeitet unter UNIX und dem X Window System (als **xmosaic**), auf dem Macintosh und unter Windows.

In diesem Kapitel beginnen wir mit der Besprechung des einfachen, zeilenorientierten Browsers **www**. Er verzichtet auf alle Extras, aber er ist gut benutzbar—insbesondere, wenn Sie über einen Account auf einem anderen System auf das Internet zugreifen. Nachdem wir das Web und **www** vorgestellt haben, besprechen wir Mosaic, einen moderneren Browser. Weiter geht es dann mit der Besprechung von Techniken, die allen Browsern gemeinsam sind, und wir schließen mit zusätzlichen Tips zur Benutzung von Mosaic sowie einigen Gedanken über die Zukunft des World Wide Web.

Ein anderer Browser, den Sie kennen sollten, ist **lynx**. Das ist ein zeilenorientierter Browser wie **www**, aber er bietet einige zusätzliche Möglichkeiten. Ein öffentlich zugänglicher **lynx**-Client ist per **telnet** nach **ukanaix.cc.ucans.edu** zu erreichen. Sie werden eventuell auch feststellen, daß einige Internet-Provider einen **lynx**-Browser für ihre Kunden anbieten.*

Der Einstieg

Worum geht es beim WWW überhaupt? Es ist ein Versuch, sämtliche Informationen auf dem Internet sowie jegliche lokale Information, die Sie einschließen möchten, als Hypertextdokumente neu zu organisieren. Sie wandern durch das Netz, indem Sie mit den Hypertext*links* von einem Dokument zum nächsten wechseln. Wenn Sie beispielsweise den zeilenorientierten Browser des CERN benutzen, sehen Sie so etwas wie dieses:

```
                                             Welcome to the
                                             World Wide Web
                         THE WORLD WIDE WEB

   This is just one of many access points to the web, the universe of
   information available over networks. To follow references, just type the
   number then hit the return (enter) key.

   The features you have by connecting to this telnet server are very
```

---

* Eine gute Quelle für Software ist der anonyme FTP-Server **info.cern.ch**. Schauen Sie in das Verzeichnis *pub/www/bin*; Sie finden dort Unterverzeichnisse für zahlreiche Rechnertypen. In jedem dieser Verzeichnisse ist *www* der zeilenorientierte Browser; *erwise* ist ein X-basierter Browser; **cello** ist ein Browser für Windows. Mosaic-Browser sind ebenfalls bei CERN verfügbar, aber der beste Ort, danach zu suchen, ist das FTP-Archiv der NCSA: **ftp.ncsa.uiuc.edu**.

* Sie können die Software über anonymes FTP von **ftp2.cc.ukans.edu** im Verzeichnis *pub/lynx* beziehen.

```
 primitive compared to the features you have when you run a W3
 "client" program on your own computer. If you possibly can, please
 pick up a client for your platform to reduce the load on this
 service and experience the web in its full splendor.

 For more information, select by number:

A list of available W3 client programs[1]
Everything about the W3 project[2]
Places to start exploring[3]
The First International WWW Conference[4]

 This telnet service is provided by the WWW team at the European Particle
 Physics Laboratory known as CERN[5]
   [End]
1-5, Up, Quit, or Help:
```

Das ist die *Homepage* (Eingangsseite) des CERN. Ihre Homepage ist das Hypertextdokument, das Sie als erstes sehen, wenn Sie das Web betreten. Die geklammerten Nummern sind Links. Um einem Link zu folgen, geben Sie einfach die Nummer ein, gefolgt von RETURN. In einem grafischen Browser wären die Links hervorgehoben (eventuell in einem anderen Zeichensatz dargestellt, unterstrichen oder farbig); um einem Link zu folgen, klicken Sie mit der Maus auf das entsprechende Wort. Lassen Sie uns zum **www**-Browser zurückkehren und beobachten, was passiert, wenn wir einen der Links auswählen. Nachdem Sie 3 und RETURN eingegeben haben, sehen Sie:

```
                                                  Overview
                                                  of the Web
                          GENERAL OVERVIEW OF THE WEB

  There is no "top" to the World Wide Web. You can look at it from
  many points of view.  Here are some places to start.

   by Subject[1]          The Virtual Library organises information by subject
                          matter.

   List of servers[2]     All registered HTTP servers by country

   by Service Type[3]     The Web includes data accessible by many other
                          protocols. The lists by access protocol may help if
                          you know what kind of service you are looking for.

  If you find a useful starting point for you personally, you can configure
  your WWW browser to start there by default.
  See also: About the W3 project[4] .
    [End]

  1-4, Up, Quit, or Help:
```

Haben Sie es schon erraten? Wenn Sie **1** eingeben, erhalten Sie einen thematischen Index der Ressourcen, die im Internet verfügbar sind. Sie können dort Astronomie, Luftfahrt, Musik, Literatur oder ein beliebiges anderes Thema auswählen. Das ist schon alles, was Sie wissen müssen, um erfolgreich zu navigieren. Übrigens ist der Themenindex des CERN (»Virtual Library«; virtuelle Bibliothek) an sich schon ein wertvoller Dienst. Er bietet einen einfachen Weg, schnell zu erfahren, welche Ressourcen verfügbar sind.

Zum Vergleich zeigt Bild 13-1 Ihnen die Homepage, die Sie sehen werden, wenn Sie den Browser **xmosaic** starten. Es ist eine andere Homepage, aber die gleiche Idee: Sie wechseln von einer Seite zur anderen, indem Sie Links auswählen. Der einzige Unterschied ist, daß Sie keine Nummern mehr eingeben müssen; statt dessen navigieren Sie, indem Sie mit der Maus auf eines der unterstrichenen Wörter klicken.

Jede dieser Hypertextseiten kann jederzeit geändert werden. Es ist wichtig, daß Sie sich merken, daß die Homepage, der Index der Virtual Library und alles andere, was verfügbar ist, nicht in Ihrem Browser enthalten ist. Es handelt sich lediglich um Hypertextdokumente, die veränderbar sind. Einige Bildschirme zeigen nicht einmal Dokumente im eigentlichen Sinn (z.B. eine Datei auf einer Festplatte), sondern Sie werden quasi »im Fluge« durch Gateways zwischen dem Web und anderen Diensten generiert. Daher sollten Sie nicht überrascht sein, wenn Sie Text sehen, der nicht mit unseren Beispielen übereinstimmt. Das Web ändert sich ständig—und das macht einen Teil seiner Faszination aus.

Das Web und Gopher

Sie fragen sich vielleicht, was daran so toll sein soll. Schließlich war alles, was wir bisher getan haben, nicht wesentlich anders als das, was Sie mit Gopher tun können.

Aber das stimmt nicht. Obwohl es eine ganze Reihe von Ähnlichkeiten gibt, unterscheiden sich das Web und Gopher in einigen Punkten. Zunächst basiert das Web auf Hypertextdokumenten, und ist durch Links zwischen Hypertextseiten strukturiert. Es gibt keine Regeln dazu, welche Dokumente wohin zeigen können—ein Link kann auf alles verweisen, was der Ersteller für interessant hielt. Ein Text über Chemie könnte auf den Eintrag für Lithium im Periodensystem der Elemente verweisen, der wiederum auf einen Artikel mit den Eigenschaften von Lithium verweist, welcher wiederum auf einen FTP-Server verweist, der die Spektraldaten verschiedener Lithiumverbindungen bietet. Neuere Browser wie Mosaic fügen eine weitere Dimension hinzu: Dokumente können Bild- und Tondaten enthalten.

Gopher ist einfach nicht so flexibel. Seine Präsentationen basieren auf individuellen Ressourcen und Servern. Wenn Sie sich gerade eine FTP-Ressource ansehen, mag das keinen großen Unterschied machen: Sie sehen auf jeden Fall eine Liste von Dateien. Aber Gopher weiß nichts über den Inhalt der Dateien, es kennt nicht das Konzept eines Links zwischen etwas Interessantem auf einem Server und etwas mit Bezug

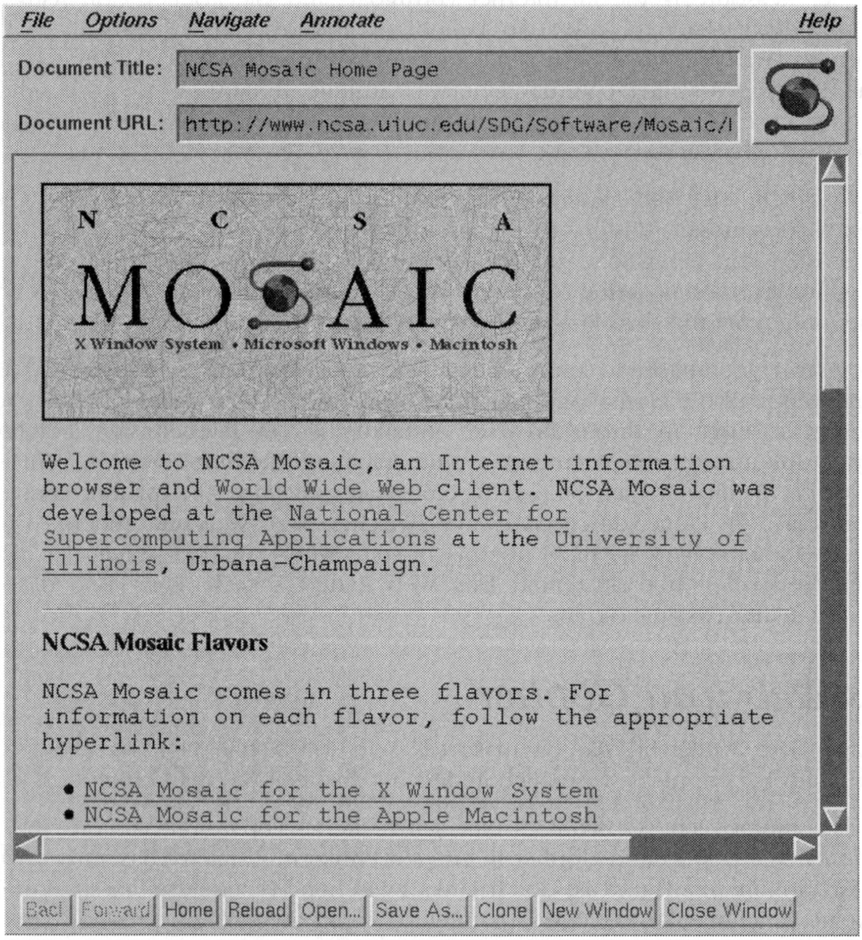

Abbildung 13-1: Die Homepage von NCSA-Mosaic

dazu auf einem anderen Server. Naturgemäß erlauben Gopher-Menüs nur kurze Beschreibungen—das Hypertextmodell des Web bietet soviel (oder sowenig) Information zu jedem Eintrag wie nötig. Und obwohl einige Gopher-Clients mit Bildern und Ton zurechtkommen, können Sie diese Daten nicht mit anderen Daten integrieren.

Außerdem ist das Web viel besser darin, ein einheitliches Interface für unterschiedliche Dienste bereitzustellen. Das ist zwar auch eines von Gophers Zielen, aber das

Hypertextprinzip erlaubt dem Web, hier viel weiter zu gehen. Was bedeutet das in der Praxis? Zunächst einmal gibt es eigentlich nur zwei Befehle im Web: einem Link folgen (was wir schon demonstriert haben), und eine Suche durchführen (wozu wir gleich kommen werden). Welche Ressource Sie auch immer verwenden, diese beiden Befehle sind alles, was Sie brauchen. Bei Gopher ändert sich die Schnittstelle gelegentlich—abhängig von der Ressource, die Sie gerade verwenden.

So einfach das Web auch ist—es ist dennoch flexibel. Zum Beispiel einfach das Web auch ist—es ist dennoch flexibel. Zum Beispiel ermöglicht es Ihnen das Web, USENET-News zu lesen. Wenn Sie News lesen, haben Sie sicher schon bemerkt, daß jedes Dokument Verweise auf andere Nachrichten enthält. Ein Client strukturiert Newsbeiträge als Hypertext, wobei diese Querverweise in Links umgewandelt werden. Sie können sich also einfach zwischen Ursprungsposting, Folgepostings und Querverweisen hin- und herbewegen, indem Sie Links auswählen. Gopher kennt keinen Weg, Newsartikel zu strukturieren; sie sind einfach nur da.

Schließlich eliminiert das Web die Barriere zwischen Ihren Daten und »öffentlichen Daten«. Wenn Sie einen WWW-Server aufsetzen und dazu einen passenden Hypertexteditor benutzen, können Sie Ihre persönlichen Notizen in das Web integrieren (natürlich bleiben Ihre Daten immer noch privat, aber sie können Links auf öffentlich zugängliche Dokumente beinhalten). Vor zehn Jahren waren einige Dutzend Kästen mit Indexkarten einfach ein Muß für jeden, der eine Dissertation oder ein wissenschaftliches Buch schrieb. Mit dem Web machen ein paar Hypertextdokumente das alles verzichtbar. Statt ein Zitat abzuschreiben und in einen Karteikasten zu stecken, können Sie einfach einen Link aus einer Notizdatei auf das zitierte Dokument zeigen lassen. Es würde den Rahmen dieses Buches sprengen, wenn wir besprechen wollten, wie Sie Ihre eigenen Hypertextseiten editieren, aber das ist ein wichtiges Thema und etwas, das in Zukunft einfacher werden sollte. (Heute sind Browser vorwiegend Lesehilfen, aber in Zukunft werden Browser und Editor integriert sein.)

Die beste Methode, den Unterschied zwischen Gopher und dem Web zu sehen ist es, sich einige Hypertextdokumente anzuschauen. Wenn Sie den einfachen **www**-Browser benutzen, ist der wohl einfachste Weg, sich mit Hypertext vertraut zu machen, daß Sie einige Zeit mit der Lektüre der Dokumentation zum World Wide Web verbringen. Um an die Online-Dokumentation zu gelangen, starten Sie **www** und geben den Befehl **manual**. Ich empfehle diese Übung wärmstens, selbst wenn Sie sich nicht für die Dokumentation interessieren. Es ist trotzdem eine gute Methode herauszufinden, was möglich ist. Wenn Sie Mosaic benutzen, können Sie noch viel weiter gehen. Versuchen Sie, sich die »Dinos Under Glass« anzusehen, die Vatikan-Bibliothek oder den GNN. Alle diese Ressourcen finden Sie im *Ressourcen-Katalog* aufgelistet.

Navigieren im Web mit www

Um den zeilenorientierten Browser zu starten, geben Sie einen der folgenden Befehle:

```
% telnet info.cern.ch        --öffentlicher Browser des CERN
% www                        --lokaler Client
```

Der CERN-Browser eignet sich gut zum Experimentieren, aber wenn Sie vorhaben, das Web häufiger zu nutzen, sollten Sie sich Ihren eigenen Client besorgen. Was Sie auch tun: Sie werden eine Homepage sehen und am Ende dieser Seite (und jeder anderen Seite) sehen Sie eine Zeile wie diese:

```
1-7, Back, Up, <RETURN> for more, Quit, or Help:
```

Diese Zeile faßt einige der verfügbaren Kommandos zusammen, mit denen Sie von einem Dokument zum nächsten wechseln können; dies sind auch die nützlichsten Befehle. Mit dem Eintippen einer Nummer wählen Sie ganz einfach das entsprechende Dokument aus; **Back** führt Sie zum vorherigen Dokument zurück; **Up** wechselt zur vorherigen Seite des aktuellen Dokuments; **RETURN** bringt Sie auf die folgende Seite; mit **Quit** verlassen Sie das Web, und **Help** zeigt Ihnen einen Hilfebildschirm.

Diese einfachen Befehle reichen aber nicht aus. Wenn Sie eine Sackgasse erreichen, möchten Sie nicht unbedingt 30 mal **Back** tippen, um an eine Stelle zurückzukehren, die Sie wiedererkennen. Daher gibt es eine Reihe von Abkürzungen:

Home Führt Sie auf die Homepage zurück, die Seite, die Sie beim Eintritt ins Web sahen. Wenn Sie einen Standardbrowser benutzen, ist das wahrscheinlich die Einsprungseite des CERN.

Recall Der Befehl **recall** ist das Äquivalent eines Gopher-Bookmarks. Er läßt Sie zu jedem bereits betrachteten Dokument zurückzukehren. Dies ist ein viel bequemerer Weg der Navigation, als ständig vor- und zurückzukriechen. Ohne weitere Angaben listet **recall** die Dokumente, die Sie bereits besucht haben, mit Nummern auf:

```
Back, Up, Quit, or Help: recall

  Documents you have visited:-

R  1)   in Welcome to CERN
R  2)   in User Guide for the WWW Line Mode Browser
R  3)   Commands -- /LineMode
R  4)   in Welcome to CERN
R  5)   in Academic information
R  6)   in Commercial data available through WWW-WAIS
R  7)   abstracts index
```

```
R 8)   in batch (in abstracts)
R 9)   Document
```

Um zu einem beliebigen dieser Dokumente zurückzukehren, geben Sie das Kommando **recall**, gefolgt von der Nummer des Dokuments. In diesem Beispiel führt **recall** 7 Sie zurück zum Index der Zusammenfassungen (abstracts). Um Tipparbeit zu sparen, können Sie das Kommando auch mit **R** 7 abkürzen.

Next Wechselt zum nächsten Artikel in einer Liste von Artikeln. Oder präziser ausgedrückt: **next** folgt dem nächsten Link. Nehmen wir an, daß ich mir einen Hypertextartikel über Schiefer ansehe. Ich finde etwas Interessantes, also folge ich einem Link zu einem anderen Artikel—sagen wir, dem siebten Link. Der Befehl **next** führt mich zum nächsten Link des vorherigen Artikels (hier also zum achten Link des ursprünglichen Artikels über Schiefer). Dieser Befehl ist sehr nützlich, wenn Sie die Antworten auf eine gepostete Nachricht in der richtigen Reihenfolge lesen wollen.

Previous Wechselt zum vorherigen Artikel in einer Liste von Artikeln; ähnlich wie **next**.

Top Zeigt den Anfang (den ersten Bildschirm) des aktuellen Dokumentes an.

Bottom Zeigt das Ende (den letzten Bildschirm) des aktuellen Dokumentes an.

Aber das Leben bietet mehr als nur Bewegung; vielleicht möchten Sie ja ein Dokument ausdrucken, oder eine Kopie davon abspeichern. Also gibt es noch ein paar mehr Kommandos:

Print Druckt das aktuelle Dokument. (Ihr Administrator muß eventuell ein wenig konfigurieren, damit das richtig funktioniert.) Dieses Kommando ist nur sinnvoll, wenn Sie Ihren eigenen Browser benutzen. Wenn Sie einen öffentlichen Browser wie den beim CERN benutzen, hilft Ihnen der Ausdruck eines Dokuments irgendwo in der Schweiz recht wenig.

> *dateiname*

Speichert das aktuelle Dokument in eine Datei namens *Dateiname*. Dieser Befehl ist nur auf UNIX-Systemen verfügbar. Auch dies ist nur sinnvoll, wenn Sie Ihren eigenen Browser installiert haben.

>> *dateiname*

Hängt das aktuelle Dokument an die Datei namens *Dateiname* an. Nur auf UNIX-Systemen verfügbar.

| *unix-befehl*

Leitet das Dokument an den angegebenen UNIX-Befehl weiter. Sie könnten beispielsweise ein langes Dokument (wie den Querverweis-Index zum CIA World Fact Book) an den UNIX-Befehl **grep** lenken, um die Einträge zu löschen, die Sie nicht interessieren. Nur auf UNIX-Systemen verfügbar.

Befehle wie **next**, **up** usw. können abgekürzt werden. Sie müssen nur genug Buchstaben eingeben, um den Befehl von anderen zu unterscheiden. Normalerweise reicht dafür der erste Buchstabe.

Navigieren im Web mit xmosaic

Mosaic wurde als Browser für das World Wide Web konzipiert—und vermutlich ist es der attraktivste, den es gibt. Mosaic ist ein Multimedia-Interface zum Internet. Es leistet mehr, als nur Hypertext und Links auf andere Dokumente anzuzeigen. Es ist ein *Hypermedia*-Tool, was bedeutet, daß es Audio, Bilder und sogar Video (bewegte Bilder) handhaben kann. Außerdem vereinfacht es die Schnittstelle zu verschiedenen Diensten. Mosaic ist sozusagen das Schweizer Armeemesser des Internets: Alle Werkzeuge, die Sie brauchen, in einem einzigen Paket. Es gibt Situationen, in denen spezialisierte Tools die Arbeit besser erledigen —aber wenn Sie nur eine einzige solche Software auf Ihrem System installieren können, ist Mosaic die allererste Wahl. Beachten Sie jedoch, daß Mosaic eine direkte Verbindung zum Internet benötigt; Sie können es nicht benutzen, wenn Sie sich in einen Shell-Account einwählen. Leider wird Mosaic quälend langsam, wenn Sie nicht mindestens ein 9600-Baud-Modem benutzen.

In diesem Kapitel werden wir **xmosaic** behandeln, die Mosaic-Version für das X Window System (unter UNIX). Es gibt auch Versionen für Windows und den Macintosh. Alle diese Versionen sind per anonymem FTP von **ftp.ncsa.uiuc.edu** verfügbar. Für die meisten Anwendungen sind die UNIX-, Windows- und Macintosh-Versionen von Mosaic identisch. Einige Details (wie die Benutzeranpassung) unterscheiden sich von Version zu Version. Die Windows- und Macintosh-Versionen sind darüber hinaus typischerweise ein halbes Jahr hinter der UNIX-Version zurück, was Neuerungen angeht.* Die mit der Maus zu bedienende Benutzerschnittstelle und sogar die Menüs sind auch in verschiedenen Versionen weitgehend identisch.

Die ersten Schritte

Mosaic zu starten ist sehr einfach. Tippen Sie:

```
% xmosaic
```

Wenn Mosaic startet, sehen Sie die Homepage, die wir bereits weiter oben in diesem Kapitel gezeigt haben; in Abbildung 13-2 ist sie noch einmal zu sehen.

* Das ist nicht ganz korrekt. Die Macintosh-Version bietet einige Möglichkeiten, die die X-Version noch nicht unterstützt, oder nicht auf allen Maschinen (wie z.B. Quicktime-Movies).

Lassen Sie uns zunächst den Bildschirm genauer betrachten. Die Zeile ganz oben enthält eine Reihe von Pull-down-Menüs. Wenn Sie die Maus auf eines dieser Menüs bewegen und die linke Maustaste drücken, erhalten Sie eine Auswahl von Menüpunkten. Bewegen Sie die Maus auf den Punkt, den Sie auswählen wollen, und lassen Sie den Mausknopf wieder los. Wenn Sie im letzten Jahrzehnt viel mit Computern gearbeitet haben, sollte ich nichts weiter über Menüs sagen müssen. Zu Ihrer Information:

Der **Exit**-Befehl (um Mosaic zu verlassen) befindet sich am Ende des **File**-Menüs. Auf der rechten Seite sehen Sie ein Hilfemenü. Sie können die gesamte Dokumentation zu Mosaic durch das Online-Hilfesystem abrufen.

Unter der Menü-Leiste sehen Sie den Dokumententitel, eine kurze Beschreibung dessen, was Sie gerade betrachten. Der URL ist der »Uniform Resource Locator« des Dokumentes, das Sie gerade auf dem Bildschirm sehen. Es handelt sich dabei um eine technische Beschreibung, wo das Dokument zu finden ist, und um welche Art von Dokument es sich handelt. (URLs werden später noch genauer behandelt.)

Am unteren Rand des Bildschirms sehen Sie eine Gruppe von Schaltflächen. Dies sind Befehle, die in einem Schritt ausgeführt werden—ohne den Umweg durch Menüs; es sind also Abkürzungen für häufig durchgeführte Operationen. Zum Beispiel führt die Schaltfläche **Back** zurück zu dem Dokument, das Sie vor dem aktuellen betrachtet haben.

Auf der rechten Seite des Bildschirms sehen Sie einen Scrollbalken, den Sie benutzen können, um Dokumente anzusehen, die nicht auf eine Seite passen. Klicken Sie auf das untere Ende des Balkens, um nach unten zu blättern (d.h., zum Ende hin), und auf das obere Ende, um nach oben zu blättern. Wenn das Dokument zu breit ist, fügt Mosaic auch unter dem Dokument einen Scrollbalken ein. Nach links und rechts zu scrollen ist aber recht umständlich; es ist einfacher, das Fenster so weit zu vergrößern, daß alles auf den Bildschirm paßt.

Wie alle Web-Browser beginnt auch Mosaic, indem es eine Homepage irgendwo auf dem Internet findet. Wenn Ihr Browser nicht speziell konfiguriert wurde, werden Sie Mosaics voreingestellte Homepage sehen—die des National Center for Supercomputing Applications (NCSA) an der Universität von Illinois, wo Mosaic geboren wurde. Sie können Ihre eigene Homepage erstellen, oder eine der unzähligen Homepages auf dem Netz übernehmen. Die Homepage besteht aus Illustrationen und Text. Unterstrichener Text verweist auf ein weiteres Dokument; wenn Sie dort mit der linken Maustaste klicken, lädt Mosaic das neue Dokument und zeigt es an—mit allen Grafiken, die darin enthalten sind. Wenn Sie beispielsweise auf »World Wide Web« klicken, zeigt Mosaic ein Dokument über das Web an—eine kurze Erklärung sowie weitere Links auf ausführlichere Erklärungen.

Lassen Sie uns annehmen, daß Sie einem Link gefolgt sind, dann aber festgestellt haben, daß das nicht das war, was Sie sehen wollten. Um auf die vorherige Seite

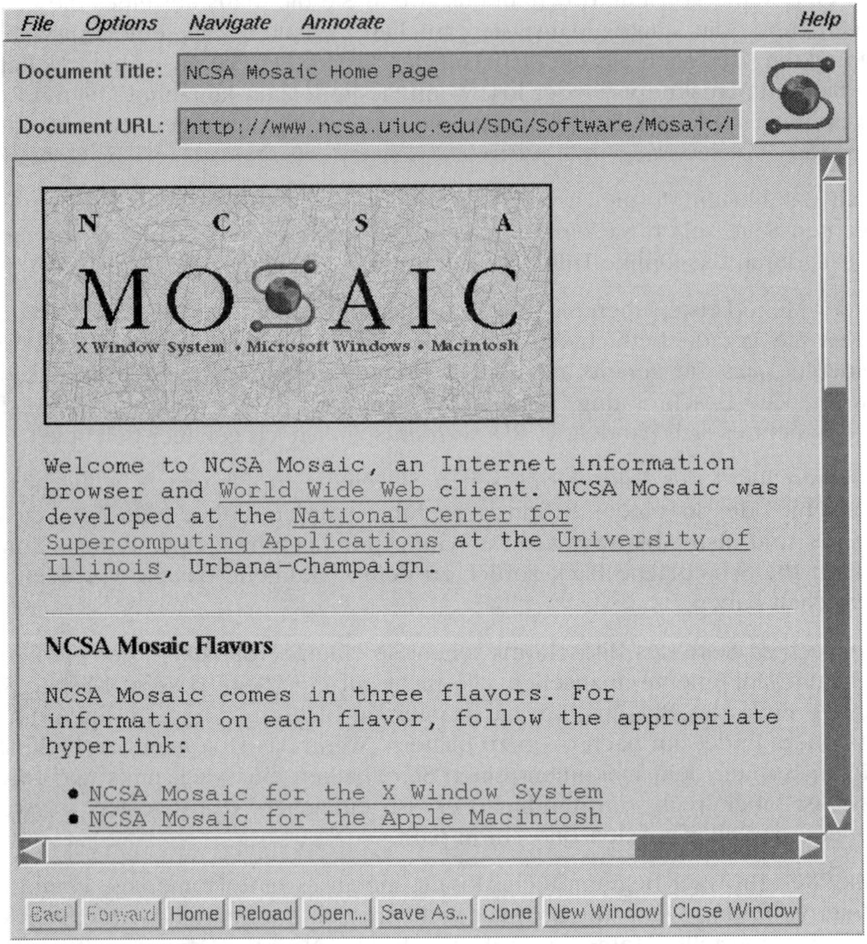

Abbildung 13-2: Die Homepage von NCSA-Mosaic

zurückzukehren, klicken Sie auf **Back** am unteren linken Rand des Fensters. Wenn Sie die vorherige Seite erneut sehen, werden Sie feststellen, daß der Link, den Sie gerade gewählt hatten, jetzt anders aussieht. Er mag eine andere Farbe haben oder mit Strichen statt einer durchgehenden Linie unterstrichen sein. Dies ist ein Hinweis darauf, daß Sie diesem Link bereits gefolgt sind. Es bedeutet nicht, daß Sie es nicht noch einmal tun können—selbstverständlich ist das möglich. Diese andere Darstellung weist Sie nur darauf hin, daß Sie das hier schon einmal gesehen haben. Wenn Sie sich eine Zeitlang mit Mosaic beschäftigt haben, werden Sie beginnen, solche

»schon gesehen«-Links auf Seiten zu entdecken, von denen Sie schwören könnten, sie noch nie angezeigt zu haben. Keine Angst, Sie werden nicht senil, und auch Mosaic macht hier keinen Fehler: Es bedeutet, daß Sie diesen Link schon einmal besucht haben, aber über einen anderen Weg dorthin gelangt sind.

Neben einer schönen Benutzungsoberfläche und Multimedia-Unterstützung präsentiert Mosaic Ihnen auch diverse Online-Kataloge und andere Demonstrationen. Zahlreiche gute Beispiele sind auf der Homepage aufgeführt; im Moment bieten sich »The NCSA Mosaic Demo Document« und »Suggested Starting Points for Internet Exploration« für einen ersten Versuch an. Das Demo-Dokument enthält mehrere Audio-Links; das sind Icons, die wie Lautsprecher aussehen. Die Auswahl eines solchen Links lädt die Audiodatei und spielt sie auf Ihrem System ab.*

Weitere Vorschläge für die Navigation finden Sie im **Navigate**-Menü oben im Fenster. Wenn Sie die Option »Internet Resources Meta-Index« auswählen, sehen Sie eine lange Liste verschiedener Ressourcen, sortiert nach Diensten: World Wide Web, WAIS, Gopher und TELNET. Am Anfang der Liste sehen Sie etwas Vertrautes: den »Whole Internet Catalog«, einen Teil des *Global Network Navigator*s. GNN ist das Online-Magazin von O'Reilly & Associates—es wird regelmäßig mit News und interessanten Artikeln für die Netzwerkgemeinde aktualisiert. Der »Whole Internet Catalog« entspricht dem Ressourcen-Katalog dieses Buches, mit einem weiteren Vorteil: Wenn Sie eine Ressource gefunden haben, klicken Sie einfach auf den Link, um darauf zuzugreifen.

Wenn Sie auf einen Link zum GNN klicken, werden Sie dessen Homepage zu sehen bekommen (siehe Abbildung 13-3). Sie können eine Kopie der Homepage des GNN herunterladen und als Ihre eigene Homepage benutzen; lesen Sie dazu den Abschnitt »Eine eigene Homepage erstellen« weiter unten in diesem Kapitel. Wenn Sie direkt in den Katalog wechseln (entweder aus dem Meta-Index oder von der GNN-Homepage aus), sehen Sie einen Themenindex (siehe Bild 13-4).

Wenn Sie ein wenig herumstöbern, können Sie auch andere bekannte Ressourcen-Listen finden; etwa Yanoffs Liste der Internet-Dienste. Die meisten dieser Listen sind in Hypertextdokumente konvertiert worden, mit Links auf die Ressourcen selbst. Eine tolle Möglichkeit, das selbst zu erforschen, ist die Liste »What's new« der NCSA, zu finden im Meta-Index unter World Wide Web. Diese Ressource-Listen, die regelmäßig aktualisiert werden, sind ein einfacher Weg, von den neuesten und interessantesten Ressourcen zu erfahren.

---

* Die meisten der ausgefalleneren Multimedia-Funktionen benötigen Hilfsprogramme zusätzlich zu Mosaic. Wenn Sie auf einen Audio-Link klicken und nichts passiert, müssen Sie vielleicht erst einen Audio-Player installieren. Gebräuchliche Programme dafür sind auf **ftp.ncsa.uiuc.edu** erhältlich.

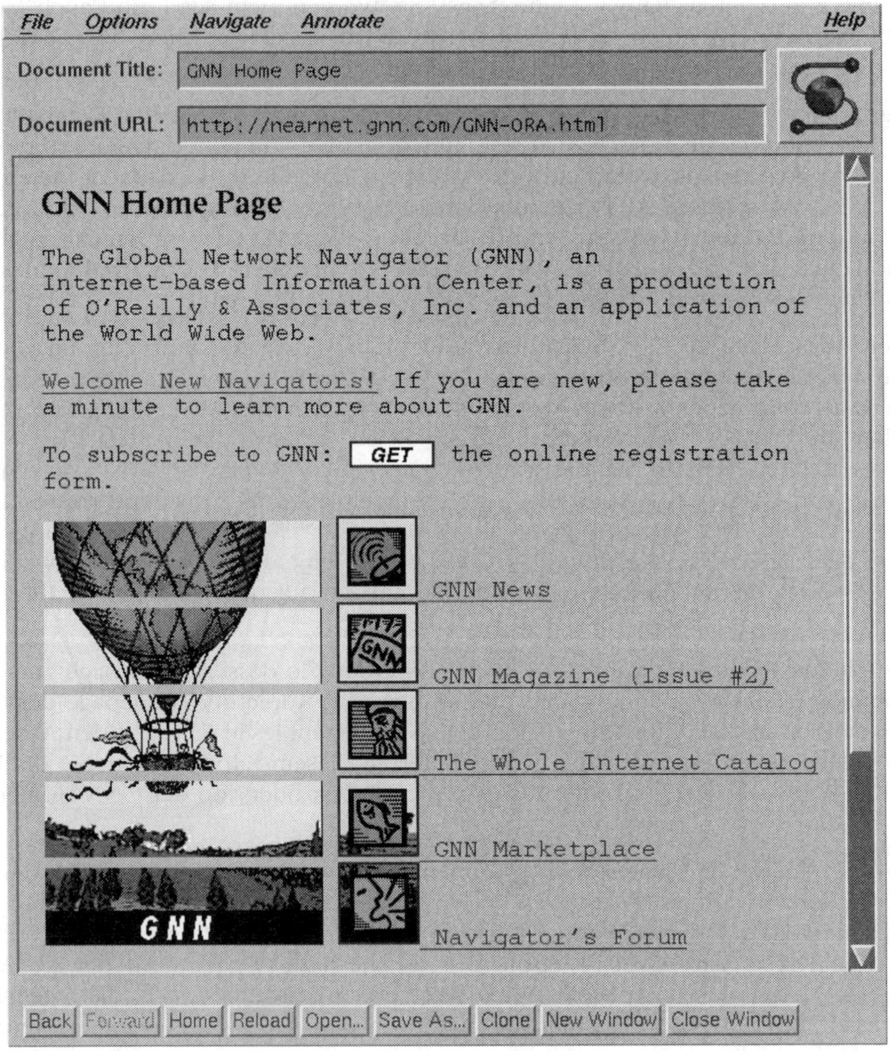

Abbildung 13-3: Die Homepage des Global Network Navigator

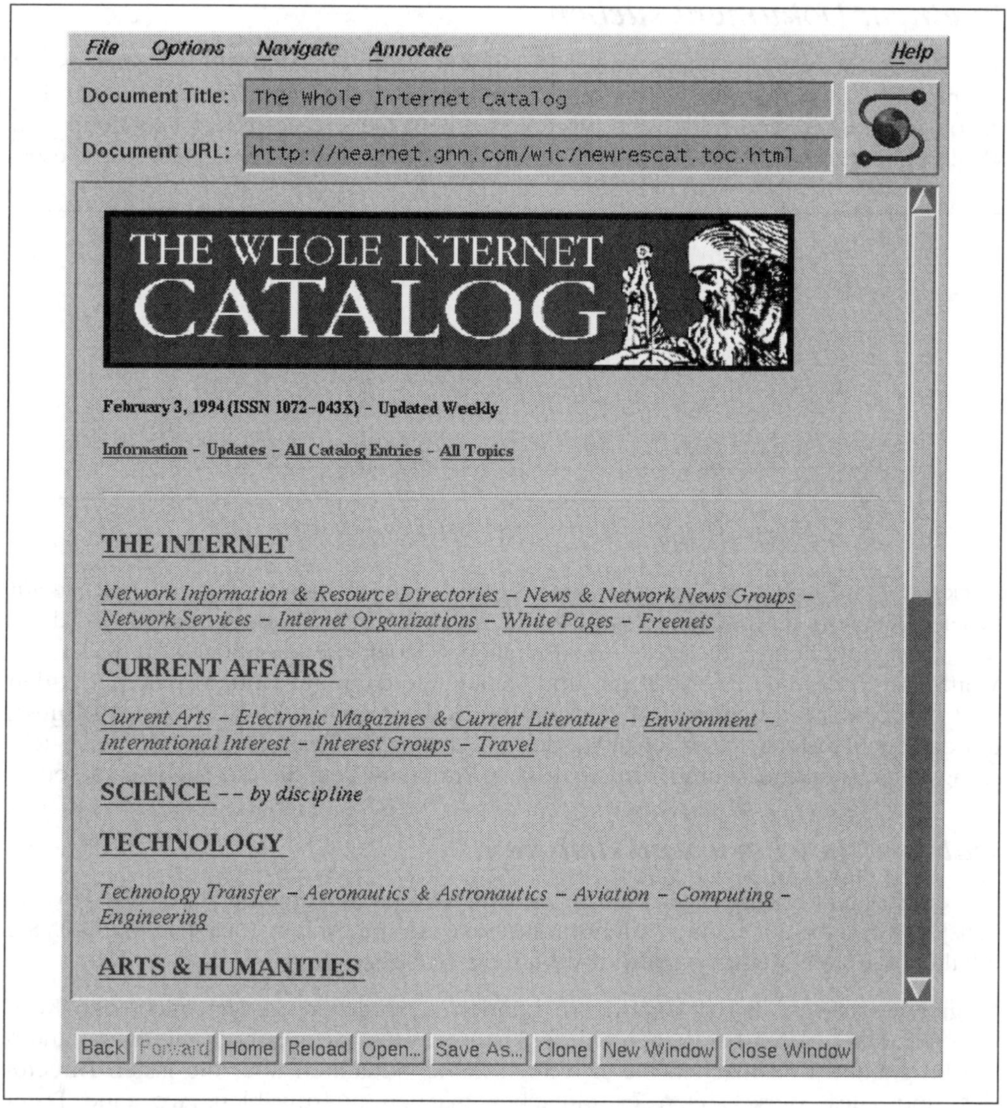

Abbildung 13-4: Der Themenindex des Whole Internet Catalog

In einem Dokument suchen

Jetzt haben Sie also ein interessantes Dokument gefunden, und Mosaic zeigt es auf Ihrem Bildschirm an. Aber es ist zehn Seiten lang, und Sie sind nur an einem Teil davon interessiert. Wie finden Sie, was Sie suchen? Gehen Sie in das **File**-Menü und wählen Sie **Search in Current** aus. Sie sehen daraufhin ein Pop-up-Fenster wie dieses:

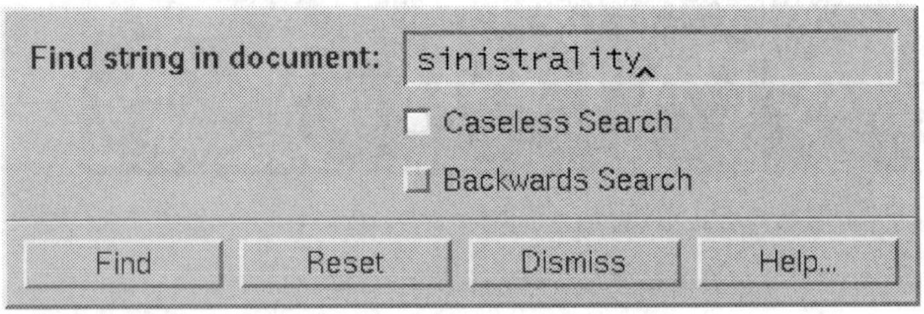

Abbildung 13-5: Eingabefenster für die Suche im aktuellen Dokument

Klicken Sie auf **Backwards Search**, wenn Sie rückwärts suchen wollen, klicken Sie auf **Caseless Search**, um zwischen der Suche unter Berücksichtigung der Groß/Kleinschreibung und ohne dieselbe umzuschalten. Geben Sie das Suchwort (oder die Wortfolge) in das Editierfenster ein, und klicken Sie dann auf **Find**. Mosaic findet den Text dann, hebt ihn hervor, und zentriert ihn in der Anzeige. Klicken Sie auf **Dismiss**, um das Suchfenster wieder verschwinden zu lassen. Mit **Reset** löschen Sie den Suchstring im Fenster und kehren zurück zu dem Punkt, an dem Sie die Suche starteten.

Dateien speichern und drucken

Um eine Datei zu speichern, klicken Sie auf **Save As** am unteren Rand des Mosaic-Fensters (es gibt auch einen Menüpunkt **Save As** am Anfang des **File**-Menüs). Sie erhalten dann ein Menü wie das in Abbildung 13-6 gezeigte.

Es gibt hier vieles, das Sie ignorieren können. Zerbrechen Sie sich nicht den Kopf über den Filter; damit bearbeiten Sie die Datei vor dem Abspeichern mit einem anderen Programm. Und machen Sie sich auch keine Gedanken über die Listen **Directories** und **Files**; diese sollen es einfacher machen auszuwählen, wo eine Datei gespeichert wird—aber darüber läßt sich streiten. Sie interessieren sich im Moment nur für den Namen und das Format des gespeicherten Dokumentes. Hinter **Format** verbirgt sich ein weiteres Menü, das Ihnen vier Möglichkeiten bietet:

Plain Text Speichert das Dokument als Textdatei, ohne dabei zu versuchen, es schön zu formatieren. Grafik und alle speziellen Formatierungen fallen weg.

Formatted Text
Speichert das Dokument als Textdatei, wobei eine rudimentäre Formatierung erhalten bleibt. Keine Grafik.

PostScript Speichert das Dokument als PostScript-Datei, die dann an einen PostScript-Drucker übertragen werden kann. Grafiken sind in der PostScript-Datei enthalten.

HTML Speichert das Dokument als HTML-Datei, die dann als Hypertextdokument mit Mosaic oder einem anderen World-Wide-Web-Browser gelesen werden kann.

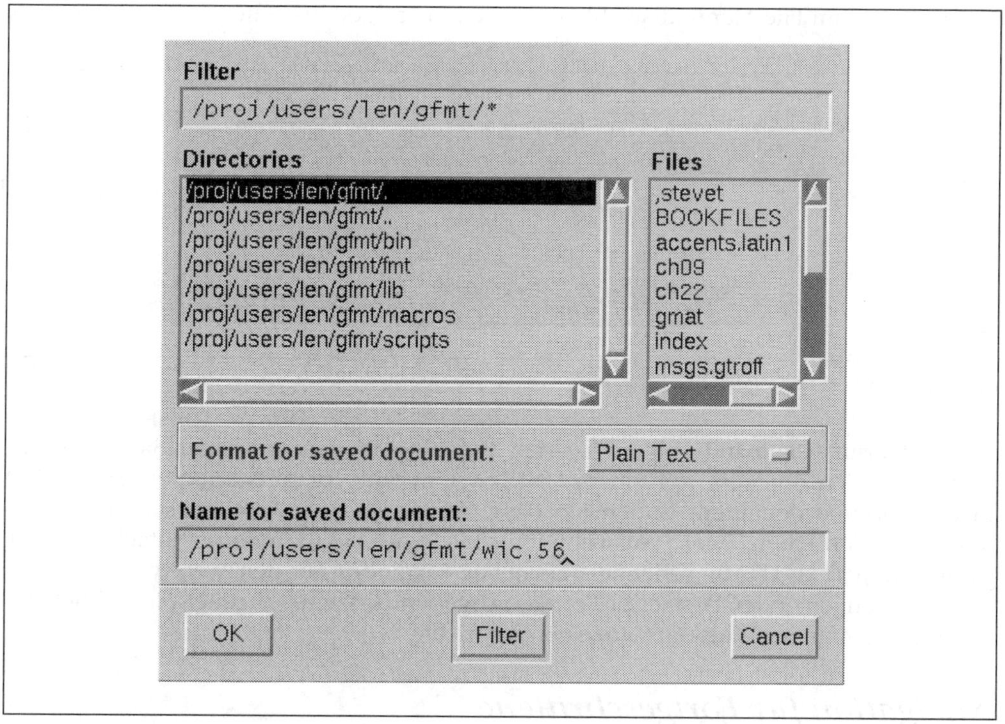

Abbildung 13-6: Das Fenster zum Speichern einer Datei

Sie müssen noch einen Dateinamen angeben. Das Eingabefeld unter **Name for saved document** zeigt das Verzeichnis, in dem Sie Mosaic gestartet haben. Bewegen Sie die Maus in dieses Feld, und editieren Sie den angezeigten Pfad. Wenn das angezeigte Verzeichnis in Ordnung ist, brauchen Sie nur einen Dateinamen anzuhängen; sonst editieren Sie das Verzeichnis und fügen den Dateinamen hinzu. Vergessen Sie nicht, den Namen der Datei anzugeben! Wenn Sie das vergessen, wird Mosaic einen Dateinamen für Sie auswählen—aber das wird kein sehr einleuchtender Name sein.

Wenn Sie fertig sind, klicken Sie auf **OK**, um die Datei zu speichern. Sollten Sie es sich anders überlegt haben, klicken Sie auf **Cancel**.

Das Drucken eines Dokumentes ist ähnlich—aber noch einfacher. Wenn Sie die Option **Print«** im **File**-Menü auswählen, werden Sie folgendes sehen:

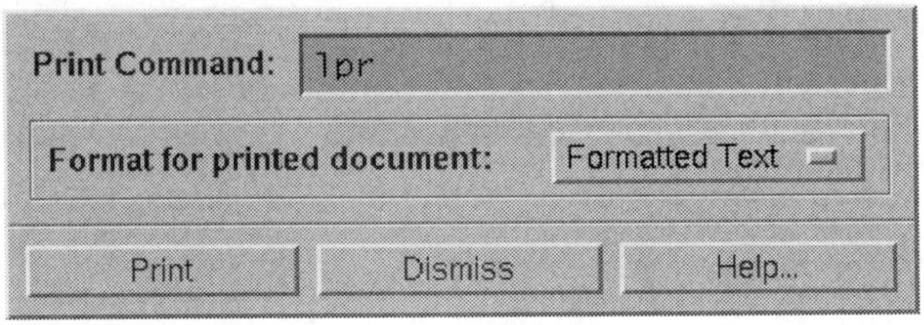

Abbildung 13-7: Das Druckfenster

Im Feld **Print Command** sollten Sie den Befehl eintragen, mit dem Sie auf Ihrem System Dateien drucken. Auf einem UNIX-System wird **lpr** funktionieren. Hinter **Format for printed document** finden Sie dasselbe Menü, das wir eben schon erwähnten—mit denselben vier Auswahlmöglichkeiten. Sie können einfachen Text, formatierten Text, HTML- (ebenfalls einfacher Text, aber mit den Web-typischen Spezialanweisungen) oder PostScript-Format ausgeben. Letzteres erzeugt eine Druckausgabe, die genau der Bildschirmanzeige entspricht.

Navigation für Fortgeschrittene

Nachdem Sie jetzt wissen, wie Sie sich umherbewegen, Dateien speichern, und wo Sie einige interessante Dinge finden können, haben Sie schon eine gewaltige Wegstrecke hinter sich gebracht. Aber Mosaic bietet noch viel mehr, um Ihnen die Navigation durch das Internet noch leichter zu machen. In diesem Abschnitt werden wir drei spezielle Möglichkeiten beschreiben:

- Wie Sie die Hotlist benutzen.

- Wie Sie mit mehreren Fenstern arbeiten.
- Wie Sie die History-Funktion einsetzen.

Die Hotlist benutzen

Wenn Sie anfangen, mit Mosaic zu arbeiten, werden Sie viel Zeit darauf verwenden, auf Einträge zu klicken und Links zu folgen. Sie werden schnell herausfinden, daß einige Dokumente für Sie von besonderem Interesse sind—ob es nun die GNN-Homepage ist (die sich wirklich lohnt), oder der Gopher-Server der Library of Congress. Außerdem wollen Sie sicher nicht ständig auf der Suche nach etwas herumwuseln, wenn Sie schon genau wissen, was Sie wollen.

Um dieses Problem zu lösen, bietet Mosaic die *Hotlist* an. Eine Hotlist ist ähnlich einem Gopher-Bookmark. Es handelt sich um eine permanente Liste mit Dokumenten, die Sie interessant finden, und die Sie mit einer einzigen Menüauswahl abrufen können. Sobald Sie ein interessantes Dokument gefunden haben, können Sie es leicht Ihrer persönlichen Hotlist hinzufügen. Gehen Sie einfach in das **Navigate**-Menü und wählen Sie dann **Add Current To Hotlist**, wie Sie es in Abbildung 13-8 sehen.

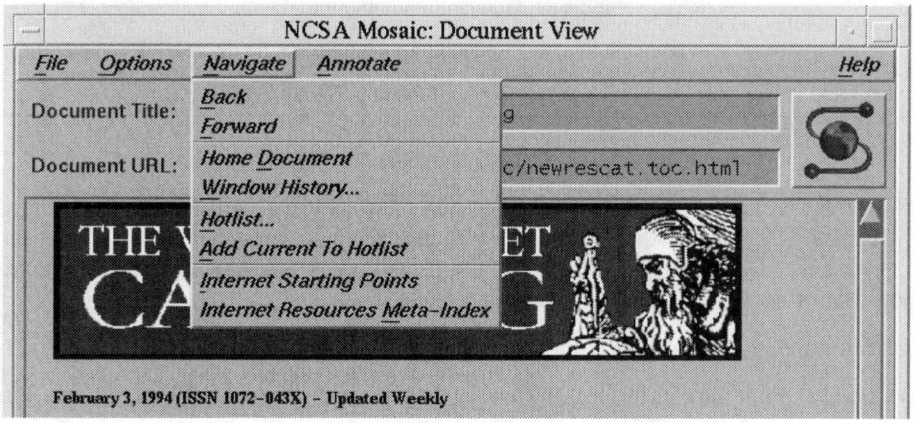

Abbildung 13-8: Das Navigate-Menu in Mosaic

Wenn Sie später einen Eintrag abrufen wollen, wählen Sie den Eintrag **Hotlist** aus dem **Navigate**-Menü. Sie sehen dann eine Liste der Hotlist-Einträge, die Sie in der Vergangenheit vorgenommen haben (siehe Abbildung 13-9).

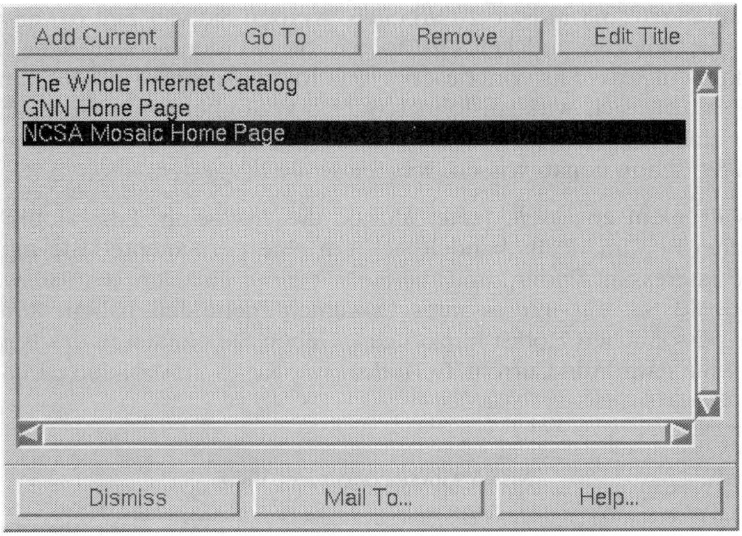

Abbildung 13-9: Das Hotlist-Fenster in Mosaic

Klicken Sie zweimal auf einen dieser Einträge, um ihn anzuzeigen. Klicken Sie dann auf **Dismiss**, um das Hotlist-Menü verschwinden zu lassen. Besonders praktisch an der Hotlist ist, daß sie das Ende einer Sitzung überlebt; sobald Sie etwas eingetragen haben, bleibt es dort, bis Sie es löschen.

Es gibt noch ein paar andere Schaltflächen:

Add Current Fügt das aktuelle Dokument in die Hotlist ein (entspricht dem Eintrag im **Navigate**-Menü).

Remove Löscht das ausgewählte Dokument aus der Hotlist.

Edit Title Erlaubt Ihnen, einen eigenen Titel festzulegen, ohne den Hotlist-Zeiger auf diesen Eintrag zu ändern. Sie erhalten ein neues Fenster, in dem Sie einen einprägsameren oder passenderen Titel eintragen können.

Mail To Sendet die Hotlist per E-Mail an jemand anderen. Sie werden nach einer E-Mail-Adresse und einem (optionalen) Betreff gefragt. Die Hotlist wird als HTML-Datei verschickt—sie kann also mit jedem Web-Browser gelesen werden.

Die History-Funktion

Wie der einfache www-Browser merkt sich auch Mosaic, welche Dokumente Sie gesehen haben und ermöglicht es Ihnen, zu bereits eingesehenen Dokumenten zurückzukehren. Als einfachste Funktion dafür steht Ihnen die Schaltfläche **Back** zur Verfügung. Sobald Sie zurückgegangen sind, können Sie mit **Forward** auch wieder vorwärts blättern. (Vorwärts zu blättern ist nicht sinnvoll, wenn Sie nicht mindestens einmal zurückgeblättert haben. Mosaic erlaubt Ihnen nicht, das zu versuchen.)

Sie können im **Navigate**-Menü auch eine **Window History** einsehen. Wenn Sie diesen Eintrag auswählen, sehen Sie ein Menü, das alle Dokumente auflistet, die Sie bisher in diesem Fenster angesehen haben. (Wie Sie unten noch sehen werden, können Sie mehrere Fenster öffnen—jedes davon hat seine eigene »Geschichte«.) Das Dokument, das Sie im Moment ansehen, ist hervorgehoben. Um ein beliebiges Dokument aus der Liste anzuzeigen, doppelklicken Sie einfach darauf. Benutzen Sie **Dismiss**, um das Fenster wieder verschwinden zu lassen, wenn Sie fertig sind.

Mit mehreren Fenstern arbeiten

Die drei Schaltflächen am unteren rechten Rand des Fensters geben Ihnen die Möglichkeit, mehrere Mosaic-Fenster auf Ihrem Bildschirm zu öffnen. Sie können auf diese Weise mehrere Dokumente gleichzeitig anzeigen lassen. Die Schaltflächen haben folgende Funktionen:

Clone Erzeugt ein neues Fenster, das eine Kopie des aktuellen Fensters ist.

New Window Erzeugt ein neues Fenster, das die Homepage anzeigt.

Close Window Schließt ein Fenster. Wenn Sie das letzte verbliebene Fenster schließen, entspricht das dem Beenden von Mosaic—mit dem Unterschied, daß Sie nicht nach einer Bestätigung gefragt werden.

Das »Klonen« von Fenstern kann besonders hilfreich sein, wenn Sie einen »Baum« von Einträgen erforschen, also vielen Links von ein und demselben Punkt aus folgen. Klonen Sie das Fenster, von dem Sie ausgehen. Sie können dann immer wieder direkt zu diesem Ausgangsfenster zurückkehren, wenn Sie beim Suchen in einer Sackgasse landen. Es ist quasi ein Lesezeichen auf Ihrem eigenen System. Das Klonen ist auch nützlich, wenn Sie verschiedenen Pfaden gleichzeitig folgen wollen, oder wenn Sie in mehreren Fenstern zugleich lesen wollen.

Auch die Schaltfläche **Help** öffnet ein neues Mosaic-Fenster. Das mag merkwürdig scheinen—warum sollte man die Hilfeseiten nicht im gleichen Fenster anzeigen? In der Praxis ist es aber sehr angenehm, ein Fenster zum Erkunden und eines für die Dokumentation zu haben. Sie müssen dann Ihre eigentliche Suche nicht unterbrechen, wenn Sie auf ein Problem stoßen.

Kommentare anfügen

Eine der faszinierendsten Möglichkeiten von Mosaic ist die Tatsache, daß Sie private Kommentare an jedes beliebige Web-Dokument anhängen können. Dies ist die erste Benutzungsoberfläche, die ich kenne, die Randnotizen erlaubt! Die Anmerkungen werden auf Ihrem System abgelegt. Wenn Sie ein Dokument mit Notizen lesen, fügt Mosaic Ihre Kommentare als zusätzlichen Link am Ende des Dokumentes ein. Um sie zu lesen, klicken Sie einfach auf den Link—Mosaic zeigt dann Ihren Kommentar an.

Um einen Kommentar anzufügen, wählen Sie **Annotate** aus dem **Annotate**-Menü im Kopf des Mosaic-Fensters aus.* Abbildung 13-10 zeigt Ihnen das Pop-up-Fenster, in dem Sie Ihren Kommentar erstellen.

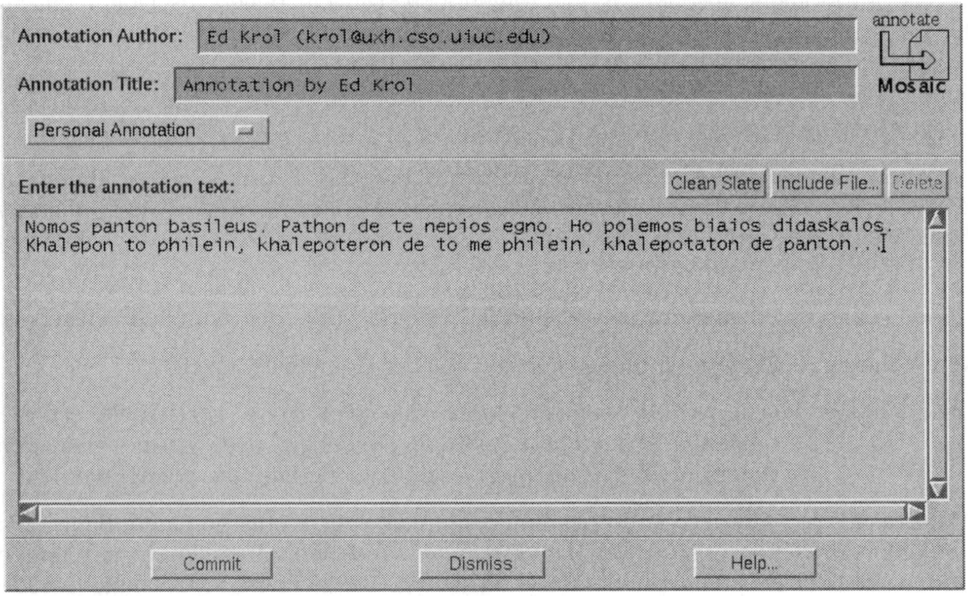

Abbildung 13-10: Einen Kommentar einfügen

* **Audio Annotate** ist noch interessanter—es gibt Ihnen Gelegenheit, einen gesprochenen Kommentar anzuhängen. Audio-Kommentare erfordern spezielle Software auf Ihrem Rechner.

Geben Sie Ihren Kommentar unter »Enter the annotation text« ein. Die Schaltfläche **Clean Slate** läßt Sie alles löschen, was Sie geschrieben haben. Mit **Include File** fügen Sie den Inhalt einer Datei in Ihren Kommentar ein. Die wichtigsten Schaltflächen aber sind:

Commit Speichert den Kommentar dauerhaft ab.

Dismiss Verwirft den Kommentar.

Nachdem Sie einen Kommentar geschrieben haben, können Sie ihn editieren oder löschen. Wählen Sie zunächst den Kommentar aus, so daß Sie ihn auf dem Bildschirm sehen. Gehen Sie dann in das Menü **Annotate** am oberen Rand des Bildschirms. Sie werden dort zwei zusätzliche Einträge sehen, die Sie vorher nicht auswählen konnten: **Edit This Annotation** und **Delete This Annotation**. Die Option **Edit** führt Sie ins Editierfenster zurück, das wir gerade geschlossen hatten. Sie können Ihren Kommentar ändern oder neu schreiben; klicken Sie dann auf **Commit**, wenn Sie fertig sind.

Wenn Sie die Option **Delete** auswählen, bittet Mosaic Sie um eine Bestätigung—erst danach löscht es Ihren Kommentar.

Kommentare zu Texten und Hypertextdateien zu schreiben, sollte Ihnen natürlich genug vorkommen; aber Sie können noch weiter gehen. Wenn Sie beginnen, mit anderen Ressourcen zu arbeiten (ein Thema, zu dem wir gleich kommen werden), sollten Sie Kommentare zu FTP-Menüs, Gopher-Menüs etc. ausprobieren. Hier sind sie am nützlichsten: Sie können Ihre eigenen Anmerkungen zu dem ablegen, was Sie auf einem bestimmten Server gefunden haben, und so die oft unzureichenden *README*-Dateien ergänzen.

Zugriff auf weitere Dienste

Wenn Web-Clients wie **www** und **xmosaic** nur Hypertextdokumente lesen könnten, wären sie sicherlich interessant und nützlich—aber wiederum nicht so interessant oder so nützlich. Obwohl die Menge an Hypertext auf dem Netz beständig wächst, ist es noch nicht allzu viel. Einige Hypertextdokumente—und der »Whole Internet Catalog« ist ein gutes Beispiel dafür—bestehen vorwiegend aus Links auf weniger spektakuläre Dienste: Gopher-Server, FTP-Server, TELNET-Server usw. In diesem Abschnitt diskutieren wir, wie andere Dienste sich verhalten, wenn Sie über das Web mit **www** oder **xmosaic** darauf zugreifen. Es ist eigentlich ganz einfach—für die meisten Dienste bietet das Web eine saubere, einfach zu bedienende Oberfläche.

Indizes, die Sie durchsuchen können

Während Sie sich durch das Web bewegen, werden Sie alle Arten von Indizes finden, in denen Sie suchen können. Dahinter verbergen sich alle Arten von Ressourcen: Veronica-Suchen, WAIS-Recherchen, Telefonbuchabfragen in CSO-Verzeichnissen etc. Das schöne daran ist, daß ein und dieselbe Oberfläche für alle Abfragen benutzt wird—unabhängig von der Ressource. In vielen Fällen müssen Sie nicht einmal wissen, welche Art von Suche Sie durchführen.

Wenn Sie den **www**-Browser benutzen, wird mit dem **Find**-Kommando (abgekürzt **F**) gesucht. Sie werden **FIND <keywords>** in der Befehlsliste finden, wann immer eine Suche möglich ist. Hier ist ein Beispiel:

```
                                  LANGLEY TECHNICAL REPORTS SERVER
      This LTRS gateway searches citations at
          NASA Langley Research Center[1]
          ICASE - Institute for Computer Applications in Science and
         Engineering[2]
      Please enter search words...
         original code for gateway by: d.j.bianco@larc.nasa.gov

        [End]
   FIND <keywords>, 1-2, Back, Up, Quit, or Help:
```

Um eine Suche durchzuführen, geben Sie den Befehl **Find**, gefolgt von einem oder mehreren Schlüsselwörtern und RETURN. Hier ist noch einmal dasselbe Dokument, angezeigt mit **xmosaic**:

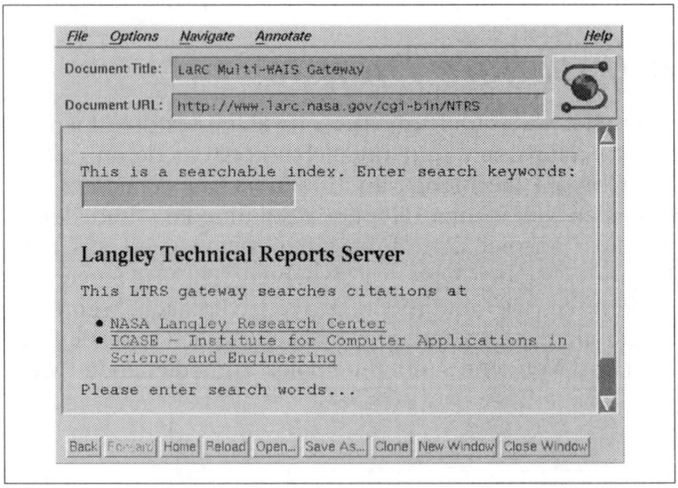

Abbildung 13-11: Ein Index zum Durchsuchen

Der mit »This is a searchable Index. Enter search keywords:« überschriebene Eintrag teilt Ihnen mit, daß Sie hier etwas vor sich haben, in dem Sie suchen können. Bewegen Sie den Cursor in das kleine Eingabefeld und geben Sie die Schlüsselwörter ein, nach denen Sie suchen wollen, gefolgt von RETURN. Wenn Sie nach »mars« suchen, finden Sie drei relevante Einträge. (Probieren Sie es aus.) Die Position des Schlüsselwortfeldes unterscheidet sich von Seite zu Seite, abhängig von dem Design, das der Autor gewählt hat. Sie werden es nicht immer am gleichen Platz finden.

Gopher und FTP-Server

Das World Wide Web ist hervorragend für den Zugriff auf FTP- und Gopher-Server geeignet. Sie werden diese häufig in Ressource-Listen und -Indizes finden. Die Benutzung sollte weitgehend selbsterklärend sein, aber es gibt noch ein paar Feinheiten, die Sie anderswo nicht bekommen werden.

Web-Browser benutzen für Gopher- und FTP-Dienste dieselbe Schnittstelle. Ein zeilenorientierter Browser präsentiert ein FTP- oder Gopher-Verzeichnis auf die gleiche Weise wie andere Menüs. Sie erhalten eine Liste mit Einträgen, jeder Eintrag (ob Datei oder Verzeichnis) hat eine Nummer. Um einen Eintrag auszuwählen, geben Sie einfach die Nummer ein. Wenn es eine Textdatei ist, zeigt **www** die Datei zum Lesen an (bei einer Binärdatei erhalten Sie eine Fehlermeldung). Wenn Sie ein Verzeichnis auswählen, zeigt **www** das Verzeichnis an.

xmosaic bietet deutlich mehr Komfort. Auch hier erhalten Sie eine Liste der Dateien, die zur Auswahl stehen. Jeder Dateiname hat ein Icon neben sich, das Ihnen etwas über den Inhalt der Datei sagt. Hier ist ein typischer Bildschirm:

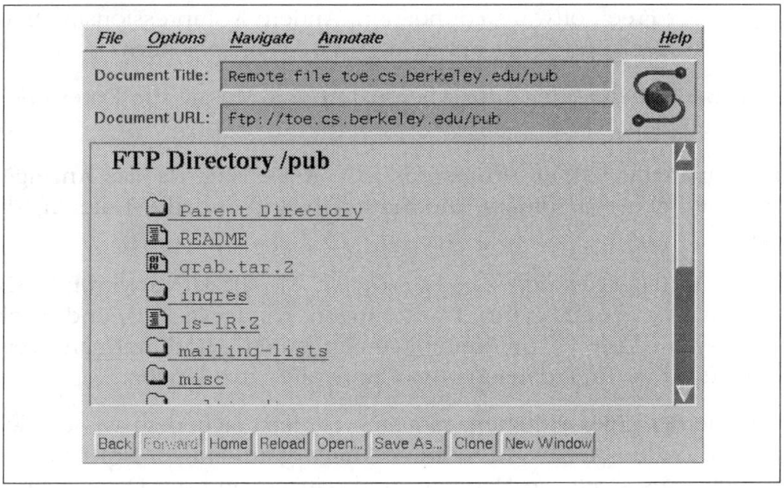

Abbildung 13–12: Mosaic zeigt ein FTP-Archiv an

Tabelle 13-1 gibt Ihnen eine Übersicht über die Icons, die Sie sehen werden (einige davon zeigen wir in Abbildung 13-12).

Tabelle 13–1: Mosaic-Icons

Dateityp	**Icon**
Verzeichnis	Ordner
Textdatei	Beschriebenes Blatt Papier
Komprimierte Textdatei	Beschriebenes Blatt Papier
Binärdatei	Blatt Papier mit Nullen und Einsen
Bild	Blatt Papier mit Bleistift
Film	"Filmstreifen"
Audiodaten	Lautsprecher
Telefonverzeichnis	Fragezeichen
Veronica-Suchen	Fragezeichen
Such-Indizes	Fragezeichen
TELNET-Dienste	Kästchen mit Aufschrift "TEL"

Wenn Sie ein Verzeichnis auswählen, zeigt Mosaic die Einträge an, als sei es ein Gopher-Client. Wenn Sie eine Datei auswählen, tut Mosaic, was es kann, um die Datei anzuzeigen. Anders als der zeilenorientierte Browser kennt Mosaic einige Dateitypen. Im einzelnen:

- Wenn es eine Textdatei ist, zeigt Mosaic die Datei auf dem Bildschirm an. Verwenden Sie **Save As** zum Speichern.
- Wenn es eine komprimierte Textdatei ist, entpackt Mosaic die Datei und zeigt sie an. Derzeit kennt **xmosaic** sowohl das **compress**-Format von UNIX als auch das **gzip**-Format der Free Software Foundation. Andere Kompressionsmethoden kennt es nicht. Auch hier können Sie mit **Save As** die Datei speichern.
- Bei einem Bild, einem Film oder Audiodaten holt Mosaic die Datei und spielt sie ab—wenn möglich.
- Bei einer Binärdatei öffnet Mosaic das **Save As**-Fenster, da das Anzeigen sinnlos wäre. In der Praxis ist »binary« ein Sammelbegriff für alle Dateien, die Mosaic nicht kennt.

Mosaics Wissen ist nicht lückenlos; es ist möglich, Mosaic zu verwirren (insbesondere durch Dateien mit zwei oder mehr Erweiterungen, wie foo.tar.gz), und es gibt Dinge, die es nicht kennt. Aber es unternimmt einen guten—und normalerweise erfolgreichen —Versuch, mit Binärdateien etwas Sinnvolles anzufangen.

Wenn Sie bis hierher gelesen haben, möchten Sie jetzt sicherlich wissen, wie Sie Bilder, Audio und Video speichern können. Eine gute Frage. Normalerweise kann Mosaic das nicht—es spielt die Datei ab, und danach sind die Daten weg. Wenn Sie gerade eine fünf Megabyte große Audiodatei geholt haben, und sie mehr als nur einmal anhören möchten, kann das frustrierend sein. Um Dateien zu speichern, die Mosaic normalerweise direkt abspielt, gehen Sie in das Menü **Options** und wählen die Option **Load To Local Disk** aus. Wenn diese Option aktiv ist, zeigt Mosaic Bilder, Filme und Sounds *nicht* an. Statt dessen öffnet es sofort das **Save As**-Fenster, und läßt Sie die Datei speichern.

Wenn Sie auf einen FTP-Server zugreifen, fügen Web-Clients automatisch den Eintrag **Parent Directory** am Anfang der Liste ein. Das macht es einfacher, durch das Dateisystem des Servers zu wandern; ein Klick auf dieses Icon ist gleichbedeutend mit **cd ..** oder **cdup**. Eine besondere Nettigkeit für FTP-Benutzer: Mosaic erledigt die Zugangsprozedur bei anonymem FTP für Sie—es loggt sich automatisch ein. Es gibt jedoch ein paar Einschränkungen, die Sie beachten sollten:

- Web-Clients können nicht mit Gruppen von Dateien umgehen. Es ist immer nur eine Datei zur Zeit möglich, denn es gibt kein Äquivalent zu **mget**. Wenn Sie gewohnheitsmäßig viele Dateien holen, ist **ftp** eventuell besser geeignet.
- Es gibt kein Äquivalent für den **put**-Befehl; im Web können Sie nur Daten herunterladen.
- Es ist nicht möglich, herauszufinden, wie groß eine Datei ist, bevor Sie die Übertragung starten. Sie könnten also plötzlich herausfinden, daß Sie schon zwei Megabytes transferiert haben, und haben trotzdem keine Vorstellung davon, wieviel noch kommen mag.

Noch ein paar Hinweise zu Gopher-Servern. Eine Gopher-eigene Einschränkung, unabhängig davon, ob Sie einen Gopher- oder einen Web-Client benutzen, ist das fehlende Konzept eines übergeordneten Verzeichnisses. Es gibt also kein Äquivalent zum **Parent Directory**-Icon. Um sich in einer Baumstruktur nach »oben« zu bewegen, müssen Sie auf **Back** klicken oder die **Window History** benutzen. Wenn Sie mit **xmosaic** arbeiten, könnten Sie auch die Hotlist nutzen, um die Position besonders interessanter Menüs aufzuzeichnen.

Gophers Veronica-Suchen werden als durchsuchbare Indizes präsentiert; sie sind identisch mit anderen Suchen, die Sie vorfinden.

TELNET-Server benutzen

Der Zugriff auf einen TELNET-Server geschieht mehr oder minder so, wie Sie sich das vorstellen. Unter UNIX erzeugt Mosaic ein neues Fenster, in dem eine TELNET-Sitzung läuft. Auf einem Macintosh- oder Windows-System läuft es ähnlich.

Wenn Sie eine **telnet**-Ressource auswählen, während Sie den zeilenorientierten Browser benutzen, verlassen Sie das Web vorübergehend und wechseln in eine **telnet**-Sitzung. Wenn Sie diese Sitzung beenden, kehren Sie ins Web zurück. Aus Sicherheitsgründen können Sie von einem öffentlichen Browser aus nicht auf TELNET-Ressourcen zugreifen. Wenn Sie das versuchen, werden Sie eine Nachricht sehen, die

Ihnen mitteilt, daß TELNET-Zugriff nicht erlaubt ist. Besorgen Sie sich Ihren eigenen Browser und versuchen Sie es noch einmal.

WAIS-Server benutzen

Es gibt viele WAIS-Ressourcen, die im World Wide Web verfügbar sind. Wie Sie vielleicht erwarten, werden WAIS-Ressourcen als Such-Indizes präsentiert. Ich persönlich finde, daß Web-Browser vollkommen ausreichende WAIS-Clients abgeben. Sie ermöglichen Ihnen keine fortgeschrittenen Techniken wie das Relevance Feedback, aber sie erledigen ihre Aufgabe.* Wir haben bereits gesehen, was WAIS ist, also ist es wohl der beste Ansatz, einfach nach etwas Konkretem zu suchen. Nehmen wir an, daß Sie Wirtschaftswissenschaftler sind und einige präzise Daten über Frankreich brauchen. Es gibt einige Stellen, an denen Sie nachsehen können. Aber während Sie den Index akademischer Informationen durchsehen, fällt Ihr Augenmerk auf das CIA World Fact Book:

```
Geography              CIA  World Fact Book[14], India: Miscellaneous
                       information[15] , Thai-Yunnan:  Davis collection[16],
```

Es sieht so aus, als ob Sie hier etwas Nützliches finden könnten! Nachdem Sie Eintrag 14 ausgewählt haben, sehen Sie die Titelseite des Fact Book:

```
                              CIA


Connection Machine WAIS server.  Operated between 9AM and
9PM East coast time.  The 1990 World Factbook by the CIA which
contains a
good description of every country.  The entry for WORLD is also
particularly good.

Descriptions of 249 nations, dependent areas, and other entities with
information on population, economic condition, imports/exports, conflicts
and wars, and politics.  Produced annually by the
CIA.  Search 'World Factbook' for table of contents.

FIND <keywords>, 1, Back, Quit, or Help:
```

Um eine Datenbank zu durchsuchen (hier eine WAIS-Datenbank), geben Sie einfach **find** ein, gefolgt von einem Suchwort. Sie können **f** als Abkürzung für **find** verwenden, Sie können den Befehl sogar ganz weglassen, solange Ihre Schlüsselwörter nicht mit Befehlen identisch sind. Wenn Sie Mosaic benutzen, geben Sie Ihr Schlüsselwort im Feld **Searchable Index** ein.

---

* Vorausgesetzt, die WAIS-WWW-Gateways arbeiten, was in der Vergangenheit häufiger nicht der Fall war. Es gibt aber auch viele »private« Übergänge zu bestimmten WAIS-Ressourcen—etwa die NASA-Langley-Titelseite, die wir ein paar Seiten weiter oben betrachtet haben. Deshalb sollten Sie wissen, wie Sie mit WAIS-Ressourcen arbeiten.

Jetzt kommt der frustrierende Teil. Nachdem Sie nach dem Schlüsselwort **france** gesucht haben, erhalten Sie eine Liste mit 40 Dokumenten: verschiedene obskure französische Territorien, ehemalige Kolonien, Länder, die Auseinandersetzungen mit Frankreich hatten usw. Es gibt so viele Einträge, daß WAIS das eingebaute Limit erreicht (40 Einträge), ohne zu finden, was Sie suchten. Dies ist ein WAIS-spezifisches Problem, und keine Einschränkung des Web. Es ist schwierig, eine ausreichend enge Fragestellung zu formulieren. Relevance Feedback würde hier wirklich weiterhelfen, aber es ist noch nicht möglich, dies vom Web aus einzusetzen.

Also brauchen wir eine bessere Frage. Das Hinzufügen des Schlüsselwortes **economy** hilft nicht weiter—praktisch jeder Artikel in der Datenbank wird auch etwas über die Wirtschaft enthalten. Eine Eingebung läßt uns fragen: Wie viele Artikel würden sowohl Frankreich als auch Paris enthalten? Schauen wir nach:

```
FIND <keywords>, 1-40, Back, <RETURN> for more, Quit, or Help: find france paris
                                                    france paris (in CIA)
                                   FRANCE PARIS

Index CIA contains the following 40 items relevant to 'france paris'.

France  Geography Total area: 547,030 km2; land area: 545,630 km2; includes
                       Corsica[1]
                       Score: 1000, lines: 415
France  Geography Total area: 547,030 km2; land area: 545,630 km2; includes
                       Corsica[2]
                       Score: 1000, lines: 415
French Guiana (overseas department of France)[3]
                       Score: 1000, lines: 299
...
```

Durch die Formulierung einer etwas weit hergeholten Frage haben wir es geschafft, den Artikel, den wir haben wollten, an den Anfang der Liste zu holen—den Haupteintrag zu Frankreich. Sehen wir uns an, was wir gefunden haben:

```
FIND <keywords>, 1-40, Back, Up, <RETURN> for more, or Help: 1
                                                           Document
0000073CIA
920120
CIA World Factbook 1991
France

Geography
Total area: 547,030 km2; land area: 545,630 km2; includes Corsica
and the rest of metropolitan France, but excludes the overseas
administrative divisions

Comparative area: slightly more than twice the size of Colorado

Land boundaries: 2,892.4 km total; Andorra 60 km, Belgium 620 km,
```

```
Germany 451 km, Italy 488 km, Luxembourg 73 km, Monaco 4.4 km,
Spain 623 km, Switzerland 573 km

Coastline: 3,427 km (includes Corsica, 644 km)
...
```

Wenn Sie genug davon lesen, werden Sie irgendwann Statistiken über die französische Wirtschaft finden. Sie werden auch Schätzungen über die Anzahl von Kommunisten, die Größe der bewaffneten Streitkräfte, sowie weitere Statistiken von verständlichem Interesse für die CIA finden.

Ich habe absichtlich ein etwas schwierigeres Problem gewählt, so daß Sie sehen können, wie WAIS-Suchen verfeinert werden. Ironischerweise ist die Suche nach einem Land der »ersten Welt« mit einer langen Geschichte mit hoher Wahrscheinlichkeit schwieriger als die Suche nach einem »Drittweltland«. Die Suchen nach obskuren Einträgen sind naturgemäß wesentlich enger fokussiert. Erfahrung und Eingebung werden Ihnen weiterhelfen, und die weitere Entwicklung wird die Qualität der Server und Clients verbessern.

Trotz dieser Probleme sind das World Wide Web und WAIS ein ideales Paar. Mit einigen Verbesserungen an den Browsern (beispielsweise dem Einbau von Relevance Feedback) und vielleicht ein paar Ergänzungen zu WAIS, könnte WWW schnell der ideale WAIS-Client werden.

Das Verzeichnis der WAIS-Server

Es ist möglich, das Verzeichnis der WAIS-Server direkt zu durchsuchen. Sie können entweder explizit WAIS-Server suchen (es gibt auf vielen Homepages einen Eintrag für WAIS-Server), oder Sie können generell nach WAIS-Ressourcen suchen. Sobald Sie eine WAIS-Ressource gefunden haben, sehen Sie auf der Titelseite einen Link zum Serververzeichnis. Wenn Sie diesen Link auswählen, sehen Sie eine Beschreibung des Serververzeichnisses, und Sie können dann die Server nach einem beliebigen Thema durchsuchen. Im folgenden Beispiel suchen wir nach WAIS-Datenbanken zum Thema »Klassische Literatur«.

```
FIND <keywords>, 1, Back, Quit, or Help: find classical literature

                              CLASSICAL LITERATURE

Index directory of servers contains the following 9 items relevant to
'classical literature'.

indian-classical-music.src[1]
                              Score: 1000, lines:  30
bryn-mawr-classical-review.src[2]
                              Score:  400, lines: 107
```

```
bionic-algorithms.src[3]
                              Score:  333, lines:  18
...
```

Wir sind an Artikeln über Plato interessiert, also sieht das Bryn Mawr Classical Review genau wie das aus, was wir suchen. Die Auswahl von Eintrag 2 führt uns aber ins unbestimmte Nirgendwo:

```
FIND <keywords>, 1-9, Back, Up, <RETURN> for more, or Help: 2
The index cover page has been retrieved. Please see the index itself[1]
[End]
```

Hierbei handelt es sich um einen Zwischenschritt, der bald nicht mehr notwendig sein wird. Logisch entspricht dies dem Kopieren einer Liste von interessanten Datenbanken in Ihre nächste WAIS-Anfrage. Wählen Sie einfach 1 aus, und Sie erhalten die Titelseite des Classical Review:

```
                                   BMCR

The _Bryn Mawr Classical Review_ is a review journal of books in Greek and
Latin classics.

  In its new format the BMCR will distribute reviews as they become
available:  that is, as soon as they have been submitted and gone through
the minimal editorial massaging (inserting missing commas, removing
libelous assertions) that we do.
FIND <keywords>, 1, Back, Up, <RETURN> for more, Quit, or Help:
```

Sie können dann **find plato** eingeben, und eine Liste relevanter Artikel erhalten. Wir befinden uns wieder in vertrauter Umgebung.

Zögern Sie nicht, das Verzeichnis der Server zu benutzen, wenn das Web Sie überraschenderweise in unbekannten Regionen landen läßt.

Netzwerk-News lesen

Es gibt ein paar Dokumente, die Links auf Newsgruppen besitzen, allerdings nicht sehr viele. Wenn Sie eines davon finden, können Sie Ihren Web-Browser auch als Newsreader einsetzen. Wenn Sie sich Mühe und Anspannung des Suchens ersparen wollen, können Sie einen Einstieg in die Newswelt finden, indem Sie unter »Data Sources By Service« im Dokument »Starting Points for Internet Exploration« nachsehen. Für den Fall, daß Sie nicht einmal das suchen wollen: Hier ist ein URL für eine Liste von Newsgruppen:

```
http://info.cern.ch/hypertext/Datasources/News/Groups/Overview.html
```

(Im nächsten Abschnitt, »Das Web verlassen«, erfahren Sie, wie Sie direkt zu diesem Dokument finden, ohne es durch Links zu erreichen.)

Nachdem Sie auf diese Seite gelangt sind, sehen Sie eine Liste von Top-Level-Hierarchien: *rec*, *comp*, *alt* usw. Wählen Sie die Top-Level-Hierarchie, in der Sie lesen möchten. Wenn Sie die nächste Seite sehen, wählen Sie eine interessante Newsgruppe innerhalb dieser Kategorie. Wenn alles glatt geht, sehen Sie dann eine Liste der Artikel, die in dieser Gruppe verfügbar sind.

Wie gesagt—wenn alles glatt geht. Was könnte schieflaufen? Eigentlich nur eine Sache. Um News zu lesen, brauchen Sie entweder einen Newsserver (NNTP-Server) auf Ihrem lokalen System, oder Sie müssen über das Netz auf einen zugreifen. Wenn Sie nicht wissen, was das bedeutet, fragen Sie Ihren Systemverwalter—wenn Sie News lesen können, haben Sie Zugriff auf einen NNTP-Server. Wenn der Server sich nicht auf Ihrer eigenen Maschine befindet, und Sie unter UNIX arbeiten, setzen Sie die Environment-Variable NNTPSERVER auf den Namen Ihres Servers, bevor Sie Ihren Browser starten.

Ehrlich gesagt: Das Lesen von News ist nicht gerade eine der Stärken des Web. Es bietet ein paar Dinge an, die Sie woanders nicht finden: z.B. Querverweise auf andere Artikel, die als Links zu diesen Artikeln dargestellt werden. Daher ist es einfach, von einem Artikel zu seinen Vorgängern zu blättern. Sie können allerdings nicht antworten oder Artikel posten; die Browser kennen kein Verfahren zum Abonnieren oder abbestellen von Newsgruppen; sie verwalten keine Liste der bereits gelesenen Artikel usw. Sofern Sie nicht zu den Menschen gehören, die alles mit einem Schweizer Offiziersmesser erledigen, sollten Sie als Newsreader besser **nn** oder **tin** benutzen.

Das Web verlassen

Obwohl das World Wide Web sich von Tag zu Tag weiter ausbreitet, deckt es doch nicht das gesamte Internet ab. Es gibt viele Ressourcen, die Sie nicht erreichen können, indem Sie einfach Links folgen. Und es gibt Ressourcen, die Sie lieber nicht über Links erreichen wollen. Warum sollten Sie durch drei oder vier Menüs gehen, wenn Sie nur **ftp.uu.net** per anonymem FTP erreichen wollen? Es ist einfacher, direkt zum FTP-Server zu gehen, statt zu suchen, bis Sie eine Seite mit einem Link dorthin finden.

Bevor wir eine beliebige Ressource auf dem Netz mit einem der Browser für das World Wide Web erreichen können, müssen wir uns zwei Fragen stellen:

1. Wie geschieht das? (Mit welchem Befehl?)

2. Wie benennen Sie die Ressource, die Sie haben wollen?

Die Antwort auf die erste Frage ist recht einfach. Sowohl **www** als auch Mosaic kennen Befehle, um eine Ressource direkt zu benennen. Die zweite beinhaltet etwas mehr; wir müssen dazu das Konzept eines URL, eines Universal Resource Locators, vorstellen. Glücklicherweise sind URLs standardisiert, also sind sie für alle Web-Browser und andere Tools identisch.

Andere Ressourcen öffnen

Wenn Sie den zeilenorientierten Browser **www** benutzen, tippen Sie einfach den Befehl **go**, gefolgt vom URL der Ressource, an der Sie interessiert sind. Wenn Sie z.B. direkt zum Gopher-Server von O'Reilly & Associates wechseln wollen, tippen Sie **go gopher://gopher.ora.com**. Das häßliche Ding hinter dem **go**-Befehl ist der URL. Wir erklären das weiter unten.

Mit **xmosaic** klicken Sie auf **Open** am unteren Rand des Fensters (es gibt auch einen Eintrag **Open** im Menü **File**—er erledigt dieselbe Aufgabe). Wenn Sie auf **Open** klicken, erhalten Sie folgendes Menü:

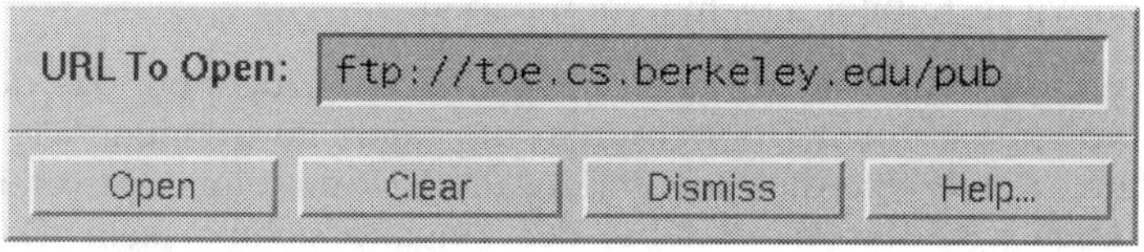

Abbildung 13-13: Eine Ressource öffnen

Tippen Sie den URL der gewünschten Ressource in das Eingabefeld. Wenn Sie auf **Clear** klicken, löschen Sie den Inhalt; klicken Sie auf **Open**, so teilen Sie Mosaic mit, daß es auf diese Ressource zugreifen und sie in geeigneter Weise anzeigen soll.

Uniform Resource Locators (URLs)

Jetzt müssen Sie nur noch wissen, wie Sie einen URL zusammensetzen. Hier ist ein kurzes und vereinfachtes Schema:

Für FTP-Ressourcen hat der URL das Format:

```
file://internet-name/remote-pfad
```

wobei *Internet-Name* für den Namen des Servers steht, auf den Sie zugreifen wollen, und *Remote-Pfad* die Datei ist, die Sie lesen möchten. Wenn Sie *Remote-Pfad* nicht angeben, zeigt der Browser Ihnen das Hauptmenü des FTP-Servers—den Inhalt des Verzeichnisses, in dem Sie sich normalerweise nach dem Einloggen befinden. Wenn Sie ein Verzeichnis angeben, zeigt der Browser dieses Verzeichnis. Sie können dann mit der Maus die Datei auswählen, die Sie sehen möchten. Wenn Sie eine Datei angeben, holt der Browser diese Datei für Sie—ohne weiteres Navigieren (zeilenorientierte Browser wie **www** haben eventuell Probleme mit Binärdateien). Um beispielsweise die Datei *ls-lR.Z* von **ftp.uu.net** zu holen, verwenden Sie den URL **file://ftp.uu.net/ls-lR.Z**. Um UUNETs Hauptverzeichnis zu sehen, verwenden Sie den URL **file://ftp.uu.net**.

Mosaic geht davon aus, daß die FTP-Server sich »gut benehmen«—sich also wie UNIX-FTP-Server verhalten, die der *de-facto*-Standard sind. Insbesondere müssen sie ein *anonymes* Login ermöglichen. Normalerweise ist das der Fall, aber Sie könnten Schwierigkeiten mit Servern haben, die **ftp** oder etwas anderes als Login-Namen für anonyme Logins erwarten. Eine etwas erweiterte Form des URLs kann helfen:

```
file://benutzername@internet-name/remote-pfad
```

Um beispielsweise auf den Server **foo.bar.edu** zuzugreifen, der den Loginnamen **ftp** verlangt, benutzen Sie den URL **file://ftp@foo.bar.edu**. Sie könnten immer noch auf Probleme mit Servern stoßen, die sich in anderer Weise nicht an die Regeln halten; insbesondere IBM-Mainframes können sich als trickreich erweisen. Wenn Sie mit Ihrer Anfrage keinen Erfolg haben, besinnen Sie sich am besten auf den guten alten FTP-Client, den wir in Kapitel 6 besprochen haben.

Diese Syntax ermöglicht es Ihnen auch, ein Paßwort anzugeben, das dem Benutzernamen folgt. Setzen Sie einen Doppelpunkt, um beide zu trennen. Wie Sie vielleicht schon vermuten, können Sie dies anwenden, um FTP mit einem privaten Account zu nutzen. Allerdings wird Ihr Paßwort bei der Eingabe sichtbar sein. Darüber hinaus hat Mosaic den zusätzlichen Nachteil, daß es das Paßwort im URL-Feld des Fensters anzeigt. Aus diesem Grunde empfehlen wir den Einsatz eines Web-Browsers für privates FTP nicht.

Für TELNET-Ressourcen hat ein URL das Format:

```
telnet://internet-name:port
```

Der *Internet-Name* ist der Name des Hosts, auf den Sie zugreifen wollen. Die Angabe von *port* ist optional; Sie brauchen sie nur, wenn der TELNET-Server, auf den Sie zugreifen, einen nicht-standardisierten Port benutzt.

Für Gopher-Ressourcen hat ein URL das Format:

```
gopher://internet-name:port
```

Auch hier ist *Internet-Name* wieder der Name des Hosts, auf den Sie zugreifen wollen. Die Angabe von *port* ist nur erforderlich, wenn der Gopher-Server einen Nicht-Standard-Port benutzt. Um beispielsweise mit dem Gopher-Server von MTV Verbindung aufzunehmen, **telnet**ten Sie an den URL **gopher://mtv.com**.

Es sollte festgehalten werden, daß Gopher-URLs tatsächlich viel komplizierter sind. Was ich oben gezeigt habe, ist aber alles, was für Menschen nützlich ist. Es gibt keine brauchbare Methode, ein bestimmtes Verzeichnis auf einem Gopher-Server anzugeben—es sei denn, Sie sind ein Computer.

Für Netzwerk-News hat ein URL das Format:

```
news:newsgruppen-name
```

Um beispielsweise die Newsgruppe *alt.3d* zu lesen, geben Sie als URL an: **news:alt.3d**. Es gibt derzeit keinen Weg, einen Newsserver zu spezifizieren, aber das mag in Zukunft möglich werden. Auf UNIX-Systemen wird Ihr NNTP-Server durch die Environment-Variable NNTPSERVER definiert.

Für Hypertextressourcen hat ein URL das Format:

```
http://internet-name/remote-pfad
```

Der *Internet-Name* ist der Name des Server, und *Remote-Pfad* ist der Pfadname für die Datei, die Sie lesen wollen. Es wird angenommen, daß es sich dabei um eine HTML-Datei handelt. Sie kann Links auf integrierte Bilder und andere Dokumente enthalten.

Finden Sie die Zusammensetzung eines URLs mühsam und verwirrend? Es gibt eine Lösung: Sobald Sie den URL zusammengesetzt und den Eintrag abgerufen haben, den Sie sehen wollten, fügen Sie ihn einfach Ihrer Hotlist hinzu.

Eine eigene Homepage erstellen

Wenn Ihr Browser startet, zeigt er Ihnen die voreingestellte Homepage an. Sie sind allerdings nicht auf diese Homepage eingeschränkt, sondern können andere Homepages im Netz auswählen oder eine eigene erstellen. Es gibt viele Gründe, eine andere Homepage zu wählen:

- Sie könnten eine Homepage finden, die Ihnen mehr zusagt. Vielleicht wollen Sie beispielsweise mit ORAs »The Whole Internet Catalog« oder der »Virtual Library« des CERN starten, oder Sie ziehen irgendeinen spezialisierten Index vor, der Ihren Interessen eher entspricht.
- Der Server, der die voreingestellte Homepage für Ihren Browser liefert, kann überlastet sein—und deshalb unbequem oder gar nicht zu benutzen. Sie können eine andere Homepage finden oder (wenn der Server nicht so sehr belastet ist) Ihre eigene Kopie der Homepage anfertigen.
- Wenn Sie HTML lernen wollen, die Formatierungssprache, in der Dokumente im World Wide Web beschrieben sind, können Sie eine Homepage von irgendwoher holen und sie an Ihre Bedürfnisse anpassen—z.B. indem Sie Ihre persönlichen Lieblingsressourcen hinzufügen.

Es gibt viele Methoden, eine eigene Homepage auszuwählen; die Online-Dokumentation für Mosaic behauptet, es seien 37, aber ich halte das für übertrieben. Unabhängig von der Frage, wieviele Möglichkeiten es wirklich gibt, gibt es zwei *wichtige*: Über die Kommandozeile und über die Environment-Variable WWW_HOME.

Um eine andere Homepage auf der Kommandozeile anzugeben, verwenden Sie einen dieser Befehle:

```
% www alternative-homepage
% xmosaic alternative-homepage
```

Formal betrachtet ist *Alternative-Homepage* der URL der von Ihnen ausgewählten Homepage. Sie kann irgendwo auf dem Netz sein. Wenn sich die Homepage allerdings auf Ihrem eigenen System befindet, können Sie auf den komplizierten URL-Mechanismus verzichten und einfach einen Dateinamen angeben.
Wenn Sie beispielsweise die GNN-Homepage als Datei *gnn-home.html* abgespeichert haben, können Sie sie folgendem Befehl betrachten:

```
% xmosaic gnn-home.html
```

Sie können auch die Environment-Variable WWW_HOME benutzen, um eine Homepage anzugeben. Sie sollte auf den URL Ihrer Homepage gesetzt sein—auch hier reicht ggf. ein lokaler Dateiname.

```
% setenv WWW_HOME gnn-home.html
% xmosaic                              --oder--
% www
```

Jetzt müssen Sie nur noch eine passende Homepage irgendwo auf dem Netz finden und sie abspeichern. Denken Sie daran, im HTML-Format abzuspeichern, sonst wird sie als Homepage nicht zu gebrauchen sein.

Tips für Mosaic-Benutzer

Wir haben das meiste von dem abgedeckt, was Sie brauchen, um Mosaic und **www** effektiv einzusetzen. Da Mosaic ein wirklich mächtiges Werkzeug ist, scheinen aber ein paar weitere Hinweise angebracht. Die meisten davon würden Sie vermutlich auch selbst herausfinden, aber wir können Sie in die richtige Richtung leiten.

Abbrechen

Wenn Sie nicht länger warten möchten oder feststellen, daß Sie einen Fehler gemacht haben, können Sie die meisten Operationen abbrechen, indem Sie auf das Icon mit der sich drehenden Weltkugel in der rechten oberen Ecke klicken.

Die Wartezeit minimieren beim Laden von Bildern

Wenn Sie Mosaic über eine Anbindung mit mittlerer Geschwindigkeit nutzen (also zwischen 9600 und 19.200 Baud), werden Sie feststellen, daß das Laden von Bildern eine beträchtliche Zeit braucht. Bei vielen Dokumenten ist das kein Problem—so enthält beispielsweise GNN zwar viele Grafiken, aber diese sind in kleinen

Abschnitten organisiert, so daß das Warten auf sie nicht allzu nervig wird. Es gibt allerdings auch Dokumente, die soviel Grafik enthalten, daß Sie leicht 10 Minuten oder mehr warten können. Am schlimmsten sind in dieser Hinsicht in der Regel Ausstellungen und Museen.

Um die Zeit, die das Laden der Bilder braucht, zu eliminieren, gehen Sie in das Menü **Options** und wählen den Eintrag **Delay Image Loading** (siehe Abbildung 13-14).

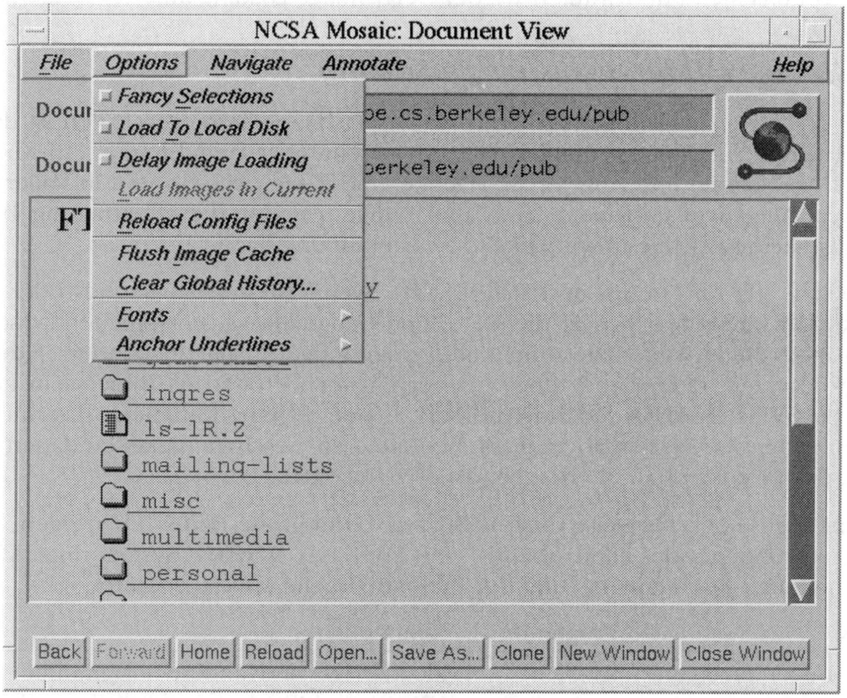

Abbildung 13–14: Das Menü Options von NCSA-Mosaic

Wenn Sie dann ein Dokument laden, das Grafik beinhaltet, werden Sie Icons statt der kompletten Bilder sehen. Um ein Bild herunterzuladen, klicken Sie einfach auf das Icon. Sie können den Text lesen, dabei herausfinden, welche Bilder wohl interessant sein könnten, und diese dann holen. Wenn Sie alle Illustrationen im aktuellen Dokument sehen wollen, gehen Sie wieder in das **Options**-Menü und wählen **Load Images In Current** aus. Sie werden alle Bilder aus dem aktuellen Dokument erhalten, aber danach nie wieder Grafik übertragen wollen.

Um wieder zum normalen Laden von Bildern zurückzukehren, gehen Sie nochmals in das **Options**-Menü und wählen wieder **Delay Image Loading** aus.

Großartige Bilder, großartige Sounds

Häufig sind Bilder nur Miniaturen eines größeren Bildes. In diesen Fällen ist das Bild selbst ein Link, und hat vermutlich eine Art erkennbarer Umrahmung. Ein Klick darauf lädt das Vollbild und zeigt es an. (Denken Sie daran, daß ein Bild in voller Größe leicht ein Megabyte groß sein kann und einige Zeit für die Übertragung braucht, sofern Sie keine Hochgeschwindigkeits-Netzanbindung haben.)

Das gleiche gilt für Sound- und Video-Icons. Wenn Sie auf ein Sound- oder Video-Icon klicken, überträgt Mosaic die Datei und behandelt sie entsprechend, indem es sie an Programme weiterleitet, die Audio oder Video abspielen können. Sie sollten jedoch beachten, daß Sound- und Videodaten noch größer als Bilder sein können! Selbst das »What is NCSA Mosaic«-Audiofile aus dem Demodokument, das nur 30 Sekunden dauert, ist 1/4 Megabyte groß. Bei mittleren Geschwindigkeiten dauert es viel länger, das Dokument zu übertragen, als es abzuspielen.

Sie benötigen möglicherweise externe Software, um große Bilder anzuzeigen, Sounddateien anzuhören oder Filme abzuspielen. Für das X Window System unter UNIX ist hier eine kurze Zusammenfassung der Programme, die Mosaic erwartet:

Zweck	**Programm**	**Kommentar**
Große Bilder anzeigen	**xv**	**xloadimage** und andere Programme, die GIF- und JPEG-Dateien anzeigen, funktionieren auch—aber das Programm muß in **xv** umbenannt werden.
PostScript anzeigen	**ghostscript**	
Filme abspielen	**mpeg_play**	
Audiodaten spielen	**showaudio**	Jedes Programm, das **.au**-Dateien von Sun abspielt, funktioniert auch, aber es muß in **showaudio** umbenannt werden.
Audio aufzeichnen		Systemabhängig

Wenn Sie Audio oder verschiedene Bildtypen verwenden wollen, müssen Sie sicherstellen, daß Sie diese Programme haben, und daß sie korrekt benannt sind.*

Tastatur-Kürzel

Die meisten Befehle von Mosaic sind auch über *Hotkeys* auf der Tastatur abrufbar. Das ist nützlich, wenn Sie nicht ständig mit der Maus herumfahren wollen. Hier ist eine Aufstellung:

Taste		Funktion
a	A	Annotate; öffnet das Annotate-Menü.
b	B	Back; geht zurück zum vorherigen Dokument.
c	C	Clone; kopiert das aktuelle Fenster.
d	D	Document source; zeigt Dokument im HTML-Format an.
f	F	forward; geht in der Window-history vorwärts.
h		History; öffnet das History-Fenster.
H		Hotlist; öffnet das Hotlist-Fenster.
l	L	Local; öffnet eine lokale Datei.
m	M	Mail; verschickt das aktuelle Dokument per E-Mail.
n	N	New; öffnet ein neues Fenster.
o	O	Open; öffnet ein neues Dokument (durch URL benannt).
p	P	Print; druckt das angezeigte Dokument.
R		Refresh; aktualisiert den Bildschirminhalt.
s	S	Search; sucht Text im Dokument.
ESC		Close; schließt das Fenster.

Sie können auch die Pfeiltasten benutzen, um nach oben und unten zu scrollen. Die Pfeiltasten nach links und rechts scrollen horizontal, wenn Sie etwas anzeigen lassen, das breiter als das Fenster ist. Sie müssen immer noch die Maus benutzen, um Einträge auszuwählen, aber wenn Sie sich an diese Abkürzungen gewöhnt haben, können Sie für die grundlegenden Befehle auf die Maus verzichten.

Wenn etwas schiefläuft

Wenn Mosaic Ihnen mitteilt, daß auf den gewünschten Server nicht zugegriffen werden konnte, können Sie **Reload** anklicken, um es noch einmal zu versuchen. Wenn ein Server nicht antwortet, ist das offensichtlich keine Lösung: Ein neuer Versuch wird nicht weiterhelfen. Alles, was Sie tun können ist, es später noch einmal zu versuchen. Aber **Reload** kann helfen, wenn das Problem auf Ihrer Seite liegt: Wenn Ihre

* Sie können die Datei *.mailcap* verwenden, um diese Namen selbst zu definieren. Mosaics Online-Dokumentation beschreibt, wie Sie eine *.mailcap*-Datei erstellen. Wenn Sie allerdings unter UNIX arbeiten, ist es einfacher, symbolische Links von dem Namen, den Mosaic erwartet, auf das Programm zu legen, das Sie haben.

Anbindung an das Internet überlastet oder vorübergehend gestört ist, kann ein neuer Versuch schon alles sein, was Sie brauchen, um weiterarbeiten zu können.

Es gibt eine weiteres potentielles Problem, das ich mir vorstellen kann, obwohl ich diesem Problem noch nicht begegnet bin. Eventuell haben Sie sich schon gefragt, woher Mosaic weiß, daß es Links, die Sie schon einmal besucht haben, anders darstellen muß als solche, die Sie noch nicht kennen? Mosaic verwaltet die globale History in einer Datei namens *.mosaic-global-history* in Ihrem Heimatverzeichnis. Offensichtlich wird diese Datei im Laufe der Zeit kontinuierlich wachsen, und sie könnte irgendwann sehr groß werden—möglicherweise füllt Sie Ihr Dateisystem, oder verursacht Ihrem Systemadministator einige Sorgen. Sie wächst nicht so schnell, wie Sie vielleicht denken, da die Datei nur die URLs speichert, die Sie besucht haben, und nicht etwa die kompletten Dokumente. Aber es kann ein Problem werden—insbesondere, wenn Sie knapp mit Plattenspeicher sind. Sie sollten die Datei periodisch kürzen; um das zu tun, wählen Sie einfach **Clear Global History** aus dem **Options**-Menü.

Wie das Web weitergesponnen wird

Wir beendeten die erste Auflage mit einer Diskussion darüber, wie das Web sich entwickeln wird. Hier ist eine kurze Zusammenfassung, die die Ereignisse der letzten anderthalb Jahre berücksichtigt. Zum gegenwärtigen Zeitpunkt ist das World Wide Web dabei, zu einem der wichtigsten Informationssysteme auf dem Internet zu werden. Es ist ungeheuer erfolgreich gewesen, und ist es auch weiterhin. Das liegt zum Großteil an Mosaic, das alle möglichen Gruppen von Menschen—nicht nur Physiker—ermuntert hat, Hypertextdokumente zu erstellen.

Andere Arten von Dokumenten

Als wir das erste Mal über das Web geschrieben haben, sagten wir, daß es vorwiegend aus Textdokumenten besteht, und daß großer Bedarf an Browsern herrscht, die intelligente Entscheidungen bezüglich der Verarbeitung unterschiedlicher Arten von Dateien treffen können. Wir haben auf diesem Gebiet beeindruckende Fortschritte gesehen. Mosaic könnte noch weiter gehen, was die korrekte Bearbeitung verschiedener Dateitypen angeht, aber wir sind schon zu 90 Prozent ans Ziel gelangt.

Eigene Links erstellen

Mosaics Fähigkeit, Kommentare zu speichern, ermöglicht es Ihnen, öffentliche Dokumente (und sogar FTP-Verzeichnisse) mit Ihren privaten Notizen zu verbinden; Ihre Notizen können auch Links auf andere Dokumente enthalten.

Hyertextdokumente erstellen

Sie können Ihre eigenen WWW-Dokumente erstellen, indem Sie sie mit einem der bekannten Editoren wie **vi** oder **emacs** schreiben. So entstand ein Großteil der ursprünglichen Dokumente im Web. Aber sehen Sie sich nur einmal an, was Sie alles eingeben müssen, um nur den Anfang der GNN-Homepage zu erzeugen, so wie Sie sie in Abbildung 13-3 gesehen haben:

```
<HEAD>
<TITLE> GNN Home Page </TITLE>
<ISINDEX>
<BODY>
<H1>GNN Home Page
</H1>
<P>
The Global Network Navigator (GNN), an Internet-based
Information Center, is a production of O'Reilly & Associates, Inc.
and an application of the World Wide Web.
<P>
```

Sie bräuchten wirklich ein Programm, das Ihnen dabei hilft, alle diese zusätzlichen Informationen einzufügen, ohne sich die Befehle merken und sie eintippen zu müssen.

Es gibt zwei Möglichkeiten, das zu tun: Mit einem speziellen Editor oder mit einem Konvertierungspaket. HTML-Editoren sind noch relativ spärlich gesät, aber es werden Tag für Tag mehr. Derzeit existiert der beste HTML-Editor auf NeXT-Workstations; es ist der einzige, der Ihre Eingaben exakt so darstellen kann, wie sie später erscheinen werden. Für UNIX gibt es Erweiterungen zu **emacs**, die es Ihnen ermöglichen, die speziellen Befehle mit wenigen Tastendrücken einzugeben. Für den Macintosh gibt es einen Hypercard-Stack, der das gleiche mit Pull-down-Menüs erledigt.

Am meisten tut sich derzeit im Bereich der Programme, die andere, weiter verbreitete Textformate in HTML wandeln. Sie können beispielsweise Word-Perfect- oder Word-Dokumente mit unterschiedlichen Zeichensätzen und Schrifttypen leicht in HTML konvertieren. Die Dokumente werden exakt so aussehen wie die Originale, aber sie werden keine Links auf andere Dokumente enthalten. Sie müssen diese von Hand hinzufügen, wenn Sie welche wollen.

In Zukunft (d.h., wenn einfache Hypertexteditoren verfügbar sind) könnten spezielle Editoren für Gruppenarbeit entwickelt werden. Dies ist ohne Zweifel ein interessantes Forschungsthema; obwohl es schon einige Ideen gibt, weiß heute noch niemand, wie so ein Editor einmal aussehen wird.

Wie kann ich helfen?

Offensichtlich sind Software-Entwickler (insbesondere im Bereich der Hypertexteditoren) immer noch gefragt. Aber es gibt auch viel bodenständigere Bedürfnisse. Das Erstellen von Texten (selbst einfacher Texte) und ihr Verfügbarmachen über FTP-Server ist ebenfalls eine wertvolle Hilfe. Es werden auch Menschen gebraucht, die Informationen zu einem bestimmten Thema auf dem neuesten Stand halten. Die Online-Dokumentation für das Web enthält Informationen darüber, welche Art von Hilfe gebraucht wird, und wen man ansprechen kann.

Kurz gesagt: Das Web ist weit mehr als ein Informationsdienst. Es ist tatsächlich eine Methode, Informationen zu strukturieren. Es ist eine der neuesten und interessantesten Entwicklungen auf dem Netz. Schauen Sie mal rein!

KAPITEL VIERZEHN

ANDERE ANWENDUNGEN

Die R-Befehle
X Windows
Disk- und Filesharing
Time-Services
FAX über das Internet
Unterhaltungen auf dem Netz
Spiele
Nicht einzuordnen: MUDs
Audio und Video
Der Roboter als Bibliothekar

Wir haben die gesamte standardisierte, systemunabhängige und nützliche Software abgehandelt, die ein Internet-Benutzer braucht, um aus dem Netzwerk Nutzen zu ziehen. Es gibt viele weitere Möglichkeiten im Internet, die nicht in diese Kategorien passen. Einige sind nützlich, aber systemabhängig (z.B. nur zwischen UNIX-Systemen anwendbar). Einige sind für Systemadministratoren und Softwareentwickler nützlich, aber nicht für »normale« Anwender. Einige sind neu und haben sich noch nicht weiträumig durchgesetzt; einige werden das auch nie tun. Trotz dieser Probleme wäre kein Buch über das Internet komplett, ohne ein paar dieser Anwendungen vorzustellen.

Dieses Kapitel ist eine kurze Einführung in diesen Haufen »diverser« Anwendungen, die Sie vorfinden werden. Die besprochenen Programme werden ungleich behandelt; einige sind auch für normale Netzwerkbenutzer sehr nützlich und werden im Detail besprochen. Andere dagegen sind vielleicht nützlich, brauchen aber einen Guru der dritten Ordnung mit »root«- oder »system«-Privilegien, um sie zu implementieren. In diesen Fällen gebe ich nur eine kurze, konzeptuelle Erläuterung—gerade so viel, daß Sie wissen, was es gibt und wonach Sie fragen müssen.

Die R-Befehle

Die **R**-Befehle sind ein Teil des BSD-UNIX-Systems mit langer Tradition. Diese Befehle sind Netzwerkversionen anderer Standardbefehle. Die meisten von ihnen basieren auf herkömmlichen UNIX-Befehlen wie **cp**, mit dem Dateien kopiert werden. Der Befehl **rcp** ist offensichtlich die netzwerkorientierte Erweiterung von **cp**.

Während **cp** Dateien innerhalb des Filesystems eines Rechners kopiert, erledigt **rcp** das von einem System zum anderen über das Netz—so ähnlich wie **ftp** (das *r* steht für »remote«). Analog dazu ist der **rlogin**-Befehl eine netzbasierte Version von **login**—und ähnelt damit **telnet**.

Sie stellen sich jetzt vermutlich schon die offensichtlichen Fragen: »Wofür sollten Sie diese UNIX-spezifischen Befehle jemals benötigen? Was ist an **ftp** und **telnet** so schlecht? Genaugenommen brauchen Sie die **R**-Befehle nicht; Sie können auch alles mit den Standard-Utilities erledigen. Allerdings sind die **R**-Befehle bequemer. Sie haben ein simples Kommandozeilen-Interface, und richtig konfiguriert eliminieren sie die Notwendigkeit, sich auf dem anderen System einzuloggen. Wie wir in Kapitel 4, *Was ist auf dem Internet erlaubt?*, schon besprochen haben, kann diese Möglichkeit aber auch zu einem großen Sicherheitsrisiko werden.

Aufgrund ihrer Herkunft aus dem BSD-UNIX sind die **R**-Befehle nicht auf jedem System verfügbar. Sie können nur annehmen, daß sie laufen werden, wenn *beide* Computer (der lokale und der andere) unter einer Variante von BSD-UNIX laufen. Die **R**-Befehle sind in den meisten (nicht allen) Netzwerkpaketen für System-V-UNIX enthalten. Sie sind ebenfalls in einigen (aber nicht vielen) Netzwerkpaketen für Nicht-UNIX-Systeme enthalten. Wie Sie vielleicht erwarten, unterscheiden sich Details der Befehle (und manchmal auch, welche Befehle überhaupt implementiert sind) von Version zu Version.

Sicherheit und Zugangsprüfung

Alle **R**-Befehle beziehen sich auf mehrere Computersysteme: das System, auf dem Sie das Kommando geben (das lokale System) und ein oder mehrere andere Systeme, auf die Sie über das Netz zugreifen. Ich habe oben schon erwähnt, daß das ein Sicherheitsproblem sein kann, weil sich die normale Zugangsprozedur umgehen läßt. Die Sicherheit auf dem lokalen System ist kein Problem; wenn Sie überhaupt Befehle geben können, müssen Sie sich vorher eingeloggt haben. Das lokale System weiß, wer Sie sind und was Sie tun dürfen. Das Sicherheitsproblem entsteht auf dem anderen System, das normalerweise nicht gewillt ist, anderen Leuten Zugang ohne vorherige Kontrolle zu gewähren. Die Sicherheit auf dem anderen System wird durch zwei Dateien gewährleistet, nämlich */etc/hosts.equiv* und *.rhosts*.

Es kann pro Computer nur eine Datei */etc/hosts.equiv* geben. Ihre Verwaltung obliegt dem Systemadministrator. Wenn der Name Ihres lokalen Rechners in der *hosts.equiv*-Datei auf dem anderen Rechner eingetragen ist, kann jeder von Ihrem lokalen System aus Kommandos auf dem anderen System ausführen, ohne ein Paßwort angeben zu müssen—vorausgesetzt, er verfügt über einen Account mit demselben Loginnamen auf dem anderen System. Sie werden dann dem entsprechenden Account auf dem anderen System zugeordnet. Danach können Sie auf alle Dateien so zugreifen, als seien Sie direkt eingeloggt. Man sagt, die beiden »Hosts« seien »äquivalent«.

Falls das verwirrend klingt, hilft vielleicht ein Beispiel, die Sache zu erklären. **system1.usnd.edu** sei ein Computer mit zwei Accounts, Ren und Stimpy. Ein anderer Computer, *system2.usnd.edu*, habe zwei Accounts mit denselben Namen. Seine */etc/hosts.equiv*-Datei enthalte die Zeile:

```
system1.usnd.edu
```

In diesem Fall kann Ren auf **system1.usnd.edu** **R**-Befehle geben, um dann unter dem Ren-Account auf **system2.usnd.edu** andere Befehle auszuführen, ohne sein Paßwort angeben zu müssen. Das gleiche gilt für Stimpy: Wenn er auf **system1** eingeloggt ist, kann er den Stimpy-Account auf **system2** benutzen, ohne sein Paßwort anzugeben.

Umgekehrt gilt das allerdings nicht. **system1** hat keine *hosts.equiv*-Datei; also können *normalerweise* weder Ren noch Stimpy von **system2** aus **R**-Befehle auf **system1** ausführen. Diese Möglichkeiten müssen nicht symmetrisch sein—und sind es in der Praxis auch nur selten. Beachten Sie auch, daß ich nicht gesagt habe, daß Ren und Stimpy *überhaupt* keine **R**-Befehle benutzen können—ich habe nur gesagt, daß sie keinen Paßwort-freien Zugang haben. Wenn ein **R**-Befehl Ihnen keinen Paßwort-freien Zugang gewährt, werden Sie bei Bedarf nach dem Paßwort gefragt.*

Die Datei *.rhosts* bietet eine ähnliche Funktionalität, aber sie wird vom Benutzer selbst für seinen Account verwaltet. Sie erlaubt dem Eigentümer eines Accounts, Zugriff für andere Benutzer zu gewähren, ohne daß diese ein Paßwort brauchen. Die Account-Namen müssen auch nicht mehr übereinstimmen. Nehmen wir an, daß der Eigentümer des Accounts Ren eine Datei namens *.rhosts* in seinem Heimatverzeichnis auf **system1.usnd.edu** erstellt. Die Datei enthält die folgende Zeile:

```
system2.usnd.edu Stimpy
```

Jetzt kann Stimpy von **system2.usnd.edu** aus auf Rens Account auf **system1** ohne Paßwort zugreifen. Sie können so viele Einträge in Ihrer *.rhosts*-Datei haben, wie Sie möchten—immer einen pro Zeile.

Wir haben bereits darauf hingewiesen, daß dies eine Sicherheitslücke ist. Wenn jemand die Sicherheitsvorkehrungen auf einem Rechner durchbricht, kann er auf diese Art auch auf einem zweiten Rechner die Sicherheit unterlaufen und dort Zugriff erhalten. Aus diesem Grunde wird */etc/hosts.equiv* nur selten verwendet. Die *.rhosts*-Dateien werden häufiger eingesetzt, aber Sie sollten Vorsicht walten lassen. Untersuchen Sie regelmäßig Ihre Datei *.rhosts*, um sicherzustellen, daß Sie den aufgeführten Accounts weiterhin Zugang gewähren wollen. Merken Sie sich auch, daß jeder, der in Ihren Account eindringt, die *.rhosts*-Datei modifizieren kann, um weiterhin Zugang zu Ihrem Account zu haben.

---

* Leider weiß **rcp** nicht, wie es nach einem Paßwort fragen soll. Sie können es also nur benutzen, wenn das andere System so konfiguriert ist, daß es den Zugriff ohne Paßwort erlaubt.

Schließlich sollten Sie wissen, daß einige Systemadministratoren den Anwendern verbieten, *.rhosts*-Dateien anzulegen, und möglicherweise Suchprogramme verwenden, die solche Dateien finden und löschen. Ich werde diese Einstellung nicht kommentieren; aber wenn es so gehandhabt wird, sollten Sie sich daran halten.

Login von anderen Rechnern aus (remote login)

Das Äquivalent unter den **R**-Befehlen zum **telnet**-Kommando heißt **rlogin**. Wie **telnet** erlaubt es Ihnen, eine Terminal (Login) -Sitzung auf einem anderen Rechner zu starten. Das allgemeine Format des Befehls ist einfach:

```
% rlogin hostname
```

Der **Hostname** ist der Name des Computers, mit dem Sie Kontakt aufnehmen wollen—z.B. **system2.usnd.edu.*** Wenn Sie Paßwort-freien Zugang haben, wird das nächste, was Sie sehen, ein Prompt vom anderen System sein, nachdem es die benutzerdefinierten Autologin-Prozeduren durchlaufen hat, die in den Dateien *.cshrc* und *.login* abgelegt sind. Hier loggt sich Ren von **system1** aus auf **system2** ein:

```
system1% rlogin system2.usnd.edu
system2% whoami
Ren
```

Sie haben die Loginprozedur komplett übersprungen. Der Befehl **whoami** liefert Ihnen den Loginnamen (Ren), der normalerweise derselbe sein sollte wie auf **system1**. Es ist interessant, das mit **telnet** zu vergleichen: Nach dem Kommando **telnet system2.usnd.edu** müßten Sie immer noch einen Loginnamen und ein Paßwort angeben. Bei **rlogin** müssen Sie sich darum nicht kümmern—Sie können sofort Befehle eingeben.

Was passiert aber, wenn Sie die Kriterien für Paßwort-freien Zugang nicht erfüllen? In dem Fall werden Sie eine Paßwortabfrage sehen:

```
system1% rlogin system2
Password:                              Paßwort eingeben
Last login: Thu Jun  4 03:32:30 from MacEd
system2%
```

Beachten Sie, daß ich **usnd.edu** diesmal nicht angegeben habe, weil die Domains auf dem lokalen und dem anderen System übereinstimmen.

---

* Wenn der andere Rechner sich in der gleichen Domain wie Ihrer befindet, d.h., wenn alles hinter dem »lokalen« Namen übereinstimmt, dann sollten Sie den Namen zu **system1** oder **system2** abkürzen können.

Wenn Sie wollen, können Sie sich auch in einen anderen Account auf dem fremden System einloggen. Wenn Ren sich in Stimpys Account einloggen wollte, würde er den Accountnamen mit der Option **–l** hinter dem Systemnamen angeben:

```
% rlogin system2 -l Stimpy
```

Auch hier hängt es von der *.rhosts*-Datei in Stimpys Heimatverzeichnis ab, ob ein Paßwort abgefragt wird. Wenn dort ein Eintrag wie der folgende stünde, würde **system2** ohne Paßwort Zugriff auf Stimpys Account erlauben:

```
system1.usnd.edu Ren
```

Wenn Sie fertig sind, loggen Sie sich in bekannter Manier aus, womit Sie auf das System zurückkehren, auf dem Sie **rlogin** eingegeben hatten.

Ein Vorteil von **rlogin** gegenüber **telnet** ist, daß es automatisch Ihre Terminaleinstellung an den anderen Computer weitergibt. Wenn Sie also ein ungewöhnliches Terminal benutzen, z.B. ein Whizbang 23 mit 132 Spalten und 60 Zeilen, und Sie das dem lokalen System mitgeteilt haben, wird auch das andere System bei einem **rlogin** automatisch über Ihr Terminal Bescheid wissen.*

Escape-Sequenzen

Als wir TELNET besprachen, haben wir auch erwähnt, wie Sie mit »escape« in den Kommandomodus von **telnet** zurückkehren. Damit können Sie Befehle auf Ihrem lokalen System ausführen, ohne die Sitzung auf dem anderen System zu verlassen. **rlogin** bietet eine ähnliche Möglichkeit: Sie können eine Sitzung vorübergehend unterbrechen oder sie abrupt beenden, indem Sie eine Tilde-Sequenz eingeben (wir haben diese im Kapitel über E-Mail kennengelernt). Das sind Kommandosequenzen, die mit dem Tilde-Zeichen (~) eingeleitet werden.

---

* Tatsächlich stimmt das nicht ganz. Das andere System wird wissen, welche Art von Terminal Sie haben, aber es weiß nicht unbedingt, wie es damit umgehen soll. Eine passende Terminalbeschreibung muß dort existieren. Es hilft dem anderen Computer überhaupt nicht, zu wissen, daß Sie vor einem Whizbang 23 sitzen, wenn er nicht weiß, welche Eigenschaften dieses Terminal hat. Die meisten UNIX-Systeme kommen aber mit einer umfangreichen Datenbank von Terminalbeschreibungen, so daß Sie meistens Erfolg haben werden.

Folgende Tilde-Escape-Sequenzen gibt es:

~CTRL-z Unterbricht die **rlogin**-Sitzung. Sie kehren sofort zu Ihrem lokalen System zurück. Die Sitzung wird jedoch nicht beendet; Sie können mit dem Befehl **fg** auf das andere System zurückkehren.*

~. Bricht die **rlogin**-Sitzung ab. Dies ist ähnlich einem **logout**, aber brutaler. Wenn es möglich ist, sollten Sie das normale **logout**-Kommando geben. Heben Sie sich **~.** für die Fälle auf, in denen Sie wirklich feststecken.

Die Tilde muß das erste Zeichen in einer Zeile sein. Ansonsten wird **rlogin** annehmen, daß Sie normalen Text eingeben. Wenn es Ihre Arbeit nicht beeinträchtigt, ist es eine gute Idee, RETURN zu drücken, bevor Sie einen der Tilde-Befehle geben.

Eine Warnung: Wenn Sie hiermit noch keine Erfahrung haben, ist es leicht, sich hinreißen zu lassen und ein Dutzend oder mehr **rlogin**-Sitzungen mit demselben Rechner zu eröffnen. Sie starten eine, unterbrechen sie, vergessen, daß sie noch da ist, und starten eine neue. Obwohl das nicht besonders tragisch ist, ist es kein guter Stil. Wenn Sie nicht darüber nachdenken, was Sie tun, ist es auch leicht, per **rlogin** auf ein System zu wechseln, dort zu arbeiten, irgendwann per **rlogin** auf Ihr eigenes System zurückzuwechseln, dann wieder mit **rlogin** auf das zweite System zu gehen—und so weiter, und so fort. Das wird ebenfalls nicht gern gesehen, und es verschwendet Netzwerkressourcen: Jedes Zeichen, das Sie eingeben, muß zwischen den beiden Systemen wie ein Ping-Pong-Ball hin- und hereilen. Wenn Sie feststellen, daß Ihnen so etwas häufig passiert, sollten Sie sich dringend mit **~CTRL-Z** anfreunden.

Dateien übertragen

Wie ich weiter oben schon erwähnt habe, können Sie mit dem Befehl **rcp** Dateien zwischen Systemen kopieren. Der Zugriff auf fremde Dateisysteme wird wie bei **rlogin** über die Dateien *.rhosts* und */etc/host.equiv* geregelt. Die Syntax des **rcp**-Befehls ist:

```
% rcp quelldatei zieldatei
```

Quelldatei gibt den Namen der Datei an, die kopiert werden soll, *Zieldatei* teilt **rcp** mit, wo die Kopie angelegt werden soll. Beide Argumente enthalten zwei Arten von Information: den Namen einer Datei (oder eines Verzeichnisses) und den eines Com-

* Dazu zwei Hinweise: Zum einen erfordert dieser Schritt die sogenannte »job control«, die in den meisten System-V-Implementierungen vor System V Release 4 (SVR4) nicht vorhanden ist. SVR4, das inzwischen die Basis für die meisten kommerziellen UNIX-Implementierungen ist, unterstützt Job-Control. Zum anderen meinen wir mit **CTRL-Z** den »Unterbrechungscode«, der fast immer auf **CTRL-Z** gesetzt ist. Es kann jedoch auch andere Belegungen geben—also seien Sie vorsichtig.

puters. Dies erfordert eine neue Syntax, in der der Dateiname aus zwei Teilen besteht:

```
hostname:dateiname
```

Wenn Sie nur einen *Dateinamen* angeben, nimmt **rcp** an, daß Sie eine Datei auf Ihrem lokalen System meinen. Weder *Quell-* noch *Zieldatei* müssen lokal sein—oft genug sind sie es nicht. Sie können eine Datei von Ihrem lokalen System auf ein anderes kopieren, oder von einem anderen auf Ihr lokales System, oder zwischen zwei fremden Systemen.

Dies ist am einfachsten durch ein paar Beispiele zu verstehen. Die folgenden Befehle wurden von Rens Account auf **system1.usnd.edu** gegeben:

```
% rcp program  system2:program          #1
% rcp system2:thesis/data  data.old     #2
% rcp system2:data  ux1.cso.uiuc.edu:data.old          #3
```

Das erste Beispiel kopiert die Datei *program* in eine Datei gleichen Namens auf **system2**. Die Datei wird in Rens Heimatverzeichnis angelegt (das entspricht dem **put**-Befehl von **ftp**). Da Sie keinen vollständigen Domainnamen für **system2** angegeben haben, wird angenommen, daß es sich in derselben Domain wie **system1** befindet—d.h., der volle Name des Systems ist **system2.usnd.edu**.

Beispiel 2 kopiert die Datei *data* im Verzeichnis *thesis* auf **system2** in die Datei *data.old* in Rens Verzeichnis auf **system1**. Hier wird eine Datei von einem fremden System auf das lokale kopiert.

Schließlich kopiert Beispiel 3 eine Datei namens *data* von **system2** in die Datei *data.old* auf dem Rechner **ux1.cso.uiuc.edu**. Es ist nicht erforderlich, daß das lokale System am Kopiervorgang beteiligt ist.

Wenn Sie **rcp** benutzen, können Sie beliebige Dateien kopieren, für die Sie auf dem anderen System Leseberechtigung haben. Das hängt von dem Account ab, den Sie auf dem anderen System benutzen.* In Beispiel 2 braucht Ren also die Berechtigung, *thesis/data* auf **system2** zu lesen, sonst wird der Kopiervorgang fehlschlagen.

Nur auf Dateien eines einzigen Accounts zugreifen zu können, klingt wie eine schwerwiegende Einschränkung. In Wirklichkeit ist es nicht so schlimm, wie es sich anhört—das ist auf einem lokalen Computer ja auch alles, was Sie tun können. Wenn die Dateizugriffsrechte korrekt eingestellt sind (was die Kooperation mehrerer Systemadministratoren erfordern kann), sollten Sie auf das zugreifen können, was Sie brauchen. Es ist offensichtlich hilfreich, auf jedem System, das Sie benutzen, den

---

* Ähnliche, aber etwas kompliziertere Regeln bestimmen, ob Sie berechtigt sind, die Datei auf das Zielsystem zu kopieren. Das hat jedoch nichts mit dem Netzwerk zu tun. Wenn der Zielrechner Ihnen erlauben würde, die Datei mit **cp** zu kopieren, sollten Sie es auch mit **rcp** tun können.

gleichen Loginnamen einzusetzen. Es ist auch eine gute Idee, Gruppen sinnvoll zu strukturieren.* Wenn Ren und Stimpy beispielsweise häufig mit den gleichen Dateien arbeiten würden, sollten Sie in derselben Gruppe sein; das erleichtert das Hin- und Herkopieren von Dateien. (Wenn Sie sich mit Gruppen unter UNIX nicht auskennen, schauen Sie in ein beliebiges Buch über UNIX-Systemadministration. Das Nutshell-Handbuch *Essential System Administration* ist eine gute Wahl.)

Bis jetzt haben wir **rcp** nur mit relativen Pfadangaben gezeigt, die (implizit) von Ihrem Heimatverzeichnis auf der anderen Maschine ausgehen. Es gibt aber keinen Grund, nicht auch absolute Pfadnamen anzugeben, wie im folgenden Beispiel:

```
system1% rcp prog system2:/staff/Stimpy/prog
```

Dieser Befehl wird funktionieren, wenn Sie berechtigt sind, die Datei *prog* im Verzeichnis */staff/Stimpy* zu schreiben.

Die interessanteste Eigenschaft von **rcp** ist seine Fähigkeit, ein Verzeichnis zu kopieren—inklusive aller Dateien, die darin enthalten sind. Sie tun das, indem Sie die Option **–r** angeben. Im folgenden Beispiel können Sie sehen, daß es auf **system1** ein Verzeichnis namens *resources* mit einer Anzahl von Dateien darin gibt.

```
% ls resources          check files locally
README       foo.ms          prompt          text
data         geography.us    split.output
data.add     macros          splitter
% rcp -r resources system2:book/resources       das Verzeichnis kopieren
% rlogin system2        einloggen auf system2
Last login: Tue Jun  9 05:35:15 from uxh

% ls book/resources     Jawohl, da sind sie!
README       foo.ms          prompt          text
data         geography.us    split.output
data.add     macros          splitter
```

Dieses Verzeichnis wird mit einem einzigen **rcp**-Befehl auf **system2** kopiert. Wenn es irgendwelche Unterverzeichnisse in *resources* gibt, werden auch diese kopiert.

Dateien verteilen

Dateien von einem Ort zum anderen zu kopieren ist fein, solange man nichts anderes haben möchte, aber es gibt Zeiten, in denen es schöner wäre, das automatisieren zu können. Ein häufiges Problem, das in diese Kategorie fällt, ist die Verwaltung

* UNIX kennt drei Sätze von Dateizugriffsberechtigungen. Ein Satz gibt an, was der Eigentümer der Datei mit ihr machen darf (lesen, schreiben, ausführen). Ein weiterer Satz gibt an, was die Öffentlichkeit damit tun darf (world permission). Schließlich gibt es noch Gruppenzugangsrechte. Die Idee dahinter ist, daß Sie in einer Arbeitsgruppe eventuell allen Beteiligten, aber nicht der Öffentlichkeit, Zugriff auf eine Datei geben wollen.

einer Gruppe von Dateien auf verschiedenen Rechnern. Sie wissen noch nicht, worauf ich hinauswill? Nun, denken Sie noch einmal an Archie. Wie können alle Archie-Server in der Welt Kopien der Information bekommen, die sie anbieten? Sie könnten alle hingehen und diese Informationen selbst sammeln, aber das wäre verschwenderisch in bezug auf die Archie-Server, die FTP-Server und das Netzwerk. Es wäre besser, wenn ein Server die Informationen sammeln würde und die nötigen Dateien periodisch an die anderen Server weitergäbe.* Sie müssen also einmal pro Woche fünf oder sechs Dateien an zehn oder zwölf Rechner weitergeben? Das klingt wie eine langweilige Aufgabe, nicht wahr? Die Art von Aufgabe, die Sie vermutlich als erstes vergessen, wenn Sie beschäftigt sind? Aus diesem Grund wurde **rdist** entwickelt.**

rdist ist ein ausgefeiltes (und kompliziertes) Programm. Wenn die Datei *.rhosts* auf jedem Rechner korrekt aufgesetzt ist, ermöglicht **rdist** es Ihnen, Gruppen von Dateien auf jeden Computer im Netz zu übertragen. Der Transfer wird durch eine Kommandodatei gesteuert. Von der Kommandodatei aus können Sie **rdist** anweisen, Dateien beim Kopieren umzubenennen, Dateien abhängig von ihrem Änderungsdatum zu kopieren, sowie andere Menschen vom Update zu informieren. Ich werde Ihnen nicht zeigen, wie Sie **rdist** in seinem kompletten Funktionsumfang benutzen. Die meisten Menschen werden das nie brauchen. Ich werde Ihnen nur ein kurzes und recht einfaches Beispiel vorstellen, das für die meisten Probleme, die sich Ihnen stellen werden, ausreichen sollte. Wenn Sie mehr brauchen, sehen Sie sich die Dokumentation zu **rdist** an.

Um ein Beispiel für **rdist** zu geben, wollen wir einen simplen »Archie« entwerfen. Nehmen wir an, daß die Daten in zwei Dateien gesammelt werden—*archie.dat* und *whatis.dat*, und zwar auf dem Computer **archie.mcgill.ca**. Einmal pro Woche müssen Sie diese Daten an die Sekundärsysteme **archie.unl.edu** und **archie.sura.net** weitergeben. So etwas läßt sich mit **rdist** sehr leicht implementieren:

- Zuerst müssen Sie sicherstellen, daß die *.rhosts*-Dateien auf den Zielrechnern den Zugriff erlauben. Benutzen Sie also **telnet** oder **rlogin**, um sicherzustellen, daß die Konfiguration korrekt ist.
- Sie müssen eine Kontrolldatei für **rdist** erstellen, die wir *moveit* nennen. Diese Datei teilt **rdist** mit, welche Dateien Sie verteilen wollen und wohin. Hier ist ein Listing; alles hinter den (#)-Zeichen sind Kommantare:

```
(whatis.dat archie.dat) ->                  # zu kopierende Dateien
        (archie.unl.edu archie.sura.net) # Zielhosts
        notify archiemgr;                   # E-mail an archiemgr schicken
```

* Dies ist nicht die tatsächliche Funktionsweise des Archie-Systems. Ich verwende das hier nur als ein Beispiel, um das Problem zu erläutern.

** **rdist** ist übrigens einer der wenigen **R**-Befehle, die keine Entprechung in der »Nicht-Netzwelt« haben. Es gibt kein *dist*—man braucht es einfach nicht.

Beachten Sie die **notify**-Anweisung. Sie sorgt dafür, daß **rdist** eine Nachricht an den Account **archiemgr** sendet, wann immer es die Dateien aktualisiert. Da kein Hostname an den Loginnamen angehängt ist, sendet **rdist** die Nachricht an **archiemgr** auf allen Rechnern, die es bedient.

- Nachdem Sie nun die Kontrolldatei erstellt haben, müssen Sie nur noch das **rdist**-Kommando geben, wenn Sie die Dateien verteilen wollen:

```
% rdist -f moveit
updating host archie.unl.edu
updating: whatis.dat
updating: archie.dat
notify @archie.unl.edu ( archiemgr )
updating host archie.sura.net
updating: whatis.dat
updating: archie.dat
notify @archie.sura.net ( archiemgr )
```

- Im richtigen Leben ist die wöchentliche Eingabe von **rdist** fast so aufwendig, wie die Dateien per Hand zu kopieren. Also würden Sie **rdist** vermutlich durch den **cron**-Befehl unter UNIX aufrufen, der ein Programm zu einer bestimmten Zeit oder in regelmäßigen Intervallen ausführt (beispielsweise jeden Sonntag um 3 Uhr nachts). Wir werden **cron** hier nicht näher erörtern—es hat nichts mit Netzwerken zu tun. Schlagen Sie weitere Informationen in der Dokumentation oder in einem beliebigen Buch zur UNIX-Systemadministration nach.

X Windows

Das X Window System ist selbst keine Netzwerkanwendung; es ist eine spezielle Methode, Netzwerkanwendungen ablaufen zu lassen. X Windows ist ein Industriestandard zum Anzeigen grafischer Informationen sowie zum Einlesen von Informationen aus grafischen Eingabemedien und von Tastaturen.

Um zu verstehen, was das X Window System tut, müssen Sie das Problem verstehen, das es löst. Ein altes Problem mit Computergrafik war, daß jedes Grafikdisplay anders ist. Um ein Tektronix-Grafikterminal anzusteuern, brauchen Sie grundlegend andere Kommandos als für ein Display von Hewlett-Packard. Der Bildschirm einer dritten Firma würde sich wiederum von diesen beiden unterscheiden.* Wenn Sie also ein Programm zur Darstellung von Autounfallsimulationen gekauft haben, müßten Sie

* Das gleiche gilt übrigens auch für normale Terminals, etwa ein VT100. Normale Terminals sind allerdings mehr oder weniger gleich; sie unterscheiden sich vorwiegend durch ihre zusätzlichen Eigenschaften. Alle zeichenbasierten Terminals verwenden dieselbe Technik: Sie senden Zeichen an das Terminal, und diese erscheinen auf dem Schirm. Bei Grafikterminals gibt es keine solche gemeinsame Grundlage. Jedes Terminal unterscheidet sich komplett von allen anderen. Daraus resultiert, daß Software, die alle Terminaltypen unterstützt, nicht mehr wartbar wäre.

möglicherweise noch ein spezielles Display kaufen, um das Programm laufen zu lassen. Für die Streßanalyse wäre wahrscheinlich wiederum ein anderes Display nötig usw. Jedes Programm kennt möglicherweise nur ein paar der vielen vorhandenen Ausgabegeräte.

Einige Entwickler beim MIT haben über dieses Problem nachgedacht und schlugen folgende Lösung vor. Was wäre, wenn:

- wir ein Grafikausgabegerät konstruierten, das alles kann, was wir uns wünschen—nicht als Hardware implementiert, sondern als Software;
- Programme dieses Ausgabegerät auf der Software-, nicht auf der Hardwareebene kontrollierten;
- Software für jede Workstation geschrieben würde, die die Befehle für dieses virtuelle Gerät in Befehle für das tatsächlich vorhandene Gerät umsetzte?

Dann könnte jede Software, die dieses Grafikausgabegerät steuern kann, auf jedem Computer laufen, der dieses virtuelle Terminal simuliert. Das virtuelle Terminal wurde X-Terminal getauft.

Es hat sich gezeigt, daß die Beschreibung, Programmierung und Installation der X-Window-Umgebung nicht einfach ist. Aber zum Glück für Sie ist die Benutzung ein Kinderspiel. Alle Anwendungen, die Sie unter X benutzen, haben das gleiche Look-and-Feel und die gleichen Möglichkeiten. Sobald Sie also das X Window System anzuwenden gelernt haben, können Sie leicht herausfinden, wie eine beliebige Anwendung funktioniert, die darunter läuft. Sie haben eine Standardauswahl an Schaltflächen und Menüs—egal, was Sie tun.

Um X einzusetzen, brauchen Sie ein passendes Display, eine Maus und die entsprechende Software für Ihre Workstation. Es ist alles verfügbar, um fast jeden Computer unter X arbeiten zu lassen. Wie ich oben schon sagte, brauchen Sie eventuell Hilfe bei der Installation von X*, aber sobald Sie beginnen, es zu benutzen, sollten Sie recht schnell damit zurechtkommen. Die meiste Zeit werden Sie die gleichen Befehle wie bisher eingeben, abgesehen davon, daß einige davon jetzt mit einem »x« beginnen, wie **xgopher** oder **xwais**.

Um ein Gefühl für das X Window System zu bekommen, denken Sie an einen typischen PC. Er besteht aus Monitor, Maus, Tastatur und der Zentraleinheit. Was wäre, wenn alles das nicht direkt miteinander verbunden wäre, sondern Monitor, Maus und Tastatur über das Internet mit der Zentraleinheit verbunden wären? Die Komponenten müßten nicht mehr am selben Ort stehen. Wir nennen Monitor, Maus und Tastatur jetzt einfach ein *X-Terminal*. Es gibt Produkte namens X-Terminal, die genau das

* Sollten Sie wirklich Gefallen daran finden: Bei O'Reilly & Associates erscheinen die definitiven X-Handbücher.

sind—aber behalten Sie im Hinterkopf, daß ein X-Terminal auch ein unabhängiger Rechner sein kann.

So weit, so gut. Aber lassen Sie uns das Modell noch etwas komplexer machen. Was wäre, wenn Sie an Ihrem X-Terminal säßen und **telnet** auf Ihrem Rechner starteten, der sich nun woanders befindet. Sie könnten sich auf einem Rechner irgendwo im Internet einloggen, z.B. **yoyodyne.com**, und dort ein anderes Programm ablaufen lassen. Bei herkömmlichen Terminals würden Daten von **yoyodyne.com** auf Ihren Computer übertragen und dann auf Ihr Terminal weitergeleitet. Mit X können die Daten aber direkt und ohne Weiterleitung an Ihr Terminal gesendet werden.

Da **yoyodyne.com** mit Ihrem Computer über seine IP-Adresse (bzw. seinen Domainnamen) kommuniziert, und Ihr Computer mit dem X-Terminal über seine IP-Adresse kommuniziert, gibt es keinen Grund, warum die X-Anwendung auf **yoyodyne.com** nicht direkt Daten an ihr X-Terminal senden sollte. Um das zu bewerkstelligen, muß die X-Anwendung die IP-Adresse und weitere Informationen über das Terminal kennen. Unter UNIX wird das der Anwendung normalerweise über die Environment-Variable DISPLAY mitgeteilt, die durch die X-Software gesetzt wird, wenn Sie Ihre X-Sitzung beginnen. Das Problem ist, daß einige TELNET-Clients diese Variable nicht an das andere System weiterleiten, wenn Sie sich einloggen.* Um dieses Problem zu umgehen, sollten Sie sicherstellen, daß die DISPLAY-Variable korrekt gesetzt ist, bevor Sie die Anwendung starten.

Nehmen wir z.B. an, daß Sie normalerweise **ux1.cso.uiuc.edu** für Ihre Arbeit unter X benutzen. Sie beschließen, **xwais** auszuprobieren, aber Sie haben den Client nicht installiert. Also gehen Sie per **telnet** nach **wais.uiuc.edu**. Wenn Sie **xwais** starten, erhalten Sie die Fehlermeldung:

```
Error: Can't Open Display
```

Um dieses Problem zu lösen, müssen Sie nur die DISPLAY-Variable setzen. Das Problem ist: Welchen Wert stellen Sie ein? Die einfachste Methode, das herauszufinden ist, die Variable auf Ihrem eigenen System abzurufen, bevor Sie **telnet** starten:

```
% printenv DISPLAY
ibmxtrm1.cso.uiuc.edu:0.0
% telnet yoyodyne.com
```

* Da TELNET älter als das X Window System ist, wurde diese Fähigkeit nachträglich eingebaut—als standardisierte Erweiterung. Nicht alle Hersteller haben diesen Standard übernommen.

Sobald TELNET eine Verbindung hergestellt hat und Sie sich auf dem anderen System eingeloggt haben, müssen Sie das **setenv**-Kommando geben, um DISPLAY korrekt zu setzen. Setzen Sie es einfach auf den Wert, den Sie oben erhalten haben:

```
% setenv DISPLAY ibmxtrm1.cso.uiuc.edu:0.0
```

Ein weiterer Fallstrick, über den Sie stolpern könnten, ist die Autorisierung. Eine Merkwürdigkeit von X ist, daß eine Anwendung ein Fenster auf einem beliebigen Terminal öffnen kann, dessen Adresse es kennt—unabhängig davon, wem das Terminal gehört. Das könnte zu lästigem Verhalten führen, also verhindern die meisten Systemadministratoren, daß ihr System X-Displays unbekannter Herkunft akzeptiert. Normalerweise ist das sinnvoll—es gibt nur selten einen guten Grund, eine Anzeige am anderen Ende des Netzes zu steuern. Trotzdem möchten Sie vielleicht gelegentlich einen Dienst nutzen, befinden sich aber an einem ungewohnten X-Terminal oder einer ungewohnten Workstation und erhalten einen Autorisierungsfehler. Nehmen wir an, daß Sie sich an der Workstation **theotormon.beulah.com** befinden, und Sie eine Anwendung nicht zu korrekter Funktion überreden können. Also würden Sie sich gern auf Ihr eigenes System **rintrah.blake.com** einloggen und die Anwendung dort starten, aber die Anzeige über das Internet auf **theotormon** umlenken. Die Anzeige über das Internet kann recht langsam sein, aber es gibt Zeiten—wie diese—wo es notwendig ist.

Das Problem besteht darin, **theotormon** zu überreden, **rintrah.blake.com** sein (theotormons) Display benutzen zu lassen. Dies geschieht mit dem Befehl **xhost**, gefolgt vom Namen des Computers, auf dem die Anwendung laufen wird. Loggen Sie sich auf **theotormon** ein und geben Sie den Befehl:

```
% xhost +rintrah.blake.com
```

telnetten Sie dann nach **rintrah.blake.com**, setzen Sie die DISPLAY-Variable, und starten Sie die Anwendung. Wenn Sie sich Sorgen darüber machen, daß Unbefugte Anzeigen auf Ihrem Bildschirm öffnen könnten, können Sie nach dem Beenden der Anwendung den Befehl **xhost –rintrah.blake.com** geben. Das verhindert, daß ein Benutzer von **rintrah** die Anzeige von **theotormon** unerlaubt mitbenutzen kann.

Disk- und Filesharing

Bis zu diesem Punkt haben wir uns immer über das Kopieren von Dateien von einem System zum anderen unterhalten, um damit arbeiten zu können; oder darüber, wie Sie die Datei zurück auf ein anderes System kopieren, damit andere damit arbeiten können. Es gibt aber auch eine bessere Möglichkeit. Der nächste logische Schritt ist, die Datei dort zu verwenden, wo sie liegt. Anders ausgedrückt: Warum nicht einfach das Netz benutzen, um eine Festplatte irgendwo anders so erscheinen zu lassen, als sei sie Teil Ihres Rechners? Dann könnten Sie darauf zugreifen wie auf jede andere Festplatte, ohne spezielle Befehle. Sie müßten nicht einmal wissen oder sich dafür interessieren, wo die Datei sich physikalisch befindet. Wenn sie sich auf Ihrem lokalen System befindet, ist das schön—wenn nicht, sieht es wenigstens so aus, als ob.

Wie Sie vielleicht erwarten, gibt es mehrere Methoden, das zu bewerkstelligen. Genau wie bei E-Mail gibt es zwei grundsätzlich verschiedene Herangehensweisen: Die, die in der Internet-Gemeinde entwickelt wurden, und die, die aus der LAN/PC-Welt stammen. Die grundlegende Funktionalität dieser Lösungen ist identisch. Abhängig von dem Typ des Computers, den Sie benutzen, sieht der Rechner ein Dateisystem wie */remote/...* (UNIX), einen Laufwerksbuchstaben *D:* (DOS) oder ein *Icon* (Macintosh) als Hinweis auf eine weitere Festplatte. Die Unterschiede liegen in der benötigten Software.

Die Internet-Lösung ist das Netzwerkdateisystem *NFS* (Network File System). Es wurde von Sun Microsystems entwickelt und ist eine UNIX-orientierte Lösung. Wenn Sie eine UNIX-Workstation benutzen, verfügen Sie vermutlich schon über die nötige Software. Für die meisten anderen Systeme sind NFS-Implementierungen als kostenpflichtige Extras verfügbar. NFS erfordert gute Kooperation zwischen den Administratoren der Systeme, die Platten teilen sollen. Daraus resultiert, daß NFS schwierig zu installieren sein kann, wenn nicht alle Systeme problemlos mit NFS klarkommen. Der größte Vorteil von NFS ist, daß es von Anfang an auf den Internet-Protokollen basierte. Daraus folgt, daß Sie es verwenden können, um auf Platten irgendwo im Internet zuzugreifen (vorausgesetzt, daß vorab die nötigen Vereinbarungen getroffen wurden). Der Nachteil ist der mitunter sehr geringe Durchsatz; er ist durch die Geschwindigkeit limitiert, mit der Sie Daten über das Netz austauschen können.*

Lösungen, die aus der LAN/PC-Welt stammen, basieren auf sogenannten »LAN Operating Systems« wie Novell Netware oder Microsoft LAN-Manager. Diese Produkte wurden entworfen, um Dateien innerhalb eines lokalen Netzwerks im gemeinsamen Zugriff zu haben. Der Konkurrenzdruck des Marktes sorgte dafür, daß auf hohe Zugriffsgeschwindigkeit hin entwickelt wurde. Die Geschwindigkeitsfrage zwang die Hersteller, proprietäre Protokolle einzusetzen, die auf eine bestimmte Hard- und Softwareumgebung zugeschnitten waren. Es wurde nicht auf universelle Einsetzbarkeit hin entwickelt; man beschränkte sich auf das Nötigste, um schnell zu sein. Da LAN-Betriebssysteme auf kleine Firmen ausgerichtet waren, hielten es die Entwickler nicht für nötig, UNIX zu unterstützen. Sie benutzten auch nicht die TCP/IP-Protokolle des Internets—deshalb waren diese Ansätze schon immer auf kleine lokale Netze beschränkt.

Im Laufe der Zeit sind die beiden Lager zusammengewachsen. Einige Drittanbieter haben inzwischen NFS-Unterstützung für Nicht-UNIX-Rechner und Übergänge in

* Eine neuere Alternative zu NFS—namentlich das Andrew Filesystem, auch AFS und manchmal DFS genannt, wird einige dieser Probleme lösen. AFS ist seit einiger Zeit in Forschungseinrichtungen im Einsatz, aber inzwischen sind auch solide kommerzielle Lösungen auf dem Markt.

andere Netzumgebungen wie AppleTalk im Programm. Aus der anderen Richtung kommend haben viele Anbieter von LAN-Betriebssystemen ihre Produkte um TCP/IP erweitert, und können somit das Internet als Transportmedium nutzen. Einige haben sogar begonnen, NFS-Support zu bieten.

In jedem Fall ist es gut zu wissen, daß diese Möglichkeiten existieren, um bei der Lösung bestimmter Probleme zu helfen. Bevor Sie jedoch irgendeine dieser Möglichkeiten nutzen können, muß ein Systemadministrator die nötigen Arrangements vornehmen. Wenn Sie denken, daß Sie diese Möglichkeiten benötigen, rufen Sie Ihren Systemadministrator an. Es sprengt den Rahmen dieses Buches, Sie zu beraten, welche Lösung die beste für Sie ist, und wie Sie sie installieren.

Time-Services

Computer verfügen schon seit der Frühzeit der Computerei über eingebaute Uhren; in erster Linie, um überprüfen zu können, warum etwas schieflief: Fand Ereignis A vor oder nach Ereignis B statt? Was ist, wenn Sie zwei Jobs starten; einen, um eine Datei zu erzeugen und einen zweiten, um sie auszulesen—in dieser Reihenfolge. Der zweite Job schlägt fehl, weil er die Datei nicht findet. Um zu sehen, was passiert ist, überprüfen Sie die Logdatei und schauen nach, ob der zweite Job schneller lief als der erste und versuchte, die Datei zu öffnen, bevor sie erzeugt war.

Vor der Netzwerkära war Zeitsynchronisation nicht sonderlich wichtig. Wann immer Sie zwei Zeiten vergleichen mußten, stammten die verglichenen Zeiten von derselben Uhr. Es war nicht wirklich wichtig, ob diese Uhr korrekt ging. Sie wußten trotzdem genau, ob Ereignis A vor Ereignis B stattfand. Mit dem Aufkommen der Netzwerke existierten immer noch dieselben Probleme, aber jetzt mußten Ereignisse verglichen werden, die auf verschiedenen Computern stattfanden. Die Uhr jedes Computers war von einem schläfrigen, kurzsichtigen Systemoperator gestellt worden, der die Zeit von der Wanduhr abgelesen hatte, als das System bootete. Unnötig zu erwähnen, daß es dabei viele Fehler gab. Also waren die Zeiten auf verschiedenen Rechnern nie ganz dieselben. Fand Ereignis A vor Ereignis B statt? Sie wußten es nie genau, insbesondere nicht, wenn die Zeiten eng beieinander lagen.

Um dieses Problem zu umgehen, wurde für UNIX ein Programm namens **timed** entwickelt. **timed** läuft im Hintergrund und überwacht die Systemuhren. Es bleibt in Kontakt mit den **timed**-Programmen auf anderen Rechnern im gleichen lokalen Netz und vergleicht die Uhrzeiten. Jeder Computer paßt seine Uhr langsam an die anderen an, bis das ganze Netzwerk eine gemeinsame Uhrzeit vorfindet. Von da an fährt **timed** fort, die Uhrzeit zu überwachen, um sicherzustellen, daß die Zeit synchronisiert bleibt, und nimmt kleine Modifikationen vor, wenn das notwendig wird.

Das war soweit schon ganz brauchbar. Das nächste Problem aber war: Wie synchronisiert man Zeiten auf Computern an weit auseinander liegenden Standorten? Wie halten Sie einen Computer in Kalifornien synchronisiert mit einem in Massachusetts?

Dieses Problem ist viel schwieriger. Sie müssen die Zeit berücksichtigen, die die Synchronisationsnachrichten brauchen, um ihr Ziel zu erreichen, inklusive der Zeit, die ein elektrisches Signal braucht, um ein Kabel mit Lichtgeschwindigkeit zu passieren (wenn Sie wirklich genau sein wollen). Um diesen Fall abzudecken, wurde ein ausgereifterer Dienst entwickelt—das Network Time Protocol NTP. NTP benutzt Time-Server an verschiedenen Punkten des Internets. Diese Time-Server sind alle mit einer Zeit synchronisiert, die Coordinated Universal Time genannt wird. Sie erhalten sie auf verschiedenen Wegen, beispielsweise indem sie eine Funkuhrzeit vom U.S. Naval Observatory empfangen, und stellen sie dann Rechnern zur Verfügung, die sie anfordern. Dies ist ein schwieriges Problem, wenn man bedenkt, daß das Netzwerk, das die Information weiterleitet, diversen Verzögerungen unterworfen ist. Also wird eine Vielzahl komplizierter Berechnungen angestellt, um eine statistisch betrachtet zuverlässige Uhrzeit für die anfordernden Rechner abzuleiten.

Dies sind ganz nette Dinge, aber in Wirklichkeit liegt ihre Anwendung wahrscheinlich außerhalb Ihrer Möglichkeiten. Um entweder **timed** oder NTP aufzusetzen, müssen Sie ein Systemadministrator sein. Für NTP brauchen Sie darüber hinaus einen kooperierenden Time-Server. Wenn Sie denken, daß Sie diese Dienste benötigen, könnten Sie Ihren Netzwerkprovider fragen, woher Sie in seinem Teil des Internets eine genaue Zeit bekommen. (Es ist möglich, die nötige Soft- und Hardware zu kaufen, um selbst einen Time-Server zu betreiben, aber so etwas kostet mehrere Tausend Dollars.)

FAX über das Internet

Heutzutage scheint fast jeder Zugang zu einem Faxgerät zu haben. Um es zu benutzen, brauchen Sie ein Kommunikationsmedium. Da das Internet ein Kommunikationsmedium ist, wäre zu erwarten, daß sich die Technologien annähern—es sollte einfach sein, Faxübertragungen über das Internet vorzunehmen. Die Technologien sind in der Tat dabei, sich anzunähern, aber ganz sicher nicht so problemlos oder so schnell, wie Sie sich das erhoffen. Der Grund dafür ist in erster Linie ein »nicht von hier«-Phänomen—meiner Meinung nach. Die Menschen, die Faxgeräte entwickelt haben, verdienen auch so ihr Geld, denn das Fax benutzt einfache Telefonleitungen. Es handelt sich nicht direkt um Netzwerk-orientierte Menschen, und deshalb sind sie vollkommen zufrieden damit, daß Faxübertragungen über das Telefonnetz möglich sind. Auf der anderen Seite betrachten Computerbenutzer das Fax als untergeordneten Dienst, weil die Dokumente nicht computerlesbar sind, sondern lediglich durch Computer übertrag- und anzeigbar. Anders gesagt: Sie können ein Dokument nicht an einen Computer faxen und es dann mit einem Texteditor bearbeiten. Was ankommt, ist kein Text, sondern ein Abbild der Seite. Es sind nur wenige Menschen, die Fax trotzdem so nützlich finden, daß sie den Faxherstellern auf die Füße treten und fragen, wann das Faxen auch über das Internet funktionieren wird.

Ich habe bereits erwähnt, daß die Technologien sich zu einem gewissen Maße annähern. Sie können eine Datei hernehmen (entweder eine Textdatei oder eine Grafik in einem von verschiedenen Standardformaten) und sie per Modem an ein Faxgerät übertragen. Umgekehrt können Sie ein Fax empfangen und in einer Datei ablegen, so daß Sie es mit einem Anzeigeprogramm (viewer) betrachten können. Alle Software, die Sie brauchen, ist kommerziell verfügbar. Wenn Sie ein wenig herumstöbern, sollten Sie die nötige Software auch kostenlos verfügbar auf dem Netz finden können (versuchen Sie, *pub/systems/fax-3.2.1.tar.Z* vom anonymen FTP-Server **transit.ai.mit.edu** zu bekommen). Es gibt eine Anzahl von Sites (häufig Universitäten), die lokale E-Mail-zu-Fax-Übergänge haben. Der Zugang ist häufig auf lokale Anwender beschränkt.

1993 hat sich eine Anzahl von Menschen zusammengetan und ein Experiment begonnen, mit dem Internet-Faxdienste auf breiterer Basis verfügbar werden sollten. Sie erkannten, daß die Möglichkeit, Faxe über das Internet zu versenden, bedeutet, daß Sie das »Fax« auf beliebige Art und Weise an ein anderes System auf dem Internet zustellen können. Sie können es dann anzeigen lassen oder in einem Ortsgespräch ans Ziel faxen, wodurch teure Ferngespräche vermieden werden. Wenn man schon für Internet-Dienste bezahlt, warum sollte man sie dann nicht so gut wie möglich ausnutzen?

Diese Initiative hat Sites in verschiedenen Teilen der Welt dazu gebracht, als Fax-Gateway zu fungieren. Wenn Sie sich freiwillig melden, erlauben Sie einem System an Ihrem Standort, Faxe von überall in der Welt per Internet zu empfangen, und geben diese dann per Telefon an Faxgeräte in Ihrem Nahbereich weiter.

Um ein Fax über diesen Service zu versenden, müssen Sie eine wirklich merkwürdige E-Mail-Adresse zusammensetzen, die die Fax-Nummer der Gegenstelle enthält. Nehmen wir beispielsweise an, daß Sie ein Fax an Ed Krol senden wollen, dessen Faxnummer 1-217-555-1234 ist.* Sie würden dann eine E-Mail an die folgende Adresse schicken:

```
remote.printer.Ed_Krol/1120_DCL@12175551234.iddd.tpc.int
```

Die Mailbox (der Teil links vom @) beginnt immer mit **remote.printer**. Dahinter können Sie Text einfügen, der auf der Titelseite des Faxes ausgegeben wird. Um das durch das E-Mail-System zu bekommen, wo Leerzeichen im Namen nicht erlaubt sind, fügen Sie einfach einen Unterstrich (_) statt des Leerzeichens ein, und einen Slash (/), um eine neue Zeile zu beginnen. Die Adresse oben würde also folgenden Text auf die Faxtitelseite drucken:

```
Ed Krol
1120 DCL
```

* Senden Sie keine Faxe an diese Nummer; ich habe sie mir nur ausgedacht!

Dieses Adreßformat ist relativ neu. Wenn Sie Schwierigkeiten damit haben, versuchen Sie eine Adresse wie diese:

```
remote.printer.Ed_Krol/1120_DCL@4.3.2.1.5.5.5.7.1.2.1.tpc.int
```

Beachten Sie, daß die Telefonnummer im Host-Teil des Domainnamens rückwärts notiert ist.

Egal, wie die Adresse auch aussieht, der eigentliche Inhalt des Faxes ist eine ganz normale E-Mail-Nachricht. Der Text der Nachricht wird auf das Faxgerät des Empfängers ausgegeben. Wenn Sie einen MIME-konformen Mailer benutzen (in Kapitel 7, *Elektronische Post*, besprochen), können Sie auch Bilder in verschiedenen Standardformaten einfügen.

Faxe in andere Länder unterscheiden sich nicht hiervon, abgesehen davon, daß die Telefonnummern länger sind. Wenn Sie ein internationales Fax durch das Internet versenden, lassen Sie den Code für internationale Gespräche weg (die Doppel-Null), lassen aber den Ländercode vor der Nummer (so wie oben die 1 für die USA; Deutschland hat die 49).

Wenn das alles zu schön klingt, um wahr zu sein—irgendwie ist es das auch. Die Regionen, die durch freiwillig betriebene Gateways abgedeckt werden, wachsen ständig, aber es gibt keine Garantie, daß das Gebiet, das Sie erreichen wollen, schon abgedeckt ist. Und wie jeder freiwillig erbrachte Dienst kann auch dieser unzuverlässig sein. Wenn eines der weiterleitenden Systeme abstürzt, während der Besitzer bei der Arbeit oder im Urlaub ist, gibt es kein Wartungsteam, das das sofort wieder in Ordnung bringt. Der beste Weg, sich auf den aktuellen Stand in Punkto Internet-Fax zu bringen ist, eine E-Mail an **tpc-faq@town.hall.org** zu senden, um die Dokumentation zu erhalten (die Nachricht selbst kann leer sein; alles, was benötigt wird, ist Ihre E-Mail-Adresse aus dem Header). Sie können auch eine Mail an **tpc-coverage@town.hall.edu** senden, um eine Liste der derzeit versorgten Bereiche zu erhalten. Wenn Sie sich freiwillig melden wollen, um einen Gateway in Ihre Region einzurichten, sagt Ihnen das Dokument auch, wie Sie vorgehen sollen.

Unterhaltungen auf dem Netz

Es gibt zahlreiche Möglichkeiten, sich mit jemand anderem auf dem Internet »verbinden« zu lassen und getippte Nachrichten hin- und herzusenden. Die entsprechenden Programme heißen normalerweise **talk** (für Vier-Augen-Gespräche) und **chat** (für Gruppendiskussionen). Natürlich ist Kommunikation das, was Sie daraus machen. **talks** und **chats** können geschäftlich orientiert sein und Ihnen helfen, den Nobelpreis zu gewinnen. Oder Sie unterhalten sich mit jemandem darüber, daß Ihre Mannschaft die Meisterschaft nicht gewinnen konnte. **talks** und **chats** können so oder so genutzt werden—deshalb ist es kaum möglich, ihre Anwendung zu verurteilen oder einzuschränken.

Talk

Der **talk**-Befehl von UNIX ist vermutlich die am weitesten verbreitete Anwendung für die direkte Kommunikation mit anderen. Um **talk** zu benutzen, müssen zwei Leute sich auf die Kommunikation miteinander einigen. Der Prozeß wird eingeleitet, wenn eine Person die andere ruft, indem sie **talk** benutzt, um die Verbindung aufzubauen. Nehmen wir an, daß Stimpy auf **cat.nick.org** mit Ren auf **chihuahua.edu** sprechen möchte. Er beginnt, indem er folgenden Befehl eingibt:

```
% talk Ren@chihuahua.edu
```

Wenn Ren eingeloggt ist, wird eine Nachricht wie diese auf seinem Bildschirm erscheinen:

```
Message from Talk_Daemon@chihuahua.edu at 13:15 ...
talk: connection requested by Stimpy@cat.nick.org.
talk: respond with:  talk Stimpy@cat.nick.org
```

Nur für den Fall, daß Ren das nicht bemerkt, wird das Terminal einige Male piepsen. Wenn Ren mit Stimpy sprechen möchte, muß er den Befehl **talk Stimpy@cat.nick.org** geben. Sobald er das tut, wird eine Verbindung hergestellt und der Bildschirm (bzw. das Fenster) gelöscht. Der Bereich wird dann horizontal geteilt. Alles, was Stimpy an Ren schreibt, erscheint in der oberen Hälfte seines Bildschirms und in der unteren von Rens Bildschirm—und umgekehrt. In diesem Beispiel würde Stimpys Bildschirm so aussehen:

```
[Connection established]
Happy, Happy, Joy, Joy








----------------------------------------------------------
What is it, man!
```

Stimpy hat das eingegeben, was oberhalb der Trennlinie steht, Rens Antworten finden sich unterhalb der Linie. Es ist etwas schwierig zu beschreiben, wie das funktioniert, aber Sie werden sich schnell daran gewöhnen, wenn Sie es erst einmal ausprobiert haben.

talk zeigt alles an, was Sie eingeben—Zeichen für Zeichen, während Sie es tippen. Sie können nichts editieren, bevor Sie es absenden, wie bei E-Mail. **talk** wartet nicht einmal, bis Sie die Zeile beendet haben. Wenn Sie ein schlechter Tipper sind, sieht die andere Person, wie langsam sie schreiben, und sie sieht jeden Fehler, den Sie korrigieren. Das kann gefährlich sein. Unüberlegte Kommentare erscheinen trotzdem für einen Moment, selbst wenn Sie sie sofort wieder löschen. Wenn Sie also schreiben: »Laß mich in Ruhe«, während Sie sich mit Ihrer Chefin unterhalten, haben Sie ein Problem. Selbst wenn Sie es sich anders überlegen und es wieder löschen, haben Sie sich Ihr Grab schon geschaufelt. Der Text war lange genug angezeigt, um gelesen zu werden.

talk-Nachrichten (die Meldung und das Piepsen) können irritierend sein. Vielleicht möchten Sie keine solchen Meldungen auf Ihrem Schirm sehen, während Sie die endgültige Version eines Berichtes korrekturlesen. Das ist leicht zu vermeiden. Der Befehl:

```
% mesg n
```

verhindert eingehende **talk**-Verbindungen. Sie können immer noch andere Menschen rufen, und die Gegenseite kann Ihren Ruf entgegennehmen. Sie unterbinden damit nur die Möglichkeit, eingehende **talk**-Rufe zu empfangen. Dies bleibt solange aktiv, bis Sie sich ausloggen oder den Befehl:

```
% mesg y
```

geben. Wenn Sie derzeit nicht am **talk**-Dienst teilnehmen möchten, erhält die rufende Seite die Meldung:

```
[Your party is refusing messages]
```

Einige Programme, z.B. Textformatierer, können Ihre Sitzung für Sie in den **mesg n**-Modus bringen. Sie tun das, damit die Ausgabe nicht durch zufällige **talk**-Meldungen zerstört wird. Wenn die Programme beendet sind, wird wieder der vorherige Zustand hergestellt.

Es gibt keine Möglichkeit für einen Anrufer, festzustellen, ob der gesperrte Zustand temporär oder permanent ist. Wenn Sie versuchen, mit jemandem Kontakt aufzunehmen und Sie sehen, daß er keine Verbindungen entgegennimmt, können Sie es nur später noch einmal versuchen, ihm eine Mail senden, oder das Telefon benutzen.

HINWEIS

Einige **talk**-Programme sind inkompatibel. Sie erhalten vielleicht die Meldung »connection requested«, aber wenn Sie versuchen, die Verbindung herzustellen, erkennt Ihr **talk**-Programm nicht, daß Sie versuchten, eine Verbindung mit dieser Person zu bekommen. Das Problem ist, daß ältere Versionen von **talk** dazu neigen, Zeichen auf eine bestimmte hardwarespezifische Weise zu senden. Das einzige, was Sie tun können ist, nach einem Programm namens **ntalk** zu suchen (das genau wie **talk** funktioniert), oder nach **ytalk** (unter »Chats« im nächsten Abschnitt erläutert).

Chats

chats sind sozusagen allgemeinere **talks**, wobei sich mehrere Leute gleichzeitig miteinander unterhalten. Einige **chat**-Programme sind Erweiterungen des **talk**-Programms, das wir etwas weiter oben behandelt haben, und andere sind wie eine elektronische Cocktailparty—aber ohne Getränke. Gruppen treffen sich zum **chat**, um über diverse Themen zu plaudern. Sie können einfach von Gruppe zu Gruppe wandern und teilnehmen, wann immer Sie möchten. Manchmal haben Sie vielleicht Interesse an einer privaten Unterhaltung mit einem der Teilnehmer—d.h., Sie möchten die Plauderei verlassen und zeitweise ein Vier-Augen-Gespräch führen. Alles das ermöglicht Ihnen **chat**.

Ytalk

Ytalk ist ein neuerer **talk**-Client.* Damit ist es möglich, Unterhaltungen mit Leuten zu führen, die **talk**, **ntalk** oder **ytalk** einsetzen. Es umgeht alle Kompatibilitätsprobleme der ersten beiden und erlaubt Ihnen obendrein, mehrere Unterhaltungen gleichzeitig zu führen. **ytalk** funktioniert genau wie **talk**; um eine Unterhaltung zu beginnen, geben Sie einen Befehl wie diesen:

```
% ytalk person@rechner
```

und der Bildschirm teilt sich in den Sender- und den Empfängerteil—wie bereits bei **talk** gesehen.

Sie können auch andere Unterhaltungen akzeptieren oder mehrere Namen auf der **ytalk**-Kommandozeile angeben. Wenn Sie verbunden werden, teilt sich der Bildschirm wieder und wieder, bis kein Platz mehr vorhanden ist. Wenn alle Teilnehmer einer Unterhaltung **ytalk** benutzen, erscheint alles, was Sie tippen, auf jedem anderen Bildschirm—und umgekehrt. Wenn Sie sich mit jemandem unterhalten, der ein herkömmliches **talk**-Programm benutzt, sieht er (oder sie) nur eine private Unterhaltung mit Ihnen, selbst wenn Sie weitere Verbindungen geöffnet haben.

ytalk ist noch sehr neu und wird weiterentwickelt. Es war für normale Terminals verfügbar, und eine X-Version ist in Vorbereitung. Die einzige Dokumentation ist bisher eine *README*-Datei, die mit der Software kommt.

---

* Ytalk ist noch nicht sehr weiträumig verfügbar, aber es wird auf dem Netz mehr und mehr zum Thema. Vielleicht können Sie Ihren Systemadministrator dafür interessieren, oder es selbst mit Archie finden und auf Ihrem Rechner installieren. Derzeit existiert es nur für UNIX.

Internet Relay Chat

Das Internet wird ab und zu als eine »funktionierende Anarchie« beschrieben. Wenn das stimmt, dann ist der Internet Relay Chat (IRC) ein Mikrokosmos davon. Das Modell für einen Chat war schon immer eine Cocktailparty, wo Menschen sich in Gruppen treffen und über das sprechen, was sie interessiert. IRC ist eine wirklich große Party. Es gibt normalerweise viele Teilnehmer gleichzeitig, und mehr als 15.000 Verbindungen pro Tag.

Wenn IRC also Anarchie ist—wie schaffen Sie es trotzdem, etwas zu bewerkstelligen? Mit so vielen Benutzern gleichzeitig stellt sich die Frage, was der Unterschied zwischen einem IRC-Chat und dem Anbrüllen eines Freundes am anderen Ende eines vollen Stadions ist. Chats funktionieren, weil Sie sich nicht gleichzeitig mit dem Rest der Welt unterhalten. Chats sind in kleine Gruppen, die »Channels« (Kanäle), aufgeteilt. Es kann beliebig viele IRC-Kanäle geben, und eine beliebige Anzahl von Leuten in einem Kanal. Einige Kanäle existieren rund um die Uhr, wie beispielsweise #hottub (ein Kanal nach dem Modell einer Gemeinschaftsbadewanne in einem Skiort), wo alle sich zu allen Zeiten mit allen anderen über alles unterhalten können. Einige Kanäle kommen und verschwinden wieder je nach Bedarf.

Jeder Kanal hat mindestens einen Operator, und möglicherweise mehr, der oder die für die Verwaltung des Kanals zuständig ist. Die erste Person in einem Kanal ist der erste Operator. Er kann dann Operator-Privilegien an andere vergeben, die sie wiederum an andere weitergeben können usw. Das ist ungefähr alles zum Thema Recht und Gesetz beim IRC.

Wie bei den meisten Anwendungen, die wir in diesem Buch behandelt haben, können Sie auch am IRC auf zwei Arten teilnehmen. Sie können **telnet** benutzen, um mit einem öffentlichen Client zu arbeiten, der auf einem anderen System läuft, oder Sie können Ihren eigenen Client auf Ihrem lokalen System installieren. Bei IRC sind öffentlich zugängliche Clients allerdings keine allzu gute Idee. Sie existieren zwar, aber sehr dynamisch: Es ist ein ständiges Kommen und Gehen und schwierig, den Überblick zu behalten. Daher ist es wirklich besser, wenn Sie Ihren eigenen Client haben. Der beste Weg herauszufinden, wo Sie Client-Software und öffentliche Clients finden ist es, die Newsgruppe *alt.irc* zu lesen. Das wird Sie gleichzeitig in die IRC-Kultur einführen, falls Sie nicht ohnehin schon längst dazugehören.

Der schwierigste Teil bei der Nutzung des IRC ist der Einstieg. IRCs haben eine eigene Kultur. Lassen Sie uns alle Vorsicht vergessen, dem Rausschmeißer an der Tür kurz unseren Ausweis zeigen, und einfach reingehen:

```
% irc TWI
```

Es ist gar nicht so schwierig, hineinzukommen—es ist wie eine Studentenkneipe. Sie geben den Namen Ihres Clients ein (normalerweise **irc**) und einen Spitznamen (hier:

»TWI«). Von nun an sind Sie in der IRC-Welt als TWI bekannt. Ihr Client nimmt dann mit einem Server irgendwo in der Welt Kontakt auf, und Sie sind dabei:

```
*** Welcome to the Internet Relay Network TWI
*** If you have not already done so, please read the new user information with
+/HELP NEWUSER
*** Your host is irc.uiuc.edu, running version 2.8.16
*** This server was created Tue Mar 1 1994 at 15: 39:50 CST
*** umodes available oiws, channel modes available biklmnopstv
*** There are 1605 users and 763 invisible on 100 servers
*** There are 80 operators online
*** 819 channels have been formed
*** This server has 139 clients and 14 servers connected
*** Message of the Day:
***
*** The University of Illinois at Urbana IRC Server.
***
*** The NO BOTs server.
***
*** Fetch a list of IRC Servers by anon ftp from h.ece.uiuc.edu
***
*** End of Message-of-the-Day
*** Mode change "+i" for user TWI by TWI
-service.de- * This Nickname is already used frequently by another
person.
+Please try to avoid confusion and choose another one.
[1] 05:05 TWI (+i) * type /help for help
```

Wie Sie sehen können, gibt es hier ein gewisses Problem mit dem Jargon, aber ich werde versuchen, die wesentlichen Teile zu übersetzen.

- Als erstes wird im Text vorgeschlagen, daß Sie den Befehl **/help newuser** geben, wenn Sie IRC zum ersten Mal ausprobieren. Alle IRC-Befehle beginnen mit einem Slash. So unterscheidet **irc** die Befehle von den Texten, die Sie für den Kanal eintippen.
- Derzeit benutzen weltweit 1605 Menschen IRC, wobei 80 Operatoren 819 Kanäle verwalten.
- Sie sind mit einem Server verbunden, der an der Universität von Illinois in Urbana läuft. Es ist nicht wichtig, mit welchem Server Sie verbunden werden. IRC ist ein verteiltes System, also werden Nachrichten, die Sie eingeben, zunächst an andere Server und von dort an die Benutzer weitergegeben, die mit diesen Servern verbunden sind.
- Dieser spezielle Server erlaubt keine »BOTS« (IRC-Slang für Robot-Programme) als Teilnehmer an den Unterhaltungen. Bots haben in der Vergangenheit häufiger Kanäle durch konstantes Plappern lahmgelegt; häufig geschah das in böser Absicht. (Ich sagte doch, daß es sich um Anarchie handelt.)

- Schließlich teilt mir der Server mit, daß bereits jemand meinen Spitznamen gewählt hat, und ich mir einen anderen suchen sollte. Es gibt eine zentrale Registrierstelle, wo Menschen ihre Spitznamen registrieren lassen können, aber Sie sollten sich bereits gut mit IRC auskennen, bevor Sie das tun—also werde ich diesen Punkt ganz Ihnen überlassen.

Um einen anderen Namen zu wählen, gebe ich den Befehl:

/nick *neuer-name*

Um den Spitznamen »maddog« anzunehmen, gebe ich ein:

```
/nick maddog
```

Zu diesem Zeitpunkt wäre es eine gute Idee, die Befehle:

```
/help newuser
/help intro
/help etiquette
```

zu geben. Das wird Ihnen alles über die Befehle mitteilen, die Sie kennen sollten, und wie Sie sich in die IRC-Kultur einfügen können. Um Ihnen ein Gefühl dafür zu geben, wie eine IRC-Sitzung abläuft, fahren wir nun mit maddogs Entdeckungen fort.

Da Sie neu sind, könnten Sie zuerst den Befehl **/list** geben, um zu sehen, welche Kanäle aktiv sind. Das könnte aber auch eine weniger gute Idee sein—Sie bekämen eine Liste mit 800 Kanälen, die kaum zu überschauen wäre. Um eine sinnvollere Anzahl von Kanälen gelistet zu bekommen, geben Sie ein Kommando wie dieses:

```
/list -min 10
<einige Zeilen wurden hier gelöscht>
*** #malaysia  18     Steal Someone's Nick And Get Excited!
*** #warung    37     Hari Raya Menjelang..Hehehe
*** #Talk      21     *** Topic for #talk: *** Topic for #talk:
+#talk
*** #Unix      21     I await the wisdom of the Internet.
*** #Twilight_ 35     How do you go from 170 clients to 114 in 2
+minutes? (a lot of K: lines)
*** #amiga     39     we all wonder _why_ cyclone lives anyway
*** #hkfans    10     Welcome to the arena.
*** #indo      22     #medan is under our control...
*** #thailand  16     }=- Welcome to land of smiles -={
*** #chat      22     The Pseudo-Friendly Channel (tm)
[1] 08:12 maddog (+i) * type /help for help
```

Die Namen der Kanäle werden aufgeführt, gefolgt von der Anzahl der Menschen, die sich derzeit in diesem Kanal befinden, gefolgt von einer optionalen (und manchmal nutzlosen) Kurzbeschreibung des Kanals. Die Zeilen mit einem + in der ersten Spalte sind Fortsetzungen der vorherigen Zeile; viele IRC-Clients halten sich an diese Konvention.

Lassen Sie uns einfach den Kanal **#talk** betreten und sehen, was dort los ist:

```
/join #talk
```

Eine Nachricht wird an jeden im Kanal gesendet, die bekanntgibt, daß maddog den Kanal betreten hat, und auf Ihrem Bildschirm erscheint folgendes (denken Sie daran, daß Sie gerade mitten in etliche Konversationen geraten sind—sofern Sie nicht regelmäßiger Gast in diesem Kanal sind, sollten Sie erst zuhören, bevor Sie sich beteiligen):

```
*** Topic for #talk: *** Topic for #talk: *** Topic for #talk: *** Topic for
+#talk
*** Users on #Talk: maddog Molok Jordan @KEWL_KAT @Tango ILikeFish alpha-S
+claudio @JABBAH @DasBot @SnuffBot panda ella Lw Styng OverNet jevans @YaZoO
+o662 @Ekim dHitMan Keimaster @PikerBot
<KEWL_KAT> can you see why it didn't work? MOLOK!!!!
<panda> molok...
<claudio> all: i must bid you, adieu.
<KEWL_KAT> oops
<alpha-S> claudio exits???
<KEWL_KAT> I needed an enter in there =]
<Lw> heheh Yaz: good way to test the new Feature.. :)
*** Cybrarian (bubtb@alf.uib.no) has joined channel #talk
<YaZoO> lw :d
* panda jumps in front of alpha's car.. *crunch*
<claudio> au revoir mes amis
*** Molok has left channel #talk
<Cybrarian> Hi ppl
*** cob (sin_aarr@ask.gih.no) has joined channel #talk
<ILikeFish> panda : Well, let me know!  I need to go to to offy later, so I'll
+have a look too.
[1] 08:17 maddog (+i) on #talk (+nt) * type /help for help
```

An diesem Punkt wird alles, was Sie eingeben, an jeden im Kanal gesendet, solange es nicht mit einem Slash beginnt (dann wird es als Befehl interpretiert). Alles, was Sie eingeben, bekommt Ihren Spitznamen vorangestellt. Wenn maddog also »Hi all« eingibt, sehen alle anderen:

```
<maddog>hi all.
```

Wie Sie sehen können, sind die normalen Kanäle frei zugänglich und erfordern eine Menge Aufmerksamkeit. Eigentlich sind sie ziemlich nutzlos. Menschen, die wirklich viel IRCen, besuchen die öffentlichen Kanäle kaum. Meistens schauen sie sich um, bis sie einen Platz gefunden haben, wo sie sich zu Hause fühlen. Dann kommen sie ab und zu wieder, wobei sie nach und nach Freunde gewinnen, die ihren Spitznamen kennen.

Wenn Sie die Teilnahme an einem Kanal beenden wollen, tun Sie das mit:

```
/leave #talk
*** maddog has left channel #talk
```

Wenn Sie von IRC selbst genug haben, können Sie mit **/quit** austeigen.

IRC ist nicht einfach nur ein Ort, wo Studenten ihre Zeit verschwenden, bis sie durchs Examen fallen. Es gibt Kanäle, die von Kindern genutzt werden und solche, die von Berufstätigen genutzt werden. Es ist nicht so verschieden von einem abendlichen Bier mit den Kollegen, um über die Arbeit zu reden. Das gleiche tun Menschen auf IRC. Wenn sie es wollten, könnte auch eine Gruppe von Mikrobiologen einen Kanal namens #bakterium einrichten und dort über die Ereignisse und Entdeckungen des Tages reden.

Ich denke, daß ich Ihnen zum Abschluß noch ein paar Warnungen mit auf den Weg geben sollte. Zum einen kann IRC süchtig machen. Einige Menschen werden so sehr in die elektronische Gemeinschaft hineingezogen, daß sie ihre sonstigen Verpflichtungen vernachlässigen. Viele Menschen, die IRC zu schätzen beginnen, wissen wenig über Computer und denken, daß sie vieles über ihre Freunde beim IRC wissen. In Wirklichkeit ist das vielleicht gar nicht so viel. Alles, was sie wirklich kennen, sind der Spitzname des Freundes und sein Login, das übrigens gefälscht sein könnte. Es hat viele Fälle gegeben, in denen Menschen in Schwierigkeiten gerieten, weil sie dem Rat eines IRC-Bekannten folgten. In einem Fall, von dem ich weiß, klagte jemand darüber, wie langsam IRC sei. Daraufhin sagte jemand anderes: »Ich habe hier eine Datei, die IRC schneller macht, willst Du sie haben?«. Es handelte sich um eine *.rhosts*-Datei, die dem zweiten Benutzer freien Zugang zum Account des ersten gab, ohne ein Paßwort zu kennen. (*.rhosts*-Dateien wurden weiter oben in diesem Kapitel erläutert.)

Alles das soll Sie nicht davon abhalten, IRC zu benutzen. Wenn es das ist, was Sie interessiert, dann gehen Sie hin und probieren es aus. Seien Sie aber vorsichtig; tun Sie nichts, was Ihnen oder einem anderen Schwierigkeiten bereiten könnte.

Spiele

Das Internet bietet viele Möglichkeiten, Zeit zu verschwenden—sowohl Ihre als auch die des Netzwerks. Einige Menschen lesen Newgruppen über ihre Hobbys, einige unterhalten sich mit anderen oder spielen. Es gibt ziemlich unterschiedliche Meinungen zwischen den Systemadministratoren zur Zulässigkeit dieser Anwendungen. Aus diesem Grunde möchte ich Sie nicht dazu ermutigen. Andererseits gilt: Auch wenn ich Ihnen nichts davon erzähle, würden Sie auf anderem Wege doch davon erfahren.

Computerspiele gibt es seit ewigen Zeiten. Tatsächlich wurde sogar das Betriebssystem UNIX ursprünglich entwickelt, um ein Spiel namens »Space Travel« zu spielen.* Die vergangenen Jahr haben jedoch eine Anzahl von Spielen für zwei Personen hervorgebracht, die auf dem Rechner gespielt werden. Die Palette reicht von traditionellen Spielen wie Schach und Go bis hin zu Simulationen in Echtzeit.* Die traditionellen Spiele sind kein echtes Problem für ein Netzwerk, da sie nur wenige Ressourcen verbrauchen. Die anderen sind jedoch in der Lage, sowohl Computer als auch Netzwerke auszulasten.

In Echtzeit-Simulationen ist jeder Spieler der Kommandant von irgend etwas (des Raumschiffs Enterprise, eines Panzers oder eines F16-Kampfbombers). Alle Spieler nehmen an einem simulierten Kampf teil—mit Cockpitanzeigen und visuellen Effekten. Diese Spiele wurden eigentlich entwickelt, um über LANs gespielt zu werden, da sie auf schnelle Kommunikation zwischen den Rechnern angewiesen sind. Sie erfordern mehr Geschwindigkeit, als die meisten überregionalen Internet-Verbindungen bieten können. Daraus ergibt sich, daß zwei Dinge passieren werden, wenn Sie solche Spiele über das Internet spielen:

- Sie verärgern andere Netzbenutzer (und eventuell einige Administratoren), weil Sie die Leistung des Netzes herunterziehen.
- Sie werden verlieren. Sie haben einen Wettbewerbsnachteil, weil die Geschwindigkeit, mit der Sie auf drohende Gefahren reagieren können, durch die Geschwindigkeit Ihrer Anbindung an das Internet beschränkt ist.

Spielen Sie, wenn Sie müssen, aber seien Sie dabei diskret und rücksichtsvoll. Es gibt kein unwiderrufliches Recht, auf dem Internet zu spielen.

Nicht einzuordnen: MUDs

Multi-User-Dungeons (MUDs) wurden etwa 1980 als Netzwerk-taugliche Version des Abenteuerspiels *Dungeons and Dragons* (Verliese und Drachen) entwickelt. Anfangs ging es genau darum: Sie konnten einen Charakter darstellen, die Verliese durchwandern, andere Charaktere treffen, mit verschiedenen Feinden kämpfen sowie Schätze und Erfahrungen sammeln. Seitdem hat sich vieles geändert: Es gibt die klassischen Abenteuerspiele immer noch, aber es gibt auch MUDs, die mehr auf Gepräche ausgelegt sind, auf das Lernen, und sogar einige, die in Form von Experimenten angelegt sind. Was alle MUDs gemeinsam haben ist, daß es Spiele sind, in denen Menschen mit ihrer Umgebung interagieren.

Beachten Sie, daß ich von Spielen gesprochen habe—im Plural. Anders als ein Großteil der restlichen Software, die ich in diesem Buch behandelt habe, sind MUDs nur schwer einzuordnen. Es gibt vielleicht ein halbes Dutzend grundlegende Typen (MUD, MUSH, tinyMUD, MUSE, MOO etc.), und in jeder Kategorie viele Varianten.

---

* Maurice J. Bach, *The Design of the UNIX Operating System*, Prentice Hall 1986, Seite 2.

* Schlagen Sie im *Ressourcen-Katalog* unter Freizeit nach.

Jede Sorte von MUD hat eigene Client- und Serversoftware, aber bei allen handelt es sich um dieselbe Art von Spiel. Ein MUD und ein MUSH mögen beide eine Startrek-orientierte Welt zum Inhalt haben, aber was Sie dort tun können, wird unterschiedlich sein. Habe ich die Dinge jetzt genug durcheinandergeMUDdelt? Es sind im Prinzip zwei Dinge, von denen es abhängt, wie ein MUD aussieht: Die Software, mit der das Spiel läuft, und die Datenbank, die seine Welt beschreibt. In den Basisfunktionen ähnelt ein MUSH dem anderen, aber es können völlig andere Welten definiert sein.

Inzwischen ist es wahrscheinlich vollkommen unklar, was genau MUDs sind. Die meisten von ihnen sind sicherlich immer noch Dungeon- oder Kampfspiele irgendeiner Art. Wenn Sie sich aber überlegen, was nötig ist, um ein solches Spiel zu erstellen, dann werden Sie erkennen, daß es noch viel mehr Möglichkeiten gibt. Sie erstellen eine Welt, komplett mit einer Anzahl von Objekten, und können diese Objekte dann mit einfachen Kommandos wie »Axt nehmen«, »Buch lesen« usw. manipulieren. Es braucht nicht viel, um eine solche Fantasiewelt in eine virtuelle Realität für Arme zu wandeln. Was wäre, wenn es ein MUD gäbe, um Chemie zu unterrichten? Wenn Sie die Befehle »Wasser in Becher gießen« und »Säure in Becher gießen« in dieser Reihenfolge geben, ist alles in Ordnung; drehen Sie die Reihenfolge aber um, erhalten Sie eine Meldung wie:

```
Die Mixtur schäumt und wird sehr heiß, der Becher zerspringt. Sie
bekommen konzentrierte Salzsäure ins Gesicht.
```

Wahrscheinlich ist es besser, auf diese Weise zu lernen, als durch das Herumspielen mit echten Chemikalien—aber darüber kann man streiten. Zusätzlich zu ihrer Funktion als Zeitvertreib haben einige MUDs auch in der Ausbildung ein Zuhause gefunden. Es gibt allerdings kein Chemielabor-MUD, das ich kenne—noch nicht. Ich habe es als Beispiel verwendet, weil es recht gut zeigt, wofür man MUDs einsetzen könnte. Derzeit stammen die meisten Lern-MUDs, die ich kenne, aus den Bereichen Sozial-, Erziehungs- und Computerwissenschaften. Eines dieser MUDs ist ein Modell unserer Gesellschaft: Es gibt eine eigene Zeitung, eine Bar, eine Versammlungshalle usw. Es gibt auch einige MOO-artige MUDs, die als Konferenzhilfen in der Molekularbiologie und der Genetik eingesetzt werden. Wenn Interesse und Diskussionspotential irgendein Maßstab sind, dann werden in naher Zukunft noch viel mehr MUDs im Forschungs- und Ausbildungsbereich entstehen.

Einige dieser Spiele erlauben es Teilnehmern mit ausreichender Erfahrung sogar, das Spiel selbständig zu erweitern. In den Dungeon-Spielen etwa haben Sie die Möglichkeit, einen neuen Tunnel zu »graben«. In dem Chemie-MUD wären Sie vielleicht in der Lage, ein neues Experiment zu definieren. Dinge zu verändern bedeutet normalerweise, daß Sie Kenntnisse einer Programmiersprache haben müssen—das könnte die Programmiersprache C sein oder eine, die spezifisch für Ihr MUD ist. Denken Sie nicht einmal darüber nach, ein Spiel zu verändern, bis Sie eine *Menge* Erfahrung gesammelt haben!

Es gibt zwei grundlegende Probleme mit MUDs. Zunächst müssen Sie eines finden, das Ihren Interessen entspricht. Nachdem Sie eines gefunden haben, müssen Sie lernen, wie Sie mitspielen können. Wie sollten Sie also mit dem MUDdeln anfangen? Starten Sie mit den FAQs, die in der Newsgruppe *rec.games.mud.announce* gepostet werden. Der erste Teil gibt Ihnen eine allgemeine Einführung in MUDs. Der zweite Teil sagt Ihnen in allgemeiner Form, welche Software für welche Art von MUD verwendet wird. Wenn Sie an Kampfspielen interessiert sind, sollten Sie sich nach DIKU-Sites umsehen (DIKU ist eine bestimmte Untergruppe von MUDs, die eher für herkömmliche Prügel-und-Plünder-Spiele bekannt ist). Falls so etwas Sie nicht anspricht, könnten Sie sich tinyMUSHs ansehen. Man kann sich nicht immer darauf verlassen, daß eine bestimmte Software für eine bestimmte Art von Spiel eingesetzt wird, aber es ist ein Anhaltspunkt.

Sobald Sie die FAQs gelesen haben, können Sie sich auch die MUD-Newsgruppen ansehen:

```
rec.games.mud.announce
rec.games.mud.diku
rec.games.mud.misc
rec.games.mud.tiny
```

Hier finden Sie Ankündigungen von MUD-Software, Informationen zu laufenden Spielen usw. Selbst wenn das erste MUD, das Sie kennenlernen, nicht als ein dauerhafter Aufenthaltsort geeignet ist, wird es recht einfach sein, auf andere MUDs desselben Typs umzusteigen (d.h., andere MUDs, die dieselbe Software verwenden). Selbst wenn Sie nicht so recht Gefallen an Ihrem ersten MUD finden, werden Sie doch durch andere Abenteurer von weiteren MUDs erfahren.

Wie sollen Sie jetzt damit anfangen? Nun, es ist möglich, MUDs mit weiter nichts als **telnet** zu spielen; Sie müssen nur zu einem speziellen Port auf einem Server **telnet**ten. Das ist jedoch ein recht mühsamer Weg—mit einem Client auf Ihrem lokalen System sind Sie viel besser bedient. Um es noch einmal zu sagen: Es gibt viele Clients, und sie sind alle unterschiedlich. Der beste Weg, darüber näheres herauszufinden ist, die FAQs über MUDs zu lesen, die in den oben erwähnten Gruppen gepostet werden. Viel Glück!

Audio und Video

Es ist entweder trivial oder sehr schwierig, Audio- und Videodaten über das Internet zu übertragen—je nach Betrachtungsweise. Wenn Sie nur ein kurzes Stück Sprache, einen Song oder ein kurzes Video transferieren wollen, ist es einfach. Das sind alles nur Dateien; zwar ziemlich große Dateien, aber doch nur Dateien. Zum Beispiel produziert Carl Malamud eine Internet-Radiosendung namens *Internet Talk Radio.* Er nimmt Interviews mit bekannten Leuten aus der Welt der Netzwerke auf. Dann werden die digital kodierten Interviews auf einer Anzahl von anonymen FTP-Servern abgelegt. Wenn Sie hören wollen, was der »Freak der Woche« zu sagen hatte, können Sie eine dieser Dateien mit FTP (oder einem darauf basierenden Tool wie Mosaic) abholen und sie auf Ihrer Workstation anhören. Dies sind große Dateien (15 MByte), aber es sind trotzdem nur Dateien: Laden Sie sie herunter und hören Sie sie nach Belieben an.

Die meisten aktuellen Workstations und PCs haben entweder schon alles Notwendige eingebaut, um eigene Audio- und Videodateien zu erstellen, oder bieten das zumindest als Option. Sobald Sie Audio oder Video aufgenommen haben, können Sie es mit einem MIME-konformen Mailprogramm an Ihre Freunde versenden, oder es in einem FTP-Archiv ablegen. Die Dateien sind zwar groß, aber das ist nur ein unangenehmes Detail.

Das große Problem bei Audio und Video ist die Handhabung in Echtzeit.* Daraus folgt, daß es sehr schwierig ist, eine Telefon- oder Videokonferenz über das Internet abzuhalten. Das Problem ist, daß das Internet eigentlich nicht dafür gedacht war. Um das zu verstehen, denken Sie noch einmal an das Telefon. Wenn Sie eine Telefonnummer wählen, mieten Sie im Prinzip eine eigene Telefonleitung von Ihrem Anschluß zu demjenigen, den Sie anrufen. Es ist Ihre Leitung, und Sie bezahlen dafür, ob Sie nun sprechen oder nicht. Niemand anderes kann sie benutzen, solange Sie diese Leitung reserviert haben.** Das Internet erringt seinen Kostenvorteil gegenüber traditionellen Telefondiensten, indem es Telefonleitungen gemeinsam nutzt. Wenn Datennetze jedesmal auf einen Telefonanruf über große Distanzen angewiesen wären, wann immer ein Rechner auf Ressourcen an anderer Stelle zugreifen will, wären sie unbezahlbar—noch viel teurer als das Netzwerk von Hochgeschwindigkeits-Standleitungen, das derzeit benutzt wird. Ein Problem bei der gemeinsamen Nutzung von Ressourcen entsteht, wenn das Datenvolumen zunimmt. Wenn ein Netzwerk wie das Internet große Datenmengen zu übertragen hat, verlangsamt sich der Datenfluß ganz einfach. Es gibt kein Besetztzeichen. Wenn Sie eine Datei per FTP holen oder per TELNET irgendwo eingeloggt sind, bekommen Sie genau das, was Sie wünschen. Aber Echtzeitanwendungen können diese Verlangsamung nicht verarbeiten. Eine Video-Anwendung braucht eine bestimmte Mindestanzahl an Bildern pro Sekunde—egal, was sonst auf dem Netz vor sich geht. Sie wären sicher sehr verärgert, wenn Ihre Internet-Videokonferenz plötzlich auf Zeitlupe schaltete (gar nicht zu reden von den technischen Problemen, die das verursachen würde).

---

* Technisch gesehen handelt es sich um isochrone Anwendungen; sie benötigen einen kontinuierlichen Datenfluß gleichartig strukturierter Information.

** Das stimmt eigentlich nicht mehr so ganz. Wenn Sie aber ein Anhänger absoluter Genauigkeit sein sollten, brauchen Sie gar nicht so weit zurückzudenken, um bei einer Zeit anzulangen, in der das noch zutraf.

Heutzutage funktionieren Echtzeit-Video und -Audio über das Internet nur, weil die Kommunikationswege nicht ausgelastet sind. Es gilt als gesichert, daß das Internet sehr schnell sehr langsam werden würde, wenn viele Leute versuchten, Live-Video oder -Audio zu übertragen. Es wird allerdings zu zwei Themen viel geforscht, um die Benutzbarkeit des Internets in diesen Bereichen zu verbessern: bei der Reservierung von Ressourcen und beim Multicasting (Übertragung an mehr als einen Empfänger).

Reservierung von Ressourcen bedeutet genau das: Die Möglichkeit, gegen Bezahlung einen bestimmten Teil des Internets zu mieten. Sie möchten vielleicht eine Videokonferenz mit jemandem abhalten, und würden gerne zu Ihrem Provider sagen können: »Ich zahle zehn Mark pro Minute für einen garantierten Videokanal zwischen hier und Hamburg«.

Multicasting beinhaltet, daß Sie die zur Verfügung stehenden Leitungen wohlüberlegt einsetzen. Stellen Sie sich eine Drei-Wege-Konferenz zwischen London, Washington und New York vor. Der offensichtliche Weg wäre, drei Kanäle zu öffnen, um je zwei Orte miteinander zu verbinden. Das bringt jedoch zwei Probleme mit sich: Zum einen wächst die Anzahl der erforderlichen Kanäle viel schneller als die Anzahl der Sites, wenn mehr Teilnehmer eingebunden werden. Zum anderen sind manche Kanäle teurer als andere. Es wäre viel effektiver, von London aus nur einen Kanal mit den USA zu öffnen, und diesen auf der anderen Seite des Ozeans zu duplizieren. Eine der Kopien würde dann nach Washington gesendet und die andere nach New York, wodurch ein Transatlantik-Kanal eingespart würde.

Die Vorarbeit für die Unterstützung von Audio und Video wird in den Internet Engineering Task Forces geleistet. Es ist derzeit ein wichtiges Forschungs- und Diskussionsthema; bis zum Erscheinen der dritten Auflage dieses Buches sind Video und Audio im Internet vielleicht schon Wirklichkeit geworden.

Der Roboter als Bibliothekar

Wir haben Knowbots schon in Kapitel 10, *Menschen finden*, als Verzeichnisserver kennengelernt. Das ist aber nur eine sehr einfache Anwendung des Knowbot-Konzeptes. Das Modell für Knowbots ist ein idealer Bibliothekar. Sie gehen schließlich nicht in eine Bibliothek, um zu fragen: »Ich muß das und das wissen. Können Sie es in dem Buch für mich nachschlagen?« Wenn Sie wüßten, wo Sie es finden, könnten Sie auch selbst nachsehen (außerdem ist das genau das, was WAIS tut). Sie fragen statt dessen nur nach dem, was Sie wissen wollen. Der Bibliothekar ist dafür ausgebildet, es für Sie zu finden. Wenn Sie dieses Modell automatisieren, haben Sie einen Knowbot.

Knowbots werden allgemein als Software-Würmer betrachtet, die sich von Quelle zu Quelle schlängeln und dabei nach einer Antwort auf Ihre Frage suchen. Während ein

Knowbot sucht, könnte er weitere Quellen finden. Falls das geschieht, überprüft er auch diese. Wenn alle Quellen überprüft sind, kehrt er mit seinen Fundstücken zurück.

Ganz offensichtlich ist dies eine sehr futuristische Sichtweise des Problems der Informationsbeschaffung. Es ist vermutlich eine Idee, für die die Zeit noch nicht reif ist. Es gibt Pilotprojekte und Forschungen auf diesem Gebiet, aber die Bereiche Netztechnik, Rechnertechnik und Informationswissenschaft sind noch nicht weit genug, um das zu unterstützen. Vielleicht wird es bis zur vierten Auflage dieses Buches so weit sein.

KAPITEL FÜNFZEHN

DER UMGANG MIT PROBLEMEN

Die Grundregeln
Grundlegende Informationen sammeln
Der Schlachtplan
Gespräche mit technischem Personal
Vom Umgang mit koaxialem Ethernet-Kabel
Hinweise zu Token-Ring-Netzen

Das Netzwerk ist nicht ausfallsicher. Eines Tages geben Sie an Ihrem Arbeitsplatz folgendes ein:

```
% telnet ux1.cso.uiuc.edu
Trying 128.174.5.59...
```

Sie warten und warten, bis Sie nach ein paar Minuten endlich lesen:

```
telnet: Unable to connect to remote host: Connection timed out
```

Was nun?

Sie müssen nicht ein hervorragender Netzwerktechniker sein, um diese Situation zu bewältigen, aber Sie brauchen ein paar Hinweise, wie Sie sich solchen Widrigkeiten gegenüber verhalten sollen. Zunächst werden wir uns über das unterhalten, was normalerweise schiefläuft, und dann darüber, was Sie brauchen, um das Problem zu lösen. Danach werde ich Ihnen eine hinreichende Einführung in den Umgang mit Netzwerkproblemen geben; das ist natürlich keine ausführliche Anleitung. Ich könnte leicht Szenarien konstruieren, bei denen Sie mit diesen Tips in die Irre geführt würden, aber solche Situationen sind im wirklichen Leben nicht sehr wahrscheinlich. Schließlich gebe ich Ihnen noch Tips dazu, wie Sie mit einigen verbreiteten LANs zurechtkommen.

Wenn Sie schnell beleidigt sind, werden Sie sich vielleicht über einige der Tips aufregen, die ich in diesem Kapitel gebe. Tun Sie es nicht. Unter Streß verlieren viele Leute ein wenig vom gesunden Menschenverstand. Wenn Sie dieses Kapitel lesen, während nichts schiefläuft (und das ist anzuraten), dann denken Sie sich vielleicht, daß Sie nicht dumm sind und natürlich das Stromkabel überprüfen würden. Ich denke nicht, daß Sie dumm sind. Aber wenn Sie bis zu den Knien im Sumpf stecken, ist es sehr leicht, die einfachsten Fehlermöglichkeiten zu übersehen.*

Die Grundregeln

Wenn Sie darüber nachdenken, was mit dem Netzwerk los sein könnte, dann gibt es zwei Regeln, die Sie im Hinterkopf behalten sollten:

1. Je billiger eine Komponente ist, desto wahrscheinlicher wird sie ausfallen und desto unwahrscheinlicher ist es, daß das jemand bemerkt, der sie reparieren kann.

2. Sie müssen wissen, was richtig ist, bevor Sie herausfinden können, was falsch ist.

Was bedeuten diese Regeln? Das Internet wird häufig als amorphe Wolke beschrieben, wie in Abbildung 15-1 dargestellt.

Denken Sie an diese Wolke im Kontext von Regel 1. Je weiter Sie sich von Ihrer Workstation entfernen, desto weniger wissen Sie über das, was mit Ihren Datenpaketen geschieht—Sie betreten die Wolke. Je mehr Sie sich der Wolke nähern, desto teurer wird die beteiligte Technik. In der Wolke finden sich einige sehr teure Rechner und Leitungen. Wenn etwas davon ausfällt, können sehr viele Leute betroffen sein: Ein Campus oder ein ganzes Land könnte ohne Verbindung bleiben. Also wird die Wolke kontinuierlich überwacht und ist so redundant wie möglich aufgebaut. Wenn etwas schiefläuft, wird das von Technikern bemerkt, und es werden sofort entsprechende Aktionen eingeleitet.

Am anderen Ende sitzen Sie vermutlich an einer 10.000-Mark-Workstation, die über ein 200-Mark-Ethernetinterface an das Netz angeschlossen ist, das wiederum mit einem 10-Mark-Kabel verbunden ist, das über den Fußboden läuft. Wenn damit irgend etwas passiert, wird das vermutlich niemand außer Ihnen bemerken.

Dazwischen, in einer Zone diffuser Wahrnehmung, befindet sich ein Campus- oder Firmennetzwerk, das Sie mit der Internet-Wolke verbindet. Es liegt im mittleren Preisbereich, ist relativ gut geschützt und wird während der normalen Bürozeiten regelmäßig überwacht.

---

* Vielleicht sind Sie auch verstimmt, wenn Sie ein erfahrener Systemadministrator sind. Ein Großteil der hier dargebotenen Lösungen ist zugegebenermaßen sehr simpel. Aber dieses Kapitel ist auch nicht für Sie gedacht: Sie sind gefragt, wenn die hier beschriebenen Techniken nicht weiterhelfen. Wenn ich Ihre Arbeitslast signifikant reduzieren kann, habe ich mein Ziel erreicht.

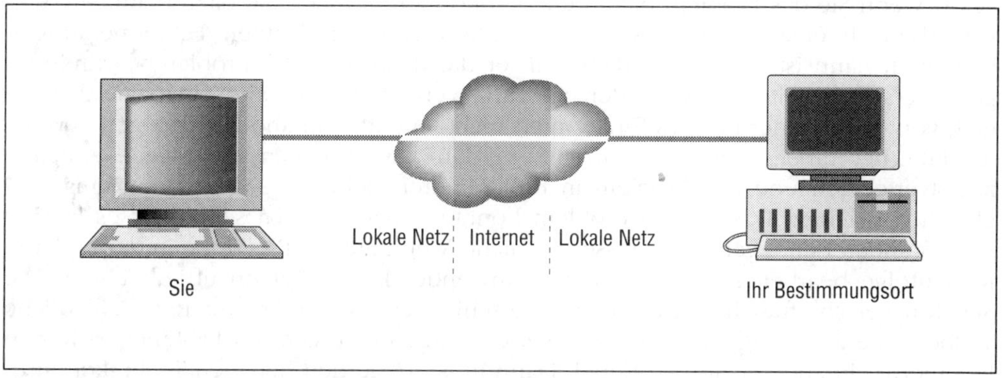

Abbildung 15–1: Die Internet-Wolke

Die meisten unerwarteten Netzwerkausfälle geschehen relativ dicht an einem der beiden Enden; entweder im Bereich Ihres Rechners oder im Bereich des Rechners, den Sie zu erreichen versuchen. Das Problem könnte in Ihrem Computer liegen oder zwischen Ihrem Rechner und der Netzwerkdose an der Wand, aber je mehr Sie sich der Wolke nähern, desto unwahrscheinlicher wird das Problem. Das bedeutet jedoch nicht, daß Probleme grundsätzlich Ihnen anzulasten sind. Es gibt auch einen Zielrechner irgendwo auf der Welt, der von der Wolke ebenso weit entfernt ist wie Sie. Das Problem kann genauso gut auf der anderen Seite liegen. In ganz seltenen Fällen findet sich das Problem in der Wolke. Aber das sollte Ihre letzte Annahme sein, nicht die erste.

Wenn etwas schiefläuft, ist Ihr Hauptziel nicht das Beheben des Problems. Schön, wenn Sie dazu in der Lage sind, aber in der Regel wird das Problem etwas sein, was Sie nicht beeinflussen können. Obwohl Sie nahe am Ort des Fehlers sind, wird das Problem in erster Linie von jemand anderem behoben. Das liegt nicht unbedingt daran, daß Sie nicht fähig dazu wären. Vielmehr hängt es mit Fehlerwahrscheinlichkeiten, der Konstruktionsweise des Netzes und der Verfügbarkeit von Ersatzteilen zusammen. Selbst wenn das Problem in Ihrem Gebäude auftritt, kann es in einem verschlossenen Netzwerkbetriebsraum liegen. Hier beginnt die Wolke: überall da, wo das Netzwerk nicht mehr Ihrer Kontrolle unterliegt. Ihr Ziel ist es herauszufinden, wann das Problem behoben werden kann. Sollen Sie bis Mitternacht in Ihrem Büro sitzen und verzweifelt die RETURN-Taste drücken, oder gehen Sie nach Hause und sehen sich Gottschalks Late-Night-Show an? Wenn es schon 22 Uhr ist und Sie herausfinden, daß das Problem ein defektes Kabel ist, können Sie ebenso gut heimgehen: Der Mensch, der den Schlüssel zum Ersatzteillager hat, ist erst morgen früh wieder da. Wenn Sie aber herausfinden, daß der Dienst, auf den Sie zuzugreifen versuchen, bis 23 Uhr vorübergehend nicht erreichbar ist, könnten Sie noch bleiben und sich die Zeit mit einer Partie Go vertreiben.

Selbst wenn Sie das Problem nicht beheben können, können Sie dazu beitragen, den Fehlerbereich einzugrenzen. Wenn ein Techniker einen Haufen Fehlermeldungen bekommt, dann ist es nur natürlich, daß er die detailliertesten Problembeschreibungen zuerst bearbeitet. Was würden Sie tun, wenn Ihnen jemand ein paar Aufträge gibt, von denen einer nur: »es funktioniert nicht« enthält, ein anderer dagegen: »defektes Ethernet-Kabel, muß ausgetauscht werden«? Sie könnten die zweite Aufgabe zuerst erledigen und das Problem in fünf Minuten beheben—und damit jemanden glücklich machen. Das andere Problem könnte genauso trivial sein, aber es könnte auch Stunden benötigen—Sie wissen es nicht. Wenn Sie die Probleme in der anderen Reihenfolge bearbeiten, könnten beide Anwender lange Zeit unzufrieden sein. Die Situaton verschärft sich noch, wenn unterschiedliche Techniker für unterschiedliche Teilbereiche zuständig sind. Beispielsweise könnte einer sich um PC-Ethernet-Karten kümmern, ein anderer um die Kabel. Dann müssen Sie den richtigen Techniker anrufen. Die Moral von der Geschichte ist einfach: Selbst wenn Sie das Problem nicht beheben können—je mehr Sie darüber wissen, desto besseren Service werden Sie erhalten.

Jetzt kommen wir zu Regel 2. Sie müssen ein wenig über das Netz und Ihre Nachbarn im Netz herausfinden, solange es korrekt funktioniert. Wenn etwas schiefläuft, zeigen Ihnen ein paar einfache Tests, was sich geändert hat. Sie brauchen für diese Tests keine speziellen Werkzeuge. Sie haben schon alles, was Sie brauchen: ein **telnet**-Programm und Ihre Augen.

Grundlegende Informationen sammeln

Um irgendeinen ernsthaften Versuch der Fehlerbehebung wagen zu können, müssen Sie die Wolke ein Stück zurückschieben. Sie brauchen Informationen über Ihre lokale Netzanbindung und den Router, der Sie mit dem Rest des Internets verbindet. Wenn Sie die Wolke so weit zurückschieben, sieht jedes Netzwerk in der Welt etwa so aus, wie Sie es in Abbildung 15-2 sehen können.

Die Technik mag von Ort zu Ort anders aussehen. Die Verkabelung kann Thin Ethernet, 10BaseT Ethernet, Token Ring oder irgend etwas anderes sein. In jedem Fall verbindet ein Kabel Ihren Computer mit etwas anderem. Sie müssen mehr über dieses »etwas andere« herausfinden: wer dafür verantwortlich ist und wie schnell reagiert wird. Im Moment sollten Sie sich also erst einmal um die folgenden Dinge kümmern:

1. Die IP-Adresse Ihres Computers und die eines anderen Computers im selben lokalen Netz. (Eventuell gibt es keine anderen.)

2. Die IP-Adresse des nächstgelegenen Routers, der für die Verbindung Ihres Rechners mit einer größeren Einheit verantwortlich ist (der Router in Bild 15-2).

3. Eine Liste der Personen, die Sie anrufen können, wenn etwas mit Ihrem LAN (Punkt 1) oder dem nächstgelegenen Gateway (Punkt 2) schiefläuft,

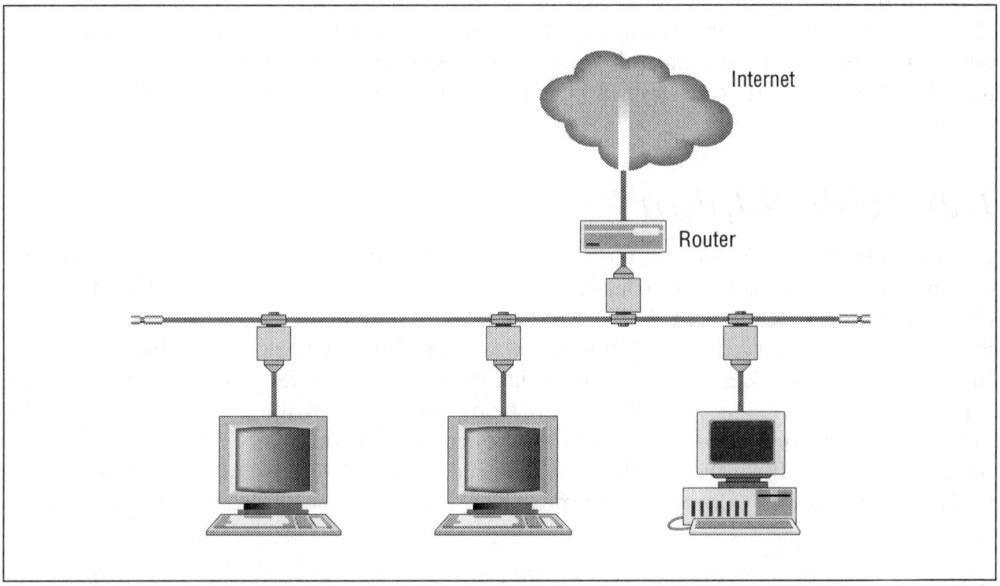

Abbildung 15-2: Netzwerkschema

aufgeschlüsselt nach Wochentagen und Uhrzeiten. Für LAN und Router muß nicht notwendigerweise die gleiche Person zuständig sein.

4. Den Zustand der Statusanzeigen an jeder Netzwerkkomponente, zu der Sie Zugang haben.

Diese Punkte sind nur Orientierungshilfen. Was angemessen ist, unterscheidet sich von Situation zu Situation. Für kleine Sites oder Benutzer mit Wählverbindungen gibt es eventuell keine anderen relevanten IP-Adressen, und es gibt möglicherweise niemanden, der vor Ort zuständig ist—nur Sie und Ihren Serviceprovider. Wirklich große Sites haben wahrscheinlich eine komplizierte Netzwerkstruktur, und das gleiche gilt dann auch für den Support. Das Positive daran ist, daß Sie lokale Hilfestellung um so eher finden, je komplexer das Netz ist. Bei einem wirklich großen Netz erreichen Sie den Zuständigen unter einer einzigen Telefonnummer, die 24 Stunden am Tag und sieben Tage in der Woche erreichbar ist. In fast jedem Fall ist die benötigte Information recht überschaubar, aber Sie müssen diese Checkliste an Ihre spezifische Anbindung anpassen.

Unterschätzen Sie nicht die Bedeutung der Punkte 1 und 2: Die numerischen Adressen Ihres Systems, eines anderen, nahegelegenen und des Routers. Bisher haben wir immer Namen benutzt, um Verbindungen aufzubauen, und nie die IP-Adressen. Die Fehlersuche ist die Ausnahme von dieser Regel. Um einen Namen für eine Verbindung verwenden zu können, muß Ihr Computer automatisch mit einem Nameserver

Verbindung aufnehmen, der den Namen in eine Adresse wandelt. Dies erfordert aber ein funktionierendes Netz. Wenn Ihr Netz eine ernste Fehlfunktion aufweist, kann es das nicht mehr. Tests, die Sie mit Namen statt Nummern ausführen, sind also bedeutungslos. Eine IP-Adresse ist direkt benutzbar und eliminiert so eine mögliche Fehlerquelle.

Der Schlachtplan

Zurück zum Problem. Sie sind um 22 Uhr in Ihr Büro gekommen, um weiter an einem wichtigen Projekt zu arbeiten, und stellen fest, daß Sie keine Verbindung mit der »Federal Information Exchange« bekommen. Ihre erste Frage sollte sein: »Habe ich Zeit, mich damit zu beschäftigen?« Wenn das Projekt wirklich wichtig ist, bleibt Ihnen keine Stunde Zeit, um sich über das Problem Gedanken zu machen. Statt dessen wäre es besser, Sie versuchen, den Computer eines Kollegen zu benutzen (der ihn gerade nicht braucht—er hat schon Feierabend). Wenn seine Verbindung funktioniert, können Sie Ihre Arbeit erledigen. Sie haben gleichzeitig einen Hinweis auf das Problem: Mit Ihrem Computer stimmt etwas nicht—oder mit seiner Anbindung an das Netz.

Aber das Büro Ihres Kollegen ist verschlossen, und Sie müssen den Bericht bis morgen fertigstellen. Setzen wir uns also mit dem Problem auseinander. Während dieser ganzen Diskussion nehmen wir an, daß Ihre Verbindung einmal funktioniert hat und gerade erst ausgefallen ist. Es sprengt den Rahmen dieses Buches, Ihnen zu erklären, wie Sie Ihr System zum ersten Mal konfigurieren. Ihr Serviceprovider oder die Netzwerkabteilung Ihrer Universität oder Firma sollte Ihnen dabei helfen können.

Halten Sie sich an die Betriebszeiten

Unter den Computern, die Netzwerkressourcen zur Verfügung stellen, sind vom Personalcomputer bis zu gigantischen Mainframes fast alle Typen zu finden. Die meisten davon benötigen, wie auch die Steuerrechner des Netzwerks, regelmäßige Wartungsmaßnahmen. Die meisten Sites setzen diese Wartungsarbeiten zu betriebsarmen Zeiten an, beispielsweise samstags um 2 Uhr früh, wenn die Netzwerkbelastung eher gering ist. Solche geplanten »Ausfallzeiten« variieren aber von System zu System. Wenn Sie eine Ressource regelmäßig benutzen, sollten Sie versuchen herauszufinden, zu welchen Stunden der betreffende Rechner nicht benutzt werden kann. Das könnte Ihnen einen erfolglosen Versuch ersparen, um Mitternacht auf eine Ressource zuzugreifen, die um diese Zeit sowieso nicht verfügbar ist. Denken Sie auch daran, daß das Internet sich über die ganze Welt erstreckt. Wenn in Deutschland Mittagszeit ist, ist es in Amerika früh am Morgen und in Japan ist die Bürozeit längst vorbei.

Falls Sie Ressourcen auf gut Glück ausprobieren, wissen Sie nichts über regelmäßige Wartungsmaßnahmen der betreffenden Site. Wenn Sie es mitten in der Nacht ausprobieren, riskieren Sie eher, daß der Computer nicht zur Verfügung steht. Er könnte wegen Wartungssarbeiten abgeschaltet oder auch gänzlich ausgefallen sein, und es ist niemand da, der ihn wieder hochfahren kann. Denken Sie daran, daß viele Ressourcen freiwilligen Helfern zu verdanken sind. Wenn der letzte von ihnen um 17 Uhr das Büro zuschließt und nach Hause geht, könnte es bis zum nächsten Morgen dauern, bis jemand eine abgestürzte Anwendung wieder starten kann.

Lesen Sie die Fehlermeldung

Manche Menschen geraten bei einer Fehlermeldung so durcheinander, daß Sie nur noch:

```
ERROR - glitzfrick framus gobbledegook
```

sehen. Entspannen Sie sich, lesen Sie die Fehlermeldung noch einmal genau durch, und schreiben Sie sie auf. Sie müssen sie aufschreiben, damit Sie jemandem, dem Sie davon berichten, den exakten Text der Fehlermeldung mitteilen können. Nichts ist frustrierender—sowohl für den Netzwerktechniker als auch für das Netzwerkopfer—als die Mitteilung, daß da: »ERROR irgendwas« gestanden habe. Bevor Sie die Technikerheere zusammentrommeln, könnten Sie versuchen, das Problem selbst zu beheben. Auch wenn Sie nicht die ganze Fehlermeldung verstehen, sollten Sie in der Lage sein, ein paar Wörter herauszupicken, die Ihnen die richtige Richtung anzeigen. Viele Wörter und Phrasen tauchen immer wieder auf: »unknown«, »unreachable«, »refusing«, »not responding« und »timed out«. Lassen Sie uns sehen, was wir mit diesen Meldungen anstellen können, indem wir das Telefonwesen als Beispiel nehmen:

unknown Sie haben die Telefonauskunft angerufen und nach der Telefonnummer von Willie Martin gefragt. Die Auskunft antwortete Ihnen: »Tut mir leid, aber ich habe hier keinen Eintrag für Willie Martin«. Das Problem taucht normalerweise auf, wenn Ihr Computer versucht, einen Namen in eine IP-Adresse umzusetzen. Sie haben dem Computer gesagt, daß er **ux1.cso.uiuc.edu** anrufen soll. Er versuchte, die Adresse herauszufinden, bekam aber mitgeteilt, daß diese Adresse nicht existiert. Entweder haben Sie den Namen falsch angegeben (ihn beispielsweise falsch buchstabiert), oder der Computer konnte ihn nicht umwandeln. Das könnte daran liegen, daß Ihr Computer nicht das Domain Name System (DNS) verwendet, sondern das veraltete System, bei dem Namen in einer Datei nachgeschlagen werden (unter UNIX: */etc/hosts*).* Es könnte auch ein Problem mit dem Domain Name System geben. Dies ist ziemlich sicher etwas, das Sie nicht selbst beheben können. Greifen Sie zum Telefon. Wenn Ihnen

---

* UNIX-Systeme haben wahrscheinlich trotzdem ein Datei */etc/hosts*, die nur einen oder zwei Einträge enthält. Wenn Sie also */etc/hosts* finden, aber nur zwei Einträge enthalten sind, sollten Sie daraus nicht folgern, daß Sie nicht das DNS verwenden; Sie liegen damit fast sicher falsch. Auch wenn Sie eine wirklich große Hosttabelle finden, ist das noch kein Beweis dafür, daß Sie kein DNS verwenden—diese Tabelle könnte noch aus den alten Zeiten übriggeblieben sein.

jemand die richtige IP-Adresse sagen kann, können Sie im Notfall auch diese verwenden und das Problem auf diese Art erst einmal umgehen.

unreachable Sie haben die Nummer gewählt und erhalten die Ansage: »Kein Anschluß unter dieser Nummer«. Dies ist ein ernstes Netzwerkproblem; ein Teil des Netzwerkes ist außer Betrieb. Die Meldung besagt: »Ich weiß, wo es hingehen soll, aber Sie können nicht dorthin gelangen«. Wenn das passiert, können Sie nichts tun. Holen Sie Hilfe herbei.

refused Sie haben versucht, eine Person anzurufen und erhalten eine Verbindung unter der richtigen Nummer, aber die gewünschte Person ist nicht da. Der Computer am anderen Ende muß Verbindungen für einen bestimmten Dienst akzeptieren (z.B. für TELNET). Ihr Computer hat mit dem anderen Computer eine Verbindung hergestellt, und nach einer Verbindung zu einem bestimmten Dienst gefragt—aber der andere Computer hat »Nein« gesagt. Es gibt dafür mehrere mögliche Gründe. Der Computer könnte laufen, aber nicht für Anwender zugänglich sein. Das ist häufig der Fall während der Wartungsmaßnahmen und wenn Dumps der Dateisysteme erstellt werden. Es ist auch möglich, daß der Dienst eingestellt wurde, d.h., daß der Systemverwalter beschlossen hat, ihn nicht mehr anzubieten. Sie könnten beispielsweise hören, daß ein großartiges Spiel verfügbar ist, indem Sie nach **game.edu** auf Port 5000 **telnet**ten. Wenn Sie das ausprobieren, erhalten Sie die Meldung »connection refused«. Das bedeutet vermutlich, daß der Besitzer des Computers keine Spiele mehr erlaubt.

timed out Dies bedeutet, daß Sie angerufen haben und niemand den Hörer abnahm, oder daß Sie endlos lange in einer Warteschleife gehalten wurden. Wenn TCP Nachrichten an einen anderen Computer sendet, egal von welcher Anwendung aus, erwartet der lokale TCP-Prozeß Antworten innerhalb einer bestimmten Zeit. Normalerweise sind das ein paar Minuten. Wenn er keine Antwort bekommt, gibt er auf und zeigt Ihnen diese Meldung. Das bedeutet normalerweise, daß entweder der Zielrechner oder ein Teil des Netzes tot ist. Das kann mitten in einer bestehenden Verbindung passieren. Versuchen Sie es etwa zehn Minuten später noch einmal. Die meisten Systeme können sich in dieser Zeitspanne automatisch von einem Ausfall erholen—wenn sie nicht in den totalen Stillstand gehen. Falls Sie damit keinen Erfolg haben, müssen Sie nach anderen Ursachen suchen. (Sie würden diese Meldung auch bekommen, wenn das Netzwerkkabel plötzlich von Ihrem Computer entfernt würde.)

not responding Dies ähnelt der Meldung »timed out«, aber die Kommunikation findet per UDP statt TCP statt. (Verschiedene Anwendungen benutzen unterschiedliche Protokolle. Aus Ihrer Sicht aus sollte das aber keinen Unterschied machen.) Es bedeutet, daß Pakete an die andere Seite gesendet wurden, aber nichts zurückgekommen ist. Wie bei der »timed out«-Meldung versuchen Sie es am besten in zehn Minuten noch einmal. Wenn es dann immer noch nicht funktioniert, forschen Sie weiter. (Noch einmal: Sie bekämen diese Nachricht auch, wenn das Netzwerkkabel plötzlich von Ihrem Rechner abgefallen wäre.)

Haben Sie irgend etwas geändert?

Wenn Sie jemals einen Computer benutzt haben, oder anderen dabei geholfen haben, Computer zu benutzen, wird Ihnen folgender Dialog bekannt vorkommen:

> »Es funktioniert nicht mehr.«
> »Haben Sie irgend etwas geändert?«
> »Nein, gestern ging es noch und heute plötzlich nicht mehr.«
> »Sind Sie sicher?«
> »Naja, ich habe gestern die Hintergrundfarbe in meiner Konfigurationsdatei geändert, aber das kann damit ja nichts zu tun haben.«

Wenn etwas gestern noch funktionierte und heute nicht mehr, dann hat sich etwas geändert. Es mag Ihr Computer sein, oder das Netz, oder der Zielrechner. Änderungen, die Sie vorgenommen haben, sind am einfachsten rückgängig zu machen, aber nicht unbedingt als das Problem zu erkennen. Menschen ändern etwas an ihren Rechnern, weil sie dadurch etwas erreichen wollen. Wenn ich Ihnen sagte, daß diese Änderungen ein Problem verursacht haben, denken Sie vermutlich, ich wollte den Fortschritt behindern. Aber in vielen Fällen war Ihre Änderung *tatsächlich* die Ursache des Problems. Wenn Sie etwas geändert haben, eine Datei oder irgendein Hardware-Dingsbums, und Ihre Netzwerkverbindung seitdem nicht mehr funktioniert, sollten Sie das nicht als zusammenhanglos abtun—selbst wenn Sie bestenfalls einen schwachen Zusammenhang erkennen können. Bevor Sie irgendwo anders nachsehen, versuchen Sie, die Änderung rückgängig zu machen. Sie müssen nur zurück zur alten Version von *config.sys* wechseln (oder wie auch immer die Datei heißen mag). Sie haben die alte *config.sys* doch in *config.bak* abgelegt, bevor Sie die Änderung vorgenommen haben—oder nicht?

Eine gute Faustregel ist die Annahme, daß das Problem auf Ihrer Seite der Verbindung liegt, bevor Sie das andere Ende verdächtigen. Stellen Sie sicher, daß Ihre Seite korrekt arbeitet, bevor Sie woanders suchen. »Warum?« werden Sie jetzt fragen. »Haben Sie nicht gerade gesagt, daß das Problem ebenso gut am anderen Ende liegen könnte?« Ja, das stimmt. Aber denken Sie an folgendes: Das andere Ende könnte ebenso gut in Japan liegen wie in Chicago, und ist ziemlich sicher nicht in Ihrer Nähe. Bevor Sie ein internationales Telefongespräch nach Japan führen, sollten Sie sicherstellen, daß das Problem nicht bei Ihnen liegt.

Probieren Sie ein anderes Ziel

Da Sie nichts geändert haben, müssen Sie herausfinden, was sich sonst geändert hat. Versuchen Sie zuerst, ein anderes Ziel zu erreichen. Sie müssen dafür nicht einmal Ihren Sessel verlassen. Sehen Sie in den *Ressourcen-Katalog* und wählen Sie eine beliebige Ressource, die TELNET-Zugang erlaubt—dann **telnet**ten Sie dorthin. Wenn Sie durchkommen, liegt das Problem vermutlich bei dem ersten Ziel, das Sie zu erreichen versuchten. Ein erfolgreiches **telnet** zu einem beliebigen Ziel sagt Ihnen, daß Ihr System funktioniert, und daß das Netzwerk insgesamt arbeitet. Wenn Sie die erste Ressource dringend benötigen, können Sie dort anrufen und nach der Ursache des Problems fragen—oder Sie können sich einfach darüber ärgern. In jedem Falle arbeitet Ihre Netzwerkanbindung einwandfrei. Sobald das »andere Ende« das Problem in den Griff bekommen hat, sollten Sie es wieder erreichen können.

Der Vollständigkeit halber will ich hier einen Tip wiederholen, den ich weiter oben schon einmal gegeben habe. Wenn Sie eine Nachricht erhalten, die »host unknown« enthält, dann hat Ihr Computer Schwierigkeiten, die Adresse zu ermitteln, die Sie erreichen möchten. Stellen Sie sicher, daß Sie den Namen korrekt buchstabiert haben. Versuchen Sie dann, die numerische Internet-Adresse des anderen Systems zu ermitteln. Die Benutzung der numerischen Adresse sollte Ihr Problem lösen.

Probieren Sie das System eines Kollegen aus

Da Sie immer noch lesen, nehme ich an, daß Sie das Problem noch nicht gelöst haben. Weiter oben habe ich schon einmal vorgeschlagen, in das Büro eines Kollegen zu gehen und es von dort noch einmal zu versuchen. Wenn Sie von dort aus das Ziel erreichen können, dann wissen Sie zwei Dinge:

- Sie können weiterarbeiten, bis der Besitzer des Büros am nächsten Morgen wiederkommt.
- Das Problem liegt aller Wahrscheinlichkeit nach bei Ihrer Workstation—es liegt mit Sicherheit nicht bei der Ressource, auf die Sie zugreifen, oder beim Netzwerk.

Wenn Sie die gewünschte Ressource nicht erreichen können, gibt es ein Problem mit Ihrem lokalen Netzwerk (oder in seltenen Fällen mit dem Internet selbst). Möglicherweise müssen Sie jemanden anrufen und um Hilfe bitten. Aber es gibt noch ein paar mehr Punkte zu überprüfen.

Versuchen Sie, ein lokales System zu erreichen

In der Checkliste oben haben wir Sie aufgefordert, die IP-Adresse eines anderen Computers auf dem gleichen lokalen Netz zu besorgen. Jetzt brauchen Sie diese Information. Versuchen Sie, zu dieser Maschine zu **telnet**ten. Sie sollten Ihren Login-Prompt sehen:

```
% telnet 192.33.44.56
Trying 192.33.44.56
Connected to 192.33.44.56
Escape character is '^]'.

login:
```

Wenn Sie so weit gekommen sind, haben Sie bewiesen, daß Ihr System allem Anschein nach arbeitet. Wenn Sie lokale Systeme erreichen können, nicht aber fremde Systeme, dann liegt das Problem vermutlich in Ihrem lokalen Netz—sehr wahrscheinlich ein Router oder ein anderes Stück Hardware, das Ihr Netz mit dem Internet verbindet. Wenn Sie viel über die Struktur des lokalen Netzes wissen, können Sie nun noch einige Experimente durchführen und damit möglicherweise die Fehlerquelle exakt lokalisieren. Das ist jedoch eigentlich nicht Ihre Aufgabe. Jetzt wird es Zeit, daß Sie anfangen, herumzutelefonieren.

Sehen Sie sich in Ihrem Büro um

Nehmen Sie einmal an, daß der Zeigefinger von Murphys Law direkt auf Sie zeigt—oder auf Ihren Computer. Es ist Zeit, sich einmal in Ihrem Büro umzusehen. Im zweiten Weltkrieg waren Kobolde das Problem. Sie sorgten dafür, daß Bomben nicht explodierten, Motoren anhielten usw. Für das Netzwerk besteht das Problem normalerweise aus Menschen: Hausmeister, Kollegen, Sie selbst. Es ist faszinierend, wie viele Netzwerkprobleme dadurch verursacht werden, daß jemand das 10-Mark-Kabel zwischen Ihrem Computer und der Wand unterbrochen hat. Es wird beim Saubermachen aus der Wand gezogen, oder Sie rollen hundertmal mit Ihrem Drehstuhl darüber und schneiden es dabei durch. Wenn Sie etwas offensichtlich Falsches entdecken (beispielsweise haben Transceiver-Kabel für Thick Ethernet* die Neigung, einfach abzufallen), dann bringen Sie es in Ordnung (oder beauftragen Sie jemanden damit).

---

* Ein Stecker mit 15 Kontakten; unter »Umgang mit koaxialem Ethernet-Kabel« weiter unten finden Sie weitere Details.

VORSICHT

Wenn Sie über ein Koaxial-Kabel an das Ethernet angeschlosssen sind (ein rundes Kabel, das zu Ihrem Computer läuft, statt eines flachen), dann tun Sie nichts, bevor Sie den Abschnitt zu Ethernet weiter unten in diesem Kapitel gelesen haben.

Wenn Sie Zugang zu Netzwerk-Hardware haben, werfen Sie einen Blick darauf. Sehen die Kontrollampen normal aus? Sind überhaupt welche an? Wenn keine der Lampen leuchtet, überprüfen Sie die Stromversorgung des Gerätes. Wenn Lampen leuchten, aber in einer ungewöhnlichen Kombination, dann gibt es vermutlich nichts, was Sie tun können—außer daß Sie die Lichtkombination notieren und jemanden um Hilfe bitten.

Es gibt eine Situation, in der Sie vielleicht in der Lage sind, sich selbst zu helfen. Sind Sie an ein *10BaseT-Ethernet* oder ein Token-Ring-LAN angeschlossen?* Dies sind heutzutage die wohl am weitesten verbreiteten Typen von lokalen Netzwerken im Internet. Daher stehen die Chancen recht gut, daß Sie in eine dieser Kategorien fallen. Bei beiden Arten des Netzwerks steckt die Verbindung jedes Computers in einem separaten Port in einer Box namens »Multiport Repeater« (wenn Sie in einem Ethernet sind) oder »Media Access Unit« (MAU, bei Token-Ring). Jeder Port hat normalerweise eine Statusanzeige direkt neben der Steckverbindung. Finden Sie heraus, welche Verbindung zu Ihrem Computer gehört.** Ist das Licht neben Ihrer Verbindung rot oder aus, und sind die Lichter neben den anderen Verbindungen grün? Falls ja, können Sie Ihren Stecker in einen freien Steckplatz umstecken. Wechselte das zugehörige Licht die Farbe auf grün, als Sie den Stecker einsteckten, oder blieb es rot oder dunkel? Wenn es jetzt grün ist, lassen Sie das Kabel dort und probieren Ihren Computer noch einmal aus. Sie könnten an einem defekten Port angeschlossen gewesen sein und das Problem hiermit umgangen haben. Wenn die neue Lampe aber rot wird oder dunkel bleibt, bedeutet das, daß etwas mit Ihrer Steckkarte oder mit dem Kabel nicht

---

* Dies ist ein Ethernet, das normale Telefonkabel und Western-Stecker verwendet—wie die von Importtelefonen. Es wird auch als »Ethernet on UTP« bezeichnet (*UTP*: Unshielded Twisted Pair).

** Wenn Sie die Verbindung Ihres Computers nicht finden können, haben Sie Pech gehabt—machen Sie Feierabend. Kabelschränke sind häufig unaufgeräumt. Wenn die Kabel nicht deutlich beschriftet sind, oder es keine aktuelle Zeichnung gibt, die anzeigt, welches Kabel wozu gehört, dann rühren Sie nichts an. Ich gehe übrigens davon aus, daß Sie offiziell Zugang zur Netzwerkhardware haben. In vielen Fällen ist sie eingeschlossen, um zu verhindern, daß Hinz und Kunz (z.B. Sie) sich an den Kabeln zu schaffen machen. Wenn Sie es sich zutrauen, einige Kabel umzustecken, sollten Sie mindestens der zuständigen Person Bescheid geben, was Sie geändert haben und warum, so daß er den Port reparieren und vorhandene Unterlagen entsprechend anpassen kann.

stimmt. Sofern der Fehler nicht offensichtlich ist (etwa ein loses Kabel), ist es hoffnungslos, ohne Testgeräte fortzufahren. (Falls Sie sich auf einem Token-Ring-LAN befinden: Weiter hinten in diesem Kapitel finden Sie noch einen Abschnitt mit Tips dazu.)

Überprüfen Sie Ihre lokale Verbindung

Wenn Sie mit keiner fremden Gegenstelle eine Verbindung erhalten, aber mit Computern in Ihrer lokalen Gruppe Verbindungen aufbauen können, bedeutet das, daß das Problem irgendwo zwischen Ihrem Rechner und dem Router liegt, der Ihr Netz mit dem Internet verbindet. »Gruppe« ist ein ziemlich vager Begriff. Sie können Ihre eigene Gruppe sein; insbesondere, wenn Sie durch eine Wählverbindung, mittels SLIP oder PPP mit dem Internet verbunden sind. Ihre Gruppe kann aus einer großen Zahl von Rechnern in einem lokalen Netz bestehen, die mit einem Router verbunden sind. Im Extremfall kann Ihre Gruppe auch ein ganzes Campus- oder Firmennetz sein.

Jetzt müssen Sie herausfinden, ob das Problem sich in Ihrem Bereich befindet (in Ihrem LAN oder Ihrem Rechner), oder ob es weiter weg und außerhalb Ihrer Kontrolle ist. In diesem Falle hängen die empfehlenswerten Maßnahmen von der Art Ihrer Anbindung an das Netz ab. Reine Wählverbindungen, bei denen Sie Internet-Zugang erhalten, indem Sie sich auf einen »direkt verbundenen« Computer einloggen, unterscheiden sich erheblich von direkten Internet-Anbindungen. Bei SLIP oder PPP haben Sie die schlechtesten Karten: Sie müssen zunächst die Debugging-Techniken für Wählzugänge anwenden, bis Sie eine Verbindung haben, und dann mit den gleichen Problemen umgehen, die Sie bei einer direkten Anbindung hätten. Das liegt daran, daß diese Protokolle temporäre IP-Verbindungen zwischen Ihrem Computer und dem Serviceprovider herstellen—als ob Sie eine direkte Verbindung hätten.

Wählverbindungen

Noch einmal: Mit »Wählverbindung« meinen wir hier, daß Sie sich in einen Computer einwählen, dort einloggen, und die Netzwerkdienste auf diesem Rechner nutzen. Was passiert, wenn Sie sich nicht in den anderen Rechner einloggen können? Das Problem liegt offensichtlich nicht beim Internet, da Sie noch nicht einmal in seine Nähe gelangt sind.

Auch hier fallen die weitaus meisten Probleme in ein paar allgemeine Kategorien. Obwohl die unten aufgeführten Symptome und Kuren nicht erschöpfend sind, sollten sie bereits die meisten Situationen abdecken:

Das Telefon wählt nicht

Es gibt entweder ein Problem mit Ihrer Terminalsoftware oder zwischen Ihrem Rechner und dem Modem. Ihr Terminalemulator und Ihr Modem unterhalten sich eventuell mit unterschiedlichen Geschwindigkeiten oder

Datenformaten. Überprüfen Sie das. Es kann auch sein, daß Ihr Modem sich nicht dort befindet, wo Ihre Software es vermutet. (PCs haben normalerweise zwei serielle Schnittstellen, genannt COM1 und COM2—Sie müssen diejenige auswählen, in die Ihr Modem eingesteckt ist. Ein ähnliches Problem existiert bei den Macs, die eine »Phone«- und eine »Printer«-Buchse haben. Auch die meisten UNIX-Systeme haben zwei oder mehr Terminalanschlüsse auf der Rückseite.) Andere Möglichkeiten sind eine tote Telefonleitung, ein nicht eingestecktes Telefonkabel, und ein Modem, das nicht an den Computer angeschlossen ist. Selbst wenn Sie *wissen*, daß alles korrekt verkabelt ist, kann es nie schaden, das noch einmal zu überprüfen. Finden Sie auch die Telefondose, in die Ihr Modem eingesteckt ist. Versuchen Sie, dort ein normales Telefon anzuschließen. Bekommen Sie ein Freizeichen? Wenn nicht, rufen Sie Ihre Telefongesellschaft an.

Es klingelt, aber niemand nimmt ab

Überprüfen Sie die Nummer, die Sie gewählt haben. War sie korrekt? Wenn Sie richtig gewählt haben und das fremde System nicht antwortet, kann entweder das andere System abgeschaltet sein, oder sein Modem ist defekt. Überprüfen Sie die Betriebszeiten, um sicherzustellen, daß es in Betrieb sein sollte. Wenn das der Fall ist, probieren Sie dieselbe Nummer noch ein paar Mal. Wenn Sie alternative Nummern haben, probieren Sie diese. Wenn Sie zwei Telefonleitungen zur Verfügung haben, wählen Sie die Nummer noch einmal von der anderen Leitung aus. Während es klingelt, lassen Sie Ihr Modem noch einmal wählen und beobachten, ob es durchkommt. (Manchmal gibt es mehrere Leitungen unter einer Sammelrufnummer, und eine Leitung, deren Modem nicht abhebt, verhindert eine erfolgreiche Verbindung. Wenn Sie diese Leitung mit einem weiteren Anruf blockieren, könnte Ihr Modem auf einer funktionierenden Leitung erfolgreich sein.) Selbst wenn Sie auf diese Weise durchkommen, sollten Sie Ihren Serviceprovider anrufen und veranlassen, daß das Problem behoben wird.

Die Gegenstelle antwortet, dann passiert nichts

Hier ist ein häufiges Szenario: Das Modem wählt korrekt, das andere System antwortet, die Modems pfeifen sich ein paar Töne zu, und Sie erhalten die Nachricht »Connected« (oder ähnlich) auf Ihrem Bildschirm. Danach passiert nichts mehr—alles bleibt still. Dies weist normalerweise auf ein Problem mit der Technik Ihres Providers hin. Entweder ist das Modem defekt, oder der Port des Rechners, an dem es angeschlossen ist. In beiden Fällen ist das einzige, was Sie tun können, dort anzurufen und den Fehler zu melden. Sie könnten es noch ein paar Mal versuchen. Wenn Sie eine andere Nummer kennen, probieren Sie diese. Eine Verbindung mit einem anderen Modem könnte das Problem umgehen.

LAN-, PPP- oder SLIP-Verbindungen

Wenn Sie direkt auf einem lokalen Netz sind, oder wenn Sie sich mit SLIP oder PPP mit einem Provider verbinden, sieht die Sache anders aus. Versuchen Sie, zum nächstgelegenen Router zu **telnet**ten, der für Sie zuständig ist. Sie sollten seine Adresse kennen—sie war in der Checkliste am Anfang dieses Kapitels! Wenn der Router überhaupt antwortet, sind Ihr Computer und seine Anbindung in Ordnung. Das Problem liegt in der »Wolke«; es muß von demjenigen gelöst werden, der sich um den Router und das durch ihn versorgte Netz kümmert. Das kann Ihr Serviceprovider sein, die Netzwerkgruppe Ihrer Universität oder Firma, oder (wenn Sie ein großes Netzwerk im Haus haben) jemand in Ihrer Abteilung.

Beachten Sie, daß wir sagten: »wenn der Router überhaupt antwortet«. Sie könnten einen Login-Prompt sehen, oder nur die Meldung »connection refused«. Beides sind gleich gute Antworten. Sie wissen nicht, wie Sie sich auf dem Router einloggen, oder der Router mag niemanden einloggen lassen—wen interessiert das? Um eine dieser Meldungen zu erhalten, mußten Sie Ihre lokale Netzwerkverbindung durchlaufen und zum Router gelangen. Es ist nicht Ihr Problem. Rufen Sie die zuständige Person an und berichten Sie davon.

Ein paar Worte zum Trost

Vielleicht hört sich das alles so an, als könnten Sie nicht viel tun. In gewissem Sinne stimmt das. Denken Sie an Ihre Waschmaschine, den Wäschetrockner oder Ihren Videorecorder. Wenn diese Geräte einmal den Dienst versagen, können Sie alle Anschlüsse überprüfen oder vielleicht noch eine verklemmte Kassette herausziehen. Es gibt ein paar Dinge, die Sie selbst reparieren können. Aber meistens bleibt Ihnen nichts anderes übrig, als einen Techniker anzurufen und das Problem möglichst kenntnisreich zu beschreiben. Wie wir weiter oben schon sagten: Wenn Sie das Problem nicht selbst lösen können, werden Sie um so besseren Service erhalten, je mehr Informationen Sie liefern können.

Gespräche mit technischem Personal

Piloten werden darauf getrimmt, daß sie im Funkverkehr mit der Flugsicherung in jeder Nachricht angeben:

- Wer sie sind
- Wo sie sind
- Was sie tun wollen

Dieselben Regeln gelten für den Anruf bei einem Netzwerkoperator. Zunächst muß der Operator erfahren, wer Sie sind—sonst kann er nicht bei Ihnen rückfragen oder Ihnen Bescheid geben, wenn das Problem behoben ist. Wo Sie sind (der Name Ihres

Rechners und möglicherweise seine IP-Adresse), und was Sie tun wollen (Name des anderen Rechners und welchen Dienst Sie erreichen wollen) helfen dem Operator herauszufinden, welchen Weg die Datenkommunikation nehmen sollte. Dies sind die wesentlichen Daten, um ein Problem zu diagnostizieren und zu lösen. Allerdings ist dies das Minimum. Zusätzlich sollten Sie im Kopf behalten, warum Sie den Operator angerufen haben. Wenn Sie der oben vorgestellten Prozedur gefolgt sind, sollten Sie sich daran erinnern, was Sie getan haben, warum Sie es getan haben, und was das Ergebnis war. Warum sind Sie sicher, daß das Problem nicht bei Ihnen liegt? Die Antwort auf diese Frage kann wertvolle Hinweise auf die Natur des Problems geben.

Der Operator, den Sie anrufen, sollte für das Netz zuständig sein, das Ihnen am nächsten liegt. Ihre lokalen Netzwerkbetreuer sind die einzigen, die die Verbindungen zu Ihrem Campus oder in Ihre Firma überwachen. Das ist nicht so, als ob Sie den Vorstandsvorsitzenden von Mercedes anrufen, damit Ihr defektes Auto in Ordnung gebracht wird. In der Welt der Netzwerke kennt ein nationaler Operator nur die Verbindungen zwischen seinem Netz und den großen regionalen Netzen. Sobald er feststellt, daß der Fehler nicht in seine Zuständigkeit fällt, wird er die Leute bei Ihrem regionalen Netzwerkprovider informieren. Von dort aus wird man sich mit der Netzwerkverwaltung auf Ihrem Campus oder in Ihrer Firma auseinandersetzen. Ihr Netzwerkverwalter wird zum Schluß wohl bei Ihnen nachfragen. Kürzen Sie ab: Starten Sie gleich in Ihrer Nähe.

Vom Umgang mit koaxialem Ethernet-Kabel

Traditionelle koaxiale Ethernet-Netzwerke sind ein Sonderfall, weil in vielen Fällen Experimente mit dem Netzwerkkabel auch funktionierende Anbindungen anderer Rechner beeinträchtigen können. Ein Ethernet, das mit Koaxialkabeln aufgebaut ist, besteht aus zwei Teilen: Dem *Bus* selbst und einer Anzahl von *Anzapfungen* (siehe Abbildung 15-3). Der Bus ist das Kabel, das von Rechner zu Rechner läuft. Es gibt zwei Sorten: »Thick« und »Thin«. Bei einem Thick Ethernet ist das Kabel etwa einen Zentimeter dick und gelb oder orange mit schwarzen Markierungen im Abstand von je zwei Metern. Thin Ethernet verwendet normalerweise graues, weißes oder schwarzes Kabel mit einem halben Zentimeter Durchmesser. Jedes Bus-Ende benötigt einen speziellen Abschluß, der *Terminator* genannt wird. Zwischen den beiden Terminatoren darf eine bestimmte Zahl von Anzapfungen liegen. Das sind die Stellen, an denen ein Computer mit dem Netz verbunden wird. Bei Thick Ethernets ist diese Anzapfung im *Transceiver* eingebaut, einem Kästchen in der Größe einer Zigarettenschachtel, das am Kabel hängt. Diese Box ermöglicht Ihrem Computer die Verbindung mit dem Ethernet. Ein *Transceiver-* oder *AUI-Kabel* verläuft zwischen dieser Box und Ihrem Computer. Bei Thin Ethernets besteht die Anzapfung aus einem T-Stück, wie Sie es in Abbildung 15-4 sehen. Es befindet sich normalerweise auf der Rückseite Ihres Rechners. Auch hier gibt es einen Transceiver, aber er ist in Ihren Rechner eingebaut. Wenn Ihr Computer nur einen Anschluß für ein Transceiver-Kabel hat, findet eventuell ein externer Transceiver Verwendung—wie bei einem Thick Ethernet.

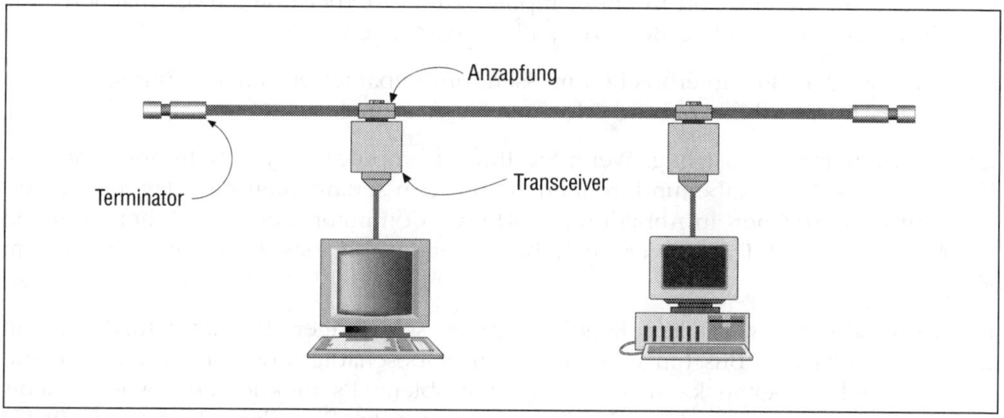

Abbildung 15-3: Typisches Thick Ethernet

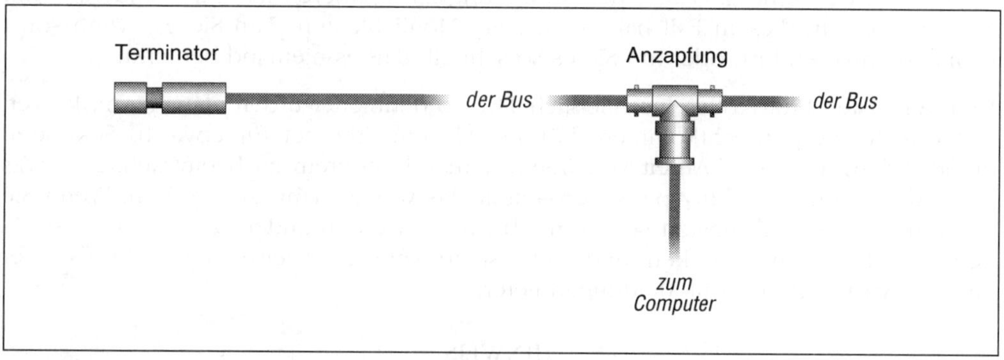

Abbildung 15-4: Thin Ethernet—Anzapfung und Terminator

Warum sind die Komponenten eines Ethernets so wichtig für Sie? Was immer Sie auch tun, der Bus muß immer »elektrisch intakt« bleiben. Das bedeutet, daß es eine ununterbrochene Verbindung zwischen den beiden Terminatoren geben muß. Wenn der Bus aus irgendeinem Grunde unterbrochen ist, stellt er seine Funktion für *jeden* ein, der daran angeschlossen ist.* Wenn Sie das Ethernet-Kabel in Ihrem Büro unsachgemäß unterbrechen, können Freunde sehr schnell zu Feinden werden.

* Man könnte annehmen, daß das Netzwerk immer noch arbeitet—wenn auch in zwei Hälften. Zwei Computer sollten immer noch in der Lage sein, miteinander zu kommunizieren, wenn sie sich in derselben Hälfte des Netzes befinden. Leider ist das Leben nicht so einfach.

Zwei Regeln für den Umgang mit Ethernet-Netzen werden Sie durch die meisten Situationen bringen:

1. Mit der Verbindung von Ihrem Computer zum Ethernet können Sie machen, was Sie wollen, ohne andere Benutzer zu beeinträchtigen.
2. Wenn Sie den Bus unterbrechen müssen, um Reparaturen durchzuführen, warnen Sie die anderen Benutzer und erledigen Sie es schnell.

Regel 1 ist ziemlich einsichtig. Wenn Sie Ihren Computer vom Netz trennen müssen, lassen Sie das »T« im Kabel und trennen Sie nur den senkrechten Arm davon (die Verbindung »zum Rechner« in Abbildung 15-4) vom Computer. Bei Thick Ethernet lassen Sie Anzapfung und Transceiver im Kabel, trennen aber das Transceiver-Kabel vom Rechner.

Die Anwendung der zweiten Regel ist etwas schwieriger. Es gibt Situationen, in denen Sie etwas am Bus tun müssen. Wenn er beschädigt oder durchtrennt ist und niemand mehr arbeiten kann, ist das kein Problem. Es funktioniert sowieso nichts mehr, und Sie tun jedem einen Gefallen. Wenn der Bus für jeden arbeitet, nur für Sie nicht, dann haben Sie ein Problem. Dies ist recht häufig der Fall, wenn ein Transceiver für Thick Ethernet ausfällt. Ihre Anbindung zu reparieren kann alle anderen vom Netz trennen. In diesem Fall haben Sie zwei Möglichkeiten: Tun Sie es, wenn sonst niemand anwesend ist, oder tun Sie es so schnell, daß es niemand bemerkt.

Da die meisten Protokolle einschließlich TCP so definiert wurden, daß sie mit kurzen Unterbrechungen zurechtkommen, können Sie ein Ethernet für etwa 10 Sekunden unterbrechen, ohne die Arbeit von irgend jemand anderem zu beeinträchtigen. Was die anderen tun, wird kurz pausieren—aber das war es dann auch schon. Wenn Sie die Verbindung allerdings zu lange unterbrechen, werden andere zuerst das Ausbleiben von Antworten bemerken, und etwas später (normalerweise nach mehr als einer Minute) wird TCP Timeout-Meldungen liefern.

HINWEIS

Ob Sie das Kabel überhaupt anfassen sollten, hängt von Ihrer Situation ab. In einigen Netzen gilt die Regel, daß niemand außer den Netzwerktechnikern oder Administratoren die Verkabelung anfaßt. Halten Sie sich an die Regeln vor Ort.

Hinweise zu Token-Ring-Netzen

Für den Fall, daß Sie sich auf einem Token-Ring-Netz befinden, geben wir hier ein paar Hilfen. Zunächst: Einige MAUs (Media Access Unit) haben keine Statusanzeigen. Bei diesen haben Sie keine Möglichkeit herauszufinden, ob Ihr Port defekt ist oder nicht. Wenn Sie ganz verzweifelt sind, könnten Sie einfach versuchen, Ihren Computer in einen anderen Port einzustecken.

Zweitens: Wenn Sie den Stecker an einer MAU umstecken, müssen Sie möglicherweise Ihren Computer neu starten, bevor Sie es erneut ausprobieren. (Auf manchen Systemen müssen Sie nur die Internet-Software neu starten.) Die Software muß eine spezielle »ring insertion« (Einbinden des Netzes) durchführen, um auf dem Netz aktiv zu werden. Das passiert nur einmal, wenn die Software gestartet wird. Ihr System wird nicht automatisch bemerken, daß es wieder am Netz ist und sich selbständig wieder einfügen. Wenn Sie an der Verkabelung etwas geändert haben, müssen Sie eine »ring insertion« erzwingen, bevor Sie das Netz wieder nutzen können. Das kann innerhalb Ihres TCP/IP-Paketes möglich sein. Wenn Sie nicht herausfinden können, wie Sie das auf elegante Weise erledigen, hilft ein REBOOT auf alle Fälle.

In jedem Fall sollten Sie versuchen, das Netz in derselben Konfiguration wie vorher zurückzulassen (möglicherweise mit einigen defekten Kabeln durch neue ersetzt).

Die Welt des INTERNET

Katalog

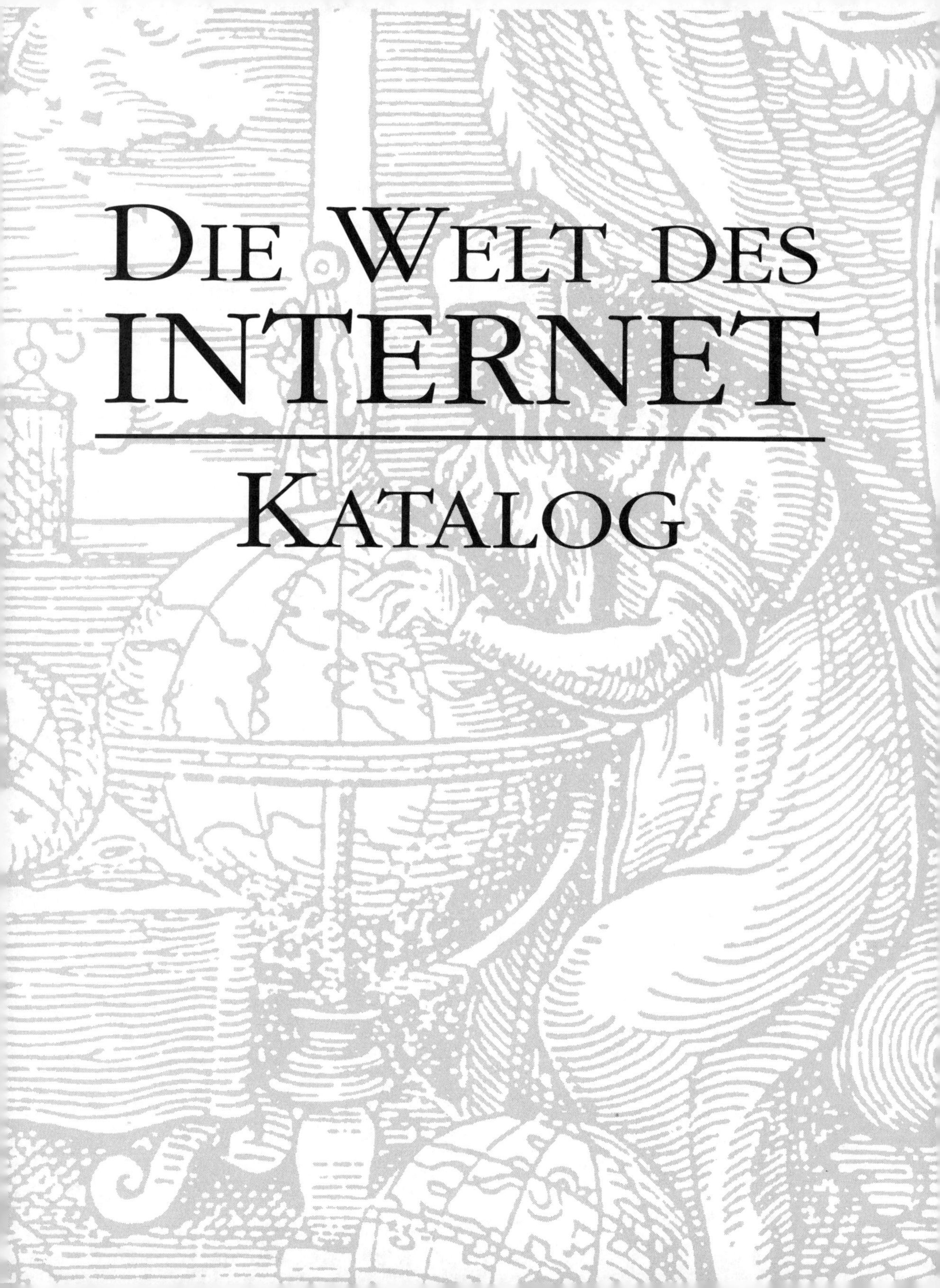

DIENSTE UND RESSOURCEN DES INTERNET

Auffinden von Diensten und Ressourcen
Spezielle Dienste
Wie wurde der Katalog erstellt?
Benutzung des Katalogs

In den vorangegangenen Kapiteln haben Sie die zur Nutzung des Internet erforderlichen Grundlagen kennengelernt; auf den folgenden Seiten werden Sie erfahren, wie Sie die für Sie interessanten Informationen mit Hilfe dieses Wissens im Internet ausfindig machen können. Das Angebot an Informationen und Dienstleistungen ist gewaltig—aber es gibt kein offizielles »Inhaltsverzeichnis«. Jeder, der Zugang zum Internet hat, kann ohne weiteres neue Dienste, Software und Informationen zur Verfügung stellen—jederzeit und ohne offizielle Mitteilung an die anderen Nutzer. Der Trick besteht darin, herauszufinden, was alles angeboten wird. Zunächst zeige ich Ihnen, wie Sie mit den in diesem Buch vorgestellten Werkzeugen zur Arbeit im Internet neue Ressourcen finden können. Weiterhin werden Sie etwas über bestimmte Dienste im Internet erfahren, die aus dem einen oder anderen Grund etwas Besonderes darstellen. Als Beispiel sei hier der GNN (Global Network Navigator) genannt, der die Basis für den *Ressourcen-Katalog* in diesem Buch ist. Dann erkläre ich Ihnen, wie der *Ressourcen-Katalog* im GNN zustande kam und wie er schließlich seinen Weg in dieses Buch fand. Und damit Sie überhaupt wissen, wie Sie etwas aus dem hier präsentierten Katalog der Internetdienste »bestellen« können, ist das Format und der Aufbau ebenfalls in diesem Kapitel erklärt—äquivalent zu den Bestellmodalitäten, die in jedem auf Papier gedruckten Versandhauskatalog zu finden sind. So gerüstet steht Ihrem »Einkauf« im Internet dann eigentlich nichts mehr im Wege.

Denken Sie daran: Das Internet ist dynamisch. Die »Halbwertszeit« einer Internet-Ressource beträgt im Durchschnitt vier Jahre.* In der Praxis bedeutet dies, daß innerhalb eines Jahres ungefähr ein Viertel der Internet-Dienste, die in Listen oder Büchern verzeichnet sind, so drastischen Veränderungen unterworfen sind, daß die Informationen über sie, die in solchen Listen zu finden sind, überholt und somit unbrauchbar geworden sind. Das gilt für alle Listen, in denen Dienste des Internet verzeichnet sind—auch für den in diesem Kapitel enthaltenen *Ressourcen-Katalog*. Die Moral von der Geschicht' ist, daß Verzeichnisse und Kataloge von Internet-Ressourcen zwar ganz nett, aber ganz sicher nicht das letzte Wort in dieser Angelegenheit sind. Sie sind immer in Teilen veraltet, und es fehlen die allerneuesten und allertollsten Dienste.

Ein weiteres Problem ist die sehr unterschiedliche Qualität der Ressourcen. Auch wenn alle Verzeichnisse versuchen, die »besten« Dienste aufzulisten, sind sie letztendlich doch nur ein Spiegel der Vorlieben ihrer Autoren. Um das Internet wirklich effektiv zu nutzen, müssen Sie selbst lernen, wie man die Trüffel im Wald findet.

Auffinden von Diensten und Ressourcen

In dem Kapitel über Gopher und WAIS habe ich das Internet mit einer Bibliothek ohne Katalog verglichen. Sie sollten sich diesen Vergleich noch einmal ins Gedächtnis rufen, denn Sie stehen dem Internet tatsächlich ohne ein offizielles Verzeichnis gegenüber—aber Sie haben Werkzeuge und Hilfen, mit denen Sie dennoch effektiv im Internet arbeiten können. Hierzu zählen in der Hauptsache Ihre Freunde, News und Mailinglisten, sowie Archie, Gopher, WAIS und das World Wide Web. Nachfolgend werden wir auf jeden dieser Punkte eingehen und zeigen, wie Sie mit ihrer Hilfe an die Dienste und Informationen gelangen können, die für Sie von Interesse sind.

Freunde

Ihre Freunde sind u.a. deshalb Ihre Freunde, weil Sie gemeinsame Interessen mit ihnen teilen. Wenn Sie das Internet nutzen, werden Sie schnell per E-Mail neue Bekanntschaften mit Leuten auf dem Netz schließen. Diese Bekannten sind vielleicht auf der Suche nach den gleichen Informationen wie Sie oder suchen Dienste und Ressourcen, die auch für Sie von Interesse sind. Im »normalen Leben« wird Ihnen ein Bekannter, der weiß, daß Sie ein Faible für eine bestimmte Art von Literatur haben, sagen: »Autor XYZ hat ein neues Buch herausgebracht«—er kennt Ihre Interessen und wird Ihnen, wenn möglich, nützliche Tips und Hinweise geben. Im Internet ist es genauso—ein Bekannter dort wird Ihnen vielleicht einen Hinweis geben können, wo Sie Informationen über das Themengebiet finden, das Sie interessiert. Bei Ihrer Suche

* Die Tatsache, daß diese vier Jahre ungefähr dem Zeitraum entsprechen, den ein Student bei einer Institution verbringt, ist wohl kein Zufall.

nach Diensten und Informationen stoßen Sie dann eventuell auf Dinge, von denen Sie wissen, daß sich Ihr Bekannter dafür interessiert—Sie können es ihm dann umgehend mitteilen und sich auf diese Art und Weise revanchieren. Sie sehen: Das Leben und Verhalten im »Netz« spielt sich fast genauso ab wie im »normalen Leben« auch.

News und Mailinglisten

News und Mailinglisten sind die Ressourcen bzw. Dienste des Internet schlechthin. Die Newsgruppen sind im Katalogteil bei den entsprechenden Oberbegriffen aufgeführt; die Mailinglisten wurden zusammengefaßt und sind unter »Network Information« aufgeführt. Diese beiden Internet-Dienste sind keine in sich abgeschlossenen Systeme, sondern haben eine Vielzahl von Schnittstellen zu anderen Diensten und Ressourcen des Netzes. Wenn Sie sich für ein bestimmtes Themengebiet interessieren und die Artikel, die in der korrespondierenden Newsgruppe veröffentlicht werden, eine Zeitlang lesen (oder die Artikel und Mitteilungen mit Hilfe einer Mailingliste abonniert haben), dann wird nach gewisser Zeit folgendes passieren: Irgend jemand veröffentlicht vielleicht einen Artikel mit dem Hinweis, daß er einen Rechner gefunden hat, in dem viele neue Informationen zum Themengebiet abrufbar sind. Dieser Hinweis wird dann meistens mit der Angabe der Adresse, unter der diese Datenbank erreichbar ist, in eine Liste von »Häufig gestellten Fragen« (FAQ, Frequently Asked Questions) aufgenommen. Diese FAQs erscheinen regelmäßig (meistens monatlich)* in den betreffenden Newsgruppen oder können in *news.answers* abgerufen werden. Wenn Sie eine neue Newsgruppe bestellen, dann sollten Sie als erstes immer die zugehörigen FAQs lesen—auf diese Weise können Sie sich schnell einen Überblick über den momentanen Stand der Diskussion verschaffen.

Sollten Sie trotz allem in den FAQs nicht das finden, wonach Sie suchen, dann können Sie ohne weiteres einen kurzen Artikel in der Newsgruppe oder in der Mailingliste veröffentlichen, z.B. »Ich bin auf der Suche nach einer Datenbank zum Thema dieser Newsgruppe, wo finde ich sowas?« (Denken Sie daran, daß der Großteil der Newsgruppen englischsprachig ist und Sie wahrscheinlich keine Antwort bekommen werden, wenn Sie Anfragen in einer anderen Sprache verfassen). In den meisten Fällen werden Sie nach kurzer Zeit Hinweise und Adressen von Computern bekommen, die die Informationen, die Sie suchen, zur Verfügung stellen.

Archie

Mit dem Internet-Dienst Archie (näheres hierzu in Kapitel 9) sind Sie in der Lage, Dateien anhand ihres Namens zu suchen, um herauszufinden, auf welchem Computer sie abrufbar sind. Archie erlaubt in gewissen Grenzen die Suche anhand von Themengebieten, allerdings hängt die Trefferquote hierbei stark von der Organisation

* Die FAQs werden archiviert. Sie können also jederzeit per *ftp* auf sie zugreifen. Mehr dazu finden Sie unter »USENET Periodic Posting Archives« im Abschnitt *Network News* im Katalog.

des Dateisystems der Computer ab, über die Archie Informationen hat. Sie werden jedoch feststellen, daß Sie bei der Arbeit mit Archie in den meisten Fällen doch finden werden, wonach Sie suchen. Das liegt zum Teil daran, daß die Leute, die FTP-Server einrichten und verwalten, bemüht sind, die verfügbaren Informationen und Programme nach logischen Gesichtspunkten zu ordnen. In vielen Fällen wird die Struktur des Dateisystems so genutzt, daß Dateien oder Programme, die zu einer bestimmten Thematik gehören, in gesonderten Unterverzeichnissen abgelegt werden, die dann den Namen des Themengebietes tragen. In diesen Fällen wird Archie Ihnen nicht die Informationen liefern können, die Sie angefordert haben, aber Sie werden auf jeden Fall Ansatzpunkte bekommen, anhand derer Sie Ihre Suche eingrenzen können. Wenn Sie z.B. Informationen und Daten zum Thema Fraktalberechnung suchen, dann können Sie Archie durch die Eingabe des folgenden Kommandos nach Computern im Internet suchen lassen, die hierzu weitere Daten liefern:

```
% archie -s fractal

Host leibniz.gun.de (194.49.16.3)

        Location: /pub/math
        DIRECTORY drwxr-xr-x     512      May 21 05:19     fractals
```

Mit diesem Befehl haben Sie Archie angewiesen, nicht nach einem bestimmten Themengebiet, sondern nach einer Datei zu suchen, deren Name mit »fractal« beginnt. Archie hat zwar keine Datei, aber ein Verzeichnis mit dem Namen */pub/math/fractals* auf dem Rechner **leibniz.gun.de** gefunden.

Sie können daher nicht wissen, ob sich auf dem Rechner in dem angegebenen Verzeichnis das befindet, wonach Sie suchen. Aber: Wieviele Leute würden ein Unterverzeichnis mit dem Namen *fractals* anlegen, um dort Informationen für Briefmarkensammler abzulegen? Nicht sehr viele, und darum ist es ziemlich wahrscheinlich, daß Sie im Verzeichnis */pub/math/fractals* etwas zum Thema Fraktalberechnung finden werden. Vielleicht nicht genau das, was Sie eigentlich suchen—aber mit Sicherheit etwas, das trotzdem interessant sein könnte. Und um herauszufinden, was genau dort zu finden ist, müssen Sie nur per **ftp** den Rechner **leibniz.gun.de** anwählen, sich als »anonymous« anmelden und durch Eingabe von **cd pub/math/fractals** in das Zielverzeichnis wechseln. Das Kommando **dir** zeigt Ihnen dann den Inhalt des Verzeichnisses an. Und spätestens dann werden Sie wissen, ob hier Dinge von Interesse gespeichert sind oder nicht. Schauen Sie sich ein wenig um, eventuell finden Sie genau das, wonach Sie suchen—oder auch nicht. Auf jeden Fall werden Sie fast immer Ansatzpunkte für eine weiterführende Suche auf anderen Computern finden.

Gopher

Gopher (Kapitel 11) ist ein nützliches Werkzeug, um mit anderen Internet-Diensten, wie z.B. Archie oder WAIS, zu arbeiten. Man kann aber auch nur im Gopher-System arbeiten, da Gopher-Menüs eigentlich nichts anderes als Verweise zu weiteren Ressourcen und Diensten des Internets sind. Es gibt zwei grundlegende Möglichkeiten, um mit diesem Werkzeug nach Diensten und Ressourcen zu suchen: Zum einen kann man die Liste der weltweit verfügbaren Gopher-Server durchsuchen; zum anderen kann man mit Hilfe von Veronica gezielt bestimmte Menüs ausfindig machen.

Fast täglich werden neue Gopher-Server für spezielle Themengebiete an das Netz angeschlossen, denn sobald jemand herausgefunden hat, welchen Nutzen und welche Flexibilität Gopher bietet, wird er oder sie mit Sicherheit einen neuen Server für ein bestimmtes Themengebiet einrichten—sofern er oder sie die technischen Möglichkeiten dazu hat. In jedem Fall wird der Betreiber des Servers jedoch um Aktualität des verfügbaren Datenbestandes bemüht sein. Wenn Sie also einen Gopher-Server gefunden haben, der Informationen zu Themen Ihres Interesses bereithält, dann ist es sehr leicht, auf diesem Gebiet immer die letzten Neuigkeiten zu erfahren, indem Sie einfach ab und zu diesen Server anwählen und ein wenig herumstöbern. Einen Server zu finden, der Daten von Interesse bereithält, ist recht einfach: Wählen Sie zunächst einen beliebigen Gopher-Server an, selektieren Sie den Menüpunkt »other Gopher servers« und schauen Sie sich ein wenig um. Sie werden feststellen, daß es eine Unzahl von Servern gibt, aber mit ein wenig Geduld und Glück finden Sie wahrscheinlich auch Server zu nicht alltäglichen Themen, wie z.B. den University of Minnesota Pencil Collection Gopher. Wie gesagt, es gibt mittlerweile tausende von Gopher-Servern zu ganz speziellen Themengebieten, wie z.B. Düngemethoden, Geschichte der Wissenschaft, Vogelbeobachtung. Es ist eigentlich recht wahrscheinlich, daß auch Sie Ihren ganz speziellen Server finden werden, der die Informationen bereithält, die Sie haben möchten.

Und wenn Sie trotz intensiver Suche einmal keinen Server finden können, dann sollten Sie mit Hilfe von Veronica nach verwandten Oberbegriffen suchen. Wenn Sie—auf welche Art und Weise auch immer—durch Gopher Ressourcen gefunden haben, dann können Sie zum einen indirekt auf diese zugreifen, indem Sie Gopher dazu veranlassen, den Dienst oder die Ressource zu nutzen (in diesem Fall sollten Sie ein Lesezeichen (bookmark) setzen, um in Zukunft die Ressource schneller anwählen zu können), zum anderen können Sie den Dienst oder die Ressource auch direkt anwählen.* Wenn Gopher den Dienst z.B. per TELNET anwählt, dann können Sie auch lokal den Befehl **telnet** absetzen, um die betreffende Ressource unter Umgehung der Gopher-Menüs direkt nutzen zu können.

---

* Wenn Sie einen ASCII-**gopher**-Client verwenden, dann können Sie den Befehl = dazu verwenden.

WAIS

Das Verzeichnis aller Server macht die Suche nach einem speziellen WAIS-Dienst recht einfach (nähere Informationen hierzu finden Sie in Kapitel 12). Manche der angebenen Server sind nichts anderes als Verzeichnisse von anderen Internet-Diensten. So können Sie die gesamte Datenbank von Archie oder die Archive vieler Newsgruppen mit Hilfe des WAIS-Dienstes durchsuchen. Dadurch können Sie die mächtigen Suchfunktionen von WAIS auch auf andere Ressourcen des Netzes anwenden.

Das World Wide Web

Das in Kapitel 13 behandelte World Wide Web ist ein weiteres mächtiges Werkzeug für die Suche nach Ressourcen im Internet. Es enthält nämlich nicht nur eigene Dienste und Informationen, sondern erlaubt darüber hinaus den Zugriff auf andere Dienste zum Auffinden von Ressourcen. Das WWW hat einige spezielle Menüs, die nach Themengebieten geordnet sind, wie die »virtuelle Bibliothek« des CERN oder Yanoffs Liste der »Speziellen Internetverbindungen«. Diese Menüs und Listen werden auf einer freiwilligen Basis aktualisiert und gepflegt; sie werden mit der Zeit immer besser und umfangreicher.

Wenn Sie auf eine Liste mit Home-Pages stoßen, sollten Sie sich die darin enthaltenen Links anschauen. Diese Home Pages sind in gewisser Weise das Äquivalent zum »other Gopher servers«-Menüpunkt des Gopherdienstes. Haben Sie eine interessante Home Page gefunden, dann merken Sie sich deren URL oder tragen Sie sie in die Hotlist Ihres Web-Browsers ein. Wenn Sie Glück haben, dann wurde Ihr WWW-Client bereits vorkonfiguriert, so daß Ihnen ein Menü mit interessanten Home Pages beim Aufruf zur Verfügung steht.

Spezielle Dienste

Bei der Erstellung des Katalogteils wurde naturgemäß eine Auswahl getroffen; es kann nicht jede im Internet verfügbare Datei oder jeder Computer mit abrufbaren Programmen Erwähnung finden. Dennoch ist das Spektrum der aufgeführten Dienste und Ressourcen breit gefächert, so daß für jeden etwas dabei sein sollte. Einige der im Katalogteil aufgelisteten Ressourcen und Dienste sind so außergewöhnlich oder so wichtig, daß sie auf den folgenden Seiten kurz näher beschrieben werden.

Das InterNIC

Lange Zeit war niemand für die Bereitstellung von Informationsdiensten, die das gesamte Internet abdecken, verantwortlich. Zwar gab es sogenannte *NIC*s (Network Information Centers), doch mit ihrer Hilfe konnten fast immer nur Informationen zu begrenzten Themengebieten abgerufen werden. Als Beispiel sei hier der NYSERnet

NIC genannt, ein kostenpflichtiger Dienst, der seinen Nutzern Informationen und bestimmte Ressourcen des Internet zur Verfügung stellt. Viele Projekte mit globalem Charakter, wie ein Adreßverzeichnis aller im Netz erreichbaren Computer, wurden nie in Angriff genommen, obwohl—hätte man die Nutzer des Internet befragt—jeder sofort zugestimmt hätte, daß solche Projekte mehr als lohnenswert sind. Trotzdem war niemand bereit, freiwillig den ersten Schritt zur Realisierung solcher Projekte zu tun, besonders dann nicht, wenn es sich um ein arbeits- und zeitintensives Unterfangen handelte. Schließlich regte die amerikanische National Science Foundation die Gründung des InterNIC an, mit dessen Hilfe erstmals ein globaler Informationsdienst im Internet verfügbar gemacht werden sollte. Man könnte das InterNIC auch als den offiziellen Informationsdienst schlechthin bezeichnen, da seine Möglichkeiten jedem Nutzer des Internet zur Verfügung stehen—sowohl innerhalb der USA, als auch in anderen Ländern. Andere NICs im Internet arbeiten eng mit dem InterNIC zusammen, um auf diese Art und Weise die Datenbestände aktuell zu halten, da aufgrund des hohen Informationsaufkommens viele lokale NICs, die ein bestimmtes Gebiet abdecken, ins Leben gerufen werden. Als Beispiele seien hier der APNIC (Asia-Pacific NIC), zuständig für den asiatischen Pazifikraum, und AgNIC (Agriculture NIC) genannt.

Das InterNIC hat drei Hauptaufgaben:

- Registrierungen
- Datenbanken
- Andere Informationsdienste

Obwohl jede einzelne Aufgabe von einer anderen Firma zur Verfügung gestellt wird, ist das InterNIC in seiner Gesamtheit trotzdem ein extrem nützlicher Dienst mit einer einheitlichen Struktur.

Registrierungen

Die Registrierungsdienste des InterNIC sind zuständig für die Vergabe von Netzwerkadressen und Top-Level-Domainnamen. So wichtig dieser Dienst auch ist—Sie werden ihn wahrscheinlich nie in Anspruch nehmen müssen, es sei denn, Sie möchten einen Computer für alle anderen Nutzer des Internet verfügbar machen, um z.B. ftp-Dienste anzubieten. Aber selbst dann ist es fraglich, ob Sie die Registrierung persönlich vornehmen müssen, da dies in den meisten Fällen von der Firma, die Ihnen den Zugang zum Internet ermöglicht, erledigt wird.

Trotzdem ist der Registrierungsdienst des InterNIC ein nützliches Werkzeug, wenn es darum geht, Informationen über andere Domains oder Netzwerke einzuholen. Wenn Ihr Chef Ihnen den Auftrag gibt herauszufinden, ob E-Mails an Firmen in Tunesien verschickt werden können, dann wird Ihnen das InterNIC in den meisten Fällen sagen können, welche Person, Firma oder Institution über nähere Informationen zu diesem Thema verfügt. Insbesondere kann Ihnen das InterNIC sogar direkt mitteilen, welche Organisation z.B. in Tunesien für die Registrierung von Netzwerken zuständig ist und an wen man sich wenden kann, um weiterführende Informationen zu erhalten.

Datenbanken

Dieser Dienst des InterNIC hat die Aufgabe, den Nutzern des Internet verschiedene Datenbanken zur Verfügung zu stellen. Ein Großteil dieser Bemühungen konzentriert sich auf die Erstellung eines globalen Adreßverzeichnisses des Netzes, einer Art Telefonbuch, in dem jeder Teilnehmer im Internet aufgeführt ist. Einen Einblick in den momentan möglichen Ablauf dieses InterNIC-Dienstes haben Sie bereits im Kapitel 10, *Menschen finden*, erhalten. Auf diese Art und Weise wird es in naher Zukunft möglich sein, gezielt nach einer Person auf dem Internet suchen zu können.

Die mit der Erstellung dieser Datenbanken beauftragten Leute haben es sich weiterhin zum Ziel gesetzt, ein digitales Äquivalent zu den bekannten »Gelben Seiten« zu schaffen. Dem Vorbild entsprechend sollen die im Internet angebotenen Dienste nach »Branchen« geordnet abrufbar sein, so daß nicht nur nach Namen gesucht werden kann. Standardeinträge könnten kostenfrei sein; umfangreichere Einträge, die z.B. mit digitalisierten Bildern ausgeschmückt sind, könnten Geld kosten. Dieser Dienst ist derzeit noch nicht verfügbar, aber es ist nur eine Frage der Zeit, bis diese Informationsquelle benutzt werden kann.

Andere Informationsdienste

Die dritte Hauptkomponente des InterNIC verteilt auf alle möglichen Arten eine große Menge an Informationen über das Internet. Dort gibt es ein Büro, das man anrufen kann oder dem man Faxe und E-Mail mit Fragen schicken kann. Dort gibt es Gopher-, WAIS-, World Wide Web- und anonyme FTP-Server, über die man kostenlos diese Informationen erhalten kann. Der Web-Server des InterNIC beinhaltet einen Suchdienst, mit dem man auf einfache Art und Weise nach Dokumenten suchen kann, indem man Thema und Schwierigkeitsgrad angibt. Der größte Teil dieser Informationen sind auf Benutzer des Internet zugeschnitten: es gibt Listen mit Ressourcen, Listen mit Internet-Anbietern (einschließlich internationaler Anbieter), Trainingskurse, Bücher, Statistiken und Archive von Artikeln über das Internet. Ein Großteil dieser Informationen ist auf einer CD-ROM namens NICLink erhältlich, die für Neulinge und Leute, die Kurse über das Internet abhalten, gedacht ist.

Das InterNIC mit all seinen Diensten und Ressourcen ist das NIC schlechthin. Fragen von einzelnen Leuten zum Thema Internet werden hier genauso akzeptiert wie Anfragen anderer NICs, wenn deren eigene Informationsquellen versagen.

Tabelle 1: Zugriffsmöglichkeiten auf das InterNIC

Zugriff	Adresse
E-Mail	**info@internic.net**
Telnet	**internic.net**
FTP	**ftp.internic.net**
Archie	**archie.internic.net**
Gopher	**gopher.internic.net**
World Wide Web	http://www.internic.net/
Telefonisch	(800) 444-4335, (619) 455-4600
FAX	(619) 455-4640

Ressourcen der amerikanischen Regierung

Die Regierung der USA—wie übrigens viele andere Länder auch—stellt im Internet ein schier unüberschaubares Spektrum von Informationen zu fast jedem erdenklichen Thema zur Verfügung; von Wirtschaftsstatistiken bis hin zum Haushaltstip wird alles geboten. Früher war es in den USA recht schwierig, an viele der Informationen heranzukommen. Damals war es entweder sehr teuer, die gewünschten Informationen bekommen, oder man wußte ganz einfach nicht, wo man sie suchen sollte.

Ein Ziel der Clinton-Regierung ist die Veröffentlichung von möglichst vielen dieser Informationen über das Internet. Eine der größten Informationsquellen ist der Extension Service des amerikanischen Landwirtschaftsministeriums (**esusda.gov**), eine Einrichtung, die mit allen Universitäten der USA zusammenarbeitet. Lassen Sie sich nicht von dem Namen in die Irre führen; dort gibt es nicht nur Informationen über Sojabohnen und Schweine. Wie wär's mit:

- Fernstudiengänge (Schulungen per Video, E-Mail etc.)
- Probleme von Großstädten
- Informationen über andere ethnische Bevölkerungsgruppen
- Familie und Kinder
- Landwirtschaft
- Wirtschaftsreporte von Städten und Gemeinden
- Gesamtüberblick der wirtschaftlichen Leistungsfähigkeit
- Informationen zur (amerikanischen) Gesundheitsreform
- Daten und Fakten zur Wasserqualität
- Pressemitteilungen des Weißen Hauses

Dies sind nur einige der Themen, zu denen Informationen abgerufen werden können. Einige der oben genannten Ressourcen sind ebenfalls im *Katalogteil* dieses

Kapitels aufgeführt, es kommen jedoch beinahe täglich neue Themengebiete dazu. Wenn Sie die angebotenen Informationen interessieren, dann sollten Sie sich einen aktuellen Katalog direkt an der Quelle besorgen.

Die meisten dieser Ressourcen werden von sogenannten Almanac-Servern bereitgestellt, die den Listservern ähneln. Wie man mit den Almanac-Servern arbeitet, haben Sie bereits in Kapitel 7 erfahren. Es gibt eine große Anzahl dieser Server, von denen jeder ganz spezifische Themenbereiche abdeckt. Wenn Sie nähere Informationen zur Arbeit mit den Almanac-Servern haben wollen, dann schicken Sie einfach eine E-Mail an **almanac@esusda.gov** mit der Zeile *send guide* als Inhalt. Um ein Verzeichnis der verfügbaren Information eines bestimmten Servers zu bekommen, schicken Sie eine E-Mail mit dem Inhalt *send catalog* an den betreffenden Server. Um herauszufinden, was auf dem Server des Extension Services verfügbar ist, senden Sie die E-Mail an **almanac@esusda.gov**. Für eine komplette Liste aller bekannten Almanac-Server, Tips zum Umgang mit diesem Dienst und einer Kurzübersicht der behandelten Themen senden Sie eine E-Mail mit dem Inhalt *send ces-docs explore-inet* an **almanac@esusda.gov**.

Nachfolgend nun eine kurze—und wahrscheinlich mittlerweile unvollständige—Liste von Almanac-Servern.

Tabelle 2: Almanac-Server

Standort	Internetadresse
Americans Communicating Electronically	**almanac@ace.esusda.gov**
Universität von Auburn	**almanac@acenet.auburn.edu**
Universität von Cornell	**almanac@cce.cornell.edu**
Extension Service-USDA	**almanac@esusda.gov**
National Ag Library	**almanac@cyfer.esusda.gov**
Universität von North Carolina	**almanac@ces.ncsu.edu**
Universität von Oregon	**almanac@oes.orst.edu**
Universität von Purdue	**almanac@ecn.purdue.edu**
Universität von Kalifornien	**almanac@silo.ucdavis.edu**
Universität von Missouri	**almanac@ext.missouri.edu**
Universität von Wisconsin	**almanac@joe.uwex.edu**
	almanac@wisplan.uwex.edu

Global Network Navigator

Der Global Network Navigator (GNN) ist einer der ersten Versuche, die Technologie des World Wide Web zu kommerzialisieren. Vielleicht sehen Sie in GNN nur eine weitere Online-Zeitschrift; in Wirklichkeit handelt es sich jedoch um einen weiteren Informationsdienst. Die Mitteilungen und die Artikel, die im GNN angeboten werden, enthalten Verweise auf die beschriebenen Dienste. Daher können Sie sich GNN besser als »Informations-Schnittstelle« zum Netz vorstellen. Die Redakteure des GNN erledigen all die »Forschungsarbeit«, die die Arbeit im Internet mit sich bringt—sie bemühen sich um das Auffinden neuer Dienste und Ressourcen, bewerten und beschreiben diese, publizieren durchaus lesenswerte Artikel, die das Netz betreffen, und arrangieren all diese Informationen um Verweise zu anderen Diensten.

GNN ist ein guter Ausgangspunkt, um das Netz zu erforschen—ganz besonders dann, wenn Sie einen direkten Zugang zum Netz haben.* Zwischen all den Dingen, die im GNN angeboten werden, findet sich auch eine erweiterte Version des *Ressourcen-Katalogs*. Anstatt einen Befehl eingeben zu müssen, um den gerade beschriebenen Dienst ausprobieren zu können, brauchen Sie nur auf den Hypertextverweis zu klicken, um mit ihm verbunden zu werden. Der Online-Katalog wird regelmäßig aktualisiert; Sie können sich also jederzeit auf die Suche nach neuen Diensten und Ressourcen begeben. Der Online-Katalog ist auch ein guter Ort, um Ressourcen wiederzufinden, die verlegt oder umorganisiert wurden, seit der Katalog gedruckt wurde.

GNN enthält sogenannte »Interest Center«, in denen versucht wird, wichtige Ressourcen und Dienste zu bestimmten Themen zusammenzufassen; zusammen mit Hinweisen auf kommerzielle Dienste. Im GNN gibt es ein Reisecenter; andere »Interest Center« sind noch in Arbeit. Im Reisecenter finden Sie Besprechungen von Reisebüchern, Links zu allen Newsgruppen, die mit dem Thema Reisen zu tun haben, zu Gopher-, FTP- und WWW-Servern. Es gibt eine Kolumne, in der auf Krisenherde auf der ganzen Welt hingewiesen wird. Es gibt ein Programm zur Währungsumrechnung, das die aktuellen Wechselkurse kennt. Und natürlich auch Fotos und Kurzberichte von Reiseschriftstellern sowie Anzeigen und Werbung von Reiseunternehmen.

Werbung und Reklame im Internet? Klar, auch so etwas gibt es. Viele Firmen und andere kommerzielle Institutionen bieten mittlerweile über Gopher oder sogar WWW Kataloge mit Informationen zu ihren Produkten und Dienstleistungen an. Das ist eine eher unaufdringliche Art der Werbung; Leute, die sich für diese Art von Informationen interessieren, können sie abrufen, und wer damit nichts zu tun haben will, läßt es eben bleiben. Aber der GNN geht noch einen Schritt weiter. Die Entwickler des GNN argumentieren, daß es darauf ankommt, immer wieder etwas Neues anzubieten, nachdem sich die anfängliche Begeisterung der Leute wieder gelegt hat. Es reicht nicht aus, einfach neue Kataloge per Gopher anzubieten; dadurch erhält man sich höchstens den bereits vorhandenen Kundenstamm. Um andere Leute zu interessieren, muß man sein Informationsangebot stetig erweitern, neue Themengebiete aufgreifen und anbieten, um auf diese Weise seine Dienstleistung auch für diejenigen attraktiv zu machen, die sie bisher nicht in Anspruch genommen haben. Wenn jemand das Reisecenter besucht, sind Verweise auf Reise-Kataloge und kommerzielle Anbieter eine Informationsquelle und kein Ärgernis.

---

* Im Kapitel 1 und im Anhang A beschreiben die unterschiedlichen Zugangsmöglichkeiten; Anhang A beschreibt auch, wie Sie einen eigenen Internetzugang bekommen können.

Eine andere wichtige Einrichtung des GNN ist der »Marktplatz«. Er enthält Verweise auf diverse digitale Werbebroschüren—er ist sozusagen eine elektronische Version der Gelben Seiten. Anders als bei herkömmlicher Werbung, werden Ihnen im GNN die Anzeigen nicht aufgezwungen: Sie alleine entscheiden, wann (und ob) Sie die Werbung lesen wollen. Wenn Sie also gerade vom Mittagessen kommen und sich zu voll zum Arbeiten fühlen, können Sie die NordicTrack Anzeige aufrufen und herausfinden, was Sie tun sollten, statt soviel zu essen.

Am Ende dieses Buches finden Sie nähere Informationen, falls Sie eingetragener Nutzer des GNN werden möchten.

Die Auflösung von Domainnamen

Während der Lektüre dieses Buches sind Ihnen überall die einfach zu behaltenden »Domainnamen« begegnet. Vielleicht finden Sie, daß sie nicht so einfach zu behalten sind, aber sie sind immer noch »lesbarer« als die numerischen IP-Adressen wie 143.209.24.92. Im Kapitel 3 wurde das System der Domainnamen, das für die Umwandlung von Domainnamen in IP-Adressen zuständig ist.

Unglücklicherweise gibt es auch heute noch Computer, die keinen Zugriff auf diesen Dienst haben. Dieses Problem kann eigentlich nur durch den Systemverwalter oder den Internet-Anbieter behoben werden. Manchmal können Sie aber in einer solchen Situation nicht warten, bis das Problem behoben ist. Verzagen Sie jedoch nicht; es gibt noch andere Möglichkeiten, um ans Ziel zu gelangen! Es gibt ein paar Dienste, mit denen Sie Domainnamen »von Hand« in IP-Adressen umwandeln können, und wenn Sie das getan haben, können Sie die numerische IP-Adresse statt des Domainnamens verwenden. Keiner der beschriebenen Internet-Dienste (außer E-Mail) ist auf das eine oder das andere Adreßformat festgelegt—nicht einmal die Web-Browser! Verwenden Sie einfach die numerische IP-Adresse statt des Domainnames im URL, und alles wird funktionieren wie gewohnt.

Aber wo findet man diese magischen Ressourcen? Der einfachste dieser Dienste ist per **telnet** im SWITCH (Swiss Academic and Research Network) erreichbar. Telnetten Sie einfach zu der Adresse 30.59.1.40, melden Sie sich als Benutzer **lookup** an und geben Sie den Namen ein, zu dem Sie die IP-Adresse suchen. Um, zum Beispiel, die IP-Adresse des FTP-Servers **ftp.uu.net** (übrigens eine wichtige Quelle für alle Arten von Software) in Erfahrung zu bringen, geben Sie folgendes ein:

```
% telnet 30.59.1.40
login: lookup

SWITCH Internet Domain Name Service

Enter the full domain name or HELP: ftp.uu.net

Non-authoritative answer:
```

```
Name: ftp.uu.net
Address: 192.48.96.9
```

Wenn Sie HELP eingeben, erhalten Sie einen kurzen Hilfstext, der jedoch recht kurz gehalten ist—schließlich gibt es zu diesem Dienst nicht soviel zu sagen, jedenfalls kaum mehr, als Sie bereits wissen.

Haben Sie die gewünschte IP-Adresse herausgefunden, dann können Sie diese für eine **FTP**-Verbindung nutzen:

```
% ftp 192.48.96.9
```

Diese Art der Umwandlung von Domainnamen in IP-Adressen ist ein wenig umständlich—aber sie funktioniert.

Sie können auch Internet-Adressen über E-Mail abfragen. An welchen Server Sie Ihre Anfrage schicken, hängt davon ab, in welchem Land Sie wohnen; Sie sollten versuchen, den nächstgelegenen Server zu benutzen. In den USA schicken Sie Anfragen an **resolve@cs.widener.edu**. Der Inhalt der E-Mail besteht aus Zeilen mit dem Format »site *internet-name*«. Außerhalb der USA schicken Sie eine E-Mail mit dem Inhalt »ip *internet-name*« an **dns@grasp.insa-lyon.fr**. Wenn Sie also z.B. die Internetadresse von **ftp.uu.net** herausfinden müssen, dann senden Sie einfach eine E-Mail mit dem Inhalt **ip ftp.uu.net** an **dns@grasp.insa-lyon.fr**, und wenn Sie dasselbe in den USA tun wollen, dann lautet Ihre E-Mail **site ftp.uu.net** und muß an **resolve@cs.widener.edu** versendet werden. In beiden Fällen erhalten Sie eine Antwort des jeweiligen Servers, die ungefähr so aussieht:

```
Return-Path: <dns-request@grasp.insa-lyon.fr>
Date: Tue, 1 Mar 1994 20:17:33 GMT
From: dns@grasp.insa-lyon.fr (Mail Name Server)
Subject: Reply to your queries


you> ip ftp.uu.net

Official hostname: ftp.uu.net
Registered addresse(s):
        192.48.96.9
```

Vielleicht fragen Sie sich gerade, warum Sie für Ihre Anfrage eine E-Mail- Adresse wie **dns-request@grasp.insa-lyon.fr**, aber keine Domainnamen zur Anwahl anderer Rechner verwenden können. Im Gegensatz zu anderen Diensten ist E-Mail ein »store and forward«-Dienst; E-Mails werden vor dem Versand zunächst einmal auf dem lokalen Computersystem gesammelt und dann z.B. einmal pro Tag gesammelt zum nächsten Knotenpunkt übermittelt. Aus diesem Grunde muß Ihr lokaler Rechner keinen Zugriff auf das Domain-Name-System haben, um E-Mails versenden und empfangen zu können; er muß nur wissen, wie der nächste Knotenrechner erreicht werden kann, der auf das Domain-Name-System zugreifen kann. E-Mail-Adressen können also immer verwendet werden, selbst dann, wenn kein Zugang zum Domain-Name-System besteht.

Wie wurde der Katalog erstellt?

Wie wir an all die Informationen herankamen, wollen Sie wissen? Welche Techniken wir einsetzten? Die folgende Liste zählt alle auf:

- Wir lasen Newsgruppen und Mailinglisten, auf der Suche nach interessanten Ankündigungen.
- Wir benutzten unsere Erfahrungen, um weitere Listen zu finden, und benutzten deren Inhalt.
- Bei Themen, die im Katalog nur wenige Eintragungen hatten, suchten wir mit Archie nach Schlüsselworten (z.B. **`archie -s music`**). Anschließend stöberten wir in den dabei gefundenen FTP-Servern, um zu sehen, ob es dort etwas interessantes zu entdecken gab.
- Wir besuchten etliche Gopher-Server und notierten besonders interessante Informationsangebote.
- Wir erstellten eine Zusammenfassung der nützlichsten WAIS-Dienste im Verzeichnis der WAIS-Server.
- Viele Leute benachrichtigten uns, wenn sie interessante Dienste eingerichtet, benutzt oder gefunden hatten. Sollten Sie bei Ihren Streifzügen durch das Internet auch das eine oder andere Interessante finden, würden wir uns über eine kurze Mitteilung freuen; schicken Sie Ihre »Entdeckung« einfach per E-Mail an wic@ora.com.

Was ist eigentlich eine Ressource?

Die im Katalogteil aufgeführten Ressourcen wurden nach Themengebieten ausgewählt. Es gibt Themen, wie das Internet als solches oder die Informatik, zu denen tausende von interessanten Dateien, Dokumenten und Artikeln über das ganze Netz verstreut sind. Wir haben uns entschlossen, solche Themengebiete nicht in den Katalog aufzunehmen; jeder kann sie mit Gopher oder WAIS leicht finden. Andererseits gibt es viele Leute, die nur deshalb im Internet herumstöbern, weil sie eine ganz bestimmte Datei oder einen ganz bestimmten Dienst suchen; wir haben uns bemüht, diese Art von Ressourcen im Katalog zu verzeichnen. Im allgemeinen haben wir versucht, die interessantesten und einzigartigsten Dienste und Ressourcen, die wir finden konnten, in den Katalogteil aufzunehmen. Zu jedem Themengebiet finden Sie im Katalog eine Anzahl von Ressourcen und Diensten, die jedoch ohne Rücksicht auf irgendwelche Prioritäten aufgelistet sind; was wir als interessant eingestuft haben, wurde letztendlich subjektiv entschieden.

Wir bemühten uns, vorrangig solche Dienste und Ressourcen aufzunehmen, auf die jeder Benutzer Zugriff hat oder die ohne komplizierte Vorbereitungen genutzt werden können. So wurden die NSF-Supercomputer-Zentren nicht in den Katalog aufgenommen, obwohl diese einer der Hauptgründe für die weite Verbreitung des Internet waren. Jeder, der komplexe und zeitintensive mathematische Berechnungen durchführen lassen möchte, kann Rechenzeit auf einem dieser Supercomputer erhalten—aber die Computer sind nicht für jeden im Internet verfügbar. Als eingetragener Benutzer auf einem dieser Computersysteme werden Sie von dem Zentrum mit Informationen zur Nutzung des Systems versorgt—es ist also nicht so einfach möglich, sich »mal eben« in einen Cray-Computer einzuloggen, um dort etwas herumzustöbern.

Andererseits gibt es jedoch einige Computer, die freien Zugang zu UNIX-Systemen bieten. Das heißt, jeder kann dorthin telnetten und dann eine Anzahl von Programmen nutzen. Und mit der Betonung auf »freier Zugang für jedermann« wurden solche Ressourcen natürlich in den Katalog aufgenommen.

Schließlich und letztendlich haben wir versucht, ein möglichst breites Spektrum von Themengebieten aufzulisten, ohne uns jedoch im Detail einzelner Themen zu verlieren. Wir denken, daß dieses Buch eine Reihe guter Argumente liefert, warum man das Internet nutzen sollte. Und das wohl überzeugendste Argument ist die Tatsache, daß wohl wirklich jeder im Netz etwas finden kann, das ihn interessiert; es gibt keine begrenzte Anzahl von Themengebieten: Es gibt eine Unzahl davon, und für jeden ist etwas dabei. Als kleinen Beweis hierfür werden Sie im Katalog die unterschiedlichsten Themengebiete finden, und wir denken, daß sogar »alte Hasen« im Internet hier das eine oder andere Neue finden werden.

Richtigkeit und Verfügbarkeit der Einträge im Katalog

Jeder einzelne im Katalogteil aufgeführte Eintrag wurde von uns auf seine Verfügbarkeit im Internet hin überprüft. Aufgrund der Dynamik im Internet ist es jedoch möglich, daß die eine oder andere Ressource zum jetzigen Zeitpunkt nicht mehr zur Verfügung steht oder daß sich die Art und Weise der Bedienung geändert hat. Während der Erstellung des Kataloges kam es hin und wieder einmal vor, daß eine Ressource oder ein Dienst innerhalb der zwei Wochen, die zwischen dem Zeitpunkt ihrer Entdeckung und dem eigentlichen Austesten lagen, komplett geändert wurde. In solchen Fällen haben wir den letzten Stand in den Katalog eingefügt; wenn die Ressource nicht mehr verfügbar oder der Zugriff bzw. die Bedienung unklar war, haben wir den entsprechenden Eintrag aus dem Katalog herausgenommen.

Aus diesem Grunde finden Sie im Katalog Hinweise auf andere Ressourcen-Listen und -Verzeichnisse, die im Internet abgerufen werden können, somit also aktueller als der gedruckte Text sind. Das bedeutet jedoch nicht, daß diese Verzeichnisse und Listen auch regelmäßig aktualisiert werden. Tatsächlich ist es immer schwer zu sagen, ob die eine oder andere im Internet verfügbare Datenbank aktueller ist als der

Katalogteil. Die meisten Listen und Verzeichnisse werden auf freiwilliger Basis gepflegt und erweitert, aber man kann eben nie genau sagen, wieviel Zeit diese Freiwilligen hierauf verwenden.

Eines sollten Sie noch bedenken: Eine Ressource, die öffentlich zugänglich ist, muß nicht immer eine öffentliche Ressource sein. Dieser Umstand hat uns viel Kopfzerbrechen gekostet: Wenn wir eine interessante Ressource gefunden hatten, wie sollten wir wissen, ob es sich um eine für jeden nutzbare Ressource handelt? Schließlich haben wir eine Ressource als öffentlich eingestuft, wenn folgendes auf sie zutraf:

- Die Ressource besitzt einen hohen Bekanntheitsgrad im Internet (sie wird z.B. häufig in Newsgruppen erwähnt).
- Die Ressource ist in anderen Listen oder Verzeichnissen aufgeführt.
- Die Ressource kann mit Hilfe von Gopher, WAIS oder anderen Diensten einfach gefunden werden.

Während der Recherchen zum Katalogteil sind wir auf ein paar Ressourcen gestoßen, die entweder nicht in eine dieser Kategorien eingeordnet werden konnten, dem Nutzer bestimmte Beschränkungen auferlegen oder bei denen ein öffentlicher Zugriff für jedermann nicht im Sinne des Anbieters schien. In diesen Fällen haben wir den Anbieter gefragt, ob die Ressource im Katalog aufgelistet werden darf oder nicht. Meistens war die Antwort positiv. Im anderen Fall ist die Ressource zwar noch im Internet vorhanden, aber Sie werden hier aus verständlichen Gründen nicht erfahren, wie Sie auf sie zugreifen können.

Benutzung des Katalogs

Wir haben uns bemüht, die Ressourcen ihren Themen nach zu ordnen, was bisweilen ein schwieriges Unterfangen ist.* Wenn Sie bereits die eine oder andere Ressource kennen und wissen möchten, ob sie im Katalog verzeichnet ist, dann schauen Sie am besten im Index nach; alle Einträge des Ressoucren-Katalogs sind hier aufgelistet. Um also zu erfahren, unter welchem Thema die eine oder andere Ressource im Katalog zu finden ist, können Sie sich quasi »von hinten« an sie herantasten.

Die verzeichneten Ressourcen werden im Katalogteil zunächst einmal kurz beschrieben; daran anschließend erfahren Sie, wie Sie auf sie zugreifen können. Als erstes ist die Zugriffsart der Ressource aufgeführt (FTP, Telnet, WAIS, Gopher oder World Wide Web), gefolgt von der Internetadresse der Ressource. Weitere Informationen schließen sich hieran an: wie man sich beim System anmeldet, in welches Verzeichnis man wechseln muß und welche Portnummer bei der Anwahl der Ressource angegeben werden muß (sofern sie von den Standards abweicht). Der eigentliche Befehl zur

* Wir sind nicht die einzigen, die mit dieser Problematik zu kämpfen haben: Das Katalogisieren von Online-Ressourcen ist ein heißes Forschungsgebiet für die Bibliographen.

Anwahl der Ressource ist nicht so wichtig; er wurde nur der Vollständigkeit halber aufgeführt, damit Sie sehen können, welche Art von Dienst Sie in Anspruch nehmen müssen, um Zugriff auf die Ressource zu erhalten. Im Normalfall erfolgt die Anwahl durch das Kommando, das Ihnen auf Ihrem System zur Verfügung steht: Verwenden Sie den FTP-Befehl, um auf eine FTP-Ressource zuzugreifen, einen Gopher-Client für Gopherdienste usw.

Die Beschreibungen der WAIS-, Gopher- und WWW-Server sind ein wenig komplizierter als die der anderen Dienste. So nutzen Internetadressen bei WAIS-Servern recht wenig; statt dessen ist der Name der entsprechenden WAIS-Datenbank, auf die Sie zugreifen müssen, aufgeführt. Diesen Namen sollten Sie dann eigentlich in der Liste von Datenbanken, auf die Ihr WAIS-Server Zugriff hat, wiederfinden. Sollte er dort nicht verzeichnet sein, dann finden Sie ihn immer in der Hauptdatenbank des WAIS-Dienstes *directory-of-servers.src.*

Bei Ressourcen, die per Gopher erreicht werden können, finden Sie im Katalog den Namen des Gopher-Servers, den Sie anwählen müssen, gefolgt von den Menüpunkten, die Sie auswählen müssen. Für den Flybase Gopher-Server finden Sie im Katalog den folgenden Eintrag:

```
gopher ftp.bio.indiana.edu /Flybase
```

Das bedeutet, daß Sie von Ihrem lokalen System aus mit Hilfe des Gopher-Clients eine Verbindung zum Server **ftp.bio.indiana.edu** aufbauen müssen. Dann können Sie dort im Hauptmenü den Eintrag »Flybase« auswählen, um die Ressource zu nutzen. Sie können den Namen des Servers auf der Eingabezeile angeben, oder Sie suchen im Menü der Gopher-Server nach dem entsprechenden Eintrag.

Ein typischer Eintrag für eine WWW-Ressource hat folgendes Format:

```
www http://www.nr.no/ordbok
```

Bei diesem Beispiel handelt es sich um ein Online-Wörterbuch der norwegischen Sprache (verzeichnet ist diese Ressource im Katalog unter »Norwegen« im Abschnitt »Internationale Interessen«). Um diese Ressource anzuwählen, geben Sie einfach den Befehl **www http://www.nr.no/ordbok** ein; oder, wenn Sie einen öffentlich zugänglichen WWW-Client benutzen, dann erhalten Sie durch die Eingabe von **go http://www.nr.no/ordbok** Zugriff auf die Ressource. Das ist eine ganz schöne Tipperei—und das ist noch ein kurzer URL. Unglücklicherweise gibt es keine andere Möglichkeit, eine WWW-Ressource zu beschreiben.

Es ist natürlich möglich, daß auf Ihrem System nicht genau die Programme zur Verfügung stehen, die wir gerade beschrieben haben. Das muß Sie nicht beunruhigen; es gibt eine Unzahl von Programmen, die den Zugriff auf das WWW erlauben, wie z.B. Lynx, eine Version von Mosaic und etliche andere Suchprogramme. Sie sollten sich dadurch nicht verwirren lassen, alle Programme lassen sich mehr oder weniger gleich bedienen. Gleiches gilt, wenn Sie **xgopher**, den TurboGopher des

Macintosh oder irgendeinen anderen Gopher-Client benutzen sollten—sie alle ermöglichen den Zugriff auf die Gopher-Dienste, auch wenn sie nicht explizit im Katalog genannt werden.

Denken Sie daran: Das Internet verändert sich ständig. Server werden umorganisiert, so daß Ressourcen an anderen als den im Katalog beschriebenen Stellen zu finden sind. Wenn Sie also einmal eine Ressource nicht finden könne, dann sollten Sie ein wenig im betreffenden System herumstöbern—mit Sicherheit wurde auf dem Server mal gründlich aufgeräumt, so daß die Ressource nun woanders abgerufen werden muß.

ANTHROPOLOGIE

Newsgruppen:
sci.anthropology

Aboriginal Studies

Eine Sammlung von Aufzeichnungen des Aboriginal Studies Electronic Data Archive am Australian Institute of Aboriginal Studies und der Australian National University.

Zugriff über:
WAIS *ANU-Aboriginal-Studies.src*

Coombspapers Social Sciences Research Data Bank

Ein sehr großes Archiv zu Studien über die Menschheit und ihre Kulturen. Vollgepackt mit Bibliographien, Abstracts, Büchern von Autoren der Australian National University und Tagungsbänden. Ähnelt im Aufbau zwar eher einem guten alten Bibliotheks-Karteikartensystem, Sie sollten aber viele nützliche Informationen finden können.

Zugriff über:
ftp coombs.anu.edu.au; Login anonymous; cd coombspapers

Rice Anthropology Gopher

Enthält nur Verweise zu anderen Anthropologie-Ressourcen. Keine eigenen Daten vorhanden (Stand November 94).

Zugriff über:
gopher riceinfo.rice.edu /Information by Subject Area/Anthropology and Culture

Thai Yunnan Project

Kommentierte Bibliographie sowie eine Sammlung von Forschungsnotizen zum Thai-Yunnan Project des Dept. of Anthropology der Australian National University, GPO Box 4, Canberra ACT 2601. Sehr viele Daten zu den ethnischen Gruppen Südostasiens, einschließlich Informationen zu Sprache, Religion und Bräuchen etc.

Zugriff über:
WAIS *ANU-Thai-Yunnan.src*

Information:
Telefon: +61 6 249-9262

Email: gew400@coombs.anu.edu.au

ARCHÄOLOGIE

Newsgruppen:
sci.archaeology

Siehe auch: Klassische Sprachen & Literatur

Ancient Near East—Cambridge

Dieser Server befaßt sich mit dem Nahen Osten des Altertums und ist spezialisiert auf ägyptisches Material. Es gibt auch Hinweise auf eine E-Mail-Liste, die sich mit dem Nahen Osten des Altertums beschäftigt.

Zugriff über:
ftp newton.newton.cam.ac.uk; Login anonymous; cd pub/ancient

Information:
Email: Helen Strudwick (H.M.Strudwick@newton.cam.ac.uk) oder Nigel Strudwick (ncs3@cus.cam.ac.uk)

Classics & Mediterranean Archaeology (U Mich)

Eine Quelle, die vom Department of Classical Studies, University of Michigan, gesponsort wird. Viele der hier erwähnten Einträge werden auch in diesem Katalog besprochen. Beachten Sie besonders den Pylos Regional Archaeological Project's 1993 *Preliminary Report,* ein gutes Beispiel für die wissenschaftliche Publikation über das Internet.

Zugriff über:
www http://rome.classics.lsa.umich.edu/welcome.html

Dead Seas Scrolls Exhibition

Die Online-Version einer Ausstellung der Library of Congress mit dem Titel "Scrolls from the Dead Sea: The Ancient Library of Qumran and Modern Scholarship". Die Ausstellung befaßt sich sowohl aus jüdischer als auch aus christlicher Sicht mit den Qumran-Rollen und der Gemeinschaft, die die Rollen hinterlassen hat. Auch Bilder sind vorhanden, und zwar nicht nur von den Rollen, sondern auch von anderen archäologischen Funden wie Keramik und Münzen.

FTP- und WWW-Interfaces vorhanden:

Zugriff über:
ftp ftp.loc.gov; Login anonymous; cd pub/exhibit.images/deadsea.scrolls.exhibit

www http://sunsite.unc.edu/expo/deadsea.scrolls.exhibit/intro.html

New World Archaeology

Das ArchNet am Dept. of Anthropology der University of Connecticut beschäftigt sich mit der Archäologie im Nordosten der USA. Die Home Page enthält auch Links zu anderen Archäologie-Sites.

Zugriff über:
www http://spirit.lib.uconn.edu/HTML/archnet.html

gopher spirit.lib.uconn.edu /Academic Subjects and Services/Information by Subject Area (at Rice University)/Anthropology and Culture/ArchNet - Archaeological Data at UConn

Oriental Institute

Der FTP-Server des Oriental Institute der University of Chicago beherbergt die Bekanntmachungen und die Rundschreiben des Archaeological Institute of America, die Archive der Ancient Near East E-Mail Discussion List, Bekanntmachungen und Rundschreiben der American Schools of Oriental Research, Informationen zum Oriental Institute und seinen Veröffentlichungen. Daneben werden noch verschiedene andere Themen von Interesse und Forschungen zum Nahen Osten des Altertums behandelt.

Zugriff über:
ftp oi.uchicago.edu; Login anonymous; cd pub

ASTRONOMIE

Newsgruppen:
sci.[astro, astro.fits, astro.hubble, astro.planetarium]

American Astronomical Society

Das hier zusammengetragene Material beschränkt sich auf Informationen über die Gesellschaft, Meeting-Pläne, Meeting-Abstracts, ein Mitarbeiter-Verzeichnis und ein Jobregister der AAS.

Zugriff über:
www http://blackhole.aas.org/AAS-homepage.html

Astronomical Databases

Dieser FTP-Server enthält verschiedene astronomische Datenbanken wie den Yale Bright Star Catalog, die Saguaro Astronomy Club Databases und eine Asteroiden-Datenbank. PC-Software für die Benutzung dieser Datenbanken ist ebenfalls vorhanden.

Zugriff über:
ftp pomona.claremont.edu; Login anonymous; cd yale_bsc.dir

Astronomical Internet Resources

Eine Zusammenfassung der weltweiten Internet-Resourcen zu Astronomie und Weltraum im Hypertext-Format. Die Quellen sind nach Zugriffsarten (WWW, Gopher, WAIS, FTP) sortiert.

Zugriff über:
www http://stsci.edu/net-resources.html

Astronomy at University of Massachusetts, Amherst

Auf diesem ständig wachsenden Server finden Sie sowohl technische Tools als auch astronomische Grafiken.

Zugriff über:
www http://donald.phast.umass.edu/umasshome.html

Centre de Donnés Astronomiques de Strasbourg

Die Aufgabe des Strasbourg Astronomical Data Center (CDS) besteht in der Sammlung und der weltweiten Verteilung von astronomischen Daten. Beheimatet ist es am Observatoire de Strasbourg. Das CDS beherbergt auch die astronomische Datenbank SIMBAD, eine Referenzdatenbank zur Identifikation astronomischer Objekte. Darüber hinaus finden sich verschiedene Informationen und Verweise für Sterngucker.

Zugriff über:
www http://cdsweb.u-strasbg.fr/CDS.html

Conservatoire National des Arts et Métiers (Bilder)

Ein Astronomie-Server in französischer und englischer Sprache, der auf Grafiken spezialisiert ist. README-Dateien in den jeweiligen Unterverzeichnissen beschreiben jedes einzelne Bild. Grafiken, die in den letzten 15 Tagen hinzugefügt wurden, sind in der Datei READMENEW aufgeführt. Das FTP-Interface gibt Zugriff auf zusätzliche Listen mit Grafiken.

Zugriff über:
www http://web.cnam.fr/astro.english.html
(Englisch)

www http://web.cnam.fr/astro.french.html
(Französisch)

ftp ftp.cnam.fr; Login anonymous;
cd pub/Astro

Lunar and Planetary Institute Information

Informationen zum Lunar and Planetary Institute der NASA und den von ihm gebotenen Diensten. Enthalten ist eine Bibliographie-Datenbank, auch der Zugriff auf ein elektronisches Journal, "The Lunar & Planetary Information Bulletin", ist möglich. Darüber hinaus gibt es noch einen IRPS genannten Service, das "Image Retrieval and Processing System". Mit diesem System ist es möglich, digitale Grafiken und Aufnahmen von Planeten zu bestellen und (mit der richtigen Software) anzuzeigen. Hauptsächlich für Forscher gedacht, die sich mit Mond- und Planetenstudien befassen.

Zugriff über:
telnet lpi.jsc.nasa.gov; Login *lpi*

NASA/IPAC Extragalactic Database

Das NED enthält ebenso Informationen zu über 200000 astronomischen Objekten wie Abstracts und Bibliographien astronomischer Veröffentlichungen.

Zugriff über:
telnet denver.ipac.caltech.edu; Login *ned*

NASA Information Services via WWW

Erlaubt den Zugriff auf alle Home Pages des NASA Centers.

Zugriff über:
www http://hypatia.gsfc.nasa.gov/NASA_homepage.html

NASA Langley Research Center

Eine WWW Home Page zu diesem Teil der NASA. Ein Link zu "Other Government Labs" ist ebenfalls interessant.

Zugriff über:
www http://mosaic.larc.nasa.gov/larc.html

National Space Science Data Center

Ein Interface zu vielen Datenkatalogen und Centern der NASA. Das System erlaubt beispielsweise den Zugriff auf Einrichtungen wie das "Astronomical Data Center", auf den CANOPUS-Newsletter und auf Daten von und über verschiedene Satelliten-Sensoren.

Zugriff über:
telnet nssdca.gsfc.nasa.gov; Login *nodis*

Project STELAR (Study of Electronic Literature for Astronomical Research)

Eine sehr ausführliche Home Page des Web-Servers des Goddard Space Flight Center der NASA. Beschreibt das Projekt STELAR des National Space Science Data Center. Das Projekt STELAR ist eine Pilotstudie, die sich mit technischen und praktischen Aspekten des elektronischen Zugriffs auf astronomische Literatur beschäftigt. Links zu relevanten staatlichen und nichtstaatlichen Quellen sind ebenfalls vorhanden.

Zugriff über:
www http://hypatia.gsfc.nasa.gov/STELAR_homepage.html

Space Images at Arizona

Die SEDS-Gruppe (Students for the Exploration and Development of Space) der University of Arizona pflegt diesen Server, der neben einer Menge astronomischer Informationen auch eine ziemlich umfassende Sammlung von Aufnahmen und Grafiken zur Verfügung stellt.

Zugriff über:
ftp seds.lpl.arizona.edu; Login anonymous; cd pub

gopher bozo.lpl.arizona.edu /ANONYMOUS FTP

Space Remote Sensing Center

Am Stennis Space Center der NASA in Mississippi ist das Institute for Technology Development/Space Remote Sensing Center beheimatet. Diese Non-Profit-Organisation widmet sich ausschließlich der Entwicklung und Kommerzialisierung ferngesteuerter Sensorsysteme. Auch die nordamerikanische Anwendungsentwicklung der französischen SPOT Image Corporation ist hier zu finden. Den Inhalt bilden in der Hauptsache Datenverarbeitungs-Programme, es sind aber auch einige Satelliten-Aufnahmen des Hochwassers im Mittelwesten der USA aus dem Jahre 1993 vorhanden (wenn auch von relativ geringer Qualität).

Zugriff über:
www http://ma.itd.com:8000/welcome.html

ftp pa.itd.com; Login anonymous; cd pub

Space Telescope Science Institute

Informationen über das Hubble-Weltraumteleskop und zum Space Telescope Science Institute. Enthält Instrumentenberichte, Unmengen an Daten, FAQ-Listen, Langzeitprojekte, Software etc.

Zugriff über:
www http://stsci.edu/top.html

gopher stsci.edu

ftp stsci.edu; Login anonymous

BIOLOGIE

Newsgruppen:
sci.bio.[ecology,ethology,evolotion,herp,technology], bionet.[cellbiol, general, molbio]

Biologie Übersicht

Die biotechnologische Revolution hat zu einem enormen Anstieg der zum Thema Genetik und Biotechnologie verfügbaren Informationen geführt. Die verstärkte weltweite Förderung der Genforschung (die Erforschung der in den Chromosomen eines Organismus enthaltenen Informationen) hat dazu geführt, daß sich die Menge an neuen Informationen jedes Jahr verdoppelt.Diese große Menge an Informationen hat zu erheblichen Problemen geführt, da es über die traditionellen Methoden (Papier) nicht möglich war, diese Informationen zu verbreiten. Die Entwicklung der Internet-Protokolle WAIS, Gopher und WWW führten zu einer Explosion der frei über das Internet verfügbaren, biologischen Information. Die in diesem Abschnitt aufgeführten Ressourcen bieten dabei Informationen zu einer bestimmten Spezies, spezifische Informationen zu allen Organismen oder stellen Sammlungen allgemeiner Informationen zur Verfügung. Die meisten dieser Quellen sind Gopher-Server, viele Anbieter arbeiten aber daran, die Daten im WWW anzubieten.

Arabidopsis Information

Arabidopsis Thaliana ist eine kleine, eher unscheinbare Pflanze, die bei Forschungsversuchen als Modell-Pflanze eingesetzt wird. Der Arabidopsis Research Companion verknüpft ein Gopher-Interface

mit einem WAIS-System, das auf alle Daten der Arabidopsis Thaliana Database zugreift. Verfügbar sind die bekannten DNA-Sequenzen, Gene, Erbanlagen, Hinweise zu weiterführender Literatur und vieles, vieles mehr.

Zugriff über:
gopher weeds.mgh.harvard.edu
/Arabidopsis Information (thale cress)

Australian National University Bioinformatics Hypermedia Service: Biodiversity, Taxonomy and Conservation

Artenvielfalt und -erhaltung von Pflanzen, inklusive Informationen australischen und regionalen Arten.

Zugriff über:
www http://life.anu.edu.au/biodiversity.html

Australian National University Bioinformatics Hypermedia Service: Molecular Biology

Enthält Links zu Molekularbiologie-Datenbanken, Bibliographien und anderen Informationen.

Zugriff über:
www http://life.anu.edu.au/molbio.html

Biodiversity and Biological Collections Gopher

Gopher des Herbarium der Harvard University mit verschiedenen Informationen für Systematiker. Er bietet außerdem Informationen zu den Sammlungskatalogen des Museums, des Herbariums und des Arboretums und zu anderen Verzeichnissen, Publikationen und Software.

Zugriff über:
gopher huh.harvard.edu

EMBNET Bioinformation Resources

EMBnet (European Molecular Biology Network) ist ein Computernetzwerk für europäische Molekularbiologen und Forscher aus der Biotechnologie. Das Ergebnis dieser multinationalen Zusammenarbeit sind Datenbanken mit DNA- und Protein-Sequenzen sowie Analyse-Software.

Zugriff über:
www http://shamrock.csc.fi/htbin/imagerect/bank?64,314

Flybase

Informationen zu Drosophila (Fruchtfliegen). Der Gopher-Server enthält sehr viel Informationen zur Genetik von Fliegen. Der Eintrag für "stocks" enthält einen indizierten Katalog mit verschiedenen genetischen Eigenschaften und wo Fliegen mit solchen Eigenschaften zu finden sind. Außerdem ein exzellenter Ausgangspunkt mit Verweisen zu anderen Biologie-Gophern, Biologie-Software, News und anderem nützlichen Material.

Zugriff über:
gopher fly.bio.indiana.edu /Flybase

GenBank & SwissProt

GenBank enthält alle veröffentlichten Nukleinsäuresequenzen. SwissProt, eine europäische Protein-Sequenz-Datenbank (unterhalten und gepflegt von Amos Bairoch in Genf), und die EMBL Data Library (Heidelberg) enthalten alle veröffentlichten Protein-Sequenzen. Datenbankrecherchen können nach verschiedenen Kriterien wie Zugriffsnummer, Beschreibung, Locusname, Schlüsselworten, Quelle, Organismus, Autor und Titel durchgeführt werden.

Zugriff über:
gopher ftp.bio.indiana.edu /Genbank-Sequences

Geneva University Hospital Molecular Biology Server

Dieser Server steht in Genf und ist auch als der ExPASy Molecular Biology Server bekannt. ExPASy beschäftigt sich mit der Analyse von Protein- und Nukleinsäuresequenzen. Links zu verschiedenen Sequenz-Datenbanken wie SWISS-PROT, SWISS-2DPAGE, PROSITE, REBASE, EMBL und OMIN sind vorhanden. Der Zugriff kann dabei über Gopher, WAIS oder WWW erfolgen.

Zugriff über:
www http://expasy.hcuge.ch

GrainGenes, the Triticeae Genome Gopher

The GrainGenes Project ist eine von mehreren Gen-Datenbanken, die vom United States Department of Agriculture und der National Agricultural Library gegründet wurden. GrainGenes enthält Informationen zu Genetik, Biologie, Pathologie und Samen einer Vielzahl von kommerziell wichtigen Getreidesorten. Auch Weizen, Gerste und Hafer werden behandelt. Die Informationen stehen über Grafiken, WAIS-Indizes und Textdateien zur Verfügung.

Zugriff über:
gopher greengenes.cit.cornell.edu

Indiana Molecular Biology Archives

Eine umfassende Sammlung von Informationen zur Genetik und Molekularbiologie, inkl. der Genbank-Sammlung von Nukleinsäuresequenzen.

Zugriff über:
gopher fly.bio.indiana.edu /Molecular-Biology/Archive

www wais://fly.bio.indiana.edu

Johns Hopkins Bioinformatics Web Server

Dieser Web-Server stellt eine Sammlung von untereinander verbundenen Protein-, Struktur- und Enzym-Datenbanken zur Verfügung. Die Protein-Datenbanken enthalten auch Links zu Zitaten aus MEDLINE und Abbildungen dreidimensionaler Kristallstrukturen aus der Brookhaven Structural Database (PDB). Elektronische Veröffentlichungen zur Biologie umfassen z.B. den *Primer on Molecular Genetics,* Gendatenbanken wie den Mouse Locus Catalog und Links zu anderen Ressourcen.

Zugriff über:
www http://www.gdb.org/hopkins.html

Maize Genome Database Gopher

Das Maize Genome Database Project ist eines von verschiedenen Projekten, die durch das United States Department of Agriculture und die National Agricultural Library gefördert werden. Der Maize Genome Gopher ermöglicht es, über WAIS-Indizes auf die Informationen der relationalen Datenbank MaizeDB zuzugreifen. Die Datenbank wird von Prof. Ed Coe und seinen Kollegen an der University of Missouri gepflegt und enthält reichlich Informationen zu Mais, einschließlich wissenschaftlicher Literatur, genetischen Karten, Maisforscher weltweit und einem Katalog der verfügbaren Saatgutlinien. Der Gopher bietet auch Zugriff auf einen Mais-Newsletter, entweder über Textdateien oder einen WAIS-Index.

Zugriff über:
gopher teosinte.agron.missouri.edu

Molekularbiologie-Server

Diese Links führen zu einem sehr guten Gopher-Server in Stanford, der Verweise zu verschiedenen WWW-, FTP- und Gopher-Servern enthält, die sich mit Molekularbiologie befassen.

Zugriff über:
gopher genome-gopher.stanford.edu /FTP Archives for Molecular Biology
(Verweise auf andere Server)

gopher genome-gopher.stanford.edu /Global Biological Information Servers by Topic
(Themenübersicht)

Molekularbiologie WAIS-Datenbanken

Diese WAIS-Datenbanken befassen sich mit Molekularbiologie.

Zugriff über:

WAIS *biosci.src*

(Enthält alle Nachrichten, die in den BioSci-Diskussionsgruppen (zu verschiedenen Themen) gepostet wurden.)

WAIS *biology-journal-contents.src*

(Eine Sammlung bibliographischer Referenzen von verschiedenen Zeitschriften, die dem BioSci-System zugänglich gemacht wurden. Einmal in der Woche von 15 bis 18 Uhr PST wird ein Update durchgeführt. Während dieser Zeit ist kein Zugriff möglich.)

WAIS *prosite.src*

(PROSITE ist eine Sammlung von Protein-Sequenz-Mustern, die charakteristisch für eine bestimmte Funktion oder einen Typ von Protein sind. Enthält eine kurze Zusammenfassung der Bedeutung des Musters ebenso wie Hinweise auf entsprechende Literatur.)

WAIS *REBASE-enzyme.src*

(Schlüsselworte sind Aminosäuren der Form CCCGGG.)

WAIS *REBASE_help.src*

WAIS *REBASE_news.src*

WAIS *REBASE_references.src*

National Genetic Resources Program Gopher

Der NGRP Gopher-Server enthält Informationen zu Pflanzen, Tieren, Mikroben und Insekten aus dem National Genetic Resources Program of the U.S. Department of Agriculture's Agricultural Research Service (ARS). Neben Links zu anderen Gopher-Servern sind Verweise zu den folgenden Themen enthalten: National Plant Germplasm System (NPGS); National Animal Germplasm; National Microbial Germplasm; National Insect Genetic Resources; Plant Genome Database Gophers.

Zugriff über:
gopher gopher.ars-grin.gov

Pacific Rim Biodiversity Catalog

Ein im Aufbau befindlicher Katalog einer großen Anzahl naturgeschichtlicher Institutionen aus aller Welt. Enthält Informationen über die taxonomische, geographische und entwicklungsgeschichtliche Zusammensetzung der zoologischen und paläontologischen Bestände des Pacific Rim. Mit Hilfe einer bereitgestellten Liste kann der Katalog nach Schlüsselworten durchsucht werden. Der Server ist ein Gemeinschaftsprojekt des University of California Berkeley Museum of Paleontology und dem Pacific Rim Research Program.

Zugriff über:
www http://ucmp1.berkeley.edu/pacrim.html

TAXACOM FTP Server

Ein Informations-Dienst für systematische Biologie. Die enthaltenen Daten reichen von verschiedenen Ausgaben von Flora Online über Beanbag, einem Newsletter für Nutzpflanzenforschung bis hin zu taxonomischen Standards und anderen Quellen für Taxonomen. Die Datei README.TAX enthält ein Inhaltsverzeichnis.

Zugriff über:
ftp huh.harvard.edu; Login anonymous; cd pub

BOTANIK

Botany at Georgia

Das Botany Department at the University of Georgia betreibt diesen WWW-Server. Enthalten sind Informationen zum Institut, eine Übersicht der aktuell behandelten Probleme, von molekularen genetischen Regulationsmechanismen bis hin zur Ökologie des sauren Regens und einer Tour durch ein Gewächshaus (relativ lange Ladezeit!).

Zugriff über:
www http://dogwood.botany.uga.edu/

CHEMISTRY

Newsgruppen:
sci.[chem, engr.chem, chem.organomet]

Siehe auch:
Molekularbiologie

American Chemical Society Gopher

Enthält die Journale und Magazine der American Chemical Society einschließlich eines durchsuchbaren Index der Veröffentlichungen der ACS.

Zugriff über:
gopher infx.infor.com

Molecular Graphics Software

Enthält verschiedene Teile des raster3D-Anwendungssystems für molekulare Grafiken, einschließlich einiger Previewer.

Zugriff über:
ftp stanzi.bchem.washington.edu; Login anonymous; cd pub/raster3d

Periodentabelle

Was sollen wir dazu noch sagen?

Zugriff über:
gopher gopher.tc.umn.edu /Libraries/Reference Works/Periodic Table of Elements

Sheffield Chemistry Server

Betrieben vom Department of Chemistry an der University of Sheffield, bietet dieser Server eine Periodentabellen-Datenbank, interaktive Isotopenmuster-Rechner und mehr.

Zugriff über:
www http://mac043025.shef.ac.uk/ chemistry/chemistry-home.html

COMPUTER

Newsgruppen:
comp.admin, comp.sys.[3b1, acorn, alliant, amiga.*, apollo, apple2, atari.*, att, cbm, cdc, concurrent, dec, encore, handhelds, hp48, hp, ibm.pc.*, ibm.ps2.*, intel, isis, laptops, m6809, m68k, m88k, mac.*, mentor, mips, misc, ncr, newton, next.*, northstar, novell, nsc, palmtops, pen, powerpc, prime, proteon, pyramid, ridge, sequent, sgi, sun.*, super, tahoe, tandy, ti, transputer, unisys, xerox, zenith], comp.[ai, arch, cogeng, compilers, compression, databases, dcom, editors, graphics, human-factors, lang, lsi, multimedia, music, parallel, programming, protocols, realtime, research, robotics, security, simulation, specification, terminals, theory, windows]

Siehe auch: Internet

CERT

CERT, das Computer Emergency Response Team, eine Gruppe, die sich mit Problemen der Computer- und Netzwerk-Sicherheit beschäftigt. Der Server enthält Dokumente zu Sicherheitsfragen, Tools zur Überprüfung der Sicherheit und ein Archiv, in dem alle gemeldeten Einbruchsversuche erfaßt sind.

Zugriff über:
ftp cert.sei.cmu.edu; Login anonymous; cd pub

CERT Security Advisories

Sicherheit hat sich in den letzten fünf Jahren zu einem heißen Thema entwickelt. Gleichgültig, ob Sie Ihr System vor cleveren jugendlichen Hackern oder professionellen Spionen schützen wollen, hier können Sie sich umfassend informieren. CERT, das Computer Emergency Response Team, ist ein (nicht nur nationaler) Treffpunkt bei Sicherheitsfragen. Entdeckt das CERT ein Sicherheitsproblem, werden entsprechende Warnungen an diverse Mailing-Listen geschickt. Dieser Server enthält ein indiziertes Archiv dieser Warnungen. Alle Systemadministratoren sollten diesem Archiv Beachtung schenken!

Um in den Verteiler aufgenommen zu werden, senden Sie E-Mail an cert@cert.sei. cmu.edu.

Zugriff über:
WAIS *cert-advisories.src*

Communications of the ACM

Ein experimenteller Server, der die Artikel der Communications of the ACM vom April 1989 bis zum April 1992 enthält. Es ist unklar, ob dieser Service auch in Zukunft angeboten wird.

Zugriff über:
WAIS *cacm.src*

Comprehensive TEX Archive Network

Enthält ein Vielzahl von Tools, Fonts, Grafiken usw. zum TEX-Satzsystem. Die TEX-Software selbst ist für eine Reihe verschiedener Computer verfügbar.

Zugriff über:
ftp ftp.shsu.edu; Login anonymous; cd tex-archive/

Compression and Archival Software Summary

Enthält eine nach Computersystemen sortierte Liste der verfügbaren Archvierungs- und Kompressions-Software. Was ist beispielsweise zu tun, wenn Sie einen PC mit MS-DOS benutzen und eine unter UNIX komprimierte Datei lesen wollen? Welche Software können Sie verwenden? Wie gelangen Sie an diese Software? Je häufiger Sie das Internet nutzen, desto hilfreicher wird diese Liste für Sie sein.

Zugriff über:
ftp ftp.cso.uiuc.edu; Login anonymous; cd doc/pcnet; get compression

Computational Science Education Project

Von der Vanderbilt University. Hier finden Studenten aller Semester elektronisches Lehrmaterial zu Informatik und Ingenieurwissenschaften.

Zugriff über:
www http://csep1.phy.ornl.gov/csep.html

Computer Ethics

Enthält die Grundregeln der Computernutzung (Computer Ethic Policies) von über 30 Universitäten. Neben einer Bibliographie und der Nutzungsordnung des BITNET (BITNET Abuse Policy) finden sich auch die relevanten Gesetze zur Computerkriminalität von Kanada und einiger U.S.-amerikanischer Staaten.

Zugriff über:
ftp ariel.unm.edu; Login anonymous; cd ethics

Computer Science Archive Sites

Eine Liste mit 210 Servern, die Sammlungen technischer Berichte der Informatik anbieten. Die Liste wird regelmäßig in der Newsgruppe comp.doc.techreports gepostet.

Zugriff über:
WAIS *cs-techreport-archives.src*

Computer Science Paper Bibliography

Diese Datei enthält eine Liste mit Zeitschriftenartikeln verschiedener Computer-Magazine. Sie können entweder die gesamte Liste mit FTP herunterladen oder über WAIS nach interessanten Artikeln suchen.

Zugriff über:

ftp cayuga.cs.rochester.edu; Login anonymous; cd pub; get papers.1st

Excerpt from **Computer Ethics Archive**, *7/1/85:*

```
COMPUTER CRIME AND UNLAWFUL
COMPUTER ACCESS

According to Section 21-3755 of
the Kansas Criminal Code, which
went into effect July 1, 1985,
computer crime is:

a) Willfully and without autho-
rization gaining or attempting to
gain access to and damaging, modi-
fying, altering, destroying, copy-
ing, disclosing, or taking posses-
sion of a computer, computer sys-
tem, computer network, or any
other property;

b) using a computer, computer sys-
tem, computer network, or any
other property for the purpose of
devising or executing a scheme or
artifice with the intent to
defraud or for the purpose of
obtaining money, property, ser-
vices, or any other thing of value
by means of false or fraudulent
pretense or representation; or

c) willfully exceeding the limits
of authorization and damaging,
modifying, altering, destroying,
copying, disclosing, or taking
possession of a computer, computer
system, computer network, or any
other property.
```

Computer Science Tech Reports

Eine Sammlung mit technischen Berichten, Abstracts und Dokumenten aus dem Bereich Informatik.

Zugriff über:
WAIS *cs-techreport-abstracts.src*

WAIS *cs-techreport-archives.src*

Information:
Email: farrell@coral.cs.jcs.edu.au

Cryptography for Computers

Kryptographie wird zu einem immer wichtigeren Thema in der Datenverarbeitung und im Internet. Hier sind die besten Quellen, die wir finden konnten.

CipherText, ein Newsletter im ASCII-Format, existiert seit November 1993 und behandelt aktuelle Themen der Kryptographie.

Zugriff über:
ftp rsa.com; Login anonymous;
cd pub/ciphertext

Die folgenden Server bieten eine Vielzahl von Dokumenten und Software zum Thema Kryptographie.

Zugriff über:
ftp scss3.cl.msu.edu; Login anonymous;
cd pub/crypt

ftp black.ox.ac.uk; Login anonymous;
cd DOCS/security/

ftp ripem.msu.edu; Login anonymous;
cd pub/crypt/
ftp ftp.dsi.unimi.it; Login *anonymous;*
cd *pub/security/*

Free Software Foundation

Die Free Software Foundation (FSF) ist eine Organisation, die sich mit der Entwicklung und der Verbreitung von freier, kostenloser Software beschäftigt. Die Software wird nach den Bestimmungen der "General Public License" vertrieben. In diesem Dokument finden Sie auch eine Zusammenfassung der Ziele und Prinzipien der Organisation. Die FSF hat den GNU-Emacs Editor entwickelt, außerdem zahlreiche verbesserte UNIX-Utilities und viele andere Tools. Ein komplettes UNIX-kompatibles Betriebssystem (HURD) ist in Vorbereitung. FSF-Software kann über viele Orte bezogen werden. Das nachfolgende Archiv ist aber eines der komplettesten und auf dem neuesten Stand. Neben der Software finden Sie hier eine Reihe von Positionspapieren der FSF. Wenn Sie die GPL lesen wollen, achten Sie auf Dateinamen, die mit "COPYING" beginnen.

Zugriff über:
ftp prep.ai.mit.edu; Login anonymous; cd pub/gnu

High Performance Computing and Communications

Das National Coordination Office for HPCC bietet dem Internet-Anwender Zugang zu Material über das amerikanische HPPC-Programm.

Zugriff über:
www http://www.hpcc.gov

INRIA Bibliography

Der Bibliotheks-Katalog des Institut National de la Recherche en Informatique et en Automatique (INRIA). Die Aufgabe des Instituts liegt im Management und dem Wissenstransfer von wissenschaftlichen und technischen Informationen. Die Datenbank enthält Tausende von Forschungsberichten, Doktorarbeiten und Konferenzberichten, sowie Hunderte von Zeitschriften und Videos. Schlüsselworte und Kataloge werden in französischer und englischer Sprache bereitgestellt. Updates werden jede Nacht durchgeführt.

Zugriff über:
www http://zenon.inria.fr:8003

WAIS *bibs-zenon-inria-fr.src*

Information:
Email: doc@sophia.inria.fr

Information System for Advanced Academic Computing

Ein Informations-Dienst für IBM-Kunden, um die Nutzung der High-End-Systeme von IBM in Forschung und Ausbildung zu fördern.

Zugriff über:
telnet isaac.engr.washington.edu
(Zugangsberechtigung muß angefordert werden, was mehrere Wochen dauern kann.)

Information:
Email: isaac@isaac.engr.washington.edu

League for Programming Freedom

Die League for Programming Freedom kämpft gegen Software-Patente und Copyrights auf Interfaces. Sie verwaltet ein Archiv mit Positionspapieren und Informationen zu veschiedenen Präzedenzfällen.

Zugriff über:
ftp prep.ai.mit.edu; Login anonymous; cd pub/lpf

Information:
Email: lpf@uunet.uu.net

Multimedia

Eine Liste mit Verweisen zu Multimedia-Software, -Ressourcen und -Demos im Internet.

Zugriff über:
www http://cui_www.unige.ch/OSG/MultimediaInfo/

NeXT.FAQ

Eine Reihe von häufig gestellten Fragen zu Next-Computern. Behandelt werden Themen wie Hardware, Software, besondere Fachausdrücke und die Systemkonfiguration.

Zugriff über:
WAIS *NeXT.FAQ.src*

Information:
Email: akers@next2.oit.unc.edu

Neural Networking Collection

Eine Sammlung mit Literatur, Bibliographien und Verzeichnissen zum Thema Neuronale Netze.

Zugriff über:
WAIS *neuroprose.src*

ftp archive.cis.ohio-state.edu;
Login anonymous; cd pub/neuroprose

Non-Latin Character Sets

Hier haben wir einige Quellen zusammengestellt, die sich mit Schriften und Zeichensätzen für Sprachen befassen, die nicht das lateinische Alphabet verwenden.

Zugriff über:
ftp rama.poly.edu; Login anonymous;
cd pub/reader
(Arabisch, Persisch, Urdu etc.)

ftp ifcss.org; Login anonymous;
cd archive/act-info; get act.faq
(Chinesisch)

ftp ftp.uwtc.washington.edu; Login anonymous; cd pub/Japanese/
(Japanisch)

ftp mimsy.umd.edu; Login anonymous;
cd pub/cyrillic
(Russisch)

PC Magazine

Utility-Programme des PC Magazine (Ziff Davis) für IBM-kompatible PC.

Dies ist nur eine von vielen Stellen, an denen diese Ressource verfügbar ist. Andere Stellen können Sie über "archie pcmag" finden.

Zugriff über:
ftp ftp.wustl.edu; Login anonymous;
cd systems/ibmpc/msdos/pcmag

Public UNIX Access

Ein paar Server im Internet sind freie, öffentlich zugängliche UNIX-Server. Die Anzahl der gleichzeitig im Server eingeloggten Benutzer ist beschränkt. Auf manchen Servern haben sog. "Patrons" eine höhere Priorität, da sie durch Spenden den Server am Leben erhalten.

Zugriff über:
telnet nyx.cs.du.edu; Login *new*

Repository of Machine Learning Databases and Domain Theories

Die Quelle enthält dokumentierte Datensätze und Theorien, wie maschinelles Lernen in verschiedenen Bereichen beurteilt werden kann. Zu den Bereichen gehören unter anderem Materialwissenschaft, Spiele, Medizin, mechanische Analyse, Mustererkennung und Wirtschaftswissenschaften.

Zugriff über:
ftp ics.uci.edu; Login anonymous;
cd pub/machine-learning-databases

Information:
Email: ml-repository@ics.uci.edu

SGML (Standard Generalized Markup Language)

SGML ist eine Standard-Dokumenten-Aufbereitungs-Sprache. Sie wird immer stärker eingesetzt, um Dokumente für den Datenaustausch und für den Gebrauch mit verschiedenen Dokumentenverarbeitungssystemen vorzubereiten. Die Server sind untereinander alle bis zu einem gewissen Grad gespiegelt.

Zugriff über:
WAIS *SGML.src*

Eines der besten SGML-Archive wird von der International SGML Users Group an der Universität Oslo betrieben.

Zugriff über:
ftp ftp.ifi.uio.no; Login anonymous; cd pub/SGML; get *FAQ.0.0*
(Ein Muß für jeden neuen SGMLer.)

Das SGML Project betreibt einen Server, der auch die Archive der Text Encoding Initiative (TEI) bereithält. Eines der Hauptziele der Initiative ist (unter anderem) die Repräsentation historischer Literatur.

Zugriff über:
ftp sgml1.ex.ac.uk; Login anonymous; cd tei

Dokumente der Special Interest Group on Hypertext and Multimedia (SIGhyper) der SGML User Group (SGML-UG). Abfragen sind über WAIS möglich.

Zugriff über:
WAIS *SIGHyper.src*

Die University of Virginia Rare Book School stellt eine Reihe von Dokumenten bereit, die SGML und ihre Verwendung beschreiben. Es gibt auch ein Archiv mit in SGML aufbereiteten historischen Dokumenten, normale Text-Versionen dieser Dokumente und in manchen Fällen Abbildungen der Dokumente. Der Zugriff auf diese Texte ist aber nur Universitätsmitgliedern möglich. Das ist sehr bedauerlich, weil dies die vielleicht bedeutendste Sammlung elektronischer Texte ist.

Zugriff über:
gopher orion.lib.Virginia.EDU /Electronic Text Center

San Diego Supercomputer Documentation

Eigentlich für die eigenen Mitarbeiter entwickelt. Sehr viele der vorhandenen Informationen sind für den Normalsterblichen nicht zu gebrauchen, aber sehr interessant, wenn Sie Dokumentation zu Cray-Computern suchen oder wenn Sie wissen wollen, wie es ist, einen Supercomputer zu verwenden.

Zugriff über:
WAIS *San_Diego_Super_Computer_Center_Docs.src*

Supernet

Ein Bulletin-Board-System für Leute, die mit Supercomputern zu tun haben. Enthalten sind ein Forschungsregister, eine Job-Börse, eine Liste mit Computer-Journalen und Software.

Zugriff über:
telnet supernet.ans.net; Login *hpcwire*

The Jargon File

Ein Wörterbuch der Computer-Fachausdrücke. Bildete die Basis für das Buch *The New Hacker's Dictionary.*

Zugriff über:
www http://web.cnam.fr/bin.html/By_Searchable_Index
(Hypertext-Version.)

WAIS *jargon.src*

UNIX Booklist

Eine Zusammenstellung von Büchern zu UNIX und C. Enthält auch die ISBN-Nummer, den Verlag und Bestellinformationen, falls vorhanden. Auch kurze Buchbesprechungen und Zusammenfassungen der Inhalte sind vorhanden. Wird von Mitch Wright in seiner (raren) Freizeit betrieben. Hinweise und Korrekturen sind willkommen.

Zugriff über:
ftp ftp.rahul.net; Login anonymous; cd pub/mitch/YABL; get yabl

Information:
Email: Mitch@yahoo.cirrus.com

Excerpt from **The Jargon File**, *3/16/94*

```
kluge
/klooj/ [from the German `klug',
clever]   1. n. A Rube Goldberg
(or Heath Robinson) device,
whether in hardware or software.
(A long-ago "Datamation" article
by Jackson Granholme said: "An
ill-assorted collection of poorly
matching parts, forming a dis-
tressing whole.")

snarf
/snarf/ vt   1. To grab, esp. to
grab a large document or file for
the purpose of using it with or
without the author's permission.
See also BLT

wetware
/wet'weir/ [prob. from the novels
of Rudy Rucker] n
1. The human nervous system, as
opposed to computer hardware or
software.
2. Human beings (programmers,
operators, administrators)
attached to a computer system, as
opposed to the system's hardware
or software. See liveware, meat-
ware.
```

UUNET FTP Archives

Eines der größten existierenden Archive an freiem Source Code und USENET-News. Die Datei ls-lR.Z enthält eine komprimierte Liste aller vorhandenen Dateien. Die UUNET-Archive können über WAIS durchsucht werden.

Zugriff über:
ftp ftp.uu.net; Login anonymous

WAIS Software Search Sources

Eine Erweiterung zu Archie, die mittels WAIS suchen kann. Verwendet werden zum Teil dieselben Techniken wie bei Netfind. Um den Suchmechanismus zu verstehen, sollten Sie auf jeden Fall die WAIS-Datei lesen.

Zugriff über:
WAIS *dynamic-archie.src*

Elektronische Magazine

Newsgruppen:
alt.[authorware, etext, motherjones, wired, zines], rec.mag

Electric Eclectic

Ein auf dem MIME-Standard basierendes Internet-Multimedia-Journal. Der Eclectic sieht sich als "Meta-Journal" bzw. als Sammlung "Virtueller Magazine" zu den unterschiedlichsten Themen wie Literatur, Kunst, Philosophie, aktuellen Ereignissen und anderen Dingen.

Information:
Email: ee-subscribe@eit.com
Email: ee-submit@eit.com
Email: ee-discuss-request@eit.com
Email: ee-volunteer@eit.com

Electronic Magazines Overview

Hunderte elektronischer Zeitschriften haben in den letzten Jahren das Licht der Welt erblickt. Einige davon existieren bis heute, während andere sang- und klanglos verschwunden sind.

Die meisten dieser Magazine präsentieren sich in Form einfacher ASCII-Dateien, obwohl auch einige systemspezifische Formate (z.B. Macintosh HyperCard) vorhanden sind. Die Verbreitung geschieht auf den unterschiedlichsten Wegen wie E-Mail, USENET, FTP, Gopher und dem World Wide Web.

Fine Art Forum

Das Fine Art Forum ist ein monatlich erscheinendes Kunstmagazin zu Künstlern und Veranstaltungen in den USA und in Europa. Das Magazin selbst liegt zwar nur in ASCII vor, es wurde aber ein WWW-Frontend mit Bildern der jeweiligen Künstler und ihrer Werke installiert. Links zu anderen Ressourcen sind ebenfalls vorhanden.

Zugriff über:
www http://www.msstate.edu/Fineart_Online/home.html

gopher gopher.msstate.edu /Resources Maintained at MsState University/FineArt Forum Online

ftp ftp.msstate.edu; Login anonymous; cd pub/archives/fineart_online

GRIST Online

Monatlich erscheinendes, rein textorientiertes Magazin zur Dichtung. Enthält einige Essays, Leserbriefe und Termine zu verschiedenen Lesungen, Shows und Workshops. In der 60er Jahren ist GRIST ursprünglich in gedruckter Form erschienen, wurde dann aber für das neue elektronische Medium aufbereitet (gedruckte Ausgaben sind aber immer noch erhältlich).

Zugriff über:
gopher etext.archive.umich.edu /Poetry/Grist

ftp etext.archive.umich.edu; Login anonymous; cd pub/Poetry/Grist

International Teletimes

Ein monatlich erscheinendes Magazin aus Vancouver, Kanada. Die Themen sind allgemein gehalten und reichen von Geschichte und Umwelt bis hin zu Menschenrechten. Ständige Rubriken sind unter anderem die "Photography Gallery" und internationale Küche.

Zugriff über:
www http://www.wimsey.com/teletimes.root/teletimes_home_page.html

Mother Jones Magazine

Das berühmte amerikanische Magazin im Hypertextformat.

Zugriff über:
www http://www.mojones.com

Quanta Magazine

Das Science-Fiction- und Fantasy-Magazin Quanta im ASCII- und PostScript-Format.

Zugriff über:
gopher gopher.cic.net /Electronic Serials/Alphabetic List/Q/Quanta

ftp export.acs.cmu.edu; Login anonymous; cd pub/quanta

ftp catless.newcastle.ac.uk; Login anonymous; cd pub/Quanta

The CICNet Electronic Journal Project

Gedacht als umfangreiches Archiv von Elektronik-Journalen und anderen Veröffentlichungen, ist diese Sammlung nicht mehr ganz aktuell. Der Index wurde zuletzt im Juli 1993 überarbeitet.

Zugriff über:
gopher gopher.cic.net /Electronic Serials

The University of Michigan Electronic Text Archive

Ein großes und aktuelles Archiv mit Magazinen und anderen Publikationen. Die Quelle für aktuelle Veröffentlichungen.

Zugriff über:
gopher etext.archive.umich.edu

Whole Earth 'Lectronic Magazine

Ein elektronisches Journal, dessen Texte in der Regel fiktiv sind. Enthält viele Buchbesprechungen. Auf dem Server befinden sich auch verschiedene andere Rubriken wie Kunst, Kommunikation, Cyberpunk, "The Grateful Dead", "das Militär und seine Praktiken", sowie Ausgaben des Whole Earth Review (Nachfolger des Whole Earth Catalog). Das Magazin wird vom WELL (Whole Earth 'Lectronic Link) veröffentlicht, dessen frühes Ziel der Aufbau einer "elektronischen Gemeinde" war.

Zugriff über:
gopher gopher.well.sf.ca.us /Whole Earth Review, the Magazine

e-zine-list

Ein Verzeichnis elektronisch zugänglicher Magazine. Viele persönliche und esoterische Zines sind darunter. Wird einmal im Monat aktualisiert.

Zugriff über:
ftp ftp.netcom.com; Login anonymous; cd pub/johnl/zines; get e-zine-list
(In ASCII.)

ftp ftp.netcom.com; Login anonymous; cd pub/johnl/zines; get e-zine-list.html
(In HTML.)

ERZIEHUNG

Newsgruppen:

k12.ed.[art, business, comp.literacy, health-pe, life-skills, math, music, science, soc-studies, special, tag, tech] and k12.lang.[art, deutsch-eng, esp-eng, francais, russian]

Academe This Week

Auszüge aus Chronicle of Higher Education, eine wöchentlich erscheinende Zeitschrift, die sich mit allen Aspekten des College- und Universitäts-Geschäfts beschäftigt.

Zugriff über:
gopher chronicle.merit.edu

ERIC Digests Archive

Kurze Berichte (nicht mehr als 1500 Worte) für alle, die mit Erziehung zu tun haben. Die Berichte enthalten üblicherweise Zusammenfassungen bestimmter Themen. Die Berichte stammen von ERIC Clearinghouses, das vom amerikanischen Erziehungsministerium gegründet wurde.

Zugriff über:
WAIS *eric-archives.src*

WAIS *eric-digests.src*

AskERIC-Helpsheets.src

AskERIC-infoguides.src

AskERIC-Lesson-Plans.src

AskERIC-Minisearches.src

AskERIC-Questions.src

Educator's Guide to Email Lists

Eine lange Sammlung von Mailing-Listen, die für Lehrer von besonderem Interesse sein könnten.

Zugriff über:
ftp nic.umass.edu; Login anonymous; cd pub/ednet; get educatrs.lst

Federal Information Exchange

Eine Informationsbörse verschiedener amerikanischer Regierungsbehörden und Bildungseinrichtungen. Bietet unter anderem

Informationen zu staatlichen Ausbildungs- und Forschungsprogrammen, Stipendien verschiedener Art und Förderungsmöglichkeiten.

Zugriff über:
telnet fedix.fie.com; Login *new*

International Centre for Distance Learning

Eine Datenbank, die sich ausschließlich mit Fernkursen, Kursen auf Videokassetten und im Fernsehen sowie allen anderen Formen des Fernunterrichts beschäftigt. Die Datenbank enthält Informationen zu verschiedenen Programmen und zu weiterführender Literatur. Unterschiedliche Themen wie Geisteswissenschaften, Kunst, Ingenieurwissenschaften, Landwirtschaft, Medizin usw. werden behandelt. Vom Anfänger bis zum Fortgeschrittenen werden alle Level bedient. Diese Ressource ist eigentlich kostenpflichtig. Die Datei *icdlinfo* beschreibt, wie Sie sich registrieren lassen können. Im Frühjahr 1994 war die Benutzung noch kostenlos, aber mit der Einschränkung, daß das nicht so bleiben wird.

Zugriff über:
telnet acsvax.open.ac.uk; Login *ICDL*;Landesname ohne Leerzeichen als Account angeben; Paßwort *AAA*

telnet acsvax.open.ac.uk; Login *ICDL* (Datei icdlinfo.)

Information:
E-Mail: n.ismail@vax.acs.open.ac.uk (Kommentare zur Datenbank);
E-Mail: l.r.a.melton@vax.acs.open.ac.uk (Anfragen)

Telefon: +44.908.653537

Minority Online Information Service

Informationen über schwarze und spanische Colleges und Universitäten in den USA. Beschrieben werden Fakultäten, akademische Programme, akademische Grade etc., Teil der Federal Information Exchange.

Zugriff über:
telnet fedix.fie.com; Login *new*

National Center on Adult Literacy (NCAL)

Der NCAL-Gopher enthält Informationen zu amerikanischen Bildungsprogrammen.

Zugriff über:
gopher litserver.literacy.upenn.edu

Software and Aids for Teaching of Mathematics

Eine Sammlung von Software, die Sie beim Erlernen von Mathematik unterstützen soll. Außerdem sind Newsletter, Reprints und anderes interessantes Material enthalten. Die Software ist in der Regel für IBM-kompatible PC. Andere Systeme könnten in der Zukunft folgen.

Zugriff über:
ftp archives.math.utk.edu; Login anonymous

Information:
Email: husch@math.utk.edu

SpaceMet

Siehe: Luft- & Raumfahrt.

Teacher*Pages

Eine Quelle an der Penn State University für Lehrer aller Ebenen. Informationen zu den unterschiedlichsten Themenbereichen und akademischen Bereichen sind vorhanden.

Zugriff über:
telnet psupen.psu.edu; Login unter Angabe der beiden Abkürzungsbuchstaben des U.S.-Bundesstaates, in dem man lebt (für Benutzer außerhalb der USA: probieren Sie es mit NY).

U.S. Department of Education Gopher

Dieser Gopher-Server wurde im November 1993 vom amerikanischen Department of Education eingerichtet und enthält Infos zu Programmen und Mitarbeitern, Ankündigungen, Presseinformationen und Verweise auf andere Quellen.

Zugriff über:
gopher gopher.ed.gov

FERNSEHEN

Newsgruppen:
alt.fan.*, alt.tv.*, rec.arts.*, rec.music.*, rec.arts.startrek

Monty Python

Eine große Sammlung mit Sketchen der Monty Python Truppe.

Zugriff über:
gopher ocf.berkeley.edu /OCF On-line Library/Monty_Python

Satelliten-Fernsehen

Diese von Jay Novello zusammengestellte Liste gibt Hinweise auf nützliche Informationen im Netz zum Thema Satelliten-Fernsehen und -Radio.

Zugriff über:
www http://itre.uncecs.edu/misc/sat.html

The Simpsons Archive

Was Sie schon immer über die Simpsons wissen wollten, bisher aber nirgendwo gefunden haben.

Zugriff über:
ftp ftp.cs.widener.edu; Login anonymous; cd pub/simpsons

FILM

Newsgruppen:
rec.arts.[animation, cinema, movies]

Film Database

Diese Filmdatenbank enthält über 6500 Filme. Bietet kurze Zusammenfassungen des Inhalts, Listen der Darsteller und vieles mehr. Alle besprochenen Filme sind vor dem Jahr 1986 erschienen.

Zugriff über:
gopher info.mcc.ac.uk /Miscellaneous items/Film database

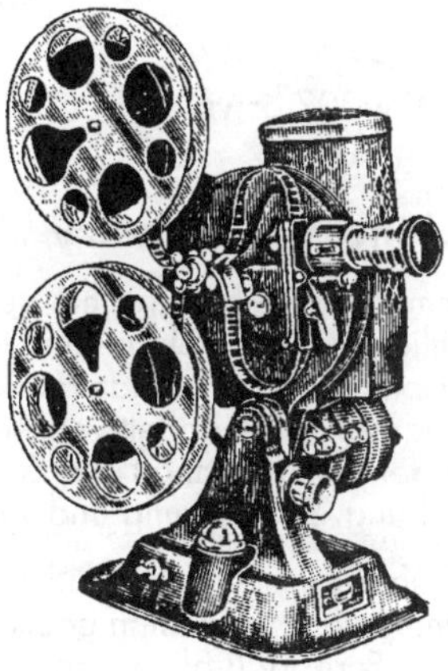

Hypertext Movie Database Browser

Eine im August 1993 eingeführte Filmdatenbank im Hypertext-Format. Sound und Videosequenzen sind zwar versprochen, bis jetzt aber noch nicht vorhanden.

Zugriff über:
www http://www.cm.cf.ac.uk/ Movies/moviequery.html

USENET Movie Review Archive

Ein Archiv mit Filmbesprechungen, die in der Newsgruppe "rec.arts.movies" erschienen sind. Die Daten sind nach Jahr und Monat sortiert. Kann recht langsam sein.

Zugriff über:
gopher ashpool.micro.umn.edu /fun/Movies

FORSTWIRTSCHAFT

Dendrome: Forest Tree Genome Mapping Database

Dendrome ist eine Sammlung verschiedener genetischer Baum-Datenbanken. Entwickelt wurden sie vom Institute of Forest Genetics unter Aufsicht der National Agricultural Library.

Zugriff über:
gopher s27w007.pswfs.gov

Social Sciences in Forestry

Eine kommentierte Bibliographie der forstwirtschaftlichen Bibliothek an der University of Minnesota, College of Natural Resources. Die Bibliographie behandelt verschiedene Bereiche der Forstwirtschaft wie Geschichte, Gesetzgebung, Besteuerung und vieles mehr.

Zugriff über:
gopher minerva.forestry.umn.edu /Social Sciences in Forestry Bibliography

Trees

Verschiedene Informationen zu Bäumen. Behandelt werden Themen wie Pflege, Pflanzung, Auswahl sowie Zeichen und Symptome bei Erkrankungen.

Zugriff über:
gopher bluehen.ags.udel.edu /Info by type of publication/Fact Sheets/Ornamental Horticulture

FREE-NETS

Free-Net Übersicht

Free-Nets sind das Ergebnis der Bemühungen, eine breite Anwendergemeinde mit Netzwerkdiensten zu versorgen. Zugänge zu solchen freien Netzen sind aber auch über das Internet möglich. Free-Nets sind normalerweise wie eine kleine Stadt organisiert, die Sie "durchwandern" können. Sie können am "Rathaus" halt machen, um lokale Fragen mit dem "Bürgermeister" zu diskutieren. Sie können im "Haus der Medizin" einkehren, um Gesundheitsfragen mit einem Profi zu diskutieren. Neben solchen Diskussionsforen existieren normalerweise aber auch die von klassischen Mailboxen bekannten Dienste wie Bulletin Boards, elektronische Post und andere Informationsdienste.

Die Ressourcen mancher Free-Nets sind echte Fundgruben. Wir haben sie separat aufgeführt. Jeder kann als Gast ein freies Netz besuchen, allerdings sind die Möglichkeiten dann etwas eingeschränkt. Zum Beispiel können Sie als Gast unter anderem keine E-Mail versenden. Diese Einschränkungen entfallen aber, wenn Sie sich registirieren lassen. Die Registrierung ist üblicherweise kostenlos, wenn Sie in einem bestimmten Bereich des Netzes wohnen, ansonsten ist eine geringe Gebühr zu entrichten. Wenn Sie sich als Gast einloggen, sehen Sie in der Regel eine Nachricht, die erklärt, wie Sie sich registrieren lassen können.

Die Software der freien Netze ist menügesteuert und einfach zu Handhaben, also versuchen Sie es ruhig mal. Wenn Sie selbst an den Aufbau eines Free-Net denken, wenden Sie sich an Dr. T. M. Grundner unter *tmg@nptn.org*

Buffalo Free-Net

Enthält Informationen über das westliche New York.

Zugriff über:
telnet freenet.buffalo.edu; Login *freeport*

CapAccess: The National Capital Area Public Access Network

Ein Free-Net für den Bereich Washington, D.C. Behandelt Themen wie Erziehung, gesundheitliche und soziale Dienste sowie Bibliotheksdienste.

Zugriff über:
telnet cap.gwu.edu; Login *guest*;
Paßwort *visitor*

Cleveland Free-Net

Das original Free-Net und immer noch das Mekka der Free-Net-Entwicklung. Wird sehr stark frequentiert; es ist daher ziemlich schwer, sich einzuloggen.

Zugriff über:
telnet freenet-in-a.cwru.edu

Columbia Online Information Network

Gesellschaft, Erziehung und Informationen zur Landespolitik im Bereich Columbia sind hier zu finden.

Zugriff über:
telnet bigcat.missouri.edu; Login *guest*

Denver Free-Net

Das Thema Kunst ist hier sehr stark vertreten.

Zugriff über:
telnet freenet.hsc.colorado.edu; Login *guest*

Erlangen-Nürnberg Free-Net

Ein deutsches Free-Net! Die Themen reichen von der Europäischen Gemeinschaft über Film und Video bis hin zu Erziehung und Unterhaltung. Die Menüs sind in Deutsch und Englisch vorhanden.

Zugriff über:
telnet freenet-a.fim.uni-erlangen.de;
Login *gast*

Heartland Free-Net

Ein Free-Net in Peoria, Illinois. Enthält Informationen zu Freizeitmöglichkeiten und Jobangeboten im U.S.-Staat Illinois. Der Hobbygärtner kann sich im "Home and Garden Center" schlau machen.

Zugriff über:
telnet heartland.bradley.edu; Login *bbguest*

Lorain County Free-Net

Ein Free-Net in Elyria, Ohio. Enthält unter anderem auch einige Spiele.

Zugriff über:
telnet freenet.lorain.oberlin.edu; Login *guest*

National Capital Free-Net (Canada)

Einige französichsprachige Menüs; kanadische Ressourcen und kanadische Politik.

Zugriff über:
telnet freenet.carleton.ca; Login *guest*

Tallahassee Free-Net

Free-Net in Florida. Enthält unter anderem Informationen zu Wirtschaft, Religion und Gärtnerei.

Zugriff über:
telnet freenet.fsu.edu; Login *visitor*

Victoria (British Columbia) Free-Net

Unterhält Gruppen zu den Themen Umwelt und Medizin.

Zugriff über:
telnet freenet.victoria.bc.ca; Login *guest*

Youngstown Free-Net

Ein Free-Net in Youngstown, Ohio. Themenschwerpunkte sind die Gesundheit (siehe "hospital") und Veterinärmedizin (siehe "animal hospital").

Zugriff über:
telnet yfn.ysu.edu; Login *visitor*

FREIZEIT

Newsgruppen:
alt.[aquaria, magic, sewing], rec.[antiques, aquaria, collecting, crafts.brewing, crafts.misc, crafts.textiles, folk-dancing, gambling, gardens, guns, juggling, models.railroad, models.rc, models.rockets, photo, radio.amateur.misc, radio.amateur.packet, radio.amateur.policy, radio.cb, railroad, roller-coaster, woodworking]

Biking Information (Norwegen)

Hier finden Sie ein Programm names "Bike Manager", eine Anleitung zum Bau eines eigenen Bremsverstärkers und den "Great Trail of Strength Report" von 1991 bis 1993.

Zugriff über:
ftp ugle.unit.no; Login anonymous; cd local/biking

Fallschirmspringen

Enthält Bilder, ein FAQ, das rec.skydiving-Archiv und Links auf andere Fallschirmspringer-Ressourcen im Internet.

"Wenn das Steuern eines Flugzeugs fliegen ist, dann ist das Steuern eines Bootes schwimmen. Um eine wirkliche Erfahrung zu machen, müssen Sie *hinaus* in das Element".

Zugriff über:
www http://www.cis.ufl.edu/skydive/

Internet Go Server

An diesem Computer können Sie Gleichgesinnte treffen und "GO" spielen. Kibitzen und zusehen bei anderen Partien ist erlaubt.

Zugriff über:
telnet hellspark.wharton.upenn.edu 6969; Login *guest*

Juggling FTP Archives

Die Quelle für den Jonglier-Freak. Ressourcen wie den Jugglers World Newsletter, einer Liste mit Anbietern, Festivals, Clubs und einigen Informationen der International Jugglers Association.

Zugriff über:
ftp cogsci.indiana.edu; Login anonymous; cd pub/juggling

Information:
Email: moocow@piggy.cogsci.indiana.edu

Kampfsport

Ein Archiv in Israel mit Informationen zu verschiedenen Kampfsportarten und "Stretching".

Zugriff über:
www http://archie.ac.il:8001/papers/rma/rma.html

Etwas spezialisierter ist diese nach Kontinent sortierte Liste aller bekannten Aikido-Dojos. Darüberhinaus Informationen zu aktuellen Ereignissen, Büchern und Videos.

Zugriff über:
ftp cs.ucsd.edu; Login anonymous; cd pub/aikido

Zusätzliche Informationen zu Aikido finden Sie auch auf folgendem Gopher:

Zugriff über:
gopher somalia.earth.nwu.edu /Aikido Resources

Schach

Der FTP-Server enthält sehr viel Informationen zum Thema Schach, inklusive verschiedener Schachprogramme für unterschiedliche Plattformen und einem FAQ.

Am Assumption College gibt es einen Server, wo Sie andere Schachspieler treffen und mit ihnen Schach spielen können. Wenn Sie es vorziehen, können Sie aber auch nur "zusehen". Teilnehmer müssen sich registrieren lassen, wenn Spiele abgespeichert werden sollen und wenn sie in der Rangliste geführt werden sollen.

Zugriff über:
ftp remus.ucs.uoknor.edu; Login anonymous; cd pub/chess

telnet eve.assumption.edu

Scuba Diving Information

Jede Menge Material zum Tauchsport. Besprechungen verschiedener Reiseziele, Tauchbedingungen, Neues zu Taucherausrüstungen. Sehr viele Unterlagen stammen aus der Newsgruppe "rec.scuba", es gibt aber noch sehr viel anderes Material.

Zugriff über:
ftp ames.arc.nasa.gov; Login anonymous; cd pub/SCUBA

Information:
Email: yee@ames.arc.nasa.gov

Simulated Conversations

Der "Conversational Hypertext Server" stellt sich als künstlicher Gesprächspartner zur Verfügung. Manche Konversationen haben den Hauch eines Fantasy-Spiels. Im Vergleich zu den alten Psychoanalyse-Simulationen ein echter Fortschritt.

Zugriff über:
telnet debra.doc.ca

Ski FAQ

Eine Liste mit häufig gestellten Fragen zum Skilaufen. Daneben Informationen zum Skilaufen in Utah, Idaho und Wyoming. Die Daten zu Utah sind die vollständigsten.

Zugriff über:
ftp ski.utah.edu; Login anonymous; cd skiing

Windsurfing

Sie wollen in den USA Windsurfen? Hier finden Sie einige Gebiete, wo Sie Ihrem Hobby frönen können, dazu Informationen zu Surf-Shops und Telefonnummern einiger Windberichts-Stationen, Windsurfing-Karten und so weiter.

Zugriff über:
ftp lemming.uvm.edu; Login anonymous;
cd rec.windsurfing

GÄRTNEREI

Newsgruppen:
rec.gardens

Master Gardener Information

Dieser Server wird vom Texas Agricultural Extension Service betrieben und befindet sich immer noch in der Entwicklungsphase. Sie finden Informationen zu Früchten und Nüssen, Blütenpflanzen, Bäumen, Sträuchern Gräsern und Gemüsen.

Zugriff über:
gopher gopher.tamu.edu /Texas A&M Gophers/Texas Agricultural Extension Service Gopher (Linux)/Master Gardener Information

The Gardener's Assistant

Ein Shareware-Programm für den IBM-PC. Hilft bei der Planung und Pflanzung eines Gartens. Sie tragen eine Menge von Informationen ein und das Programm rät Ihnen, welche Arten Sie pflanzen sollen, wann Sie sie pflanzen sollen und wie Sie sie richtig pflegen. Registrierungs-Information vorhanden.

Zugriff über:
ftp *wuarchive.wustl.edu;*
cd *systems/ibmpc/msdos/database;*
get *gardener.zip*

University of Missouri Horticulture Guides

Hunderte von Artikeln zu Themen wie "Fäulnis in Obstplantagen" und "Ernte und Lagerung von Gemüse". Alles aus lokaler Sicht, aber trotzdem nützlich.

Zugriff über:
gopher bigcat.missouri.edu /Reference and Information Center/University of Missouri Horticulture Guides

GEOGRAPHIE

CIA World Map

Die Landkarten-Datenbank der CIA. Ein Programm zum Zeichnen von Landkarten ist ebenfalls vorhanden.

Zugriff über:
ftp ftp.cs.toronto.edu; Login anonymous;
cd doc/geography/CIA_World_Map

Geographic Information Server

Zugriff auf Daten der U.S. Geodetic Survey und des U.S. Postal Service. Anfragen können über den Städtenamen (Sebastopol oder Sebastopol, CA) durchgeführt werden. Der Server liefert Längen- und Breitengrad, Einwohnerzahl, Postleitzahl etc. zurück.

Nicht alle Daten sind korrekt (Beispielsweise die Postleitzahl für Sebastopol)

Zugriff über:
www http://sipb.mit.edu:8001/geo

telnet martini.eecs.umich.edu 3000

GEOLOGIE

Newsgruppen:
sci.geo.geology

Computer Oriented Geological Society (COGS)

Die Archive des Computer Oriented Geological Society's Bulletin Board Service. Enthält sehr viel interessantes Material (natürlich auch Antragsformulare für die Mitgliedschaft). Ein Muß ist die Datei "internet.resources.earth.sci", eine Liste mit sehr vielen Ressourcen wie Datenarchiven, digi- talisierten Landkarten, Bibliographien und Online-Publikationen. Software aus den unterschiedlichsten Bereichen wie Geophysik, Geochemie, Hydrologie, Mineralogie, Bergbau etc. ist ebenfalls vorhanden. Aufnahmen des Landsat-Satelliten sind auch verfügbar.

Zugriff über:
ftp csn.org; Login anonymous; cd COGS

Information:
Email: cogs@flint.mines.colorado.edu

Telefon: (303) 751-8553

Earthquake Information

Erdbebendaten wie Ort und Stärke aktueller Beben sind hier aufgeführt.

Zugriff über:
finger quake@geophys.washington.edu

Global Land Information System

GLIS ist ein vom U.S. Geological Survey unterstütztes, interaktives System. Enthält Informationen für den Zugriff auf bzw. die Bestellung von öffentlichen, computerisierten geographischen Daten des USGS. Sie können sich einen Teil der Daten als "guest"-User ansehen, die gesamte Funktionalität steht Ihnen aber nur als registriertem Benutzer zur Verfügung.

Zugriff über:
telnet glis.cr.usgs.gov; drücken Sie RETURN; geben Sie *GUEST* ein

USGS Geological Fault Maps

Eine Datenbank geologischer Fehler (beschränkt auf die USA). Enthält Software zur Erstellung von Landkarten der Fehler. Die reinen Daten sind nicht in einem Standardformat vorhanden (eher Längen- und Breitengrade). Sie benötigen also die Software, um die Karten darzustellen.

Zugriff über:
ftp alum.wr.usgs.gov; Login anonymous; cd pub/map

USGS Information

Ein Service der United States Geological Survey. Daten zur Untersuchung selbst, verfügbaren Ressourcen, Software und andere Services aus den Bereichen Geologie, Hydrologie und Kartographie. Nach Themenbereichen sortiert enthält der Server Audio-, Text- und Bilddaten. Auch animiertes Material ist vorhanden.

Zugriff über:
www http://info.er.usgs.gov/

USGS Weekly Seismicity Reports

Wöchentlich erscheinende Berichte seismischer Aktivitäten (Erdbeben, Vulkane etc.) und Landkarten Nordkaliforniens, den USA und der Erde.

Die Datei weekmap.dos ist im ASCII-Format.

Zugriff über:
ftp garlock.wr.usgs.gov; Login anonymous; cd pub/WEEKREPS/
(Inklusive Landkarten im GIF-Format)

GESCHICHTE & ZIVILISATION

Newsgruppen:
soc.history, sci.classics

Siehe auch: Literatur; Klassische Sprachen & Literatur; Geschichte der Wissenschaft

1492 Exhibition

Online-Version einer Ausstellung der Library of Congress aus dem Jahre 1992. "1492: An Ongoing Voyage" betrachtet die neue und die alte Welt der damaligen Zeit.

FTP- und WWW-Interface vorhanden:

Zugriff über:
ftp ftp.loc.gov; Login anonymous;
cd pub/exhibit.images/1492.exhibit

www http://sunsite.unc.edu/expo/1492.exhibit/Intro.html

Bryn Mawr Medieval Review

Eine Schwester-Publikation des Bryn Mawr Classical Review. Die erste Ausgabe ist Ende 1993 erschienen.

Zugriff über:
gopher orion.lib.Virginia.EDU /Electronic Journals/Bryn Mawr Medieval Review

EXPO: WWW Exhibit Organization

EXPO ist Sammelpunkt für eine Reihe von Ausstellungen im Hypertext-Format, darunter auch die Ausstellungen der Library of Congress, die auch in diesem Katalog besprochen werden. Ein großer Teil der hinter EXPO stehenden Arbeit wurde von Frans van Hoesel geleistet. Für eine schnelle Übersicht empfiehlt sich das Dokument "EXPO Overview".

Zugriff über:
www http://sunsite.unc.edu/expo/ticket_office.html

www http://sunsite.unc.edu/expo/expo/overview.html

Middle East Studies Association

Die Middle East Studies Association ist eine professionelle Organisation, die sich mit dem mittleren Osten und artverwandten Themen befaßt. Der Server enthält Teile des *Bulletin* und anderes wichtiges Material.

Zugriff über:
gopher vmsgopher.cua.edu /The Catholic University of America Gopher service/Special Resources/Middle East Studies Association Bulletin

Mississippi State History Archives

Dieser FTP-Server enthält viele Quellen zum Geschichtsstudium. Enthalten sind der National Council of History's Education Newsletter (alle mit "NCHE" beginnenden Dateien im "newsletter"-Verzeichnis), Material zum Vietnamkrieg, verschiedene Bibliographien und andere Daten. Außer dem Material zu Vietnam und dem NCHE-Newsletter scheint es keine besondere Spezialisierung zu geben. Das vorhandene Material reicht von Studien des Mittelalters über den französischen Sozialismus bis hin zu Andrew Jackson und vielen anderen, verschiedenen Themen. Wenn Sie Historiker sind, sollten Sie 10 Minuten investieren, um mal zu sehen, ob es auch für Sie etwas Interessantes zu entdecken gibt.

Zugriff über:
ftp ftp.msstate.edu; Login anonymous;
cd docs/history

Soviet Archives

Material der geöffneten Soviet-Archive, zusammengestellt von der Library of Congress. Themen wie "Leben im Soviet-System", Chernobyl, kalter Krieg, Kubakrise und vieles mehr wird hier behandelt. Für jeden, den die jüngste Geschichte interessiert, ein Muß.

Sowohl FTP als auch WWW-Interface verfügbar:

Zugriff über:
ftp ftp.loc.gov; Login anonymous;
cd pub/exhibit.images/russian.archive

www http://sunsite.unc.edu/
expo/soviet.exhibit/soviet.archive.html

U.S. Historical Documents

Verschiedene Dokumente und Unterlagen zu großen Ereignissen der amerikanischen Geschichte. Von der Mayflower bis hin zur Kapitulation der Japaner im zweiten Weltkrieg.

Zugriff über:
ftp wiretap.spies.com; Login anonymous;
cd Gov/US-History

Als Teil des Project Gutenberg:

Zugriff über:
gopher spinaltap.micro.umn.edu
/Gutenberg/Historical Documents

Die folgende Quelle enthält ebenfalls wichtige, historische amerikanische Dokumente.

Zugriff über:
ftp ftp.eff.org; Login anonymous;
cd pub/academic/civics

GESCHICHTE DER WISSENSCHAFT

HOST: An Electronic Bulletin for the History and Philosophy of Science and Technology

Veröffentlicht vom Institute for the History and Philosophy of Science in Toronto, ist diese Publikation ein ernstzunehmens akademisches Journal, das sich mit der Geschichte der Wissenschaft, angefangen von der Antike bis in die heutige Zeit, beschäftigt. Enthält auch Buchbesprechungen und Verweise auf andere Internet-Ressourcen. Erscheint zweimal im Jahr.

Zugriff über:
gopher miles.library.arizona.edu /Resources By Discipline/History/History and Philosophy of Science and Technology

History of Science Server

Ein Versuch, Veröffentlichungen anerkannter Wissenschaftler an einem einzigen Ort zu sammeln.

Zugriff über:
gopher gopher.hs.jhu.edu

HAUSTIERE

Newsgruppen:
rec.pets, rec.pets.[birds, cats, dogs, herp]

Siehe:
Free-Nets - Youngstown Free-Net; Medizin & Gesundheit - FDA Electronic Bulletin Board

AVES: Bird Related Information

Ein Archiv mit Abbildungen von Vögeln. Damit verknüpft sind Basisinformationen zu den verschiedenen Spezies. Einige der Abbildungen sind nur von mäßiger Qualität.

Zugriff über:
gopher vitruvius.cecer.army.mil

Llamas

Ein kleines Verzeichnis mit Informationen zu Organisationen von LLama-Freunden, einem Llama-FAQ und einigen Schwarz/Weiß-Bildern.

Zugriff über:
gopher gopher.hs.jhu.edu /—>...Images/Miscellaneous/Llamas

Pet FAQs

FAQs verschiedener Newsgruppen. In der Hauptsache zu Hunden, aber auch zu Fischen und Flöhen (wenn Sie einen eigenen Zirkus aufmachen wollen).

Zugriff über:
ftp quartz.rutgers.edu; Login anonymous; cd pub/pets

HOBBIES

Newsgruppen:
alt.[aquaria, magic, sewing], rec.[antiques, aquaria, collecting, crafts.brewing, crafts.misc, crafts.textiles, folk-dancing, gambling, gardens, guns, juggling, models.railroad, models.rc, models.rockets, photo, radio.amateur.misc, radio.amateur.packet, radio.amateur.policy, radio.cb, railroad, roller-coaster, woodworking]

Ceramics Gopher

Eine experimentelle Datenbank zu Glas und Keramik. Teil eines Projektes der GlazeBase Working Group am National Council for Education in the Ceramic Arts (NCECA). Enthält Informationen und Archive einer Mailing-Liste namens ClayArt, Artikel zu Keramik, eine Lieferantenliste, GlazeBase (Glas-Datenbank) und eine Material-Datenbank.

Zugriff über:
gopher gopher.sdsu.edu /SDSU Campus Topics/Departmental Information/Art Department/The Ceramics Gopher

Ham Radio

Der Rufzeichenindex des nationalen amerikanischen "ham radio" (Amateurfunks). Gesucht werden kann nach Rufzeichen, Name oder Ort.

Zugriff über:
www http://www.mit.edu:8001/callsign

telnet callsign.cs.buffalo.edu 2000

www http://www.mcc.ac.uk/OtherPages/AmateurRadio.html

Diese Ressource bietet verschiedene Materialien für den amerikanischen Amateurfunker wie Newsgruppen, ein FAQ, FCC-Vorschriften, Verweise auf andere Quellen und ein Lizenz-Quiz.

Zugriff über:
www http://www.acs.ncsu.edu/HamRadio

Hockey Cards Mailing List Archive

Eine Mailing-Liste für Sammler von Eishockey-Karten. Enthält Namen potentieller Tauschpartner und verschiedene Checklisten. Aufnahme durch Mail an hockey-request@yahoo.cirrus.com.

Zugriff über:
ftp ftp.rahul.net; Login anonymous; cd pub/mitch/hockey

Information:
Email: mitch@cirrus.com

Horticultural Engineering Newsletter

Gartenbau-Interessierte finden hier Ausgaben des Newsletter. Informationen zu Gewächshäusern, Samen und andere Daten zu Gartenbau-Techniken. Zugriff über PEN Pages (siehe Landwirtschaft).

Zugriff über:
telnet psupen.psu.edu; Login unter Angabe der beiden Abkürzungsbuchstaben des U.S.-Bundesstaates, in dem man lebt (für Benutzer außerhalb der USA: probieren Sie es mit NY).

Tango

Geschichte des Tango, Liedtexte, Notationen, Bibliographien. Wenn Sie etwas über den Tango wissen wollen, werden Sie es hier mit größter Wahrscheinlichkeit finden.

Zugriff über:
www http://litsun.epfl.ch/tango/welcome.html

INGENIEURWISSENSCHAFTEN

Newsgruppen:
sci.engr, sci.engr.[chem, biomed, civil, control, manufacturing, mech]

Cornell Theory Center Server

Das Cornell Theory Center ist eines von vier National Advanced Scientific Computing Centern, die von der amerikanischen National Science Foundation unterstützt werden. Der Server enthält nur verschiedene Softwarepakete und -Dokumentationen.

Zugriff über:
www http://www.tc.cornell.edu/ctc.html

INTERESSENGRUPPEN

Newsgruppen:
soc.[answers, bi, college, couples, culture, feminism, men, motss, penpals, politics, religion, rights, roots, singles, veterans, women], talk.*

Columbia Index to Hispanic Legislation

Material der Library of Congress zum Thema Columbia Law School concerning Hispanic oriented legislation.

Zugriff über:
WAIS *columbia-spanish-law-catalog.src*

Information:
Email: willem@lawmail.law.columbia.edu

Deaf Gopher

Ein Gopher an der Michigan State University mit Informationen zu Diensten für Gehörlose in Michigan. Enthält auch "Deaf Alert", eine Sammlung von Dokumenten zu Gehörlosigkeit in Geschichte und Kultur.

Zugriff über:
gopher burrow.cl.msu.edu /Information for the MSU Community/MSU College & Departmental Information/Deaf-Gopher

Feminism Information

Material zum Feminismus. Entweder direkt aus der Newsgruppe soc.feminism entnommen oder doch zumindest Bezug darauf nehmend. Die Archive der Newsgruppe selbst sind nicht enthalten.

Zugriff über:
ftp rtfm.mit.edu; Login anonymous;
cd pub/usenet/news.answers/feminism

Hispanic Interest

Die UCLA fördert den Chicano-LatinoNet Gopher. Der Server besitzt einen WAIS-Index, Veranstaltungslisten, Stipendiate und ähnliches. Es existiert auch ein Verzeichnis mit Verweisen auf andere Ressourcen.

Zugriff über:
gopher latino.sscnet.ucla.edu

Queer Resources Directory

Eine gute Quelle für die Schwulen-, Lesben- und Bisexuellen-Gemeinde. Verschiedene AIDS-Foren mit Fakten und Behandlungsmethoden. Kontakte zu verschiedenen Aktivisten- und Selbsthilfegruppen. Eine Bibliographie interessanter Literatur. Bürgerrechte und Partnerschaft. Auch Teile des GLAAD-Newsletter finden Sie hier online.

Zugriff über:
ftp vector.casti.com; Login anonymous;
cd pub/QRD/.html/QRD-home-page.html
(WWW interface)

gopher vector.casti.com /Queer Resources

ftp vector.casti.com; Login anonymous;
cd QRD

Information:
Email: QRDstaff@vector.casti.com

INTERNATIONALE INTERESSEN

Newsgruppen:
soc.culture.*

Algerien

Ein kleines Archiv mit Reiseinformationen und Kontaktadressen der algerischen Regierung und algerischer Universitäten (alles in Englisch).

Zugriff über:
ftp ftp.cse.psu.edu; Login anonymous;
cd pub/mbarki/information/algeria

Australien

Material zu Computertechnik, Netzwerken und Libraries in Australien.

Zugriff über:
WAIS *aarnet-resource-guide.src*

Ein kurzer Australien-Führer im Hypertext-Format. Beruht stark auf dem Biodiversity Server der Australian National University.

Zugriff über:
www http://life.anu.edu.au/education/australia.html

Brasilien

Der Server wird vom Rede Nacional de Pesquisa (nationales Forschungsnetz) betrieben, beheimatet in Rio de Janeiro. Die Informationen liegen in portugisischer Sprache vor.

Zugriff über:
www http://www.rnp.br/

Chinese Community Information Center

Diese Ressource wird von der International Federation of Chinese Students and Scholars betrieben, also nicht von der chinesischen Regierung. Informationen gibt es zu Themen wie Emigration, Steuergesetzen, chinesische Studien, Computer und chinesische Zeichensätze und ähnliches. Ein Bildarchiv ist ebenfalls vorhanden. Sowohl WWW- als auch FTP-Interface vorhanden.

Zugriff über:
www http://ifcss.org:8001/index.html

ftp ifcss.org; Login anonymous

gopher ifcss.org

Deutschland

Ein in Texas stehendes, kleines Archiv mit Informationen zu Deutschland, den Deutschen und der deutschen Kultur. Das Material steht auf Deutsch und Englisch zur Verfügung.

Zugriff über:
ftp rascal.ics.utexas.edu; Login anonymous; cd misc/germans

Esperanto

Esperanto ist eine von L.L. Zamenhof im Jahre 1887 eingeführte Kunstsprache. Dieser Server bietet einen entsprechenden Lernkurs an. Die Home Page ist in Niederländisch, es gibt aber auch eine englische Version.

Zugriff über:
www http://utis179.cs.utwente.nl:8001/esperanto/hyperkursus/oficej.html

Europa

Eine Home Page zu Europa. Der Server wird zwar in Portugal betrieben, enthält aber Links zu länderspezifischen Home Pages in anderen Ländern.

Zugriff über:
www http://s700.uminho.pt/europa.html

France & French Language

Ein Server mit Verweisen zu Ressourcen aller Themenbereiche, sowohl in Frankreich als auch in französischer Sprache. Der erste Schritt bei der Erforschung des französischen Teils des Internet.

Zugriff über:
www http://cuisg13.unige.ch:8100/franco.html

Holland

Ein Menü mit Informationen zu niederländischen Internet-Ressourcen inkl. Universitäten und Bibliotheken. Der angegebene Link zeigt auf die englische Version; es gibt aber auch eine niederländische Version.

Zugriff über:
gopher rugcis.rug.nl /Informatiediensten buiten RUG/Nederland

Iran

Dokumente und Software zum Iran und zur persischen Sprache. Das Verzeichnis Iran_Lib enthält Grafiken (/Images/GIF), Sounds, Software für Perser und vieles mehr.

Zugriff über:
ftp tehran.stanford.edu; Login anonymous

www http://tehran.stanford.edu/

Israel

Ein Server in New York mit sehr viel Material zu jüdischer Kultur, der hebräischen Sprache und Israel.

Zugriff über:
ftp nysernet.org; Login anonymous; cd israel

Japan Information

Ein Multimedia-Server mit Informationen zu Japan (beispielsweise der japanischen Nationalhymne). Der Link führt zu einem englischsprachigen Dokument. Hier ist auch beschrieben, wie Sie sich die japanische Version ansehen können.

Zugriff über:
www http://www.ntt.jp/japan/

Latin American Network Information Center

Dieser Gopher wird vom Institute of Latin American Studies (ILAS) an der University of Texas at Austin betrieben, um lateinamerikanischen Benutzern weltweiten Zugriff auf Informationsdienste zu ermöglichen, und bietet Zugriff auf Informationen zu und aus Lateinamerika.

Zugriff über:
gopher lanic.utexas.edu

Libanon

Gegründet von Bertha Choueiry soll dieses Archiv "als Quelle kulturellen Materials des Libanon und des mittleren Ostens in Form von Text, Grafiken und Sound dienen....[ohne] politische, religiöse, konfessionelle oder ethnische Wertungen". Von einer Liste libanesicher Restaurants in London bis hin zu GIFs libanesischer Musiker ist alles enthalten. Ebenfalls enthalten sind Dokumente zu anderen Teilen der arabischen Welt.

Zugriff über:
ftp liasun3.epfl.ch; Login anonymous; cd users/choueiry

Barre Ludvigsen hat eine Liste erstellt, die auf andere Ressourcen im Netz zum Thema Libanon verweisen.

Zugriff über:
www http://www.ludvigsen.dhhalden.no/webdoc/levant_servers.html

Mexico

Dieser Gopher wurde im November 1993 eingeführt und dient sowohl akademischen als auch kommerziellen Zwecken.

Zugriff über:
gopher telecom.mty.itesm.mx

New Zealand Information

Eine Hypertext Home Page zu Neuseeland mit Links zum Wellington City Council Gopher und zur Home Page der Victoria University in Wellington.
Enthält Informationen zur Sprache der Maori, zu neuseeländischem Essen und dem Tuatara, einem fleisch-fressenden Reptil, das drei Augen hat, solange es jung ist (was wahr sein muß, da wir es im Internet gelesen haben!).

Zugriff über:
www http://www.cs.cmu.edu:8001/Web/People/mjw/NZ/MainPage.html

Norwegen

Seit dem September 1993 betreibt das norwegische Televerkets Forskningsinstitutt einen Web-Server, der auch die Universität Oslo bedient. Die Daten stehen auf Norwegisch zur Verfügung. Enthalten ist unter anderem eine Hypertext-Präsentation des Telemuseum Meny mit (kleinen) Grafiken und Videosequenzen.

Zugriff über:
www http://www.nta.no/uninett/norweb.html

Ein anderer Server in Norwegen wird von Norsk Regnesentral betrieben und bietet ein Online-Wörterbuch.

Zugriff über:
www http://www.nr.no/ordbok

Pigulki(Polnische Magazine)

Eine Reihe von News, Pressemitteilungen und Humor von oder über Polen. Wenn Sie Interesse an Polen haben, sollten Sie sich auch Louisiana Tech Gopher/Electronic Media/ISSN Serials/Donosy ansehen. Das Journal ist auf Polnisch.

Zugriff über:
gopher gopher.cic.net /Electronic Serials/Alphabetic List/P/Pigulki/

Wenn Sie Interesse an Polen haben, sehen Sie sich das Donosy-Journal an. Das Journal ist auf Polnisch.
gopher gopher.cic.net /Electronic Serials/Alphabetic List/D/Donosy/

Portugal

Allgemeine Informationen und eine interaktive Landkarte (mit langen Ladezeiten).

Zugriff über:
www http://s700.uminho.pt/Portugal/portugal.html

Russisch

Datensammlung über Russen und die frühere Sowjetunion. Enthält auch Software (in der Hauptsache Fonts) zur Unterstützung des kyrillischen Alphabets.

Zugriff über:
ftp mimsy.umd.edu; Login anonymous; cd pub/cyrillic

The Project for American & French Research of the Treasury of the French Language

Auch als ARTFL bekannt. Diese indizierte Datenbank bietet knapp 200 Texte, von klassischen Arbeiten der französischen Literatur bis hin zu Prosa und technischen Dokumenten. Das 18., 19. und 20. Jahrhundert ist in etwa zu gleichen Teilen vertreten. Ebenfalls vorhanden sind, wenn auch nicht so umfangreich, Texte aus dem Mittelalter und der Renaissance. Novellen, Verse, Essays, Schriftwechsel und Abhandlungen sind vertreten. Die Themen reichen von Literaturkritik, Biologie, Geschichte und Wirtschaft bis hin zur Philosophie. In den meisten Fällen wurden Standard-Schuleditionen in maschinenlesbares Format umgewandelt. Die Daten enthalten auch Seitenreferenzen dieser Ausgaben.

Benutzer greifen auf diese Datenbank über das PhiloLogic-System zu, einem "einfach zu bedienenden Volltext-Retrieval-System".

Der WWW-Server enthält auch Verweise auf andere französischsprachige Ressourcen.

Zugriff über:
www http://tuna.uchicago.edu/ARTFL.html

Türkei

Ein WWW-Server, gesponsort von der Technischen Universität in der Nähe von Ankara. Enthält Informationen über die Universität und Verweise auf andere Quellen zu Türken und der Türkei. Ein großer Teil der Daten ist in türkischer Sprache verfaßt.

Zugriff über:
www http://www.metu.edu.tr/

INTERNET-DIENSTE

Newsgruppen:
news.[announce.important, announce.newusers, newusers.questions, answers, groups, future, lists, software.readers, sysadmin, misc]

Internet Service Providers

Verschiedene Listen mit Organisationen, die privaten oder kommerziellen Zugang zum Internet anbieten. Aus dem Buch *Internet: Getting Started.*

Zugriff über:
ftp nis.nsf.net; Login anonymous;
cd internet/providers

Prototype WAIS FTP Server

So eine Art "Archie trifft FTP" mit einem WAIS-Interface. Hier die (übersetzte) Beschreibung aus dem Server-Verzeichnis:

Dieser Server durchsucht den gesamten FTP-Verzeichnisbaum nach README-Dateien. Wird eine interessante Datei entdeckt, sollte sie als Feedback-Dokument verwendet werden. Wird die Suche dann wiederholt, erhält der Benutzer ein Listing des FTP-Verzeichnisses, in dem die README-Datei gefunden wurde. Der Benutzer kann dann Dateien aus diesem Verzeichnis herunterladen. Text-Dateien werden mit "TEXT" gekennzeichnet, alle anderen Dateien sind vom Typ "FTP".

Zugriff über:
WAIS *quake.think.com-ftp.src*

INTERNET INFORMATIONS- & RESSOURCEN-VERZEICHNISSE

Acceptable Use Policies

Die "Acceptable Use Policies", also die Nutzungsbedingungen, für eine Reihe von Netzwerken. Beschreibt, welche Art von Datentransfer im jeweiligen Netzwerk erlaubt ist bzw. noch geduldet wird.

Zugriff über:
ftp nis.nsf.net; Login anonymous;
cd acceptable.use.policies

Anonymous FTP Sites

Eine sehr lange Liste im ASCII-Format mit Servern, die "anonymous FTP" erlauben.

Zugriff über:
ftp ftp.ucsc.edu; Login anonymous;
cd public; get ftpsites

Archie Request Form

Ein sehr gutes, formularbasiertes WWW-Gateway zu einer Reihe von Archie-Servern. Macht Archie wirklich einfach (aber übertreiben Sie es nicht!).

Zugriff über:
www http://hoohoo.ncsa.uiuc.edu/archie.html

BITNET und EARN Information

Was Sie schon immer über das BITNET und sein europäisches Gegenstück (EARN) wissen wollten.

Zugriff über:
ftp lilac.berkeley.edu; Login *anonymous*; cd *netinfo/bitnet/*

Computer, Freiheit und Privatsphäre

Die ACM-Proceedings zu diesen Themen.

Zugriff über:
WAIS computers-freedom-and-privacy.src

Nutzungsbedingungen, Archive alter Diskussionen, Bibliographien.
WAIS comp-acad-freedom.src

Information:
Email: archivist@archive.orst.edu

December's Guide to Internet Resources

Eine lange Liste mit Verweisen auf Quellen, die das Internet, Computer-Netzwerke im allgemeinen und andere Aspekte der computerunterstützten Kommunikation beschreiben. Zusammengetragen von John December. Wird regelmäßig aktualisiert. Technische, soziale und psychologische Aspekte werden behandelt.

Das Dokument liegt in ASCII, HTML (für WWW) und anderen Formaten vor.

Zugriff über:
ftp ftp.rpi.edu; Login anonymous; cd pub/communications

Directory of WAIS Servers

Eine Liste aller bekannten WAIS-Server in Form einer WAIS-Datenbank. Wenn Sie eine WAIS-Recherche durchführen wollen, sollten Sie hier beginnen. Hier finden Sie die für Ihre Suche relevanten Datenbanken.

Zugriff über:
WAIS *directory-of-servers.src*

WAIS *au-directory-of-servers.src*

(Eine "Backup"-Kopie in Australien; hat möglicherweise mehr Infos zu australischen Quellen).

Domain Name Lookup

Ressourcen, um Domain-Namen wie "wuarchive.wustl.edu" in eine numerische Adresse umzuwandeln. Hilfreich, wenn Sie an einem Computer arbeiten, der das Domain Name System nicht unterstützt.

Zugriff über:
telnet 130.59.1.40; Login *lookup*

Information:
Email: resolve@cs.widener.edu; schicken Sie "site" als Nachricht, gefolgt vom gewünschten Namen.
Email: dns@grasp.insa-lyon.fr; schicken Sie "ip" als Nachricht, gefolgt vom gewünschten Namen.

Fidonet Node List

Eine Liste mit Adressen im Fidonet. Geben Sie den Namen der Person oder der Organisation an und Sie erhalten den Namen des entsprechenden Fidonet-Knotens. Daraus müssen Sie, wie in Kapitel 7 beschrieben, eine korrekte Internet-Adresse erzeugen.

Zugriff über:
WAIS *fidonet-nodelist.src*

Information:
Email:
David.Dodell@f15.n114.z1.fidonet.org

Gophers Worldwide

Eine sehr vollständige Liste aller internationalen Gopher-Server.

Zugriff über:
gopher gopher.micro.umn.edu /Other Gopher and Information Servers
(Sortiert nach Land und Kontinent)

gopher gopher.rediris.es /Otros Gopher - Other Gophers /Otros servidores de Informacisn - Other Gopher and Information Servers

gopher sunic.sunet.se /Infoservers in European Countries

gopher sunic.sunet.se /Other Gopher and Information Servers

HYTELNET

HYTELNET ist eine menügesteuerte Version von TELNET. Bietet viel von der Funktionalität des Gopher TELNET-Interface. Dies ist ein Index aller ihm bekannten Server und anderer TELNET-Sites.

Zugriff über:
WAIS *hytelnet.src*

IETF Documents

Die Internet Engineering Task Force, kurz IETF, ist eine Gruppe von Freiwilligen, die sich mit technischen Fragen (und Problemen) des Internet beschäftigen. Veröffentlicht werden Planungs- und Arbeitsgruppen-Berichte. Der Server enthält diese Berichte.

Zugriff über:
WAIS *ietf-documents.src*

WAIS *ietf-docs.src*

WAIS *netinfo.src*

WAIS *netinfo-docs.src*

IETF Drafts

Während "IETF Documents" die offiziellen Dokumente der Gruppe enthält, finden Sie hier Daten zu den in Entwicklung befindlichen Vorschlägen. Wenn Sie etwas über die Zukunft des Internet wissen wollen, sollten Sie hier reinschauen.

Zugriff über:
ftp ds.internic.net; Login anonymous; cd internet-drafts

WAIS *internic-internet-drafts.src*

WAIS *ripe-internet-drafts.src*

InterNIC Information Services

Das InterNIC ist der Hauptinformations-Dienst des Internet. Verfügt über Gateways zu allen wichtigen "White Pages"-Diensten (X.500, whois und netfind), eine Liste aller bekannten FTP-Archive, Gopher-Server und Verweise auf andere Ressourcen.

Zugriff über:
gopher is.internic.net

Internet Information Search

Verschiedene Orientierungshilfen und Standard-Dokumente des Internet, darunter Klassiker wie "The Hitchhikers Guide to the Internet", "Zen and the Art of the Internet" und die "Netiquette".

Zugriff über:
WAIS *internet_info.src*

Internet Mail Guide

Eine ausführliche Beschreibung der Adressierung elektronischer Post. Erklärt, wie E-Mail über die unterschiedlichsten Netzwerke ankommt. Die Liste enthält auch eine Reihe sehr kleiner Netzwerke, Special-Interest-Netzwerke und Unternehmens-Netzwerke. Aber auch die Adressierung allgemein bekannter Netze wie MCI und CompuServe wird behandelt. Wird jeden Monat aktualisiert.

Zugriff über:
ftp csd4.csd.uwm.edu; Login anonymous; cd *pub;* get *internetwork-mail-guide*

Internet Services

Eine Liste vorhandener Internet-Dienste, allgemein auch als "Yanoff List" bekannt. Enthält zu jedem Service eine kurze Beschreibung und erklärt die Zugriffsmöglichkeiten.

Zugriff über:
ftp csd4.csd.uwm.edu; Login anonymous; cd pub/inet.services.txt

gopher csd4.csd.uwm.edu /Remote Information Services/Special Internet Connections

Information:
Email: yanoff@csd4.csd.uwm.edu

List of Lists, List-Server, & Newsgruppen

Eine Sammlung von Newsgruppen und Mailing-Listen des BITNET und des Internet. Viele Überschneidungen innerhalb der einzelnen Quellen, was zu vielen Wiederholungen führt. Am besten als "Master List" aller bekannten elektronischen Diskussiongruppen geeignet.

Zugriff über:

ftp ftp.sura.net; cd /pub/nic; get interest-groups.txt

(**WARNUNG:** Die Datei ist sehr lang!)

Eine sehr lange, alphabetisch sortierte Liste von List-Servern im ASCII-Format. Zusammengestellt von Diane K. Kovacs.

Zugriff über:
ftp class.org; Login anonymous; cd class; get kovacs_library_listservers

Eine andere Sammlung bekannter Mailing-Listen, verwaltet von Stephanie da Silva.Wenn Sie mit einem WWW-Browser arbeiten, ist das die beste aller Listen.

Zugriff durch;
www http://www.ii.uib.no/ ~magnus/paml.html

Matrix News

Matrix News ist der Newsletter der Matrix Information and Directory Services, Inc. Behandelt werden Themen aktueller und zukünftiger Netzwerk-Anwendungen. Die Artikel sind urheberrechtlich geschützt, können in der Regel mit einem entsprechenden Hinweis frei verwendet (aber nicht verkauft) werden.

Zugriff über:
WAIS *matrix_news.src*

Information:
Email: mids@tic.com

NNSC Internet Resource Guide

Das NSF Network Service Center bietet Anbietern die Möglichkeit, eine kurze Beschreibung ihres Internet-Dienstes einzureichen. Die Beschreibungen sind in einer Datenbank zusammengefaßt.

Zugriff über:
gopher ocf.berkeley.edu /OCF On-line Help/The Outside World

National Institute of Standards & Technology Gopher

Das National Institute of Standards & Technology (NIST) behandelt eine Vielzahl verschiedener Themenbereiche. Der Gopher-Server konzentriert sich aber auf Computertechnik und Netzwerke.

Zugriff über:
gopher gopher-server.nist.gov

Network Information Online

Dieser Service war früher als NICOLAS bekannt und liegt jetzt auf dem Gopher des Godard Space Flight Center. Die Unterverzeichnisse enthalten sehr viel Informationen zum Internet (siehe "Networking").

Zugriff über:
gopher gopher.gsfc.nasa.gov

NorthWestNet User Services Internet Resource Guide

Ein Buch ähnlich diesem, das Informationen zur Benutzung von Netzwerken und Ressourcen enthält. Die Dateien liegen im PostScript-Format vor; einige sind komprimiert.

Zugriff über:
ftp ftphost.nwnet.net; Login anonymous; cd user-docs/nusirg

RFC (Request for Comments)

RFCs sind die Dokumente, auf denen das Internet basiert: wie es funktioniert, wie man es verwendet und wie es sich entwickelt. Die meisten RFCs sind ziemlich technisch. Es existieren über 1200 RFCs. Einen Index finden Sie in der Datei "rfc-index.txt". Einige Texte liegen in reinem ASCII-Format vor, andere in PostScript. Die Dokumente haben Namen der Form "rfcnnnn.txt" (ASCII) bzw. "rfcnnnn.ps" (PostScript), wobei "nnnn" für die Nummer des RFC steht. Die meisten Server haben nur einen Teil der RFCs vorrätig. Die hier aufgeführten Quellen sind "offizielle" Server mit dem kompletten Satz.

Wenn Sie mehr über die Möglichkeiten wissen wollen, wie Sie an RFCs gelangen, senden Sie E-Mail der Form:

mail rfc-info@isi.edu

Subject: getting rfcs

help: ways_to_get_rfcs

Zugriff über:

WAIS *rfc.src*

(Suchhilfe für den RFC-Index)

ftp ftp.internic.net; Login *anonymous; cd rfc*

ftp nic.ddn.mil; Login anonymous; cd rfc

ftp nis.nsf.net; Login anonymous; cd internet/documents/rfc
(Ein VM/CMS Server - andere Dateinamen)

ftp ftp.jvnc.net; Login anonymous; cd rfc

ftp wuarchive.wustl.edu; Login anonymous; cd doc/rfc

ftp src.doc.ic.ac.uk; Login anonymous; cd rfc

gopher gopher.internic.net /Internic Information/Internet Information/All About Request for Comments/RFCs Directory

Information:

Email: mail-server@nisc.sri.com.
In der Nachricht sollte enthalten sein:
send rfcnnnn.txt

Zen and the Art of the Internet

Ein vielbeachtetes Buch von Brendan Kehoe. Beschreibt Werkzeuge und Handhabung des Internet. Eine in verständlicher (englischer) Sprache geschriebene, sehr gute Einführung zum Thema; liegt in verschiedenen Dateiformaten vor.

Zugriff über:
ftp ftp.cs.widener.edu; Login anonymous; cd pub/zen

Internet Organisationen

Newsgruppen:
news.[announce.important, announce.newusers, newusers.questions, answers, groups, future, lists, software.readers, sysadmin, misc]

Electronic Frontier Foundation

Die EFF möchte die existierende akademische und persönliche Freiheit der neuen, weltweiten Computergemeinde erhalten und fördern. Sie kämpft gegen die Zensur in Netzwerken und für Dinge wie frei zugängliche Informationen. Der Server enthält (im EFF-Verzeichnis) Daten zur Stiftung selbst. Darüber hinaus finden sich die "Computer and Academic Freedom Archives" und viele elektronische Zeitschriften und Magazine wie beispielsweise Effector, Athene und DragonZine.

Zugriff über:
WAIS eff-documents.src

WAIS eff-talk.src

ftp ftp.eff.org; Login anonymous; cd /pub/EFF

Internet Society

Die Internet Society ist eine professionelle, internationale Organisation. Sie dient der Weiterentwicklung, Standardisierung und Verbreitung von Kommunikationstechniken für homogene Informationssysteme. Die Gesellschaft veröffentlicht Newsletter, organisiert Konferenzen und verbreitet Neuigkeiten über E-Mail-Listen an die gesamte Internet-Gemeinde. Darüber hinaus sponsort Sie das Internet Architecture Board und seine Internet Engineering und Research Task Force. Weiterhin hält sie Kontakt zu anderen Internationalen Organisationen und Organen, um bei der Weiterentwicklung des Internet und seiner wichtigen Infrastruktur behilflich zu sein.

Zugriff über:
ftp cnri.reston.va.us; Login anonymous; cd isoc

Information:
Email: isoc@nri.reston.va.us

Telefon: (703) 620-8990

Klassische Sprachen & Literatur

Newsgruppen:
sci.classics

Siehe auch: Archäologie; Literatur

Bryn Mawr Classical Review

In der Hauptsache ein Journal zur griechischen und lateinischen Klassik. Enthält aber auch allgemein interessante Artikel zur Klassik.

Zugriff über:
WAIS *bryn-mawr-classical-review.src*

gopher orion.lib.Virginia.EDU /Alphabetic Organization/Bryn Mawr Classical Review

Electronic Antiquity: Communicating the Classics

Ein aus Australien stammendes elektronisches Journal, das durch den Bryn Mawr Classical Review inspiriert wurde. Enthält akademische Artikel zur griechischen und römischen Antike. Die Herausgeber führen seit Juni 93 ein Verzeichnis der erschienenen Artikel. Gopher- und FTP-Server vorhanden.

Bitte nicht zu Stoßzeiten einwählen. (Australische Zeit = deutsche Zeit plus 9 Stunden)

Zugriff über:
gopher info.utas.edu.au /Publications/Electronic Antiquity: Communicating The Classics

ftp ftp.utas.edu.au; Login anonymous; cd departments/classics/antiquity

Gesamtverzeichnis der griechischen Papyrusurkunden Ägyptens

Ein nach Jahrhunderten sortierter Index griechischer Papyrusurkunden aus Ägypten. Die Dokumente selbst sind nicht enthalten, Verweise sind aber enthalten. Behandelt wird der Zeitraum von 331 v.Ch. bis 835 n.Ch.

Zugriff über:
gopher sun3.urz.uni-heidelberg.de /Fakultaeten und Institute/Institut fuer Papyrologie

Project Libellus (Klassiker)

Klassische Texte im Format des Satzsystems TEX. Enthalten sind alle TEX-Dateien, die zur Formatierung benötigt werden (TEX wird vorausgesetzt). TEX-zu-ASCII-Konverter sind ebenfalls vorhanden. Neben den eigentlichen Texten von Cäsar, Catull, Livus und Vergil ist zumindest ein Kommentar dazu vorhanden.

Zugriff über:
ftp ftp.u.washington.edu; Login anonymous; cd public/libellus

Tables of Contents of Journals of Interest to Classicists

Ein groß angelegtes Projekt. Freiwillige untersuchen die Inhaltsverzeichnisse verschiedener wissenschaftlicher Zeitschriften und erstellen daraus Abstracts. Datenbankabfragen können nach Autor oder Titel (sortiert nach Themengebieten) erfolgen.

Zugriff über:
gopher gopher.lib.Virginia.EDU /Alphabetic Organization/TOCS-IN: Tables of Contents of journals of interest to classicists

Kochen

Newsgruppen:
rec.food.[cooking, drink, recipes, restaurants, sourdough, veg], rec.crafts.brewing

Beer & Brewing

Spencer's Beer Page ist eine allgemeine Sammlung von Ressourcen zum Thema Bier, Ale und dem Bierbrauen an sich. Betrieben wird sie von Spencer W. Thomas an der University of Michigan.

Zugriff über:
www http://guraldi.itn.med.umich.edu/Beer

Die Ressource enthält (unter anderem) eine Sammlung von Rezepten zum Brauen von Bier. Sehr viele Informationen für den Amateur-Brauer, einschließlich Software, Rezeptbüchern und Archiven der Homebrew Mailing-Liste. Bei Interesse E-Mail an homebrew-request.

Zugriff über:
ftp mthvax.cs.miami.edu; Login anonymous; cd homebrew

Oder durchsuchen Sie die entsprechende WAIS-Datenbank:

Zugriff über:
WAIS *homebrew.src*

Fat-Free FAQ

Dieses "FAQ" ist eigentlich ein Verzeichnis mit Informationen zu fettfreiem Kochen. Es gibt auch ein Archiv mit fettfreien/vegetarischen Rezepten.

Zugriff über:
ftp rahul.net; Login anonymous; cd pub/artemis/fatfree/FAQ
(FAQ.)

ftp ftp.halcyon.com; Login anonymous; cd pub/recipes
(Rezeptarchiv)

Info and Softserver

Ein allgemeiner Server an der Universität Stuttgart. Enthält eine Online-Sammlung von Rezepten und Kochbüchern. Die Kochanleitungen sind auf Deutsch. Die Rezepte sind sowohl in deutscher als auch in englischer Sprache verfügbar.

Zugriff über:
telnet rusmv1.rus.uni-stuttgart.de/cookbook; Login *info*

Recipe Archives

Die Zahl der Rezeptarchive steigt ständig. Die größten Archive beinhalten auch die Rezepte, die durch die Newsgruppen rec.food.cooking und rec.food.recipes gewandert sind.

Zugriff über:
WAIS *recipes.src*
(Eine Reihe von Rezepten, die nach einem Schlüsselwort durchsucht werden können. Suchen im Inhalt ist aber auch möglich)

WAIS *usenet-cookbook.src*

ftp gatekeeper.dec.com; Login anonymous; cd pub/recipes
(Nach Titeln sortiert)

www http://www.vuw.ac.nz/non-local/recipes-archive/recipe-archive.html
(Archive der Newsgruppe rec.food.recipes sowie das rec.food.cooking FAQ.)

Sourdough

Über ein halbes Dutzend FAQs zum Sauerteigansatz, Brot und Sauerkraut.

Zugriff über:
ftp microlib.cc.utexas.edu; Login anonymous; cd pub/sourdough

KUNSTGESCHICHTE

Newsgruppen:
alt.architecture, rec.arts.fine

A Roman Palace in ex-Yugoslavia

Als Experiment für die Online-Präsentation kunstgeschichtlichen Wissens wurde diese Ausstellung von Michael Greenhalgh am

Department of Art History, Australian National University, zusammengestellt.

Auch über den EXPO-Server erreichbar

Zugriff über:
www http://www.ncsa.uiuc.edu/ SDG/Experimental/split/split1.html

www http://sunsite.unc.edu/

expo/palace.exhibit/intro.html
(EXPO.)

Architecture etc.

ArchiGopher beschreibt sich selbst als Server, der der Verbreitung von architektonischem Wissen dient, geht aber noch darüber hinaus. Enthalten sind Links zu einem kleinen Kandinsky-Archiv, Zeichnungen verschiedener Architekturprojekte von Andrea Palladio und eine Sammlung von CAD-Modellzeichnungen.

Zugriff über:
gopher libra.arch.umich.edu

Der History of Science Gopher an der Johns Hopkins University enthält Fotografien französischer "Architekturprojekte", auf denen phantastische Design-Projekte und Skulpturen zu sehen sind.

Zugriff über:
gopher gopher.hs.jhu.edu /—>...Images/Architecture

Art History in Australia

Die erste Ressource enthält eine Einführung in die Geschichte des Drucks. Enthalten sind verschiedene Texte und Grafiken sowie verschiedene Abbildungen aus der Sammlung der australischen Nationalgalerie. Zusammengestellt von Michael Greenhalgh.

Die zweite Adresse bringt Sie zum Kunstgeschichts-Server von Prof. Greenhalgh an der Australian National University, der noch sehr viel mehr Material enthält.

Zugriff über:
www http://www.ncsa.uiuc.edu/ SDG/Experimental/anu-art-history/home.html

www http://rubens.anu.edu.au/

Black Artists at the National Museum of American Art

Ein halbes Dutzend Grafiken schwarzer Künstler aus der Sammlung des National Museum of American Art. Ebenfalls enthalten ist eine Datei, die die Sammlung des Museums beschreibt (über 1500 Arbeiten der unterschiedlichsten Art).

Zugriff über:
gopher gopher.upenn.edu /PennInfo via the Gopher —>Penninfo Gateway/PennInfo/Interdisciplinary Programs/African Studies

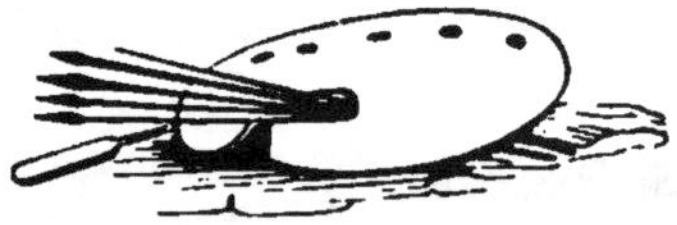

Bodleian Library MSS

Ein experimenteller Gopher-Server, der verschiedene Abbildungen illustrierter Manuskripte der berühmten Oxford Library enthält.

Zugriff über:
gopher rsl.ox.ac.uk /Bodleian Libraries (inkl. Radcliffe Science Library)

Japanese Art

Ein Verzeichnis mit GIFs von Drucken im Ukiyo-e Stil (17. - 19. Jahrhundert).

Zugriff über:
ftp ftp.uwtc.washington.edu; Login anonymous; cd pub/Japanese/Pictures/Ukiyo-e

Krannert Art Museum

Die Hypertext-Home Page des Krannert Art Museum (University of Illinois at Urbana-Champaign). Enthält auch eine erläuternde "Führung" mit Abbildungen. Die Führung ist in verschiedene Abschnitte geteilt: Skulpturen, amerikanische und europäische Malerei, Kunst der zwanziger Jahre, asiatische Kunst, Kunst des Mittelalters und Kunst des Nahen Ostens.

Obwohl kein Autor genannt wird, nennt der Ausstellungskalender Eunice Maguire als Kurator.

Zugriff über:
www http://www.ncsa.uiuc.edu/General/UIUC/KrannertArtMuseum/KrannertArtHome.html

Vatican Library MSS Exhibit

Grafiken und Texte der aktuellen Ausstellung der Library of Congress enthält historisch interessante Manuskripte der Vatikanbibliothek. Grafiken sind im JPEG-Verfahren komprimiert und *sehr groß*. Die Hypertext-Version ist auch wieder über den EXPO-Server an der University of North Carolina zu erreichen.

Zugriff über:
ftp ftp.loc.gov; Login anonymous;
cd pub/exhibit.images/vatican.exhibit
(ASCII-Texte)

www http://sunsite.unc.edu/expo/vatican.exhibit/Vatican.exhibit.html
(EXPO-Hypertext-Version)

LANDWIRTSCHAFT

Newsgruppen:
alt.agriculture.[fruit, misc], misc.rural

Siehe auch: Forstwirtschaft, Gärtnerei

Advanced Technology Information Network

Jeder Landwirt weiß, daß die Landwirtschaft heutzutage kein Kinderspiel mehr ist. Sie ist High-Tech, und es ist wichtig, über den neuesten Stand der Entwicklung informiert zu sein. Diese Ressource, und die anderen in dieser Gruppe, helfen Ihnen, mit der Entwicklung schrittzuhalten. Der ziemlich vollständige landwirtschaftliche Dienst bietet Informationen zu Märkten, Nachrichten, besonderen Ereignissen, Wetter, Arbeitsangeboten und Sicherheitsaspekten. Angeboten wird dieser Dienst vom California Agricultural Technology Institute, d.h. die vorhandenen Informationen haben starken Bezug zur amerikanischen Westküste. Ebenfalls behandelt werden Themen wie Handel, Export und Biotechnologie.

Zugriff über:
telnet caticsuf.csufresno.edu; Login *super*

Commodity Market Reports

Handelsberichte, zusammengestellt vom U.S. Department of Agriculture Market News Service. Eintausendzweihundert US-basierte Berichte. Die Liste wird jeden Tag aktualisiert.

Zugriff über:
WAIS *agricultural-market-news.src*

Information:
Email: wais@oes.orst.edu

Not Just Cows

Ein Reiseführer durch das Internet und das BITNET zu verschiedenen Themen der Landwirtschaft. Zusammengestellt von Wilfred (Bill) Drew.

Zugriff über:
ftp ftp.sura.net; Login anonymous;
cd pub/nic; get agricultural.list

Information:
Email: drewwe@snymorva.bitnet

PEN Pages

Ein Informations-Server, der alle Aspekte des Landlebens vollständig behandelt. Rubriken sind unter anderem Konsumgüterpreise, Familienleben auf der Farm, Senioren auf einer Farm, Nachrichten und Ernährung. Ebenfalls enthalten sind Bekanntmachungen der USDA sowie deren CITExtension Newsletter. Dieser Service wird von der Pennsylvania State University bereitgestellt, so daß manche Informationen regionalen Charakter aufweisen können.

Zugriff über:
telnet psupen.psu.edu; Login unter Angabe der beiden Abkürzungsbuchstaben des U.S.-Bundesstaates, in dem man lebt (für Benutzer außerhalb der USA: probieren Sie es mit NY).

U.C. Davis Extension 4-H Project Catalog

Gedacht als Hilfe für die Teilnehmer des "4-H youth project". Vermittelt werden Informationen zu Themen wie Bienenzucht bis hin zu so Abstrusem wie "Geflügelwissenschaft". Die Dateien sind im PostScript- und im Wordperfect 5.1 -Format verfügbar.

Zugriff über:
gopher gopher.ucdavis.edu /The Campus/U.C. Cooperative Extension/4h-youth

ftp ftp.ucdavis.edu; Login anonymous; cd pub/extension/4h-youth

Excerpt from ***PEN Pages****, 7/14/92:*

```
ADAPTING HOMES FOR ELDERLY

Since most information about a
person's surroundings comes
through eyesight, reduced vision
problems related to aging are
often compounded by the interior
design of a home. The yellowing
of the eye's lens produces less
contrast between objects and
makes it harder to see colors in
the blue-violet range. Using warm
colors in the red and yellow
range are more comfortable for
elderly persons. The use of con-
trasting colors helps to make
distinctions and judgements easi-
er for elderly persons. For exam-
ple, the use of contrasting col-
ors can separate the floor from
the baseboard. Also, using floor
coverings that are different in
color and texture could help an
elderly person identify danger
areas such as stairways.

Source: Sarah Drummond, Assistant
Extension Specialist, Oklahoma
------------------------------
Editor: J. Van Horn, Ph.D., CFLE,
Professor, Rural Sociology Dept.
of Ag. Economics and Rural
Sociology, Penn State May 1992
PENpages Number 085072114
------------------------------
Keywords: AGRICULTURAL-EC-RUR-
SOC, ERLY, HOME, HOUSING, MAPP,
NEWS, SAFETY, VANHORN-JAMES
```

USDA Extension Service Gopher

Ein "Master Gopher" des U.S. Department of Agriculture. Enthält Informationen zu deren Aktivitäten und dem "Extension Service". Neben dem Extension Service sind weitere Informationen wie Verordnungen des USDA und der Extension Service, Katastrophenschutz-Informationen, Ausbildungsprojekte (aber auch andere Projekte) des Extension Service vorhanden. Verschiedene Verweise auf andere Regierungs-Ressourcen sind ebenfalls enthalten. Die Datei "About the Extension Service" im Hauptmenü bietet eine hilfreiche Übersicht zu den angebotenen Diensten.

Zugriff über:
gopher esusda.gov

Ein Gopher-Server für das CYFERnet, dem Children Youth Family Education Research Network. Die Themenschwerpunkte dieses Dienstes liegen in der Entwicklung von Kind, Jugend und Familie. Zeiger auf Themen wie Erziehung, Ernährung, 4-H usw. sind ebenfalls vorhanden. Ein interessanter Bereich des Servers ist auch das ACE-Projekt (Americans Communicating Electronically), das versucht, Regierungsinformationen einer breiteren Öffentlichkeit zugänglich zu machen.

Zugriff über:
gopher cyfer.esusda.gov

USDA Research Results

Zusammenfassungen der neuesten Forschungsergebnisse der "Agricultural and economic research services" des USDA. Wird mindestens alle zwei Monate aktualisiert.

Zugriff über:
WAIS *usda-rrdb.src*

Information:
Email: wais@esusda.gov

LITERATUR

Newsgruppen:
rec.arts[books, sf, theatre, poems, prose]

Siehe auch: Klassische Sprachen & Literatur

CURIA Irish Manuscript Project

Auch als *Thesaurus Linguarum Hiberniae* bekannt, widmet sich dieses Projekt der Sammlung irischer Manuskripte der Jahre 600 bis 1600 nach Christus und deren Konvertierung in ein maschinenlesbares Format. Manche Dokumente können direkt online eingesehen werden.

Zugriff über:
www http://curia.ucc.ie/curia/menu.html

Chinesische Literatur

Diese Quelle ist das Archiv der Newsgruppe "alt.chinese.text" und bietet Novellen, Gedichte und Klassiker der chinesischen Literatur in chinesischer Schrift. Wenn Sie wissen wollen, wie chinesische Dateien zu lesen sind, oder wenn Sie wissen möchten, wie Sie über FTP an die Dateien gelangen, dann senden Sie eine Nachricht an ftp-info@ifcss.org oder besorgen Sie sich das act/chinese-text-faq.

Zugriff über:
ftp ifcss.org; Login *anonymous*;
cd *act/archive*

gopher ifcss.org /act/archive

Dante Project

Enthält Interpretationen von Dantes "Göttliche Komödie" verschiedener historischer Autoren. Sehr hilfreich für den Dante-Schüler, aber das Benutzer-Interface ist etwas verwirrend.

Zugriff über:
telnet lib.dartmouth.edu; connect *dante*

Dichtung

Eine Sammlung mit Gedichten von Emily Bronte, Burns, Byron, T.S. Eliot, Frost, Yeats und anderen. Der WAIS-Index poetry.src, übrigens eine andere Ressource, bietet die Gedichte von Shakespeare, Yeats, Elizabeth Sawyer und anderen.

Zugriff über:
gopher ocf.berkeley.edu /OCF On-line Library/Poetry

WAIS *poetry.src*

Dracula

Bram Stokers Horror-Novelle aus dem Jahr 1897 in einer Hypertext-Version.

Zugriff über:
www http://www.cs.cmu.edu:8001/Web/People/rgs/drac-table.html

Indexes of Online Books

Übersichten online verfügbarer Bücher im Hypertext-Format. Erst kürzlich auf den neuesten Stand gebracht.

Zugriff über:
www http://www.cs.cmu.edu:8001/Web/bookauthors.html
(Sortiert nach Autor)

www http://www.cs.cmu.edu:8001/Web/booktitles.html
(Sortiert nach Titel)

Internet Wiretap Book Collection

Eine ziemlich umfangreiche Sammlung elektronischer Texte, einschließlich religiöser Texte, Science-Fiction und Belletristik mit Verweisen auf andere Quellen.

Zugriff über:
gopher wiretap.Spies.COM /Wiretap Online Library

L'Association des Bibliophiles Universels

ABU ist eine Bibliothek mit freier französischer Literatur mit Verweisen auf andere Quellen. Die Gruppe, die im April 1993 gegründet wurde, entwickelt und fördert "numerische Techniken, die die freie Bearbeitung von Information ermöglichen, die Nutzung dieser Techniken für die Diskussion von Forschungsarbeiten der Mitglieder und die freie Verbreitung von Information".

Zugriff über:
www http://www.cnam.fr/ABU/principal/ABU.v2.html

Lewis Carroll

Einfache Hypertext-Version der elektronischen Originalversionen von *Alice's Adventures in Wonderland* und *Alice Through the Looking Glass* des Project Gutenberg. Einfacher zu lesen als die ASCII-Versionen.

Zugriff über:
www http://cs.indiana.edu/metastuff/dir.html

Online Book Initiative

Elektronische Texte verschiedener Autoren, von Emily Bronte bis Karl Marx. Dazu elektronische Journale, Auszüge verschiedener Newsgruppen und Verweise auf andere Quellen mit elektronischem Text und andere

Internet-Ressourcen. Eine Hauptquelle für Literatur und alle Texte, die frei verteilt werden.

Das FTP-Interface bietet ein sehr langes, nicht besonders gut organisiertes Menü (hier kann die Suchfunktion Ihres Browsers zeigen, was sie kann). Das Gopher-Interface besitzt einen Link zum OBI FAQ und ein sehr langes, streng alphabetisch sortiertes Menü desselben Inhalts.

Zugriff über:
ftp world.std.com; Login anonymous; cd obi

gopher world.std.com/OBI The Online Book Initiative/

Online Books FAQ

Eines der besten Hypertext-Verzeichnisse elektronischer Bücher im Internet.

Zugriff über:
www http://cs.indiana.edu/metastuff/bookfaq.html

Project Gutenberg

Project Gutenberg ist ein ehrgeiziges, nichtkommerzielles Projekt verschiedener Freiwilliger, so viel Literatur wie möglich in maschinenlesbares Format zu übertragen. Das Archiv umfaßt Arbeiten von Shakespeare, Lewis Carroll, Moby Dick und eine schnell wachsende Menge klassischer Texte, Reden und Referenzmaterials. Die Manuskripte liegen in normalem Textformat, ohne besondere Formatierungsanweisungen, vor. Die Dateinamen sind von Server zu Server unterschiedlich, verwenden in der Regel ein mnemonisches Kürzel, gefolgt von einer Versionsnummer (z.B. "alice28.txt"). Je höher die Versionsnummer, desto öfter ist die elektronische Version schon überprüft worden. Weil die Dokumente recht lang sind, hält nicht jeder Server das gesamte Archiv vor. Einige Server komprimieren die Texte auch. Newsletter, ein Index und eine README-Datei finden Sie auf mrcnext.cso.uiuc.edu.

Zugriff über:
www http://med-amsa.bu.edu/Gutenberg/Welcome.html
(Ein WWW-Interface auf die mrcnext.cso.uiuc.edu-Dateien)

gopher gopher.tc.umn.edu /Libraries/Electronic Books

ftp mrcnext.cso.uiuc.edu; Login anonymous; cd etext

Information:
Email: hart@vmd.cso.uiuc.edu

Project Runeberg (Skandinavische Literatur)

"Project Gutenberg" auf Skandinavisch! Verschiedene skandinavische Sprachen, komplett mit Unterstützung skandinavischer Zeichensätze.

Zugriff über:
gopher gopher.lysator.liu.se/Projects...Project Runeberg, Scandinavian e-texts

ftp ftp.lysator.liu.se; Login anonymous; cd pub/runeberg

www http://www.lysator.liu.se/runeberg.html

Science Fiction News Group Archive

Die rec.arts.sf.reviews Archive. Die Daten liegen in unüberarbeiteter Form vor und kön-

nen über "anonymus FTP" heruntergeladen werden. Die README-Datei erklärt, wie das Archiv organisiert ist. Eine gezielte Suche ist über WAIS möglich. Ein guter Ort für spontane Buchbesprechungen und Diskussionen zur Science-Fiktion-Literatur.

Zugriff über:
WAIS *sf-reviews.src*

Shakespeare

Alle Werke Shakespeare's online im ASCII-Format.

Server steht in England, also FTP zum Imerial College in London:

Zugriff über:
ftp src.doc.ic.ac.uk; Login anonymous; cd pub/literary/authors/shakespeare

Gopher-Server an der University of Minnesota in den USA:

Zugriff über:
gopher joeboy.micro.umn.edu /Ebooks/By Title/Complete Works of Shakespeare

37 Shakespeare-Stücke im (etwas mageren) Hypertext-Format. Es sind aber direkte Links zu einem Glossar implementiert worden.

Zugriff über:
www http://thetech.mit.edu/ Shakespeare.html

Excerpt from **Shakespeare**, *3/20/94, (http://the-tech.mit.edu/Shakespeare.html)*

```
HAMLET
Now I am alone.
O, what a rogue and peasant slave
   am I!
Is it not monstrous that this
   player here,
But in a fiction, in a dream of
   passion,
Could force his soul so to his
   own conceit
That from her working all his
   visage wann'd,
Tears in his eyes, distraction
   in's aspect,
A broken voice, and his whole
   function suiting
With forms to his conceit? and
   all for nothing!
For Hecuba!
What's Hecuba to him, or he to
   Hecuba,
That he should weep for her?
   What would he do,
Had he the motive and the cue for
   passion
That I have? He would drown the
   stage with tears
And cleave the general ear with
   horrid speech,
Make mad the guilty and appal
   the free,
Confound the ignorant, and amaze
   indeed
The very faculties of eyes and
   ears.
```

Luft- und Raumfahrt

Newsgruppen:
rec.aviation, sci.space, sci.astro, sci.aeronautics

Aeronautics Archives

Eine Reihe von Luftfahrt-Archiven. Unter anderem enthalten die Archive die Postings von rec.aviation, Spezifikationen von Flugzeugen und Besprechungen von Flugsimulator-Software.

Zugriff über:
WAIS *aeronautics.src*

ftp rascal.ics.utexas.edu; Login anonymous; cd misc/av

DUAT

Piloten-Flug-Dienst über das Internet. Versorgt Piloten mit Wetterinformationen und Flugplanungs-Daten. Sie müssen Pilot (oder zumindest in der Ausbildung) sein, um diese Ressource nutzen zu können.

Zugriff über:
telnet duat.gtefsd.com

telnet duats.gtefsd.com
(Für Studenten)

NASA News

Eine kurze Liste mit allen aktuellen Ereignissen bei der NASA. Wenn Sie am Raumfahrtprogramm interessiert sind, dann ist das die beste Möglichkeit, auf dem neuesten Stand zu bleiben. An einem typischen Tag finden Sie hier Informationen zu geplanten Starts oder (eventuelle) Fortschritte während einer Shuttle-Mission.

Zugriff über:
finger nasanews@space.mit.edu

NASA Spacelink

Einträge zur Geschichte, zur aktuellen Entwicklung sowie zur Zukunft der NASA und der Raumflüge. Zur Verfügung gestellt durch das NASA Marshall Space Flight Center.

Material für den Schulunterricht und zum Technologietransfer ist ebenfalls vorhanden. Eine ausgezeichnete Quelle für Lehrer.

Zugriff über:
telnet spacelink.msfc.nasa.gov; Login newuser; Paßwort newuser

Information:
Telefon: USA (205) 544-6531

Raumfahrt FAQs

Haben Sie schon mal daran gedacht, Astronaut zu werden? Hier finden Sie heraus, was Sie dazu wissen müssen. Fünfzehn Listen mit "Frequently Asked Questions", häufig gestellten Fragen, sind vorhanden. Die Listen sind nach Themen sortiert, die von "Astronomical Mnemonics" bis hin zu "Orbital and Planetary Launch Services" reichen. "How to Become an Astronaut" fehlt natürlich auch nicht. Andere Dateien enthalten einen Bericht zu Gezeitenströmen, Informationen zur Interpretation von Wettersatelliten-Fotos und Datenbanken zu nahegelegenen Sternen und Sternbildern.

Andere Unterverzeichnisse unter pub/SPACE enthalten detaillierte Berichte zu verschiedenen Weltraummissionen.

Zugriff über:

ftp explorer.arc.nasa.gov;
cd *pub/SPACE/FAQ*

Shuttle- und Satelliten-Aufnahmen

Die folgenden FTP-Server stellen Fotografien und andere Aufnah-men von den Space Shuttle-, Magellan- und Viking-Missionen zur Verfügung. Die Datenformate sind unter schiedlich. Lesen Sie alle README-Dateien oder andere erläuternde Dateien, die vorhanden sind.

Zugriff über:
telnet sanddunes.scd.ucar.edu
(Email: kelley@sanddunes.scd.ucar.edu für das Login, Paßwort und Handbuch.)

ftp sseop.jsc.nasa.gov; Login anonymous

(Aufnahmen vom Space Shuttle)

ftp explorer.arc.nasa.gov; Login anonymous; cd pub/SPACE/GIF

(Die Aufnahmen befinden sich in den GIF- und JPEG-Verzeichnissen; eine Vielzahl weiterer Informationen zu allen Aspekten des U.S. Raumfahrtsprogramms finden Sie in anderen Verzeichnissen. Ein gigantisches Archiv).

SpaceMet

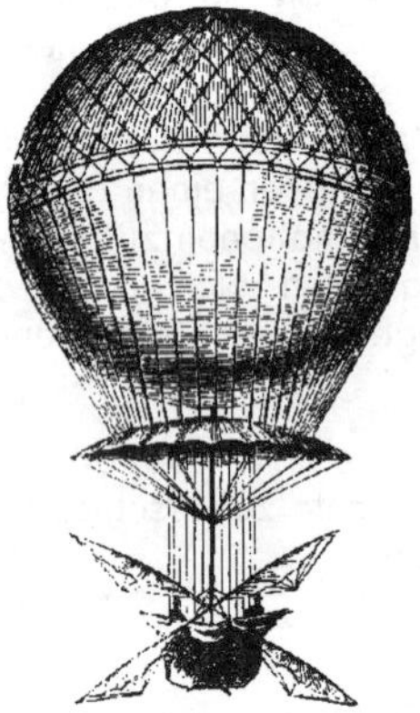

Ein Bulletin-Board-System zum Informationsaustausch über die Erkundung des Welt-raums. Behandelt das Thema aus der Sicht wissenschaftlicher Ausbilder. Das System enthält Informationen zu vergangenen, aktuellen und zukünftigen Plänen der NASA. Enthält auch Informationen zu Lehrplänen. Es gibt zudem Hinweise zu Veranstaltungen und Meetings, allerdings beschränken sich die Veranstaltungsorte auf den Nordosten der USA.

Zugriff über:
telnet spacemet.phast.umass.edu

MATHEMATIK

Newsgruppen:
sci.[math, math.num-analysis, math.stat, math.symbolic, math.research], k12.ed.math

Centre International de Rencontres Mathématiques Bibliography

Die Bibliographie des CIRM in Marseille. Index auf Französisch.

Zugriff über:
WAIS cirm-books.src.src

WAIS cirm-papers.src

Information:
Email: rolland@cirm.univ-mrs.fr

Fraktale

Fraktale Grafiken, aber auch animierte Fraktale im MPEG-Format, finden Sie an der französischen Universität Rennes. Beachten Sie, daß die MPEG-Dateien sehr groß sind und das Herunterladen entsprechend lange dauert.

Zugriff über:
www http://www.cnam.fr/fractals.html

e-MATH

e-MATH ist ein Internet-Knoten, der Mathematiker mit einer sich ständig erweiternden Liste von elektronisch zugänglichen Diensten versorgt. e-MATH versteht sich als elektronisches "Sammelbecken" für aktuelle Nachrichten von Profis aus Forschung und Technik. Enthalten sind unter anderem die AMS (American Mathematical Society) Mitglieder-Datenbank, Stellenangebote, Bestellservice für Veröffentlichungen, Autorenlisten, Veranstaltungshinweise und ein Verzeichnis mit Zeitschriften und Newslettern.

Zugriff über:
telnet e-math.ams.com; Login e-math; *Paßwort* e-math

Information:
Email: support@e-math.ams.com

MEDIZIN

Newsgruppen:
sci.med, sci.med.[aids, dentistry, physics, pharmacy, nutrition, occupational, psychobiology, telemedicine]

Siehe:
Landwirtschaft - PEN Pages

AIDS Information

Das National Institute of Allergy and Infectious Disease widmet einen Teil seines Gopher-Servern dem Thema AIDS.

Zugriff über:
gopher odie.niaid.nih.gov /AIDS Related Information

Ein Online-Newsletter, der sich mit der Behandlung von AIDS befasst.

Zugriff über:
gopher gopher.cic.net /Electronic Serials/Alphabetic List/A/AIDS News Service

Alcoholism Research Data Base

Eine Datenbank mit verschiedenen Artikeln und anderen Informationen zu Alkoholismus und anderem Drogenmißbrauch.

Zugriff über:
telnet lib.dartmouth.edu

Information:
Wenn Sie drin sind, geben Sie "Select file cork" ein.

CancerNet (NCI International Cancer Information Center)

Gopher- und WWW-Server des amerikanischen National Cancer Institute mit Informationen sowohl für Ärzte, als auch für Patienten.

Zugriff über:
www http://biomed.nus.sg/Cancer/welcome.html

gopher biomed.nus.sg /NUS-NCI CancerNet Gopher

Cholesterin

Beschreibt, was Cholesterin ist, woher es kommt und wie es auf den Körper wirkt.

Zugriff über:
gopher bluehen.ags.udel.edu /Cooperative Extension/Cooperative Extension Bulletins/Food, Health and Nutrition/Cholesterol

Clinical Alerts

"Clinical Alerts" wird vom amerikanischen National Institutes of Health und der amerikanischen National Library of Medicine vertrieben. Die Hauptaufgabe liegt in der schnellen Verbreitung wichtiger neuer Erkenntnisse.

Zugriff über:
gopher uicvm.uic.edu /The Library/Clinical Alerts

Conversational Hypertext

Ein "natürlichsprachiges Informationssystem". Wir wissen nicht, ob es als Anwendungsbeispiel für Hypertext-Systeme interessanter ist, oder als Informationsquelle. Wie dem auch sei, es enthält Informationen zu AIDS und Epilepsie.

Zugriff über:
telnet debra.dgbt.doc.ca 3000

FDA Electronic Bulletin Board

Ein Bulletin Board mit Informationen zu Aktionen der FDA (Food and Drug Administration), Kongressberichten, News, Verbraucherinformationen, AIDS und Veterinärmedizin.

Zugriff über:
telnet fdabbs.fda.gov; Login *bbs*

Family Medicine Discussion Archives

Eine wachsende Sammlung mit Material zum Thema Familienmedizin. Enthält auch die Archive des FAM-MED Listservers. Diskutiert werden Themen wie die Verwendung von Computern und Netzwerken bei der Unterrichtung und Anwendung der Familienmedizin. Enthält auch Verweise auf andere Internet-Ressourcen.

Zugriff über:
ftp ftp.gac.edu; Login anonymous; cd pub/fam-med/

Great Beginnings

Ein Newsletter zur Pflege und Fütterung von Säuglingen und Kleinkindern. Bespricht elterliche Erwartungen, typisches Verhalten, selbstgemachtes Spielzeug, Sprachspiele und so weiter.

Zugriff über:
gopher bluehen.ags.udel.edu /Information By Topic/Families/Great Beginnings Newsletters

Handicap News BBS Archive

Eine Sammlung mit Informationen und Quellen von und für Behinderte. Das Archiv enthält rechtliches und medizinisches Material ebenso wie Informationen zu sozialen Diensten.

Zugriff über:
ftp handicap.shel.isc-br.com; Login anonymous

ftp handicap.shel.isc-br.com; Login anonymous; cd pub

Internet/BITNET Health Science Resources

Eine sehr lange, von Lee Hancock am University of Kansas Medical Center zusammengestellte, Liste mit E-Mail Diskussionslisten, USENET Newsgruppen, Free-Nets und anderen Internet-Ressourcen zu Gesundheit und Medizin.

Zugriff über:
ftp ftp.sura.net; Login anonymous; cd pub/nic; get medical.resources.9-93

MEDLINE

Die Datenbank MEDLINE enthält Zitate und Abstracts aus über 4000 Fachzeitschriften der Medizin und anderer Gesundheitswissenschaften. Manche Universitätsbibliotheken bieten Zugang zu MEDLINE, in der Regel ist der Zugang aber Studenten, Fakultäten und Mitarbeiter vorbehalten.

Zugriff über:
telnet melvyl.ucop.edu

telnet lib.dartmouth.edu

telnet library.umdnj.edu; Login *LIBRARY*

telnet utmem1.utmem.edu; Login *HARVEY*

National Health Security Plan

Eine Hypertext-Version des vom amerikanischen Präsidenten Bill Clinton im September 1993 offiziell vorgestellten Vorschlags, die medizinische Versorgung in den USA zu reformieren.

Zugriff über:
www http://sunsite.unc.edu/nhs/NHS-T-o-C

National Institute of Allergy and Infectious Disease Gopher

Bemerkenswert wegen seines AIDS-Archives, aber auch sehr viel administrative Daten.

Zugriff über:
gopher gopher.niaid.nih.gov

National Institutes of Health (NIH)

Früher nur ein Gopher-Server, mittlerweile auch im WWW zu erreichen. Die Server bieten Informationen und Links zu biomedizinischen Daten, Aktivitäten und Unterstützungen der NIH, und der NIH Library (über TELNET).

Zugriff über:
www http://www.nih.gov/

gopher gopher.nh.gov

National Library of Medicine

Die National Library of Medicine (NLM) bietet Daten aus den unterschiedlichsten Bereichen der Medizin. Insgesamt sind über 4,5 Millionen Dokumente wie Bücher, Zeitschriften, Berichte, Manuskripte und audiovisuelle Medien vorhanden.

Zugriff über:
www http://www.nlm.nih.gov/

*telnet etnet.nlm.nih.gov*i; Login *etnet*

Palo Alto Medical Foundation

Ein Symposium zum Management im Gesundheitswesen: Ist es möglich Kosten zu senken, ohne das die Qualität darunter leidet? Enthält Stellungsnahmen der Regierung, des Gesundheitswesens, der Industrie und der Wissenschaft. Eine sehr interessante Lektüre.

Zugriff über:
www http://www.service.com/PAMF/home.html

World Health Organization

Ein Gopher-Server mit Informationen der Weltgesundheitsorganisation WHO. Beschreibt die wichtigsten Gesundheitsprogramme, die WHO selbst und bietet darüberhinaus noch Pressemitteilungen und Kontaktadressen (E-Mail und Telefon) an.

Zugriff über:
gopher gopher.who.ch

Der FTP-Server bietet nahezu dieselben Informationen in seinen Verzeichnissen "programme" und "subject" an, ist aber schwieriger zu handhaben.

Zugriff über:
ftp ftp.who.ch; Login anonymous

MUSIK

Newsgruppen:
alt.[emusic, exotic-music], k12.ed.music, rec.music.[afro-latin, a-cappela, beatles, bluenote, cd, celtic, christian, classical, compose, country, dementia, dylan, early, folk, funky, gaffa, gdead, indian, industrial, info, makers, marketplace, misc, newage, reggae, reviews, synth, video]

Acoustic Guitar Digest

Ein elektronisches Magazin für Freunde akustischer Gitarren.

Zugriff über:
www http://www.acns.nwu.edu/guitar

ftp casbah.acns.nwu.edu;
Login anonymous; cd pub/acoustic-guitar

Banjo Tablature Archive

Enthält die originale und transkribierte Notation für das fünfsaitige Banjo. Alle Stilrichtungen, vom Bluegrass bis zu Jazz und Klassik, sind vertreten.

Zugriff über:
www http://www.vuw.ac.nz/who/Nathan.Torkington/banjo/tab/home.html

Digital Tradition Folk Song Database

Liedtexte können gesucht und angezeigt werden. Auf manchen Systemen kann sogar die Melodie wiedergegeben werden.

Zugriff über:
www http://web2.xerox.com/digitrad

ftp parcftp.xerox.com; Login anonymous;
cd pub/music/digital_tradition

Ethnomusicology Research Digest

Informationen zu Werkzeugen und Techniken für Musikaufnahmen. Die Daten sind im ASCII-Format gespeichert.

Zugriff über:
gopher gopher.cic.net /Electronic Serials/Alphabetic List/E/Ethnomusicology Research Digest

Folk Music

Liedtexte, Diskographien, Clubs etc. der Folk Music.

Zugriff über:
ftp nysernet.org; Login anonymous;
cd folk_music

Guitar Chords and Tablature

Gitarrennotation und -Akkorde für viele Songs bekannter Künstler. Vom Evergreen bis zum aktuellen Hit; für akustische und elektrische Gitarre. Sortiert nach Künstler/Band.

Zugriff über:
ftp ftp.nevada.edu; Login anonymous;
cd pub/guitar

Indian Classical Music

Eine Datenbank mit indianischen CDs. Sehr gut sortiert im Bereich hindostanischer Musik, enthält aber auch einige New Age-CDs. Suchen Sie nach Shankar, wenn Sie eine Vorstellung davon bekommen möchten, was alles vorhanden ist.

Zugriff über:
WAIS *indian-classical-music.src*

MIDI Information

Das MIDI (Musical Instrument Digital Interface) ist ein Standardinterface in der computergestützten Musik. NetJam in Berkeley möchte die musikalische Zusammenarbeit fördern, indem es einen organisierten Austausch von Informationen zu MIDI und damit verknüpften Themen organisiert. Die WAIS-Datenbank zeigt auf Archive mit technischer Dokumentation und Diskussionen rund um MIDI.

Zugriff über:
ftp xcf.berkeley.edu; Login anonymous;
cd pub/misc/netjam
(NetJam.)

WAIS *midi.src*

MTV.COM

Adam Curry's MTV-Server bietet Informationen rund um die Popmusik, Interviews mit Musikern und sogar einige kurze Videos.

Zugriff über:
gopher mtv.com

ftp mtv.com; Login anonymous

www http://mtv.com/

The Bottom Line Archive (Bass)

Ein elektronisches Magazin für Freunde akustischer und elektrischer Gitarren. Besprochen werden Alben und Equipment, darüberhinaus sehr gute Informationen von anderen Bassisten und unser Lieblingsbild von Carol Kaye, der Großmutter aller Bassisten.

Zugriff über:
www http://syy.oulu.fi/tbl.html

ftp ftp.uwp.edu; Login anonymous;
cd pub/music/lists/bass

University of Wisconsin-Parkside Music Archive

Eine Quelle mit allen möglichen Informationen zur Musik. Das Material reicht von professionellen Studioaufnahmen bis zur Hausmusik und umfaßt Themen wie die Zusammenstellung von CD-Kollektionen klassischer Musik, Liedtexte, Gitarren-Akkorde und Bilder von Künstlern.

Zugriff über:
ftp ftp.uwp.edu; Login anonymous;
cd pub/music

WNUR-FM Jazz Information Server

Jazz im Web. Diese Ressource bietet Diskographien, Listen mit Läden für Jazzmusik, Hotlines, Clubs, Radiostationen und Fotos von Jazzmusikern. Betrieben wird dieser Web-Server von den Mitarbeitern von Radio WNUR-FM in Evanston, Illinois.

Zugriff über:
www http://www.acns.nwu.edu/jazz

NACHSCHLAGEWERKE

Acronym Dictionary

Ein suchfähiger Gopher-Server mit über 6000 amerikanischen Akronymen.

Zugriff über:
www http://curia.ucc.ie/
info/net/acronyms/acro.html

CIA World Factbook

Der CIA hat zu jedem Land der Welt ein Dossier angelegt. Das ist die 93er Version dieser Dossiers, beschrieben werden 249 Nationen. Zu jedem Land finden Sie Daten zu Einwohnerzahl, wirtschaftlichen Bedingungen, Handel, Konflikten und Politik. Es gibt viel, was Sie hier nicht finden, z.B. die Zahl der vom Pentagon geplanten Atomsprengköpfe. Aber Sie finden Basisinformationen zu fast jedem Land das Ihnen einfällt.

Zugriff über:
WAIS *world-factbook93.src*

Online Dictionary

Ein englisches Online-Wörterbuch; geben Sie das Wort ein und Sie erhalten die Definition (wir haben allerdings keinen Hinweis darauf gefunden, um welches Wörterbuch es sich handelt).

Zugriff über:
telnet chem.ucsd.edu; Login webster

Reader's Guide to Periodical Literature

Ja, das gute alte Arbeitspferd, der "Reader's Guide to Periodical Literature"ist im Internet verfügbar. Für all die, die es nicht kennen sei erklärt, daß es sich bei diesem Werk um einen themenorientierten Index nahezu aller "General Interest"-Magazine der USA handelt. Der Index kann nach Autor, Titel, Inhalt, Schlüsselwort etc. durchsucht werden.

Zugriff über:
telnet lib.uwstout.edu; Login *library*

Roget's Thesaurus

Siehe: Literatur - Project Gutenberg

Zipcode Guide 1991

Eine Liste aller amerikanischen Postleitzahlen aus dem Jahr 1991. Das Format der Einträge ist wie folgt:

00401:Pleasantville, NY

00501:Holtsville, NY

Zugriff über:
WAIS *zipcodes.src*

OZEANOGRAPHIE

Bedford Institute of Oceanography

Die Habitat Ecology Division am Bedford Institute of Oceanography hat die BSIM-Simulation entwickelt. Die Hauptaufgabe des Instituts liegt im Austausch wissenschaftlicher Daten mit anderen Wissenschaftlern. Der Server bietet außerdem Dateien mit den

"Uniforum Atlantic minutes" und Material zur Ozeanographie.

Zugriff über:
gopher biome.bio.dfo.ca

ftp biome.bio.dfo.ca; Login anonymous

OCEANIC (Ocean Information Center)

Das Ocean Information Center Bulletin Board der University of Delaware. Enthält sehr technische und organisatorische Daten zu verschiedenen ozeanographischen Experimenten, Feldversuchen und Meetings.

Zugriff über:
telnet delocn.udel.edu; Login *info*

USGS, Branch of Atlantic Marine Geology

Beheimatet in Woods Hole, USA, bietet dieser Server Abstracts und Preprints verschiedener geologischer Fachzeitschriften, seegeologische Datensätze und Informationen zu den Aktivitäten in Woods Hole.

Zugriff über:
gopher bramble.er.usgs.gov

PALÄONTOLOGIE

Newsgruppen:
sci.archaeology

Honolulu Community College Dinosaur Exhibit

Eine gut durchdachte, schöne Führung durch die ständige Dinosaurier-Ausstellung am Honolulu Community College. Sehr anschauliches Material mit Fotografien, Illustrationen, Filmen und sogar gesprochenen Erläuterungen. Die Ausstellung selbst ist eine Kopie des New Yorker American Museum of Natural History.

Zugriff über:
www http://www.hcc.hawaii.edu/dinos/dinos.1.html

Paleontological Society Gopher

Ein Gopher-Server mit Basisinformationen zur Kentucky Paleontological Society. Enthält Informationen über die Gesellschaft, Hinweise auf Meetings und Konferenzen, Stellenangebote, Fördermöglichkeiten, Buchbesprechungen und so weiter.

Zugriff über:
gopher uicvm.uic.edu /The Researcher/Paleontology/Paleontological Society

Palynology & Palaeoclimatology (ANU Bioinformatics Hypermedia Service)

Hauptsächlich Links zur Australian National University und anderen Internet-Ressourcen, die sich mit dem Quartär befassen (also ca. 2 Mio. Jahre vor unserer Zeit). Palynologie ist die Studie von Pollen.

Zugriff über:
www http://life.anu.edu.au/landscape_ecology/pollen.html

U.C. Berkeley Museum of Paleontology Gopher

Informationen zum U.C. Berkeley Museum of Paleontology und seiner Sammlung. Eine sehr ergiebige Quelle, wenn Sie sich für Fossile interessieren, bietet aber auch andere Ressourcen. Die Bilddatenbank enthält eine große Sammlung von Haien, sowie Bilder von Tieren, Pflanzen, Vögeln. Es gibt auch eine Sammlung mit Tierstimmen (inkl. Walgesängen).

Zugriff über:
gopher ucmp1.berkeley.edu

U.C. Berkeley Museum of Paleontology Public Exhibits

Der museumseigene Web-Server beschreibt die Ausstellungen zum fossilen Leben, Haien an der kalifornischen Küste und dem paläontologischen Institut in Russland. Die Ausstellung zu fossilem Leben kann auch über den EXPO-Server erreicht werden.

Zugriff über:
www http://ucmp1.berkeley.edu/welcome.html
(Berkeley, alle Ausstellungen)

www http://sunsite.unc.edu/expo/paleo.exhibit/paleo.html
(EXPO, nur "Fossil Life")

PHILOSOPHIE

Newsgruppen:
sci.philosophy

American Philosophical Association Gopher

Seriöse Informationen zu ernsten Themen. Enthält Adressen, Informationen zu bevorstehenden Ereignissen, akademischen Positionen, Bibliographien, "Calls for Papers" und vieles mehr.

Zugriff über:
gopher apa.oxy.edu

PHYSIK

Newsgruppen:
sci.physics.[accelerators, fusion, particle, research], sci.space

High Energy Physics (CERN)

Informationen zur Physik sind im Internet nicht so einfach zu bekommen. Physiker haben ihr eigenes, HEPnet genanntes, Netzwerk, das andere Protokolle verwendet. Das World Wide Web bietet aber ein Gateway zu solchen Informationen, seit es am CERN ins Leben gerufen wurde. Momentan bietet das WWW Zugriff auf Material von CERN, DESY (Deutschland!), NIKHEF (Niederlande), SLAC (Stanford Linear Accelerator) und Fermilab.

Zugriff über:
www http://info.cern.ch/hypertext/DataSources/bySubject/Physics/HEP.html

Los Alamos Physics Information Service

Kernphysik und Elementarteilchenphysik finden sich auf diesen Gopher- und WWW-Servern, die vom Los Alamos National Laboratory (LANL) betrieben werden. Enthält Preprints zu Kern- und Hochenergiephysik. Abstracts und Dokumente sind ebenso vorhanden wie eine Suchoption nach Abstracts, Autor und Titel.

Zugriff über:
www http://mentor.lanl.gov/Welcome.html

Nonlinear Dynamics Archive

Enthält Preprints von Dokumenten, Abstracts, Software und anderes Material zur nichtlinearen Dynamik. Das Material ist nach dem Institut sortiert, von dem es kommt; Sie sollten daher die README-Datei nutzen um sich einen Überblick zu verschaffen.

Zugriff über:
ftp lyapunov.ucsd.edu; Login anonymous; cd pub

Information:
Email: mbk@inls1.ucsd.edu (Matt Kennel)

Physics News

Neuigkeiten und Infos aus der Physik. Enthält auch Links zu anderen Quellen mit wissenschaftlichen News und Daten zu Aktionen des amerikanischen Kongresses zur Wissenschaftsförderung.

Zugriff über:
www http://www.het.brown.edu/news/index.html

POLITIK

Newsgruppen:
alt.activism, misc.activism.progressive, soc.politics

Congressional Contact Information

Enthält Namen, Adressen und Telefonnummern der Mitglieder des amerikanischen Kongresses. Gesucht werden kann nach Name, Stadt, Bundesstaat oder Postleitzahl.

Zugriff über:
WAIS *US-Congress-Phone-Fax.src*

Environmental Activism Server

Für welche Sache kämpfen Sie? Dieser Server enthält Informationen zu allen möglichen Umweltthemen von "Agran for President '92" zu "Earth First!", Golfkrieg und dem amerikanisch-japanischen Handel. Enthält auch

Listen mit Telefonnummern der Regierungsbehörden, sowie Artikel und juristische Entscheidungen zur Umweltbewegung.

Zugriff über:
ftp pencil.cs.missouri.edu; Login anonymous; cd pub/map

Political Contact Information

Adressen, Telefon- und Faxnummern und andere Kontaktmöglichkeiten zu Regierung und Medien, gemischt mit historischen Dokumenten.

Zugriff über:
ftp ftp.eff.org; Login anonymous; cd pub/academic/civics

Presidential Election 1992

Die Geschichte wird von den Siegern geschrieben und darum spiegelt diese Quelle die Wahl des amerikanischen Präsidenten im Jahr 1992 die Sicht der amerikanischen Demokratischen Partei wieder. Ein Verzeichnis ist dem Jahr der Frau, "Year of the Woman" gewidmet, während ein anderes dem politischen Gegner ("Republican") gilt.

Das Unterverzeichnis "IssueBriefs" enthält die Positionen beider Parteien. Zu Ross Perot ist aber nichts zu finden.

Zugriff über:
ftp info.umd.edu; Login anonymous; cd info/Government/US/Election92

Privacy Forum

Das "Internet Privacy Forum" ist ein moderiertes Forum zur allgemeinen Diskussion und Analyse aller Themenbereiche der Privatsphäre.

Zugriff über:
*gopher vortex.com /*** PRIVACY Forum ****

Ross Perot

Ross Perots Buch *United We Stand,* nach Kapiteln getrennt und im ASCII-Format.

Zugriff über:
gopher joeboy.micro.umn.edu /EBooks/By Title/United We Stand

PSYCHOLOGIE

Newsgruppen:
sci.psychology

Princeton Psychology Archive

Den Großteil dieses Archives bilden die Ausgaben der elektronischen Fachzeitschrift *Psycoloquy* der American Psychological Association.

Zugriff über:
ftp princeton.edu; Login anonymous; cd pub/harnad

Psycoloquy

Ein akademisches Online-Magazin über Psychologie, herausgegeben von der American Psychological Association.

Zugriff über:
www http://info.cern.ch./hypertext/DataSources/bySubject/Psychology/Psycoloquy.html

RECHT

Newsgruppen:
misc.legal

Columbia Online Legal Resources (JANUS)

Ein spezialisierter WAIS-Server und öffentlich zugänglicher Client für den Juristen. Enthält verschiedene Datenbanken wie den "Columbia Law Catalog", das Seerecht, Entscheidungen des U.S. Supreme Court und vieles andere. Darüber hinaus die Agenda der internationalen Umweltkonferenz in Rio, verschiedene Datenbanken der Vereinten Nationen und WAIS-basierte Quellen zur "National Information Infrastructure" und zum "National Performance Review".

Zugriff durch;
telnet lawnet.law.columbia.edu;
Login *lawnet*; select *"Project JANUS"*

WAIS JANUS-dir-of-servers.src

www http://www.janus.columbia.edu

Information:
Email: willem@futureinfo.com

Cornell Legal Information Institute

Die führende Ressource im Internet, wenn es um "Recht" geht. Gopher- und WWW-Interface vorhanden.

Das Gopher-Interface bietet einen Index, ein Archiv der "law-lib" Mailing-Liste, die "teknoids" Mailing-Liste (mit sehr vielen Artikeln zu juristischen Computeranwendungen) und andere interessante Dienste.

Das WWW-Interface enthält Verzeichnisse, die sich mit dem amerikanischen Urheberrecht, dem Patentrecht und dem "Lanham Act" (Schutzmarken) befassen. Auch das Nasdaq Financial Executive Journal ist auf diesem ständig wachsenden Server zu finden.

Zugriff über:
gopher fatty.law.cornell.edu

www http://www.law.cornell.edu/lii.table.html

Corporation for Research and Educational Networking (CREN)

CREN ist die Gesellschaft, die das BITNET betreibt. Die Anwälte des Unternehmens wurden beauftragt, zu untersuchen welche Haftpflicht entsteht, wenn das Netzwerk verwendet wird, um auf andere Länder zuzugreifen. Die Dateien beziehen sich zwar nur auf das BITNET, können zum Teil aber auf das Internet übertragen werden.

mail listserv@bitnic.bitnet; Die Nachricht sollte folgende drei Zeilen beinhalten:

get legal commerce

get legal gtda

get legal counsel

Indiana University Law School

Der Server enthält zwei juristische Journale ("Global Legal Studies" und "Federal Communications Law"), Informationen zu Ressourcen über Frauenrechte und Verweise auf andere juristische Ressourcen im Internet.

Zugriff über:
www http://www.law.indiana.edu/law/lawsch.html

Supreme Court Rulings

Das "Project HERMES" verfolgt das Ziel, die Entscheidungen und Meinungen des höchsten amerikanischen Gerichtshofs, des "Supreme Court", über das Internet frei zugänglich zu machen. Daten und Fakten seit dem Jahre 1989 sind verfügbar.

Siehe auch: Columbia Online Legal Resource (JANUS)

Zugriff über:
ftp ftp.cwru.edu; Login *anonymous*; cd *hermes*

ftp info.umd.edu; Login *anonymous*; cd *info/Government/US/SupremeCt*

Sydney University Law School FTP Archive

Enthält eine interessante Sammlung verschiedener amerikanischer Gesetze, sowohl auf Landes- als auch auf Bundesebene. Sortiert nach Land und Thema.

Zugriff über:
ftp sulaw.law.su.oz.au; Login anonymous; cd pub/law

U.S. Constitution

Der komplette Text der amerikanischen Verfassung; auch nach Artikeln und Zusätzen sortiert.

Zugriff über:
ftp info.umd.edu; Login anonymous; cd info/Government/US/Constitution

Unabhängigkeitserklärung

Das staatsgefährdendste Dokument in der Geschichte im ASCII-Format.

Zugriff über:
ftp ftp.eff.org; Login anonymous; cd pub/academic/civics; get dec_of_ind

Washington and Lee Law Library

Eine Sammlung verschiedener juristischer Daten. Neben dem Wortlaut einiger Gesetze sind auch Informationen zu Konferenzen und Meetings aufgeführt

Zugriff über:
ftp liberty.uc.wlu.edu; Login anonymous; cd pub/lawlib

REGIERUNGSSTELLEN, U.N. & INTERNATIONAL

Internationale Abkommen

Texte verschiedener ratifizierter und vorgeschlagener Abkommen.

Zugriff über:
ftp wiretap.spies.com; Login anonymous; cd Gov/Treaties/Hague
(Hager Konvention)

ftp wiretap.spies.com; Login anonymous; cd Gov/Treaties/Geneva
(Genfer Konvention)

ftp wiretap.spies.com; Login anonymous; cd Gov/Treaties/League
(Protokolle der Vereinten Nationen)

ftp wiretap.spies.com; Login anonymous; cd Gov/Treaties/Sea
(U.N.-Seerechtskonvention, noch nicht in Kraft)

ftp wiretap.spies.com; Login anonymous; cd Gov/Treaties/Treaties

(Informationen zu anderen Abkommen)

NATO

Pressemitteilungen, Reden des Generalsekretär, elektronische Versionen des "NATO Handbook" und des "NATO Review"; alle im ASCII-Format. Unter "Allied" finden Sie Presseberichte aktueller NATO-Operationen wie beispielsweise die Flüge über Bosnien.

Zugriff über:
ftp info.umd.edu; Login anonymous; cd info/Government/US/NATO

United Nations Gopher

Der Gopher der Vereinten Nationen. Enthält Daten über die Vereinten Nationen: was sie sind und was sie tun, Kontaktaufnahme mit den Vereinten Nationen und einem Zugang zum Gopher der Weltgesundheitsorganisation.

Zugriff über:
gopher nywork1.undp.org

World Constitutions

Über ein Dutzend Verfassungen (oder vergleichbare Dokumente) verschiedener Staaten der ganzen Welt.

Zugriff über:
ftp wiretap.spies.com; Login anonymous; cd Gov/World

REGIERUNGSSTELLEN, U.S.A.

Americans with Disabilities Act Regulations

Der "Americans with Disabilities Act" reicht in viele Lebensbereiche hinein. Diese Quelle enthält nicht nur die Gesetzestexte der Behindertengesetzgebung, sondern noch eine Vielzahl zusätzlicher Informationen und Verweise auf Offline-Ressourcen.

Zugriff über:
ftp info.umd.edu; Login anonymous; cd inforM/Educational_Resources/United_States /Government/NationalIssues/ADARegulation

Budget 1993

Zusammenfassung des vom amerikanischen Präsidenten am 8. April 1993 vorgeschlagenen Haushaltsplans. Den großen Einblick bietet eine Datei, die "totals-million".

Zugriff über:
ftp info.umd.edu; Login anonymous; cd inforM/Educational_Resources/United_States /Government/NationalIssues/Budget-93

Budget 1994

Der vorgeschlagene Haushaltsplan des Jahres 1994. Verfügbar in unterschiedlichen komprimierten Formaten und nach Abschnitten getrennt.

Zugriff über:
ftp sunsite.unc.edu; Login anonymous; cd pub/academic/political-science

Census 1990

Eine zweiseitige, nach Staat getrennte, Zusammenfassung der amerikanischen Volkszählung aus dem Jahre 1990.

Zugriff über:
ftp info.umd.edu; Login anonymous; cd inforM/Educational_Resources/United_States /Government/NationalIssues/Census-90

Congress Overview

Ein Blick auf den amerikanischen Kongress durch die Augen der Demokratischen Partei. Seltsamerweise sind auch Informationen vorhanden, wie man mit dem Kabinet und anderen Teilen der Exekutive in Verbindung treten kann. Kurzbiographien verschiedener Demokraten (und zwar nur Demokraten) sowie spezielle Files zu Frauen in der Politik und im Senat.

Zugriff über:
ftp info.umd.edu; Login anonymous; cd info/Government/US/Congress

Copyright Information

Copyrights seit 1978, zusammengestellt von der amerikanischen Library of Congress. Enthalten sind Bücher, Serien, Filme, Musik, Karten, Tonaufnahmen, Software, Multimedia-Kits, Zeichnungen, Poster und Skulpturen.

Zugriff über:
telnet locis.loc.gov

Ein Gopher-Interface ist über MARVEL zu erreichen.

Zugriff über:
gopher marvel.loc.gov /Copyright

FDA Electronic Bulletin Board

Siehe Medizin.

Federal Legislation

Zugriff auf Informationen über die föderative amerikanische Gesetzgebung.

Zugriff über:
telnet locis.loc.gov

Federal Register

Das Federal Register seit dem Juli 1990, sortiert nach Regierungsstelle, Inkrafttreten der Vorschrift und Klasse. Die Daten werden nicht von der Regierung veröffentlicht, son dern von Counterpoint Publishing und der Internet Company. Der Zugriff auf den gesamten Datenbestand ist nur Abonnenten möglich.

Zugriff über:
gopher gopher.counterpoint.com 2002

Government Accounting Office

GAO-Berichte zu Hunderten verschiedener Themen.

Zugriff über:
ftp info.umd.edu; Login anonymous; cd inforM/Educational_Resources/United_States /Government/NationalIssues/GAO

Library of Congress Services

Nicht nur ein Online-Katalog. LOCIS, das TELNET-Interface zu diesem Dienst, ist zwar etwas schwierig, dafür ist MARVEL, das Gopher-Interface, einfach zu handhaben und verfügt über sehr viel interessantes Material.

MARVEL steht für "Machine-Assisted Realization of the Virtual Electronic Library" und kombiniert die Daten der Library of Congress mit anderen Internet-Ressourcen. Dient der Library of Congress, dem U.S. Kongress und Teilnehmern aus der ganzen Welt. Die meisten Daten sind in normalem ASCII-Format vorhanden.

Zugriff über:
telnet locis.loc.gov

gopher marvel.loc.gov

NSF Awards

Eine Untermenge des STIS-Dienstes. Enthält die Abstracts aller NSF-Awards seit dem Jahr 1990.

Zugriff über:
WAIS *nsf-awards.src*

NSF Publications

Veröffentlichungen der National Science Foundation. Recherchen in den Dokumenten sind möglich. Wenn Sie an einem bestimmten Award interessiert sind, und dessen Nummer kennen, können Sie diese Nummer als Suchschlüssel angeben (ohne Leerzeichen und Punkte dazwischen).

Zugriff über:
WAIS *nsf-pubs.src*

National Archives

Das National Archive's Center for Electronic Records stellt eine Reihe von wichtigen elektronischen Dokumenten zur Verfügung, zusammengestellt von der amerikanischen Regierung. Zwar ist ein direkter Zugriff über das Internet nicht möglich, Anfragen können aber an die in der Datei "national.archives" genannte E-Mail-Adresse gerichtet werden.

Zugriff über:
ftp ftp.msstate.edu; Login anonymous; cd pub/docs/history/USA/databases; get national.archives

Information:
Email: tif@nihcu.bitnet

Telefon: (202) 501-5579

National Information Infrastructure Proposal

Ein im September 1993 von der amerikanischen Regierung veröffentlichter Vorschlag, die USA zu vernetzen, als Hypertext-Version.

Um die Graphiken am Anfang des Dokuments zu vermeiden, sollten Sie direkt zum Text springen (s.u.).

Siehe auch: Recht, Columbia Online Legal Resources (JANUS)

Zugriff über:
www http://sunsite.unc.edu/nii/NII-Table-of-Contents.html
(Anfang des Dokuments)

www http://sunsite.unc.edu/nii/NII-Agenda-for-Action.html
(Textteil)

ftp sunsite.unc.edu; Login anonymous; cd pub/academic/political-science/internet-related/National-Information-Infrastructure

gopher sunsite.unc.edu /What's New on SunSITE/National Information Infrastructure Information

National Performance Review

Eine Hypertext-Version des vom amerikanischen Vizepräsidenten Al Gore gemachten Vorschlags zur Reformierung der Regierung. Der Text wurde vom Office for Information Technology an der University of North Carolina aufbereitet.

Zugriff über:
www http://sunsite.unc.edu/npr/nptoc.html

ftp sunsite.unc.edu; Login anonymous; cd pub/academic/political-science/National_Performance_Review

gopher sunsite.unc.edu /What's New on SunSITE/National Performance Review (Reinventing Government)

WAIS National-performace-Review.src

National Referral Center

Das National Referral Center Resources File (NRCM) enthält Beschreibungen von über 12000 Organisationen, die willens und in der Lage sind, Fragen und weiterführende Daten zu bestimmten Themen zu beantworten bzw. zu liefern. Die Themen reichen von Naturwissenschaft über Technik bis hin zu Sozialwissenschaften. Die Datei, die auf dem National Inventory Program aufbaut (begonnen im Jahr 1992), wird jede Woche auf den neuesten Stand gebracht. Jede Beschreibung enthält den Namen der Organisation, die Postadresse, den Ort, die Telefonnummer, die behandelten Themenbereiche, verfügbare Daten, Veröffentlichungen und Informations-Dienste. Darüber hinaus finden Sie häufig Beschreibungen der jeweiligen Organisation.

Zugriff über:
telnet locis.loc.gov; Select *5. Organizations*

Science and Technology Information Service

STIS enthält Informationen zu allen von der National Science Foundation geförderten Programmen. Das NSF Bulletin, der "Guide to Programs", Programmankündigungen, Pressemitteilungen und eine Liste der verliehenen Preise finden Sie auf diesem Server.

Zugriff über:
gopher stis.nsf.gov

telnet stis.nsf.gov; Login *public*

Social Security Administration

Sehr viel Material zur amerikanischen Sozialversicherung. Sie finden Listen mit Veröffentlichungen zu diesem Bereich, Reden und juristische Aussagen von Mitgliedern der "social security commission", Presseberichte und vieles mehr. Die Archive des Servers sind aber nicht nur auf die Sozialversicherung beschränkt, sondern bieten auch eine Vielzahl anderer Regierungsdokumente und Datensammlungen. Um sich einen Überblick über die vorhandenen Daten zu verschaffen, sollten Sie sich die Datei "index" ansehen (Sie können den ersten Teil getrost überspringen, da er nur das interne Mail-System beschreibt).

Zugriff über:
ftp soaf1.ssa.gov; Login anonymous; cd pub

Supreme Court Rulings

Siehe: Recht

White House Overview

Ein FAQ, das beschreibt, wie Sie die täglich erscheinenden elektronischen Publikationen (Pressemitteilungen) des Weißen Hauses erhalten können, wie Sie nach Reden und Pressemitteilungen suchen können und wie Sie E-Mail an das Weiße Haus schicken können.

Zugriff über:
ftp info.umd.edu; Login anonymous; cd info/Government/US/WhiteHouse

REISE

Newsgruppen:
rec.travel, rec.travel.[air, marketplace]

Siehe auch: Internationale Interessen

GNN Travelers' Tales Resource Center

O'Reilly's eigenes Reise-Center. Enthält Tips, wie man das Internet nutzen kann, um seine Reise vorzubereiten, Reiseinformationen zu Zielen auf der ganzen Welt, Verweise auf andere Quellen und einen "Marktplatz".

Zugriff über:
www http://nearnet.gnn.com/mkt/travel/center.html

SPIRES Guide to Restaurants

Ein amerikanischer Restaurant-Führer. Gesucht werden kann nach Name, Küche, Stadt, Bundesstaat und Durchschnittspreis pro Essen. Die Auswahl ist recht dünn, für Los Angeles werden beispielsweise nur zwei Restaurants genannt.

Zugriff über:
gopher isumvs.iastate.edu /Serendipity/Restaurants: SPIRES Guide to Restaurants/

State Department Travel Advisories

Hinweise des U.S. State Department in welche Länder und Regionen der Welt man besser nicht reisen sollte. Eine nicht zu ersetzende Quelle, wenn Sie sich abseits von Mallorca bewegen wollen.

Das St. Olaf College in Northfield, Minnesota, ist der Internet- und BITNET-Verteiler dieser Informationen. Das Material ist Teil der WWW- und Gopher-Server. Der FTP-Server der University of Maryland hat dieselben Daten gespiegelt.

Zugriff über:
www http://www.stolaf.edu/network/travel-advisories.html

gopher gopher.stolaf.edu /Internet Resources/US-State-Department-Travel-Advisories

ftp info.umd.edu; Login anonymous; cd inforM/Educational_Resources/United States/Government/TravelAdvisories

Travel Information Library

Enthält Informationen zu Reise-Modalitäten, Reisezielen und ähnlichem. Dazu Verweise auf andere Reise-Ressourcen. Viel vom Inhalt scheint aus der Newsgruppe rec.travel zu stammen.

Zugriff über:
ftp ftp.cc.umanitoba.ca; Login anonymous; cd rec-travel/README.html

www ftp://ftp.cc.umanitoba.ca/rec.travel/README.html

Virtual Tourist

Verbindungen zu (elektronischen) Reiseführern für Orte wie Australien, Japan, Neuseeland, verschiedene europäische Länder und viele Punkte in den Vereinigten Staaten. Der japanische Reiseführer enthält verschiedene Landkarten, Audio-Dateien (einschließlich der Nationalhymne), Wetterinformationen, Kultur und vieles mehr.

Zugriff über:
www http://wings.buffalo.edu/world

Religion & Glauben

Newsgruppen:
soc.religion.[bahai, christian, christian.biblestudy, eastern, islam, quaker], alt.atheism, alt.atheism.moderated, alt.hindu, alt.religion, talk.religion

ANU Asian Religions Bibliography

Eine Sammlung (459KB) bibliographischer Referenzen zu ausgesuchten (hauptsächlich buddhistischen) asiatischen Religionen. Zusammengestellt aus Dokumenten der Coombspapers Social Sciences Research Data Bank, Research Schools of Social Sciences and Pacific Studies, Australian National University, GPO Box 4, Canberra ACT 2601.

Zugriff über:
WAIS *ANU-Asian-Religions.src*

Information:
Email: wais@coombs.anu.edu.au

Telefon: +61 6 249-4600

Astrologie

Eine Astrologie-Ressource im australischen Southern Cross. Enthält Lehrmaterial, eine Bibliographie, Listen mit anderen Astrologie-Ressourcen, Archive verschiedener Newsgruppen und Software.

Zugriff über:
ftp hilbert.maths.utas.edu.au; Login anonymous; cd pub/astrology

Atheismus

In der Hauptsache Material aus alt.atheism und alt.atheism.moderated, inklusive einiger FAQs.

Zugriff über:
ftp ftp.mantis.co.uk; Login anonymous; cd pub/alt.atheism

Bibel

Vollständige, englischsprachige King James Bible mit Crossreferenzen und einem Lexikon.

Zugriff über:
WAIS *bible.src*
(Zugang nur von 9 Uhr bis 21 Uhr EST.)

Die Bibel liegt für den PC und den Mac bereit und ist komprimiert.

Zugriff über:
ftp wuarchive.wustl.edu; Login anonymous; cd doc/bible

In Finnland finden Sie die Bibel in verschiedenen Sprachen wie Englisch, Finnisch, Deutsch, Griechisch, Hebräisch, Latein, Suaheli und Türkisch.

Zugriff über:
ftp nic.funet.fi; Login anonymous; cd pub/doc/bible/texts

Die Bibel in zwei englischen Übersetzungen, in Griechisch und Latein. Alle indiziert. Dazu Material der Kirchenväter. Auch wenn Sie kein Interesse an Bibelstudien haben, zeigt diese Ressource doch, was ein gut aufgebauter Server ist. Der Server bietet auch Informationen zum Islam und Mormonen, sowie viele andere elektronische Texte (der Zugriff auf manche Texte ist aber auf den Campus beschränkt).

Zugriff über:
gopher ccat.sas.upenn.edu /CCAT Text Archives and Related Material from Elsewhere/Religion/Biblical

Book of Mormon

Das Buch der Mormonen in elektronischer Form und mit einem WAIS-Interface. Auch als reines ASCII-Dokument vom Project Gutenberg verfügbar.

Siehe auch: Literatur, Project Gutenberg

Zugriff über:
WAIS *Book_of_Mormon.src*

Coptic Christianity

Copt Net dient koptisch-orthodoxen Emmigranten (ägyptisch). Die FTP-Archive beherbergen die Newsletter der Gruppe, Artikel der koptischen Kirche, ein Verzeichnis koptischer Kirchen außerhalb Ägyptens (weltweit), GIF-Archive religiöser Darstellungen, die King James Bible, Liedertexte und vieles mehr.

Zugriff über:
ftp pharos.bu.edu; Login anonymous; cd CN

In einem langen Artikel mit dem Titel "Recent Efforts for Unity Between the Two Families of the Orthodox Church" wird aus koptischer Sicht über aktuelle ökumenische Bemühungen berichtet, daß seit 451 n.Ch. bestehende Schisma zu überwinden.

Zugriff über:
gopher wiretap.Spies.COM /Wiretap Online Library/Articles/Religion and Philosophy/orthodox.cop

Electric Mystic's Guide to the Internet

Eine lange und sorgfältige Bibliographie von Internet-Resourcen zu Religion und Mystizismus, zusammengestellt von Michael Strangelove. Die Dokumente stehen in verschiedenen Formaten (kein Hypertext) zur Verfügung. Viele Ressourcen liegen an der Australian National University.

Im selben Verzeichnis finden Sie auch andere Bibliographien zur Religion. Die Hinweise beschränken sich aber nicht nur auf Internet-Quellen, sondern auch auf gedrucktes Material.

Zugriff über:
ftp panda1.uottawa.ca; Login anonymous; cd pub/religion

Hinduismus

Archive des *Hindu Digest*, eine elektronische Publikation, die in der Newsgruppe alt.hindu verbreitet wird.

Zugriff über:
gopher gopher.cic.net /Electronic Serials/Alphabetic List/H/Hindu Digest

Islam

Eine englische Übersetzung des Koran ist hier über Gopher und WAIS zugänglich:

Zugriff über:
WAIS *Quran.src*

gopher latif.com/The Quran
(Nur Englisch)

gophercs1.presby.edu /Religion Resources/Quran (Koran) - full text/

Ein großes Archiv der Bostoner Außenstelle der American Arab Scientific Society. Viel Material und Software für Muslime. Dazu eine Liste mit Buchhandlungen, die Bücher über den Islam und den mittleren Osten bzw. in arabischer oder persischer Sprache verkaufen.

Zugriff über:
ftp cs.bu.edu; Login anonymous; cd amass

Ein neuer „Guide to Islamic Resources on the Internet''.

Zugriff über:
ftp aql.gatech.edu; Login anonymous; cd pub/NetInfo/Documents; get Guide_to_Islamic_Resources_on_The_Internet.gz

ftp ftp.netcom.com; Login *anonymous;* cd *pub/amcgee/african/islam/ cybermuslim.guide*

Eine Gruppe namens "Organization for New Muslims" bietet eine Liste mit Ressourcen, die hauptsächlich für amerikanische Moslems von Interesse sein dürfte.

Zugriff über:
gopher latif.com

Jainismus

Eine mit dem Hinduismus verwandte, indianische Religion, etwa 600 v.Ch. aufgekommen. Die Quelle enthält erläuterndes Material, eine Bibliographie und Dokumente, die diese Religion mit anderen vergleichen.

Zugriff über:
gopher wiretap.Spies.COM /Wiretap Online Library/Religion/Jainism

Judentum

Das größte Verzeichnis mit Informationen zu Judentum, Hebräisch und Israel in New York.

Zugriff über:
ftp nysernet.org; Login anonymous; cd israel

Katholizismus

Dieser Gopher an der American University ist eine wahre Fundgrube für Material zum Katholizismus, einschließlich aktueller päpstlicher Enzyklika.

Zugriff über:
gopher auvm.american.edu /Catholic Files

John Ockerbloom bietet eine gutsortierte Liste mit Verweisen auf "katholische Ressourcen im Netz".

Zugriff über:
www http://www.cs.cmu.edu:8001/ Web/People/spok/catholic.html

Mystisches & Okkultes

Diese Ressourcen wurden an einem Freitag den 13. vor dem Mondaufgang zusammengestellt. Anfänger werden ein wenig herumsuchen müssen, bevor sie die gewünschten Informationen finden. Medien sollten keine Schwierigkeiten haben sich zurechtzufinden.

Zugriff über:
ftp quartz.rutgers.edu; Login anonymous; cd pub/occult

ftp ftp.netcom.com; Login anonymous; cd pub/alamut/mageguide

ftp slopoke.mlb.semi.harris.com; Login anonymous; cd pub/magick

Presbyterianismus

Die *Westminster Confession of Faith* im ASCII-Format.

Zugriff über:
gopher cs1.presby.edu /Religion Resources/Westminster Confession of Faith

Religious Studies Publication Journal

Dieses Journal dient der Verbreitung von Veröffentlichungen religiöser Studien und bietet Hinweise auf weitere Ressourcen.

Zugriff über:
gopher gopher.usak.ca /Library/E—Journals/Humanities & Social Sciences/Religious Studies Publications Journal - CONTENTS

Satanismus

Archive eines Newsletter namens *The Watcher: New Zealand Voice of the Left Hand Path*, erscheint auch in gedruckter Form. Es scheint, als hätten diese Leute sehr viel Spaß mit ihrer religiösen Meinung.

Zugriff über:
gopher gopher.cic.net /Electronic Serials/Alphabetic List/W/watcher

Urantia Book

Eine anonyme spirituelle und christliche "Offenbarung", geschrieben von Wilfred C. Kellogg (verstorben 1956) und überarbeitet von William Samuel Sadler (1975—1969). Beide waren ehemalige Jünger des "Siebenten Tags". Wurde im Jahr 1955 veröffentlicht. Kellogg war ein Adoptivsohn des Gründers der Corn-Flake Company.

Das Archiv enthält Kommentare und einen Index in verschiedenen Formaten.

Zugriff über:
ftp wuarchive.wustl.edu; Login *anonymous*; cd *pub/urantia*; get *ubpapers.txt*

TECHNOLOGIE

Newsgruppen:
sci.engr, sci.engr.[chem, biomed, civil, control, manufacturing, mech]

NASA Mid-Continent Technology Transfer Center

Im Jahr 1991 wurden von der amerikanischen Regierung und der NASA 6 regionale Technologietransferstellen als Teil des "Technology Transfer Network" aufgebaut. So betreut beispielsweise das "Mid-Continent Technology Transfer Center" (MCTTC) 14 Bundesstaaten: Arkansas, Colorado, Iowa, Kansas, Missouri, Montana, Nebraska, New Mexico, North Dakota, Oklahoma, South Dakota, Texas, Utah, and Wyoming.

Die Aufgabe des Mid-Continent Technology Transfer Center liegt in der Bereitstellung verschiedener Dienstleistungen aus den Bereichen Wirtschaft, Ingenieurwissenschaft, Forschung, Information und Weiterbildung für den o.g. Raum. Damit soll es Unternehmen ermöglicht werden, in Zusammenarbeit mit der NASA oder anderen Laboratorien neue Techniken zu entwickeln und anzuwenden, deren Kommerzialisierung zu fördern und somit die Wettbewerbsfähigkeit zu steigern.

Der Server eignet sich auch als Eintrittspunkt auf der Suche nach anderen Technologie-orientierten Gopher-Servern.

Zugriff über:
gopher technology.com

USENET NEWS

Newsgruppen:
news.answers, news.newusers.questions, news.software, news.groups

All the FAQs

"Frequently Asked Questions" aller Newsgrupppen sind auf rtfm.mit.edu archviert. Eine Indexdatei führt jede Datei des Verzeichnisses mit vollem Namen auf und gibt noch Hinweise auf nützliche Newsgruppen. Im Verzeichnis "periodic-postings" finden Sie Hinweise auf andere hilfreiche Dateien, die regelmäßig an die Newsgruppen gepostet werden.

Zugriff über:
ftp rtfm.mit.edu; Login anonymous; cd pub/usenet/news.answers

News Posting Service via Email

Über diese Server haben Sie die Möglichkeit, Nachrichten in USENET-Newsgruppen zu posten, ohne selbst Teil des USENET-Systems zu sein. Benutzen Sie Bindestriche in den Gruppennamen und kein Punkte, also beispielsweise "rec-music-folk" und nicht "rec.music.folk". Vergessen Sie Ihre E-Mail-Adresse nicht, damit Sie auch Antworten erhalten können.

Information:
Email: Gruppenname@cs.utexas.edu, oder
Email: Gruppenname@pws.bull.com

USENET Periodic Posting Archives

Ein Sammelbecken aller regelmäßig geposteten Informationen einzelner Newsgruppen. Jede Gruppe hat ihr eigenes Verzeichnis. Das Verzeichnis enthält alle regelmäßigen Postings der Newsgruppe (inkl. FAQ-Listen), aber auch Postings von "allgemeinem Interesse" für die Gruppe.

Zugriff über:
ftp rtfm.mit.edu; Login anonymous; cd pub/usenet-by-group

USENET Software: Geschichte und Quellen

Eine häufig aktualisierte Liste mit Newsreader-Software. Wenn Sie mit Ihrem aktuellen Newsreader unzufrieden sind, sollten Sie sich hier einmal nach Alternativen umsehen.

Zugriff über:
ftp rtfm.mit.edu; Login anonymous; cd pub/usenet/news.answers/usenet-software; get part1

Was ist USENET?

Eine lange Erklärung dessen, was das USENET-Newssystem ist, wie es verwaltet wird und wie es wurde was es ist.

Zugriff über:
ftp rtfm.mit.edu; cd *pub/usenet-by group/news.answers/what_is_usenet?;* get *part1*

UMWELTSTUDIEN

Newsgruppen:
sci.[environment, bio.ecology], talk.environment

BSIM Simulation Package

Die Habitat Ecology Division des Bedford Institute of Oceanography entwickelte dieses System zur Simulation ökologischer Modelle.

Zugriff über:
gopher biome.bio.ns.ca /BSIM simulation package

ftp biome.bio.dfo.ca; Login anonymous; cd pub/bsim

CIESIN Global Change Information Gateway

Das Consortium for International Earth Science Information Network (CIESIN) bietet Informationen vom Socioeconomic Data and Application Center (SEDAC), CIESIN's Gateway zum NASA Earth Observation System Data and Information System (EOSDIS) und zum Global Change Research Information Office (GCRIO), CIESIN's Gateway zum U.S. Global Change Research Program.

Zugriff über:
gopher gopher.ciesin.org

Carbon Dioxide Information Analysis Center

CDIAC ist Teil des Oak Ridge National Laboratory. Bietet Informationen über atmosphärische und klimatische Veränderungen. Interessant für Forscher, Entscheidungsträger und Pädagogen. Enthält neben Daten auch wissenschaftliche Berichte. Neben Informationen zu Kohlendioxid-Konzentrationen finden sich auch Daten zu FCKW (Fluorchlorkohlenwasserstoffe) und anderen Gasen. Wird vom U.S. Department of Energy gefördert.

Zugriff über:
ftp cdiac.esd.ornl.gov; Login anonymous; cd pub

ERIN (Environmental Resources Information Network)

Ein WWW-Server, der Informationen zu Umweltprogrammen und -projekten vor allem in Australien anbietet.

Zugriff über:
www http://kaos.erin.gov.au/erin.html

Environmental Protection Agency Library

Ein Bibliothekskatalog der EPA. Die Datenbank enthält Material zu Themen wie Sondermüll, Gewässerschutz und chemischen Stoffen. Die Bibliothek enthält neben Berichten der EPA auch verschiedene andere Dokumente. Abstracts zu den Dokumenten sind in der Regel ebenfalls vorhanden.

Zugriff über:
telnet epaibm.rtpnc.epa.gov; select *PUBLIC*

Environmental Safety & Health Information Center

Das Environmental Safety & Health Information Center (ESHIC) enthält Material des amerikanischen Department of Energy zum Thema Umwelt.

Zugriff über:
WAIS *eshic.src*

Gopherable Environmental Studies Resources Index

Ein sehr guter Index aller über Gopher verfügbaren Umwelt-Ressourcen.

Zugriff über:
gopher gopher.unr.edu /Selected Information Resources by Discipline/Environmental Studies Resources

Oak Ridge National Laboratory (Environmental Science Division)

Das Oak Ridge National Laboratory wird mittlerweile von Martin Marietta Energy Systems im Auftrag des U.S. Department of Energy betrieben. Es behandelt folgende Fragen:

"Wie sollen wir unseren Sondermüll entsorgen? Was würde der Bevölkerung das Vertrauen in die Atomenergie zurückgeben? Wie können wir Investitionen in die bessere Energienutzung fördern? In den letzten 20 Jahren hat das ORNL Theorien und Werkzeuge entwickelt, die sich mit solchen Energie- und Umweltfragen beschäftigen. Durch die Zusammenarbeit von Soziologen und Physikern entstehen Analysen, die die Komplexität realer Entscheidungen widerspiegeln".

Zugriff über:
www http://jupiter.esd.ornl.gov/

Pesticides

Ein landwirtschaftliches Bulletin von Sue Snider and Mark Graustein. Das Bulletin beschreibt, was Pestizide sind, welche (amerikanischen) Gesetze ihre Verwendung regulieren, welche Vorteile sie bieten, aber auch welche Gefahren sie bergen.

Zugriff über:
gopher bluehen.ags.udel.edu /Search AGINFO/Pesticides

United Nations Rio Conference Agenda

Siehe: Recht, Columbia Online Legal Resources (JANUS)

Water Quality Education Materials

Lehrmaterial des Cooperative Extension System zur Prüfung, Überwachung und Verbesserung der Wasserqualität.

Zugriff über:
WAIS *water-quality.src*

VERMISCHTES

Genealogie

Alles für die Stammbaumforschung: Datenbankprogramme, Listen mit genealogischen Gesellschaften, ein Newsletter, sogar Informationen zu Friedhöfen. Dazu noch Daten zur amerikanischen National Genealogical Society und eine Liste mit Tips für den Anfänger.

Zugriff über:
ftp ftp.cac.psu.edu; Login anonymous; cd genealogy

Note: Dateien, bei denen es sich nicht um Programme handelt, haben die Endung ".zip".

Wedding Planner

Hochzeiten sind komplizierte Feierlichkeiten, besonders wenn Sie alle Regeln der Kunst beachten wollen. Diese Quelle bietet die Shareware-Version eines Hochzeitsplanungs-Programms für den PC.

Zugriff über:
ftp wuarchive.wustl.edu;
cd */systems/ibmpc/msdos/database;*
get *wedplan.zip*

Wetter & Meteorologie

Newsgruppen:
sci.geo.meteorology

Australian National University (ANU); Bioinformatics Hypermedia Service: Weather

Satellitenaufnahmen, Wettervorhersagen und Links zu andere Ressourcen. Bestens geeignet für Wetterdaten, die sich an Ihrem normalem Server nicht finden.

Zugriff über:
www http://life.anu.edu.au/weather.html

Minnesota Climatology Working Group

Klimainformationen für den amerikanischen Bundesstaat Minnesota, bereitgestellt von der University of Minnesota Climatology Working Group. Insekten- und Pollenflug und was Sie sonst wissen wollen.

Zugriff über:
gopher gopher.soils.umn.edu /MN Climatology Working Group

NCAR Data Support Section Server

Das National Center for Atmospheric Research bietet eine große Menge an Daten und Programmen für die meteorologische Forschung. Manche Informationen sind kostenlos, während andere nur gegen Entgeld temporär gemounted werden.

Wieder andere Daten sind so umfangreich, daß sie nur auf Bändern bestellt werden können.

Zugriff über:
www http://www.ucar.edu/metapage.html

ftp ncardata.ucar.edu; Login anonymous; cd pub/weather

Network Sources for Meteorology and Weather

Eine regelmäßig aktualisierte Zusammenfassung von meteorologischen Quellen im Internet (inkl. Wetter), aber auch von CDs und Tapes. Zusammengestellt von Ilana Stern am National Center for Atmospheric Research.

Zugriff über:
www http://www.cis.ohio-state.edu/hypertext/faq/usenet/weather/top.html

ftp rtfm.mit.edu; Login anonymous; cd pub/usenet/news.answers/weather/data/

Weather Underground

Wie ist das Wetter in Amerika und Kanada? Hier finden Sie es heraus (und wenn Sie dort Skifahren wollen, ist die Ressource sogar nützlich). Der "Weather Underground" bietet einen menügesteuerten Server mit Wetterdaten und -vorhersagen für den nichtkommerziellen Gebrauch. Die Wetterberichte stammen vom amerikanischen National Weather Service und wie bereits erwähnt finden Sie im Winter auch Schneeberichte. Darüberhinaus gibt es noch Informationen zu Erdbeben.

Zugriff über:
WAIS *weather.src*

telnet madlab.sprl.umich.edu 3000

Wetterkarten

Viele Server stellen verschiedene Sammlungen mit Wetterkarten zur Verfügung. Die Daten und ihre Formate variieren, Sie müssen also darauf achten, was Sie da vor sich haben. Achten Sie auch auf README-Dateien oder andere erklärende Dokumente in den Archiven.

Zugriff über:
ftp unidata.ucar.edu; Login anonymous; cd images
(Radar-Wetterkarten, GOES HUGO Aufnahmen)

ftp aurelie.soest.hawaii.edu; Login anonymous; cd pub/avhrr/images
(Meerestemperatur für Hawai und Umgebung)

WHITE PAGES

Knowbot Information Service

Der Knowbot Information Service ist ein sog. "White Pages"-Dienst (sozusagen die "Gelben Seiten" des Internet) und durchsucht eine ganze Reihe von Internet-Datenbanken nach einem Namen. Eine gute Möglichkeit, nach Freunden und Bekannten zu suchen. Es ist nicht so angenehm wie es sein könnte, aber Knowbots sind mit die neuesten und fortgeschrittensten Dienste im Internet; es ist gut sie zu kennen.

Zugriff über:
telnet info.cnri.reston.va.us 185;
enter email address

Knowbot Information Service Documentation

Eine Dokumentation, die die Philosophie und die Verwendung des Knowbot Informationsdienstes beschreibt. Die Dateien liegen in PostScript und ASCII vor.

Zugriff über:
ftp nri.reston.va.us; Login anonymous; cd rdroms

Liste mit Internet Whois Servern

Liste aller bekannten Whois-ähnlicher White Pages Server im Internet, sowie zugehörige Informationen.

Zugriff über:
ftp rtfm.mit.edu; Login anonymous; cd pub/whois

Information:
Email: mhpower@athena.mit.edu

Netfind

Hilft Ihnen bei der Suche nach einer bestimmten Person im Netz, indem es eine Reihe verschiedener Datenbanken durchsucht. Nicht einfach zu bedienen, aber immer noch besser als sich von Hand durch verschiedene White Pages Server kämpfen zu müssen.

Zugriff über:
telnet bruno.cs.colorado.edu; Login *netfind*

telnet archie.au; Login *netfind*

telnet dino.conicit.ve; Login *netfind*

telnet ds.internic.net; Login *netfind*

telnet mudhoney.micro.umn.edu;
Login *netfind*

telnet netfind.oc.com; Login *netfind*

PSI White Pages Pilot Project: User's Handbook

Im PostScript-Format; viele Dateien.

Zugriff über:
ftp ftp.psi.com; Login anonymous; cd wp/ps

USENET Adressen

Eine Liste mit Personen deren Nachrichten an eine USENET-Newsgruppe gepostet wurden und dabei das MIT passiert haben. Eine ausgezeichnte Möglichkeit aktuelle Adressen der meisten Benutzer zu finden.

Für Informationen per E-Mail, senden Sie Mail an mail-server@pit-manager.mit.edu; schreiben Sie "help" in die Nachricht (Message-Body).

Die Dateinamen beginnen mit "addresses", Jeder Monat hat seine eigene Datei bis zurück ins Jahr 1992 (manche noch älter). Die Dateien sind sehr lang.

Zugriff über:
ftp rtfm.mit.edu; Login anonymous; cd pub/usenet-addresses/lists

WIRTSCHAFT

Newsgruppen:
biz.*, comp.newprod, misc.jobs.[offered, wanted]

Siehe auch:

Wirtschaftswissenschaften

EDGAR

EDGAR ist eine Datenbank aus Akten der U.S. Securities and Exchange Commission (SEC). Die Datei *full-index/company.idx* ist ein (nach Unternehmen sortierter) Index aller vorhandenen Dateien.

Zugriff über:

ftp town.hall.org; Login *anonymous;* cd *edgar*

NASDAQ Financial Executive Journal

Eine elektronische Version des vierteljährlich erscheinenden Magazins. Im Januar 1994 waren drei Ausgaben dieses Gemeinschaftsprojektes des Legal Information Institute der Cornell Law School und dem NASDAQ Stock Market verfügbar.

Zugriff über:
www http://www.law.cornell.edu/nasdaq/nasdtoc.html

North American Free Trade Agreement

Der nordamerikanische Freihandelsvertrag NAFTA ist ein komplexes Thema. Dieser Server gibt Einblick in dieses Vertragswerk und verschiedene untergeordnete Dokumente. Es gibt auch eine elektronische Konferenz zu diesem Thema, die von MexNET ("The Mexico Business Network") gesponsort wird. Für die Teilnahme wird eine Gebühr von 25 Dollar erhoben. Für weitere Einzelheiten zu dieser Konferenz wenden Sie sich per E-Mail an john.peake@mexnet.org.

Zugriff über:
gopher wiretap.spies.com /North American Free Trade Agreement

Online Career Center

Eine Ressource für jeden, der Mitarbeiter oder selbst einen Job sucht. Enthalten sind Jobangebote des Anbieters ebenso wie von anderen Quellen. Darüber hinaus finden Sie allgemeine Unternehmens-Informationen, Informationen zu professionellen Jobvermittlern, Freisetzungen und öffentlichen Vorstellungsterminen. Sie können Ihre eigenen Anfragen in die Datenbank eintragen, indem Sie eine E-Mail (ASCII-Format) an die nachfolgende Adresse schicken. Die "Subject:"-Zeile der Nachricht enthält dabei den Titel Ihrer Anfrage.

Zugriff über:
gopher garnet.msen.com /The Online Career Center

Information:
Email: occ-resumes@msen.com; occ-info@mail.msen.com

Stock Market Summary

Eine Zusammenfassung der Aktivitäten an den Wertpapierbörsen dieser Welt, inklusive der New York Stock Exchange. Dies ist Teil der Demo-Informationen von a2i, und obwohl es etwas schwierig ist, an diese Daten zu gelangen, werden sie doch jeden Tag aktualisiert.

Login als "guest", danach "n" ("NEW SCREEN-ORIENTED GUEST MENU") wählen, Terminaltyp angeben, Punkt 13 ("Current system information") wählen und dann den Punkt 6 ("Market report").

Zugriff über:
telnet a2i.rahul.net; Login *guest*

U.S. Commerce Business Daily

Eine Probeausgabe der Commerce Business Daily. Die regulären Ausgaben sind im Abonnement erhältlich.

Zugriff über:
gopher gopher.counterpoint.com /Counterpoint Publishing/United States Commerce Business Daily

University of Minnesota Management Archive

Arbeitspapiere, Schulungsunterlagen, Konferenzankündigungen und ähnliche Themen werden hier aus der Sicht des Wirtschaftsmanagements betrachtet. Auch die Archive der von der Academy of Management gesponsorten Diskussionslisten werden hier verwaltet.

Zugriff über:
gopher chimera.sph.umn.edu

Wiener Wertpapierbörse

Preise und Volumeninformationen der Wiener Wertpapierbörse. Enthält Infos zum Handel des letzten Tages bis mehrere Monate zurück.

Zugriff über:
telnet fiivs01.tu-graz.ac.at; Login *boerse*

WIRTSCHAFTSWISSEN-SCHAFTEN

Newsgruppen:
sci.econ

Siehe auch: Wirtschaft

Cliometric Society

Enthält indizierte Mitgliederverzeichnisse der Cliometric Society und der Economic History Association sowie den Cliometric Society Newsletter und Abstracts verschiedener ASSA-Meetings.

Zugriff über:
gopher nextsrv.cas.muohio.edu /Cliometric Society

Economic Bulletin Board

Ressourcen und Verweise zu nordamerikanischem und internationalem Handel.

Zugriff über:
gopher una.hh.lib.umich.edu /ebb

Economic Data

Neben Werkzeugen für den Wirtschaftswissenschaftler finden Sie hier eine Vielzahl von Daten. Das EconData-Paket von Clopper Almon liegt auf dem Gopher der University of Maryland. Zusammen mit dem Analyse- und dem Display-Paket ist es besonders für den PC-Benutzer ein hilfreiches Werkzeug.

Zugriff über:
gopher info.umd.edu /Educational Resources/Economic Data

Rice Economics Gopher

Eine Zusammenfassung aller über Gopher verfügbaren wirtschaftswissenschaftlichen Ressourcen. Wird jede Woche auf den neuesten Stand gebracht. Enthält Daten der amerikanischen Volkszählung von 1990 und viele News aus dem asiatischen und pazifischen Raum. Bietet auch Zugriff auf verschiedene andere Ressourcen (z.B. ein TELNET-basiertes Bulletin Board des amerikanischen Wirtschaftsministeriums) und das elektronische Journal "Internet Business Journal: Commercial Opportunities in the Networking Age".

Zugriff über:
gopher chico.rice.edu /Information by Subject Area/Economics and Business

Sam Houston State University Economics Gopher

Dieser Server bietet eine sehr ausführliche Übersicht von Ressourcen und Verweise zu anderen Servern. Betrieben wird dieser Service von der Network Access Initiative, die vom Department of Economics and Business Analysis der Universität unterstützt wird. Eines der Highlights ist die von Bill Goffe zusammengestellte und gutorganisierte Bibliographie "Resources for Economists on the Internet".

Zugriff über:
gopher niord.shsu.edu /Economics (SHSU Network Access Initiative Project)

Übersicht

Für den Wirtschaftswissenschaftler, aber auch für den normalen Benutzer, existieren eine Vielzahl nützlicher Ressourcen im Internet. Eine umfassende Übersicht finden Sie in "Resources for Economists on the Internet," von William L. Goffe. Sie finden dieses Dokument unter anderem auf dem Sam Houston State Gopher.

Die besten Quellen sind das Bulletin Board des U.S. Department of Commerce (mit einer Menge aktueller und historischer makroökonomischer Daten), der Rice Economics Gopher und das Washington University Economics Working Paper Archive. Diese Dienste sind speziell für die Bedürfnisse von Wirtschaftswissenschaftlern entwickelt worden.

University of Manchester NetEc Gopher

Eine Hauptquelle für wirtschaftswissenschaftliche Papiere in zwei Teilen: BibEc, eine Bibliographie im ASCII-Format, und WoPEc, eine Sammlung von Arbeitspapieren in komprimiertem PostScript-Format.

Zugriff über:
gopher uts.mcc.ac.uk /Economics — NetEc

University of Michigan Economics Gopher

Enthält Bibliographien, Datensätze und einen Abschnit "Economics of the Internet".

Zugriff über:
gopher alfred.econ.lsa.umich.edu

Washington University Economics Working Paper Archive

Ein umfangreiches Archiv mit nach Themen katalogisierten, wirtschaftswissenschaftlichen Papieren. Abstracts stehen im ASCII-Format zur Verfügung, andere Dokumente liegen im TEX- oder PostScript-Format vor. Gopher- und WWW-Interfaces vorhanden

Zugriff über:
gopher econwpa.wustl.edu

www http://econwpa.wustl.edu/ Welcome.html

ANHANG A

ZUGÄNGE ZUM INTERNET

Zugangsarten zum Internet
Netzanbieter

Wer immer Sie auch sein mögen, der Zugang zum Internet wird Ihnen durch einen *Anbieter von Internetzugängen* ermöglicht. Diese Anbieter haben zumeist unterschiedliche Dienstleistungen in ihrem Angebot, von denen jede ihre Vor- und Nachteile hat. Es ist wie beim Autokauf: Sie müssen für sich entscheiden, welche Ausstattung Sie möchten und wieviel Sie dafür zu zahlen bereit sind. Wenn Sie dann eine Vorstellung von dem haben, was Sie möchten, werden Sie sich Angebote verschiedener Anbieter einholen.

Trotzdem sollten Sie eins tun, bevor Sie die in diesem Kapitel abgedruckte Liste nach einem Anbieter in Ihrer Nähe durchforsten: In Kapitel 1, *Worum geht es in diesem Buch*, haben wir erwähnt, daß viele Leute bereits einen Zugang zum Netz haben, aber nichts davon wissen. Gehören Sie vielleicht auch dazu? Finden Sie es heraus, denn wenn Ihre Firma oder Schule bereits an das Internet angeschlossen ist, dann stehen Ihnen in der Regel viel bessere und umfangreichere Möglichkeiten zur Nutzung des Internet zur Verfügung, als Sie sich als Einzelperson jemals leisten könnten.

Mit anderen Worten: Es besteht durchaus die Möglichkeit, daß Sie bereits einen Zugang zum Internet *haben*. Sie müssen daher u.U. erst gar nicht nach einem Anbieter suchen, müssen keine zusätzlichen Rechnungen zahlen—Sie müssen einfach nur das nutzen, was Ihnen sowieso schon zur Verfügung steht. Wenn Sie Student einer Fachhochschule oder Universität sind, dann können Sie davon ausgehen, daß dort Zugänge zum Internet bereits vorhanden sind, und in den meisten Fällen wird den Studenten der kostenlose Zugang zum Netz ermöglicht. Gleiches gilt mittlerweile für viele Schulen; immer mehr von ihnen verfügen heute über Zugänge zum Internet. Am besten fragen Sie einmal bei der entsprechenden Fakultät oder dem Leiter des lokalen Rechenzentrums nach, ob ein Zugang zum Netz verfügbar ist. Geben Sie nicht direkt auf, wenn man Ihnen nicht weiterhelfen kann: Oft sind es nur ein paar Leute, die darüber Bescheid wissen—nämlich die, die das Internet selber nutzen. Schwieriger wird es hingegen, wenn Sie kein Schüler oder Student mehr sind, aber trotzdem einen Zugang zum Internet haben möchten.

Wie können Sie herausfinden, ob Ihre Firma an das Internet angeschlossen ist? Fragen Sie am besten jemanden aus der Computerabteilung oder einen der Netzwerkadministratoren; diese Leute werden Ihnen mit Sicherheit eine verbindliche Auskunft geben können. Wenn die Computer in Ihrer Firma unter UNIX laufen, dann ist die Wahrscheinlichkeit sehr groß, daß auch ein direkter Zugang zum Internet besteht oder Sie zumindest E-Mails verschicken und die USENET News abonnieren können. Wenn Sie in Ihrer Firma hingegen fast nur Personalcomputer mit MS-DOS oder Windows haben, dann können Sie meistens davon ausgehen, daß Sie keinen Zugang zum Internet haben—obwohl natürlich auch das Gegenteil der Fall sein kann. Fragen Sie einfach die Leute in der Firma. Wenn Sie zur Marketingabteilung oder Buchhaltung gehören, dann ist es eigentlich sehr wahrscheinlich, daß Sie kaum etwas über den Internetzugang gehört haben, der eventuell von den Leuten der Entwicklungs- oder Ingenieurabteilung eingerichtet wurde. Wenn Ihre Firma tatsächlich einen Zugang zum Netz haben sollte, Ihre Abteilung aber keinen Zugriff darauf hat, dann sollten Sie nachfragen, warum das so ist. Teilen Sie diesen Umstand Ihren Vorgesetzten mit, und versuchen Sie, alles Erforderliche in die Wege zu leiten. Denn wenn die Firma bereits über einen Anschluß an das Internet verfügt, dann werden ihr keine zusätzlichen Kosten entstehen, wenn Ihre Abteilung ebenfalls angebunden wird. Und selbst wenn noch kein Internetzugang in Ihrer Firma existiert: Machen Sie den Anfang. Suchen Sie Kollegen, für die ein Zugang auch von Vorteil sein kann, überlegen Sie sich eine wirtschaftliche Begründung, die die Kosten eines solchen Anschlusses rechtfertigt, und stellen Sie dann einen Antrag.

Wenn Ihre Firma von einer Anbindung an das Internet absieht oder Sie kein Student mehr sind, gibt es trotzdem noch zwei Möglichkeiten, zu einem kostengünstigen Zugang zu kommen. Als erstes sollten Sie einmal eine öffentliche Bibliothek oder die Zentralbibliothek Ihrer Stadt aufsuchen, da einige von ihnen einen Service mit dem Namen *Free-Net* anbieten. Es handelt sich hierbei um ein von den Gemeinden gefördertes Informations- und E-Mailsystem, das den Zugriff auf das Internet ermöglicht. In den meisten Fällen können Sie direkt vor Ort in der Bibliothek auf die Dienste des Free-Net zugreifen; manchmal ist es auch möglich, sich per Modem von außerhalb einzuwählen. Momentan gibt es leider noch nicht viele Bibliotheken, die diesen Dienst anbieten, aber ihre Zahl wächst ständig. Die uns bekannten Free-Nets haben wir im Katalogteil dieses Buches unter dem Sammelbegriff Free-Net aufgelistet. Der zweite Weg, um an einen Internetzugang zu kommen, ist folgender: Schreiben Sie sich als Student an einer Hochschule ein, falls diese Institution über einen Internetzugang verfügt. Belegen Sie einen oder zwei Kurse—die Kosten hierfür sind verglichen mit einem eigenen Internetanschluß, der für Sie von einem Anbieter vorgenommen wird, minimal. Vielleicht sollten Sie einen Volkshochschulkursus im Korbflechten belegen, damit Sie etwas zu tun haben, wenn das Netz mal wieder überlastet und langsam oder einfach temporär nicht erreichbar ist. Wenn Sie erstmal eingeschrieben sind, beantragen Sie einfach eine Kennung auf einem der Computer, um einen Zugang zum Internet zu bekommen—denn immerhin besteht ein großes

Interesse im Internet nach einem Archiv mit außergewöhnlichen Designstudien von Bastkörben. Oder meinen Sie nicht?

Zugangsarten zum Internet

Die Tatsache, daß Sie an dieser Stelle noch immer lesen, läßt darauf schließen, daß Sie keinen »kostenlosen« Zugang zum Internet gefunden haben. Vielleicht hat Sie aber auch Ihr Chef damit beauftragt herauszufinden, wieviel denn ein solcher Zugang zum Internet nun wirklich kostet. Wie bereits mehrfach erwähnt, gibt es verschiedene Arten von Zugängen. In den folgenden Abschnitten finden Sie kurze Beschreibungen zu den am häufigsten benutzten Zugangsarten, um Ihnen die Suche nach »Ihrer« Art des Anschlusses an das Netz ein wenig zu vereinfachen.

Dedizierter Zugang zum Internet

Für große Firmen oder Institutionen, die sich an das Internet anschließen wollen, ist der sog. dedizierte Zugang am sinnvollsten. Mit dieser Art des Anschlusses stehen Ihnen alle Möglichkeiten des Internet zur Verfügung. Die technische Seite eines solchen Zuganges sieht so aus, daß Ihnen von dem Anbieter, der für Sie die Anbindung an das Netz vornimmt, eine Telefonstandleitung zur Verfügung gestellt wird, auf der die Daten dann mit einer bestimmten Geschwindigkeit übertragen werden können (je höher die Geschwindigkeit, desto höher ist in der Regel auch die monatliche Miete für die Standleitung). Weiterhin wird ein sog. »Router«, ein Computer mit einer speziellen Kommunikationssoftware, bei Ihnen installiert. Auf diesem Router laufen alle zu versendenden Daten Ihrer Computer zusammen und werden von ihm dann »auf den Weg« in das Internet gebracht; natürlich sorgt dieser Computer auch dafür, daß eingehende Daten aus dem Internet zu den entsprechenden Rechnern in Ihrer Firma gelangen können. Das alles hört sich recht teuer an—und das ist es auch: Neben einer einmaligen Anschlußgebühr von ungefähr DM 4.000 kostet ein solcher dedizierter Zugang zum Internet mehrere tausend Mark pro Jahr, die für die Miete der Standleitung und Wartung der Hard- und Software anfallen. Der Vorteil eines solchen Zuganges hingegen ist, daß Sie, wenn der Anschluß erstmal erfolgt ist, beliebig viele Ihrer Rechner an das Internet anschließen können, ohne daß Ihnen hierdurch weitere Kosten entstehen. Schulen könnten z.B. in jedem Klassenzimmer einen Computer mit Anschluß zum Internet installieren. Die Anbindung neuer Rechner ist eigentlich recht einfach zu bewerkstelligen; die neuen Computer werden in das lokale Netzwerk eingebunden, auf das auch der Router Zugriff hat.

Ein dedizierter Zugang zum Internet ist die flexibelste Art der Anbindung. Jeder angeschlossene Computer ist ein »vollwertiges Mitglied« im Internet, das in der Lage ist, alle Arten von Diensten und Funktionen nutzen und anbieten zu können. Wenn Sie also von einer neuen Software hören, die im Internet erhältlich ist, brauchen Sie sie sich dort nur zu besorgen und können sie dann direkt ausprobieren. Leider kommt aufgrund der hohen Kosten für einen dedizierten Zugang ein solcher

Anschluß für Einzelpersonen wohl kaum in Betracht, sondern bleibt eher großen Firmen und anderen »zahlungskräftigen« Institutionen vorbehalten.

Eine dedizierte Anbindung an das Internet stellt gewisse Anforderungen an Ihr lokales Netzwerk, es müssen z.B. bestimmte Kommunikationsprogramme vorhanden sein, die den Datenaustausch zwischen verschiedenen Computern gewährleisten. Die Firma, die den Anschluß an das Netz vornimmt, wird Ihnen in der Regel eine gewisse Starthilfe und Unterstützung geben, aber sobald alles einwandfrei läuft, ist sie nur noch für den reibungslosen Betrieb der Standleitung und des Routers verantwortlich. Alle Dinge, die Ihr lokales Netzwerk betreffen, müssen von Ihnen abgewickelt werden. Wenn Sie in Ihrer Firma für den Betrieb und die Wartung des LAN zuständig sind, dann reicht das vorliegende Buch bei weitem nicht aus, um Ihnen alle weiteren Informationen zu dieser Thematik liefern zu können. Wenn Sie ein lokales Netzwerk einrichten und zum Laufen bringen müssen, dann finden Sie erschöpfende Informationen hierzu in dem Buch *TCP/IP Netzwerk Administration* von Craig Hunt, das ebenfalls im O'Reilly Verlag erschienen ist. Dennoch sollten Sie das vorliegende Buch nach der Lektüre nicht wegschmeißen; verleihen Sie es lieber an Ihre Arbeitskollegen, die Sie ständig mit Fragen zum Internet belästigen.

SLIP und PPP

In den vergangenen Jahren wurden einige kostengünstigere Alternativen zum dedizierten Zugang entwickelt, die dem Nutzer einen »quasi-dedizierten« Anschluß an das Netz bieten. Die beiden bekanntesten Vertreter dieser Gattung sind SLIP (Serial Line Internet Protocol) und PPP (Point-to-Point Protocol); es handelt sich hierbei um speziell angepaßte Versionen der Internetsoftware, die die Anbindung mit Hilfe von Hochgeschwindigkeitsmodems über die normale Telefonleitung vornehmen. Die PPP- oder SLIP-Software werden Sie sich, genauso wie ein High-Speed-Modem, u.U. neu kaufen müssen, aber diese Kosten stehen in keinem Verhältnis zu den Summen, die bei einem dedizierten Zugang auf Sie zukommen.* Der Hauptvorteil einer SLIP- oder PPP-Anbindung liegt in der Tatsache, daß Sie keine teure Standleitung zum nächsten Knotenpunkt anmieten müssen. Der gesamte Datentransfer geschieht mit Hilfe einer normalen Telefonleitung, die Sie oder andere natürlich auch weiterhin für Gespräche nutzen können, wenn Sie nicht im Internet sind. Trotzdem haben Sie mit

* Unter einem »High-Speed-Modem« verstehen wir in diesem Zusammenhang Geräte mit einer Übertragungsgeschwindigkeit von mindestens 9600 Baud. Ein Modem, das die V.32bis- oder V.42bis-Norm beherrscht, ist ideal. Selbstverständlich können Sie SLIP auch mit einem Modem nutzen, das nur mit einer Geschwindigkeit von 2400 Baud aufwarten kann, aber Sie werden aufgrund dieser langsamen Übertragungsrate schnell unzufrieden werden. Wenn Sie nicht sicher sind, welches Modem Sie kaufen sollen, dann fragen Sie einfach bei einem Anbieter von Internetzugängen nach. Viele dieser Anbieter vertreiben ebenfalls Modems—wenn Sie sich also hier ein solches Gerät besorgen, dann können Sie schon im Vorfeld viele Probleme ausräumen, da sich der Anbieter dann nicht damit herausreden kann, daß Ihr Modem nicht unterstützt wird, wenn mal etwas nicht so funktioniert, wie es eigentlich sollte.

dieser Art der Anbindung den vollen Zugriff auf das gesamte Internet, ohne einen weiteren Computer in Anspruch nehmen zu müssen, der Ihnen diesen Zugang ermöglicht; Sie sind tatsächlich ein Teil des Netzes.

SLIP und PPP eignen sich ideal zur Anbindung eines Personalcomputers an ein größeres lokales Netzwerk, welches an das Internet angeschlossen ist. Sie können sich auf diese Weise z.B. mit Ihrem eigenen Computer von daheim in das lokale Netz Ihrer Firma oder Universität einwählen, um so Zugang zum Internet zu erhalten. Die Anbindung ist für Sie vollkommen transparent; Ihr Computer verhält sich so, als wäre er direkt per Ethernetkabel an die Computer des lokalen Netzwerkes angeschlossen. Beide Arten der Anbindung—SLIP und PPP—eignen sich darüber hinaus auch zum Anschluß Ihres eigenen Rechners (oder eines kleinen lokalen Netzwerkes) an einen Computer einer Firma, die Internetzugänge anbietet; auch auf diese Weise haben Sie vollen Zugriff auf die Möglichkeiten des Internet. Ungeeignet sind diese Zugangsarten hingegen für die Anbindung von mittleren oder großen lokalen Netzwerken, da aufgrund der relativ langsamen Übertragungsgeschwindigkeiten von SLIP und PPP die Leistung in großen Netzwerken sehr zu wünschen übrig läßt. Wenn Sie also ein mittleres oder großes Netzwerk in Ihrer Firma haben (oder wenn abzusehen ist, daß es in naher Zukunft vergrößert wird), dann sollten Sie einen »richtigen« dedizierten Zugang zur Anbindung an das Internet in Erwägung ziehen.

SLIP bietet ein gutes Verhältnis von Kosten und Nutzen, aber dennoch ist es nicht ganz billig, wenn es auch nicht solche Unsummen verschlingt, wie es bei einem dedizierten Zugang der Fall ist. Typischerweise verlangen Anbieter dieses Dienstes (wie z.B. UUNET oder PSI) bis zu DM 500 pro Monat für einen uneingeschränkten Zugang zum Internet. Bei einigen Anbietern sind diese Kosten geringer, jedoch wird hier dann eine zusätzliche Nutzungsgebühr auf Stundenbasis erhoben. Ein weiterer nicht unerheblicher Kostenfaktor sind die bei dieser Art des Zuganges anfallenden Telefongebühren. In Amerika stellen viele Anbieter sog. »800er«-Nummern in Ballungsgebieten zur Verfügung, auf denen sich die Kunden dann kostenlos einwählen können. (Das deutsche Äquivalent hierzu ist der 0130-Service der Telekom. Anm.d.Üb.)

Die Installation und Konfiguration von SLIP und PPP sowie die Bedienung der Software werden in diesem Buch nicht näher behandelt. Wenn Sie sich hierfür interessieren, dann finden Sie genauere Informationen in dem Buch *TCP/IP Netzwerk Administration*, das ebenfalls bei O'Reilly erschienen ist. Wenn Sie unter Microsoft Windows arbeiten, dann empfehlen wir Ihnen den Ankauf von »Internet in a Box«, einem Softwarepaket aus dem O'Reilly Verlag, mit dem der Einstieg ins Internet extrem erleichtert wird; zum Lieferumfang gehören z.B. Tools zum Lesen von Newsgruppen, E-Mail Software, Programme zur Arbeit mit dem WWW und ein PPP-Paket.

Zugang über ISDN

ISDN steht für »Integrierter Service im Digitalen Netzwerk«. Das bedeutet nichts anderes, als daß zur Übermittlung von Sprache oder Daten nicht die üblichen analogen Telefonleitungen, sondern digitale Verbindungen von Ihrer Wohnung zur nächsten Vermittlungsstelle verwendet werden. Das klingt zunächst nach einer neuen technischen Innovation, aber dem ist eigentlich nicht so, denn während diese Übertragungsart in den USA erst seit kurzem mehr und mehr zum Einsatz kommt, wird dieser Dienst in Europa schon seit einigen Jahren angeboten. Anbindungen an das Internet über ISDN können auf zwei Arten erfolgen. Zum einen haben Sie die Möglichkeit, einen dedizierten Zugang einzurichten (s.o.), oder Sie entscheiden sich für einen semi-permanenten Zugang (wie bei SLIP oder PPP), d.h., Ihr Computer ist nicht 24 Stunden am Tag an das Netz angebunden, sondern immer nur dann, wenn Sie den Zugang benötigen.

Der große Vorteil von ISDN ist die enorme Übertragungsgeschwindigkeit bei gleichzeitig relativ niedrigen Kosten. Pro ISDN-Kanal stehen Ihnen zwei digitale Kanäle mit 64 KByte zur Verfügung. Mit derart hohen Übertragungsgeschwindigkeiten werden sogar die Multimedia-Dienste im Internet zur wahren Freude; vorbei sind die Zeiten, als Sie noch gut zehn Minuten warten mußten, bis der Download einer mit Grafik vollgepackten WWW-Seite beendet war.

Die Kosten für einen ISDN-Anschluß richten sich u.a. nach der Anzahl von Kanälen, die Sie nutzen wollen. Dennoch ist eine Anbindung mit ISDN weitaus billiger, als es z.B. vor Jahren noch ein dedizierter Zugang war. Typischerweise kostet ein ISDN-Anschluß um die DM 50 pro Monat, wobei für weitere Dienste (Rufumleitung etc.) zusätzliche Kosten anfallen. Selbstverständlich können Sie Ihre Kosten weiter minimieren, wenn Sie den ISDN-Anschluß gleichzeitig für die Internetanbindung und als normale Gesprächsleitung nutzen. Doch Vorsicht: Da ISDN ein rein digitaler Dienst ist, können Sie keine »normalen« Telefone anschließen. Sie benötigen spezielle ISDN-Endgeräte—und die sind noch immer recht teuer.

Während in Europa das ISDN-Netz so gut wie flächendeckend zur Verfügung steht, sieht das in den USA anders aus. ISDN ist dort, wenn überhaupt, nur sporadisch vorhanden. Einige Großstädte haben über Vermittlungsstellen Zugang in das ISDN-Netz, in den Vororten und auf dem Land hingegen ist ISDN meistens überhaupt nicht vorhanden.

Aus diesem Grunde ist es recht schwierig, einen amerikanischen Anbieter zu finden, der Zugänge zum Internet mit Hilfe von ISDN vornehmen kann. Dennoch, die Anfragen häufen sich, und auch die ISDN-Hardware wird billiger, so daß man davon ausgehen kann, daß eine flächendeckende Verfügbarkeit von ISDN in den USA nur noch eine Frage der Zeit ist.

Indirekter Zugang über Telefon

Wenn Sie sich einen dedizierten Zugang zum Internet nicht leisten können und Sie keine Zeit oder Lust haben, mit SLIP oder PPP herumzuexperimentieren, aber dennoch einen Zugang zum Internet haben möchten, bleibt Ihnen eigentlich nur eine Möglichkeit, zum Ziel zu kommen: Sie mieten sich eine Kennung auf einem Computer einer Timesharing-Firma, der an das Internet angeschlossen ist. Sie können sich dann mit Ihrem Computer von daheim über Modem und Telefonleitung in dieses System einwählen, um auf diese Weise Zugang zum Internet zu erhalten. Diese Art der Anbindung ist fast genauso gut wie ein eigener Zugang, und Sie brauchen sich nicht um die Konfiguration der Internetsoftware zu kümmern. Auf der anderen Seite ist Ihr Computer kein Teil des Netzes; er ermöglicht Ihnen lediglich den Zugriff auf ein größeres System, das permanent an das Internet angeschlossen ist. Es gibt einige Firmen, die diese Art der indirekten Anbindung anbieten und das zu geringen Kosten. Denn da Sie sich den Zugang zum Netz mit anderen Nutzern teilen, ist diese Zugangsart äußerst billig; in den meisten Fällen zahlen Sie eine Grundgebühr von DM 50 oder 60, plus eine Gebühr für den anfallenden Datentransfer. Häufig wird das ganze noch billiger, wenn Sie den Zugang nachts oder am Wochenende nutzen, also außerhalb der normalen Betriebszeiten des Systems.

Wie alle anderen Zugangsarten auch, so hat auch diese Form der Anbindung ihre Vor- und Nachteile. Einerseits können Sie mit Ihrer bereits vorhandenen Hard- und Software den Service des Anbieters direkt in Anspruch nehmen (und selbst wenn Sie das Modem und die Terminalsoftware noch anschaffen müssen, schlagen die Kosten nur mit ca. DM 300 zu Buche). Andererseits ist es sehr wahrscheinlich, daß Ihnen nicht alle Möglichkeiten des Internet zur Verfügung stehen werden, da bestimmte Dienste von der Timesharing-Firma nicht angeboten werden bzw. von Ihnen extra bezahlt werden müssen, wie z.B. die Möglichkeit, Software aus dem Internet zu besorgen und auf dem System laufenzulassen, oder die Möglichkeit der Nutzung von Applikationen unter X-Windows. Weiterhin steht Ihnen fast immer nur ein begrenzter Speicherplatz auf den Festplattenlaufwerken zur Verfügung, der—natürlich gegen Aufpreis—aufgestockt werden kann. Und die Telefongebühren, die während der Verbindung entstehen, gehen ebenfalls zu Ihren Lasten.

Zugang über UUCP

Der folgende Abschnitt beschreibt eine weitere Möglichkeit der indirekten Anbindung Ihres Computers an das Internet. Auf jedem UNIX-System steht standardmäßig ein Softwarepaket namens UUCP (UNIX-to-UNIX CoPy) zur Verfügung, mit dem Daten über die Telefonleitung versendet und empfangen werden können. Um diese Software nutzen zu können, brauchen Sie auch hier ein passendes »Gegenstück«: einen Netzanbieter, der diesen Dienst unterstützt, oder einen guten Freund, der auf die gleiche Weise an das Internet angebunden ist. Mit Hilfe von UUCP sind Sie dann in der Lage, E-Mails und Newsgruppen empfangen und versenden zu können. Die

Aufgabe der UUCP-Software ist es, einen anderen Computer mit Hilfe eines Modems in regelmäßigen Abständen anzuwählen, ihm Ihre E-Mails und Artikel für Newsgruppen zu übersenden und im Gegenzug neue Post und Artikel auf Ihr System zu transferieren. Sie lesen Ihre Post und die Artikel also auf Ihrem System und nicht auf einem anderen Computer. Allerdings erschöpft sich der Leistungsumfang von UUCP mit diesen beiden Diensten—E-Mail und Newsgruppen—, mehr können Sie mit seiner Hilfe im Internet nicht bewerkstelligen. Denn Ihr Computer ist ja eigentlich zu keinem Zeitpunkt direkt mit dem Internet verbunden, er wählt sich lediglich in ein anderes System ein, das einen Zugang zum Netz hat, um mit ihm Daten auszutauschen.

Dennoch ist UUCP weit verbreitet, und wenn Sie einen Computer mit UNIX und ein Modem besitzen, dann brauchen Sie kein Geld für weitere Hard- oder Software auszugeben. UUCP gehört zum Lieferumfang von UNIX; alles, was Sie an Software benötigen, ist also schon vorhanden. Mittlerweile ist es auch recht einfach geworden, jemanden zu finden, der einem einen UUCP-Zugang auf seinem System zur Verfügung stellt, und das sogar meistens umsonst oder gegen eine geringe Gebühr. Wenn Sie also sowieso nur E-Mails und Artikel von Newsgruppen versenden und empfangen wollen, dann ist UUCP das ideale Werkzeug hierzu. Leider ist die Konfiguration des UUCP-Paketes nicht ganz einfach, aber es läßt sich mit ein wenig Geduld bewerkstelligen. Hilfreich ist in jedem Fall weiterführende Literatur zu diesem Thema, wie z.B. *Managing UUCP and USENET* und *Using UUCP and USENET*, zwei Bücher, die ebenfalls im O'Reilly Verlag erschienen sind.

Zugang zum Internet durch andere Netzwerke

Fast alle großen Netzwerke, wie z.B. BITNET oder CompuServe, haben sog. *Gateways* zum Internet eingerichtet. Es handelt sich hierbei um eine Art übergreifende Schnittstelle, die es erlaubt, E-Mails mit Systemen des Internet auszutauschen. Einige dieser Gateways erlauben weiterhin den Zugriff auf die Newsgruppen des Internet; es besteht sogar vereinzelt die Möglichkeit, Programme per E-Mail von Internetsystemen abzurufen. Bei diesem Dienst kümmert sich der Rechner, in den Sie sich eingewählt haben, um die Beschaffung des gewünschten Programms und sendet es Ihnen dann als normale E-Mail zu. Dieser Vorgang ist, verglichen mit der direkten Beschaffung des Programms aus dem Internet, ein wenig umständlich, aber es funktioniert.

Vielleicht deckt sich all das mit Ihren Ansprüchen, obwohl es sich bei der oben beschriebenen Zugangsart natürlich nicht um eine direkte Anbindung an das Internet handelt. Sie haben lediglich Zugriff auf einige wenige Dienste, die im Internet zur Verfügung stehen, und mit einer solchen Einschränkung werden Sie wahrscheinlich niemals erfahren, was das Internet noch alles zu bieten hat.

Trotzdem kann ein Zugang zum Internet mit Hilfe von anderen Netzwerken lohnenswert sein, was die anfallenden Kosten betrifft. Wenn Sie z.B. Kunde bei einem

Anbieter eines »UNIX für jedermann«-Dienstes sind, dann zahlen Sie in der Regel große Summen an Telefongebühren, wenn der nächste Computer mit Zugang zum Internet nicht mehr zum Nahtarif erreicht werden kann. In einem solchen Fall ist es die Überlegung wert, Kunde bei einem lokal erreichbaren Netzwerk wie z.B. CompuServe zu werden, um dann von dort aus in das Internet zu gelangen.

Die Wahl der Telefonverbindung

Für welche Art der Anbindung an das Internet Sie sich auch entscheiden, Sie brauchen in jedem Fall die eine oder andere Art von Telefonverbindung zum nächsten Knotenrechner, wobei es egal ist, ob der Verbindungsaufbau über eine normale Telefonleitung oder über eine Standleitung erfolgt. Nachfolgend eine Zusammenfassung der gängigsten Verbindungsarten.

Tabelle A-1: Gängige Verbindungsarten

Verbindungsart	Geschwindigkeit	Bemerkung
Telefonleitung	0 bis 19.2Kb	Keine weiteren Kosten; SLIP oder indirekte Verbindungen
ISDN	64Kb	Digitales Leitungsnetz; dedizierte oder indirekte Verbindungen
Standleitung	56-64Kb	Dedizierte Verbindung zu einem Netzanbieter

Netzanbieter

Die Firmen, die Anbindungen an das Internet anbieten, sind in das Geflecht der freien Marktwirtschaft eingebunden—für jede mögliche Zugangsart gibt es eine Reihe von konkurrierenden Anbietern, was sich natürlich auch in den Preisen niederschlägt. Wir haben uns bemüht, in der Auflistung der Netzanbieter am Ende dieses Kapitels alle Anbieter aufzuführen, über die wir Informationen beschaffen konnten. In der Zwischenzeit werden es wahrscheinlich wieder mehr geworden sein, die hier nicht berücksichtigt werden konnten. (Wir haben uns dennoch um eine Aktualisierung bemüht. Anm. d.Üb.) Welche Anbieter die besten sind, können wir nicht beurteilen; jeder einzelne von ihnen hat seine ganz spezielle Marktlücke entdeckt. Auf jeden Fall sollten Sie das Leistungsangebot einzelner Anbieter miteinander vergleichen: Wie ist das Preis/Leistungsverhältnis? Welche Dienste werden zu welchen Kosten angeboten? Wie hoch ist die Anschlußgebühr, und auf welche Summe belaufen sich die monatlichen Kosten? Die Entscheidung liegt letztendlich bei Ihnen, und damit sie Ihnen nicht allzu schwer fällt, finden Sie nachfolgend einige nützliche Tips und Hinweise.

Was Sie beachten sollten

Seit der ersten Auflage dieses Buches sind Netzanbieter wie die Pilze aus dem Boden geschossen; trotzdem gibt es unserer Meinung nach noch immer nicht genug von ihnen. Die Qualität der angebotenen Leistungen ist von Anbieter zu Anbieter unterschiedlich. Manche Netzanbieter stehen Ihnen von Anfang an mit Rat und Tat zur Seite, beantworten Ihre Fragen und helfen Ihnen weiter, wenn etwas mal nicht so funktioniert, wie es eigentlich sollte. Andere wiederum lassen Sie mit Ihren Fragen und Problemen alleine. Das ist jedoch eigentlich nicht verwunderlich: In jeder anderen Branche, egal ob es sich um Autohäuser oder Versicherungsgesellschaften handelt, ist es ganz genauso; auch hier gibt es gute und schlechte Beispiele. Dennoch kann man generell sagen, daß die meisten Netzanbieter extrem hilfsbereit sind (im Gegensatz zu Versicherungen). Allerdings werden Sie u.U. die Erfahrung machen, daß Sie nicht der einzige sind, der Hilfe benötigt, was sich dann darin niederschlägt, daß der Netzanbieter recht wenig Zeit für Sie aufbringen kann, um Ihnen bei Ihrem speziellen Problem zu helfen. Aber das ist immer noch besser, als an einen Anbieter zu geraten, der wortlos Ihren Scheck einsteckt und Sie dann sich selbst überläßt. Ein wenig Umsicht bei der Auswahl eines Anbieters kann Ihnen daher eine Menge Ärger ersparen.

Nachfolgend nun ein interessanter Aspekt im Hinblick auf angebotene Dienste. Kürzlich stießen wir auf einige extrem günstige Angebote für »echte« Anbindungen an das Internet (per SLIP bzw. PPP) mit vollem Zugriff auf alle verfügbaren Dienste und Ressourcen—und das zu einem Preis von ca. DM 40,– pro Monat. Das ist ein konkurrenzlos niedriger Preis für solch ein verlockendes Angebot—wenn alles einwandfrei klappt, wovon man zunächst einmal ausgehen sollte. Allerdings kann auch das Gegenteil der Fall sein.

Was wir damit sagen wollen, ist folgendes: Wir vermuten, daß diese Netzanbieter die Philosophie vieler Fitneßstudios übernommen haben. Hier ist es in der Regel so, daß auf ein Mitglied, das regelmäßig trainieren geht, vier oder fünf andere Mitglieder kommen, die zwar den Jahresbeitrag gezahlt haben, aber nur ein paarmal ins Studio gegangen sind. Denn wenn wirklich jedes Mitglied regelmäßig dreimal pro Woche trainieren würde, dann müßte das Fitneßstudio seine Mitgliedsbeiträge drastisch erhöhen, um z.B. den Verschleiß der Geräte abdecken zu können, da es nur so im Vergleich zu anderen Studios konkurrenzfähig bleiben könnte. Nun trägt aber eine Erhöhung der Beiträge in der Regel nicht dazu bei, seine Mitglieder halten zu können, wenn andere Anbieter billiger sind—so oder so würde das betreffende Studio bald pleite gehen. Da es aber, wie gerade erwähnt, eine Unmenge von zahlenden »Karteileichen« gibt, funktioniert das Ganze trotzdem recht gut. Bei den o.g. Billiganbietern von Internetzugängen läuft es nach demselben Schema ab: Um ein solches Discountangebot offerieren zu können, muß der betreffende Anbieter eine große Anzahl von Kunden haben, die sich jedoch eine viel kleinere Anzahl von Modems und Telefonleitungen teilen müssen. Und je höher die Zahl regelmäßiger Nutzer ist, desto wahrscheinlicher ist es, daß Sie bei der Anwahl des Computers nicht mehr als ein Besetztzeichen hören werden. Und dann sind selbst 40 Mark pro Monat zu teuer—vom Frust einmal ganz abgesehen.

Wie gesagt—das muß nicht unbedingt so sein wie oben beschrieben. Niemand kann sagen, wie sich der Markt der Netzanbieter entwickeln wird. Wenn viele Leute für einen solchen Service zahlen, ihn aber kaum in Anspruch nehmen, dann kann das gut für Sie sein, da die Kosten sinken werden; allerdings sollten Sie bedenken, daß u.U. doch mehr Leute davon Gebrauch machen werden, als Sie (und der Netzanbieter) denken. Seien Sie also skeptisch bei Angeboten, die zu schön, um wahr zu sein, sind.

Gemeinschaftliche Nutzung von Zugängen

Ein interessantes Phänomen auf dem Gebiet der Netzanbindungen ist das Entstehen von Nutzungsgemeinschaften. Einzelpersonen oder Firmen schließen sich zusammen, mieten einen dedizierten Internetzugang bei einem Netzanbieter und teilen sich diesen dann. Als Ergebnis erhält jeder Beteiligte den vollen Umfang an Diensten, den er sich als einzelne Person oder Firma ansonsten nicht leisten könnte. Solche Gemeinschaften sind vielgestaltig; manchmal sind es einige wenige Leute, die sich einen PPP-Zugang zum Internet teilen, aber es können durchaus auch mehrere Firmen sein, die gemeinsam eine Standleitung zum dedizierten Zugriff auf das Netz nutzen.

Die bei einer solchen Gemeinschaft anfallenden Aufgaben (System- und Netzwerkadministration, Kontakt zum Netzanbieter und der Telefongesellschaft, das Abrechnungswesen etc.) werden sinnvollerweise nach der Eignung vergeben, wobei Mitglieder mit entsprechendem Wissen die technische Seite betreffend naturgemäß besonders wertvoll sind. Das trifft z.B. zu, wenn Sie über gewisse Erfahrungen in der Anbindung von Computern an Netzwerke verfügen. Sie müssen nicht unbedingt ein UNIX-Guru sein, um solche Anforderungen zu erfüllen, es gibt eine Vielzahl von wichtigen Funktionen, die Sie übernehmen können. Jemand mit Erfahrung auf dem Gebiet der Telekommunikation oder jemand, der den Kunden erklären kann, wie man mit Windows arbeitet, ist für solche Gemeinschaften sehr wertvoll. Aus diesem Grunde wird innerhalb solcher Gemeinschaften wohl auch niemand über einen Anwalt lächeln, der mit Hilfe des Rechners Mitgliedsanträge verwalten kann, oder über einen Buchhalter, der Wirtschaftsberichte erstellt.

In der Auflistung der Netzanbieter am Ende dieses Kapitels sind ebenfalls einige Anbieter verzeichnet, die für sich Teil einer größeren Gemeinschaft sind. Allerdings ist es für Sie wohl eher interessant, ob es in Ihrer näheren Umgebung Bestrebungen zur Bildung einer neuen Nutzungsgemeinschaft gibt. Zu dieser Frage müssen wir Ihnen die Antwort leider schuldig bleiben. Fragen Sie Freunde und Bekannte, sofern sie ebenfalls Interesse an einem Zugang zum Internet bekunden, gehen Sie Gerüchten über die Bildung einer Gemeinschaft auf den Grund, und wenn Sie Zugriff auf die Newsgruppen des Internet haben, dann sollten Sie die Gruppen *alt.internet.access.wanted* und *alt.internet.services* besonders aufmerksam lesen. Die erstgenannte Newsgruppe wird in der Hauptsache von Leuten frequentiert, die auf der Suche nach einem Zugang zum Internet in einem bestimmten Gebiet sind. Zögern Sie nicht, selbst einen Artikel zu veröffentlichen, fragen Sie einfach nach dem, was Sie suchen: »Wer kann mir sagen, wie ich einen Internetzugang in Buxtehude bekommen kann?« Auf diese Weise stoßen Sie dann vielleicht auf einen Netzanbieter in Ihrer unmittelbaren Umgebung, eine Nutzungsgemeinschaft, die gerade in Ihrer Nähe entsteht, oder Sie treffen vielleicht Leute, mit denen Sie eine eigene Gemeinschaft gründen können.

Regionale und nationale Anbieter

In den USA und Kanada (mittlerweile aber auch in Deutschland und anderen Ländern) gibt es zwei verschiedene Arten von Netzanbietern: nationale und regionale. Die nationalen Anbieter stellen ihre Dienste landesweit jedem zur Verfügung; die regionalen Anbieter beschränken sich hingegen auf kleinere Gebiete, die sie dann abdecken, z.B. ein einzelnes Bundesland. In beiden Fällen haben Sie jedoch, wenn Sie Ihren Zugang zum Internet erhalten haben, weltweiten Zugriff auf jeden an das Netz angeschlossenen Computer. Wo also ist der Unterschied zwischen regionalen und nationalen Anbietern? Die regionalen Anbieter verweisen zumeist auf ihre Nähe zum Kunden und den persönlichen Kontakt sowie die Möglichkeit, aufgrund dessen schneller und besser auf einzelne Kundenwünsche eingehen zu können. Die nationalen Anbieter hingegen argumentieren, daß sie wegen ihrer Größe die besseren Möglichkeiten und Ressourcen haben, um ihre Kunden zufriedenzustellen. Letztendlich bleibt es Ihnen überlassen, ob Sie sich nun für einen regionalen oder für einen nationalen Anbieter entscheiden.

Internationale Anbieter (also Firmen, die ihre Dienste in mehreren Ländern anbieten) sind etwas schwieriger einzuordnen. Eigentlich sollte man annehmen, daß die nationalen Anbieter auch international tätig sind, was auch in gewisser Weise zutreffend ist. Es gibt jedoch durchaus auch regionale Anbieter, die Niederlassungen in anderen Ländern haben, also eigentlich internationale Netzanbieter sind. In den USA sind viele regionale Anbieter in den Anfängen des Internet mehr oder weniger zufällig auch zu internationalen Anbietern geworden, und das lange, bevor es Firmen gab, die nationale Zugänge angeboten haben. Wenn Sie also beabsichtigen, in einem anderen Land den Anschluß an das Internet vorzunehmen, dann müssen Sie sowohl die Liste der regionalen als auch die der nationalen Anbieter nach einer geeigneten Firma durchforsten.

Welchen Netzanbieter Sie letztlich wählen, hängt von verschiedenen Faktoren ab: Wo soll der Anschluß erfolgen, und welche Art der Anbindung brauchen Sie? Wenn Sie als Einzelperson oder kleine Firma das Internet nutzen wollen, dann sollten Sie nach Anbietern von SLIP/PPP bzw. indirekten Zugängen suchen. Mittlere und große Unternehmen sollten hingegen eine Firma wählen, die SLIP/PPP oder dedizierte Zugänge anbietet. Nachfolgend nun ein paar Tips zur Auswahl des richtigen Netzanbieters.

- Wenn Sie einen einzelnen Computer in einem bestimmten Land oder mehrere Rechner aus einem Gebiet an das Internet anschließen wollen, dann sollten Sie einen regionalen oder nationalen Anbieter auswählen, der die von Ihnen gewünschte Zugangsart anbietet. Wenn Sie also z.B. die Computer mehrerer Zweigstellen Ihrer Firma in Nordrhein-Westfalen an das Internet anbinden möchten, dann können Sie sich entweder an einen Anbieter wenden, der diese Region abdeckt, oder Sie wählen einen nationalen Anbieter. Wenn Sie nur einen einzigen Computer anschließen möchten, ist es eigentlich egal, ob Sie zu einem regionalen oder nationalen Anbieter gehen; entscheidend werden in diesem Fall wohl der Preis des Zuganges und die verfügbaren Leistungen sein.
- Wenn Sie mehrere Rechner, die in Niederlassungen im ganzen Land verteilt sind, anschließen wollen (z.B. in Köln, München und Hamburg), dann sollten Sie sich an einen nationalen Anbieter wenden, der die entsprechenden Zugangsarten ermöglichen kann. Sie können natürlich auch mit den jeweiligen regionalen Anbietern sprechen, aber die Vielzahl von verschiedenen Verträgen und der unterschiedliche Leistungsumfang sind diese Mühe eigentlich nicht wert.
- Wollen Sie Computer, die in verschiedenen Ländern betrieben werden (z.B. in den USA und in Deutschland), an das Internet anschließen, dann sollten Sie entweder einen nationalen oder einen regionalen Anbieter in Betracht ziehen, der entsprechende interkontinentale Verbindungen anbietet. Der Kontakt zu ausländischen Anbietern kann bisweilen recht unbefriedigend verlaufen; ein Anbieter mit Erfahrung auf dem Gebiet internationaler Anbindungen ist daher im wahrsten Sinne des Wortes Gold wert.
- Wenn Sie ein »einsamer Streiter« außerhalb der USA sind, einen Zugang zum Internet für sich oder Ihre Firma haben möchten und nicht wissen, wo Sie mit der Beschaffung von Informationen zu diesem Thema anfangen sollen, dann können Sie sich an die folgende Adresse wenden:

```
Robert D. Collet
Principal Investigator,
NSFnet International Connections Manager (ICM)
Program Manager, SprintLink
Sprint Communications Company
Government Systems Division -- Mail Stop: VAHRNA611
13221 Woodland Park Road
Herndon, Virginia, 22071  U.S.A.

Tel: +1-703-904-2230
FAX: +1-703-904-2119
Pager: +1-800-SKY-PAGE   PIN: 45469

E-Mail: rcollet@icm1.icp.net, rcollet@sprint.com, oder
        PN=ROBERT.D.COLLET/O=US.SPRINT/ADMD=TELEMAIL/C=US/@sprint.com
```

Es handelt sich hierbei um den verantwortlichen Herrn für internationale Anbindungen des NSFnet-Bereiches des Internet.

Wenn Sie in einem europäischen Land wohnen, dann wenden Sie sich an:

```
RIPE NCC
Kruislaan 409
NL-1098 SJ Amsterdam
Niederlande

Tel: +31 20 592 5065
E-Mail: ncc@ripe.net
```

Liste der Netzanbieter

Nun wissen Sie eigentlich alles über die verschiedenen Zugangsarten zum Internet und was es dabei zu beachten gibt. Zum Ende dieses Kapitels folgt anschließend eine Liste von internationalen und nationalen Anbietern, gefolgt von einem Verzeichnis regionaler Netzanbieter in den USA, Kanada und Deutschland. Doch zunächst noch ein Hinweis dazu, wie Sie sich derlei Informationen selbst beschaffen können.

Die meisten Einträge in den folgenden Verzeichnissen stammen aus einer Datei namens »PDIAL list«. Wenn Sie diese Datei haben möchten, dann schicken Sie einfach eine einzeilige E-Mail mit dem Inhalt **send PDIAL** an **info-deli-server@netcom.com**. Diese Liste wird alle paar Monate auf den neuesten Stand gebracht. Die Datei gibt es auch auf vielen FTP-Servern im Internet, obwohl es hier recht schwierig sein kann, die neueste Version zu finden. Der einfachste Weg ist daher die oben beschriebene E-Mail-Variante; auf diese Weise können Sie sicher sein, die aktuellste Version zu haben. Eine zweite Quelle, die bei der Erstellung des folgenden Verzeichnisses eine große Hilfe war, ist die Newsgruppe *alt.internet.services*; diese und *alt.internet.access.wanted* sind es allemal wert, gelesen zu werden, da Sie hier immer über die neuesten Zugangsmöglichkeiten zum Internet und neue Netzanbieter auf dem laufenden gehalten werden.

Hier nun die Liste der Netzanbieter:

Tabelle A-2: Nationale und internationale Anbieter

Anbieter	Verfügbarkeit	Zugangsarten
AlterNet		
AlterNet, Betreiber: UUNET Technologies, Inc. 3110 Fairview Park Drive Suite 570 Falls Church, VA 22042 (703) 204-8000 (703) 204-8001 (FAX) (800) 4-UUNET-3 info@uunet.uu.net	Weltweit	Dediziert (9.6Kb - 10Mb) Indirekt SLIP/PPP UUCP
ANS (Advanced Networks and Services)		
100 Clearbrook Road Elmsford, NY 10523 (703) 758-7700 (800) 456-8276 info@ans.net	Weltweit	Dediziert (56Kb - 45Mb) Indirekt SLIP/PPP
CERFnet		
PO Box 85608 San Diego, CA 92186-9784 (800) 876-2373 (619) 455-3990 sales@cerf.net	Kalifornien International (Korea, Mexiko, Brasilien)	Dediziert (14.4Kb - 45Mb) Indirekt SLIP/PPP
CNS (Community News Service)		
1155 Kelly Johnson Blvd. Suite 400 Colorado Springs, CO 80920 (800) 592-1240 (719) 592-1240 service@cscns.com	USA, einschl. Hawaii, Alaska, Puerto Rico und Virgin Islands (USA)	Dediziert (56Kb - 1.5Mb) Indirekt SLIP UUCP
Connect.com.au		
Connect.com.au Pty Ltd. 29 Fitzgibbon Crescent Caulfield Vic 3161 Australien 1800 818 262 or 03 528-2239 connect@connect.com.au	Australien	Dediziert Indirekt SLIP/PPP UUCP

Tabelle A-2: Nationale und internationale Anbieter (Fortsetzung)

Anbieter	Verfügbarkeit	Zugangsarten
CONNECT		
UK PC User's Group PO Box 360 Harrow HA1 4LQ England +44 (0)81 863 1191 +44 (0)81 863 6095 (FAX) +44 (0)81 863 6646 (Modem) info@ibmpcug.co.uk	Großbritannien	Indirekt UUCP
Contrib.Net		
Contributed Networks GmbH Knaackstr. 96 10435 Berlin 030-2530120-0 030-2515603 (FAX) tcpip@contrib.net	Deutschland	Dediziert SLIP/PPP UUCP Indirekt
Demon Internet Ltd.		
Demon Systems Ltd. 42 Hendon Lane London N3 1TT England +44 81 349 0063 internet@demon.co.uk	Großbritannien	Dediziert (14.4Kb - 64Kb) Indirekt SLIP/PPP
The Direct Connection		
PO Box 931 London SE18 3PW England 081 317 0100 081 317 2222 (Modem) helpdesk@dircon.co.uk	Großbritannien	Indirekt SLIP/PPP UUCP
EUnet Limited		
EUnet Support +31 20 592 5109 +31 20 592 5163 (FAX) info@eu.net	Europa, Nordafrika, ehem. Sowjet- union)	Dediziert ISDN Indirekt UUCP
EUnet GB		
EUnet GB Support +44 227 475497 sales@Britain.EU.net	Großbritannien	Dediziert (64Kb ISDN Indirekt UUCP, SLIP/PPP

Tabelle A–2: Nationale und internationale Anbieter (Fortsetzung)

Anbieter	Verfügbarkeit	Zugangsarten
EUnet Deutschland GmbH		
Emil-Figge-Str. 80 44227 Dortmund +49 231 972 2222 +49 231 972 1111 Postmaster@Germany.EU.net	Deutschland	Dediziert ISDN SLIP/PPP UUCP
GTN		
GTN mbH Fontanestr. 12 41564 Kaarst 02131-605652 02131-666754 (FAX) info@gtn.com	Deutschland	Dediziert SLIP/PPP UUCP Indirekt
HoloNet		
Information Access Technologies, Inc. 46 Shattuck Square Suite 11 Berkeley, CA 94704-1152 (510) 704-0160 (510) 704-8019 (FAX) info@holonet.net, support@holonet.net	USA	Dediziert (64Kb - 1.5Mb) Indirekt SLIP/PPP UUCP
HookUp Communications		
1075 North Service Road West Oakville, Ontario Canada M2L 2G2 (905) 847-8000 (800) 363-0400 info@hookup.net	Kanada	Dediziert Indirekt SLIP/PPP/CSLIP UUCP
Institute for Global Communications/IGC Networks		
18 De Boom Street San Francisco, CA 94107 +1 (415) 442-0220 +1 (415) 546-1794 (FAX) support@igc.apc.org	Weltweit	Indirekt

Tabelle A-2: Nationale und internationale Anbieter (Fortsetzung)

Anbieter	Verfügbarkeit	Zugangsarten
Individual Network e.V.		
c/o Thomas Neugebauer Neusser Gasse 93 50259 Pulheim Deutschland (02238) 15071 (Modem) +49 2238 15071 (Modem) IN-Info@Individual.net	Deutschland	ISDN-IP SLIP/PPP UUCP
Interconnect Australia Pty Ltd.		
29 Fitzgibbon Crescent Caulfield, Victoria Australia, 3161 +61 3 528 2239 +61 3 528 5887 (FAX) info@interconnect.com.au, sales@interconnect.com.au	Australien (alle Hauptstädte außer Darwin & Hobart) 1-900 Zugang für ländliche Gegenden	Indirekt
MAZ Internet Services		
Karnapp 20 D-21079 Hamburg Deutschland +49 40 766 29 1623 maz-isc@maz-hh.de	Deutschland	Dediziert ISDN Indirekt SLIP/PPP
Millenium Online		
One Corporate Drive Clearwater, FL 34622 (800) 736-0122 (800) 774-0122 info@mill.com, jjablow@mill.com	Weltweit	Indirekt Dediziert
OARnet		
Ohio Supercomputer Center 1224 Kinnear Road Columbus, OH 43085 (614) 292-9248 alison@osc.edu	USA	Dediziert ISDN Frame Relay Indirekt SLIP/PPP

Tabelle A-2: Nationale und internationale Anbieter (Fortsetzung)

Anbieter	Verfügbarkeit	Zugangsarten
PSI (Performance Systems International)		
510 Huntmar Park Drive Herndon, VA 22070 (703) 709-0300 (800) 82PSI82 (US only) (703) 904-1207 (FAX) (800) FAXPSI1 (FAXBACK info) info@psi.com	Weltweit	Dediziert (19.2Kb - 1.5Mb) ISDN Dial-up SLIP/PPP PSILink, UUCP
SpaceNet GmbH		
Frankfurter Ring 193a D-80807 München Deutschland +49-89-324683-0 info@spacenet.de	Europa	
sub-Netz		
sub-Netz e.V. Postfach 6564 76045 Karlsruhe 0721-661937 (FAX) gs@subnet.sub.net	Deutschland	Dediziert ISDN SLIP/PPP UUCP
UUNET		
Siehe AlterNet		
UUNorth Inc.		
3555 Don Mills Road Unit 6-304 Willowdale, Ontario Kanada M2H 3N3 (416) 225-8649 c.smith@uunorth.north.net	Kanada	Dediziert Indirekt SLIP/PPP UUCP
The WELL		
1750 Bridgeway Suite A-200 Sausalito, CA 94965 (415) 332-4335 info@well.sf.ca.us	Zugriff über X.25 und direkte Anwahl	Indirekt

Tabelle A–2: Nationale und internationale Anbieter (Fortsetzung)

Anbieter	Verfügbarkeit	Zugangsarten
WinNET (UK)		
PO Box 360 Harrow HA1 4LQ England +44 (0)81 863 1191 +44 (0)81 863 6095 (FAX) +44 (0)81 863 6646 (Modem) info@win-uk.net	Großbritannien	Indirekt UUCP
The World		
Software Tool & Die 1330 Beacon Street Brookline, MA 02146 (617) 739-0202 (617) 739-0914 (FAX) (617) 739-WRLD (Modem) info@world.std.com	USA	Indirekt
XLink		
NTG Netzwerk und Telematic GmbH Vincenz-Priessnitz-Str. 3 D-76131 Karlsuhe +49 721 9652 0 +49 721 9652 210 (FAX) info@xlink.net	Deutschland	Dediziert Indirekt SLIP/PPP UUCP

Tabelle A–3: Regionale Anbieter (Deutschland)

Anbieter	Verfügbarkeit	Zugangsarten
aball		
Andreas Jennen Birkenweg 10 30989 Gehrden bei Hannover 05108-925528 05108-920056 jennen@aball.han.de		SLIP/PPP UUCP ISDN
Aragon Sindelfingen		
Horn Datensysteme Wengertstr. 5 71063 Sindelfingen		UUCP

Tabelle A-3: Regionale Anbieter (Deutschland) (Fortsetzung)

vaxima@aragon.stgt.sub.org

Anbieter	Verfügbarkeit	Zugangsarten
Aslan		
CVJM Witten e.V. 58452 Witten / Ruhr sacha@aslan.ruhr.sub.org sacha@aslan.en.open.de		
BaWue-Net		
BaWue-Net e.V. Norman Fürst c/o BaWue-Net-Verein Kleinknechtstr. 35 70567 Stuttgart 0711-8701309 0711-7189848 (FAX) ahorn@aragon.stgt.sub.org norman@delos.stgt.sub.org	Neckarraum	SLIP/PPP UUCP Indirekt
BI-LINK		
Martin Husemann Goethestr.32 33818 Leopoldshöhe 05202-82722 05202-88889 (FAX) martin@bi-link.owl.de		UUCP
commercial link systems		
CLS Sternstr. 2 24116 Kiel Deutschland +49 431 9790161 +49 431 978126 info@cls.net	Schleswig Holstein (Norddeutschland)	ISDN Indirekt SLIP/PPP UUCP
Individual Network e.V. – Rhein-Main		
Oliver Böhmer Linkstr. 15 65933 Frankfurt Deutschland 069/39048413 info@rhein-main.de	Rhein-Main-Gebiet (Frankfurt), Deutschland	ISDN SLIP/PPP UUCP

Tabelle A-3: Regionale Anbieter (Deutschland) (Fortsetzung)

Anbieter	Verfügbarkeit	Zugangsarten
Inter Networking Systems		
Gaswerkstraße 11 Postfach 101312 44543 Castrop-Rauxel Deutschland +49 2305 356505 +49 2305 25411 (FAX) info@ins.net	Ruhrgebiet, Nordrhein-Westfalen (Deutschland)	Dediziert ISDN Indirekt SLIP/PPP UUCP
MUC.DE e.V.		
Frankfurter Ring 193a D-80807 München Deutschland +49-89-324683-11 postmaster@muc.de, vorstand@muc.de	Großraum München (München/Bayern)	Indirekt SLIP/PPP UUCP-Polling

ANHANG B

INTERNATIONALE VERBINDUNGEN

Übersicht der internationalen Netzwerkanbindungen
Länderkürzel und Netzwerkanbindungen

Außerhalb der USA ist die letzte Komponente einer Internetadresse ein zweistelliges Länderkürzel der übergeordneten Domain. Diese Länderkürzel (und die Namen der zugehörigen Länder) sind in dem internationalen Standard ISO 3166 festgelet. Der Hauptteil dieses Anhanges besteht aus einer Tabelle, in der alle Länderkürzel aufgelistet sind.* Diese Liste wird von Lawrence Landweber und der Internet Society verteilt. Die Tabelle gibt weiterhin darüber Auskunft, welche Art von Netzwerkzugängen in den jeweiligen Ländern zur Verfügung stehen. Nicht alle Länder sind an das Internet angeschlossen, so daß Dienste, wie FTP oder TELNET, nicht genutzt werden können. Dennoch haben weit mehr als die Hälfte der aufgeführten Länder Zugang internationale Netzwerkverbindungen (BITNET, UUCP, Fidonet etc.), so daß zumindest per E-Mail erreichbar sind.

Übersicht der internationalen Netzwerkanbindungen

Weltweit verfügen z.Zt. 146 Länder über Anbindungen zu international erreichbaren Datennetzen. Abbildung B-1 gibt hierzu einen Überblick; ersichtlich ist weiterhin die Art der Netzwerkanbindung.

---

* Die jeweils aktuelle Version dieser Liste können Sie sich beim Internet Society Gopher besorgen; die Adresse lautet *gopher.isoc.org/Internet Information/Charts & Graphs*. Der genaue Name der Datei ist von Version zu Version unterschiedlich, lautet jedoch immer *ConnectivityChart*, gefolgt von der Revisionsnummer.

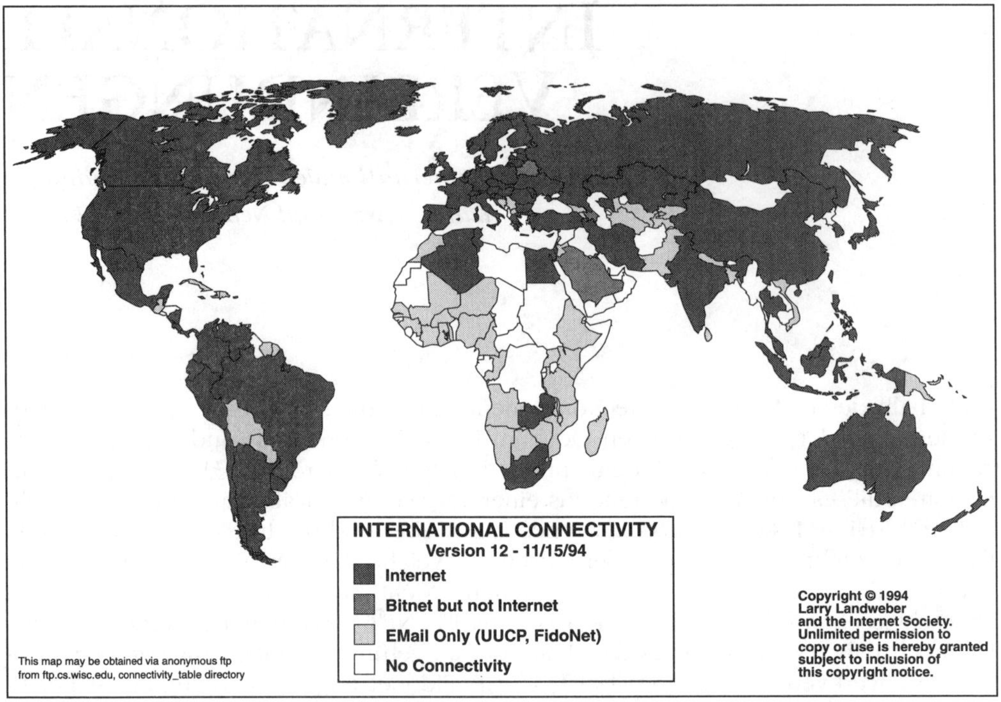

Abbildung B–1: Übersicht der internationalen Netzwerkanbindungen

Länderkürzel und Netzwerkanbindungen

Die Einträge in der Tabelle haben folgendes Format:

```
BIUFO AT        Austria
```

Das bedeutet, daß AT der Name der übergeordneten Domain für Österreich ist; ein Domainname wie **ffr.syh.at** läßt daher den Schluß zu, daß es sich hierbei um einen an das Internet angebundenen Computer aus Österreich handelt. Die Bedeutung der linken Spalte ist aus der Tabelle B-1 ersichtlich.

Tabelle B-1: Verwendete Abkürzungen

Kürzel	Art der Netzwerkanbindung
-----	Keine bekannte Anbindung
B	Bitnet-Anbindung
I	Internet-Anbindung
U	UUCP-Anbindung
F	Fidonet-Anbindung
O	OSI-Anbindung

Einträge in Kleinbuchstaben bedeuten, daß nur eine minimale bzw. keine flächendeckende Anbindung verfügbar ist. Am Beispiel Österreichs ist ersichtlich, daß in diesem Land Anbindungen an BITNET, Internet, UUCP, Fidonet und OSI nutzbar sind—also alle Arten von Netzwerkdiensten, die momentan angeboten werden.

Die nachfolgende Tabelle ist per FTP von **ftp.cs.wisc.edu** im Verzeichnis *connectivity_table* abrufbar. Die Liste wird mehrmals im Jahr auf den neuesten Stand gebracht. Die hier abgedruckte Tabelle wurde ein wenig modifiziert, um die tatsächlichen Gegebenheiten wiederzugeben, da z.B. Großbritannien das Länderkürzel UK verwendet, obwohl diesem Land von der ISO eigentlich das Kürzel GB zugewiesen wurde. Nach dem Zerfall der Sowjetunion wurde ihr Kürzel SU aus der Liste gestrichen; in der Tabelle ist es dennoch aufgeführt, da es immer noch benutzt wird. Natürlich sind auch die Einträge der neuen Sowjetrepubliken aufgenommen worden. Gelöscht wurde hingegen der Eintrag für Puerto Rico, da die in diesem Land angebundenen Computer amerikanische Kürzel verwenden, obwohl ein eigenes Länderkürzel (PR) zugeteilt wurde. Diese Art der beliebigen Nutzung von Kürzeln könnte zukünftig zu einem Problem werden: Wenn z.B. die Jungferninseln angebunden werden, welchen übergeordneten Domainnamen sollen sie verwenden? Ein eigenes Kürzel oder die US- bzw. UK-Domains?

```
---- AF Afghanistan
---- AL Albania
-I-- DZ Algeria
---- AS American Samoa
----- AD Andorra
---f AO Angola
---- AI Anguilla
-I-- AQ Antarctica
--u- AG Antigua and Barbuda
BIUF AR Argentina
--U- AM Armenia
---f AW Aruba
-IUF AU Australia
BIUF AT Austria
b-U- AZ Azerbaijan
--u- BS Bahamas
b--- BH Bahrain
--U- BD Bangladesh
--u- BB Barbados
b-UF BY Belarus
BIUF BE Belgium
--U- BZ Belize
---- BJ Benin
-IUF BM Bermuda
---- BT Bhutan
--Uf BO Bolivia
--u- BA Bosnia-Herzegovina
--uf BW Botswana
---- BV Bouvet Island
BIUF BR Brazil
---- IO British Indian Ocean Territory
---- BN Brunei Darussalam
bIUF BG Bulgaria
--U- BF Burkina Faso
```

```
----  BI Burundi
----  KH Cambodia
--u-  CM Cameroon
BIUF  CA Canada
----  CV Cape Verde
----  KY Cayman Islands
----  CF Central African Republic
----  TD Chad
BIUF  CL Chile
-IuF  CN China
----  CX Christmas Island
----  CC Cocos (Keeling) Islands
BIu-  CO Colombia
----  KM Comoros
--u-  CG Congo
--u-  CK Cook Islands
-Iuf  CR Costa Rica
--uf  CI Cote d'Ivoire
bIuF  HR Croatia
--U-  CU Cuba
bI-f  CY Cyprus
BIUF  CZ Czech Republic
BIUF  DK Denmark
----  DJ Djibouti
----  DM Dominica
--Uf  DO Dominican Republic
----  TP East Timor
-Iu-  EC Ecuador
bIU-  EG Egypt
----  SV El Salvador
----  GQ Equatorial Guinea
----  ER Eritrea
-IUF  EE Estonia
---f  ET Ethiopia
----  FK Falkland Islands
--u-  FO Faroe Islands
-Iu-  FJ Fiji
BIUF  FI Finland
BIUF  FR France
--u-  GF French Guiana
--u-  PF French Polynesia
----  TF French Southern Territories
----  GA Gabon
----  GM Gambia
--UF  GE Georgia
BIUF  DE Germany
--uF  GH Ghana
----  GI Gibraltar
BIUF  GR Greece
-I-f  GL Greenland
--u-  GD Grenada
b-uf  GP Guadeloupe
-I-F  GU Guam
--u-  GT Guatemala
--u-  GN Guinea
----  GW Guinea-Bissau
----  GY Guyana
--u-  HT Haiti
----  HM Heard and McDonald Islands
----  HN Honduras
BI-F  HK Hong Kong
BIUF  HU Hungary
-IUF  IS Iceland
bIUF  IN India
-IuF  ID Indonesia
bI--  IR Iran
----  IQ Iraq
BIUF  IE Ireland
BIUF  IL Israel
BIUF  IT Italy
-Iu-  JM Jamaica
BIUF  JP Japan
---f  JO Jordan
-IUF  KZ Kazakhstan
---f  KE Kenya
--u-  KI Kiribati
----  KP Korea (Democratic People's Republic of)
BIUF  KR Korea (Republic of)
-I--  KW Kuwait
--U-  KG Kyrgyz Republic
----  LA Lao People's Democratic Republic
-IUF  LV Latvia
--U-  LB Lebanon
--u-  LS Lesotho
----  LR Liberia
----  LY Libyan Arab Jamahiriya
-I-f  LI Liechtenstein
-IUF  LT Lithuania
bIUF  LU Luxembourg
-I-F  MO Macau
--u-  MK Macedonia
--u-  MG Madagascar
---F  MW Malawi
bIUF  MY Malaysia
----  MV Maldives
--U-  ML Mali
--u-  MT Malta
----  MH Marshall Islands
----  MQ Martinique
----  MR Mauritania
```

```
---f  MU Mauritius
----  YT Mayotte
BIuF  MX Mexico
----  FM Micronesia
-IuF  MD Moldova
----  MC Monaco
----  MN Mongolia
----  MS Montserrat
--U-  MA Morocco
--Uf  MZ Mozambique
----  MM Myanmar
--Uf  NA Namibia
----  NR Nauru
--u-  NP Nepal
BIUF  NL Netherlands
--u-  AN Netherlands Antilles
----  NT Neutral Zone (Saudi Arabia and Iraq)
--U-  NC New Caledonia
-IUF  NZ New Zealand
-Iu-  NI Nicaragua
--u-  NE Niger
---f  NG Nigeria
--u-  NU Niue
----  NF Norfolk Island
----  MP Northern Mariana Islands
BIUF  NO Norway
----  OM Oman
--U-  PK Pakistan
----  PW Palau
-IuF  PA Panama
--u-  PG Papua New Guinea
--u-  PY Paraguay
-IUf  PE Peru
-IuF  PH Philippines
----  PN Pitcairn
BIUF  PL Poland
bIUF  PT Portugal
bIUF  PR Puerto Rico
----  QA Qatar
-Iu-  RE Re'union
BIuf  RO Romania
BIUF  RU Russian Federation
----  RW Rwanda
----  SH Saint Helena
----  KN Saint Kitts and Nevis
--u-  LC Saint Lucia
----  PM Saint Pierre and Miquelon
----  VC Saint Vincent and the Grenadines
--u-  WS Samoa
----  SM San Marino
----  ST Sao Tome and Principe
B---  SA Saudi Arabia
--Uf  SN Senegal
--u-  SC Seychelles
----  SL Sierra Leone
BIuF  SG Singapore
bIUF  SK Slovakia
-IUF  SI Slovenia
--u-  SB Solomon Islands
----  SO Somalia
-IUF  ZA South Africa
BIUF  ES Spain
--U-  LK Sri Lanka
----  SD Sudan
--u-  SR Suriname
-I--  SJ Svalbard and Jan Mayen Islands
--u-  SZ Swaziland
BIUF  SE Sweden
BIUF  CH Switzerland
----  SY Syria
BIuF  TW Taiwan, Province of China
--uf  TJ Tajikistan
---f  TZ Tanzania
-IUF  TH Thailand
--u-  TG Togo
----  TK Tokelau
--u-  TO Tonga
--u-  TT Trinidad and Tobago
bIUf  TN Tunisia
BI-F  TR Turkey
--u-  TM Turkmenistan
----  TC Turks and Caicos Islands
----  TV Tuvalu
---F  UG Uganda
-IUF  UA Ukraine
----  AE United Arab Emirates
bIUF  GB United Kingdom
BIUF  US United States
----  UM United States Minor Outlying Islands
-IUF  UY Uruguay
--UF  UZ Uzbekistan
--u-  VU Vanuatu
----  VA Vatican City State
-IUF  VE Venezuela
--U-  VN Vietnam
----  VG Virgin Islands (British)
---f  VI Virgin Islands (U.S.)
----  WF Wallis and Futuna Islands
----  EH Western Sahara
----  YE Yemen
```

```
--uf   YU Yugoslavia
----   ZR Zaire
-I-f   ZM Zambia
--uf   ZW Zimbabwe
```

NUTZUNGSRICHTLINIEN

Die Nutzungsrichtlinien des NFSNET

Im folgenden sind die offiziellen Nutzungsrichtlinien des NFSNET vom Juni 1992 wiedergegeben; zur Drucklegung dieses Buches war dies die aktuelle Version. Die jeweils neueste Ausgabe dieses Dokumentes können Sie sich per FTP auf dem Server **nic.merit.edu** besorgen, der Dateiname lautet */nsfnet/acceptable.use.policies/nsfnet.txt*. In diesem Verzeichnis befinden sich ebenfalls die Nutzungsrichtlinien einiger anderer Netzwerke.

Lassen Sie sich von dem bürokratischen Ton des Textes nicht abschrecken; denn wie bereits in Kapitel 3, *Wie das Internet funktioniert*, erwähnt, wird der Begriff der Unterstützung in Erziehung und Forschung ziemlich breit ausgedehnt und ist somit keiner starren Interpretation unterworfen. Bedenken Sie weiterhin, daß das NFSNET mit seinen recht strengen Richtlinien nur ein kleiner Teil des Internet ist. Die Richtlinien des NFSNET verlieren darüber hinaus immer mehr an Gewicht, je mehr das Internet sich vergrößert. Eines der Hauptziele der Privatisierung des Netzes ist es, ein Internet ohne solche rigorosen Nutzungsrichtlinien zu verwirklichen, also ein Netzverbund ohne Auflagen für gewerbliche oder private Nutzer.

Aus diesem Grunde ist es daher nicht ungewöhnlich, wenn für das Netzwerk, über welches Sie Zugang zum Internet haben, vollkommen andere Richtlinien gelten; einige dieser Netzwerke fördern z.B. die kommerzielle Nutzung. Stimmen Sie sich mit Ihrem Netzanbieter ab, was die Nutzungsrichtlinien in den einzelnen Netzwerken angeht. Wenn Sie einen rein gewerblichen oder einen rein privaten Zugang möchten, dann werden Sie sehr leicht einen Anbieter finden, der auf Ihre Wünsche eingehen kann.

Die Nutzungsrichtlinien des NFSNET

Allgemeines:

- Der NFSNET Backbone Service dient zur Unterstützung von Forschung und Bildung innerhalb amerikanischer Forschungseinrichtungen und verwandten Institutionen, sowie kommerzieller Einrichtungen, sofern sie Bestandteil eines staatlich geförderten Forschungsprogramms sind. Die Nutzung zu anderen Zwecken ist nicht zulässig.

Erlaubte Nutzungsarten:

- Austausch von Daten mit ausländischen Forschungs- und Bildungseinrichtungen, sofern die hierzu verwendeten ausländischen Netzwerke, die zur Kommunikation verwendet werden, ebenfalls von amerikanischen Forschungs- und Bildungseinrichtungen genutzt werden können.
- Kommunikation und Datenaustausch im Zuge von Entwicklungen auf einem bestimmten Gebiet und zum gegenseitigen Austausch von Wissen.
- Nutzung für gesellschaftliche, universitäre, regierungsspezifische oder sonstige Belange, die im Zusammenhang mit Forschungs- und artverwandten Projekten stehen.
- Nutzung zur Bewältigung administrativer Aufgaben, auch durch Dritte, jedoch nicht für kommerzielle oder Werbezwecke.
- Jede andere Form von administrativer Arbeit, die zu einer direkten Unterstützung von Forschungsvorhaben beiträgt.
- Bekanntmachung von neuen Produkten oder Diensten, die im Zuge von Forschungsprojekten eingesetzt werden können, jedoch keinerlei Reklame oder sonstige Werbung.
- Transport von Daten anderer Netzwerke des Federal Networking Council, sofern Inhalt und Form der Daten nicht den geltenden Nutzungsrichtlinien widersprechen.
- Jede andere Form der Kommunikation, die die geltenden Richtlinien nicht verletzt.

Unerlaubte Nutzungsarten:

- Nutzung zu rein kommerziellen Zwecken, sofern hierfür keine ausdrückliche Genehmigung vorliegt.
- Unverhältnismässige Nutzung zu privaten Zwecken.

Alle Angaben beziehen sich ausschließlich auf den NFSNET Backbone. Das NSF erwartet von jedem angeschlossenen Netzwerk die Formulierung von eigenen Nutzungsrichtlinien.

ANHANG D

EINE EINFÜHRUNG IN DAS UNIX-BETRIEBSSYSTEM

Das Einloggen
Grundlagen
Die UNIX-Verzeichnisstruktur
Weiterführende Literatur

Um das Internet nutzen zu können, brauchen Sie über UNIX eigentlich nichts zu wissen. Schaden kann eine gewisse Vorbildung jedoch nicht, besonders dann, wenn Ihr Zugang zum Netz mit Hilfe eines öffentlich zugänglichen UNIX-Systems erfolgt. Um einigermaßen mit UNIX arbeiten zu können, brauchen Sie nicht mehr als eine Handvoll Kommandos. Die wichtigsten Befehle werden in diesem Kapitel daher kurz vorgestellt.

Das Einloggen

UNIX ist von Hause aus ein Multitasking-Multiuser-Betriebssystem, d.h., es können mehrere Leute zur gleichen Zeit am System arbeiten, obwohl jeder einzelne den Eindruck hat, der Computer stünde ihm ganz alleine zur Verfügung. Bevor Sie jedoch dem Computer Befehle eingeben können, müssen Sie sich zunächst einmal anmelden—egal, ob Sie an einem Terminal sitzen oder sich mit Hilfe eines Modems in eine große Datenbank einwählen. Anders als bei MS-DOS, Windows oder auf dem Macintosh (Systemen also, die nur einem Nutzer den Zugriff auf den Computer erlauben) verlangt UNIX eine eindeutige Identifizierung von Ihnen, um auf diese Art und Weise Sie und Ihre Daten von den zehn, hundert oder sogar tausend anderen Leuten, die das System ebenfalls gerade bedienen, trennen zu können.

Im Kapitel 5 wurde die Prozedur zum Anmelden bei einem UNIX-System bereits vorgestellt; hier noch einmal eine kurze Wiederholung:

```
Sony NEWS OS 4.1.3 (leibniz)

login: josch                Geben Sie hier Ihren Benutzernamen ein
Password:                   Und hier Ihr Passwort
Last login: Sat Jan 27 23:44:12
NEWS OS Release 4.1.3 Sun Jan 28 09:05:31 MET 1995
%                           Jetzt können Sie Befehle eingeben
```

Ihr Benutzername ist der Name, mit dem Sie sich beim System anmelden und unter dem alle Ihre Daten gespeichert werden. In den meisten Fällen wird Ihnen der Benutzername vom Systemverwalter zugeteilt, der auch für die Einrichtung Ihrer Kennung und der Arbeitsumgebung verantwortlich ist. Die Paßwortabfrage stellt für das System sicher, daß Sie auch wirklich der sind, der Sie vorgeben zu sein—auf diese Weise wird verhindert, daß andere illegal mit Ihrem Benutzernamen das System nutzen und Ihre Daten lesen oder ändern können. Wenn Sie Ihr Paßwort eintippen, werden die eingegebenen Zeichen nicht auf dem Bildschirm ausgegeben, so daß andere Leute Ihr Paßwort nicht mitlesen können. Bei der Neueinrichtung einer Kennung wird Ihnen vom Systemverwalter wahrscheinlich ein Paßwort zugewiesen werden; er wird Ihnen auch Tips und Hinweise zur Auswahl eines neuen Paßwortes geben und Ihnen erklären können, wie das bestehende Paßwort geändert werden kann. Im Kapitel 4 finden Sie einige Hinweise und Anmerkungen zum Thema Paßwörter. Das Prozentzeichen % ist die Eingabeaufforderung des UNIX-Systems; an dieser Stelle können Sie Befehle eingeben. Auf Ihrem System sieht die Eingabeaufforderung u.U. anders aus, in vielen Fällen ist z.B. der Name des Computers, bei dem Sie sich angemeldet haben, Bestandteil des Promptes.

Wenn Sie sich mit Hilfe eines Modems in ein UNIX-System einwählen, dann wird von Ihnen eventuell die Eingabe eines sogenannten »dial-up password« verlangt. Es handelt sich hierbei um ein zweites, zusätzliches Paßwort, das aus Sicherheitsgründen eingerichtet wurde. Am besten fragen Sie den Verwalter des Systems, ob eine solche Paßwortabfrage bei der Anwahl über Modem erfolgt oder nicht.

Nach dem erfolgreichen Anmelden beim System werden Sie in vielen Fällen dazu aufgefordert, den Typ Ihres verwendeten Terminals einzugeben. Da UNIX seine Philosophie einer offenen Systemarchitektur konsequent verfolgt, kann an ein solches System jede Art von Hardware angeschlossen werden. Die äußere Form der Terminaltypabfrage variiert von System zu System, sieht jedoch meistens wie folgt aus:

```
Last login: Sat Jan 28 03:16:12
NEWS OS Release 4.1.3 Sun Jan 28 09:05:31 MET 1995
TERM=(vt100)?            Hier wird Ihr Terminaltyp abgefragt
leibniz%                 An dieser Stelle können Sie Befehle eingeben
```

Die Zeile `(vt100)?` bedeutet im Klartext: »Das System geht davon aus, daß Sie ein Terminal vom Typ VT100 verwenden. Wenn das zutrifft, dann können Sie einfach RETURN drücken; wenn nicht, dann geben Sie jetzt bitte den Terminaltyp ein.« Im Normalfall ist die Spezifizierung von VT100 als Terminaltyp eine gute Wahl, da die meisten Kommunikationsprogramme diesen Typ als voreingestellte *Emulation* verwenden, d.h., Ihr Computer verhält sich wie ein VT100-Terminal, kann also z.B. Steuersequenzen zur Cursorsteuerung etc. richtig interpretieren.

Wenn Sie eine falsche Terminalemulation verwenden, dann werden Sie sehr schnell feststellen, daß viele Dinge nicht so funktionieren, wie sie eigentlich sollten: Zeichen erscheinen z.B. invertiert auf dem Bildschirm, Carriage Return löst keinen Zeilenumbruch aus etc. Sollten Sie Probleme in dieser Hinsicht haben, dann fragen Sie den Systemverwalter, welchen Terminaltyp Sie verwenden sollen.

Um sich bei einem UNIX-System abzumelden, geben Sie den Befehl **logout** ein.

Grundlagen

In den folgenden Abschnitten werden Sie etwas über das Format von UNIX-Befehlen erfahren und eine kurze Einführung in die wichtigsten Kommandos bekommen.

Das Format von UNIX-Befehlen

Die meisten UNIX-Befehle haben das folgende Format:

```
% befehl optionen argumente
```

Im Klartext bedeutet das: Als erstes wird der auszuführende Befehl eingegeben, gefolgt von Optionen, die den voreingestellten Ablauf des Befehls beeinflussen, und schließlich werden die Argumente übergeben; Argumente sind fast immer Namen von Dateien, die durch den Befehl bearbeitet werden sollen. Die Optionen eines Kommandos beginnen üblicherweise mit einem Minuszeichen (»Dash«). Nachfolgend ein Beispiel hierzu.

```
% ls -l a.out
```

Die Syntax ist klar: Das Kommando **ls** soll mit der Option **–l** auf die Datei *a.out* angewendet werden. Und das ist eigentlich schon alles, was Sie über das Format von UNIX-Befehlen wissen müssen. Befehle werden bis auf wenige Ausnahmen immer in Kleinbuchstaben eingegeben; Optionen bestehen meist aus einem Groß- oder Kleinbuchstaben. Merken sollten Sie sich, daß UNIX—im Gegensatz zu vielen anderen Betriebssystemen—zwischen Groß- und Kleinschrift unterscheidet.

Wenn Sie einem Befehl mehr als eine Option übergeben müssen, dann erlauben die meisten Kommandos das »Zusammenziehen« dieser Optionen. Auch hierzu ein Beispiel. Die beiden nächsten Befehlszeilen führen zum gleichen Ergebnis:

```
% ls -lg a.out
% ls -l -g a.out
```

Manchmal muß einer Option ebenfalls ein Argument übergeben werden. In einem solchen Fall folgt dieses Argument unmittelbar auf die Option, so daß hier ein Zusammenziehen nicht möglich ist. In dieser kurzen Einführung werden wir solche Befehle allerdings nicht vorstellen.

Manche UNIX-Kommandos halten sich leider nicht an die oben genannten Regeln. Einer dieser Befehle ist jedoch sehr wichtig: **tar**. (Alle anderen Befehle, die ein anderes Befehlsformat haben, werden Sie wahrscheinlich nie brauchen.) In der folgenden

Liste der wichtigsten UNIX-Befehle ist **tar** ebenfalls aufgeführt. Es werden Ihnen jedoch nur die drei meist benutzten Formate dieses Befehls gezeigt; eine genaue Erklärung dieses Kommandos würde den Rahmen dieser Einführung sprengen.

Die wichtigsten UNIX-Befehle

Hier nun eine Liste der wichtigsten UNIX-Befehle. Sofern es zu den Kommandos MS-DOS-Äquivalente gibt, sind diese in Großbuchstaben aufgeführt.

logout
Mit diesem Befehl melden Sie sich bei einem UNIX-System ab.

ls Durch die Eingabe dieses Kommandos können Sie sich die Dateien im aktuellen Verzeichnis auflisten lassen. Das Äquivalent zu diesem Befehl auf anderen Betriebssystemen ist DIR. **ls –l** gibt nähere Informationen zu den Dateien aus, wie z.B. die Dateigröße, das Datum der letzten Modifikation, Zugriffsrechte, etc. **ls** versteht eine Unzahl von Optionen, aber **–l** ist diejenige, die Sie am häufigsten verwenden werden.

rm *files*
Zum Löschen von Dateien dient **rm** (remove); das zugehörige MS-DOS Äquivalent ist DELETE. **rm datei1 datei2 datei3** löscht z.B. die drei Dateien mit den Namen *datei1*, *datei2* und *datei3*. Durch die Angabe der Option **–i** werden Sie aufgefordert, das Löschen von Dateien zu bestätigen.

mv *alter_name neuer_name*
Mit Hilfe dieses Befehls können Sie die Datei *alter_name* nach *neuer_name* umbenennen. Unter MS-DOS lautet der entsprechende Befehl RENAME. Der Name des Kommandos **mv** (move) ist ein wenig verwirrend, da ja eigentlich keine Dateien bewegt, sondern umbenannt werden. (Tatsächlich ist das Umbenennen von Dateien ein Sonderfall von **mv**, da der Befehl in der Hauptsache zum Umkopieren von Dateien dient. Anm.d.Üb.) Wie dem auch sei, merken Sie sich einfach, daß Dateien unter UNIX beim Einsatz dieses Befehls intern verschoben werden—auf diese Weise macht der Name des Kommandos dann wieder Sinn.

cp *datei1 datei2*
Erstellt eine Kopie von *datei1* unter dem Namen *datei2*. (Im Gegensatz zu **mv** bleibt *datei1* erhalten. Anm.d.Üb.) Das MS-DOS- Äquivalent zu **cp** ist COPY.

more *datei*
Dieser Befehl gibt eine ASCII-Datei auf dem Bildschirm aus, wobei die Ausgabe nach jeder Bildschirmseite stoppt. Um die nächste Seite anzeigen zu lassen, drücken Sie auf die Leertaste. Viele Leute verwenden das Kommando **cat** zur Dateiausgabe, obwohl der Name dieses Befehls nicht gerade darauf schließen läßt, daß er sich zur Ausgabe von Dateien eignet. (**cat** ist die Abkürzung von

concatenate, was soviel bedeutet wie »anhängen«. **Cat** dient eigentlich dazu, mehrere einzelne Dateien zu einer einzigen Datei zusammenzufügen, indem sie einfach »an einander gehängt« werden. Anm.d.Üb.) Wie dem auch sei, die Ausgabe von Dateien mit **cat** ist ein Spezialfall dieses Befehls*. **more** ist jedenfalls ein weitaus komfortableres Werkzeug zur Ausgabe von Dateien, auch wenn der Name—wie bei den meisten UNIX-Befehlen—nicht gerade auf das schließen läßt, was der Befehl tut. Vielleicht hilft es Ihnen, wenn Sie sich bei **more** (»mehr«) merken, daß er Ihnen seitenweise eben etwas »mehr« von der entsprechenden Datei anzeigt.

grep *suchmuster datei*

Dieses UNIX-Kommando durchsucht eine oder mehrere Datei(en) nach dem angegebenen *suchmuster* und liefert als Ergebnis alle Zeilen, die dieses Muster beinhalten. **grep** unterscheidet während der Suche zwischen Groß- und Kleinschrift. Normalerweise wird dieser Befehl verwendet, um bestimmte Zeichenketten in ASCII-Dateien zu suchen. Wenn Sie z.B. eine Datei mit dem Namen *telefonliste* haben, in der Namen und Telefonnummern Ihrer Bekannten gespeichert sind, dann liefert Ihnen

```
% grep "Josch Hanson" telefonliste
```

den entsprechenden Eintrag für Josch Hanson aus der Datei. Beachten Sie, daß das Suchmuster in Anführungszeichen steht—dies ist immer dann notwendig, wenn Leerzeichen oder andere Sonderzeichen Bestandteil des Suchmusters sind. Sie sollten sich angewöhnen, *grundsätzlich* Anführungszeichen zu verwenden, wenn Sie mit **grep** arbeiten.

grep –i *suchmuster datei*

Die Eingabe dieses Befehls führt zum selben Ergebnis wie oben, allerdings wird bei der Suche nicht zwischen Groß- und Kleinschrift unterschieden, da der Parameter **–i** (*ignore case*) dies erzwingt.

pwd Zeigt Ihnen das Verzeichnis an, in dem Sie momentan arbeiten. **pwd** steht für *print working directory*.

cd *verzeichnis*

Mit Hilfe von **cd** können Sie in ein anderes Verzeichnis wechseln.

mkdir *verzeichnis*

mkdir (*make directory*) legt ein neues, leeres Verzeichnis an.

---

* **cat** kann dennoch recht nützlich sein, wenn Sie eine ASCII-Datei von einem UNIX-System downloaden wollen: aktivieren Sie einfach den Puffermodus für Bildschirmausgaben in Ihrem Terminalprogramm und geben Sie dann den Befehl **cat** *dateiname* ein. Dies funktioniert allerdings nur bei ASCII-Dateien und nicht bei Programmen oder sonstigen Binärdateien!

rmdir *verzeichnis*

rmdir (*remove directory*) löscht das angegebene Verzeichnis, das allerdings leer sein muß, d.h., es dürfen sich keine Dateien darin befinden.

man *befehl*

UNIX verfügt über eine ausführliche Online-Dokumentation; mit Hilfe des Befehls **man** können Sie die entsprechenden Hilfstexte für den angegebenen *befehl* abrufen. Näheres zur Bedienung von **man** liefert Ihnen die Eingabe von **man** *man*.

uuencode *zieldatei* < *quelldatei* > *ausgabedatei*

Dieser Befehl ist immer dann nützlich, wenn Sie eine Binärdatei z.B. per E-Mail verschicken möchten. Da E-Mails immer nur ASCII-Dateien sein können, muß man Binärdateien also vorher umwandeln—und genau diese Umwandlung nimmt **uuencode** vor. Die Parameter des Befehls bedeuten im einzelnen: *zieldatei* ist der Name der Datei, die der Empfänger nach dem Umwandeln der ASCII-Datei erhält, *quelldatei* ist der Name der Binärdatei, die umgewandelt werden soll, und *ausgabedatei* ist die Datei, die Sie nach der Umwandlung erhalten—die ASCII-Datei also, die Sie dann per E-Mail versenden können. Das alles hört sich komplizierter an, als es ist; probieren Sie den Befehl einfach mal aus. Die Zeichen > und < sind die UNIX-Äquivalente für die Standardeingabe und -ausgabe; Näheres zu diesem Thema finden Sie im folgenden Abschnitt.

uudecode *encodete-datei*

Dies ist das Gegenstück zu **uuencode** und dient dazu, aus den ASCII- Dateien dieses Befehls wieder die ursprünglichen Binärdateien herzustellen.

compress *datei*

Komprimiert die angegebene Datei, so daß sie weniger Speicherplatz benötigt. Als Ergebnis liefert **compress** eine Binärdatei mit dem Namen der Originale, an den der Suffix **.Z** angehängt wird; die Originaldatei wird gelöscht. Eine komprimierte Datei kann nicht per E-Mail versendet werden, da sie in Binärform vorliegt—um eine solche Datei verschicken zu können, muß sie zuerst mit **uuencode** in eine ASCII-Datei umgewandelt werden. UNIX bietet mehrere Befehle zur Dateikomprimierung, weitere Beispiele hierfür sind **pack** und **gzip**.

uncompress *datei*

Dekomprimiert eine mit **compress** gepackte Datei. Weitere Beispiele für Dekomprimierungsprogramme unter UNIX sind **unpack** und **gunzip**.

tar Der Befehl **tar** wurde ursprünglich entwickelt, um Dateien auf Magnetband archivieren zu können. (**tar** ist die Abkürzung für *tape archive*). **tar** kann jedoch auch dazu verwendet werden, um Archive zu erzeugen, in denen mehrere Dateien abgelegt sind. Im Internet werden Sie häufig auf solche »tar-Archive« stoßen, in denen z.B. Quellcodes für Programme abgelegt sind. Das Befehlsformat von **tar** ist ziemlich komplex, daher verzichten wir hier auf eine genaue

Erklärung des Kommandos und liefern Ihnen nachfolgend nur die drei häufigsten Anwendungsfälle, mit denen Sie fast alle anfallenden Operationen mit tar-Archiven bewältigen können. In den folgenden Beispielen ist *datei.tar* das zu bearbeitende Archiv. Die beiden ersten Anwendungsbeispiele beziehen sich auf ein tar-Archiv, das Sie sich von einem Computer besorgt haben; das letzte Beispiel zeigt, wie Sie ein tar-Archiv erstellen können.

`% tar tf file.tar`	*Listet den Inhalt des Archives*
`% tar xf file.tar`	*Extrahiert die Dateien aus dem Archiv*
`% tar cf file.tar liste`	*Erzeugt ein neues tar-Archiv, in dem Dateien aus liste* abgelegt werden

Standardeingabe und Standardausgabe

Eine der Stärken von UNIX ist sein flexibles Ein-/Ausgabesystem. Die meisten Kommandos schicken ihre Ausgaben an Ihr Terminal, d.h., Sie können sie auf dem Bildschirm sehen. Dieses Verhalten ist jedoch nicht zwingend, denn die Ausgabe eines Befehls kann auch in eine Datei *umgeleitet* werden. In gleicher Weise erhalten die Befehle ihre Eingaben von der Tastatur—aber auch hier kann die Eingabe durch *Umleitung* der Standardeingabe aus einer Datei erfolgen. Diese Flexibilität begründet sich durch die Tatsache, daß unter UNIX alle Ein-/Ausgabeoperationen bzw. deren Hardwarekomponenten durch spezielle Dateien gesteuert werden—die Tastatur ist für das UNIX-System daher genauso eine »Datei« wie jede andere auch. Die genauen Hintergründe brauchen Sie jedoch nicht zu interessieren, um mit UNIX arbeiten zu können. Nachfolgend nun einige Beispiele zur Standardeingabe und -ausgabe des UNIX-Systems.

> *datei* Dies ist die Standardausgabe; alle Bildschirmausgaben werden nach *datei* umgelenkt, wobei alle Daten, die in dieser Datei eventuell schon gespeichert waren, verlorengehen. Wenn Sie z.B. alle Dateien des aktuellen Verzeichnisses auflisten wollen, die Ausgabe aber nicht auf dem Bildschirm, sondern in einer Datei speichern möchten, dann können Sie das mit folgendem Kommando tun:

```
% ls -l > dateiliste
```

>> *datei* Mit dieser Art der Umleitung der Standardausgabe werden alle Ausgaben an *datei* angehängt, d.h., der bereits vorhandene Inhalt der Datei geht im Gegensatz zu obigem Beispiel *nicht* verloren.

< *datei* Standardeingabe—die Eingaben für ein Kommando erfolgen nicht von der Tastatur, sondern aus der Datei *datei*. Der weiter oben vorgestellte Befehl **uuencode** verwendet die Umleitung der Standardeingabe und -ausgabe; schauen Sie sich die Syntax als Beispiel noch einmal an.

| *nächster_befehl*

Das Zeichen | steht für »Pipe«. Mit seiner Hilfe kann die Ausgabe eines Kommandos einem anderen Befehl als Eingabe übergeben werden. Die Tatsache, daß man mehrere Kommandos durch eine solche »Pipeline« miteinander verbinden kann, ist eine der mächtigsten Funktionen des UNIX-Systems; auf diese Art und Weise können Sie sich Ihre eigenen Befehle »herstellen«. Nehmen wir einmal an, Sie möchten eine Liste aller Dateien des aktuellen Verzeichnisses haben, die dem Nutzer »josch« gehören. Dies ist mit dem Befehl **ls** alleine nicht möglich, da eine entsprechende Option nicht zur Verfügung steht. Trotzdem ist die Aufgabenstellung durch eine »Pipe« recht einfach zu bewältigen, wenn Sie die Ausgabe von **ls –l** dem Befehl **grep** als Eingabe übergeben:

```
% ls -l | grep "josch"
```

ls –l listet alle Dateien des aktuellen Verzeichnisses auf; durch die Angabe der Option **–l** wird für jede Datei u.a. auch die Information über den Nutzer ausgegeben, dem die Datei gehört. Die Ausgabe wird an **grep** übergeben, der sie daraufhin nach *josch* durchsucht und alle gefundenen Zeilen auf dem Bildschirm ausgibt. Sie können auch gänzlich ohne die Pipe-Funktionen auskommen, wenn Sie nur hin und wieder mit UNIX arbeiten; wenn Sie jedoch erst einmal festgestellt haben, wie mächtig diese Funktion sein kann, werden Sie sie nicht mehr missen wollen, da Sie viele Dinge auf einfache Weise erledigen können.

Die Umleitung der Standardeingabe und -ausgabe eines Befehls erfolgt in der Regel immer am Ende der Kommandozeile, d.h. hinter den Optionen und Argumenten.

Die UNIX-Verzeichnisstruktur

UNIX verfügt, wie z.B. MS-DOS oder der Macintosh auch, über ein sog. Hierarchisches Dateisystem; man spricht in diesem Zusammenhang auch von einem »Verzeichnisbaum«. Das bedeutet, daß jede Datei in einem Verzeichnis gespeichert ist und Verzeichnisse wiederum Bestandteile von übergeordneten Verzeichnissen sein können. Man sagt dann auch, *Verzeichnis 2* ist ein **Unterverzeichnis** von *Verzeichnis 1.* Auf dem Macintosh werden Verzeichnisse als »Folder« bezeichnet; MS-DOS und Windows verwenden dieselben Bezeichnungen wie UNIX.

Unter UNIX werden die einzelnen Verzeichnisse durch einen Slash (/) voneinander getrennt.* Ein Beispiel: */home/josch/briefe/ceee.txt* bedeutet im Klartext: Die Datei *ceee.txt* im Verzeichnis *briefe*, das ein Unterverzeichnis von *josch* ist, welches sich

* Unter MS-DOS wird hierzu der Backslash (\) verwendet. Man munkelt, daß die Entwickler von MS-DOS versucht haben, es wie UNIX aussehen zu lassen, sich in dieser Hinsicht aber irgendwie vertan haben. :-^)

wiederum im Verzeichnis *home* befindet. Oder anders gesagt: *josch* ist ein Unterverzeichnis von *home* usw.

Noch etwas läßt sich anhand dieses Beispiels lernen:

- Der Pfadname beginnt mit einem /. Dieser erste Slash repräsentiert das sog. »root-Verzeichnis«, den Punkt des UNIX-Dateisystems also, von dem aus alle anderen Verzeichnisbäume abgehen. Unter UNIX werden Diskettenlaufwerke oder Festplatten niemals unter ihrem Gerätenamen angesprochen, sondern der Zugriff erfolgt über das Verzeichnis, unter dessen Namen sie—ausgehend vom root-Verzeichnis—eingebunden wurden.

- Wie bereits erwähnt ist UNIX ein Multiuser-Betriebssystem. Aus diesem Grund hat jeder Nutzer des Systems ein »Home-Verzeichnis«, in dem die eigenen Dateien abgespeichert werden können. Selbst wenn es nur einen einzigen eingetragenen Nutzer geben sollte, verfügt dieser auch über ein Home-Verzeichnis. (Das Home-Verzeichnis ist weiterhin das Verzeichnis, in dem Sie sich nach dem Anmelden beim System befinden. Anm.d.Üb.) */home/josch* ist daher z.B. das Home-Verzeichnis des Nutzers »Josch«.

- Sie können natürlich auch neue Unterverzeichnisse erstellen, so, wie auch Josch das Verzeichnis *briefe* angelegt hat.

Den im obigen Beispiel verwendeten Pfadnamen, */home/josch/briefe/ceee.txt*, bezeichnet man auch als *absoluten Pfadnamen*, da für den Zugriff auf die Datei *ceee.txt* der gesamte Pfad, ausgehend vom root-Verzeichnis /, angegeben wird. Die Eingabe von absoluten Pfadnamen ist jedoch nicht zwingend, Sie können in vielen Fällen auch abkürzen. Nachfolgend einige Beispiele hierzu.

- Zu jedem Zeitpunkt haben Sie ein aktuelles *Arbeitsverzeichnis*, in dem Sie sich gerade befinden. Von hier aus können Sie auf Dateien durch die Eingabe eines *relativen Pfadnamens* zugreifen, d.h., Sie starten vom aktuellen und nicht vom root-Verzeichnis aus. Auch hierzu ein Beispiel: Wenn Ihr momentanes Arbeitsverzeichnis */home/josch* ist, dann können Sie durch die Eingabe von *briefe/ceee.txt* auf die Datei zugreifen; wenn Sie sich gerade in */home/josch/briefe* befinden, dann reicht die Eingabe des Dateinamens für den Zugriff. (Diese Art des Zugriffs ist eigentlich die Regel—die Angabe eines Dateinamens im aktuellen Verzeichnis.)

  Um festzustellen, in welchem Verzeichnis Sie sich gerade befinden, können Sie den Befehl **pwd** verwenden; um in ein anderes Verzeichnis zu wechseln, geben Sie einfach **cd** *neues_verzeichnis* ein. Wenn also */home/josch* Ihr momentanes Arbeitsverzeichnis ist, dann können Sie mit **cd briefe** in das Unterverzeichnis *briefe* wechseln, das dann zu Ihrem neuen Arbeitsverzeichnis wird. Wenn Sie neue Unterverzeichnisse anlegen wollen, dann geschieht dies durch die Eingabe des Befehls **mkdir** *verzeichnis*. Zum Löschen von Unterverzeichnissen dient das

Kommando **rmdir** *verzeichnis*. Allerdings dürfen sich in dem zu löschenden Verzeichnis keine Dateien mehr befinden.

- Die Tilde ~ ist unter UNIX eine Abkürzung für Ihr Home-Verzeichnis; *~name* repräsentiert das Home-Verzeichnis des Nutzers *name*. Die Eingabe von *~josch/briefe/ceee.txt* stellt also eine weitere Möglichkeit dar, um auf die Datei *ceee.txt* zuzugreifen. Wenn Sie aus einem beliebigen Verzeichnis wieder in Ihr Home-Verzeichnis wechseln möchten, dann geben Sie einfach **cd** (ohne Argument) ein.
- Eine weitere wichtige Abkürzung ist ..; UNIX repräsentiert hiermit das dem Arbeitsverzeichnis übergeordnete Verzeichnis. Verwendet wird diese Abkürzung in den meisten Fällen beim **cd**-Befehl: Wenn Sie sich gerade im Verzeichnis *~josch/briefe* befinden, dann können Sie durch die Eingabe von **cd ..** in das Verzeichnis *~josch* wechseln.

Es kann nicht schaden, wenn Sie sich ein wenig mit der Dateiorganisation unter UNIX beschäftigen. Im Gegensatz zu Personalcomputern, die meistens relativ kleine Festplattenlaufwerke haben, verfügen UNIX-Systeme in der Regel über mehrere große Festplatten. Speicherkapazitäten von mehreren Gigabytes sind keine Seltenheit, und viele UNIX-Systeme verfügen über mehr als eine einzige Festplatte; große Computer haben nicht selten Dutzende von Festplatten. (Aus diesem Grunde erscheint es sinnvoll, daß Festplatten unter UNIX nicht »namentlich«, sondern immer über das Verzeichnis, unter dem sie in das System eingebunden sind, angesprochen werden—der Zugriff erfolgt für Sie als Nutzer also vollkommen transparent, da alle Informationen, die UNIX für den Zugriff auf die Laufwerke benötigt, in der Verzeichnisstruktur enthalten.) Je mehr Speicherkapazität zur Verfügung steht, um so mehr sollte man sein Augenmerk auf die Organisation des Dateisystems richten—und an diesem Punkt werden Verzeichnisse zu einer extrem wichtigen Komponente.

Das Format von Dateinamen

Unter UNIX müssen Sie bei der Auswahl von Dateinamen eigentlich kaum etwas beachten. Auf den meisten modernen UNIX-Systemen können Dateinamen beliebig lang sein. Darüber hinaus können Sie fast jedes Zeichen im Dateinamen verwenden—mit Ausnahme des Slash (/), mit dem ja die Namen von Verzeichnissen getrennt werden. Trotz dieser Freiheiten bei der Wahl von Dateinamen sollten Sie sich auf die Verwendung von Groß- und Kleinbuchstaben, Ziffern, Punkt (.) und Komma (,) beschränken. Das Leerzeichen und andere spezielle Zeichen können zwar auch benutzt werden, jedoch ist hier ein wenig »Handarbeit« vonnöten, um diese Zeichen als Bestandteil eines Dateinamens übernehmen zu können. Dies soll hier nicht näher erklärt werden—verwenden Sie diese Sonderzeichen einfach nicht; Sie werden auch ohne sie auskommen.

Noch ein wichtiger Hinweis: Verwenden Sie den Punkt (.) nicht als erstes Zeichen eines Dateinamens, da die entsprechende Datei dann bei der Ausführung des Befehls **ls** nicht angezeigt wird, es sei denn, Sie rufen **ls** mit der Option **–a** auf. Auf diese Art und Weise können Sie also Dateien »verstecken«, die dann bei der Auflistung des Verzeichnisinhaltes nicht mit ausgegeben werden. Trotzdem kann diese Tatsache für UNIX-Anfänger recht verwirrend sein, wenn Dateien auf einmal nicht mehr angezeigt werden.

Dateinamen und Wildcards

UNIX versteht eine Anzahl von sog. *Wildcards*. Es handelt sich hierbei um Zeichen, mit denen bestimmte Komponenten, wie z.B. Teile von Dateinamen, abgekürzt werden können. Die am häufigsten verwendeten Wildcards sind *, ? und [], wobei * am meisten benutzt wird. Die Bedeutung der Wildcards im einzelnen:

- *: Substituiert alles. Hierzu einige Beispiele: * alleine ist eine Abkürzung für jede Datei in Ihrem Verzeichnis, ***.txt** paßt auf jede Datei, die mit **.txt** endet, und **dagga.*** liefert alle Dateien, deren Namen mit **dagga.** beginnen.
- ?: Substituiert ein einzelnes, beliebiges Zeichen. Auch hierzu ein Beispiel: **source.?** liefert als Ergebnis **source.h**, **source.c**, **source.y** und jede andere Datei, deren Name mit **source.** beginnt.
- [...]: Substituiert jedes in den eckigen Klammern angegebene Zeichen. Im Gegensatz zu ? können Sie hier mehrere Alternativen angeben, wie z.B. **[chyf]**. Die Angabe von Bereichen ist ebenfalls möglich: **[a–z]** paßt auf alle Kleinbuchstaben, und **[a–z0–9A–Z]** deckt den Bereich aller Klein- und Großbuchstaben sowie der Ziffern 0 bis 9 ab. Bei der Angabe eines Bereiches sollten Sie darauf achten, keine Groß- und Kleinbuchstaben oder Buchstaben und Ziffern gemeinsam zu verwenden; die Angabe von **[a–Z]** oder **[A–9]** kann zu unerwünschten Resultaten führen, d.h. vielleicht bekommen Sie als Ergebnis das, was Sie haben wollten—oder auch nicht.

Es ist ganz egal, auf welcher Art von UNIX-System Sie arbeiten, Sie können sich darauf verlassen, daß Ihnen die o.a. Wildcards immer zur Verfügung stehen werden.

Leider ist es nicht möglich, die Wildcards für Dateinamen in der vorgestellten Form bei der Angabe des Suchmusters beim **grep**-Kommando zu verwenden. **grep** verwendet eine weitaus komplexere Art der Substituierung; der Befehl arbeitet mit sog. »regular expressions«, auf die hier nicht näher eingegangen werden soll.* Natürlich

* Eine erschöpfende Erklärung würde den Rahmen dieser Einführung bei weitem sprengen. Wenn Sie nähere Informationen hierzu haben möchten, dann finden Sie diese in dem Buch *sed and awk* von Dale Dougherty, das ebenfalls im O'Reilly Verlag erschienen ist. Kurze Einführungen in die Thematik der »regular expressions« finden sich darüber hinaus auch in den zahllosen Büchern, die sich mit dem Einstieg in das UNIX-System befassen. Im folgenden Abschnitt sind einige dieser Bücher aufgelistet.

können Sie die Wildcards bei der Angabe des Dateinamens beim **grep**-Kommando verwenden. So werden durch die Eingabe von

```
% grep "Josch Hanson" *
```

alle Dateien im aktuellen Verzeichnis nach der Zeichenkette »Josch Hanson« durchsucht.

Weiterführende Literatur

Bücher, die einen ersten Einstieg in die Arbeit mit UNIX-Systemen bieten, gibt es mittlerweile wie Sand am Meer. Nachfolgend eine kurze Liste von Publikationen zu dieser Thematik.

- *Learning the UNIX Operating System* von Grace Todino, John Strang, and Jerry Peek (O'Reilly & Associates): eine gute allgemeine Einführung in das UNIX-Betriebssystem. Sie erfahren hier wirklich nur das Wichtigste, ohne verwirrende Details—also das optimale Buch für Anfänger.

- *Life with UNIX* von Don Libes (Prentice-Hall, 1989). Eine weitere Einführung in die Thematik.

- Das Buch *UNIX in a Nutshell* (O'Reilly & Associates) beinhaltet eine Zusammenfassung aller UNIX-Befehle. Es existieren verschiedene Versionen des Buches, die jeweils auf eine bestimmte UNIX-Implementierung zugeschnitten sind.

- *Learning the Vi Editor* von Linda Lamb und *Learning Emacs* von Deb Cameron and Bill Rosenblatt (beide erschienen bei O'Reilly & Associates). Wenn Sie nicht in der Lage sind, Dateien zu editieren, ist so ziemlich jedes Betriebssystem nutzlos. Die beiden am häufigsten verwendeten Editoren unter UNIX sind **vi** und **emacs**. Eine Erklärung ihrer Funktionen geht über den Rahmen dieses Kapitels hinaus; die beiden genannten Bücher liefern jedoch eine umfassende und erschöpfende Einführung in die Arbeit mit diesen Editoren.

GLOSSAR

AFS

Ein Softwareprotokoll, das den Zugriff auf Dateien ermöglicht, die auf anderen Rechnern eines Netzwerkes gespeichert sind. Im Gegensatz zu FTP muß eine Datei, die bearbeitet werden soll, nicht erst auf den lokalen Computer transferiert werden, sondern der Zugriff erfolgt direkt auf dem anderen Rechner. Dieser Vorgang ist für den Anwender transparent, d.h. er hat den Eindruck, die Datei sei *tatsächlich* auf seinem Computer gespeichert, da er zur Bearbeitung (lesen, schreiben, editieren etc.) dieselben Befehle verwenden kann, die er auch beim Zugriff auf Dateien des lokalen Systems benutzt. AFS ist vom Konzept her dem NFS (siehe dort) ähnlich, jedoch sind u.a. die Zugriffszeiten auf Dateien erheblich kürzer. Im Gegensatz zu NFS ist AFS noch nicht sehr weit verbreitet; ein kommerzielles Produkt wird von der Firma Transarc vertrieben.

Applikation

(a) Software, die einen bestimmten Zweck erfüllt, wie z.B. eine E-Mail-Applikation. (b) Eine nützliche Funktion, wie z.B. das Versenden von Dateien im Internet.

Archie

Ein Internetdienst, mit dessen Hilfe nach öffentlich zugänglichen Dateien, die auf FTP-Servern gespeichert sind, gesucht werden kann. Nähere Informationen zu Archie finden Sie im Kapitel 9, *Dateien finden*.

ARPANET

Ein experimentelles Netzwerk, das zu Beginn der siebziger Jahre zu Forschungszwecken aufgebaut wurde. Die Software und die grundlegenden Konzepte des heutigen Internet haben hier ihren Ursprung. Das ARPAnet existiert heute nicht mehr.

Baud

Die Anzahl von Signaländerungen pro Sekunde bei der Datenübertragung mit einem Modem. Ein 2400-Baud-Modem z.B. ändert den elektrischen Status des Signals, das es über die Telefonleitung sendet, 2400 mal in der Sekunde. Da sich jede Änderung auf mehrere Bits beziehen kann, ist die tatsächliche Übertragungsrate der Daten u.U. höher als die Baudrate. Siehe auch unter »Bits pro Sekunde«.

BIND

»Berkeley Internet Name Domain«: die Implementierung des DNS (siehe dort) unter UNIX.

Bits pro Sekunde (bps)

Die Geschwindigkeit, mit der Bits z.B. über eine Telefonleitung übertragen werden.

BTW

Abkürzung von »by the way« (»nebenbei bemerkt«).

Chat

Siehe unter »IRC Chat«

CIX

»Commercial Internet Exchange«: ein Abkommen zwischen den Netzanbietern, welches es ihnen erlaubt, Gebühren für die kommerzielle Nutzung von Netzwerken zu erheben.

Client

Eine Applikation (siehe dort), mit deren Hilfe der Zugriff auf einen Dienst eines Servers im Netzwerk erfolgt. Zur Verdeutlichung können Sie sich z.B. Ihr Telefon als Client und die Bundespost als Server vorstellen.

Datagramm

Ein Paket (siehe dort) von Daten, das ohne Voranmeldung an einen Rechner gesendet wird. Vom Konzept her handelt es sich um eine Art Telegramm, das ja auch jederzeit ohne Voranmeldung zugestellt wird. Verwendet werden Datagramme in der Hauptsache von Applikationen, die nur gelegentlich kleine Datenmengen versenden.

DDN

»Defense Data Network«: ein Teil des Internet, das vom amerikanischen Militär betrieben und zum Versand von nicht geheimen Daten benutzt wird. Das MILNET ist z.B. ein Netzwerk des DDN. Vom DDN wurde seinerzeit »der NIC« betrieben, der für die Koordination des Internet zuständig war. Mittlerweile wird diese Funktion vom InterNIC (siehe dort) wahrgenommen; der DDN-NIC beschränkt sich daher nur noch auf das DDN als solches.

DECnet

Eine Anzahl von urheberrechtlich geschützten Netzwerkprotokollen, die von der Firma Digital Equipment Corporation (DEC) entwickelt wurden und anstelle von TCP/IP auf ihren Computern eingesetzt werden. Diese Protokolle sind nicht zum Internet kompatibel.

Dedizierte Anbindung

Siehe unter »Standleitung«

DFS

Ein anderer Name für AFS (siehe dort). Genauer gesagt bezieht sich DFS auf den Teil des AFS, der von der Open Software Foundation entwickelt wurde.

Dial-up

(a) Verbindung zu einem Computer über die normale Telefonleitung. Bezieht sich in der Regel auf die Art Verbindung, die mit einem Terminalprogramm und einem Modem hergestellt werden kann. Oder einfacher gesagt: zeichenorientierte asynchrone Kommunikation. (b) Ein Port (siehe dort) eines Computers, über den man sich in diesen Rechner z.B. über die Telefonleitung einwählen kann. (»Wieviele Dial-up Ports hat dein Rechner?«)

DNS

»Domain Name System«: eine Datenbank, mit deren Hilfe symbolische Internetadressen (z.B. **leibniz.gun.de**) in ihre numerischen Äquivalente (z.B. **194.49.16.3**) umgewandelt werden können (und umgekehrt). Das DNS erlaubt die vereinfachte Nutzung des Internet, ohne sich endlose Listen von numerischen Adressen merken zu müssen.

DoD

Das US-amerikanische Verteidigungsministerium (Department of Defense). Hier hat das Internet seinen eigentlichen Ursprung, da die »Advanced Research Projects Agency«, eine Unterabteilung des DoD, in den fruehen siebziger Jahren das ARPAnet ins Leben rief.

Ethernet

Eine Gattung von LANs (Local Area Network). Der Begriff kann nicht eindeutig definiert werden, da es eine große Anzahl verschiedener physikalischer Verbindungsarten (Verkabelung) gibt, die je nach Ausführung Übertragungsarten zwischen 2 und 10 Millionen Bit pro Sekunde erlauben. Der Hauptunterschied zu anderen LAN-Arten ist die Art und Weise des Kommunikationsbeginnes von Computern, die mittels Ethernet verbunden sind. Rechner, die das TCP/IP Protokoll zum Austausch von Daten verwenden, sind häufig über Ethernet an das Internet angebunden.

FAQ

»Frequently Asked Questions« (»Häufig gestellte Fragen«): viele USENET Newsgruppen und einige Mailinglisten verfügen über FAQ-Listen, in denen Antworten auf solche häufig gestellten Fragen zu finden sind, so daß die Verwalter etc. von der Notwendigkeit entbunden werden, ständig dieselben Fragen neuer Nutzer beantworten zu müssen.

Flame

Ein bösartiger und (oftmals) persönlicher Angriff auf den Verfasser eines Artikels in einer Newsgruppe. Das »Flamen« ist unglücklicherweise sehr weit im Internet verbreitet. Leute, die regelmässig Flames verfassen, nennt man »Flamers«.

Followup

Eine Antwort auf einen Artikel einer Newsgruppe. (siehe auch: Posting)

Frame Relay

Eine Art der Datenübertragung, die Internetverbindungen mit hoher Übertragungsgeschwindigkeit (zwischen 58Kb und 1,5Mb) erlaubt. Wird in der Regel dazu verwendet, Arbeitsgruppen oder Projektteams miteinander zu vernetzen.

Free-Net

Eine Einrichtung in US-amerikanischen Bibliotheken, die jedem die kostenfreie Nutzung des Internet ermöglicht.

FTP

(a) »File Transfer Protocol«: ein Übertragungsstandard, der den Austausch von Daten zwischen zwei Computern definiert. (b) Eine Softwareapplikation, mit der Dateien mit Hilfe des File Transfer Protocol gesendet und empfangen werden können. Näheres hierzu finden Sie im Kapitel 6, *Dateien bewegen: FTP*.

FYI

(a) Gängige Abkürzung in E-Mails und News: »For your information« (»Zu deiner Information«). (b) Eine Reihe von Dokumenten und Artikeln zum Thema Internet, ähnlich den RFCs (siehe dort), jedoch werden in den FYIs keine neuen Standards definiert.

Gateway

Ein Computersystem, das die Übertragung von Daten zwischen normalerweise inkompatiblen Applikationen oder Netzwerken ermöglicht. Die Daten werden vom Gatewayrechner vor dem Versand so umformatiert, daß sie vom empfangenden Netzwerk (oder einer Applikation) weiterverarbeitet werden können. Mit Hilfe eines Gateways können z.B. zwei verschiedene Netzwerktypen (wie DECnet und das Internet) miteinander verbunden werden, oder es wird die Kommunikation zwischen zwei unterschiedlichen Softwareapplikationen möglich gemacht, wie z.B. zwischen zwei Mailprogrammen, die jeweils ihr eigenes Dateiformat verwenden. Gateways werden irrtümlich auch als Router (siehe dort) bezeichnet.

Gopher

Eine menügesteuerte Software zur Nutzung von Internetressourcen. Nähere Informationen zu Gopher finden Sie im Kapitel 11, *Wühlen im Internet mit Gopher*.

HTML

»Hypertext markup language«: die Sprache, in der World Wide Web Dokumente erstellt werden.

Hypermedia

Kombination aus Hypertext (siehe dort) und Multimedia (siehe dort).

Hypertext

Dokumente, die Verweise auf andere Dokumente beinhalten und die Möglichkeit bieten, durch die Anwahl eines solchen Verweises das korrespondierende Dokument automatisch aufrufen zu können.

IAB

»Internet Architecture Board«: die offizielle Einrichtung des Internet, die über neue Standards und andere wichtige Dinge entscheidet.

IETF

»Internet Engineering Task Force«: eine Gruppe von Freiwilligen, die sich mit der Lösung von technischen Problemen beschäftigt und eng mit dem IAB zusammenarbeitet.

IMHO

Gängige Abkürzung in Mails und News: »in my humble opinion« (»Meiner unwichtigen Meinung nach«).

Internet

(a) Allgemein (mit kleinem »i«) der Zusammenschluß mehrerer Netzwerke zu einem einzigen. (b) Im speziellen (mit großem »I«) das weltweite »Netzwerk von Netzwerken«, die z.B. mit Hilfe des IP-Protokolls miteinander verbunden sind. Das Internet stellt eine Vielzahl von Diensten zur Verfügung, wie z.B. Dateitransfer, Austausch von E-Mails, News etc.

InterNIC

Zusammenschluß mehrerer Dienste des Internet, öffentliche Belange betreffend: Registrierung von Internetadressen, diverse Datenbanken etc. Nähere Informationen zum InterNIC finden Sie in der Einführung zum *Ressourcen Katalog*. Das InterNIC stellt eine Vielzahl eigener Ressourcen und Dienste im Internet zur Verfügung.

IP

Das »Internet Protocol«: das wichtigste aller Protokolle, auf dem das Internet basiert. Das Internet Protocol erlaubt Datenpaketen, auf dem Weg vom Sender zum Empfänger mehrere verschiedene Netzwerke nutzen zu können.

IRC Chat

Ein Internetdienst, der Kommunikation zwischen Leuten im CB-Funk-Stil auf unterschiedlichen »Kanälen« ermöglicht.

ISDN

Digitales Leitungsnetz, das u.a. von der Telekom betrieben wird. Der Hauptunterschied zum analogen Telefonnetz ist die Tatsache, daß digitale Signale im ISDN-Netz transportiert werden. Mit einem ISDN-Anschluß können Sie z.B. von daheim eine Hochgeschwindigkeitsanbindung an das Internet vornehmen, sofern diese Möglichkeit von Ihrem Netzanbieter zur Verfügung gestellt wird.

ISO

Organisation für internationale Standards; die ISO hat z.B. eine andere Art von Netzwerkprotokollen (ISO/OSI Protokolle) definiert, die theoretisch das bestehende Internet Protocol ersetzen. Ob und wann das geschieht, das ist ein nach wie vor heiß diskutiertes Thema im Internet.

ISOC

»Internet Society«: die dem IAB (siehe dort) übergeordnete Organisation, deren Mitglieder sich um ein weltweites Informationsnetz bemühen.

Knowbot

Ein experimentelles Informationsbeschaffungs-Werkzeug; ein »automatischer Bibliothekar«. Zur Zeit gibt es wenig darüber zu sagen, aber Sie sollten in der Zukunft auf Veröffentlichungen zu diesem Thema achten.

Mail Reflector

Eine spezielle E-Mailadresse: E-Mails, die an diese Adresse gesendet werden, werden automatisch an eine Anzahl anderer Empfänger weitergeleitet. In der Regel verwendet man solche Adressen für E-Mail-Diskussionsgruppen.

MILNET

Eines der Netzwerke des DDN, die einen Teil des Internet ausmachen. Das MILNET wird vom US-amerikanischen Militär zum Versand von nicht geheimen Daten benutzt. Es basiert auf der Technologie des ARPAnet, ist jedoch im Gegensatz hierzu auch heute noch in Betrieb.

Modem

Hardware, die die Anbindung eines Computers an eine Datenübertragungsleitung (meist eine Telefonleitung) ermöglicht. Die meisten Leute verwenden zum Datentransfer Modems mit Geschwindigkeiten von 1200 bis 19200 Bits pro Sekunde (bps). Es gibt auch Modems, die höhere Transferraten beherrschen und die an andere Leitungen angeschlossen werden können, um so z.B. ein großes lokales Netzwerk über eine Standleitung mit dem Computer eines Netzanbieters zu verbinden.

Mosaic

Eine Softwareapplikation, die die Arbeit mit dem World Wide Web ermöglicht und Hypermedia (siehe dort) unterstützt. Mosaic wird oft irrtümlich als Synonym für das World Wide Web verwendet.

MUD

»Multi-User Dungeon«: eine Gruppe von Rollenspielen, die den »AD&D« (Advanced Dungeons & Dragons) Spielen nachempfunden sind, jedoch auf Computern gespielt werden. Viele Leute verwenden die MUD-Rechner jedoch nicht nur zum Spielen, sondern auch zur Kontaktaufnahme mit anderen Spielern und zur mehr oder weniger sinnvollen Kommunikation. Es gibt mittlerweile eine große Anzahl von MUD-Rechnern im Internet, z.B. das Adamant, zu erreichen unter 130.83.9.19 4711.

Multimedia

Dokumente, die verschiedene Arten von Daten enthalten, wie z.B. Text, Musik und Grafik.

Netzanbieter

Eine Firma, die Zugänge zum Internet anbietet. Wenn Sie die Computer in Ihrer Firma oder Ihren eigenen Rechner daheim an das Internet anschließen wollen, dann erledigt der Netzanbieter sowohl die physikalische, als auch die Softwareanbindung für Sie. So sollte es zumindest sein.

NIC

(a) »Network Information Center«: jede Organisation, die Informationen zu den verschiedenen Netzwerken zur Verfügung stellt. (b) Das InterNIC, welches eine wichtige Rolle bei der Koordination des gesamten Internet spielt.

NFS

»Network File System«: Ein Softwareprotokoll, das den Zugriff auf Dateien ermöglicht, die auf anderen Rechnern eines Netzwerkes gespeichert sind. Im Gegensatz zu FTP muß eine Datei, die bearbeitet werden soll, nicht erst auf den lokalen Computer transferiert werden, sondern der Zugriff erfolgt direkt auf dem anderen Rechner. Dieser Vorgang ist für den Anwender transparent, d.h. er hat den Eindruck, die Datei sei *tatsächlich* auf seinem Computer gespeichert, da er zur Bearbeitung (lesen, schreiben, editieren etc.) dieselben Befehle verwenden kann, die er auch beim Zugriff auf Dateien des lokalen Systems benutzt. Das NFS ist eine Entwicklung von Sun Microsystems Inc., ist jedoch mittlerweile auch auf vielen anderen Rechnerplatformen in Gebrauch.

NNTP

»Network News Transport Protocol«: das Protokoll, das die Art und Weise des Austausches von USENET News zwischen Computern des Internet definiert.

NOC

»Network Operation Center«: Die Leute, die für den täglichen reibungslosen Betrieb und die Pflege eines Netzwerkes verantwortlich sind. Jede Firma, die Netzzugänge anbietet, hat in der Regel mehrere NOCs; Sie sollten sich daher informieren, an welchen NOC Ihres Netzanbieters Sie sich bei auftretenden Problemen wenden müssen.

NREN

»National Research and Education Network«: ein von der US-amerikanischen Regierung gesponsortes Projekt mit dem Ziel, die von verschiedenen Regierungsstellen betriebenen Netzwerke zu einem einzigen Netzwerk mit hohem Datendurchsatz zu vereinen. Obwohl dieses Projekt von nicht unerheblichem technischen und historischen Wert sein wird, dürfte der »normale« Nutzer des Internet nichts vom Gelingen oder Scheitern des Projektes bemerken.

NSFNET

»National Science Foundation Network«: allen Gerüchten zum Trotz: das NSFNET ist *nicht* das Internet! Es ist lediglich eines der vielen Netzwerke, die in ihrer

Gesamtheit das Internet ausmachen.

NTP

»Network Time Protocol«: ein spezielles Softwareprotokoll, das die Uhrzeit zwischen den verschiedenen Computern im Internet synchronisiert.

Octet

Slangausdruck der Internet-Standardheinis; gemeint ist schlicht und einfach die Anhäufung von acht Bits - ein *Byte* also.

OSI

»Open Systems Interconnect«: ein weitere Implementierung von Netzwerkprotokollen; siehe auch »ISO«.

Paket (packet)

Im Internet werden Daten zu »Paketen geschnürt«, die dann unabhängig voneinander versendet werden können, u.U. auch auf völlig unterschiedlichen Routen. Beim Empfänger werden die Datenpakete dann wieder »ausgepackt«, so daß die ursprüngliche Datei wieder vollständig vorliegt. Die Grösse der Datenpakete ist unterschiedlich und hängt u.a. von der Hardware eines Netzwerkes ab; zwischen 40 und 32000 Bytes können als Paketgrösse verwendet werden. In der Regel sind die Datenpakete jedoch nicht grösser als 1500 Bytes.

Port

(a) Eine Nummer, die zur Identifizierung einer Internetapplikation dient. Wenn Ihr Computer Datenpakete an einen anderen Rechner schickt, dann enthalten diese Pakete u.a. Informationen über das verwendete Protokoll (z.B. TCP oder UTP) und mit welchen Applikation auf dem Zielrechner kommuniziert werden soll. Die Portnummer dient hierbei zur Identifizierung dieser Applikation. (b) Ein Stecker oder eine Buchse eines Computers, an den Ein-/Ausgabegeräte angeschlossen werden können (ein Modem oder Drucker z.B.).

Unglücklicherweise haben die beiden Definitionen nichts miteinander zu tun. Definition (a) wird in der Regel verwendet, wenn man über Computer im Internet spricht (»Mach **telnet** auf den Port 4711 vom Rechner XYZ«); die zweite Definition bezieht sich fast immer auf die Hardware: »Schließen Sie Ihr Modem an den seriellen Port Ihres Rechners an«.

Posting

Ein Artikel, den Sie an eine Newsgruppe des USENET (siehe dort) schicken.

PPP

»Point-to-Point Protocol«: ein spezielles Softwareprotokoll, mit dem ein Computer das TCP/IP (Internet-)Protokoll per Modem und normaler Telefonleitung nutzen kann und somit ein »vollwertiges Mitglied« des Internet wird. PPP ist ein neuer Standard, der das SLIP-Protokoll (siehe dort) ersetzt, wenn die Verbreitung auch erst am Anfang steht.

Protokoll

Ein Protokoll legt die Regeln fest, an die sich zwei Computer halten müssen, wenn sie Daten austauschen wollen. Die in einem Protokoll festgelegten

Definitionen erstrecken sich von der Festlegung der Reihenfolge, in der die Bits übertragen werden, bis hin zum Format einer kompletten Mail. Standardprotokolle erlauben den Austausch von Daten zwischen Computern unterschiedlicher Hersteller; jeder Rechner kann eine andere Software verwenden, solange gewährleistet ist, daß die im Protokoll festgelegten Regeln und Definitionen befolgt werden.

Relevance Feedback

Wenn Sie auf der Suche nach einer bestimmten Ressource auf einem Rechner im Internet eine Datei finden, in der weitere Informationen enthalten sind, die Ihnen bei der Suche weiterhelfen, dann nennt man diesen Vorgang »Relevance Feedback«. WAIS unterstützt dieses Vorgehen, allerdings nur in bezug auf WAIS Clients - und selbst hier gibt es Clients, die hierzu nicht in der Lage sind. Zukünftig werden Programme wie z.B. Mosaic den »Relevance Feedback« für WAIS-Server u.U. beinhalten.

RFC

»Request for Comments«: eine Sammlung von Artikeln und Dokumenten, in denen die gültigen Internet-Standards, geplante Standards und allgemeine Dinge das Netz betreffend enthalten sind.

Router

Ein Computersystem, das Daten zwischen zwei Netzwerken transferiert, die dasselbe Protokoll verwenden. Die physikalischen Gegebenheiten der Komponenten können unterschiedlich sein; ein Router kann z.B. Daten zwischen einem Ethernet und einer Standleitung transferieren.

RTFM

Gängige Abkürzung in Mails und News auf Fragen, die in den Handbüchern zur Hard- oder Software beantwortet werden könnten, wenn der Fragende sie denn auch lesen würde. Steht für »Read The F*cking Manual« :-)

Server

(a) Software eines Computers, die anderen Computern gewisse Dienste zur Verfügung stellt. Die anderen Computern bedienen die Serversoftware durch die entsprechenden Clients (siehe dort). (b) Ein Computer, auf dem Serversoftware läuft.

Shell

Auf UNIX-Systemen bezeichnet man die Software, die Ihre Eingabezeilen entgegennimmt und verarbeitet, als Shell. Es gibt verschiedene Shells auf UNIX Rechnern, wie z.B. die C-Shell, Bourneshell, Kornshell etc., die jeweils unterschiedliche Möglichkeiten und Eingabeformate besitzen.

Signature

Ihre »digitale Unterschrift«, die an E-Mails oder Artikel für Newsgruppen angehängt wird. Normalerweise handelt es sich um eine kleine Textdatei (mit fünf Zeilen Umfang), in der zumindest Ihr Name und Ihre E-Mailadresse stehen sollten. Manche Signaturen beinhalten auch ASCII-Grafiken oder Sprüche und

Mottos mit mehr oder weniger sinnvollem Inhalt - allerdings sollte man allzu lange »Unterschriften« vermeiden.

SLIP

»Serial Line Internet Protocol«: ein spezielles Softwareprotokoll, mit dem ein Computer das TCP/IP (Internet-)Protokoll per Modem und normaler Telefonleitung nutzen kann und somit ein »vollwertiges Mitglied« des Internet wird. Dieses Protokoll wird durch das leistungsfähigere PPP-Protokoll (siehe dort) ersetzt.

Smiley

Kleine »Gesichter«, die zumeist in E-Mails und News verwendet werden, um seiner Ironie oder seinem Humor sichtbaren Ausdruck zu verleihen, oder um Äusserungen, die falsch verstanden werden könnten, den gemeinten Sinn zu geben. Der wohl am häufigsten verwendete Smiley ist :-). Ab und an stößt man auch auf ein :-(, der Enttäuschung oder miese Stimmung wiederspiegelt. Wenn Sie mit den oben genannten Beispielen nichts anfangen können, dann legen Sie Ihren Kopf auf die linke Schulter und gucken Sie nochmal genauer hin - oder stellen Sie Ihren Monitor auf seine rechte Seitenwand. 8*) Die Anzahl verschiedener Smileys ist zu groß, als daß sie hier besprochen werden könnte, aber Sie werden mit der Zeit die gängisten kennenlernen.

Standleitung

Eine ständig bestehende Telefonverbindung zwischen zwei Orten. Standleitungen werden z.B. für einen dedizierten Internetanschluß verwendet.

SRI

Ein kalifornisches Forschungsinstitut, das den »Network Information Systems Center« (NISC) betreibt und eine wichtige Rolle beim Aufbau des Internet gespielt hat.

Switched Access

Eine Art der Netzwerkanbindung, die je nach Bedarf aufgebaut oder beendet werden kann. Das typischste Beispiel hierfür ist die Einwahl in einen Internetrechner über Modem und Telefonleitung; SLIP und PPP-Verbindungen fallen ebenfalls in diese Kategorie.

TCP (Transmission-Control-Protocol)

»Transmission Control Protocol«: eines der wichtigsten Protokolle, auf denen der Datenaustausch im Internet basiert.

TELNET

(a) Ein Terminalemulationsprotokoll, das die Anwahl von anderen Computern im Internet ermöglicht. (b) Ein Programm, das die Anwahl von Internetrechnern mit Hilfe des TELNET-Protokolls erlaubt. Nähere Informationen hierzu finden Sie im Kapitel 5, *Fernzugang*.

Timeout

Wenn während des Datenaustausches zwischen zwei Computern aus irgendwelchen Gründen die Zeitsynchronisation fehlschlägt, dann legen die entsprechenden Protokolle fest, daß es sich hierbei um einen »Timeout«-Fehler handelt. Der sendende (oder der empfangende) Computer versucht in der Regel noch einige Male, die Synchronisation wieder herzustellen und bricht dann ab, wenn dies nicht gelungen ist.

tn3270

Eine spezielle Version des **telnet**-Programmes, das die Kommunikation mit IBM-Großrechnern ermöglicht.

Token Ring

Eine bestimmte Art eines lokalen Netzwerkes, die u.a. die physikalischen Verbindungen der Computer untereinander betrifft. Token-Ring-Netzwerke verwenden häufig das TCP/IP-Protkoll, können also einfach an das Internet angebunden werden. Siehe auch »Ethernet«.

UDP

»User Datagram Protocol«: ein weiteres wichtiges Protokoll, auf dem der Datenaustausch im Internet basiert.

UNIX

Ein populäres Betriebssystem, das eine enorm wichtige Rolle bei der Entwicklung des Internet gespielt hat (und spielt). Entgegen allen Gerüchten müssen Sie sich mit UNIX nicht auskennen, um das Internet nutzen zu können. UNIX gibt es in verschiedenen Implementierungen; die beiden bekanntesten sind BSD und System V.

USENET

»User Network«: Der wohl anarchistischste Teil des Internet, der, unbegreiflich für die gelehrten Köpfe, trotzdem funktioniert - und das seit Jahren. Die Systeme des USENET tauschen die »NetNews« aus - eine Art von Schwarzen Brettern oder Foren, in denen zu jedem Thema jeder etwas sagen kann. Das USENET ist eigentlich viel älter als das heutige Internet, allerdings dient das Internet heutzutage dazu, den Großteil der Newsgruppen des USENET zu transportieren. Nähere Informationen zum USENET finden Sie im Kapitel 8, *News aus dem Netzwerk*.

UUCP

»UNIX-to-UNIX-Copy«: eine Software, die den Dateitransfer zwischen UNIX-Systemen ermöglicht; ein Mechanismus, aus dem die E-Mail- und NetNews-Dienste hervorgegangen sind. Obwohl UUCP immer noch recht nützlich sein kann, bietet das Internet mittlerweile bequemere Möglichkeiten zur Erledigung dieser Aufgaben.

Veronica

Ein Internetdienst, der »Archie« sehr ähnlich ist, jedoch im Gopher-Dienst eingebettet ist. Während Archie die Suche nach Dateien erlaubt, ermöglicht Veronica die Suche nach bestimmten Menüpunkten auf allen Gopher-Servern. Veronica ist im Kapitel 11, *Wühlen im Internet mit Gopher*, näher beschrieben.

WAIS

»Wide Area Information Service« (»Großflächiger Informationsdienst«): ein mächtiger Service des Internet, der das Auffinden von Informationen im gesamten Internet - also weltweit - ermöglicht. Nähere Informationen zum WAIS finden Sie im Kapitel 12, *Suchen in Datenbanken: WAIS.*

White Pages

Das »Telefonbuch« des Internet, das zum Auffinden von Personen, die Zugriff auf das Internet haben, dient. Näheres hierzu finden Sie im Kapitel 10, *Menschen finden.*

World Wide Web

Das »Weltweite Gewebe«: ein auf Hypertext basierendes System zum Auffinden von Ressourcen im Internet. Siehe hierzu auch Kapitel 13, *Das World Wide Web.*

WWW

Siehe »World Wide Web«.

INDEX

D

H

J

N

X

Über den Autor

Aufgewachsen im Großraum Chicago, ging Ed Krol auf die Universität von Illinois, machte seinen Abschluß in Informatik und verließ sie nicht mehr.

1985 wurde Krol Teil der Netzabteilung an der Universität von Illinois und stieg dort etwa zur selben Zeit zum Netzwerkmanager auf, als das National Center for Supercomputing Applications gegründet wurde. Dort vollbrachte er die Installation des ursprünglichen NSFnet. Zur gleichen Zeit verfaßte er auch den "Hitchhiker's Guide To The Internet", da es so mühsam war, Informationen zu erlangen, und er es überdrüssig war, jedem das gleiche zu erzählen.

1989 entschied Krol sich, es etwas langsamer angehen zu lassen, und kehrte zum gemütlichen Campusleben zurück, wo er bis heute Assistant Director for Network Information Services an der Universität von Illinois, Urbana, ist. Er schreibt darüber hinaus eine regelmäßige Kolumne für Network World.

Er hat eine Frau und eine Tochter (die im Hacker's Dictionary für "Mollyguards" verantwortlich zeichnet). In seiner Freizeit ist Krol Pilot und spielt Hockey.

Über die Übersetzer

Aufgewachsen in Nienburg und schon früh mit der Datenkommunikation in Berührung gekommen, studiert Holger Lubitz derzeit Informatik an der Carl-von-Ossietzky-Universität Oldenburg. Dort wartete bereits ein Internet-Zugang auf ihn - eine Begegnung, von deren Folgen er sich noch heute nicht erholt hat. Nach etlichen Artikeln in Fachzeitschriften und ungezählten im Netz betrat er mit dieser
Übersetzung Neuland - und fand dabei eine neue Passion.

Jörg Anslik (28) ist begeisteter Bluesgitarrist mit einem starken Hang zur Systemprogrammierung unter UNIX. Nach dem fast beendeten Studium der Philosophie und Informatik u.a. freiberuflicher Programmierer; z.Zt. Leiter der Softwareabteilung bei der Firma erpicon software development GmbH in Koeln.

Peter Klicman wurde 1965 in Prag geboren und lebt sei 1968 in Köln. In seinem bereits 1983 gegründeten Unternehmen arbeitet er als unabhängiger Sachverständiger für Systeme der Datenverarbeitung sowie als freier Technologieberater. Zu seinen Kunden zählen unter anderem namhafte Banken und Versicherungen.

Kolophon

Unser Design ist das Resultat von Leserkommentaren, eigenen Erfahrungen und Feedback aus den Vertriebskanälen.

Unverwechselbare Cover ergänzen unsere besondere Herangehensweise an technische Themen, die potentiell trockener Thematik Leben einhaucht.

Das Bild, das Sie auf dem Cover von "Die Welt des Internet" finden, zeigt einen Alchemisten. Die Alchemie, Vorgänger der modernen Chemie, fand ihren Ursprung um 100 vor Christus in Alexandria, Ägypten - Produkt der Fusion aus griechischer und orientalischer Kultur. Das
Ziel dieser philosophischen Wissenschaft war die Transmutation von einfachen Metallen in Gold, damals als vollkommenstes aller Metalle angesehen.

Die Alchemie basierte auf drei Grundkonzepten. Das erste war Aristoteles Lehre von den vier Grundelementen: Feuer, Wasser, Luft und Erde. Indem man die Anteile änderte, in denen die Grundelemente vertreten waren, konnten Elemente von einem in ein anderes umgewandelt werden. Das zweite Grundkonzept entstand aus der Philosophie der damaligen Zeit: Metalle, wie alle anderen Elemente, konnten von einem in ein anderes umgewandelt werden. Das dritte Konzept stammte aus der Astrologie: Metalle konnten wie Pflanzen oder Tiere geboren werden, aufgezogen werden und durch einige unfertige Stadien hindurch schließlich ihre endgültige, perfekte Form annehmen.

Frühe Alchemisten stammten normalerweise aus „artisan classes". Als die Alchemie mehr und mehr Jünger sammelte, wurden auch Philosophen mehr und mehr beteiligt, und die kryptische Sprache, die von den frühen Alchemisten verwendet wurde, um Geheimnisse zu schützen, wurde zu einer eigenen Sprache mit Symbolen und blumigen Ausdrücken. Im Lauf der Jahrhunderte wurde die Sprache der Alchemie komplexer und komplexer, und sie erreichte ihren Höhepunkt im mittelalterlichen Europa des vierzehnten und fünfzehnten Jahrhunderts. Die Alchemie wurde durch das Aufkommen der modernen Chemie im achtzehnten Jahrhundert verdrängt.

Edie Friedman entwarf dieses Cover und den ganzen Zoo, der die anderen Nutshell-Handbücher ziert. Das Titelbild wurde von einem Stich aus dem 19ten Jahrhundert adaptiert, die aus dem Dover Pictorial Archive stammt. Das Cover-Layout wurde mit Quark XPress 3.1 produziert, unter Verwendung des ITC Garamond Fonts.

Die inneren Seitenspiegel wurden von Lenny Muellner in GNU troff implementiert. Die Text- und Überschrift-Zeichensätze sind ITC Garamond Light und Garamond Book Italic. Die Illustrationen im Buch sind eine Kombination aus Schaubildern von Chris Reilley und Holzgravierungen aus dem Dover Pictorial Archive und den Ron Yablon Graphic Archives. Sie wurden in Adobe Photoshop und Aldus Freehand erstellt.

INTERNET

Books from O'Reilly & Associates, Inc.

The Whole Internet User's Guide & Catalog

By Ed Krol
2nd Edition April 1994 (est.)
450 pages (est.), ISBN 1-56592-063-5

A comprehensive—and bestselling—introduction to the Internet, the international network that includes virtually every major computer site in the world. The Internet is a resource of almost unimaginable wealth. In addition to electronic mail and news services, thousands of public archives, databases, and other special services are available: everything from space flight announcements to ski reports. This book is a comprehensive introduction to what's available and how to find it. In addition to electronic mail, file transfer, remote login, and network news, *The Whole Internet* pays special attention to some new tools for helping you find information. Whether you're a researcher, a student, or just someone who likes electronic mail, this book will help you to explore what's possible.

sendmail

By Bryan Costales, with Eric Allman & Neil Rickert
1st Edition November 1993
830 pages, ISBN 1-56592-056-2

Although sendmail is used on almost every UNIX system, it's one of the last great uncharted territories—and most difficult utilities to learn—in UNIX system administration. This book provides a complete sendmail tutorial, plus extensive reference material. It covers the BSD, UIUC IDA, and V8 versions of sendmail.

Connecting to the Internet

By Susan Estrada
1st Edition August 1993
188 pages, ISBN 1-56592-061-9

More and more people are interested in exploring the Internet, and this book is the fastest way for you to learn how to get started. This book provides practical advice on how to determine the level of Internet service right for you, and how to find and evaluate local access providers and the services they offer.

!%@:: A Directory of Electronic Mail Addressing & Networks

By Donnalyn Frey & Rick Adams
4th Edition June 1994 (est.)
500 pages (est.), ISBN 1-56592-046-5

This is the only up-to-date directory that charts the networks that make up the Internet, provides contact names and addresses, and describes the services each network provides. It includes all of the major Internet-based networks, as well as various commercial networks such as CompuServe, Delphi, and America Online that are gatewayed to the Internet for transfer of electronic mail and other services. If you are someone who wants to connect to the Internet, or someone who already is connected but wants concise, up-to-date information on many of the world's networks, check out this book.

This is the fourth edition of this directory, in a simplified format designed to allow more frequent updates.

TCP/IP Network Administration

By Craig Hunt
1st Edition August 1992
502 pages, ISBN 0-937175-82-X

TCP/IP Network Administration is a complete guide to setting up and running a TCP/IP network for administrators of networks of systems or lone home systems that access the Internet. It starts with the fundamentals: what the protocols do and how they work, how to request a network address and a name (the forms needed are included in an appendix), and how to set up your network.

Beyond basic setup, the book discusses how to configure important network applications, including sendmail, the r* commands, and some simple setups for NIS and NFS. There are also chapters on troubleshooting and security. In addition, this book covers several important packages that are available from the Net (such as *gated*). Covers BSD and System V TCP/IP implementations.

Smileys

By David W. Sanderson
1st Edition March 1993
93 pages, ISBN 1-56592-041-4

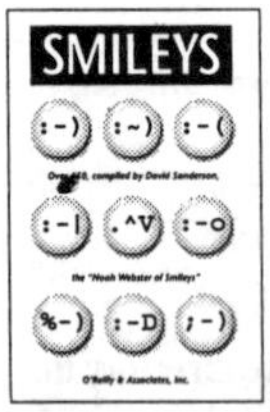

Originally used to convey some kind of emotion in an email message, smileys are some combination of typographic characters that depict sideways a happy or sad face. Now there are hundreds of variations, including smileys that depict presidents, animals, and cartoon characters. Not everyone likes to read mail messages littered with smileys, but almost everyone finds them humorous. The smileys in this book have been collected by David Sanderson, whom the *Wall Street Journal* called the "Noah Webster of Smileys."

DNS and BIND

By Cricket Liu & Paul Albitz
1st Edition October 1992
418 pages, ISBN 1-56592-010-4

DNS and BIND contains all you need to know about the Internet's Domain Name System (DNS) and the Berkeley Internet Name Domain (BIND), its UNIX implementation. The Domain Name System is the Internet's "phone book"; it's a database that tracks important information (in particular, names and addresses) for every computer on the Internet. If you're a system administrator, this book will show you how to set up and maintain the DNS software on your network.

Practical UNIX Security

By Simson Garfinkel & Gene Spafford
1st Edition June 1991
512 pages, ISBN 0-937175-72-2

Practical UNIX Security tells system administrators how to make their UNIX system—either System V or BSD—as secure as it possibly can be without going to trusted system technology. The book describes UNIX concepts and how they enforce security, tells how to defend against and handle security breaches, and explains network security (including UUCP, NFS, Kerberos, and firewall machines) in detail. If you are a UNIX system administrator or user who deals with security, you need this book.

Learning the UNIX Operating System

By Grace Todino, John Strang & Jerry Peek
3rd Edition August 1993
108 pages, ISBN 1-56592-060-0

If you are new to UNIX, this concise introduction will tell you just what you need to get started and no more. Why wade through a six-hundred-page book when you can begin working productively in a matter of minutes? It's an ideal primer for Mac and PC users of the Internet who need to know a little bit about UNIX on the systems they visit.

This book is the most effective introduction to UNIX in print. The third edition has been updated and expanded to provide increased coverage of window systems and networking. It's a handy book for someone just starting with UNIX, as well as someone who encounters a UNIX system as a visitor via remote login over the Internet.

AUDIOTAPES

O'Reilly now offers audiotapes based on interviews with people who are making a profound impact in the world of Internet. Here we give you a quick overview of what's available. For details on our audiotape collection, send email to **audio@ora.com**.

Global Network Operations

Carl Malamud interviews Brian Carpenter, Bernhard Stockman, Mike O'Dell and Geoff Huston.
Duration: 2 hours, ISBN 1-56592-993-4

What does it take to actually run a network? In these four interviews, Carl Malamud explores some of the technical and operational issues faced by Internet service providers around the world.

Brian Carpenter is the director for networking at CERN, the high-energy physics laboratory in Geneva, Switzerland. Physicists are some of the world's most active Internet users, and its global user base makes CERN one of the world's most network-intensive sites. Carpenter discusses how he deals with issues such as the OSI and DECnet Phase V protocols and his views on the future of the Internet.

Bernhard Stockman is one of the founders and the technical manager of the European Backbone (EBONE). EBONE has proven to be the first effective transit backbone for Europe and has been a leader in the deployment of CIDR, BGP-4, and other key technologies.

Mike O'Dell is Vice President for Research at UUNET Technologies. O'Dell has a long record of involvement in data communications, ranging from his service as a telco lab employee, an engineer on several key projects, a member of the USENIX board, and now helping define new services for one of the largest commercial IP service providers.

Geoff Huston is the director of the Australian Academic Research Network (AARNET). AARNET is known as one of the most progressive regional networks, rapidly adopting new services for its users. Huston talks about how networking in Australia has flourished despite astronomically high rates for long-distance lines.

The Future of the Internet Protocol

Carl Malamud interviews Steve Deering, Bob Braden, Christian Huitema, Bob Hinden, Peter Ford, Steve Casner, Bernhard Stockman, and Noel Chiappa
Duration: 4 hours, ISBN 1-56592-996-9

The explosion of interest in the Internet is stressing what was originally designed as a research and education network. The sheer number of users is requiring new strategies for internet address allocation, multimedia applications are requiring greater bandwidth and strategies such as "resource reservation" to provide synchronous end-to-end service.

In this series of eight interviews, Carl Malamud talks to some of the researchers who are working to define how the underlying technology of the internet will need to evolve in order to meet the demands of the next five to ten years.

If you're intrigued by such topics as internet "multicasting" of audio and video, or think your job might one day depend on understanding some of the following buzzwords:

- IPNG (Internet Protocol Next Generation)
- SIP (Simple Internet Protocol)
- TUBA (TCP and UDP with Big Addresses)
- CLNP (Connectionless Network Protocol)
- CIDR (Classless Inter-Domain Routing)

or if you are just interested in getting to know more about the people who are shaping the future, give these tapes a try.

Bücher, die Ihnen helfen, mehr aus Ihrem Computer zu machen

TCP/IP Netzwerk Administration
von Graig Hunt
472 Seiten
DM 69.-
ISBN 3-930673-02-9

Die Welt des Internet
von Ed Krol
Deutsche Übersetzung der
2. Auflage
640 Seiten, DM 59.-
ISBN 3-930673-01-0

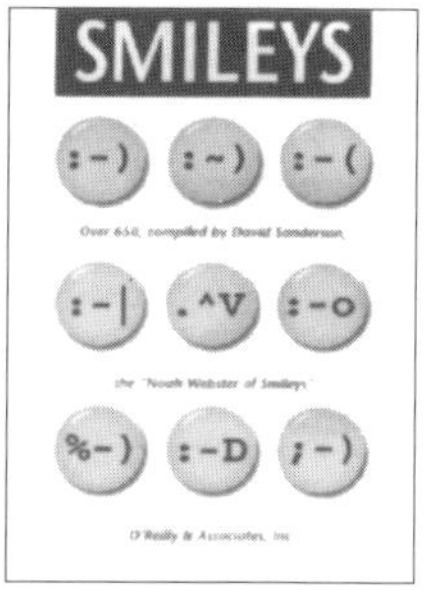

Smileys
von David Sanderson
96 Seiten
DM 9,90

ISBN 3-930673-06-1

Ihre Meinung ist uns wichtig !

Bitte senden Sie mir:

O'Reilly Gesamtverzeichnis ☐

Eine Liste der Buchhandlungen in meiner Region, die O'Reilly-Bücher führen ☐

Regelmäßige On-line Informationen über O'Reilly-Neuerscheinungen ☐

Bitte vergessen Sie nicht, uns Ihre E-Mail Adresse mitzuteilen

Uns würde interessieren:

- Zu welchen Themen wünschen Sie neue Bücher?

- Mit welchem Betriebssystem arbeiten Sie?

MW